国家社会科学基金资助

国际关系史
名著译丛

构建和平

缔造欧洲解决方案,1945—1963

A Constructed Peace

The Making of the European Settlement
1945–1963

〔美〕马克·特拉克滕伯格 著

石斌 王守都 徐菲 译

Marc Trachtenberg

A CONSTRUCTED PEACE

The Making of The European Settlement, 1945—1963

Princeton University Press

Princeton, New Jersey

Copyright @ 1999, Princeton University Press

根据普林斯顿大学出版社1999年版译出

All rights reserved.

No part of this book may be reproduced or transmitted in any form or by any means, electronic or mechanical, including photocopying, recording or by any information storage and retrieval system, without permission in writing from the Publisher.

版权所有。

未经出版社书面许可，不得以任何形式或通过任何电子或技术方式（包括影印、录音或其他任何信息存储和检索系统）复制或传播本书的任何内容。

本书为"区域国别研究系列"成果，由国家社会科学基金资助

国际关系史名著译丛

（按姓氏笔画排列）

顾问委员会：牛　军　牛大勇　朱　锋　刘德斌
　　　　　　时殷弘　沈志华　袁　明
编　委　会：于铁军　王　黎　石　斌　张小明
　　　　　　周桂银　徐弃郁

国际关系史名著译丛
总　　序

袁　明

这一套丛书,是为"未来人"准备的。这里说到的"未来人",是未来中国的读书人,与生理年龄没有直接关系,而是关注中国与世界前途的人。

当下的中国人,正被两股巨大的历史力量所裹挟。一是世界上日新月异的科技革命。现代科学技术正在处处发力,大数据、人工智能、生物技术、基因工程,似乎已经成为越来越普及通用的词汇。二是中国传统文化的持续发力。随着社会经济的发展,文化沉淀有了物质载体,中国文化意识也在觉醒。生活在当下的世界,与这两股历史力量同行,观察它们相互之间的作用和反作用,是一件很有意思的事情。

这个大时代还有一个特点:知识"碎片化"处处可见。人们获得信息的途径太方便快捷了。我自己做了几十年国际关系研究与教学,经常在想,如何避免冲突、避免战争,降低冲突成本,提升对和平与合作的追求。这是需要潜心思考的,需要从历史的纵深处提炼经验和教训。"碎片化",会不会让人们的思考能力退化呢?这是无论如何都需要警惕的。在近代历史上历尽磨难,始终以"天行健,君子以自强不息"的精神支撑不倒的中国人,不可让自己的心智退化。在这一方面,我们一定要有一点"定力"与"静气"。

读书,读经典作品,可以帮助我们在喧嚣面前保持一些清醒。今日的国际关系秩序，从思想及格局设计来看，的确源于欧洲，20世纪两次世界大战后又基本被美国主导。但是地球上70多亿人，来源之多样，想法之多元，实际上远远超出当年设计者的预想与实践。曾经做过牛津大学国际关系讲席教授以及英国人文科学院院长的亚当·罗伯茨最近告诉我，他倾多年心力，在写一本书，关于西方"自由主义国际秩序"面临的挑战。他越来越感到这是一个"不太可能完成的任务"。

这倒让我想到，有志于拓展国际关系研究的中国年轻一代，可以做出一些新的贡献。不过，不可缺少的功课是先深入了解西方世界几百年来调整内部关系结构，继而向世界扩张的历史。首先是欧洲内部调整，威斯特伐利亚体系是初次尝试。然而随之而来的又是连绵不断的争斗与冲突，其中一次冲突顶峰是以英德争斗为核心的第一次世界大战。除了内部争斗与再调整，欧洲也在向世界扩张。欧洲殖民的历史影响，当然不可低估。在这里，我想再次引用周谷城先生的一段话："地理大发现以后，海上贸易一天一天扩大，终于形成所谓重商主义。在重商主义下，西、葡、荷、法、英各国的商人先后到世界各地活动。几百年中，竟使亚洲各国震动不安，非洲土人加速奴化，南北美洲被欧洲移民者所占领。16、17、18世纪，欧洲在世界历史的发展中，确实成了重点。这是事实，不能否认。没有欧洲的向外扩张，今日的民族解放运动即没有根据。"现在，越来越多的中国人走向世界，对此应当有更加切身的体会与了解。但是，欧洲的殖民者当年如何规划？如何自我定位？如何交易与分利？我们了解得还是不多。

欧洲"独领风骚"几百年之后，就是美国的出场。美国占尽在两次世界大战中所得的红利，迅速在世界各地布点，发力之大，远远超过当年的欧洲。可以与之抗衡的，曾经是苏联。冷战局面遂形成。我出生于1940年代，见证了美苏冷战的全过程。为什么美国最终会"胜出"？美国"胜出"之后，世界仍不得安宁。若干年前我看到过俄罗斯外交部长拉夫罗夫的一篇演讲，大体意思是提醒"西方伙伴们"，俄罗斯和他们有"威斯特伐利亚体系"这一"共同精神家园"。看来"共同的精神家园"还是有脆弱之处，在充满新挑战

总　　序

的世界上，不容易引起"伙伴们"的共鸣。

这一套丛书的书目确实是经过精心挑选的。西方国际关系史的著作，可谓汗牛充栋。但是丛书的设计者和翻译者们以独到的眼光与学术鉴赏力，像大海捞针一样，为中国读者选出了一些得到公认，也经过历史考验的精品。我与加迪斯、入江昭等作者皆有交往，对他们问学的态度严谨，是很有敬意的。做这项"大海捞针"工作的人，其中很多是这些年来活跃在国际关系史研究与教学界的一批青年学者。他们的坚持与努力，不仅让我敬佩，更让我看到希望。

最后一句略显多余的话，是我对商务印书馆的敬意。记得不久前曾经在网上看到一条评论，说"商务印书馆是当前最不'商务'的。"显然这是一句褒奖的留言。2017年夏天，在商务印书馆成立120周年的纪念会上，我有幸代表商务后代致辞，题为"商务先贤们的现代中国理性"。我相信，当前更需要弘扬先贤们的精神，继续做好中国与世界这篇大文章。

2018年1月31日

中文版序言

这本书涉及一个**问题**。它基于的观点是,冷战是一个**难解之谜**。当然,这不是普遍的观点,无论是在今天还是在我开始研究这段历史的时候。事实上,通常的假设是,苏联和西方列强之间的意识形态差距如此之大,以至于双方或多或少都会发生冲突。然而当我思考这个问题时,我逐渐意识到,意识形态差异本身并不能解释为何会出现有可能导致"第三次世界大战"的局面。诚然,苏联人原则上可能希望整个欧洲都实现共产主义。但由于美国军队驻扎在西欧,他们很难在没有战争的情况下将自己的体制推行至该地区;因此,考虑到他们非常想避免与美国这样强大的国家发生战争,他们是否不得不克制自己,接受欧洲大陆西部的既成事实?这一点不也适用于美国及其盟友吗?他们可能希望看到,西方式的政权在东西欧都掌权,但他们在推动这一目标方面只能走这么远。他们不可能在没有战争的情况下把苏联人赶出东欧,而战争同样是他们非常想避免的事情。那么,无论双方的意识形态偏好如何,基本的权力现实难道不是使双方都犹豫不决吗?

换言之,苏联和西方列强都或多或少陷入一种现状,即任何一方都不可能在不发生战争的情况下控制整个欧洲,双方都非常希望避免武装冲突,因此都别无选择,只能与一个分裂的欧洲共存。但是,如果是这样,问题出在哪里?在这种形势下,怎么会有第三次世界大战的危险?为什么欧洲的分裂没有直接导致一个稳定的国际体系？

然而我们知道，在冷战时期的不同时间节点上，武装冲突都是有可能发生的。人们经常将1962年的古巴导弹危机视为风险最大的节点。我自己的感觉是，1950—1951年的冬天是世界最接近全面战争的时候。然而，问题的关键在于，战争的危险不仅是一种幻觉。但是如果一个势力范围体系，特别是一个分裂的欧洲，是双方都愿意接受的，战争又怎么可能发生？

在我看来，这是冷战时期最大的谜团。只有解决了这个谜团，你才能明白冷战是怎么回事。你必须明白冷战是怎么回事——冷战的核心问题是什么——这样你才能聚焦于基本问题：这个核心问题是如何解决的。如果你想了解冷战期间稳定的和平是如何形成的，这是唯一途径。

那么，核心问题是什么？同样，答案并非直接来自对历史证据的详尽研究。相反，如下一个思考过程为答案指明了方向。欧洲的分裂解决了双方如何相处这一基本政治问题。苏联人将控制欧洲分界线自己一边的事务，而西方列强将主宰欧洲大陆的西半部。如果能毫无例外地适用这一原则，它本可以作为一个完全稳定的国际体系的基础，由于该体系在实践中并不完全稳定，因此关于双方如何相处这一基本规则，肯定有一些例外。当你想到这一点时，这些例外是什么就很清楚了：苏联不能允许西方列强在西德拥有完全的行动自由。鉴于苏联实际上占领了战前德国领土的一半，苏联人不得不担心如果西德变得过于强大、过于独立会发生什么，这尤其意味着，西德成为核大国的整个前景必然会触及苏联非常敏感的神经。因此，德国问题，特别是德国核问题，**势必**成为冷战的核心问题。

当然，你不能就此止步。思考是非常重要的，但它只能带你走这么远。它指出了方向，没有它你就无法前进，但你仍然需要做大量的常规历史工作以形成令人不得不信服的解释。当你沉浸在历史文献中时，你需要看看冷战的全貌——由这一思维过程产生的图景——是否真实。你可以看到，它是否只是通过处理各种相对较小的历史问题来铺陈整个故事。

因此，我必须处理这样的问题，例如，第二次世界大战结束时美国领导人和苏联领导人是否明白，如果双方要和平共处，他们都必须接受一个分裂的欧洲。这意味着，首先要弄清楚1945年7月和8月在波茨坦发生了什么。由于解释这个问题的二手历史文献不很令人满意，我不得不亲自查阅相关文件，了解美国政府和苏联政府是否已经接受了这种安排。

答案是他们曾有意接受，但这一发现不可避免地导致了另一个谜题。如果双方在1945年都愿意接受这样的安排，那么为什么冷战会在1946年爆发？我开始怀疑，答案与德国有很大关系，但这个想法是否得到经验证据的证实？历史资料再次充分证明了这一点，事实确实如此。但这反过来又引出一个问题：如何处理德国问题。这一答案与西方列强自身在冷战期间确立的一种政治体系有很大关系。

本书的大部分内容都是关于这个体系的，我称之为"北约体系"。这个体系存在一个重要的军事层面，这显然需要深入探讨。到1946年初，西方领导人已经清楚地认识到，欧洲不可能以完全友好的方式分裂；因此，欧洲大陆上需要存在制衡苏联的军事力量；显然，西德在这方面可以发挥重要作用。西方国家需要把自己组织成一个足够强大的军事集团，以遏阻苏联的压力；这不仅意味着必须建立德国的实力，以便西德能够在军事上为该集团的建立做出贡献，还意味着西德必须恢复其政治权利，并更多地被视为一个合作伙伴。但一项将带来强大且政治独立的西德国家的政策势必会让苏联人感到恐慌；苏联必须向西方列强表明，它们以这种方式处理德国问题是多么危险；但苏联的压力反过来只是强化了对西欧进行有效防御的必要性，以及推进使德国西部成为强大的西方集团的关键组成部分的政策的必要性。

这一进程会导致出现一个拥有核武器的德国吗？我想，这必然是苏联人最关心的问题。但西方列强，尤其是美国，会允许德国发展核能力吗？要想得到答案，你必须看看当时的人认为应如何保卫西欧，以及欧洲人是否能够自己做到这一点。你必须分析美国领导人关于美国在欧洲的作用的基本思想，例如，美国在欧洲的作用是不是永久性的，或者欧洲人是否能够在没有美国支持的情况下自卫。你还必须考察一些相关问题，例如北约体系能否以某种形式管控德国，也就是说，德国的力量是否可以被控制在一个由美国主导的体系内，与此相关的问题是，该体系是否能够解决苏联在欧洲的头号安全问题：控制德国的力量。如果可以的话，那么这一体系可能成为构建一个稳定的国际秩序的关键因素。

因此，种种问题都需要研究。一旦解决一个问题，其他问题就会浮现，且同样需要解决。从这个意义上说，研究过程是自我推进式的。在解决这些问题的过程中，一种解释逐渐地、几乎自然而然地形成了。但这项工作须以正确的方式进行，关键是，问题必须以这样一种方式设置，即答案取决于证据所揭示的内容。也就是说，我们必须确保解释不是出于先入之见，而是基于对历史资料不带任何偏见的分析。以这种方式解释所有这些问题并不特别容易，我花了大约20年的时间才写成这本书。但我这里的主要观点是，这种方法很有效。进行这样的历史分析能让你走多远、能让你感到多么欣慰真的令人意想不到。

我很高兴看到这本书在中国出版，也感到非常荣幸。我们都是同一国际政治体系的一部分，我们都对了解该体系的运行方式感兴趣。而唯一真正理解它的途径，至少在我看来，是研究过去的重大冲突——理解它们因何产生，理解它们如何得以解决。冷战显然是这类冲突中最严重的一次，我认为，将它作为一种历史现象加以研究，不仅有助于我们理解很多过去的事情，而且更有助于理解我们今天仍然生活的世界。

马克·特拉克滕伯格

加利福尼亚州洛杉矶

2022年1月18日

目　录

前言 ·· 1
缩略语 ·· 7
参考文献缩略语 ·· 9

第一部分　欧洲的分裂

第一章　基于势力范围的和平？······················ 17
第二章　迈向分水岭·································· 53
第三章　对实力的考验································ 93

第二部分　北约体系

第四章　北约体系的形成······························ 127
第五章　艾森豪威尔与"核共享"······················· 188
第六章　混乱的同盟···································· 255

第三部分　冷战和平

第七章　柏林危机中的政治，1958—1960 ·············· 313
第八章　肯尼迪、北约与柏林·························· 352
第九章　解决方案的成形······························ 434

资料来源与参考文献 …………………………………………… 494
档案资料 ……………………………………………………… 496
索引 …………………………………………………………… 511

前　言

　　本书有一个简单的目标：旨在讲述冷战时期，或者更确切地说，1945—1963年这段时间，大国之间的和平是如何实现的。这本书的基本观点也非常易于理解：本书断言，德国的权势问题乃是冷战的核心问题；因此该问题的解决，是在欧洲乃至最终在全世界建立一个稳定的国际秩序的关键。

　　德国问题为何如此重要？第二次世界大战之后，欧洲被分成东西两个部分，而欧洲的分裂，从总体上讲，为双方即苏联与西方大国如何和睦相处这个根本性的政治问题提供了一种答案：每一方在分界线以内自己控制的地盘上都可以自由行事。然而这项基本原则有一个重要的例外，那就是德国问题。如果以前的盟友允许西德过于强大或者过于独立，苏联人绝不会袖手旁观。因为，一个强大的德国将不必依靠西方盟国的保护，进而也就不会受到约束，奉行纯粹防御性的政策。一个复兴的西德国家，在东部发生骚乱的情况下可能会出面干涉。在苏联人看来，一个强大的德国意味着战争危险的显著增加。要阻止这类危险发生，那么，或许采取果断行动是很有必要的；或许也有必要就某些事态做出决断，以免为时过晚。

　　因此，德国的权势问题是一个根本问题，正是由于这个原因，西方国家之间就此所作出的安排具有重大的政治意义。北约问题与东西方关系问题之间，并非只有一些无关紧要的联系，而是密切相关的。如果西方国家能够创造一种自己的政治体系，使德国的权势在其中受到制约，那么，这是苏联所能容忍的；如果他们做不到这一点，那就可能有非常严重的麻烦。

不仅如此，西方国家到底该如何把自己组织起来，这个问题似乎既没有一个简单、明显的答案，也没有相对及时地得到解决。没有人认为构建这样一种体系——即西德在其中无法自由、独立地行事，除了接受欧洲的现状之外别无选择——是件容易的事情。毕竟，西方国家决意要使西德成为西方世界不可分割的一部分。这难道不意味着迟早要让德国成为一个全面的伙伴，拥有与其他西方国家一样的权利？进而言之，这难道不意味着必须允许德国建立自行控制下的核力量？如果面临苏联权势压力的联邦德国不能指望得到美国的保护，它难道不会或多或少由于迫不得已而建立这种力量？而且，随着苏联核能力的增长，人们如何能够设想美国将始终愿意为了西欧的利益而走向一场很可能意味着使美国社会遭到全面毁灭的战争？另一方面，如果完全解除对德国权势的限制，尤其是允许德国拥有自己的核力量，还有可能导致与苏联的直接冲突，那么届时西方大国该怎么办？而且，姑且不考虑苏联的反应，德国一旦成为核大国，能够相信它会继续尊重现状吗？这些都是非常棘手的问题，谁也没有把握这些问题能够得到解决。事实上，无论是在1945年，还是在1949年，甚至1954年，几乎都没有人能够预料到事态的发展方式。

人们仍然把冷战视为一场简单的双边冲突，一场全球范围内的角力。然而，在我看来，这种观点大错特错。纯粹的两极体系应会相当稳定：苏联与美国完全势均力敌，这样全面战争的危险将最小化。然而我们都知道，冷战是一场严重冲突。我们还知道，战争的危险有时候确实存在。因此，问题就在于如何理解冲突的由来。为此，我们必须较为具体地揭示其实际进程，重现这段历史。

本书所讲述的是一段真实的历史。各种问题都有所涉及。其中，德国的权势是核心问题。与此密切相关的一连串问题涉及美国在欧洲的作用，

前　言

如美国在欧洲的军事存在、北约的性质，以及美国与其主要欧洲盟国之间关系的性质（尤其是在至关重要的核领域）等。相应地，这些问题又与许多非常基本的军事问题密切相关，涉及核武器在西欧防务中的作用、核力量的控制以及与苏联的军事对抗的可能，或是（从某种意义上讲）应该采取的方针。而所有这些同盟内部问题，都与一些最基本的国际政治问题有关：是否有可能与苏联人达成某种基本的政治谅解？如果可能，条件是什么？相反，如果事实证明没有这种可能，那么说到底，西方是否应准备接受与苏联在中欧的军事摊牌？

所有这些，都使这段历史变得相当复杂。要理解为什么事态如此发展——为什么这些核心问题以其特有的方式得到解决，以及一种稳定的和平如何因此得以形成——需要深入探讨一系列的问题。此书篇幅较长，远比我所希望的要长。不过这倒不是因为我已经做了大量工作，因而想把所有的发现都写进去。本书提出了一种观点，这个观点必须得到充实和阐明。它涉及一些尚未得到充分理解的内容，必须加以解释，使其重要性得以彰显。故此，MC 48号文件——1954年12月通过的西欧防务战略——是这段历史的一个非常重要的组成部分：它是艾森豪威尔核共享政策的三大根源之一，又由于它对德国核地位问题产生的影响，因而具有非常重要的意义。然而有多少人听说过MC 48号文件，更遑论理解其重要性？因此，对于这类问题，有必要略微详细地加以讨论。

再者，许多读者会发现，本书提出的某些核心论断可能令人难以接受。这同样意味着需要提出大量证据。例如对于这样一个观点，即艾森豪威尔希望美国在不久的将来退出欧洲，因此希望北约主要盟国，包括联邦德国，拥有它们自己控制的核力量，人们对此往往会立即加以否定。因为，无论在美国还是在欧洲，人们几乎都持有这样一个信念，即任何一届美国政府都不可能奉行这样的政策。我还记得，几年前当我提出这个观点时，麦乔治·邦迪（McGeorge Bundy）的反应是："你真的相信艾克会让德国人拥有核武器？"要克服这种抵触意见，唯一的办法就是拿出大量证据，并把它们组织成有条有理的论据,孤立零散的引证从来不会让人觉得有说服力。

因此，有些问题需要用较长的篇幅来处理，而其他某些主题则可或多或少忽略不计。苏伊士运河事件被视为某种小插曲；"斯普特尼克号"（Sputnik）*也很少被提及；东亚事件，甚至朝鲜战争，至少在最后一章之前不是主要问题。本书的关注点，自始至终以欧洲为中心，不过即使是欧洲的一些重大事件，如1953年东德骚乱，1956年匈牙利事件，都未被提及。一本据称与冷战有关的著作怎么可以无视那些当时广受关注、如今大多数人仍然认为至关重要的事件？

不过，之所以采用这种方式，当然有我的理由。首先，在我看来，实际上观点本身已足够复杂，而文本也足够宏富。因此重要的是不要再偏离核心论题，给读者增加负担；同样重要的是，必须保证行文尽可能精炼、锐利有力并尽可能便于理解。再说，本书也无意成为一部百科全书。其目的不在于面面俱到，而是要抓住这段历史的核心。不过，如果目的是要突出那些强有力的驱动因素，就必须清楚地表明什么是重要的，同时间接地表明什么是不重要的。详细阐述一个问题是揭示其重要性的一种方式；而忽视一个问题则可以表明，不管在当时它已得到多少关注，在被广泛认可的历史记载中还在得到多少关注，就这段历史的核心而言，它并不重要。

不过，这也意味着本书的解释（interpretation）所得出的结论不一定准确、严谨。要"说明"（explain）就要聚焦于根本要素，即就所发生的事情提供一幅相对简明的图景。然而历史现实是复杂的，因此解释所能说明的东西与证据所能显示的东西之间注定存在某种差距。而且事实上，这段历史中的某些因素是难以解释的，在某些情况下这些因素甚至与解释的主旨相抵牾。那么，是否可以把这些因素掩盖起来，而仅仅用一些特别的

---

* 1957年苏联发射的第一颗人造卫星。"Sputnik"的俄文大意是"旅行者"或"伴侣"。——译者

观点来加以辩解了事？我想最好还是不要这样做。如果连我自己都不了解，为什么要假装知道答案？而且，为什么不让读者了解到这种解释并不能说明所有问题——实际上，对于这段历史的某些重要方面，它根本就无法解释。

例如，本书的基本观点之一是，苏联在1950年代末期，尤其是1960年代初期，特别关切德国的核能力问题，而且这种关切是在整个柏林危机期间影响苏联政策的一个关键因素。然而这个观点有一个主要问题：如果德国的核问题真像我所说的那么重要，为何在1961年底和1962年初，当美国人提出把德国的无核化作为解决协议的一部分时，苏联不愿意结束危机？这个问题对我来说并非灾难性的。美国人的条件没有被接受，这个事实仅仅表明，在1960年代初期，一定有其他因素产生了作用，但并不意味着德国的核问题变得不重要了。不过一个无法回避的事实是，如果在1961年底美国的新条件一经提出，苏联人就与其达成交易，那么就本书的观点而言，当然会更好一些。那么，我是否应该设法解决这个问题，推测一下究竟是哪些其他因素产生了作用？问题是，我并没有来自苏方的真正充分的证据可供研究，因此最好的办法看来只有顺其自然了。我不得不承认，苏联此时的政策超出了本书的基本解释所能触及的范围。这并不意味着我的整个观点已毫无价值，而只表明它存在局限性——的确，达观一点看，这是我不得不接受的局限性。

最后，容我再说明一下某些技术性问题。为了尽可能减轻资料引用方面的负担，本书使用了大量缩略语。首次在脚注中引用某项资料时，其缩略语将附在括号内。此外缩略语还出现在参考文献以及第xv-xvi页[*]。为了保证正文观点的顺畅，各种附带问题都置于脚注中解释。其中一些问题由于篇幅太长、过于臃肿，只好做成附录，但没有收入本书，而是放在一个

---

[*] 此页码为原书页码，即本书边码，此后正文中出现的本书页码均同此情况，不再单独说明。——编者

网络附录里，网址是：http://www.history.upenn.edu/trachtenberg。这个网络附录还包括其他材料，其内容在参考文献的开头有所介绍。

　　这样一本书如果单凭一己之力是无法完成的。许多政治学家，尤其是罗伯特·杰维斯（Robert Jervis）、约翰·米尔斯海默（John Mearsheimer）和史蒂芬·范埃弗拉（Stephen Van Evera），对于我思考这些问题的方式有巨大影响。我对他们的感激无法言表，却是实实在在的。我同样非常感激许多历史学家，尤其是其中四位，在我对本书所讨论的问题逐步形成自己的看法方面，他们起到了关键作用，这不仅是得益于他们的著作，也得益于我与他们的频繁交流。戴维·罗森伯格（David Rosenberg）——其著作对于核问题研究的影响是革命性的——深刻影响了我处理这段历史中的核问题的方式。罗伯特·万普勒（Robert Wampler）使我眼界大开，了解到1950年代北约的情况，例如MC 48号文件的意义，以及1950年代后期美国关于欧洲防务的政策方针。他还非常慷慨地与我分享了有关文件。我也非常感谢两位法国学者：一位是西里尔·比费（Cyril Buffet），他关于1940年代后期德国问题的著作，尤其是其博士论文，对于我理解这个问题非常关键；另一位是乔治-亨利·索图（Georges-Henri Soutou），他最早向我解释了巴黎协定的重要性，其著作实际上对本书的每一章都有深刻影响。还有许多人对我早先的一个初稿提出他们的见解，其中包括阿隆·弗里德伯格（Aaron Friedberg）、鲍勃·杰维斯（Bob Jervis）、约翰·米尔斯海默、比尔·斯图克（Bill Stueck）、沃尔特·麦克杜格尔（Walter McDougall）和布鲁斯·库克利克（Bruce Kuklick）。这样的反馈意见价值之大，怎么说都不为过。我衷心地感谢他们每一个人。我尤其感激加文·刘易斯（Gavin Lewis），我们彼此都明白他的贡献非常之大。我还要特别感谢卡尔·凯森（Carl Kaysen）过去数年来为我提供的所有帮助。最后，我还想表达我对古根海姆基金会（Guggenheim Foundation）、麦克阿瑟基金会（MacArthur Foundation）以及德国马歇尔基金（German Marshall Fund）的感激之情，它们的支持使我有可能从事这项研究工作，从而使此书得以产生。

缩略语

一般缩略语

ABC：原子、生物与化学武器（Atomic, Biological, and Chemical [weapons]）

AEC：美国原子能委员会（Atomic Energy Commission, US）

BNSP：美国国家安全基本政策（Basic National Security Policy, US）

CDU：联邦德国基督教民主联盟（Christian Democratic Union, FRG）

CINCEUR：欧洲总司令（Commander in Chief, Europe）

CSU：联邦德国基督教社会联盟（Christian Social Union, FRG）

DDR：德意志民主共和国（German Democratic Republic）

DOD：美国国防部（Department of Defense, US）

DPM：总统备忘录草本（Draft Presidential Memorandum）

EDC：欧洲防务共同体（European Defense Community）

EEC：欧洲经济共同体（European Economic Community）

FIG 法国-意大利-德国核合作协议（France-Italy-Germany nuclear cooperation agreement）

FRG：德意志联邦共和国（Federal Republic of Germany）

GDR：德意志民主共和国（German Democratic Republic）
ICBM：洲际弹道导弹（Intercontinental Ballistic Missile）
IRBM：中远程弹道导弹（Intermediate Range Ballistic Missile）
JCAE：原子能联合委员会（Joint Committee on Atomic Energy, US）
JCS：美国参谋长联席会议（Joint Chiefs of Staff, US）
MLF：多边核力量（Multilateral Force）
MRBM：中程弹道导弹（Medium Range Ballistic Missile）
NATO：北大西洋公约组织（North Atlantic Treaty Organization）
NESC：净评估分委员会（Net Evaluation Subcommittee）
NIE：美国国家情报评估（National Intelligence Estimate, US）
NSAM：国家安全行动备忘录（National Security Action Memorandum）
NSC：美国国家安全委员会（National Security Council, US）
PAL：许可行动连接（Permissive Action Link）
SAC：美国战略空军司令部（Strategic Air Command, US）
SACEUR：欧洲盟军最高司令（Supreme Allied Commander, Europe）
SHAPE：欧洲盟军最高司令部（Supreme Headquarters, Allied Powers, Europe）
SIOP：统一作战行动计划（Single Integrated Operational Plan, US）
SPD：联邦德国社会民主党（Social Democratic Party, FRG）
USAF：美国空军（United States Air Force）
WEU：西欧联盟（Western European Union）

参考文献缩略语

缩略语的解释并非完整的引文,但提供了足够的信息,使相关来源能够在参考文献中找到。解释中使用的缩略语也可在此列表中找到。

A:Administration Series, AWF(安·惠特曼文件,行政文件系列)

A:Alphabetical subseries, in Subject Series, SS(白宫办公厅秘书处文件,主题系列,按字母顺序排列的文件子系列)

AAPBD:Federal Republic of Germany, Auswärtiges Amt, *Akten zur auswärtigen Politik der Bundesrepublik Deutschland*(联邦德国外交部《联邦德国外交政策文件》)

AP:Dean Acheson Papers(迪安·艾奇逊文件)

AWD:Ann Whitman Diary Series(安·惠特曼日记系列)

AWF:Papers of Dwight D. Eisenhower as President, Ann Whitman File(德怀特·艾森豪威尔总统文件(安·惠特曼文件))

Bowie Report:Robert Bowie, "The North Atlantic Nations: Tasks for the 1960's"(罗伯特·鲍伊,《北大西洋国家:1960年代的任务》)

BP:Bonnet Papers(博内文件)

CF:Conference Files, RG 59, USNA(美国国家档案馆,会议档案,记录组59)

CJCS:Chairman's Files, RG 218: Joint Chiefs of Staff, USNA(美国国

家档案馆，主席文件，记录组218：参联会）

  CWIHP：Cold War International History Project（冷战国际史项目）

  DBPO：*Documents on British Policy Overseas*（《英国海外政策文件》）

  DDED：Dwight D. Eisenhower Diary Series（德怀特·艾森豪威尔日记系列）

  DDEL：Dwight D. Eisenhower Library, Abilene, Kansas（德怀特·艾森豪威尔图书馆，堪萨斯州阿比林）

  DDF：France, Ministère des Affaires Etrangères, Commission de Publication des Documents Diplomatiques Français, *Documents Diplomatiques Français*（法国外交部，法国外交文件出版委员会，《法国外交文件》）

  DDRS：Declassified Documents Reference System（解密文件参考系统）

  DH：Dulles-Herter Series（杜勒斯-赫托文件系列）

  DoD：Department of Defense subseries, in Subject Series, SS（白宫办公厅秘书处文件，主题系列，国防部文件子系列）

  DOD-FOIA：Department of Defense, Freedom of Information Office（国防部-信息自由办公室）

  DoS：Depar-tment of State subseries, in Subject Series, SS（白宫办公厅秘书处文件，主题系列，国务院文件子系列）

  DOSCF：Department of State, Central Files（国务院，核心文件）

  DOSB：*Department of State Bulletin*（《国务院公报》）

  DOS Berlin History：United States, Department of State, Historical Office, "Crisis over Berlin: American Policy Concerning the Soviet Threats to Berlin, November 1958—December 1962"（美国国务院，历史办公室，《柏林危机：美国对苏联威胁柏林的政策，1958年11月—1962年12月》）

  DOS-FOIA：Department of State, Freedom of Information Office（国务院，信息自由办公室）

  DP：John Foster Dulles Papers, DDEL and ML（德怀特·艾森豪威尔

图书馆与普林斯顿大学穆德图书馆，约翰·福斯特·杜勒斯文件）

DSP：Dulles State Papers, ML（普林斯顿大学穆德图书馆，杜勒斯国务院文件）

FD：Forrestal Diaries, ML（普林斯顿大学穆德图书馆，福莱斯特日记）

FFMA：French Foreign Ministry Archives, Paris（法国外交部档案，巴黎）

FO 371：Foreign Office, Political Correspondence, PRO（英国公共档案馆，外交部政治信件）

FOIA：Freedom of Information Act（信息自由法案）

FP：James Forrestal Papers, ML（普林斯顿大学穆德图书馆，詹姆斯·福莱斯特文件）

FRUS：United States, State Department, *Foreign Relations of the United States*（美国国务院，《美国对外关系文件集》）

GCM：General Correspondence and Memoranda Series, DP（杜勒斯文件，一般信件与备忘录系列）

Holifield Report：U.S. Congress, Joint Committee on Atomic Energy, Report of Ad Hoc Subcommittee on the Assignment of Nuclear Weapons to NATO（美国国会原子能联合委员会，特别小组委员会关于向北约分配核武器的报告）

HP：Averell Harriman Papers, LOC（美国国会图书馆，埃夫里尔·哈里曼文件）

HSTL：Harry S Truman Library, Independence, Missouri（密苏里州独立城，哈里·杜鲁门图书馆）

I：International Series（国际文件系列）

IS：Internet Supplement to this work（本书网络补充文件）

ITM：Interna-tional Trips and Meetings Series, SS（白宫办公厅秘书处

文件，国际旅行与会议文件系列）

JCS History：Joint Chiefs of Staff, Historical Office, *History of the Joint Chiefs of Staff*（参谋长联席会议，历史办公室：《参谋长联席会议史》）

JFKL：John F. Kennedy Library, Boston, Massachusetts（马萨诸塞州波士顿，约翰·F·肯尼迪图书馆）

KP：Arthur Krock Papers, ML（普林斯顿大学穆德图书馆，阿瑟·克罗克文件）

Krone Diary：Heinrich Krone, "Aufzeichnungen zur Deutschland- und Ostpolitik 1954—1969"（海因里希·克朗，《1954—1969年德国与东方政治档案》）

LHCMA：Liddell Hart Centre for Military Archives, King's College, London（伦敦国王学院利德尔·哈特军事档案中心）

LNC：Charles de Gaulle, *Lettres, notes et carnets*（查尔斯·戴高乐：《信件、笔记与记事手册》）

LOC：Library of Congress, Washington, D.C.（国会图书馆，华盛顿哥伦比亚特区）

ML：Seeley Mudd Library, Princeton, New Jersey（新泽西普林斯顿，西利·穆德图书馆）

MP：Massigli Papers, FFMA（法国外交部档案，马斯格里文件）

NDU：National Defense University, Washington, D.C.（华盛顿哥伦比亚特区，国防大学）

Neustadt Report：Richard Neustadt, "Skybolt and Nassau: American Policy-Making and Anglo-American Relations"（理查德·诺伊施塔特：《"天箭"与拿骚：美国决策与英美关系》）

NP：Norstad Papers, DDEL（德怀特·艾森豪威尔图书馆，诺斯塔德文件）

NSA：National Security Archive, Washington, D.C.（华盛顿哥伦比亚

特区，国家安全档案馆）

NSABF：Berlin Crisis File, NSA（国家安全档案馆，柏林危机文件）

NSF：National Security Files, JFKL（肯尼迪总统图书馆，国家安全文件）

OSANSA：Office of the Special Assistant for National Security Affairs Files, DDEL（艾森豪威尔总统图书馆，国家安全事务特别助理办公室文件）

P：Presidential subseries, SA（国家安全事务特别助理办公室文件，特别助理系列，总统文件子系列）

POF：President's Office Files, JFKL（肯尼迪总统图书馆，总统办公室文件）

PP：Policy Papers subseries, in NSC, OSANSA（国家安全委员会，国家安全事务特别助理办公室文件，政策文件子系列）

PPP：*Public Papers of the Presidents*（《总统公开文件集》）

PPS：Policy Planning Staff records, RG 59, USNA（美国国家档案馆，政策规划司档案，记录组59）

Prem 11：Prime Minister's Office files, PRO（英国公共档案馆，首相办公室文件）

PRO：Public Record Office, Kew（英国公共档案馆，丘园馆）

PSF：President's Secretary's Files, HSTL（杜鲁门图书馆，总统秘书文件）

RG：Record Group, USNA（美国国家档案馆，记录组）

S：Subject Series or subseries（主题系列或子系列）

SA：Special Assistant's Series, OSANSA（国家安全事务特别助理办公室文件，特别助理系列）

SACS：Special Assistant's Chronological Series, DP（杜勒斯文件，按时间顺序排列的特别助理文件系列）

SDWHA：State Department and White House Advisor, AP（艾奇逊文

件，国务院与白宫顾问）

SHAT：Service Historique de l'Armée de Terre, Vincennes（法国文森斯陆军历史服务处）

SS：White House Office, Office of the Staff Secretary Files, DDEL（艾森豪威尔总统图书馆，白宫办公厅秘书处文件）

SSMC：United States, Department of State, *Secretary of State's Memoranda of Conversation*（美国国务院，《国务卿谈话备忘录》）

SWNCC：State, War, Navy Coordinating Committee（国务院-战争部-海军部协调委员会）

TC：Telephone Conversation Series, DP（杜勒斯文件，电话会谈系列）

TP：Maxwell Taylor Papers, NDU（国防大学，马克斯韦尔·泰勒文件）

USNA：United States National Archives, College Park, Maryland（马里兰州学院公园，美国国家档案馆）

WH：White House subseries, in Subject Series, SS（艾森豪威尔总统图书馆，白宫办公厅秘书处文件，主题文件中的白宫文件子系列）

WHM：White House Memoranda Series, DP（杜勒斯文件，白宫备忘录系列）

第一部分　欧洲的分裂

第一章　基于势力范围的和平？

1945年，美国、苏联和英国仍是盟国。他们一起打败了纳粹德国，非常彻底，以至于德国人在这一年5月不得不投降。日本，另一个主要敌国，几个月后也宣布投降。然而胜利并不意味着和平。甚至在战争结束之前，苏联和西方盟国就已经开始相互争吵。到了1946年初，许多人开始认为，第三次世界大战很可能无法避免。

当然，苏联与西方大国从未真正走向战争，不过他们卷入的这场巨大冲突——后来被称为"冷战"——主导了长达近半个世纪的国际政治。尤其是在1950年代和1960年代初期，发生一场全球战争并不只存在某种理论上的可能性。武装冲突的危险是确实存在的，而且，有时候离一场新的战争看上去只有几个月甚至几天之遥。而战争此时意味着全面核战争。人们的感觉是，文明的延续，甚至人类本身的生存，很可能都将处于安危未定之秋。

究竟该如何理解冷战的性质？人们常常理所当然地认为，这场冲突的核心是意识形态：苏联想主宰欧洲并把共产主义政权强加于整个欧洲大陆；而美国政府，自1945年4月富兰克林·罗斯福总统去世之后，完全无法以"势力范围"的方式思考问题，也无法接受欧洲的分裂。这种观点还认为，美国人无法放弃自己的原则，不得不支持波兰等东欧国家的独立，而正是这个原因，导致美苏在杜鲁门上台之初首次发生重大冲突，即在波兰问题上发生争论。这场争论还被普遍认为是导致冷战爆发的关键因素：球一旦开始滚动，就再也无法让它停下来。[1]

斯大林领导下的苏联与实行民主制的美国在战后时期无法亲密合作，固属理所当然之事，然而这是不是就意味着他们注定要陷入一场有可能导致战争的争端？也许美国人原本乐见自己的制度在整个欧洲得到推广，又或许苏联人原本希望整个欧洲大陆都"共产主义化"，然而考虑到权力的现实以及双方对战争的厌恶，这些愿望对于实际政策又有多少影响？美国没有打算用武力把苏联人赶出东欧；苏联也没打算挑起第三次世界大战，以便把美国人逐出西欧。那么，不管双方嘴上是怎么说的，难道他们不是或多或少都接受了欧洲的现状吗？难道不是因为美苏力量对比完全势均力敌，以至于任何一方都无力真正挑战欧洲的现状？如果是这样，那么问题出在哪里？

确实，回过头看，很难理解那段时间为何会出现严重武装冲突的危险。美国决策者以及苏联领导人都不是自身意识形态的囚徒，他们完全能够认识到权力的现实并制定相应的政策。较之罗斯福在任的1945年初，在杜鲁门执政的后半年里，美国的政策实际上已变得更加"现实"——也就是说，更切合权力的现实，并因而更愿意接受苏联在东欧的主导地位。在国务卿詹姆斯·贝尔纳斯（James Byrnes）——杜鲁门执政初期美国外交政策的真正制定者——的领导下，尤其是在1945年7月的波茨坦会议上，美国带头推动了后来逐步成型的以势力范围为基础的欧洲解决方案：西方大国愿意在事实上（尽管不是言辞上）接受苏联在东部拥有势力范围；作为交换，苏联人愿意尊重英美控制区域的西方主导地位。有明显迹象表明，苏联人将乐于接受这样一种安排。因此，到了1945年底，看上去似乎有可能形成某种程度上的永久解决方案：每一方都可以在自己控制的地区内自由行事，以此为基础双方可以在未来和睦相处。

---

1 例如，可参见林恩·戴维斯（Lynn Davis）引用的内容：Lynn Davis, *The Cold War Begins: Soviet-American Conflict over Eastern Europe* (Princeton, N.J.: Princeton University Press, 1974), pp. 3-4。

然而，直到1963年，这种解决方案才真正出现。为什么经历了这么长时间？为什么欧洲的分裂没有直接带来稳定的国际秩序？要回答这些问题，就需要理解冷战的性质。

围绕东欧的冲突

1945年初，随着欧洲的战争接近尾声，苏联和西方大国在东欧问题上产生了分歧。苏联红军占领了东欧大部分地区，诸多迹象表明，苏联希望更加永久地控制该地区。但英美则倾向于使东欧人能够在决定自身命运方面发挥更大作用的安排。

最重要的问题是波兰的命运。实际上，在1945年初，波兰问题主导了苏联与西方大国的关系。这并非偶然：波兰对双方来说比任何其他东欧国家要重要得多。不难理解为何苏联需要一个"友好的"波兰：该国门户洞开，横跨在德苏之间的入侵大道上。波兰的重要性不仅在于它在德国恢复权势之后再次对苏联构成入侵威胁时可以作为缓冲区，还在于苏联红军可以穿越波兰从而使苏联的力量对德国构成压力，使之不敢造次。自由通行权和可靠的交通线，苏联都需要。问题就在于，如果波兰真正独立，这些权利就可能没有了保障。长期以来，波兰人对东边这个邻国既害怕也不信任。以苏联与纳粹德国瓜分波兰为开端的这场战争，已经引发了诸多事件，使波兰人的仇恨有增无减，尤其是苏联在卡廷森林（Katyn Forest）杀害1939年被俘的波兰军官，以及1944年8—9月德国人镇压华沙起义时苏联红军的袖手旁观。一个真正独立的波兰会接受苏联军队出现在自己的领土上吗？苏联需要一个可以依靠的波兰，在1945年的境况下，这意味着它需要一个能够由它控制的波兰。[2]

---

[2] 卡廷森林事件和华沙起义事件不过是从一开始就异常残酷的进程之中最著名的事件。参见 Jan T. Gross, *Revolution from Abroad: The Soviet Conquest of Poland's Western Ukraine and Western Belorussia* (Princeton, N.J.: Princeton University Press, 1988)。

进入1945年，苏联的政策取向就已经很清楚了。不顾西方盟国的反对，苏联已经承认共产主义者主导的卢布林委员会（Lublin Committee）为波兰的临时政府。英美的反应又如何？两国政府都没有坚称自决原则是处理国际事务的唯一可接受的基础，都没有武断地反对这类基于势力范围的处理方式。例如，为了让苏联参加对日战争，作为交易的一部分，罗斯福总统愿意承认苏联在中国东北的优势地位。[3] 1944年10月，罗斯福还认可了著名的"百分比协议"（percentage agreement）。其中，英苏两国领导人，温斯顿·丘吉尔与约瑟夫·斯大林，划分了东南欧的势力范围：承认英国在希腊占主导地位，而苏联在保加利亚和罗马尼亚占主导地位。[4] 很明显，在更广泛的意义上，罗斯福乐于接受苏联对某些地区的控制，例如三个波罗的海共和国以及战前波兰的东部，无论其中涉及的民众对此作何感想。[5] 此外，他也接受苏联权势给整个东欧地区带来的巨大影响，将这视为政治生活中的一个明显事实。

不过，这并不意味着罗斯福认为苏联可以在整个东欧地区随心所欲。罗斯福（以及丘吉尔）特别感兴趣的一个国家就是波兰，或者更确切地说，寇松线（the Curzon Line）以西的波兰。罗马尼亚和保加利亚在战争期间没有站在同盟国一边，但波兰就不一样了。英国在1939年参战，首先正是为了捍卫波兰的独立。波兰人曾经英勇抵抗德国。战争期间仍有一支波兰军

---

3 "Agreement Regarding Entry of the Soviet Union into the War against Japan, February 11, 1945," in United States, Department of State, *Foreign Relations of the United States, The Conferences at Malta and Yalta, 1945* (Washington, D.C.: GPO, 1955) [FRUS Yalta], p. 984.

4 Robert Dallek, *Franklin D. Roosevelt and American Foreign Policy, 1932–1945* (Oxford: Oxford University Press, 1981), pp. 479–480. 在这个问题上，观点相反的一种描述可参见 Albert Resis, "The Churchill-Stalin Secret 'Percentages' Agreement on the Balkans, Moscow, October, 1944," *American Historical Review* 83 (1978): 368–387. 另见 Warren Kimball, *The Juggler: Franklin Roosevelt as Wartime Statesman* (Princeton, N.J.: Princeton University Press, 1991), chap. 8, 以及该书引用的其他论述（注释44）。一些关键的英国档案，参见 Joseph M. Siracusa, "The Meaning of TOLSTOY: Churchill, Stalin and the Balkans, Moscow, October 1944," *Diplomatic History* 3 (1979): 443–463。

5 例如，可参见1943年12月1日罗斯福与斯大林的谈话记录，FRUS Cairo and Teheran, pp. 594–595; 以及 Gar Alperovitz, *Atomic Diplomacy: Hiroshima and Potsdam* (New York: Simon and Schuster, 1965), pp. 134–136。

第一章 基于势力范围的和平？

队与西方盟国并肩作战。不仅如此，在美国中西部一些关键的工业州，有一个非常大的波兰裔美国人社区，而保加利亚裔或罗马尼亚裔美国人则为数不多。

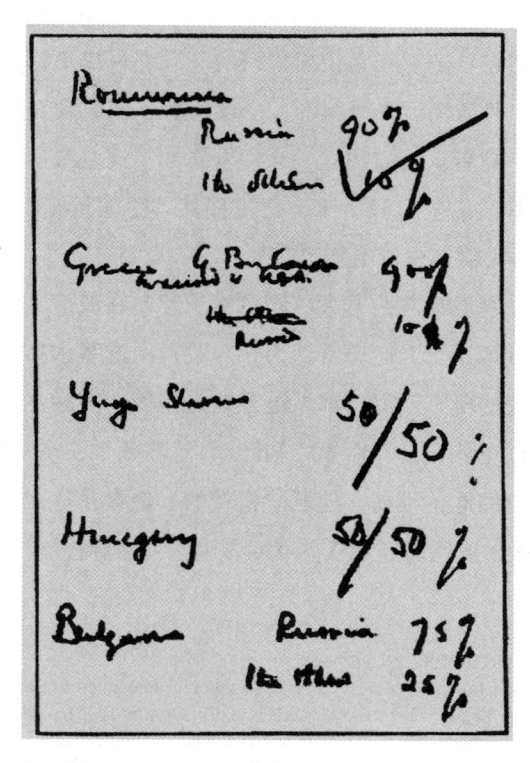

图1：百分比协议。丘吉尔在解释了自己的想法之后，（正如他后来所描述的）将这张纸推给对面的斯大林。"他稍作停顿，然后拿起他的蓝色铅笔，在上面打了一个大大的勾，随后将文件递还给我们。一切都敲定了，跟写下这份文件一样快。" Winston Churchill, *Triumph and Tragedy* (Boston: Houghton Mifflin, 1953), p. 227. 图中文件复制于一本著作，见 C. L. Sulzberger, *Such a Peace: The Roots and Ashes of Yalta* (New York: Continuum, 1982)。

因此，双方在波兰都拥有重大利益。到了1945年初，这个问题成为盟国团结的一个重大威胁，而维持盟国的团结是罗斯福的基本目标之一。接下来该怎么办？当盟国领袖们于当年2月在雅尔塔举行会晤时，他们的主要目的就是处理波兰问题。

在雅尔塔达成的协议要求共产主义者主导的波兰临时政府"在更为广泛的民主基础上进行重组，将波兰本土和海外波兰人中的民主领导人吸纳进去"。苏联外长莫洛托夫和美英驻莫斯科大使将帮助建立这个新政府，而该政府将"承诺在普选权和无记名投票的基础上尽快举行自由和不受控制的选举"。[6]正如罗斯福后来所写的，协议反映了西方观点与苏联最初的观点之间的妥协：前者认为应建立一个"全新的"波兰政府；后者认为"应仅扩大"卢布林政府。这样一来，协议显然"更偏重于卢布林的波兰人，而不是从另外两类群体中产生新政府"。[7]

不过，这是否意味着西方大国同意给予苏联在波兰（同时还暗指整个东欧）的自由行事权？人们通常认为，有关自由选举和临时政府中的非共产主义派别代表的所有言辞，都不过是装点门面，实际上是为了满足国内需要。这种观点还认为，罗斯福心知肚明，"苏联人在东欧拥有权势"，故而西方讨价还价的地位很弱，他所能指望的，最多是达成一项交易，在给自己保留一些面子的同时，承认苏联对该地区的实际控制权。[8]

---

6 有关文本见 FRUS Yalta, pp. 968–984。
7 Roosevelt to Churchill, March 29, 1945, Francis Loewenheim et al., eds., *Roosevelt and Churchill: Their Secret Wartime Correspondence* (New York: Dutton, 1975), p. 690.
8 这是在冷战史的阐释上左派和右派都发生误解的若干关键问题之一。就左派而言，他们普遍认为，在雅尔塔会议上，波兰（更遑论东欧其他国家）被认为是苏联势力范围的一部分。在这部分人看来，"雅尔塔政策"是对苏联在该地区权势的一种现实主义式的迁就，是对苏联安全需求的一种明智的认可，也是战后盟国合作政策的重要组成部分。西方之所以受到指责，不是因为接受了苏联在东欧的主导地位，而是因为试图"取消"在雅尔塔的协议，尤其是在罗斯福去世、哈里·杜鲁门成为总统之后。代表性的例子，见 Athan Theoharis, "Roosevelt and Truman on Yalta: The Origins of the Cold War," *Political Science Quarterly* 87 (1972): 220–221; Diane Clemens, *Yalta* (New York: Oxford University Press, 1970), pp. 215, 269, 279; Robert Messer, *The End of an Alliance: James F. Byrnes, Roosevelt, Truman, and the Origins of the Cold War* (Chapel Hill: University of North Carolina Press, 1982), pp. 42, 50–51, 56–58。右派同样普遍认为雅尔塔会议表明西方接受了苏联在东欧的自由行事权，只不过这一次政策本身遭到了谴责。尤其见 Edward Rozek, *Allied Wartime Diplomacy: A Pattern in Poland* (New York: Wiley, 1958), pp. 350–351, 442–444。这个观点至今在欧洲仍然存在。长期以来，认为"盎格鲁-撒克逊人"与苏联划分了欧洲是人们普遍的看法，尤其是法国的戴高乐主义者。例如，可参见夏尔·戴高乐本人的回忆录：Charles de Gaulle, *Mémoires d'espoir: Le renouveau* (Paris: Plon, 1970), p. 239。这种荒诞的说法在今天的东欧所起到的作用甚至更大。1990年代初，"雅尔塔会议是对东欧的背叛"这一解释被一些人加以利用，尤其是捷克总统瓦茨拉夫·哈维尔（Václav Havel），不过也包括其他东欧领导人，目的是使西方（接下页）

第一章 基于势力范围的和平？

然而，这种解释真的经得起分析吗？罗斯福当然知道，苏联有能力在波兰强行建立一个共产主义政府，但这个事实本身不会迫使他对这样一种安排予以官方认可。一项协议如果不能给双方都带来好处是毫无意义的。如果所有美国人指望得到的仅仅是一袭虚假的民主面纱，那么这等同于一无所获。相反，这将比毫无用处还要糟糕。真相不可能被长久地掩盖。一旦真相大白，注定会产生背叛感。协议的制定者们将被证明是一帮愚蠢之人，或者更糟。

苏联在军事上控制了波兰，这并不意味着美国政府在该问题上完全无能为力。如果罗斯福已经意识到他不可能从斯大林那里得到任何货真价实的东西，为什么最初在这个问题上他要跟斯大林唱反调？尤其是考虑到他当时的身体状况，为什么他要跑遍半个世界，试图解决这个问题？在这场争端中，美国人显然有一定的发挥影响力的资源。最重要的是，美国的权势完全有可能在战后世界发挥关键性作用，尤其是在控制德国方面。仅此一事，就意味着苏联有强烈的意愿与美国保持良好关系。再者，由于遭到了巨大的破坏，苏联人必须优先考虑重建问题，因此很想得到美国的经济援助以及处于美国控制下的其他资源的支持。这是另一个主要杠杆：美国高层理所当然地认为，苏联人很清楚，避免引起美国舆论的反感非常符合自己的利益。[9]

因此，美国人有理由希望在雅尔塔获得某种实质性的东西。事实上，他们的收获超过了预期，否则他们为何对会议结果如此满意，甚至私下里

（接上页）感到羞愧，从而不得不把北约安全保障的范围向东延伸。参见 "Czech Leader Pushes for Open NATO," *New York Times*, October 22, 1993，尤其是其中引用的哈维尔关于"西方第三次背叛"的演讲。慕尼黑和雅尔塔是前两次"背叛"，拒绝让北约东扩则是第三次。该地区其他国家对这个观点的利用，参见：: "NATO Commitment Sought by Poland," ibid., December 12, 1993; "Hungary Is First Nation to Accept NATO Membership Compromise," ibid., January 9, 1994。

9 参见 Bruce Kuklick, *American Policy and the Division of Germany: The Clash with Russia over Reparations* (Ithaca, N.Y.: Cornell University Press, 1972), pp. 103-113; John Lewis Gaddis, *The United States and the Origins of the Cold War, 1941-1947* (New York: Columbia University Press, 1972), pp. 189-197。

也是如此?[10]包括丘吉尔在内的英国官员,甚至包括英国外交部的顶级专家们,对他们在雅尔塔的收获也相当满意。[11]如果波兰问题事实上被一笔勾销了,很难想像英美两国政府领导人在会议结束后会是这种心情。而且,如果人们认为罗斯福在雅尔塔的目标仅仅是找到一个"为西方保全面子的模式",那么,雅尔塔会议之后他的态度——拒绝将卢布林政权"合法化",并对苏联当时在波兰问题上的态度表示"忧虑和关切"——就令人无法理解了。[12]

罗斯福及其主要顾问所追求的目标是,波兰在外交与军事政策问题上可以与苏联密切合作,但在国内问题上应拥有较大自主权。这实际上也是美国人在整个东欧的梦想,这个梦想贯穿了冷战的始终。[13]如果人们认为这样的安排有可能实现,这也并不荒唐可笑。波兰本身不会构成多大障碍:

---

10 William Leahy, *I Was There* (New York: Whittlesey House, 1950), p. 323; Robert Sherwood, *Roosevelt and Hopkins: An Intimate History* (New York: Harper, 1950), p. 869.

11 例如,可参见:Cadogan diary, February 10 and 11, 1945, 以及 Cadogan to Halifax, February 20, 1945, in David Dilks, ed., *The Diaries of Sir Alexander Cadogan* (New York: Putnam, 1972), pp. 707, 709, 717。另见 Roy Douglas, *From War to Cold War, 1942-1948* (New York: St. Martin's, 1981), pp.71, 73。丘吉尔的反应很有代表性。2月17日他在给艾德礼(Attlee)的信中写道:"我对斯大林和莫洛托夫的友好态度印象深刻。这是迄今为止我所见过的一个大不相同的苏联世界。"转引自 Joseph Foschepoth, "Britische Deutschlandpolitik zwischen Jalta und Potsdam," *Vierteljahrshefte für Zeitgeschichte* 30 (1982): 675 n. 2。

12 Roosevelt to Churchill, March 11 and March 29, 1945, in *Roosevelt and Churchill*, pp. 668, 689. "Face-saving formulas": Theoharis, "Roosevelt and Truman on Yalta," p. 221.

13 例如,注意1945年9月16日贝尔纳斯在与莫洛托夫会晤时的评论口吻,见 FRUS 1945, 2:196-197;以及哈里曼的观点,相关引文见 John Lewis Gaddis, *We Now Know: Rethinking Cold War History* (Oxford: Clarendon, 1997), p. 17。即使在冷战最激烈的时期,美国领导人也非常倾向于这种解决方式。例如,国务卿杜勒斯在1957年10月就曾告诉苏联外长,认为苏联"有权获得安全感","如果苏联能够与其他周边国家建立起类似于芬兰与苏联和南斯拉夫与苏联之间的那种关系,即既独立又关系密切,这样的解决办法就非常容易接受"。Dulles-Gromyko meeting, October 5, 1957, Declassified Documents Reference System [DDRS] 1991/925. 杜勒斯其实一直赞成这样的解决方式,即苏联与东欧国家的关系能够演变为它"与芬兰的关系那样"。Dulles-Churchill meeting, April 12, 1954, Dulles Papers [DP], White House Memoranda series [WHM], box 1, Meetings with the President, Eisenhower Library [DDEL], Abilene, Kansas. 另见 Dulles memorandum (for Eisenhower), September 6, 1953, FRUS 1952-1954, 2:460; 以及 Dulles at Chiefs of Mission meeting, May 7, 1957, FRUS 1955-1957, 4:597。值得注意的还有,1947年杜勒斯明确赞同在欧洲划分"势力范围"的观点(见下文注释30)。关于这个问题,还可参见 Eduard Mark, "American Policy toward Eastern Europe and the Origins of the Cold War, 1941-1946: An Alternative Interpretation," *Journal of American History* 68 (September 1981): 313-336, 以及 Fraser Harbutt, *The Iron Curtain: Churchill, America, and the Origins of the Cold War* (New York: Oxford, 1986), p. 131.

第一章 基于势力范围的和平？

即使波兰实行所谓的自由民主体制，也没有太多选择，只能接受这种关系。权力的现实注定会主导形势的发展。无论波兰人对苏联人怎么看，他们都没有多少回旋余地。如果他们固执己见，在事关苏联重大安全利益的问题上拒绝做出妥协，西方大国就会把他们的责任推得一干二净，让波兰独自承受自己的命运。而面对这样的前景，波兰人几乎肯定会就范。从根本上说，作为一个集团，西方三大盟国的态度具有决定性作用。鉴于波兰在东部的损失将以大片德国领土作为补偿，就更是如此。据估计，这势必会导致德国的不满，进而又会使波兰更加依赖盟国。[14]

因此，雅尔塔会议之后，在波兰问题上达成某种令人满意的解决方案还是有希望的。然而苏联政府却无意接受雅尔塔协定的约束力。例如，莫洛托夫曾指出，美国就雅尔塔协定的一个主要文件所提出的草案走得太远了。斯大林反驳了这种担忧："没关系……接下来我们会处理它……按我们自己的方式。"[15]事实也是如此，在有关重组波兰临时政府的莫斯科谈判中，苏联人采取了强硬路线，试图让华沙的共产党当局（仍被称为卢布林政府）对于邀请哪些波兰人参与协商拥有否决权。[16]考虑到波兰国内正在发生的事态，苏联人的不妥协立场显得尤其可怕。种种迹象表明，他们正准备在波兰强行建立一个共产主义政府，而这对罗斯福来说意味着苏联人并不打算遵守在雅尔塔的协议。他写信给丘吉尔道："本国政府和人民都不会支持参

14　1944年11月，罗斯福告诉阿瑟·布利斯·莱恩（Arthur Bliss Lane，一位刚刚被任命为驻波兰大使的职业外交官），斯大林的看法，即一个"苏联势力范围之内的波兰"可以成为"一个保障苏联不再受到入侵的壁垒"，是"可以理解的"。按照波兰大使切哈诺夫斯基（Ciechanowski）在回忆录中所述，同年6月，罗斯福曾告诉波兰非共产主义领导人米克拉吉塞克（Mikolajcyzk），苏联可以"吞掉波兰——如果不能按照它的条件达成谅解的话"。罗斯福还说，"如果某件事情已不可避免，人们就应该主动接受它。"几天以后，他又提醒波兰代表说："你们不能冒与苏联发生战争的风险。还能有什么其他选择？只能达成协议。" Arthur Bliss Lane, *I Saw Poland Betrayed: An American Ambassador Reports to the American People* (Indianapolis: Bobbs-Merrill, 1948), pp. 58（引用切哈诺夫斯基的描述），67。

15　*Sto sorok besed s Molotovym: Iz dnevnika F. Chueva* [One Hundred Forty Conversations with Molotov: From the Diary of F. Chuev] (Moscow: Terra, 1991), p. 76, 部分摘录的译文见 Woodford McClellan, "Molotov Remembers," Cold War International History Project [CWIHP] *Bulletin*, no. 1 (Spring 1992): 19。翻译全文见 Felix Chuev, *Molotov Remembers: Inside Kremlin Politics, Conversations with Felix Chuev*, ed. Albert Resis (Chicago: Dee, 1993)。

16　关于谈判，参见FRUS 1945, 5:110–210。

与欺骗活动,或者哪怕仅仅是将卢布林政府合法化的行为,必须采用我们在雅尔塔拟议的解决方式。"[17]

丘吉尔想在该问题上直接面对苏联,但罗斯福不同意。[18]如果确实不得不这样做,罗斯福准备与斯大林"当面理论此事",[19]不过他宁愿用更间接的方式处理这个问题。美国的舆论已被操控,目的是激发公众的期望,从而给苏联人造成巨大压力。詹姆斯·贝尔纳斯,战争期间的"助理总统"、当时美国政治生活中的领袖人物之一,是罗斯福用以达到这个目的的主要"工具"。贝尔纳斯曾陪同罗斯福参加雅尔塔会议。从苏联回来之后,他首次就雅尔塔协定意味着什么向美国公众做了权威解释。会议通过的《关于被解放的欧洲的宣言》(The Declaration on Liberated Europe)——一份对民主和自决充满威尔逊式虔敬的文件——原本无意让人从字面意思进行理解。[20]然而贝尔纳斯却宣称——尽管其真实看法与之大不相同——这是"最重要"的一份文件:它标志着势力范围的终结。关于波兰,他说,三个主要盟国将掌控那里的局面,"直到临时政府建立且选举得以举行"。这完全是误导性的,但罗斯福完全赞同,称之为贝尔纳斯的"精彩"表现,罗斯福本人接着也用类似的腔调向全国报告雅尔塔会议的内容。[21]

不过罗斯福的策略并未取得想要的效果,苏联与西方盟国的关系开始

17　Roosevelt to Churchill, March 11, 1945, in *Roosevelt and Churchill*, p. 668. 另见 ibid., pp. 674, 690。
18　参见同上书, documents 510, 512, 513, 515, 517, 518, 528, 529 and 534。
19　Roosevelt to Churchill, March 29, 1945, ibid., p. 690.
20　用国务卿斯丁纽斯(Edward Stettinius Jr.)当时的话说,该宣言可以被理解为一种姿态,目的是"安抚美国和其他地方的公众舆论"。引自 Alperovitz, *Atomic Diplomacy*, p. 136n. 阿尔佩罗维茨(Alperovitz)有关这份宣言的基本观点(pp. 135-136)相当有说服力。
21　基本情况参见 Messer, *End of an Alliance*, chaps. 3 and 4, and esp. pp. 52, 56-58。梅瑟(Messer)认为,贝尔纳斯的做法与罗斯福的政策有出入,罗斯福的目的不过是想"给欧洲的分裂蒙上一层好看的外表"。不过梅瑟基本上还是认为罗斯福仍然是幕后操纵者。尤其是第60页关于罗斯福认可"其推销员"的表演那段评论。通过贝尔纳斯来操纵美国公众舆论是为了向苏联施加压力,关于这个观点更清晰的阐释,可见 Harbutt, *Iron Curtain*, pp. 86-92。罗斯福本人关于雅尔塔会议的讲话,见 *Department of State Bulletin* (DOSB), March 4, 1945, pp. 321-326。此外,梅瑟还暗示贝尔纳斯被罗斯福欺骗了。而事实并非如此,贝尔纳斯清楚地了解雅尔塔协定的实质。参见他与《纽约时报》的特纳·卡特利奇(Turner Catledge)的会晤记录, Catledge to Krock, February 26, 1945, Krock Papers (KP), box 1, p. 153ff., Mudd Library (ML), Princeton.

迅速恶化。在莫斯科谈判中，面对苏联的不妥协立场，西方的政策日趋强硬。甚至在4月罗斯福去世之前，参加莫斯科谈判的美国代表就企图使非共产主义的波兰人与卢布林政权处于"同等"地位，这导致了斯大林的抱怨，认为西方大国试图取消在雅尔塔的协议。[22]哈里·杜鲁门在罗斯福4月去世后接任总统，美国政府在这个问题上的立场更加强硬。现在的要求是建立一个"真正代表波兰人民中的民主成分"的临时政府。[23]这与美国在雅尔塔的最初立场是一致的，不过最后协议仅仅是以较为含糊的措辞要求现有政权"在更广泛的民主基础上重组"。对杜鲁门来说，在这个问题上，简单的事实是，苏联违反了在雅尔塔的协议，正试图强行在波兰建立共产主义政府。这种违约行为是不可容忍的，他立即决定直截了当地应对这个问题。

4月23日，继任总统仅仅一周，杜鲁门就与其军事和外交政策的高级顾问们举行了会晤。他指出："到目前为止我们与苏联之间的协议走的都是一条单行道，如今已难以为继。不能坐失良机。"苏联人必须遵守自己在雅尔塔达成的约定。通过这次会晤，在他看来有一点很清楚，"从军事角度来看"，对于波兰问题上所达成的协议，美国"没有任何理由"不坚持自己的理解"。[24]他当天晚上就与莫洛托夫正面交锋，以异常直言不讳的口吻要求苏联人信守自己的承诺。据杜鲁门后来所说，莫洛托夫曾表示："在我一生中从未有人跟我这样说话。"而杜鲁门本人当时的回答则是："履行你们的承诺，就不会有人这样跟你说话了。"[25]

不过双方很快便放弃了这种敌对口吻。无论杜鲁门还是贝尔纳斯都不

22　Harriman to Stettinius, March 25, 1945, 以及 Stalin to Roosevelt, April 9, 1945, FRUS 1945, 5:180, 201-204。

23　Truman to Stalin, April 23, 1945, FRUS 1945, 5:258-259; Harry Truman, *Memoirs: Year of Decisions* (Garden City, N.Y.: Doubleday, 1955), p. 81.

24　White House meeting, April 23, 1945, FRUS 1945, 5:252-255. 这并不意味着他已经准备面对这样一种可能性，即与苏联摊牌有可能导致武装冲突，而只不过是说，美国在战争期间对与苏联军事合作的依赖并没有严重到如今不能惹苏联人不高兴的程度。

25　Truman, *Year of Decisions*, pp. 79-82.

想与苏联人翻脸。而且，新任总统很快就认识到，雅尔塔协定的内容并不像他最初以为的那样清晰明确。[26]杜鲁门有意找斯大林"再试一次"，于是在5月派罗斯福的亲密顾问哈里·霍普金斯前往莫斯科，与这位苏联领导人商讨解决办法。双方很快就达成了一项有关波兰临时政府结构的协议，随后，经过重组但仍由共产主义人士主导的政府得到了美国的承认。

这项决定是一个转折点。美国政府或多或少已经放弃了在波兰争取民主的意图。自由选举被不断承诺，斯大林在与霍普金斯会晤等场合也明确否定了任何"使波兰苏联化的意图"。他表示，目标是建立一个类似于荷兰那样的西方式议会民主制。[27]然而美国政府并未真正努力让共产主义者履行这些承诺。在1945年7月的波茨坦会议上，在波兰问题上唱主角的是英国代表团，美国人消极被动。共产主义者就自由选举做出明确承诺之后，美国给予了外交承认，然而选举并未举行，美国人也没想过要取消承认。到了1945年底，美国政府对波兰所发生的事情已经不再有太大兴趣。这个国家事实上（即使不是在言辞上）已经被视为苏联势力范围的一个不可或缺的组成部分。[28]

由于波兰问题事实上在1945年中被一笔勾销，美国已不大可能在东欧其他地方就民主问题表达立场。波兰人是盟友，曾经抵抗强敌，为自由努力奋战。但诸如罗马尼亚，则站在纳粹一边作战，保加利亚与德国也有较小程

---

26 参见 Melvyn Leffler, *A Preponderance of Power: National Security, the Truman Administration, and the Cold War* (Stanford, Calif.: Stanford University Press, 1992), pp. 32-33。贝尔纳斯的观点也值得注意，有关引述见 Lloyd Gardner, *Spheres of Influence: The Great Powers Partition Europe, from Munich to Yalta* (Chicago: Ivan Dee, 1993), pp. 242-243, 以及杜鲁门在5月25日表达的看法：他每次阅读雅尔塔协定，"都会从中发现新的含义"。Robert Ferrell, ed., *Truman in the White House: The Diary of Eben A. Ayers* (Columbia: University of Missouri Press, 1991), entry for May 25, 1945, p. 28.

27 Hopkins-Stalin meeting, May 27, 1945, FRUS Potsdam, 1:38-39. 另见 Douglas, *War to Cold War*, p. 96。

28 关于此时美国在波兰问题上的消极立场，参见 Davis, *The Cold War Begins*, pp. 237, 244-248, 251; Geir Lundestad, *The American Non-Policy towards Eastern Europe, 1943-1947: Universalism in an Area Not of Essential Interest to the United States* (New York: Humanities Press, 1975), pp.111, 206-211; 以及 Harbutt, *Iron Curtain*, p. 115. 美国驻波兰大使阿瑟·布利斯·莱恩毫不隐瞒自己的观点，认为美国政府在这个问题上应该采取强硬路线。然而他的建议被忽视了。（用他自己的话说）"出于某种原因，贝尔纳斯认为我没有必要出现"在波兰。Lane, *I Saw Poland Betrayed*, p. 128.

第一章 基于势力范围的和平？

度上的合作。按照百分比协议，这两个国家甚至都被划入了苏联的势力范围。1945年底，围绕这些国家的命运也曾有过一些不太上心的争论。不过，波茨坦会议前夕当上国务卿的贝尔纳斯并不认同美国在保加利亚和罗马尼亚的外交代表希望采取的强硬路线。[29] 实际上，他很快就得出结论，按照现状与苏联了结这些问题的时机已到。在9月的伦敦外长会议期间，贝尔纳斯与美国代表团中的共和党要员约翰·福斯特·杜勒斯会晤，讨论迄今为止毫无结果的谈判进程。他说："伙计，我想我们已经把这些家伙推到了他们能够达到的地步，我认为我们最好开始考虑达成一种妥协。"[30] 到12月，美国的政策转变已经定型。在同月举行的莫斯科外长会议上，贝尔纳斯同意承认保加利亚和罗马尼亚的共产主义政权，交换条件是这些政府的构成要做一些表面上的调整，以及他无疑心知肚明的关于自由选举的空洞承诺。[31]

---

29 尤其要注意到，他对美国驻保加利亚代表在1945年8月采取的行动很恼火，而这种态度与当时美国的公开立场是不一致的。Michael Boll, *Cold War in the Balkans: American Foreign Policy and the Emergence of Communist Bulgaria, 1943–1947* (Lexington: University Press of Kentucky, 1984), p. 150.

30 引自 Daniel Yergin, *Shattered Peace: The Origins of the Cold War and the National Security State* (Boston: Houghton Mifflin, 1978), p. 129. 耶金（Yergin）认为杜勒斯此时试图阻止这种政策，威胁说"公众会指责贝尔纳斯是绥靖派"。而这符合一种常见的解释，即认为贝尔纳斯此时的兴趣仅仅在于通过满足苏联的要求来避免麻烦。他在1946年初改变立场，也仅仅是因为美国国内的政治氛围已经明显朝着反苏方向逆转。不过一项更近的研究表明，即使在这个时候，贝尔纳斯在东欧问题上的立场也比杜勒斯**更强硬**，后者的主要考虑已不是威尔逊主义，而是势力范围。参见 Ronald Pruessen, *John Foster Dulles: The Road to Power* (New York: Free Press, 1982), pp. 281–282, 314–321. 此外还要注意到杜勒斯1947年6月对一项建议（"达成一项关于在易北河划分欧洲的协议是可能的，也是可取的"）的答复。他并未立即否定这种观点，而只是回复道："不大可能通过协议有效实现这个目标，除非我们首先在事实上已经做到。"Council on Foreign Relations discussion, June 6, 1947, p. 10, Dulles Papers, 1947: Council of Foreign Ministers File, ML.

31 有关罗马尼亚和保加利亚的莫斯科协议，见 Davis, *Cold War Begins*, pp. 328–329, 以及 Messer, *End of an Alliance*, pp. 153–154. 对1945年底的美国政策做过深入研究的学者们提出了大量证据，揭示了美国在东欧问题上的消极立场以及美国政府对苏联在该地区的特殊利益的承认，然而这些学者却不愿公开、直接地指出美国实际上放弃了该地区。Lundestad, *American Non-Policy* (p. 102)甚至明确表示，莫斯科协议并不意味着美国把该地区"完全视为苏联的势力范围"从而"一笔勾销"。有关民主和自由选举的例行声明被一些研究者认真对待，尤其是戴维斯——尽管很难看出这对实际发生的事情有什么影响。爱德华·马克（Eduard Mark）也认为，贝尔纳斯在莫斯科并未"放弃"罗马尼亚和保加利亚。他说，国务卿的目标是使一个"开放的"苏联势力范围制度化，其中当地国家能够享有大量国内政治自主权，并且"希望避免该地区被整合为一个排他性的势力范围"——后者的标志是通过建立警察国家对其牢牢加以控制。Mark, "American Policy," p. 329, esp. nn. 82 and 83. 我个人的观点是，尽管"开放的范围"（open sphere）对贝尔纳斯和大多数美国决策者来说是最理想的解决方案，但他们并不真心认为这是力所能及之事。我还认为，尤其就贝尔纳斯而言，接受既有的现实，事实上就是愿意接受苏联对该地区的全盘控制。

美国时不时还会继续就东欧民主政府的理想说一些漂亮话,然而在实践上,到了1945年12月,该地区已经被认可为由苏联完全操控的势力范围。美国政府当然不会喜欢苏联人在该地区的所作所为。警察国家的逐步建立——威吓、拘捕、"清算"——触及了美国人的敏感神经;控制被施加的方式则使美国人有上当受骗之感。斯大林曾声称无意在波兰建立共产主义政府,自由选举不断推迟举行,以及对美国人所持愿望的普遍蔑视,凡此种种,无不令人心生愤懑,其政治影响也绝非无足轻重。尽管如此,东欧成为苏联的势力范围仍然是美国人所能容忍的。不仅如此,既然不打算诉诸战争,美国别无选择,只能接受苏联对该地区的控制。实际上美国的政策比这更为主动。关键的标志是外交承认,而这绝非迫不得已之举。给予承认意味着欧洲的分裂已被视为战后国际秩序的基础。

到了1945年底,这样一种安排已经成为贝尔纳斯真正的政策目标。莫斯科会议之后,国务卿被指控为绥靖分子,把协议当成目的本身来追求,过分迁就对方并乐意做出让步。但贝尔纳斯并不是因为想维持大国合作体制而不惜代价争取苏联的善意。他很早就已得出结论,就双方携手合作的基础而言,苏美之间的分歧已经太大。[32] 要与苏联人和睦相处,关键是彼此都接受对方在其控制区域(对其安全至关重要的区域)的行为。因此,贝尔纳斯愿意承认东欧是苏联利益占主导的地区。作为交换,他希望苏联也能接受西方大国在它们所认为的关键地区的主导地位,首先是西欧和日本,也包括地中海和中东地区。正是出于这个原因,甚至早在1945年底——也就是说,在总统和其他政府成员采取强硬反苏政策之前——他就准备捍卫土耳其海峡,而这在当时是某些冷战斗士(比如杜勒斯)非常谨慎、不敢轻易尝试的事情。[33] 而这个时期他的收获之一是苏联接受了美国在

---

32 Byrnes remarks of July 24, 1945, 有关引述见沃尔特·布朗(Walter Brown)的日记,转引自 Yergin, *Shattered Peace*, p. 118。
33 参见 Pruessen, *Dulles*, p. 319。

日本的优势地位。[34]

这种处理方式并无任何神秘、复杂之处。"势力范围"这个说法可能会让人想到19世纪晚期那种高度职业化的外交图景，不过这个基本概念其实是人们在日常生活中所熟知的。两个男孩在校园里打架，最自然的解决办法是将他们拉开。或者丈夫和妻子总是争吵不休，对他们来说一个显而易见的解决之道就是离婚，各自独立生活。这种方式与威尔逊主义传统——这无疑是美国外交政策的基本传统之一，尤其是在公开言论的层面——格格不入，因为这个原因，某种程度上的谨慎总是必要的。不过这个传统的力量——对民主和自决的强调，对权力、战略利益尤其是势力范围等思维方式的厌恶——也不宜夸大。最近的历史论著越来越清楚地表明，美国政策的制定者并非一些天真乐观的理想主义者，他们总的来说都明白，不能教条式地运用威尔逊主义的原则，必须考虑到政治现实。[35]尤其是贝尔纳斯，在任何情况下都不大在乎抽象的原则，因此能够很自然地将其政策建立在权力现实之上。欧洲的分裂已然是事实，如果双方都接受现实，争吵就可以结束，各个盟国就能够和平地走各自的道路。

波茨坦会议与德国问题

贝尔纳斯在德国问题上的政策的核心体现了同样的理念。事实上，他在这个事件上采取的政策是一个突出的例子，体现了他在1945年处理国际问题的基本方式。在他看来，与苏联进行真正的合作完全没有可能。他在7月24日指出："美苏两国的意识形态有太多的差异，没有办法确立长期的

34　参见 William Taubman, *Stalin's American Policy: From Entente to Détente to Cold War* (New York: Norton, 1982), p. 124; Lundestad, *American Non-Policy*, p. 245; 以及 Yergin, *Shattered Peace*, pp. 146,150。

35　尤其见 Leffler, *Preponderance of Power*; Lundestad, *American Non-Policy*, esp. pp. 73-106; 以及 Mark, "American Policy"。

合作计划。"[36]相处的办法是各自负责其控制区域的事情。在1945年7月底和8月初的波茨坦会议上，这个简单的想法就是贝尔纳斯的政策基础，而且斯大林也非常乐于接受这个想法。

基于这个观念的安排是如何做出的？战争期间，盟国并未就共同的对德政策达成一致，不过这并不仅仅是因为疏忽。[37]一个简单的事实是，当时并无可以明确追求的政策目标。惩罚性的政策从长远看有可能导致巨大的痛苦和仇恨，以至于德国人会再次对现状进行反抗，但是，鉴于德国人犯下的滔天罪行，柔性的和平似乎也完全不可取。

战争期间美国人在这个问题上的分歧尤其严重。[38]国务院倾向于考虑在德国建立民主体制，因此比较赞成实现某种相对温和的和平。财政部长摩根索对这种政策极为愤怒，相反，他竭力主张推行一个计划，使德国彻底"田园化"。"我不在乎德国人的处境"，他对自己的主要助手说。他要"夺取每一个矿井、磨坊和工厂，并彻底摧毁它们"。[39]罗斯福在1944年底也赞同"摩根索计划"。他一度甚至表示，他不愿意"说我们无意摧毁德国"。[40]不过是否实施这一计划并没有明确的决定，也没有确立任何其他替代政策。相反，除了一些最为紧迫的决定，罗斯福总统把一切问题都拖了下来。1918年第一次世界大战结束时，德国人在放下武器之前就与敌人达成了一项协议。德国人后来宣称，协约国违背了它们在交易中的承诺，故此德国有道德权利反对西方大国以欺骗手段强加的和平方案。因此，这

---

[36] Walter Brown diary entry, July 24, 1945, 转引自 Yergin, *Shattered Peace*, p. 118。

[37] 参见 Kuklick, *American Policy*, chapter 2, 以及 Gaddis, *United States and the Origins of the Cold War*, chapter 4。

[38] 尤其见 Paul Hammond, "Directives for the Occupation of Germany: The Washington Controversy," in *American Civil-Military Decisions: A Book of Case Studies*, ed. Harold Stein (University, Ala.: University of Alabama Press, 1963)。

[39] John Morton Blum, ed., *From the Morgenthau Diaries: Years of War, 1941–1945* (Boston: Houghton Mifflin, 1967), p. 351. 关于摩根索计划，尤其参见 Warren Kimball, ed., *Swords or Ploughshares? The Morgenthau Plan for Defeated Nazi Germany, 1943–1946* (Philadelphia: Lippincott, 1976)。

[40] 转引自 Edward N. Peterson, *The American Occupation of Germany: Retreat to Victory* (Detroit: Wayne State University Press, 1977), p. 21。

第一章 基于势力范围的和平？

一次在停火之前不会有任何协议。德国必须无条件投降。盟国不会自缚手脚。[41]

于是，对德协议的性质这个基本问题被搁置起来，直到战争的最后阶段。例如，是否应该瓜分德国是一个非常重要的问题。然而在这个问题上，罗斯福定下的原则是，"我们的态度应该是对此加以研究，不急于做最后决定"——说这话时已是1945年4月，离德国投降仅一个月。[42]

因此，到欧洲的战争结束为止，仅仅达成了一些最低限度的协议。同盟国曾经拟定了德国投降的条件（尽管是通过破坏美国目标的方式，这些条件并未付诸实践）。[43]此外还达成过一项将德国划分为若干占领区的协定，不仅将占领区分配给英国、美国和苏联，最终还要给法国。这项安排使得本身已被分成四个区域的大柏林区处于苏占区之内。[44]有关德国管制机构的协议最终于1944年11月签署，并在1945年初，即雅尔塔会议举行之前，得到批准。根据协议，将建立一个盟国管制委员会（Allied Control Council），由几位盟军最高司令组成，他们分别在各自占领区行使最高权力。管制委员会可以就"有关整个德国的事务"采取行动，但只能在所有

---

41 关于"无条件投降"的政策，参见Michael Balfour, "The Origins of the Formula 'Unconditional Surrender' in World War II," *Armed Forces and Society* 5 (1979): 281-301, 以及 Raymond O'Connor, *Diplomacy for Victory: FDR and Unconditional Surrender* (New York: Norton, 1971)。

42 Stettinius to Winant, April 10, 1945, FRUS 1945, 3:221. 值得注意的还有国务院德国经济事务顾问埃米尔·戴斯普里斯（Emile Despres）的判断。他写到，除了雅尔塔会议，"有关德国的经济计划迄今没有取得多少进展。不仅跨部门层次的磋商很少，政府各部门之间在一些基本问题上的分歧也妨碍了美国政府一致立场的形成。" Despres memorandum, February 15, 1945, ibid., p. 412. 1944年9月，罗斯福本人曾指示国务院，希望**不要**就战后如何对待德国工业的问题去打探英国人或苏联人的立场。次月，他又向国务卿表示，他不喜欢"就一个我们尚未占领的国家制订具体计划"。Roosevelt to Hull, September 29 and October 20, 1944, FRUS Yalta, pp. 155, 158. 另见 Gaddis, *United States and the Origins of the Cold War*, pp. 106-107; Robert Murphy, *Diplomat Among Warriors* (Garden City, N.Y.: Doubleday, 1964), chap. 16, esp. pp. 227-228; Clemens, *Yalta*, p. 38; 以及 Hans-Peter Schwarz, *Vom Reich zur Bundesrepublik* (Neuwied: Luchterhand, 1966), pp. 105-119。

43 德国无条件投降的文件草案，July 25, 1944, FRUS Yalta, pp. 110-118; 而后变为杜鲁门与马修斯-麦克洛伊的电话交谈，both May 12, 1945, 以及 Matthews to Murphy, May 14, 1945, 和 Bedell Smith to Hull, May 10, 1945, in FRUS 1945, 3:289-290, 294-297。

44 关于占领区和大柏林区行政管理的议定书，September 12, 1944, FRUS Yalta, pp. 118-121。关于这个问题，尤其参见 William Franklin, "Zonal Boundaries and Access to Berlin," *World Politics* 16 (October 1963): 1-31。

四位占领区司令就特定措施达成一致的情况下。这项计划并未就如何对待德国做出规定。它只是建立一个机构，通过整个机构来实施某项共同的政策，并假定盟国能够就这种共同政策达成一致。[45]

无论如何，其中的假设是，同盟国确实能在德国问题上进行合作。对罗斯福而言，关键问题是要与斯大林建立信任关系。如果做到这一点，他相信（至少直到生命的最后一个月）两个国家能够相互合作。因此他和其他主要官员都不愿做出任何可能引起苏联人猜疑的事情。例如，本质上正是出于这个原因，在起草占领区协议时，美国人没有坚持要求在柏林自由进入问题上得到明确保证。[46]

然而到7月波茨坦会议举行时，美英许多高级官员已经得出结论，与苏联之间的真正合作其实是不可能的。现在看来，似乎只要有可能，苏联人都会向外扩展，无论是在挪威北部、地中海、中东，还是远东地区。[47]最具威胁性的一项新主张是要求在土耳其海峡获得军事基地。为了支持这个要求，苏联在巴尔干进行了军队调动，并对土耳其政府展开了激烈的新闻和广播宣传攻势。[48]

显然，苏联已经选择了不加掩饰的扩张政策。苏联人，正如莫洛托夫后来回忆，在战后初期采取的是"攻势"，目的是"最大限度地扩展祖国的边界"。[49]如果有机会获利，为何不去尝试？谁会阻止苏联人？美国似乎无意承担起阻止苏联权势扩张的义务，而没有美国的支持，过于虚弱的英国

---

45 Stettinius to Roosevelt, January 19, 1945, 以及 Roosevelt to Stettinius, January 23, 1945, FRUS 1945, 3:173, 173n. 另见一次高级别会晤上的讨论，March 15, 1945, ibid., p. 454。1944年11月14日协议的文本，见 FRUS Yalta, pp. 124-127.

46 Murphy, *Diplomat among Warriors*, pp. 231-233.

47 例如，可参见 Anderson to Collier, July 16, 1945; Collier to Warner, July 30, 1945; Bullard to Eden, July 11, 1945, with Eden Minute; 尤其是 Eden to Churchill, July 17, 1945; in *Documents on British Policy Overseas* (DBPO), ser. I, vol. 1, *The Conference at Potsdam, July-August 1945* (London: HMSO, 1984), pp. 322-323, 1201, 166, 168, 353。

48 参见 Bruce Kuniholm, *The Origins of the Cold War in the Near East* (Princeton, N.J.: Princeton University Press, 1980), pp. 255-270; 英国的观点，见 DBPO I, 1:10, 29-30, 171, 542, 544, 547。

49 McClellan, "Molotov Remembers," pp. 17, 19.

第一章 基于势力范围的和平？

人也无力遏阻苏联人。如果苏联人遭到有力抵制，他们总是可以撤退的。所以，这样做又会有什么损失呢？无论如何，苏联的扩张目标并不是什么新鲜事。沙皇政权长期以来一直觊觎土耳其海峡，第一次世界大战之前就在巴尔干地区、伊朗北部和中国东北积极活动。斯大林自视为这些沙俄政策的正当继承人，有权宣称拥有帝俄政府所取得的权利，包括"一战"期间西方盟国所让与的海峡控制权。[50]比如说，对于自己曾打算给予沙皇的东西，英国如何能对苏联说不？斯大林坚持要求被平等对待。既然英国控制了苏伊士运河，美国控制了巴拿马运河，为什么苏联就不应该主宰土耳其海峡？[51]作为三大国之一，这是它的特权。

西方政府也许会大谈小国的权利，不过，正如斯大林所认识到的，他们肯定都明白，从根本上讲，诸如巴拿马、埃及和土耳其这些国家的利益的重要性十分有限。大国将一如既往地决定一切。因此，"一个小国（土耳其）"掐住"一个大国（苏联）的脖子"，是奇耻大辱。[52]国际政治就是强权政治。人人都知道，不管在公开场合怎么说，三大国将主导一切，而且他们将根据自己的核心战略利益来决定彼此之间的关系。

斯大林并不打算奉行与西方对抗的政策。他所需要的是按照一战前的传统模式来处理外交政策。在他看来，苏联是一个强大的帝国，不得不去应对一个竞争性的（尽管未必是敌对性的）大国集团。双方的分歧自然会发生，国际政治绝非爱的盛宴，冲突将被冷静地视为游戏的正常组成部分。斯大林绝无理由认为他所选择的政策将导致他走上与战时盟国发生冲突的道路。

然而，西方国家政府尽管过去一直指望苏联与他们合作以管理战后世界，如今却对其政策取向深感失望。例如，美国驻苏大使埃夫里尔·哈里

---

50 尤其见"Agreement Regarding Entry of the Soviet Union into the War Against Japan"的表述，February 11, 1945, FRUS Yalta, p. 984, 以及莫洛托夫与贝文会晤时的言论，September 23, 1945, DBPO I, 2:317-318。

51 Potsdam conference, plenary meeting, July 23, 1945, FRUS Potsdam, 2:303, 313.

52 Potsdam conference, plenary meeting, July 23, 1945, DBPO I, 1:585.

曼（Averell Harriman）就曾抱怨"苏联人提出的扩张要求"。他在7月23日对战争部的高级文职官员说："他们正在抛弃以前的自我克制政策——即认为自己仅仅是一个大陆国家，对进一步扩张没有兴趣，现在显然正试图向各个方向扩展。"[53] 英国外长安东尼·艾登对日益显现的"苏联政策模式"也深感不安。艾登在战争期间曾做出努力，试图为与苏联建立合作关系打下基础，但现在他感到，苏联人正变得"一天比一天更肆无忌惮"。[54] 战时人们所期待的那种真正的合作显然已无可能。丘吉尔从波茨坦回来后，对苏联所表达的政策做了非常简明的总结："'我所拥有的一切都是我的'，苏联人说，'而你所拥有的，我也要有一份'。照此逻辑，我们什么也做不成。"[55]

这导致了美国对德政策的根本变化。考虑到苏联政策的这种新动向，尤其是考虑到苏联人在波兰和东欧其他地区的所作所为，努力与苏联人共同治理德国还是一个好主意吗？西方大国大概会明智地考虑用某种不同的方式来管理德国。[56] 管制委员会这个机制可能根本无法运作。两个月前刚刚受命担任美国驻德国军政府负责人的卢修斯·克莱（Lucius Clay）将军，在6月6日已明确提到这一点。他指出，管制委员会可能"仅仅成为一个谈判机构，而根本不是一个统一的德国政府"。他还说，如果盟国不能把德国作为一个整体来加以管理，也许西方大国应该考虑由自己来管理德国西部。[57]

因此，波茨坦会议面临的一个大问题就是，是否可以把德国作为一个整

53　Stimson diary for July 23, 1945, FRUS Potsdam, 2:260n.
54　Eden to Churchill, July 17, 1945, DBPO I, 1:352–354; Victor Rothwell, *Britain and the Cold War, 1941–1947* (London: Jonathan Cape, 1982), pp. 89, 122, 124–125.
55　Reported in Massigli to Bidault, July 30, 1945, Massigli Papers [MP], vol. 92, French Foreign Ministry Archives [FFMA], Paris, henceforth cited in the following form: MP/92/FFMA.
56　例如，可参见McCloy-Stimson phone conversation, May 19, 1945, Henry Stimson Papers, box 172, Sterling Library, Yale University, New Haven (reel 128 in the microfilm edition)。尤其要注意其中提到的"苏联在巴尔干、奥地利和波兰所表现出的政策模式"以及"人们越来越觉得我们应拒绝解散欧洲盟军最高司令部（SHAEF）和确立管制委员会对德国的管理"。SHAEF（Supreme Headquarters, Allied Expeditionary Force）是英美建立的一个掌控西欧军事行动的组织，由艾森豪威尔将军负责。
57　Clay (signed Eisenhower) to JCS, June 6, 1945, in Jean Smith, ed., *The Papers of General Lucius D. Clay: Germany 1945–1949*, 2 vols. (Bloomington: Indiana University Press, 1974), 1:18–20.

第一章 基于势力范围的和平？

体来管理，如果不能，有没有什么替代方案。战争期间讨论很多的是"肢解德国"，即把德国分解成若干个小国家。而且，在雅尔塔会议上，正如丘吉尔当时就指出的，他和罗斯福、斯大林"一致同意以肢解为原则"。事实上还成立了一个委员会，负责"研究如何实施肢解政策"。不过，对于正式分割德国的兴趣很快就消退了，到波茨坦会议举行时，三个主要盟国都放弃了这个想法。正如一位英国官员当时所言，"无论把德国划分为几个占领区的实际结果如何，有计划地、刻意地肢解德国的想法已经不存在了"。[58] 现在人们原则上更倾向于让德国保持统一，尤其是美国国务院。有一个普遍的看法是，压制政策——分裂德国，摧毁其经济，使之无法自我管理——从长远看是难以奏效的。[59] 不仅如此，在美国以及英国，许多高官尽管对苏联的政策心存疑虑，但并不愿意过早放弃四大国一致的解决方案。放弃维持德国统一的目标等于承认盟国即使是在这样一个关键问题上也无法合作，这对许多关键的决策者来说，还意味着战时的期望已经彻底破灭。[60]

58　丘吉尔在雅尔塔所表达的看法，相关引用见 Keith Sainsbury, "British Policy and German Unity at the End of the Second World War," *English Historical Review* 93 (October 1979): 798。关于这位英国官员的看法，参见 Harrison to Bevin, July 30, 1945, DBPO I, 1:1009。关于这个问题的概况，还可参见 Frank King, "Allied Negotiations and the Dismemberment of Germany," *Journal of Contemporary History* 16 (1981): esp. 589–592; Kuklick, *American Policy and the Division of Germany*, pp. 75–76, 164; Rothwell, *Britain and the Cold War*, p. 44; 以及 Stettinius to Winant, April 10, 1945, Hopkins to Truman, May 30, 1945, 以及 Balfour to Stettinius, August 18, 1945, in FRUS 1945, 3:221–222, 317–318, 367–368。

59　国务院的一种代表性观点，可参见一份有关如何"对待德国"的简报：January 12, 1945, FRUS Yalta, pp. 185–186。

60　例如，可参见史汀生（Stimson）在与麦克洛伊的电话会谈中表达的观点，May 19, 1945, Stimson Papers, box 172 (reel 128)，以及克莱（Clay）在华盛顿与美国重要官员会谈时所表达的观点。他说，德国是某种实验室。如果美苏不能在此进行有效合作，那么"我们有关苏联的全部外交政策都将处于危险境地"。这个信念导致他夸大了苏联人现有的合作意向——一些学者则认为，克莱的说法表明苏联人确实愿意接受"统一政策"。克莱在会上还说，"管制委员会的整个记录表明，苏联愿意与其他大国合作，把德国作为一个单一的政治、经济体来加以管理"。然而就在一个月之前，他曾告知战争部，苏联尽管"到目前为止在统一政策和及早建立中央管理机构等问题上一直保持合作"，但似乎"受到指示正试图加以阻挠"。Meeting at State Department, November 3, 1945, 以及 Clay to War Department, October 4, 1945, *Clay Papers*, 1:113, 90。克莱为了推动与苏联合作治理德国的政策而曲解事实的另一个例子，见 B. U. Ratchford and W. D. Ross, *Berlin Reparations Assignment: Round One of the German Peace Settlement* (Chapel Hill: University of North Carolina Press, 1947), p. 129。在1946年1月给战争部的一份电报中，这两位前政府官员写到，克莱"做出了一个让那些参与较低级别谈判的人颇为吃惊的结论，即在大多数经济问题上，美国的立场介乎苏联和英国之间，而只要向下略微做一些妥协，我们通常能够与苏联人达成一致"。

然而，尽管基于四方管理的一个统一的德国在理论上是最佳方案，但没有任何人对占区划分可能导致政体分裂表示反感。实际上，把德国分成东西两个部分具有某种吸引力。美国政府人士对这个想法尤其感兴趣，有三个显而易见的原因。首先，一个分裂的德国将是虚弱的。肢解计划本身的目的就是要惩罚德国人，使他们永远抬不起头来，而且在战争结束时，反德情绪仍然强烈。正式的肢解政策可以放弃，但人们很早就明白，占领区的划分可能导致德国被永久分割，而这可以达到同样的政治效果。例如，罗斯福在雅尔塔就注意到了这种可能性。而且很明显，罗斯福总统并不认为分割德国是完全不可取的一种结果。[61]

第二个因素涉及美国军事当局的关切，他们要确保自己在美占区的权力不受任何干扰，可以完全按照自己的意愿行事。早在1945年初，战争部的官员们就坚持认为必须确保占区司令的权威，使之不受外国人占多数的管制委员会的影响。事实上，美方代表在维护占区权威原则方面比英国人甚至法国人更有热情。[62] 军方将负责美占区的管理事务，占区司令不能让某种臃肿的甚至可能无法运转的四方政权捆住手脚。

第三个因素也是目前为止最重要的一系列考虑，与苏联的态度有关。东欧以及其他地区的事态清楚地表明，苏联人很难打交道。就德国问题而言，苏联人似乎对于把德国作为一个整体来管理并无真正兴趣，他们更希望按照自己的意愿来管理苏占区。正如驻德英军司令、陆军元帅蒙哥马利在7月8日的报告中所言，"苏占区与西方盟国占区之间的一堵完整的

---

61 Roosevelt-Churchill-Stalin meeting, February 5, 1945, FRUS Yalta, p. 612. 另见罗斯福在1944年底的说法，即苏联人在东部占区"多多少少会按照自己的意愿"行事。这表明，他的想法与后来贝尔纳斯在波茨坦所推行的政策之间具有某种连续性。Roosevelt to Hull, September 29, 1944, FRUS Yalta, p. 155.

62 Draft directive, January 6, 1945; Winant to Dunn, January 26 and February 5, 1945; Mosely memorandum, February 3, 1945; Winant to McCloy, February 24, 1945; State-War-Navy meeting, March 14, 1945; high-level meeting, March 15, 1945; State Department memorandum, March 16, 1945; Winant to Stettinius, May 7, 1945; in FRUS 1945, 3:378–388, 396–403, 430, 451–457, and 504–505（关于英国人甚至法国人稍微没那么极端的观点）。另一个关于法国人的更温和的观点的例子，见 Gunter Mai, *Der Alliierte Kontrollrat in Deutschland 1945-1948: Alliierte Einheit—deutsche Teilung?* (Munich: Oldenbourg, 1995), p. 83。

'墙'"已经出现了。[63]不过,如果苏联人打算把东占区当作某种私人封地来加以控制,为何要允许他们对德国西部拥有影响力呢?一视同仁:西方大国也应该以自己认为合适的方式来管理它们控制的地区。[64]

所有这些考虑都导致一个结论:德国十有八九会被分割。而且,尽管德国的分裂不是一个理想的解决办法,但也没有被视为一场灾难。事情远非如此严重:因为,一个虚弱的德国将不再构成威胁;西方大国将可以在其控制区域内自由行事,而这个区域是目前德国最有价值的部分;此外,对贝尔纳斯来说非常重要的一点是,把德国分成东西两个部分可以为苏联和西方保持大致过得去的关系提供一个基本框架。每一方都可以在自己控制的范围内自由行事,以此为基础,双方可以相安无事。

这样一种安排,事实上当三大国在努力解决后来成为波茨坦会议核心问题的德国赔偿问题时就已经制订了。贝尔纳斯竭力推动的一种安排,其基本原则就是允许每个大国在自己的占领区做自己想做的任何事情。这个计划在波茨坦被提出来,很大程度上是对苏联在德国东部的现有做法的一种回应。很清楚的是,到会议召开时,苏联正在剥夺东占区一切能够强行带走的、有价值的东西。所有工厂都被拆卸,随时准备运回苏联。苏联人的"战利品"概念是如此宽泛,以至于他们实际上可以从占领区拿走任何自己想要的东西。[65]

美英官员当然不喜欢苏联人的做法。不过,美国人至少已经开始怀疑

---

63 Montgomery notes, July 6, 1945, DBPO I, 1:71. 关于当时苏联在德国的政策,见Norman Naimark, *The Russians in Germany: A History of the Soviet Zone of Occupation, 1945–1949* (Cambridge, Mass.: Belknap Press, 1995)。

64 有关这种想法的例子,见丘吉尔在波茨坦会议上的言论。July 25, 1945, FRUS Potsdam, 2:385, 以及Anne Deighton, *The Impossible Peace: Britain, the Division of Germany and the Origins of the Cold War* (Oxford: Clarendon, 1990), p. 72。这类态度还基于一种更普遍的情绪,即认为苏联与西方大国的关系不能按照苏联人显然希望的那种单边方式来处理。比如说,杜鲁门经常强调,与苏联的关系不能是一条"单行道",同样的规则应该对双方都适用。例如,可参见White House meeting and Truman-Molotov meeting, both April 23, 1945, FRUS 1945, 5:253, 258。

65 Kuklick, *American Policy and the Division of Germany*, pp. 143–144; U.S. Delegation working paper, July 23, 1945, Rubin to Oliver, July 25, 1945, 以及Pauley and Lubin to Truman, September 20, 1945, in FRUS Potsdam, 2:857, 871, 943。

是否有理由就此与苏联人展开争论，进而设法使他们约束自己，按照四方能够达成的协议来行事。与其陷入无休止的争论——诸如到底要搬走多少东西才是值得的，"战利品"是不是应该算作赔偿，应该让德国付多少钱，具体怎么支付——不如选择极为简单的解决办法，即每一方在自己控制的地区想拿什么就拿什么，岂不是更好？这恰恰就是贝尔纳斯此时提出的建议。[66]

不过，赔偿问题与如何对待德国这个更宽泛的问题是无法分开的。贝尔纳斯清楚地表示，对于苏联可以在东部占领区拿走什么，不会有任何限制。迟至7月29日，莫洛托夫仍在考虑德国问题上的四大国协议解决方式，对于贝尔纳斯现在提出的建议简直不敢相信。令这位苏联外长困惑的是，如果赔偿问题不能以整个德国为基础来处理，又如何能够把德国"作为一个经济整体"来对待呢？如果要把德国作为一个整体来管理，显然必须对各大国在其占领区的所得加以限制。莫洛托夫认为这一定也是贝尔纳斯的想法。他对贝尔纳斯计划的理解是，"苏联可以从自己的占领区得到一笔**固定数量的**赔偿"，此外还可以在鲁尔地区得到一定数量的工厂。但贝尔纳斯（尽管一直言不由衷地坚称，按照自己的计划德国仍将被视为一个经济整体）很快纠正了这种误解：莫洛托夫的理解"并不十分准确"，实际上，他的想法是"苏联可以从自己的占领区拿走它想要的东西"——也就是说，没有任何限制。[67]

---

66 关于美国此项新计划背后的考虑，尤其参见Pauley to Maisky, July 27, 1945, FRUS Potsdam, 2:894-896。波利（Pauley）指出，苏联的行为表明，"最好是基于占领区实施赔偿计划"，而不是"把德国作为一个单一经济体来对待"。他认为，如果美国不打算最终实际替德国支付赔偿，那么它将不得不"按照同样的方针来处理赔偿问题"。他总结到，以占区为基础的方式是苏联的单边行为所导致的一个"令人遗憾但不可避免的"结果。这封信事先得到了贝尔纳斯、杜鲁门和克莱顿的批准。ibid., p. 894n.

67 Byrnes-Truman-Molotov meeting, July 29, 1945, FRUS Potsdam, 2:474-475 (emphasis added). 贝尔纳斯这里的说法——"按照他的计划，在整体对待德国的金融、交通、外贸等方面不会做出改变"——不可能是认真的，因为（下面的讨论会更清楚）贝尔纳斯很明白，德国的外贸，因而也包括金融需求，按照他的计划**不可能**以整个德国为基础来加以管理。他声称将德国作为一个整体管理的原则不能被抛弃，不过是口头上的漂亮话，与实际做法无关。人们还应该注意到，在起草《波茨坦会议议定书》时，涉及把德国当作一个统一体的政策的许多条款都被直接取消了。例如，美国原来的建议曾试图调和贝尔纳斯计划与支持德国统一的基本政策。该计划原本是一个"临时"安排，"不排除对德国实行协调一致的管理"。而且对占领区的剥夺行为不能"与把德国当作单一经济体来对待相抵触"。不过，这种画圆为方的努力很快就被放弃了。这些条款（接下页）

第一章 基于势力范围的和平？

不过，在这种情况下，很难指望西方大国为苏占区提供金融援助。如果苏联人执意要拿走他们控制的地区的所有东西，没有任何办法能够阻止他们这样做，不过他们（而不是西方大国）将不得不面对其后果。也就是说，他们（而不是西方大国）必须为该占区可能出现的赤字提供资金帮助。如果为东占区的进口融资（如果把德国作为一个整体来管理，美英将不得不这样做），无异于替德国支付赔偿。在一个统一的体制下，苏联对东部的剥夺越是彻底，美国和英国纳税人的负担就越大；苏联也因此能够间接利用西方的资源。正如一位英国官员后来所言，在这种情况下，苏联人"可以直接挤奶，美国和英国则负责养牛"。[68] 无论贝尔纳斯还是杜鲁门都不会干这种事。美国国务卿在波茨坦宣称，"美国的立场很清楚"，他同时援引了美国由来已久的一项政策，即所谓"第一责任原则"（the first charge principle）。要拥有德国的资源，首先要为其必要的进口提供资金。在德国能够以自己的方式支付赔偿之前，不可能有赔偿——至少不会有来自美占区的赔偿。贝尔纳斯指出，"这个问题没有讨论的余地，就像上一次战争之后那样，我们不打算为支付赔偿提供资金"。[69]

因此，西方大国在任何情况下都不会为苏联在东部的所作所为买单。[25] 不过出于同样原因，苏联也不必为德国西部必需品进口的资金问题操心。贝尔纳斯宣称，如果他的赔偿计划被采纳，苏联"与我们（即西方）占区的进出口没有任何利益关系。进出口方面的任何困难都将在英国和我们之间解决"。[70]

（接上页）在建议的修订版中被删除，结果强调的是占领区司令拥有最高权威，可以决定从本占区拿走什么，而这个建议为最后协议提供了基础。关于美国最初的建议、修订后的建议以及《波茨坦会议议定书》中包含最后协议的部分内容，参见 FRUS Potsdam 2:867-869, 926-927, 1485-1487。此外还有外长会议上的讨论，July 30, 1945, ibid., p. 488，其中有一个突出的例子表明，贝尔纳斯坚持占区司令拥有相对于管制委员会的特权——严格来说这是没有必要的，因为管制委员会的任何行动都必须建立在一致同意的基础上，不过这具有重要的象征意义，说明美国政府更倾向于采用占区解决方式（the zonal approach）。

68　Heath to Byrnes, December 11, 1946, FRUS 1946, 5:650-651.
69　关于第一责任原则，可参见 Gaddis, *United States and the Origins of the Cold War*, pp. 127, 221-222; Kuklick, *American Policy and the Division of Germany*, pp. 123, 134, 135, 145。
70　Foreign ministers' meeting, July 30, 1945, FRUS Potsdam, 2:491.

因此，很清楚的是，即使在当时贝尔纳斯的政策也已根本不限于德国赔偿这个相对狭窄的问题。与该政策明显有联系的是这样一个假设：德国的对外贸易同样不会基于四大国运作。[71] 用一份当时美国内部文件中的话说，不仅在赔偿问题上，而且在进口问题上，都已经决定"放弃"四大国的统一安排。[72] 不过，对外贸易的管理问题是整个对德经济政策的关键。如果要把德国作为一个统一体来管控，进出口显然必须以整个德国为基础来管理。如果在对外贸易方面没有一个共同的管理机制，德国东西部之间就不可能有正常的贸易往来：该国的东西部在经济上的关系就将如同两个外国之间的关系。

这个问题并不只是涉及贝尔纳斯等人当时无法理解的某种高深莫测的经济理论。国务卿和波茨坦会议上的其他主要美国官员完全明白他们这种新政策的真正含义。波茨坦会议结束几个星期之后，贝尔纳斯指出，按照美国原来的方案，"德国经济将被视为一个整体"，他暗示，鉴于苏联在东占区的做法，这个方案不得不放弃。正如一位参与此事的美国人所言，他的赔偿计划实际上是缘于这样一个假设：盟国可能已经无法"携手管理德国"。[73] 一位国务院高级官员在听了贝尔纳斯的观点后指出，该计划是基于这样一个前提，即三个西方占领区将构成"一个事实上自给自足的经济区域"。[74] 在波茨坦参与处理这类问题的英国高级官员戴维·韦利爵士（Sir David Waley）同样指出了这一点。韦利曾就这一新政策与美国人（包括贝尔纳斯本人）进行了长时间的、激烈的争论，因而很了解美国人这种做法

71　参见 Collado to Thorp and Reinstein, July 23, 1945, ibid., p. 812。
72　Memorandum for Clayton, July 23, 1945, ibid., p. 813。
73　Byrnes-Bidault meeting, August 23, 1945, ibid., p. 1557; Rubin to Oliver, July 25, 1945, ibid., p. 871. 在华盛顿，许多重要官员也认为把德国作为一个整体来对待的最初目标已被放弃。这些官员都强烈反对采取新政策。例如，一位国务院高级官员愤怒地写到，贝尔纳斯的计划"实质上完全放弃了对德联合经济政策的概念，转而支持在苏联和三个西占区之间把德国截然分开"，而且会"走得很远，直至事实上把德国分成两半"。Thorp memo, c. July 28, 1945, quoted in Kuklick, *American Policy and the Division of Germany*, pp. 161-162. 另见 Kindleberger to Lubin, July 28, 1945, 转引自 ibid., p. 162。
74　该文件引自 Carolyn Woods Eisenberg, *Drawing the Line: The American Decision to Divide Germany, 1944-1949* (Cambridge: Cambridge University Press, 1996), p. 177n。

第一章 基于势力范围的和平？

背后的基本考虑。他写道："美国的计划基于这样一个信念，即未来没有可能通过一个共同的进出口计划、一个中央银行以及各区域之间的正常商品交换，将德国作为一个单一的经济整体来管理。"[75]英国（以及美国国务院）的异议，即该计划将导致德国的分裂，更多地是被忽视了，而不是被否定了。一位曾在波茨坦向美国人提出这个问题的英国官员沮丧地指出，"很明显"，美国人认为他是"过分乐观、一厢情愿的理想主义者"，对德国问题的统一解决方案仍然心存幻想。[76]

贝尔纳斯本人的观点再清楚不过了。当感到难以置信的莫洛托夫询问其计划是否真的意味着"每个国家都可以在自己的占领区自由行事，完全不受其他国家干扰"时，国务卿对此予以确认，只是补充说，也许还有必要就各占区之间的商品交换做出某种安排。[77]贝尔纳斯当然知道自己在做什么。美国官员当时可能会宣称——尤其是当人们指责其政策事实上导致了德国的分裂时——他们并未真正放弃四方机制。然而，如果抛开这些夸夸其谈的废话，仔细读读内部文件，看看实际发生的情况，分析一下这些实际政策背后的思维方式，那么显而易见的是，美国人在波茨坦实际上已经放弃了以四大国为基础统一管理德国的想法。

因此，贝尔纳斯计划的基本思想是德国将被分成两个经济体，相互之间像两个单独参与国际贸易（或者确切地说，国际易货贸易）的国家那样进行商品交换。按照这个计划，人们会强调，德国将被分成**两个**部分，而不是**四个**部分。在波茨坦会议的讨论中，甚至在《波茨坦会议议定书》中，德国西部就被视为一个集团。事实上，人们经常以单数形式提到"西占

75　Waley memorandum, August 2, 1945, DBPO I, 1:1258. 另见韦利在与贝文和艾德礼举行工作会议时的评论，July 31, 1945, 以及 Cadogan note, July 28, 1945, ibid., pp. 948, 1053. 关于7月31日韦利与贝尔纳斯的会晤（严格来说，这是贝尔纳斯与艾德礼之间的会晤，但新任首相多数时候让韦利讲话），见 Waley to Eady, July 31, 1945, ibid., pp. 1050–1051. 韦利认为，贝尔纳斯计划通过"在欧洲中部划一条线"，其"影响远远超出了赔偿问题"，但他无法说服国务卿改变方针。

76　Mark Turner to Treasury, July 28, 1945, 转引自 Foschepoth, "Britische Deutschlandpolitik," p. 714 n. 162。

77　Byrnes-Molotov meeting, July 27, 1945, FRUS Potsdam, 2: 450.

区"，尤其是贝尔纳斯，一再把德国西部称之为"我们的地区"。[78] 其中的假设是，三个西方大国，美国、英国乃至并未出席此次会议的法国，能够制定一项共同的政策，而德国很有可能被东西一分为二。[79]

27　　贝尔纳斯采取此种方针的原因何在？导致贝尔纳斯计划出台的，并不只是苏联对东部的剥夺以及在其占领的德国领土上基本上采取单边行动这个事实。更重要的原因实际上还是政治。在国务卿看来，苏联在其占领区的做法只是反映了一个更为根本的事实：与苏联之间的真诚合作根本没有可能。这是他和其他美国高级官员与苏联打交道（尤其是1945年上半年围绕波兰问题的交涉）得出的一个教训。事实上，正是在7月24日——即首次向苏联提出新的赔偿计划的第二天——他做出了上文提到过的论断：双方在一些基本问题上分歧太大，"没有办法建立长期的合作计划"。[80]

　　但这并不等于严重的紧张关系已不可避免。继续相处的办法是彼此分开。贝尔纳斯一再争辩：统一的解决方式实际上将导致盟国之间"无休止的争吵和分歧"。试图以整个德国为基础来获取赔偿，"只会让彼此怨意难平，而美国希望与苏联继续保持亲切友好的关系"。如果他的计划被采纳，在决定从苏占区可获得多少赔偿时，西方将不必"介入"，苏联人同样也不必卷入德国西部的这类问题。西方大国之间自己会解决问题。清楚地分开是最好的解决方式，也是结束争吵、为盟国之间发展正常关系打下基础的最好办法。[81]

---

78 例如，可参见 Potsdam conference, foreign ministers' meeting, July 30, 1945, ibid., pp. 485, 487, 488, 491；以及 Clayton to Byrnes, July 29, 1945, ibid., p. 901。

79 Collado to Thorp and Reinstein, July 23, 1945, 以及 Clayton and Collado to Thorp, August 16, 1945, ibid., pp. 812, 829。美国政策的转变体现在7月24日史汀生给杜鲁门的备忘录中。这位战争部长早先倾向于设法与苏联共管德国的政策，不过现在他给总统写到，苏联人在其占领区的做法"势必将迫使我们与英国密切合作，以维持德国西部的经济"。Ibid., pp. 808-809. 关于史汀生早前的观点，参见注释60引用的文件。人们还应该注意到，在波茨坦会议召开期间，法国也在考虑一旦管制委员会机制失败在西占区建立三方体制的可能性。见 Mai, *Alliierte Kontrollrat*, p. 84。

80 Walter Brown diary, July 24, 1945, 转引自 Yergin, *Shattered Peace*, p. 118。

81 Byrnes-Molotov meeting, July 23, 1945; foreign ministers' meetings, July 27 and 30, 1945; Byrnes-Truman-Molotov meeting, July 29, 1945; Rubin to Oliver, July 25, 1945; in FRUS Potsdam, 2:274, 430, 474, 487, 491, 871.

第一章 基于势力范围的和平？

简而言之，这就是贝尔纳斯对未来双方关系的基本想法。让每一方在自己控制的范围内做自己想做的事。这是最简单的解决方案。几乎可以肯定，在任何情况下苏联人在东占区都会继续采取单边行动。不过，如果他们完全按照自己的意志来管理东德，就不应该指望对西占区的事务拥有多大影响力。显而易见的解决办法是双方在各自控制的区域都可以自由行事。盟国各走各的道，不过也没有必要怒气冲冲地分道扬镳。

杜鲁门总统尽管没有过多介入这些事务，但也同意贝尔纳斯解决问题的基本方式。杜鲁门已打定主意，不会替德国支付赔偿。他认为，苏联人"当然是掠夺者"，不过鉴于德国人对他们的所作所为，人们"很难指责他们的态度"。不管怎样，美国人"只能袖手旁观"，避免承担责任。如果苏联人执意要把自己控制的地区洗劫一空，就不要指望美国来替他们买单。[82]因此，杜鲁门决定在波茨坦奉行一条他所谓的"非常现实"的路线。苏联对占领区的控制是活生生的现实，如果接受这个事实，跟斯大林打交道就可以直来直去了。诸如哈里曼这类人，可能会对欧洲面临一场新的粗暴入侵深感不安，不过杜鲁门完全可以适应新的形势。纳粹的侵略已经打开了防洪闸，东欧如今处于苏联的势力范围，不过这种状况是美国能够容忍的：杜鲁门总统表示，因为希特勒，"未来很长一段时间里我们将看到一个斯拉夫人的欧洲。我认为这没那么糟糕"。[83]他对苏联并没有敌意，不过跟贝尔纳斯一样，他也认为苏联和西方大国应该在和平状态下走各自的道路。

因此，美国的目标是与苏联人达成友好谅解，为此美国政府愿意做出足够让步。在波茨坦会议上，赔偿问题至关重要，而贝尔纳斯很清楚自己

82　Truman diary entry for July 30, 1945, *Diplomatic History* 4 (1980): 325–326; Truman to Bess Truman, July 31, 1945, in Robert Ferrell, ed., *Dear Bess: The Letters from Harry to Bess Truman, 1910–1959* (New York: Norton, 1983), p. 522.

83　James Forrestal diary entry for July 28, 1945, Forrestal Diaries [FD], vol. 2, Forrestal Papers [FP], ML。冷战最激烈时期发表的版本只有杜鲁门称自己"非常现实"的内容，而关于"斯拉夫人的欧洲"没"那么糟糕"的说法在公开出版的文本中被删除了。见 Walter Millis, ed., *The Forrestal Diaries* (New York: Viking, 1951), p. 78。

想要的解决方式。不过他很谨慎,要确保不要把自己的计划强加于未必心甘情愿的苏联,使之产生上当受骗之感。[84]贝尔纳斯原来的计划是每个国家都从自己的占领区获取赔偿。这当然是每个国家都能够做到的,哪怕不能就此达成任何协议。莫洛托夫本人在波茨坦会议上就表达过这个观点:"如果不能就赔偿问题达成协议,结果跟实行贝尔纳斯计划还是一样。"[85]不过,要使苏联人或多或少出于自愿接受这个结果——按照他们自己所承认的,即使没有达成协议最后出现的还是同样的情况——贝尔纳斯愿意给予苏联人两样他们非常看重的东西。

首先,他主动提出,如果苏联同意他的赔偿计划,他可以接受奥德河-尼斯河一线(Oder-Neisse line)为事实上的德国东部边界,也就是说,接受苏联人为波兰和德国东部之间所划定的边界。正如杜鲁门很快就指出的,这是一个重大让步。[86]

此外,美国人也愿意让苏联人分享一份可观的西占区工业资本——盟国都认为这类资本对于"德国的和平经济是没有必要的"。这类过剩资本的15%将用来换取东部的食品和其他原料,另有10%将无偿转让给苏联,不需要任何回报。[87]这一安排所涉及的两个部分都是相当可观的。正如一位英国官员在当年年底所指出的,第一部分体现了一个基本的假设,即"德国东部和西部是两个独立的经济体,分别由苏联和三个西方大国管理"。[88]如果把德国视为一个统一体,这种易货贸易安排是没有多大意义的。

该计划的第二部分,即苏联将在西占区无偿获得的10%过剩资本,因为一个不同的原因,也值得注意。美国此举的目的是要避免把苏联人拒之

---

84 有人宣称,美国力推贝尔纳斯计划,说明美国因为第一次原子弹试验成功而采取了新的强硬立场。见 Gar Alperovitz, *Atomic Diplomacy*, pp. 164-173, 更委婉的说法见 Messer, *End of an Alliance*, pp. 94, 114, 131, 138, 139。

85 Foreign ministers' meeting, July 27, 1945, FRUS Potsdam, 2:430.

86 Truman-Byrnes-Molotov meeting, July 29, 1945, ibid., p. 472.

87 关于此项交易,以及美国人愿意让苏联分享的份额越来越多的证据,参见 ibid., pp. 475, 481, 489, 932。

88 G. D. A. MacDougall, "Some Random Notes on the Reparation Discussions in Berlin, September-November 1945," DBPO I, 5:520n.

门外。在雅尔塔以及莫斯科的进一步讨论中,美国政府都承认,无论从德国身上得到什么,苏联都有权获得一半作为赔偿。尽管无论西方大国对苏联"从西占区获得赔偿的权利"做出怎样的决定,苏联都不得不"低头认可",美国官员也并不打算违背自己的承诺。在整个德国能够做出的赔偿中,东占区将为苏联提供其中40%—45%,德国西部所提供的部分——也就是苏联可以直接获得的10%过剩资本——大致可以补足前数与苏联有权得到的50%之间的差额。此即所谓"大致公平":表明苏联仍将被视为盟国,拥有合法权益,其善意依然重要。[89]

换言之,美国政府并不希望在没有达成协议的情况下把这种事实上已存在的安排简单地强加于人。美国人寻求达成协议,因为他们对于与苏联之间保持相对友好的关系给予了一定的重视,而如果能够达成某种苏联接受的协议,美国人愿意加大赌注,做出他们所设想的两大重要让步。双方将各走各路,而美国将努力适应对方:离婚不一定要反目成仇。

而苏联政府,经过最初的犹豫,最终握住了美国伸出的双手,接受了贝尔纳斯所期待的那种关系。确实,苏联人曾表示赞同建立中央机构管理德国经济的原则,但这并不意味着他们不是主要以占区来考虑问题:按照他们在波茨坦的构想,全德范围内的管理所起到的仅仅是"协调"作用,各占领区的实际权力仍然由占领国掌握。[90]苏联人实际上已决心用自己认为合适的方式来管理东占区,而且斯大林非常现实,他完全明白,硬币的另一面是西方大国将主宰它们所占领的地区——尽管这并不妨碍他要求对西占区的事务拥有某种发言权。[91]

---

89 U.S. working paper, July 23, 1945, 以及 Clayton to Byrnes, July 29, 1945, FRUS Potsdam, 2:857, 900-901。有关这个问题的其他多项文件, 见 ibid., pp. 862, 871-872, 883-885, 897, 1557。

90 参见 Mai, *Alliierte Kontrollrat*, pp. 82, 106-108, 218-219。

91 参见 Jochen Laufer, "Konfrontation oder Kooperation? Zur sowjetischen Politik in Deutschland und im Alliierten Kontrollrat 1945-1948," in *Studien zur Geschichte der SBZ/DDR*, ed. Alexander Fischer (Berlin: Duncker and Humblot, 1993), p. 69, 其中有一个总结性的判断与我的观点很一致。关于德国东部的政治发展,见 Jochen Laufer, "Die Ursprünge des Überwachungsstaates in Ostdeutschland: Zur Bildung der Deutschen Verwaltung des Innern in der Sowjetischen Besatzungszone (1946)," in *Die Ohnmacht der Allmächtigen: Geheimdienste und politische*(接下页)

因此可以说，贝尔纳斯提出的这种安排与斯大林的基本想法是一致的。甚至在波茨坦会议之前，这位苏联领导人就已经得出结论，未来会有"两个德国"。对他来说，各方把自己的体制强加于其军队所占领的地区是很自然的事。[92] 当然，这并不是说必须放弃有关四大国控制以及管制委员会之类的机构等方面的说辞。这些词藻可以表明四大国在管束德国方面拥有共同利益。不过，若究其实际，则并不是真的要将德国作为一个统一体来管理。例如，从一开始，苏联人就反对以全德为基础来管理其进出口的想法。[93] 这个问题是一个试金石，对于盟国是否真的认为可以把德国经济，进而最终包括德国政体，视为一个统一体来管理，是一项重大检验。不仅如此，10月初法国人对建立德国中央管理机构投了否决票，苏联人根本就不在乎。[94] 同年年底，苏联人拒绝在排除法国的情况下与美英共同管理德国的大部分领土——如果苏联人真的想避免法国的蓄意阻挠，他们肯定宁愿这么做。[95]

（接上页）*Polizei in der modernen Gesellschaft,* ed. Bernd Florath, Armin Mitter and Stefan Wolle (Berlin: Ch. Links, 1992), pp. 146-168, 以及 Dietrich Staritz, "Das ganze oder das halbe Deutschland? Zur Deutschlandpolitik der Sowjetunion und der KPD/SED (1945–1955)," in *Die Republik der fünfziger Jahre: Adenauers Deutschlandpolitik auf dem Prüfstand,* ed. Jürgen Weber (Munich: Olzog, 1989).

92　尤其见1945年6月4日德国共产主义领导人与苏联高层官员（包括斯大林和莫洛托夫）在莫斯科会谈的记录。"Ès wird zwei Deutschlands geben': Entscheidungüber die Zusammensetzung der Kader," *Frankfurter Allgemeine Zeitung,* March 30, 1991, p. 6; 以及 Rolf Badstübner and Wilfried Loth, eds., *Wilhelm Pieck: Aufzeichnungen zur Deutschlandpolitik, 1945–1963* (Berlin: Akademie Verlag, 1994), p. 50. 的确，斯大林在会晤时呼吁德国共产主义者支持德国的统一。但他的指示（"通过一个统一的共产党、一个统一的中央委员会、一个统一的工人阶级政党来确保德国的统一"）带有某种口号性质。我个人的看法是，他未必真的把德国统一的前景当回事。这位苏联领导人不大可能会相信（尤其鉴于他很清楚苏占区的情况）共产主义者能够在德国掌权，除非在苏联人的军事威慑面前。有一个常见的观点认为，苏联的政策缺乏一致性，一方面让其占领区的德国人受到"接二连三的虐待和剥削，另一方面又希望他们，还包括他们在西占区的同胞，选择社会主义并与苏联结成同盟"。这个观点实际上是认为，斯大林非常不现实，事实上还很不明智。考虑到他的整体行为，尤其是他对权力现实的尊重，以及他甚至对本民族的众所周知的不信任，认为他希望全体德国人或多或少都能自愿选择共产主义政府，这种观点是很难让人接受的。同理，他呼吁德国统一，本质上也只能理解为一种策略。相关引用来自 Odd Arne Westad, "Secrets of the Second World: The Russian Archives and the Reinterpretation of Cold War History," *Diplomatic History* 21 (1997): 266. 不过在许多有关此间苏联对德政策的讨论中，都能看到这种观点。关于斯大林的假设，即军事占领将导致政治控制，著名的引证可见 Milovan Djilas, *Conversations with Stalin* (New York: Harcourt Brace, 1962), p. 114。

93　Laufer, "Konfrontation oder Kooperation," p. 70.
94　参见 Mai, *Alliierte Kontrollrat,* pp. 91 and 91n。
95　见第二章注释39。

第一章 基于势力范围的和平？

苏联在有关"工业水平"问题谈判过程中的政策与此如出一辙。在1945年底和1946年初，苏联与西方三国曾就如何限定德国的工业发展水平进行谈判。不过苏联人讲得非常清楚，他们并未把所谓"工业水平"谈判真当一回事，尽管这些谈判被认为与如何在四大国基础上管理德国经济有关。[96]

考虑到苏联的这种基本立场，斯大林在波茨坦衷心赞同美国的新概念就不足为奇了。他实际上还带头扩大这个概念的影响，使之适用于德国资产中的那些最容易折现，因而也最容易转让的东西：黄金、德国的海外财产以及德国公司的股份。按照他的计划，德国的黄金、海外资产和股份的征集和分配**不能**以全德为基础。相反，他提出一条简单的规则：在东西方之间分割这些资产。东西方之间的分界线，就是"从波罗的海到亚得里亚海这条线"。分界线以东的所有东西，东占区的资产和德国在东欧的投资，都要归苏联。分界线以西的所有东西都归西方大国所有。尤其重要的是，苏联将不再要求分享落入西方盟国手中的德国黄金。斯大林的英美伙伴迅速全盘接受了这个计划。[97]

从内容和措辞看，这种安排清楚地体现了势力范围政策的基本取向，斯大林最初建议对此保密也说明了这一点。不过，这里值得指出的最重要的一点是斯大林在其中所起到的推动作用。他非常看重通过划分势力范围来解决德国问题，乃至整个欧洲问题，以至于他宁愿完全放弃对西方军队所控制的德国黄金的分享要求。对于这项属于整个德国的资产，苏联完全有理由要求分得一份。这种单方面的让步，与苏联人在波茨坦接二连三地

96　见 MacDougall, "Random Notes," DBPO I, 5:527。其中写到，苏联人经常干脆不出席工业水平委员会（Level of Industry Committee）在柏林举行的会议，"事先事后"也不向西方代表做"任何解释"。作者还写道："到了最后，他们的作风才有所改善。"有时他们甚至"在会议即将开始时"才对西方同仁说"他们不来了"。甚至还有"一个引人注目的情况"：他们提前一天通知了西方官员，从而为我们省去了从盟国管制机构大楼（Allied Control Authority Building）来回的半小时车程。另见 Murphy to Byrnes, March 25, 1946, FRUS 1946, 5:533。苏联人真正的兴趣是尽可能从西占区得到更多赔偿，这意味着要把"工业水平"尽可能定低一些，从而使能够用于赔偿的多余工厂和设备尽可能多一些。他们拒绝了西方希望在处理这个问题时相对公正一点的想法。结果，谈判变成了纯粹的讨价还价。参见 Ratchford and Ross, *Berlin Reparations Assignment*, esp. pp. 89, 95, 97, 172–173。

97　Potsdam conference, plenary session, August 1, 1945, FRUS Potsdam, 2:566–569。

向盟国提出要求的惯常做法大相径庭，因此非常显著地表明，斯大林衷心赞同贝尔纳斯的基本概念。事实上，在会议刚刚结束时，这位苏联领导人颇不寻常地向贝尔纳斯表示感谢，认为他"为了会议的成功，做出的努力也许比我们任何人都多"。他还说，正是贝尔纳斯"把我们团结在一起，做出了这么多的重要决定"。贝尔纳斯不仅"努力工作"，而且"干得非常好"；"关于国务卿贝尔纳斯的这些感想发自我的内心。"[98]

所以说，斯大林和贝尔纳斯（总的来说得到了杜鲁门的支持）在波茨坦达成了一项真正的谅解。每一方实质上在自己控制的德国领土内都有自由行事权。当然，《波茨坦会议议定书》有许多段落仍然呼吁把德国当作一个统一体来对待。[99]按照协定文本，甚至对外贸易也要以整个德国为基础来管理。不过，最后协议中所谓整个德国的说法只是一块遮羞布。至关重要的外贸问题的处理方式再次反映了当时美苏真正的政策思路。从协议的起草过程看，很明显，《波茨坦会议议定书》正式文本所采用的统一说法是不能当真的。事实上，贝尔纳斯曾提议删除协议草案中的一项规定。这项规定要求管制委员会（Control Council）在新的赔偿计划被接受之后尽快为整个德国制订一项进口计划。[100]斯大林也同意贝尔纳斯的建议。如果此事完全由他们两人做主，相关段落可能被删得干干净净。

可是欧内斯特·贝文不同意。贝文是波茨坦会议举行期间以压倒性优势获胜上台的英国工党新政府的外交大臣。他本人并非德国统一的积极支持者，不过在上台之初，他不想在这个根本问题上与其外交部下属（或财

---

98 Potsdam conference, plenary meeting, August 1, 1945, ibid., p. 601; James F. Byrnes, *Speaking Frankly* (New York: Harper, 1947), p. 86. 斯大林和莫洛托夫对波茨坦会议，尤其是对赔偿方案感到满意，有关证据见 Vladislav Zubok and Constantine Pleshakov, *Inside the Kremlin's Cold War: From Stalin to Khrushchev* (Cambridge, Mass.: Harvard University Press, 1996), pp. 37 and 40。其中引用的一份文件显示，令斯大林同样非常满意的是，在波茨坦会议上保加利亚"被认定为我们的势力范围"。实际上，斯大林把波茨坦会议的结果视为西方大国对于他们"失去东欧和巴尔干地区"的一种承认。南斯拉夫驻莫斯科大使引述莫洛托夫的话，见 Vojtech Mastny, *The Cold War and Soviet Insecurity: The Stalin Years* (New York: Oxford University Press, 1996), p. 22。

99 有关文本见 FRUS Potsdam, 2:1477–1498。

100 Potsdam conference, plenary meeting, July 31, 1945, ibid., p. 520.

第一章 基于势力范围的和平？

政部重要官员）的观点过于冲突。为了贯彻自己的基本理念，贝尔纳斯敦促贝文以占领区为基础处理德国的进出口问题以及贸易赤字的财政支持问题。他问到，英国人为什么不能"用自己的方式处理这个问题，既然他们对自己的占领区有控制权"？贝文的回答相当天真：因为这样做"有悖于把德国作为一个经济整体来对待的协定。这会把德国分成三个区域"。[101]

由于贝文的反对，最后协议中有关对外贸易问题的条款采用了较为含蓄的表述方式。这项条款似乎只是暗示德国将被视为一个整体："为了实现德国经济的平衡，必须采取必要手段，为德国管制委员会批准的进口计划提供支付款项。现有生产和库存的出口收益首先应该能够用来支付这类进口。"[102]不过这对实质内容没有丝毫影响。参与《波茨坦会议议定书》这部分内容谈判的美国人对实际情况很清楚。他们写到，在这方面要求就整个德国做出安排的有关条款从属于已经被接受的原则："如果管制委员会不能达成一致"，将以占领区为基础把握政策。他们还认为，管制委员会在这个问题上"很有可能"陷入僵局。对外贸易的控制和资金问题到时候还是会"回到占区司令那里"，在这种情况下，西方三大国很有可能为整个德国**西部**制订一个共同的进口计划。因此，协议中有关整个德国的言辞很可能没有任何实际作用。德国十有八九还是会被苏联和西方大国一分为二。[103]

这些设想构成了《波茨坦会议议定书》的真正基础。正式协定给人留

101　Potsdam conference, plenary meeting, July 31, 1945, ibid., p. 521. 贝文对德国统一问题的看法，见 Deighton, *Impossible Peace*, pp. 15, 21; 以及 Rothwell, *Britain and the Cold War*, p. 225。外交部尤其是财政部对贝尔纳斯计划的抵制以及贝文的反应，见 Troutbeck minute, July 26, 1945; Dent minute, July 27, 1945; staff conference with Attlee and Bevin, July 31, 1945; Waley note, July 31, 1945; Coulson to Cadogan, July 31, 1945, and enclosed memorandum; 以及 Waley to Eady, August 1, 1945; in DBPO, I, 1:920n., 920–921, 1052–1054, 1068, 1069–1071, 1105–1106。不过，应该注意到，英国的立场有模棱两可之处，韦利（Waley）、伊迪（Eady）甚至丘吉尔本人最初都支持美国的计划。对有关证据的引证见 Philip Baggaley, "Reparations, Security, and the Industrial Disarmament of Germany: Origins of the Potsdam Decisions" (Ph.D. diss., Yale University, 1980), pp. 534–535。

102　议定书第二部分第19段，见 FRUS Potsdam, 2:1485。这可以与贝尔纳斯计划提出之前的草案做一个对比，ibid., p. 799。

103　Collado to Thorp and Reinstein, July 23, 1945; report to Byrnes, August 1, 1945; 以及 Clayton and Collado to Thorp, August 16, 1945; ibid., pp. 812, 828, 829–830。

下的印象可能大不相同，不过人们很难设想一份书面协定会直接规定公开瓜分德国。其实，在这些问题上过于直言有什么意义呢？只要就贝尔纳斯计划达成一致，从而解决了真正的问题，那么再就威尔逊主义说几句套话，也没有什么害处。

不过，如果所有这一切都是事实——如果西方大国和苏联在1945年底已打算用势力范围政策来解决欧洲问题——那么，对于冷战的发生又该如何理解？为什么贝尔纳斯和斯大林在波茨坦达成的这种解决方式，没能为苏联与其西方盟国之间的稳定关系提供一个基础？这是因为，到了1946年初，事态的发展已经脱离轨道。此时，西方大国与苏联之间展开了口舌之争。德国问题是争论的主要焦点。问题出在哪里？冷战起源的一般问题取决于对这个问题的回答。

第二章　迈向分水岭

贝尔纳斯在1945年底推行的政策本质上是为了实现一场友好的分手：双方——苏联和西方大国——将彼此分离，每一方在自己军队所占领的德国领土范围内（这还间接意味着在各自控制的欧洲范围内）将拥有各项事务的控制权。斯大林愿意接受这种方式。如此看来，双方似乎已经找到了一种共处的方式。然而贝尔纳斯的政策并没有直接给欧洲带来一种稳定的和平。相反，东西方关系显著恶化，到了1946年初，冷战已经开始。

波茨坦达成的协议出了什么问题？1946年的冲突很大程度上与德国问题有关。如果双方都遵守《波茨坦会议议定书》，这种冲突本来是不会发生的。然而美国政府改变了立场：美国政府自己放弃了贝尔纳斯的政策。

在波茨坦，德国的分裂被认为是不可避免的：美国的政策是基于这样的假设，即苏联和西方大国不可能"联手管理德国"。[1]尤其是，贝尔纳斯表达得很清楚，不会以整个德国为基础来管理德国的对外贸易。然而到1946年春，美国代表越来越强硬地主张把德国作为一个统一的经济体来对待。他们强调，这意味着首先要以整个德国为基础来处理德国的进出口问题。按照美国人的这种新观点，苏联更愿意以占领区为基础处理德国对外贸易是"对《波茨坦会议议定书》的全盘否定"。美国官员不断高调要求奉

---

[1] Rubin to Oliver, July 25, 1945, FRUS Potsdam, 2:871.

行共同的进出口政策。他们现在宣称,在波茨坦已经达成协议,要把德国作为一个统一的经济体来管理,而苏联正在违背这个协议。[2]

美国的对德政策已经完全改变,而这一变化对于大国之间走向冲突起到了至关重要的作用。这意味着,德国(潜在地还包括整个欧洲)将不会像贝尔纳斯和其他人在波茨坦所打算的那样在或多或少友好的基础上被分成几个部分。到了1946年中,原来的盟友们已经开始激烈争吵,为德国的分裂相互指责。西方大国在德国的所有做法逐渐带有明显的反苏倾向。苏联人也逐渐意识到,在形势完全失控之前必须有所作为。双方似乎很快就走到了有可能摊牌的地步。

不过,该如何理解美国本身的政策转变?这里我们将从两个层面讨论这个问题。首先,我们将考察1945年底到1946年初国际政治的总体发展进程。其次,我们将把重点转向对这个时期以及其后有关德国问题的外交活动的分析。

冷战的到来

冷战的发生并不是源于东欧问题上的争论。围绕伊朗和土耳其问题的争论对引发这场冲突起到了关键作用。这场争论导致了美国对苏基本政策的转变,而后者反过来又在1946年初导致了美国关于德国问题的政策的根本转变。

到1945年12月为止,英国和美国实际上都已承认东欧为苏联的势力范围。例如,1945年末,美国政府走了一些过场,主张将自决原则作为东欧政治解决的基础,令苏联人多少有些不快。不过到了年底,即使是这项政策实际上也被放弃了:英国和美国实际上在各方面都承认东欧是一个将由

---

[2] 有关引用参见 Acheson to Byrnes, May 9, 1946, FRUS 1946, 5:551。反映美国这方面政策的其他文件,见下文注释62。

第二章　迈向分水岭

苏联控制的地区。

问题在于，作为交换，斯大林是否愿意承认西方利益在其他关键地区的主导地位。如果他愿意，英国肯定想要就此达成一项直截了当的交易。如果苏联人愿意承认中东和地中海地区是西方的势力范围，对贝文来说，他将很乐意接受东欧的现状。贝文以及艾德礼首相也许原本并不喜欢通过势力范围来解决问题的想法。不过到了1945年底他们都得出结论：试图在保加利亚、罗马尼亚之类的国家建立民主政府这一替代政策已经失败。而且，如果承认东欧的政治现实能够使中东和地中海地区更加安全，那么他们很愿意付出这种代价。[3]

不过，苏联是否赞同这个想法？考虑到斯大林的总体政策，就势力范围达成一宗交易绝非没有可能。这位苏联领导人已经欣然接受了与丘吉尔的百分比协议，并且将其付诸实践。这个基本的政策选择看来仍然是他在波茨坦的指导思想。[4] 在德国问题上，他完全赞同贝尔纳斯的计划，而且他对另一个分裂的国家（即朝鲜）的政策同样受到势力范围之基本精神的启示。[5] 看来在1945年斯大林已经在相当程度上准备接受划分世界这一原则。

3　关于贝文对势力范围的想法的反感，以及他愈加深刻地认识到这种体系安排无法避免，参见Alan Bullock, *Ernest Bevin: Foreign Secretary, 1945-1951* (New York: Norton, 1983), pp. 134, 193-194, and also DBPO I, 2:15-18 and 565n. 另需注意的是，在1946年5月与斯大林的一次会晤中，英国大使一再强调苏联承认中东为英国势力范围的重要性，参见Rothwell, *Britain and the Cold War*, pp. 262-263. 关于艾德礼对势力范围的想法的反感，参见Bullock, *Bevin*, p. 117, and Attlee to Eden, July 18, 1945, DBPO, 1:363-364。

4　例如，可注意7月18日他与丘吉尔私下会晤时的评论："斯大林元帅表示，美国关于改组罗马尼亚和保加利亚政府的要求使他很受伤害。他并不打算干涉希腊事务，因此他认为美国现在提出这种要求是不公平的。"DBPO, 1:389. 另外值得注意的是，1945年2月莫洛托夫在安德烈·维辛斯基（Andrei Vyshinsky）有关波兰问题的一份备忘录上亲笔写下的意见。这位苏联外长由衷地反感西方干涉苏联在波兰所做的事情。他很直白地指出："波兰——至关重要！然而我们并不知道比利时、法国、希腊等国的政府是如何组建的。没有人问过我们，不过我们也不是说我们喜欢其中的哪个政府。我们没有干预，因为这属于英美军事行动的范围。"引自Vladimir Pechatnov, "The Big Three after World War II: New Documents on Soviet Thinking about Post War Relations with the United States and Great Britain," Cold War International History Project [CWIHP] Working Paper no. 13 (Woodrow Wilson Center, Washington, D.C., 1995), p. 23.

5　参见Kathryn Weathersby, "Soviet Aims in Korea and the Origins of the Korean War, 1945-1950: New Evidence from Russian Archives," CWHIP Working Paper no. 8 (Woodrow Wilson Center, Washington, D.C., 1993).

"这场战争与过去不一样，"1945年4月他对南斯拉夫共产党领导人说："谁占领了一个地区，就可以将自己的社会体制强加于这个地区。每个人都可以把自己的体制强加于其军队所到之处。不可能有别的选择。"[6]

不过，对斯大林来说，如果接受以势力范围为解决方式，那么苏联的势力范围应该延伸多远呢？即使在1945年中和年底，苏联人反复提出的要求与在东欧获得一个安全区域并没有太大关系。他们要求对地中海地区的某个前意大利殖民地拥有托管权，并在日本拥有一个占领区。他们试图控制伊朗北部并要求在土耳其海峡拥有军事基地。西方领导人在1945年并不清楚这些要求到底意味着什么。或许苏联人只是想看看能够得到什么便宜。又或许这些要求，或者至少其中部分要求，根本就没打算让人认真对待。苏联人也许只是对西方干涉苏联势力范围的事务针锋相对地做出反应，目的是要让英国和美国完全明白，始终一贯地奉行势力范围政策，允许苏联在东欧自由行事，以此作为西方大国在自己控制的地区自由行事的代价，是一件很重要的事情。[7]

不过很快就可以清楚地看出，苏联人的目的并不只是战术性的，他们确实想把自己的权势扩展到东欧以外地区。事实上，斯大林在1945年12月与贝文会晤时就已经拒绝了以现状为基础划分势力范围的解决办法。这位苏联领导人对于苏联的战后所得并不满意。仅仅是一个苏联主导下的东欧，这种现状显然还不够好。他抱怨到，西方每个盟国都有自己的势力范围，苏联人却"什么也没有"。这是一个令人震惊的说法。贝文很快就提出了一个显而易见的观点："苏联的势力范围从吕贝克（Lübeck）一直延伸到旅顺港。"[8]

苏联人正在向英国人特别敏感的一个地区推进：东地中海和中东地区。

---

6 Djilas, *Conversations with Stalin*, p. 114.
7 例如，可参见 Brimelow to Warner, September 6, 1945, DBPO I, 6:59; Bevin-Hall memorandum, August 25, 1945, ibid., 2:34。
8 Bevin-Stalin meeting, December 24, 1945, ibid., p. 868.

第二章 迈向分水岭

1945年中，斯大林向莫洛托夫明确表示，关于苏联的新的边疆，南方是他感到不满意的地区之一。[9] 到了1945年底，苏联人开始在其军队占领的伊朗北部地区扶植左翼政权。按照战时与西方盟国就伊朗问题所达成的协议，苏联军队在战争结束后六个月内应撤出伊朗。尽管苏联方面不断承诺在限定日期之前撤离，但是到了1946年初，事情越来越明显，苏联并不打算履行诺言。[10]

苏联还想在土耳其海峡建立军事基地。在波茨坦会议之前苏联就向土耳其人提及此事，并且在波茨坦会议上斯大林竭力迫使他的盟友们接受他控制土耳其海峡的权力。既然美国可以控制巴拿马运河，英国可以控制苏伊士运河，为什么苏联不能控制一条具有同样战略意义的水上航道？这也就是说，无论土耳其人怎样看待苏联在土耳其的领土之上建立军事基地一事，苏联都应该享有这样的权利。而当土耳其真的反对苏联的要求时，苏联采取了更加强硬的策略。反对土耳其的舆论攻势升级，并且在巴尔干半岛还出现了一些具有威胁性质的军事行动，此外对土耳其的外交压力也增强了。[11]

斯大林打量着其他大国。英国过于弱小，是无法单独阻止斯大林的。但是在美国的帮助之下，事情就不好说了。在美国明确界定自己利益的地区，尤其是驻扎着美国部队的关键地区——首先是德国西部和日本——斯大林并不会真的去挑战现状。但是美国在伊朗和土耳其又有什么样的利益？在1945年底，没有迹象表明美国会阻碍苏联在这些地区的扩张。因此没有理由不在上述地区继续推进。

但是苏联在近东的做法严重地疏远了美国政府。美国最高领导层在1945年底和1946年初迅速地开始反对苏联的举动。这并不是因为贝尔纳斯和杜鲁门现在首次将苏联视作一个扩张性的国家：甚至在1945年中的时

9　McClellan, "Molotov Remembers," p. 17.
10　参见 Kuniholm, *The Origins of the Cold War in the Near East*, pp. 270-286, 304-342.
11　参见 ibid., 255-270.

候,苏联似乎就一直在试图尽可能向外扩张。但是当时贝尔纳斯认为,他发现了一个可以解决该问题的办法。必须在东西方之间划出一条清晰的界限。苏联将会在东欧(包括德国东部)自由行事;贝尔纳斯当时的希望是,为了换取西方对于新的现状的默许,苏联也愿意接受现状,在此基础上使相对友好的关系成为可能。然而,当苏联明显不准备接受这种安排的时候,美国的态度急剧转变:必须对苏联的扩张主义加以限制,如果软的不行那就来硬的。

比如说,1945年中,杜鲁门接受了"友好分离"的政策。他后来回忆到,在波茨坦会议上,他"与其他大多数人一样是个亲苏派"。他认为自己可以设法容忍并接受斯大林,而且事实上他"喜欢这个老家伙。"[12]同时,杜鲁门说,这位苏联领导人"相当直率";斯大林"知道他想要什么并且在无法达到目的时也会妥协"。[13]杜鲁门可能不喜欢苏联在其控制地区的所作所为,他当然也对苏联将一个又一个"既成事实"摆在美国眼前的做法感到恼火。但是这并未使他采取反苏政策。实际上,直到1945年11月,杜鲁门仍然在讲美国应该如何与苏联和睦相处。[14]因此他认为,如果苏联尝试"夺取对黑海海峡的控制权",美国可能因此不得不袖手旁观。土耳其人会奋起反抗,"但这会像是一场苏芬战争。"美国不会因为这个问题与苏联开战。[15]一个月之后,杜鲁门不再确定美国的政策究竟应该如何。他说道,苏联在波兰问题上对美国先斩后奏。眼下他们在保加利亚有一支50万人的部队,所以杜鲁门担心某天苏联人"会南下占领黑海海峡",让美国面对又一个"既成事实"。他们唯一能够理解的事情是"陆军师",但是美国政府不能"派遣任何一个师去阻止苏联人"向土耳其开进。"我不知道我们该如何

---

12 Truman to Acheson (unsent), March 15, 1957, in *Strictly Personal and Confidential: The Letters Harry Truman Never Mailed*, ed. Monte Poen (Boston: Little Brown, 1982), p. 33.

13 Truman to Bess Truman, July 29, 1945, *Dear Bess*, p. 522; *Ayers Diary*, entry for August 7, 1945, p. 59.

14 *Ayers Diary*, entry for November 19, 1945, p. 97.

15 Ibid.

第二章 迈向分水岭

是好"。[16]接下来,仅仅三周之后,杜鲁门选择了强硬立场:"我确信苏联人打算入侵土耳其并且夺取通往地中海的黑海海峡。除非我们用铁拳和严词来对待苏联人,否则另一场战争将在所难免。苏联人只懂得一种语言——'你有多少个师?'"在伊朗问题上也是如此,杜鲁门现在开始采取强硬立场。他抱怨到,苏联的对伊政策是"我所见过的最让人难以容忍的"。在"二战"期间伊朗一直是盟友,而且借助伊朗领土作为通道给苏联运输了数以百万吨的给养,这对苏联的存亡至关重要,"然而现在苏联却在伊朗这个朋友和盟友的土地上挑起叛乱并且继续驻兵"。[17]

正是基于伊朗和土耳其的事态,杜鲁门对前一年东欧发生的事情进行了重新解读。似乎一切都是相同模式的一部分。苏联一直在波兰和东欧地区的其他地方"专横跋扈"并且"霸道武断";其基本策略就是把"既成事实"摆在西方的眼前。苏联对波兰、罗马尼亚以及保加利亚的政策现在成了杜鲁门控诉苏联的第一条罪状。杜鲁门的态度已然转变。在波茨坦会议上,尽管杜鲁门不喜欢波兰在苏联的支持下将自己的领土向西扩至奥得河-尼斯河一线,但是考虑到二战中波兰在德国手中遭受的苦难,他可以理解为什么波兰要兼并那块领土。然而现在,从1946年1月来看,对那片德国土地的吞并简直就是彻头彻尾的"专横暴行"。[18]

到了1946年初,贝尔纳斯也开始反对苏联。这是否仅仅是因为美国国内的政治气候已经发生了巨大的转变——因为个人倾向于和解政策的贝尔纳斯由于总统改变进程的强烈干预不得不采取强硬得多的立场?贝尔纳斯在12月的莫斯科外长会议上同意承认保加利亚和罗马尼亚的共产党政府。在这之后,杜鲁门确实给这位国务卿写过一封亲笔信,要求美国不能再"娇惯"苏联人了。在信中杜鲁门写到,美国不应再"寻求妥协"。尤其是

16　*Ayers Diary*, entry for December 17, 1945, p. 104.
17　Truman to Byrnes (unsent), January 5, 1946, in Poen, *Strictly Personal*, p. 40.
18　Truman to Byrnes (unsent), January 5, 1946, ibid., p. 40. 可与另一份文献比较:Truman to his wife, July 31, 1945, in *Dear Bess*, pp. 522–523。

美国政府"应该拒绝承认保加利亚和罗马尼亚的共产党政府,直到他们满足了我们的要求"。——这是对贝尔纳斯12月在莫斯科所奉行的政策的一记直接耳光。[19]

这封信未被发出。甚至在1月5日贝尔纳斯与杜鲁门会面时,这封信也不太可能被贝尔纳斯看见。[20]按照杜鲁门的性格,他几乎肯定要发脾气。[21]他对于贝尔纳斯没有及时通知并且没有尊重其总统权威而感到失望。但是他们在政策上的分歧并没有信中所言的那样巨大。1945年,杜鲁门还没有深入参与对外政策的制定,几乎是让贝尔纳斯来管理。而且贝尔纳斯也没有特地去和杜鲁门商议。结果,杜鲁门可能并未完全理解贝尔纳斯的用意——贝尔纳斯承认东欧的共产主义政权不只是一种安抚行为,这实际上也是为了划清东西方之间的界限。贝尔纳斯也许能够向杜鲁门做出解释,因为总统很快就在是否承认巴尔干半岛的共产主义政权这一问题上改变了自己原先的观点,在接下来的一个月就承认了罗马尼亚。

事实上,贝尔纳斯在1945年底从未采取过所谓的亲苏政策。当时,在美方整体态度转变之前,贝尔纳斯在一系列关键问题上的政策立场比后来那些主要的冷战斗士(Cold Warriors)还要强硬。例如,当时的副国务卿迪安·艾奇逊(Dean Acheson)就赞成与苏联分享美国的核秘密。在9月21日的高层会议上,艾奇逊说他"无法想象我们怎么可以向自己的盟友隐瞒自己的军事秘密,尤其是今后世界的和平还必须依靠我们与这位伟大盟友的合作"。但是贝尔纳斯完全反对这种观点。[22]1945年10月,贝尔纳斯对亲

---

19 Truman to Byrnes (unsent), January 5, 1946, in Poen, *Strictly Personal*, p. 40.
20 关于此事的最佳分析,参见 Messer, *End of an Alliance*, pp. 157–165。
21 普恩(Poen)的《纯属私事》(*Strictly Personal*)实际上是这些没有寄出的信件的合集,其中的一些非常独特。要特别注意到杜鲁门在1946年6月放在桌上的一张便条,上面写到召集贸易联盟领导开会,告诉他们"耐心已消耗殆尽。宣布进入紧急状态——召集部队。启动工业,任何想参加工作的人都加入进来。若是有任何领导干预,军法处置……叫停国会并动员全国。随时要有足够的原子弹——在斯大林那边丢上一颗,让联合国重新运作起来并最终建立起自由世界"。Ibid., p. 31。
22 Forrestal diary entries for September 21 and October 16, 1945, FD/3/FP/ML. 其中只有第二辑的部分得以出版,见 Millis, *Forrestal Diaries*, p. 102。

第二章　迈向分水岭

苏的前美国驻苏大使约瑟夫·戴维斯（Joseph Davies）大加批评，因为戴维斯一再向贝尔纳斯强调从苏联角度看问题的重要性。贝尔纳斯告诉戴维斯，"莫洛托夫是令人'难以容忍'的"。他还说，他因为自己接受了从莫洛托夫那里得来的信息而"感到羞愧"。[23]

1946年初，贝尔纳斯当然没有给人留下非常不乐意采取新立场的印象，这仅仅是出于国内政治原因。在丘吉尔于3月来访并发表著名的"铁幕"演说（冷战揭开序幕的标志之一）之前，他就将演说词给贝尔纳斯过目。国务卿非常高兴且"激动"，两人做了一番长谈。丘吉尔对于自己所了解的情况甚为满意。在给艾德礼的信中他写道："毫无疑问"，美国政府高层"对于苏联人对待他们的方式相当不满"。[24]

在丘吉尔写信的当日，贝尔纳斯竭力反对苏联对伊朗采取的行动。在收到一些有关苏联对伊行动的令人担心的报告之后，贝尔纳斯双拳相击并且宣称："现在我们要全力还击。"[25] 此刻杜鲁门似乎已开始考虑在伊朗问题上做好战争准备。[26] 但是苏军随即撤退，危机很快就平息了。

在与土耳其的冲突上，随着美国进一步涉入争端，苏联也再次开始打退堂鼓。土耳其事件在1946年8月达到高潮。显然——实际上比3月的时候要更加明显——杜鲁门最终再次愿意承担与苏联开战的风险。[27] 1945年1月，美国参谋长联席会议（the U.S. Joint Chiefs of Staff）曾经认为美苏迎头相撞"可能性极小"。[28] 如今，战争被认为实际上是可能的。不过一年多一点的时间，美国的政策就发生了巨大转变。

23　Yergin, *Shattered Peace*, pp. 142–143.
24　Churchill to Attlee, March 7, 1946, CHUR 2/4, Churchill Papers, Churchill Archives Centre, Churchill College, Cambridge University.
25　Edwin Wright, "Events relative to the Azarbaijan Issue—March 1946," August 16, 1965, 引自 FRUS 1946, 7:347。
26　参见W. 埃夫里尔·哈里曼和伊利·埃布尔（Elie Abel）报道的总统评论，*Special Envoy to Churchill and Stalin, 1941–1946* (New York: Random House, 1975), p. 550。
27　Acheson to Byrnes, August 15, 1946, 以及 Acheson-Inverchapel meeting, August 20, 1946, FRUS 1946, 7:840–842, 849–850。关于土耳其危机，特别参见 Eduard Mark, "The War Scare of 1946 and its Consequences," *Diplomatic History* 21 (1997): 383–415。
28　Leahy to Hull, May 16, 1944, FRUS Yalta, p. 107.

伊朗和土耳其危机的直接影响就是使得东西的分界线划分得更加清晰。双方都有所试探并开始努力接受新的现状。西方大国失去了对东欧的控制。对苏联而言，它从伊朗撤军并且对土耳其的压力也逐渐减弱。苏联的一些不那么认真的要求——例如对利比亚的托管以及在日本拥有一个占领区——最后也被放弃了。

不过，如果说这是一种划分势力范围的解决方案，这与贝尔纳斯和斯大林在1945年所构想的那种安排是大不相同的。还是不能指望凭借美国的力量来击退苏联在东欧的影响。例如，为了防止共产党人控制捷克斯洛伐克，美国绝不会冒险发动战争；美国甚至不会用自己的干涉作为威胁使苏联的干涉威胁无效。但是交给苏联控制的地区范围必须划清边界，而且若有必要，美国越来越愿意动用军事力量来捍卫这个边界。[29]

这种遏制政策在1946年初被采纳。甚至在"遏制政策"这一术语被创造之前，当然也早在该政策的主要理论家乔治·凯南为其提供理论基础之前，就已被采用。[30]该政策依赖于军事力量——正如凯南在他的那篇著名文章中所指出的那样，"在一系列不断变化着的地理与政治节点上要灵活、大胆地运用反击力量"。[31]苏联是个扩张大国，所以只有拥有足以与之抗衡的力量才能使它遵守规矩，这是不言而喻的。世界显然将被分割开来。在1945年末的时候就已经有了这种假设。现在的区别在于，这种分割状态并不是建立在相互同意的基础之上；它不再被认为是双方都可以欣然接受的。苏联是个军事威胁，而且只有西方的力量可以制衡它。力量——东西方的力量均势——不再是国际政治背景之下的某种若隐若现的东西。如果武力是苏联唯一明白的语言，那么西方就必须会使用这种语言，并且要清楚地表明，对西方的逼迫只能到此为止。

这些新的态度还将在1946年导致美国对德政策发生重大转变。

---

29 关于此种观点的典型事例，见JCS to Byrnes, March 29, 1946, FRUS 1946, 1:1165–1166。
30 关于此观点，见Leffler, *Preponderance of Power*, esp. pp. 60–61。
31 "The Sources of Soviet Conduct," *Foreign Affairs* 25 (July 1947): 576.

第二章　迈向分水岭

美国对德政策的转变

在波茨坦会议上，贝尔纳斯的政策是基于德国将会分裂为东西两部分这个前提。但是实际上，贝尔纳斯的波茨坦政策从未得以实施。甚至在会议一结束的那段时间，美苏关系相对较好的时候，美国也没有用力推行贝尔纳斯所设想的那种占区导向的政策。相反，大多数美国官员对于会议高层讨论的记录并不知情，而恰恰是通过这些讨论才达成了波茨坦会议的真正共识，他们只是从表面上理解《波茨坦会议议定书》。正式协议特别指出，德国应"作为一个经济体来对待"，并且呼吁在包括赔款以及"以德国为一整体的进出口项目"在内的七个特定领域上实行"共同政策"。

因此，贝尔纳斯计划的基本观点是将赔款问题均匀地按占区划分。但是波茨坦会议一结束，美方官员采取了完全相反的立场。例如，美国掌管战争赔偿的最高官员埃德温·波利（Edwin Pauley）于1945年8月11日向驻德国美军当局解释了波茨坦赔偿协议的意义。他说道，盟国管制委员会将"尽其所能在统一的基础之上为德国全境安排各种类别和不同程度的赔偿减免"。[32] 8月中旬，国务院批准了"（德国）所有占区的出口收入都应该被用来偿付进口这样的原则"——尽管所引用的《波茨坦会议议定书》中的段落恰恰是贝尔纳斯想要彻底放弃的，而且参加波茨坦会议的美国代表也曾成功地淡化了该段落的内容，目的就是想避免有这种含义。[33]

那么接下来的问题就是：是否应该对苏联从其控制的区域内榨取利益作出限制？显然，如果上不封顶，德国就不可能被视为一个统一的经济区域。在波茨坦会议上，莫洛托夫曾经提出过这个问题，贝尔纳斯当时的回答是，苏联可以在德国东部自行其便。言外之意就是，德国不能作为一个

32　Pauley to Clay, August 11, 1945, FRUS 1945, 3:1251-1252.
33　Byrnes to Murphy, August 18, 1945, FRUS 1945, 3:1522.《波茨坦会议议定书》中关于此项条款的论述见前文，pp. 32-33。

经济体，而且双方只负责管理自己那部分的事务而不能干涉对方的经济。在1946年初，基本观点保持不变，但是逻辑被重新梳理：如果不加限制，德国就不能作为一个整体来运行；但是《波茨坦会议议定书》规定应在统一的基础上来管理德国；因此，鉴于美国执意要减少全德范围内的赤字，必须要对苏联从其占领区的获益设置最高限度。[34]这就等于彻底颠覆了贝尔纳斯在波茨坦的政策。美方代表甚至试图收回在东西方的基础上分割德国海外资产的安排。这种想法实际上来自杜鲁门总统本人，这再度证明杜鲁门并没有非常直接介入贝尔纳斯在波茨坦的活动。尽管协议中有关这个问题的条款十分模棱两可，但是美国政府现在想将"整个德国的海外资产的所有权都归于一个四方委员会"。[35]

为什么贝尔纳斯会任由事态这样发展下去？[36]他的基本态度显然不可能因为苏联的所作所为在一夜之间改变。改变需要足够的时间。所以，如果在关键问题上他的思考没有改变，那么波茨坦会议之后影响其政策的主要考量在本质上肯定是策略性的。实际上，我们并不难想象贝尔纳斯当时是怎样看待问题的。很多人都不喜欢势力范围政策的观点。右派反对将数以百万计的人民让给共产主义国家。西方可能对此无能为力，但是在右派看来，苏联控制一半的欧洲，这永远不应该被视为合法的。左派反对放弃在德国实行四国共治的政策，这意味着总体上放弃了美苏合作，也许还意味着放弃了可以控制德国的方法。此外就是威尔逊式的传统，该传统认为世界应该由统一的民族国家构成，并且反对大国私下瓜分某些国家乃至整个地区的想法。

所以各种各样的观点杂糅在一起。"反苏"观点认为必须避免苏联扩张

---

34 有关此种观点的例子，见Clay to Eisenhower, May 26, 1946, *Clay Papers*, 1:214。
35 Backer, *Winds of History*, p. 108.
36 9月，当美国国务院敦促推行将德国视为一个整体的战争赔偿计划时，贝尔纳斯从伦敦提出反对。他说，他相当质疑这种方法是否"正确地反映了《波茨坦会议议定书》的精神而且是否能够取得成效"。但是他言尽于此：他并未固执己见要求改变政策。Clayton to Harriman, September 6, 1945, 以及Byrnes to Acheson, September 28, 1945, FRUS 1945, 3:1284, 1319；贝尔纳斯的信件引自詹姆斯·麦卡利斯特（James McAllister）未出版的手稿。

第二章 迈向分水岭

进入欧洲腹地,"亲苏"观点则认为美国应尽可能与苏联合作,两种观点殊途同归,都指向了统一政策。"反德"观点认为有必要建立一个四国共治机制来控制德国,"亲德"观点则强调必须尊重德国的国家权利,但都指向了同样的方向。不过,这些繁杂的言论都支持统一的政策,也意味着这种政策背后所涉及的力量是一个不稳定的混合体。每种观点都受到完全相反的反对观点的制衡。数以百万计的德国东部的人必须受苏联的控制,这诚然是令人遗憾的,但至少不应该让德国西部也落入苏联之手。理论上,与苏联合作可能是个理想的解决方案,但在实践上,想要与苏联和平共处,最好的方法还是将德国一分为二,各自为政。当然,尽管约束德国非常重要,但四国一体可能并不是实现这个目标的唯一途径。分裂的德国对世界和平不会构成威胁。实际上可以对分裂的德国温和相待:相比于一个不受国外军队控制的、统一的德国,受到苏联威胁、因而有赖于西方保护的德国西部的政治权利更容易得到恢复。但是每种观点都受到相反观点的制衡,这种局面意味着统一的政策缺乏牢固根基,从长期来看这种政策很有可能因为不堪重负而自行崩溃。

但是目前看来,注定会有来自各个方面的反对分裂德国的声音。在贝尔纳斯看来,问题是显而易见的。为什么要直面这些反对意见?为什么要在最终不得不放弃盟友之间的合作之前就冒险遭致"失败主义"政策的骂名?作为一位老练的政治家,贝尔纳斯的直觉告诉他处理这个问题要讲究策略。四国共治的说辞是不会被抛弃的,而且就官方立场而言,美国政府也会对在统一的基础上管理德国的政策表示支持。既然眼前的事实使他相信这种方案并不可行,很快也会让别人认识到这一点。不过与此同时,如果考虑到整个世界的局势,统一政策还是有可能的。早些时候,美国的政策强调分区管理,但是自8月中旬始,美国官员再次开始强烈要求推行——而且比其他任何国家都要强烈——解决德国问题的统一方案。

这当然也是克莱将军目前试图实施的政策。克莱将军掌管着在德国的美国军政府并且将《波茨坦会议议定书》作为自己的行动纲领。他认为德国必须作为一个整体来统治。四国合作是最为根本的。对他而言，德国就像一个"实验室"：但是风险也存在，就是盟国是否有能力通过合作共同管理整个世界的事务。[37]1945年底，他强烈要求建立中央集权的行政机构来治理德国。克莱明白，在交通和金融等领域建立全德管理机构只是第一步，而且只有当制定出落实这种机构的共同政策之后，对于"我们是否有能力与苏联有效合作"的真正考验才会到来。[38]不过这是至关重要的第一步，因此他不遗余力地推动建立这样的中央管理机构。

但是管制委员会在这一领域无法向前推进。想要采取行动需要达成一致意见，然而法国人表示，他们无法同意建立中央行政机构，除非另一个问题得到解决：他们希望将莱茵兰和鲁尔从德国分裂出去。但是美国不接受这个条件。随后克莱试图撇开法国继续行动，在美、英、苏三个占区建立行政机构。但是苏联人不愿意接受这种思路，甚至英国对该计划也态度冷漠。到了1945年11月底，已经很清楚，这种想法不会产生什么结果。[39]

因此在1946年初，克莱改变了策略。波茨坦会议上所制订的赔款方案将会给他提供他所需要的推进全德解决方案的手段。按照在波茨坦达成的协议，苏联将获得四分之一的工业设备（这些设备被认为是德国和平时期的经济所不需要的），并且这些设备将会从西占区移走。五分之三的这些交付设备——占德国西部战后赔偿总额的15%——用来从德国东部交换食物和原材料。剩下的部分占赔偿总额的10%，将会全部免费交给苏联。

想要决定从德国西部可以获得什么样的交付赔偿——也就是说在西占区有多少**过剩**的工厂和设备——必须制订出一个德国和平时期的经济计划。

37　Meeting at State Department, November 3, 1945, *Clay Papers*, 1:113.
38　Ibid., p. 112。
39　French memorandum, September 13, 1945; Murphy to Byrnes, September 29, October 2 and 18, 1945; Allied Coordinating Committee meeting, November 5, 1945; Byrnes-Couve de Murville meting, November 20, 1945; Byrnes to Caffery, December 6, 1945; in FRUS 1945, 3:869-871, 879, 844, 884, 888n, 907, 916. 另见 Clay to War Department, September 24, 1945, 以及 Clay to McCloy, October 5, 1945, *Clay Papers*, 1:85, 92。苏联不愿赞同该观点，有关文献见Murphy to Byrnes, November 24, 1945, 以及 Caffery to Byrnes, December 11, 1945, FRUS 1945, 3:911,918。关于英国的冷淡反应，可参见1946年1月12日法国外交部的一份历史档案，Y/284/FFMA。

第二章 迈向分水岭

严格说来，出于此目的，必须制订一个仅适用于德国西部的工业计划。如果出于政治方面的需要去制订全德的工业计划，那么只需要将东部和西部的计划简单拼凑起来即可，不过必须认真对待第一个计划。这种安排与贝尔纳斯计划的实质原本是一致的。实际上，这种计划显然被考虑过，但被排除了，很可能是因为这暗示着如何将德国视为整体管理。[40]于是，3月26日，在有关德国整体的计划上，管制委员会以一种完全不科学的方法达成了一致。[41]

克莱现在声称，全德范围的经济计划是预先将德国作为一个整体来对待的，所以尤其有必要在全国范围内确立一个"共同的进出口计划"。和其他国家一样，苏联在官方上赞同将德国视作一个整体加以对待，但是他们现在"强烈反对共同的进出口计划"——实际上从波茨坦会议开始他们就反对这个计划——而美方官员不知道他们的真实态度究竟如何。[42]如果美方施压，他们将会做何反应？

克莱建议，如果苏联不同意确立共同的对外贸易政策，那么就威胁切断战后赔偿（至少从美国控制的区域切断），从而"揭露"苏联的立场。美国提出的观点后来成为它的一个标准理由。战后赔款的数量取决于工业计划的水平；该计划的前提假设就是德国应被视作一个经济体，特别是要制订共同的进出口计划。因此，如果外贸计划受阻，工业计划的水平就不再有意义，因此赔款协议也就不再具有约束力。4月8日克莱通知其他占领国，除非制订出共同的进出口计划，否则美国将会"坚持"修改赔偿方案。构成威胁的措施很快就得以实施。在4月26日的四方会议上，克莱坚持必须将在波茨坦达成的协定视作一个整体。他说道："共同的进出口计划可以汇聚所有本土资源，收拢所有出口的收益，这是《波茨坦会议议定书》的

40　G. D. A. MacDougall, "Some Random Notes on the Reparation Discussions in Berlin, September-November 1945," DBPO I, 5:521.
41　有关工业计划水平，参见 DOSB, April 14, 1946, pp. 636-639；有关讨论，参见 Ratchford and Ross, *Berlin Reparations Assignment*, chaps. 7-13。
42　Clay to Echols, April 8, 1946, *Clay Papers*, 1:186-187.

关键部分。"赔偿项目"是以共同的进出口计划为基础的",因此,如果管制委员会不能为德国对外贸易制订共同计划,就意味着美国必须暂停赔偿交付。[43]

国务院采取了同样的基本立场。暂停赔偿交付是一种手段,其目的是让其他占领国同意将德国视为一个整体进行管理。坚持这些原则的"首要目的是对苏联声明会恪守波茨坦会议精神进行最终检验"。[44]实际上,暂停赔偿的决定是高层政治决策圈出于重要政策考虑做出的:正如经常宣称的那样,这种行动并不是克莱出于当地因素的考量而擅自进行的。有必要指出的是,此次行动事前得到了国务卿贝尔纳斯的亲自授权。贝尔纳斯向贝文解释了为什么他允许克莱暂停赔偿"直到将德国作为整体的问题得以解决"。他告诉贝文,美国准备在此问题上和苏联"摊牌"。[45]

因此,正如不少学者所声称的那样,美国这项行动的首要目标是苏联,而不是法国。事实上,法国代表在4月26日的一次关键会议上支持克莱。西方三国都支持拟定一份文件,呼吁在全德基础上进行对外贸易。只有苏联表示反对。苏联的实际政策于是"浮出水面":看来苏联并不愿意履行《波茨坦会议议定书》。[46]

这个"事实"具有重大内涵。如果苏联不允许在全德的基础上进行对

---

43 Clay statement in Allied Coordinating Committee, April 8, 1946, in Murphy to Byrnes, April 10, 1946; Murphy to Byrnes, May 2, 1946; 以及 Acheson to Byrnes, May 9, 1946, in FRUS 1946, 5:538, 545-547, 551。Clay to Echols, April 8 and May 2, 1946, 以 及 Clay to Eisenhower, May 26, 1946, *Clay Papers*, 1:186-187, 203-204, 212-213; 以及 Backer, *Winds of History*, pp. 122-123。

44 Acheson and Hilldring to Byrnes(两份文件),均见 May 9, 1946, FRUS 1946, 5:549-555。

45 Bevin, "Anglo-American Discussions," May 5, 1946, FO 800/513, 以及 Bevin-Byrnes "Discussion," April 26, 1946, FO 800/446, Public Record Office [PRO], Kew。

46 Clay to Echols, May 2, 1946, *Clay Papers*, 1:203。约翰·金贝尔(John Gimbel)在他书中提出的暂停赔款交付的观点主要是针对法国,详见 *The American Occupation of Germany: Politics and the Military, 1945-1949* (Stanford, Calif.: Stanford University Press, 1968), pp. 57-61。加迪斯(Gaddis)在1972年指出,一年之后在FRUS 1946, vol. 5中发布的证据质疑了上述观点;见 *United States and the Origins of the Cold War*, p. 330n。但金贝尔的观点未受到影响。参见"On the Implementation of the Potsdam Agreement," *Political Science Quarterly* 87 (1972): 250-259。很多其他学者认同金贝尔的观点,例如,参见 Yergin, *Shattered Peace*, p. 229 and p. 458 n. 21; Jean Smith, *Lucius D. Clay: An American Life* (New York: Holt, 1990), p. 350; 以及 Leffler, *A Preponderance of Power*, p. 118。

第二章 迈向分水岭

外贸易,这就意味着,将德国视作一个整体进行管理的所谓"波茨坦"政策将难以有效实施。因此美国将不再让自己受制于《波茨坦会议议定书》。如果其伙伴不能履行协议,那么美国也应有权在德国自由行事。

这就是叫停赔偿的真正含义。美国现在又开始重申其行动自由:它将不再使其受制于伙伴不予尊重的约定。若是不能将德国作为一个整体来管理,那么美国就可以和其他愿意联合的区域一起,在自己的占区内放手推进自己的政策。在实践中,这意味着要和英国联合。很多美国官员也希望随后把法国也纳入进来。

当然,克莱本来是想在四大国的基础上治理德国的。但是他从一开始就明白,如果这种方案不可行的话,就必须要制订出可能导致西方三个占领区合并的备选方案。[47]他希望看到一个统一的德国,但是他更想理清局势,这样他就可以继续推进并且使他所负责的区域重焕生机。肯定不能任由事态照原样继续下去了。德国当时的情况非常糟糕。德国城市处在一片废墟之中,工业运作只有战前水平的一小部分。数百万难民由东部迁入西占区,亟待照料。显然,无论如何都必须带领德国走出经济困境,恢复运转。不能指望美国和英国的纳税人无限期地资助他们各自的占领区。美国国会当然对此也绝不会容忍,而且克莱也不想军政府因为没能让德国经济回归正轨而受到指责。[48]因此,德国人很快就必须自己担负开支。而且,除非打开了通向经济复苏的道路,否则民主制度也不会在德国扎根。[49]如果这一切不能在全德的基础之上实行——如果由于种种原因协议无法实施——那么美国及其盟友将不得不仅仅以西占区为基础继续推进。[50]

47　Clay to JCS, June 6, 1945, 以及 Clay to McCloy, June 29, 1945, *Clay Papers*, 1:20, 38。
48　此外,军队必须从自己的预算中拨款为德国提供资金,因此也有一定动力让美国在德国的占领区的经济尽快恢复。参见 Wolfgang Krieger, *General Lucius D. Clay und die amerikanische Deutschlandpolitik, 1945-1949*, 2d ed. (Stuttgart: Klett-Cotta, 1988), pp. 99–101。
49　例如,参见 Clay to Echols and Petersen, March 27, 1946; Clay to Eisenhower, May 26, 1946; 以及 Clay to Echols, July 19, 1946; in *Clay Papers*, 1:184, 217, 243。
50　尤其注意克莱对"强推此事"的重要性的评论,参见 Clay to Dodge, July 31, 1946, 转引自 Backer, *Winds of History*, p. 147。

华府的决策者也是这么认为的。实际上,不少国务院官员比克莱更快地认识到在德国问题上的四方合作是不可能的。[51] 当然,尽管鲜为人知(甚至在政府内部),国务卿贝尔纳斯在波茨坦时就已经完全放弃了这种希望。不过现在美国当局已经正式重申,可以在没有苏联支持的情况下自由行事。

因此暂停赔偿有助于为西占区所谓的"组织"工作铺平道路。这一点在1946年5月9日国务院的一份重要官方通报中说得很清楚。基本的问题在于是否把德国作为一个整体来对待。代理国务卿艾奇逊在给贝尔纳斯的信中写到,赔偿交付的暂停是为了让苏联认识到问题已经到了非解决不可的境地。艾奇逊催促当时在巴黎参加外长会议的国务卿警告苏联人,如果不能将德国作为整体来治理,美国将不得不考虑把德国西部视为"一个经济体,并将其与西欧经济紧密联系起来",而这对苏联来说将会是"令人不快但又难以避免的选择"。[52] 仅限于西占区的解决方案显然是对已经失败的"波茨坦"政策的一种替代。实际上,克莱在5月27日的新闻发布会上就因此受到了质疑。[53] 在大庭广众之下处理此问题还为时过早,但是在他刚刚起草的一份重要政策文件中,克莱已经开始呼吁要合并美国和英国的占区。[54]

贝尔纳斯本身是同意艾奇逊和克莱的观点的。在外长会议上,他对美国现在采用的标准口径进行了梳理。他说道,《波茨坦会议议定书》规定须将德国视作一个整体来对待。但是该协议没能实行。赔偿水平是建立在将德国视作一个整体的假设基础之上的;波茨坦政策的失败意味着该计划不再有效,因此导致了赔偿交付的暂停。美国政府仍然想要使《波茨坦会议议定书》生效,但是正如贝尔纳斯在7月宣布的那样,如果事实证明这是不可能的,美国将别无选择,只得将自己控制的区域与其他区域合并——

---

51 尤其参见克莱和里德尔伯格(美国国务院中欧事务部负责人)在国务院会议上交换的意见,November 3, 1945, *Clay Papers*, 1:112–113. 另见 Kennan to Byrnes, March 6, 1946, 以及比德尔·史密斯(Bedell Smith, 时任驻莫斯科大使)to Byrnes, April 2, 1946, FRUS 1946, 5:519, 535.
52 Acheson to Byrnes, May 9, 1946, FRUS 1946, 5:551, 554.
53 Clay press conference, May 27, 1946, *Clay Papers*, 1:221.
54 Clay to Eisenhower, May 26, 1946, ibid., p. 217.

第二章 迈向分水岭

只要其他占领国愿意接受美国所构想的多区政策。[55]

英国很快接受了合并占区的提议。[56]至于法国，其主要外交部官员（尤其是外长乔治·比多）想要与盎格鲁-撒克逊人合作。但是由于种种原因，法国政府不能公开站队反对苏联。这些法国外交部官员希望法国自然地、逐渐地通过非正式协议加入盎格鲁-撒克逊人一边。[57]但是目前为止，要合并的只是英国和美国的区域，而且英美双占区很快就正式形成了。

显然，从一开始这一举动就有着非常重要的政治意义：双占区的安排并不是像人们有时说的那样，只是出于经济目的而制订的"暂时的权宜之计"。[58]这其实是向建立一个西德国家迈出了重要的一步。在公开场合，这种政治意义被掩盖了，因为英美都不想因为分裂德国而背上骂名。但是美国官员知道他们的目标就是建立一个德国政府。例如在4月2日，美国驻苏联大使沃尔特·比德尔·史密斯将军（General Walter Bedell Smith）写信给美国国务院，在信中传递了他简短访问德国后得出的一些印象。那里的人们都认为应该通过在西占区内"自下而上地组织"来在德国建立一个政府，而"最终目的"则是将西部政府和苏联支持的东部政府合并起来。他的个人观点（其他许多官员无疑也赞同）就是"最后这一步可能永远无法迈出"。[59]尤其是克莱，对于他所说的英美占区合并的"政治内涵"，他非常清楚。他实际上明确要求建立一个德国政府，并且认为这项计划最好还是仅在英美控制的区域内实施。[60]

随着双占区的建立，一个重要的门槛被跨越了。西方大国现在朝着建立一个西德国家的目标前进，势不可挡。美国官员也明白他们在做什么。

---

55 Byrnes to Caffery, July 19, 1946, 以及 Murphy to Byrnes, July 20, 1946, FRUS 1946, 5:578, 580。另注意下文引用的文献，参见注释62。
56 见 Backer, *Winds of Change*, chap. 6, esp. p. 148。
57 例如，参见 Caffery to Byrnes, June 11, June 22, August 30, and September 18, 1946, FRUS 1946, 5:566–567, 567n., 596, 605。
58 Backer, *Winds of History*, title of chap. 6, and pp. 129, 147–148。
59 Bedell Smith to Byrnes, April 2, 1946, FRUS 1946, 5:535。
60 Clay to Eisenhower, May 26, 1946, *Clay Papers*, 1:214–217。

他们可能不喜欢"国家"这个词,因为这意味着与过去政策的完全决裂,所以他们采取了各种委婉的说法。例如比德尔·史密斯称之为"将德国西部区域合并成一个倾向西欧和西方民主的政治统一体。"[61]但是无论这些言语多么谨慎,事态的发展方向是无可置疑的。

而且,所谓"组织"德国西部的政策明显带有反苏色彩。美英不得不在西占区继续采取行动,是因为苏联人背弃承诺并且破坏了在波茨坦达成的协议。这种说法已经被重复多遍。苏联在东部的行为——即以自己认为合适的方式进行管理,美国人在波茨坦会议的时候还愿意冷静面对——现在却被说成完全无法接受的。如果不能将德国视作一个整体去管理,该受到责备的是苏联。"他们怎么胆敢妨碍建立全德的共同进出口计划!"这实际上是1946年初针对苏联的主要指控。言下之意就是西方各国都认同德国人的民族意愿,而苏联则是建立统一的德国国家的主要敌人。[62]

该如何理解这种政策变化?为什么美国放弃贝尔纳斯在波茨坦会议上所主张的势力范围政策,转而坚持德国统一,并指责苏联阻挠统一?克莱可能没有理解波茨坦会议所达成的真正谅解的含义,但是贝尔纳斯肯定理解。而且国务卿也很清楚他正在做的事情意味着什么。他明白,美国在1946年的政策,尤其是有关控制德国外贸问题的政策,是与他在波茨坦会议上所奉行的政策完全不同的,因此美国指责苏联违反《波茨坦会议议定书》是极具误导性的。

此外,贝尔纳斯并不受其属下的左右,他随时都可以出手约束他们的"统一"热情。尤其是他还可以阻止美国官员,让他们不要坚持在全德的基础上管理德国的对外贸易。他本来随时都可以将波茨坦会议达成的真正谅

---

61 Bedell Smith to Byrnes, April 2, 1946, FRUS 1946, 5:536.
62 例如,参见 Clay statement in Allied Coordinating Committee, April 8, 1946, in Murphy to Byrnes, April 10, 1946, 以及 Acheson to Byrnes, May 9, 1946; ibid., pp. 538, 551-552; foreign ministers' meetings (and related U.S. memorandum), May 15 and July 9-12, 1946, ibid., 397-398, 400-402, 849, 873, 876, 884, 935; 以及 Clay to Echols, April 8 and May 2, 1946, *Clay Papers*, 1:186-187, 203。

第二章　迈向分水岭

解解释清楚。尤其是对于最竭力推动统一政策的克莱将军，贝尔纳斯原本也可以更加开诚布公。二战期间两人曾合作过而且私交甚好。实际上，贝尔纳斯为克莱出任军政府首脑出过力，所以他也容易与克莱单独交流并让克莱实行他想要的政策。[63]

然而贝尔纳斯没有做过上述任何一件事，这是为什么呢？相关证据很少，所以答案在某种程度上只能是猜测性质的。不过，似乎贝尔纳斯的动机也在不断改变。最初——也就是波茨坦会议刚刚结束之后——他不希望与苏联争吵，并且认为友好的分手是维持可以接受的美苏关系的关键。但是（如前所言）有很多人出于各种各样的理由认为德国应该被作为整体对待。为何不让他们尝试一下呢？如果没有做过尝试，那么他就会受到来自各方的批评，认为他过于迅速地将德国东部委托给苏联统治，过于草率地放弃四方合作，也过于乐意地接受划分势力范围的方案。为何不让那些倡导四方机制的人自己去面对残酷的政治现实呢？

但是如果那就是贝尔纳斯在1945年底的想法，那么到了1946年初他的动机已经改变了。现在，坚持将德国视作整体的政策显然会导致与苏联的直接冲突。如果贝尔纳斯选择坐视不管，那么这可能仅仅是因为当时他想让这种事情发生。美国官员一直竭力试图在德国建立一个四大国机制，而贝尔纳斯则给了他们自由行事的权力。结果是到了1946年初，贝尔纳斯已经大棒在手，准备用来痛击苏联人。

新政策显然与美苏关系在1946年初显著恶化有关。但是贝尔纳斯不仅要回击苏联在近东和其他地区的粗暴行径。人们已经形成一种印象，即苏联的行动已经陷入某种模式。他们认为苏联是一个扩张主义国家，只有美国行使自己的力量，并与其他国家一道抵制苏联的压力，才能遏制苏联。

实际上，美国在1946年的政策主要是针对两类受众：美国公众以及西占区的德国人。如果苏联是一个扩张国并且只有反制力量才可以制衡它，

63　Murphy, *Diplomat among Warriors*, pp. 248, 251.

那么美国就必须承诺用自己的力量来守卫苏联周边的关键地区，尤其是德国西部。这种承诺意味着在某些紧急情况下可能会发生战争，而这是美国必须承担的风险。而贝尔纳斯肯定希望美国在欧洲投入力量。实际上，他在推动这种政策的过程中起到了带头作用。他在1946年4月曾说过，这就是他当时向苏联提出签署一个防止德国再度侵略的保障条约的原因。[64] 同年9月，贝尔纳斯在斯图加特做了一次重要演说，宣称只要其他国家的占领军还在，美国就不会从德国撤军——这是贝尔纳斯在没有事先取得杜鲁门同意的情况下自己做出的一个重要承诺。[65]

但是，要维持这种干涉政策，必须得到美国人民的支持。也许美国人现在都有反苏情绪，但是这种情绪会持续多久？高层政策决策圈普遍担心美国的公众可能迟早会远离世界政治。经历了多年的匮乏、长期的经济萧条以及漫长的战争之后，美国人民可能会对继续做出牺牲的呼吁充耳不闻。这个国内安全有保障的国家可能回归孤立主义：所有人都清楚地记得一战之后发生了什么。

要反制这种危险、动员舆论支持继续介入尤其是军事介入的政策，途径就是渲染严峻的国际形势并且在道义上加以谴责。美国正在进行一场捍卫未来文明的斗争；而苏联是对和平的新威胁；西方现在必须站出来守护被苏联扩张主义所威胁的属于自己的自由以及其他国家的独立。这就是1947年3月有关杜鲁门主义的演讲所要传递的信息，也正是这种信息让国会在同一年接受了马歇尔计划。1946—1947年，美国国务院的二号人物迪安·艾奇逊是这种策略的最狂热的实践者（1950年他作为国务卿还认识到，出于政治因素必须让事情"比真相更清楚"）。不过其他高层官员也明白有必要"对公众舆论实施必要的冲击"。贝尔纳斯是一名老练的政治家，

---

64 例如，参见他在外长会议上的讲话：April 28, 1946, FRUS 1946, 2:166-167。有关该提议的进一步发展，见 Byrnes's remarks in a foreign ministers' meeting, May 16, 1946, ibid., p. 431。

65 有关文本，见 DOSB, September 15, 1946, pp. 496-501。另见 Backer, *Winds of History*, p. 134, 以及 Smith, *Clay*, p. 388。

第二章 迈向分水岭

当然也不会忽视这种手段。[66]

所有这些都意味着,在德国这个核心问题上,苏联必须因为破坏国际合作受到明确的谴责。5月9日,艾奇逊和助理国务卿希尔德林致信贝尔纳斯,称需要考验一下苏联"对《波茨坦会议议定书》的忠诚度"。这次的目的是,一旦苏联没能通过考验,就要"定责"于苏联。[67]这实际上是贝尔纳斯在1946年中的巴黎外长会议上所奉行的政策:美国一再坚持要求苏联遵守《波茨坦会议议定书》;苏联没能通过"测试";继而美国公开强调苏联对四方机制的失败负有责任。英国政府也认为"最重要的是要保证让苏联来承担失败的全部责任"。[68]

现在矛头直指苏联,但是他们的目的不只是要争取英美两国国内对于这种强硬政策的支持。该政策的另一个重要目标是德国的舆论。在"组织"西占区的过程中,美英都承认不能在四方机制的基础上治理德国。因此他们也冒着这样一个风险:德国人民会责怪西方国家过于迅速地放弃了基于全德的解决方案。到了1946年,德国的分裂看来已经难以避免,但是正如一位英国外交部官员所指出的那样,不能让德国的分裂看起来是我们的政策目的,"必须让德国民众看到苏联人才是破坏德国统一的元凶"。[69]换言之,德国人被告知苏联人才是他们的敌人,而且西方大国对德国人的民族权利是支持的。

想要让德国向西方靠拢,必须把分裂德国的责任推给苏联,而且与

66　参见 Joseph Jones, *The Fifteen Weeks (February 21–June 5, 1947)* (New York: Viking, 1955), pp.138–142; Dean Acheson, *Present at the Creation: My Years at the State Department* (New York: Norton, 1969), p. 375; Timothy Ireland, *Creating the Entangling Alliance: The Origins of the North Atlantic Treaty Organization* (Westport, Conn.: Greenwood, 1981), p. 30; Richard Freeland, *The Truman Doctrine and the Origins of McCarthyism: Foreign Policy, Domestic Politics, and Internal Security, 1946–1948* (New York: Knopf, 1972), esp. p. 89; 以及 Leffler, *Preponderance of Power*, p. 145。

67　Acheson to Byrnes, May 9, 1946, FRUS 1946, 5:549.

68　Deighton, *Impossible Peace*, pp. 80 (有关引文), 108–109, 125, 134; Rothwell, *Britain and the Cold War*, pp. 280, 321, 332。

69　Hankey note, October 25, 1946, 转引自 Deighton, *Impossible Peace*, p. 108。

苏联的分歧越大，德国西部就越有必要和西方大国团结一致。[70]1946年，德国的态度被认为愈发关键。西方政府开始认为自己正在进行一场为德国争取利益的抗争，而且在他们看来，这种抗争的结果并不是由西部地区的少量占领军决定的，而是最终由德国人自己的同情心决定的。1946年5月，英国军政府首脑警告称，如果继续放任事情发展下去，德国可能会变得"愈发充满敌意"并"最终转向东方"。[71]当时没有人认为德国人是如此虔诚的民主主义者，以至于无论采取什么政策，西方都可以指望他们的忠诚。

此外，没人认为西方大国已经强大到可以忽视这些考虑的地步。尤其是在1946年冷战初期，美国的政策并不是源于美国拥有强大的实力优势这种认知。美国政府并不认为自己掌握了众多权力因而多少可以为所欲为。恰恰相反，美国的国内政治限制了政府的行动，尤其限制了美国政府可以动员多少军事力量。美国的政策制定者必须在这些限制之下行动，不过他们也在寻找可以增加行动自由的途径。

所以，如果美国的权力是有限的——如果美国不能仅仅通过蛮力在德国西部为所欲为——且该地区又不能落入苏联之手，那么显然必须要通过某种方式将西德拉到西方一边。因此，早在拥有一个他们自己的国家之前，德国人就不仅仅是他国政策的一个被动目标；如今，他们的政治同情、政治抉择已经变得至关重要。

这里最明显的言外之意是必须让西占区在经济上复苏。比起工业化程度更高的西区，东部的德国人有更多的食品。除非这种情况得以扭转，并且是迅速扭转，否则西方可能会很快失去整个德国。3月，克莱写道："成为一名共产主义者，（每日）得到1500卡路里的口粮，作为一个民主主义

---

70 关于将"波茨坦"政策（将德国当作整体来管理）失败的责任归咎于苏联，例如参见Acheson and Hilldring to Byrnes, and Acheson to Byrnes, both May 9, 1946, FRUS 1946, 5:549, 551-552. 另见Murphy to Hickerson, October 26, 1947, FRUS 1947, 2:691, 其中讨论了美国关切德国意见的事例。

71 引自Deighton, *Impossible Peace*, p. 91。

第二章 迈向分水岭

的信奉者,却只能得到1000卡路里的口粮,二者之间的选择余地很有限。我坚信,我们在德国所提出的粮食定量不仅会让我们在中欧的目标失败,也会为德国走向共产主义铺平道路。"[72] 5月,他强烈要求进行经济和政治改革——如果不能作出范围更广泛的安排,那么就要在双占区的基础上进行改革。他声称,如果西方不采取行动,德国将会倒向共产主义。[73]

到了7月,美苏已经开始公开争取德国的好感。苏联人对停止赔偿感到很恼火,并开始担忧此举背后的用意。美国明确撕毁了《波茨坦会议议定书》的一项重要内容。美国人声称这是因为苏联人拒绝合作,不愿把德国作为一个整体来管理。苏联无法回应这个问题,它不能说,在波茨坦达成的真正谅解是基于这样的思想,即德国实际上要被分割为东西两部分,尤其是不会在全德的基础上管理其对外贸易,因此美国违背了前一年已经达成的根本协议。与西方大国一样,苏联出于政治需要也会公开支持德国统一的政策。不过,尽管苏联人不能公开详尽阐述上述观点,他们肯定明白,美国在波茨坦会议之后的政策已经出现重大转折。在苏联人看来,中止赔偿赤裸裸地违背了美国的一项明确承诺,表明美国对苏联有了新的敌意。

苏联人现在开始担心美国对德新政策的矛头所向。似乎对德国西部的"组织"不只是要把苏联人排除在外,而且很有可能是与他们为敌。苏联决定通过直接拉拢德国人来反制这一政策。在7月10日于巴黎举行的外长会议上,莫洛托夫在一次重要演讲中对德国问题采取了在当时看来非常温和的立场。

美国政府,尤其是克莱,认为这将会引起强烈的反响。[74] 7月19日,克莱就美国应该采取的政策起草了一份摘要。一些高官认为克莱的草案像是

---

72 Clay to Echols and Petersen, March 27, 1946, *Clay Papers*, 1:184.
73 Clay to Eisenhower, May 26, 1946, ibid., p. 217.
74 Lucius Clay, *Decision in Germany* (Westport, Conn.: Greenwood Press, 1950), p. 78; Smith, *Clay*, pp. 378–379.

要"讨好德国人"。[75]但是贝尔纳斯同意克莱的看法,认为应该采取一些必要措施。9月6日,贝尔纳斯在斯图加特阐述了美国的基本政策。斯图加特的演讲实际上就是以克莱7月19日起草的文件为蓝本的,并且采取了同样温和的立场。[76]贝尔纳斯声称,"在美国政府看来,整个德国境内受到适当保护的德国人民应该担当起管理自己事务的主要责任"。目的就是要给予德国人以某种希望——让他们感到,他们最终会得到某种掌握自己命运的权利,而且他们的未来有赖于与西方建立伙伴关系。[77]

上述事态的重要意义不言而喻。美国谴责苏联破坏了协议,因此应该为德国的分裂负责。美国人实际上想表达的是,德国的分裂是非法的,所以苏联继续维持对其占领区的完全控制也是非法的。为了争取德国,让其倒向西方,美国政府似乎在讨好德国人,不仅朝着德国国家建立的方向迈进,还认同德国人的民族目标。在苏联看来,危险是显而易见的。1946年末,莫洛托夫召集一批顾问,让他们对斯图加特的演说进行分析。正如小组成员所见,在斯图加特的演说中,贝尔纳斯的基本目标是"为美国赢得德国的收复失地组织的支持"。该演说"试图使德国相信:美国是唯一同情德国人民并且愿意且能够帮助他们的国家"。[78]苏联最根本的安全利益受到威胁。德国正在迈向独立,而且它越是独立,就越有可能被允许东山再起——无论现在英美的领导人说辞如何,只要德国西部站在美国一边,西方就会逐渐解除对德国权力的控制。这样一个德国被告知是苏联的政策妨碍了它最基本的民族目标,而西方大国坚持认为这种政策是不合法的。因此现在的这个德国是反对苏联的,而且日后可能会在中欧采取旨在恢复东部领土甚至奥德河-尼斯河一线以东地区的一种积极的修正主义政策。美

---

[75] Clay to Echols, July 19, 1946, *Clay Papers*, 1:236-237; Assistant Secretary of War Petersen to Secretary of War Patterson, August 5, 1945, 转引自 ibid., 237n。

[76] Smith, *Clay*, pp. 378-389.

[77] DOSB, September 15, 1946, pp. 496-501.

[78] 原为苏联文献,转引自 Scott Parrish, "The USSR and the Security Dilemma: Explaining Soviet Self-Encirclement, 1945-1985" (Ph.D. diss., Columbia University, 1993), p. 177。

第二章 迈向分水岭

国可能觉得有必要认可这种民族统一主义的政策，以此作为代价将德国留在西方阵营。

所有的这些问题可能需要若干年的发展才会全面显现，但是既然已经初露端倪，如果不采取行动加以制止，没有理由认为不会达到顶点。因此，难道不应该在为时过晚之前阻止危险发生吗？甚至在1945年，当苏联人加紧对东区的控制并且接受贝尔纳斯计划的时候，他们并不是很乐意让西方诸国在德国西区完全自由行事。苏联希望完全控制自己的区域，但是也要求对德国西部，尤其是鲁尔区的事态发展拥有某种实际发言权。该政策惹怒了西方。这是又一个"单行道"的例子，而且杜鲁门对此已经抱怨多次了。这也让西方越来越觉得，不能指望仅仅以分裂欧洲为基础的相对友好的解决方案（双方都允许对方在自己的领地上完全自由行事）。因此西方需要采取更加强硬的措施来捍卫他们在欧洲的利益。

但是，如果苏联人即使在1945年还没有准备好接受对德国进行公平的势力范围划分的安排，可以预见的是1946年美国的新政策会大大加强他们对在一定程度上控制西占区的事态发展的兴趣。苏联人明白问题出在何处。他们强烈反对叫停赔偿交付，激烈谴责双占区的建立。但是仅仅依靠谴责是无法阻止西方推行它们的政策的。因此苏联必须考虑，应该如何运用自己的权力阻止美国及其盟友在德国西部继续推行他们的新政策。

局势变得非常严峻。美苏开启了一条可能会通向第三次世界大战的道路。冷战初期的其他争论只是暂时有意义。围绕东欧和近东的争吵实际上是关于如何具体划分东西方分界线的争论。在这些冲突的过程中，双方尝试过不同的政策，并且厘清了各自势力范围的界线。东欧实际上是被视作苏联的势力范围，而土耳其和伊朗则属于西方的势力范围。

但是就德国而言情况就不同了。德国的冲突涉及双方的核心利益。很有可能两大集团会迎头相撞。双方再也不可能接受一个基于简单想法的解决方案，即苏联可以在德国东部为所欲为，而美国和其盟友在德国西部自由行动。围绕德国问题的争端因此成了冷战期间国际冲突的主要根源。

走向尽头

到了1946年末，西方的政策路线似乎已然确定。在二战结束后的最初一段时间内，英美两国一直不愿在西占区的"组织"上——即允许德国人在经济以及政治上恢复元气——过快或者过于明显地采取行动。它们如此克制有多种原因：总体上是希望避免与苏联发生分歧；西方认识到联盟的破裂可能会导致德国东山再起，德国可能挑唆东西方对抗；担心分裂德国对于德国人而言是永远无法接受的，而德国人争取民族统一的努力会成为欧洲严重不稳定的根源；而且，最重要的是，西方竭力想避免因分裂德国而受到指责，尤其是在德国人的眼中。

但是随着时间的流逝，很多这些顾虑都在被打消。与苏联的分裂逐渐被视为国际政治生活的一个基本现实。德国的分裂被视作战时同盟破裂的一个自然的，甚至可能是无法避免的结果。德国的分裂看上去越是无法避免，西方诸国就越不用担心因为在西占区恢复经济并建立某种政治体系而背负分裂德国的骂名。

此外，随着时间的流逝，主张采取行动的观点就愈发有吸引力。德国不可能永远保持这种不稳定的状态。必须允许他们恢复元气。当然，很重要的一点就是要减少英美两国的财政负担；仅仅因为这一点，德国西部的经济复苏至关重要。但政治目标甚至是更为根本的。必须让德国人有希望，他们是可以摆脱现在的不幸处境的；如果想让民主制度在德国扎根，就必须采取行动；而且首先要做的，就是向德国人证明，他们的利益在于与西方大国保持密切联系。

当很明显在全德基础上采取行动已经不可能的时候，显然西方就必须在自己控制的德国领土上单方面采取行动。于是英美两国高层官员逐渐接

第二章　迈向分水岭

受了所谓"西方的战略",而且法国的主要决策者也接受了这一点,尽管他们更为谨慎。这种战略就是:把德国西部从政治上和经济上"组织"起来;西部将受到西方的保护并且在各个方面——经济上、政治上而且最终在军事上与西方世界相联系。

到了1946年底,美英两国政策似乎正在沿着这条轨迹推进。不过西方各国政府用了一整年的时间才投身其中并完全接受该政策。1947年1月,美国二战时的高级将领乔治·马歇尔将军成为国务卿。整个1946年间,杜鲁门和贝尔纳斯的关系都很冷淡——这是出于个人因素,并非由于真正根本性的政策分歧。但是和绝大部分美国人一样,总统对马歇尔抱有巨大信心。而这位新任国务卿也希望有一个崭新的开始:他想尝试一下,是否可以在一个新的、更加令人满意的基础上发展美苏关系。

马歇尔知道,德国问题是国际政治的中心问题,但是与西方决策高层的许多人不同,马歇尔仍然认为四方合作是解决问题的关键。在他看来,德国人是"不可驯服"的;如果盟国本身无法达成一致,德国人就会设法使他们过去的敌人相互争斗;他们会逐渐恢复力量然后再次对世界构成威胁。甚至在1947年11月的时候,他仍然认为应该将苏联纳入控制德国的体系之中来:如果没有苏联,"将很难达成确定的和平"。[79]

马歇尔当然清楚在德国,确切来说在整个欧洲采取行动的必要性。但是他又非常不情愿与苏联断绝关系。很大一部分原因是,他认为如果西方的战略导致与苏联的长期对峙,无法指望美国人民会支持这种坚定立场。美国目前可能处在反苏情绪之下,但是这种情绪也可能很快改变。甚至到了1947年末,种种迹象都表明与苏联的盟友关系已经走到尽头,马歇尔仍然抱有这种想法,踌躇不决。他表示,如果美国政府告诉苏联"下地狱去吧",美国人民会拍手称快,但是当其中的含义变得人尽皆知的时候,这种

---

[79] Marshall-Bidault meeting, March 13, 1947,以及 Marshall-Bonnet meeting, November 18, 1947, FRUS 1947, 2:247, 722; 另注意 Marshall's remarks in a meeting with Stalin, April 15, 1947, ibid., p. 339.

态度很快就会改变。[80]

所以马歇尔不想过分强力推进对西占区的"组织"进程。他非常想看看，是否能够做出某种安排，既可以保持德国的统一，又可以避免与苏联的尖锐冲突。马歇尔的策略就是集中精力寻找实际可行的、建设性的解决具体问题的方案。马歇尔并不喜欢美国政策中日益浓厚的意识形态色彩，尤其不同意杜鲁门主义的演讲。他"强烈谴责国内情绪化的反苏态度，并且不断强调在谈论欧洲问题时要从经济层面而不是从意识形态层面入手"。[81] 核心的政治问题需要搁置一边。如果主要目标只是澄清形势从而为独立行动提供基础，那么马歇尔本可以集中处理苏联是否愿意放弃对德国东部的控制并允许德国通过真正的自由选举来决定自己的命运这个基本的政治问题。但是他不想让这个问题变得没有退路，因此转而关注可能达成协议的领域，也就是经济问题，尤其是赔偿问题。

1947年初，似乎真的有可能与苏联达成某种协议。达成协议的关键在于找到解决赔偿问题的新途径。苏联原来的政策是要榨干东区——将工厂拆卸并运回苏联重新组装——这被普遍认为是失败的政策。东部的铁路侧线已经堆满正在锈蚀的工业设备。因此苏联人想要改变体系，希望德国经济，尤其是西部经济可以通过现行生产来交付赔偿。苏联官员提议，如果可以接受该方案，苏联方面就会允许德国作为一个经济整体加以治理。

克莱和他的一些顾问认为，如果西方可以变通一些，还是有可能达成某种协议。通过现行生产来交付赔偿可以作为交易筹码，让苏联接受德国不仅是在经济上的统一，而且是在自由民主的政治体制下的统一。其他高官怀疑苏联是否愿意失去对东区的政治控制，但是苏联在1947年初的言辞

---

80 Marshall to Lovett, December 6 and 8, 1947, FRUS 1947, 2:752, 754. 国内政治支持的问题一直是马歇尔的基本关切之一。马歇尔对国内政治的敏感性也是查尔斯·F. 布劳尔（Charles F. Brower）一文中的主要话题，参见"The Joint Chiefs of Staff and National Policy: American Strategy and the War with Japan" (Ph. D. diss., University of Pennsylvania, 1987)。

81 Reston memo, c. March 1947, KP/1/book 1/192ff/ML. 另见 Charles Bohlen, *Witness to History, 1929–1969* (New York: Norton, 1973), p. 261.

第二章 迈向分水岭

似乎表明,它有可能真会同意建立一个统一的、(西方意义上)民主的德国。在3月的莫斯科外长会议上,苏联呼吁建立一个德意志共和国,拥有普选议会、充分的"公民与宗教保障"以及十分类似于1920年代的德国宪政结构。[82]表面看来,似乎双方可能达成某种协议。有关宪制问题的分歧并不是无法解决的。美英两国希望在德国建立比苏联所想的更加分权化的结构。但斯大林并不固执己见。他声称,如果德国人自己愿意如此,他也乐意接受马歇尔和贝文的构想。[83]

从表面上看,赔偿问题是关键点。马歇尔可能本想与苏联达成谅解,但是美国在这个问题上的官方立场却不够灵活。如果苏联愿意将德国视为一个经济整体来对待,那么可以在"狭小的范围内"允许通过现行生产来提供赔偿交付。[84]然而即使对马歇尔而言,问题的关键也在于,这类安排不能增加美国为德国进口重要产品提供资金的负担。[85]马歇尔的立场就是,《波茨坦会议议定书》已经排除了通过现行生产来提供赔偿交付的可能性。但是事实并非如此;马歇尔误解了协议的实质。[86]然而由于这种误解,马歇尔认为有理由采取这样的立场,即唯一可以考虑的,就是将这种赔偿作为工厂和设备交付的替代。这些工厂和设备是《波茨坦会议议定书》中所要求的,但是西方盟国现在却不再希望交付。[87]

美国国务院和贝文都不想做出如此大的让步。在他们看来,在任何作为赔偿的产品被送往苏联之前,德国经济必须自力更生。只要德国财政处

---

82 有关就该方案达成一致的可能性,参见 Caffery to Byrnes, August 24, 1946; Murphy to Matthews, October 14, 1946; Murphy to Byrnes, October 16, 1946; Durbrow to Byrnes, October 23, 1946; Murphy to Byrnes, October 25, 1946; in FRUS 1946, 5:593-594, 622-625, 628-629, 631-633。另见 State Department briefing papers for Moscow conference, FRUS 1947, 2:215, 217; Backer, *Winds of History*, pp. 149-151; Eisenberg, *Drawing the Line*, pp. 242, 248-250, 288。
83 Stalin-Marshall meeting, April 15, 1947, FRUS 1947, 2:342.
84 State Department briefing paper on reparation, ibid., p. 218.
85 Marshall-Bevin meeting, March 22, 1947, and Marshall to Truman, March 31, 1947, ibid., pp. 273-275, 298-299.
86 参见网络附录里的附件1,"The Potsdam Agreement and Reparations from Current Production"。
87 Marshall to Truman, April 1, 1947, FRUS 1947, 2:303.

于赤字，而且只要西方不得不填补这种巨额赤字，一切新增产品都必须销往国外，收入则用来支付进口，以此削减赤字，从而减轻美英两国纳税人的负担。因此，在德国的进出口达到平衡之前，任何允许产品东流的协议都意味着西方将会承受更沉重的经济负担，这实际上就等于英美两国在为德国的赔偿买单。因此，采取马歇尔的立场，只声称不会增加负担，是难以令人满意的。重要的是要减少这种负担并且尽快消除它。事实上，在考虑用当前的产品作为赔偿之前，原先用来解决德国赤字问题的预付款应该得到偿还。[88]

马歇尔最终并没有采取如此僵硬的立场，不过他的计划也没有给苏联提供什么好处。在赔偿问题上，西方最终还是在1947年采取了相当强硬的立场。但是如果认为这种态度是1947年四大国未能达成一个全德解决方案的真正原因，而且如果认为只要西方政府更加灵活一点的话，德国本可以于1947年就在民主制度的基础上得以统一了，那就错了。西方采取相对僵化的立场是基于他们对全德解决方案可行性的判断。而这种判断，反映了大部分华府和伦敦高官们当时对该问题的认识。

大部分官员开始思考这样一个问题：为何要如此大费周章地在此事上达成协议？协议只不过是将《波茨坦会议议定书》上的内容重申一遍。实际上，在莫斯科讨论的一份草案要求管制委员会就《波茨坦会议议定书》规定的领域建立中央管理机构。[89]但是，如果1945年末以及1946年把德国作为一个整体来管理的尝试已经失败，那么如今凭什么会认为同样的政策会取得成功？如今的东西方关系肯定不比波茨坦会议刚结束时更好，实际上要糟糕许多。所以，再次发布一个协议，实际上不过是《波茨坦会议议

88　Marshall to Truman and Acheson, March 17, 1947; Bevin to Marshall, March 23, 1947; Bevin-Stalin meeting, March 24, 1947; Truman to Marshall, April 1, 1947; ibid., pp. 256, 274n., 279, 302. 有关英国的观点，另见Ernest Bevin, "Main Short-Term Problems Confronting Us in Moscow," February 20, 1947, CP(47)68, Cab 129/17, PRO, 以及the cabinet discussion of this issue on February 27, 1947, CM 25(47), Cab 128/9, PRO。

89　Report of Coordinating Committee, April 11, 1947, FRUS 1947, 2:436–437.

第二章 迈向分水岭

定书》的略微升级版，这又有何意义呢？克莱的政治顾问兼美国国务院驻德最高官员罗伯特·墨菲（Robert Murphy）清楚地表明了这种观点。盟国管制当局"无法抵御联盟分歧的病毒感染，是注定要消亡的机构"。[90] 如果新协议仅仅是重复旧协议的条款，又有何理由指望它可以消灭这些病毒呢？

此外，有关在民主制度基础上统一德国的讨论，又会在多大程度上被认真对待？目前看来，各方的关注点可能在于经济问题，但是经济统一本身并不是目的。至少在原则上，真正的目的是德国的政治统一。但是鉴于苏联在东欧和德国东部的表现，是不是可以合理地认为，无论签署什么样的协议，苏联都会同意在东占区进行真正的自由选举？考虑到两年前在波兰所发生的一切，苏联有关自由选举的承诺显然是不能完全相信的。

似乎苏联和西方都不愿意冒着让对方控制全德的风险而放弃对自己区域的控制。[91]这意味着德国的分裂在所难免。这也意味着，"组织"西占区的事宜拖延太久也没有太大的意义。显然苏联人正在单方面通过建立共产主义政权来"组织"他们所控制的东占区。而且，如果苏联在单方面行动，为何西方就不能在不向苏联阐明自己的政策之前在西占区采取行动呢？[92]

但是，即使我们为了便于讨论，可以假设统一的德国将建立在真正自由选举的基础之上，但仍然不得不怀疑这是否是西方诸国所认为的理想结果？英国（某种程度上也包括美国）很不情愿第二次冒着风险去面对一个完全民主、自治的德国——不愿意看见德国作为一支强大而独立的力量东

90　Murphy to Byrnes, January 6, 1947, ibid., p. 846.
91　见Michael Hogan, *The Marshall Plan: America, Britain, and the Reconstruction of Western Europe, 1947-1952* (Cambridge: Cambridge University Press, 1987), p. 44; John Lewis Gaddis, "Spheres of Influence; The United States and Europe, 1948-1949," in his *The Long Peace: Inquiries into the History of the Cold War* (New York: Oxford University Press, 1987), pp. 54-55。另注意一些英国高级官员的观点，见Rothwell, *Britain and the Cold War*, pp. 308-309, 332。
92　例如，参见Deighton, *Impossible Peace*, pp. 72-73; Rothwell, *Britain and the Cold War*, p. 310。另见 Bevin's remarks in foreign ministers' meeting, April 11, 1947, summarized in Marshall to Truman et al., April 11, 1947, FRUS 1947, 2:327。

山再起，不与任何一边结盟，再度自由行事，在两股势力之间挑起争斗。[93]但是如果这就是西方的态度，那又怎能期望苏联——它的意识形态对德国不那么具有吸引力——会在建立一个它没有多少控制权的统一德国国家问题上进行合作呢？在另一种情况下，德国可能统一但仍然很弱小——也就是说德国要受制于四方控制，尤其是在军事领域。在西方看来，有两大理由反对这种方案。首先，这种方案在一战之后就尝试过，但是凡尔赛解决方案被证明简直就是一场灾难；而在后凡尔赛时期，这种安排被普遍认为是完全不可行的。其次，不能给予苏联干预德国事务的权力，因为苏联是不会采用英美能够接受的方式来行使权力的。说到底，在这两种情况下统一的德国国家都不是一个特别诱人的结果。如果这个国家很弱小，它将很容易受到东方的施压；如果很强大，它就可以挑拨东西之间的关系，发展自身实力并且最终再次成为对世界和平的威胁。[94]

尽管不同的人有不同的衡量标准，上述考虑都指向一个结论：在德国问题上，西方不应该为了与苏联达成协议付出太多代价。西方政府没有出面破坏莫斯科会议。他们并未由于相信分裂的德国是最佳解决方法，就在原则上决定要拒绝苏联提出的任何条件，无论这些条件有多合理。这显然不是马歇尔的观点；对他而言，此次会议绝非逢场作戏。但是鉴于这种想法此时在华盛顿和伦敦都已成为主流，美英都不愿意在这类会谈上太过深入。

尤其是英国，在1947年初就得出一些重要结论。1946年，贝文还没有就德国问题制定出清晰的政策。一方面，他不理解"为什么我们不能像苏

---

93 英国尤其担心，如果任由德国决定自己的命运会失去德国，见贝文关于英国内阁对德政策的重要分析，CP(46)186, May 3, 1946, Cab 129/9, PRO："如果柏林的德国政府重现过去的国家样态，德国既不会完全倒向欧美，也不会完全倒向苏联。那么问题来了：是西方的民主制度还是苏维埃联盟更具有吸引力？综合考量下，似乎还是苏联人更占优势。"另见 Rothwell, *Britain and the Cold War*, pp. 311-312。不是每个人都很担心。例如，参见 Strang's comments quoted ibid., p. 326，以及美国参谋长联席会议的观点：JCS to SWNCC, May 12, 1947, FRUS 1947, 1:741。

94 Marshall in meeting with Bidault, March 13, 1947, and in meeting with Bonnet, November 18, 1947, FRUS 1947, 2:247, 722. 尤其注意杜勒斯关于这些问题的看法。见 Backer, *Winds of History*, p. 173; Smith, *Clay*, pp. 415-416; 以及 Pruessen, *Dulles*, pp. 335, 343-344。

第二章　迈向分水岭

联一样在自己的占领区贯彻自己的政策"。但是随后同样在1946年4月的会议上，他继续表示，在德国西部建立政府然后分裂德国"意味着建立一个西方集团的政策，而这意味着战争"。[95] 5月3日，他向内阁阐述了建立一个西德国家的利弊。他承认这种感觉越来越强烈：在过去的几个月，苏联的威胁逐步被认为与德国复兴的威胁"一样大，甚至可能要大得多"。但是权衡再三之后，贝文和内阁还是不愿意冒险尝试："分裂德国的总体风险"过于巨大。[96]

但是，到了1947年初，英国的政策变得强硬起来。外交部官员现在直言，西方应该坚定立场——除非苏联接受西方提出的**所有**条件，不然英美两国就应该开始建立西德。[97]贝文不太愿意走那么远，但是在1947年2月，他还是选择坚持这些苏联极不可能接受的解决德国问题的条件——尤其是排除了（至少在目前）通过用现有生产替代赔偿的可能性，并且要求在全德范围内"确立真正的集会和言论自由"。而且他认识到，如果最终没能达成任何协议，西方也会在自己控制的领土上继续推行"组织"德国的政策。[98]实际上，在春天召开的莫斯科会议上，甚至在12月召开的伦敦会议上，贝文都在一定程度上强调过这些政治条件——这实际上就是强调苏联和西方之间的核心政治差异。[99]

然而这正是马歇尔在追寻双方理解的道路上想要避免的一种战略。[100]诚然，他对于弄清楚与苏联是否还有可能真正合作很感兴趣。但是马歇尔没有关注核心问题——尤其是苏联是否愿意接受在德国进行真正的自由选

95　参见Deighton, *Impossible Peace*, pp. 72–73。
96　"Policy toward Germany," May 3, 1946, CP(46)186, Cab 129/9, PRO; CM(46)43rd Conclusions, Confidential Annex, May 7, 1946, Cab 128/7, PRO.
97　Deighton, *Impossible Peace*, pp. 123–124, 134, 138, 148; 以及 Rothwell, *Britain and the Cold War*, p. 341。
98　Ernest Bevin, "Main Short-Term Problems Confronting Us in Moscow," February 20, 1947, CP(47)68, Cab 129/17, PRO.
99　Marshall to Truman, March 31, 1947; U.S. Delegation to Truman, November 27 and 28, 1947; Marshall to Lovett, December 6, 1947; in FRUS 1947, 2:300, 735, 737, 752. 另见Bevin to Attlee, April 16, 1947, FO 800/447, PRO。
100　例如，参见Reston memo, c. March 1947, KP/1/192ff/ML。

举这一问题,他更倾向于采取更加间接并且较少对抗性的方法。他想对苏联的政策做出自己的判断,希望在个人层面上与苏联领导人打交道,并且由他自己决定双方是否可以在德国问题上进行合作。

马歇尔前往莫斯科外长会议上寻求答案,而且在会议终了之时找到了答案。苏联在大小事宜上都显得既不友好也不积极。在4月15日与斯大林的重要会晤中,马歇尔指出了美苏关系正在恶化这个大问题。他首先抱怨到,苏联对于来自美国的对话常常不做回应。马歇尔说,美国人民"完全无法理解这种行为"。他对苏联方面的指责(即双占区协议违反了《波茨坦会议议定书》,美国想分割德国)提出疑问。他尤其感到不安的是,苏联对美国提出的确保德国非军事化的四国协议并不感兴趣。甚至在西方,尤其是在法国,很多人都对这种纸面保证的价值表示怀疑——考虑到历史上在两次世界大战之间的类似承诺,这种态度是可以理解的。[101] 但是马歇尔就是无法理解这种质疑。如果美国做出承诺,实际上就具有了重要的政治意义。质疑这种承诺的价值,或者否认四方协议的至关重要性,实际上就是在指责美国没有诚信。如果苏联连美国的这种提议都轻易拒绝,那就不要指望苏联会在整个德国问题上与西方合作了。[102]

不难想象斯大林对马歇尔冗长的抱怨会做何反应。美国总统在发表杜鲁门主义的演说中将与苏联的冲突描述为具有世界历史意义的斗争,是所谓的自由力量与侵略性的极权主义运动之间的巨大冲突。而如今,马歇尔的第一项指责竟然是苏联经常对美国不予回应?美国当然是个非常强大的国家,但是似乎这位美国对外政策的负责人有点力不从心了。无论如何,

---

101 法国外长乔治·比多在一个月前告诉马歇尔,法国对非军事化协议的提议反应冷淡,是因为法国担心这可能"被认为是某种其他承诺的'替代品'"——即美国在欧洲,尤其是在德国的军事存在的——这些都是法国认为必要的。参见 Bidault-Marshall meeting, March 13, 1947, FRUS 1947, 2:247.

102 Marshall to Truman and Marshall-Stalin meeting, both April 15, 1947, ibid., pp. 335, 338. 另注意 Marshall's account of his interview with Stalin in Millis, *Forrestal Diaries*, pp. 266-268。再一次,他对苏联不回应美国信息的强调非常明显:"他声称,这种行为不仅是无礼的,而且等同于一种轻蔑的态度。如果他们(苏联)的意图是惹恼我们,那他们是相当成功的。"

第二章 迈向分水岭

斯大林决定迁就一下马歇尔，让他消消气。他说道，会议的形势并不"那么可悲"。分歧之前就存在，但是当人们已经"无力争吵"之后，他们通常就能够达成妥协了。马歇尔应该保持耐心，切莫沮丧。[103]

但是对于马歇尔而言，这正证明了斯大林态度不认真。斯大林的行为就好像盟国之间在进行某种游戏，而且不明白（也不想明白）立即行动的重要性。莫斯科会议上，马歇尔非常直接地告诉斯大林，美国"诚心决定要尽其所能援助正在遭受经济恶化的国家，而且这种经济恶化如果不加以制止，会导致经济崩溃，并最终摧毁民主制度得以保存的任何可能性"。[104]在归国途中，他向本国发出报告表达了他的失望，并且强调事不宜迟，需采取行动："当医生在商量的时候，病人已经岌岌可危了。"[105]

所以，马歇尔最终决定不管苏联，埋头向前。无论苏联是否愿意合作，欧洲（或者至少说是西欧）都要重新振作起来。莫斯科会议的失败因此直接导致了马歇尔计划的形成，该计划被视作美国复兴西欧经济的伟大工程。[106]

在美国最高决策层中，一种崭新的且非常重要的观点现在开始深入人心：美国可以鼓励西欧团结起来并发展自己的政治人格。德国西部可以被纳入西欧共同体，而该共同体最终可能发展成为无需美国直接介入也能抵御苏联压力的"第三股势力"。这种体系通过限制德国的行动自由，防止它对国际稳定再度构成威胁，也有助于解决德国问题。如果让西德人认识到自己属于"西欧人"，那么就可以驯服或者转移他们的民族主义冲动，从而使他们更能够容忍国家的分裂。正如马歇尔的主要顾问之一查尔斯·波伦（Charles Bohlen）在8月末举行的高层会议上所言："三个西占区不应该被视为德国的一部分，而是应该作为西欧的一部分。"此言一出，非同凡响！

---

103 Marshall-Stalin meeting, April 15, 1947, FRUS 1947, 2:343–344.
104 Ibid., p. 340.
105 Radio address of April 28, 1947, DOSB, May 11, 1947, p. 924.
106 见 John Gimbel, *The Origins of the Marshall Plan* (Stanford, Calif.: Stanford University Press, 1976), esp. pp. 15–17, 194, 254。

美国的一位高级官员声称德国西部不应被视为德国的一部分，这个事实表明，在如何组织欧洲的问题上，美国已经摆脱了传统观念。于是就会形成这样的假设：只有在冷战背景下，西欧才能在政治上联合起来。苏联对于易北河的威胁会迫使西欧各国搁置那些无关紧要的分歧，在捍卫西方文明的共同政策下团结起来；美国在西欧的存在可以消除西欧人的疑虑，让他们更容易接受西德人作为自己真正的伙伴。[107]

现在，美国人致力于"建设欧洲"（当然是指西欧）的政策，把欧洲打造成为一个政治实体。经济方面的考虑很容易融入这种新思想。只有德国西部的经济恢复，西欧才有可能在经济上复兴；而且对德国西部而言，它也不能脱离西欧这个整体而独自得以恢复。旧的国家间壁垒必须打破，有必要将该地区视为一个整体。

整个这种思考方式对马歇尔计划的形成具有重大影响。通过大规模援助计划拯救欧洲这一原则被接受之后，核心问题就在于，这种复兴计划应该在全欧洲还是仅仅在西欧范围内施行。马歇尔想要"开诚布公"，将苏联纳入计划，[108]但是他的主要顾问从一开始就认为该计划仅限于西欧。[109]比多和贝文也不希望苏联参与复兴计划。[110]实际上，美国官员并不打算通过援助的方式给予苏联多少帮助，而且，如果允许东欧国家参与其中，这甚至可能威胁到苏联对东欧的控制。[111]

因此，不足为怪，苏联选择不参与其中，或是阻止东欧国家接受美国

---

107 Interdepartmental meeting, August 30, 1947, FRUS 1947, 1:762-763. 有关当时"第三股势力"的观点，见 Gaddis, *Long Peace*, pp. 57-60; Hogan, *Marshall Plan*, pp. 37-45, esp. pp. 39, 44-45, 以及以下对未发布的国务院有关马歇尔计划的文献的引用，Max Beloff, *The United States and the Unity of Europe* (Washington, D.C.: The Brookings Institution, 1963), p. 28. 有关"第三股势力"的问题将在第三章和第四章中进一步讨论。

108 Hogan, *Marshall Plan*, p. 44.

109 例如，参见 Kennan and Policy Planning Staff memoranda, April 24, May 16, and May 23, 1947; Policy Planning Staff meeting, May 15, 1947; Clayton memorandum, May 27, 1947; in FRUS 1947, 3:220n, 220-232。

110 Hogan, *Marshall Plan*, p. 52. 但是，出于国内政治原因，比多不得不让人觉得他支持苏联的参与。例如，参见 Caffery to Marshall, July 2, 1947, FRUS 1947, 3:305, 以及其他支持这种观点的证据，引自 Will Hitchcock's *The Challenge of Recovery* 第三章（即将出版）。

111 见 Hogan, *Marshall Plan*, p. 52, 以及 Leffler, *Preponderance of Power*, pp. 185-186。

第二章　迈向分水岭

的提议。另一方面，西方诸国似乎要自己组织成一个集团。尤其是法国，相当公开地倒向英美一边。5月，共产党人已经被逐出法国政府，所以比多现在可以更自由地贯彻亲西方的政策。这进而也使英美在德国西部的政策更容易推行。

欧洲东西之间的分裂较以往更加明显。在二战末期，斯大林就已准备接受欧洲的分裂："任何国家都可以在其军队所及之处推行自己的制度体系，不可能有别的选择。"但是现在斯大林对美国的新政策做出了强烈反应。共产党和工人党情报局（Cominform）于9月成立。在情报局开幕大会上，斯大林的接班人安德烈·日丹诺夫（Andrei Zhdanov）宣布了苏联的新立场：欧洲分裂成了难以调和的两大敌对阵营。共产主义者的策略变得更加公开敌对，尤其是在掀起一波波革命罢工浪潮的法国，以及在意大利和希腊，后者于12月建立起了共产党临时政府。[112]

在这种全新的、愈发寒冷的政治气候中，要解决德国问题显然是不可能的。1947年末，美国的决策者认为，鉴于来自苏联的明显敌意，任何协议最后都会是虚假的。"虚假的统一"对西方毫无利益可言。这反而会让苏联染指鲁尔区并对西占区拥有一定程度的控制权。苏联人会利用这种影响力来破坏欧洲的复兴，或将原本给予德国西部的援助引向东方。[113]在这种情况之下，关于德国问题的协议就不再是主要目标。当年末的外长会议在伦敦召开的时候，西方的主要目标就是要让苏联看起来要为双方关系破裂以及由此导致的德国分裂负责。这种策略上的考虑一直是影响政策形成的一个主要因素，而如今已变得至关重要。正如比德尔·史密斯在12月10

112　尤其参见 Lilly Marcou, *Le Kominform: Le communisme de guerre froide* (Paris: Presses de la FNSP, 1977), pp. 34-72。关于法国，见 Georgette Elgey, *La république des illusions* (Paris: Fayard, 1993), pp. 405-470。关于希腊，见 Lawrence Wittner, *American Intervention in Greece, 1943-1949* (New York: Columbia University Press, 1982), p. 260。另注意有关1947年末的新政策对在捷克斯洛伐克的共产主义者的策略的影响的论述（基于捷克的档案），见 Karel Kaplan, *The Short March: The Communist Takeover in Czechoslovakia, 1945-1948* (New York: St. Martin's, 1987), pp. 75-77。

113　Strang-Hickerson meeting, October 17, 1947, enclosed in Harvey to Massigli, October 21, 1947, MP/65/FFMA. 另见 Bedell Smith to Marshall, June 23, 1947, FRUS 1947, 3:266。

日所言，美国政府其实并不想和苏联就德国统一达成协议，因为苏联已经"对欧洲复兴计划宣战"，所以有关整个德国的协议将会为苏联提供一个破坏复兴计划的手段。但是，西方大国一直强调德国统一的重要性，因此要想阻碍看似有吸引力的统一方案，"需要小心周旋，避免暴露出政策上的前后矛盾乃至虚伪"。[114] 马歇尔本人的立场也与此类似。[115]

对于表面温和的苏联政策，美国并不需要担心因此难堪。12月伦敦会议召开之时，苏联在德国问题上的立场已变得相当强硬。[116] 显然苏联的新建议是绝不可能被接受的。莫洛托夫甚至在提出这些建议的同时，还对马歇尔计划以及整个西方的政策进行了猛烈抨击。东西方的分裂如此明显，显然无法寄望于通过四大国协调来解决德国问题。马歇尔个人对苏联的态度大为恼火。[117] 马歇尔认为这出闹剧没有进行下去的意义，在他的提议之下，会议草草收场。[118]

分水岭如今已然被跨越。西方最终与苏联决裂。显然，目前美国及其伙伴将会向建立西德国家的目标快速前进。

114　Bedell Smith to Eisenhower, December 10, 1947, 转引自 *Papers of Dwight David Eisenhower*, ed. L. Galambos, vol. 9 (Baltimore: Johns Hopkins University Press, 1978), p. 2130n。

115　Marshall to Lovett, December 11, 1947, FRUS 1947, 2:765.

116　U.S. Delegation to Truman et al., December 8, 1947, ibid., p. 757.

117　U.S. Delegation to Truman et al., and to State Department, both December 12, 1947, 以及 Marshall to Lovett, December 13, 1947, ibid., pp. 767-770。

118　U.S. Delegation to Truman et al., December 15, 1947, ibid., p. 771.

第三章　对实力的考验

1947年底，西方三个大国最终得出结论，不可能与苏联达成任何协议，因此它们必须在德国西部继续推行自己的政策。1948年初，西方显然想要建立一个西德国家。[1]但是苏联强烈反对西方的行动，并在6月切断了通往柏林的地面路径以示回应。甚至在1947年底看起来双方就有可能相互摊牌，现在的风险显然要比之前大得多。但是如果战争有明显的可能性，同样明显的事实是：没有现成的力量可以阻止西欧被征服。能使西欧免遭苏联进攻的，仅有美国的核垄断以及单向空中核攻击的可能战争前景。因此，重要的是为西欧提供某种切实的安全保障，或至少为建立一个可以在欧洲大陆上及时有效反制苏联权势的体系打下基础。因此，1948—1949年，事态按照三个紧密相连的路径发展：建立西德国家的进程；以争夺柏林为中心的与苏联的冲突；以及构建西方的安全体系，最终结果就是1949年4月《北大西洋公约》的签署。

西方的共识

在1947年12月举行的伦敦会议上，西方三国确信在德国问题上制订出

---

[1] Marshall to Lovett, December 8, 1947, 以及 Bidault-Marshall and Bevin-Marshall meetings, December 17, 1947; FRUS 1947, 2:754–755, 814–816。法国方面对于比多－马歇尔会议的记录见 Y/297/FFMA。Bidault-Bevin meeting, December 17, 1947, FO 371/67674, PRO；法文译本见 Y/297/FFMA。另见 the Bidault-Marshall meeting, September 18, 1947, FRUS 1947, 2:681–684。

四国共治方案已无可能，西方必须自己来组织德国西部地区。在伦敦会议上，是马歇尔终止了会谈。于是美国政府决定加紧推行建设德国西部、建立西德国家以及将其与整个西方紧密联系的政策。英法两国对此表示愿意合作，但是这样做是否有违他们更好的判断？难道他们如此依赖美国，以至于别无选择，只得跟随美国的领导？

诚然，没有美国的支持，英法都难以有所作为。对于两国而言，美国的经济援助十分关键。两国都需要帮助来恢复自己的经济，而且德国英占区的进口也需要美国的资助。英占区是德国工业化程度最高的地区（包括德国的工业中心鲁尔盆地），因此目前看来是自给自足能力最差的区域。这相应地又使得美国对鲁尔地区拥有某种控制权，尤其是对鲁尔区煤矿的控制，而这两件事对法国而言都是至关重要的。[2]

而且，为了稳住苏联，英法也必须依靠美国。在战争期间以及1940年代末，尤其是英国仍然希望西欧群体——这里有意避免使用"集团"一词——最终可以依靠自身力量及时制衡苏联。直到1948年，贝文仍然希望西欧可以最终成为"第三股力量"。一个由英国领导的、带有明显社会民主倾向的小群体对于既憎恨苏联共产主义又"蔑视"美国物质主义的欧洲人来说颇有吸引力，并且可以在全球事务中开创一条真正独立的

---

[2] Rothwell, *Britain and the Cold War*, p. 348. 有关煤矿的问题，见 Raymond Poidevin, "La France et le charbon allemand au lendemain de la deuxième guerre mondiale," *Relations internationales*, no. 44 (1985): 365–377, 以及 John W. Young, *France, the Cold War and the Western Alliance, 1944–1949: French Foreign Policy and Post-War Europe* (New York: St. Martin's, 1990), p. 141. 另见 Clayton-Marshall meeting, June 20, 1947; Marshall to Clay, June 24, 1947; Clayton to Marshall, June 25, 1947; in FRUS 1947, 2:929, 931–932. 关于美国在双占区经济问题上的"主导性意见"，参见 Royall to Marshall, May 18, 1948, FRUS 1948, 2:251–252. 有关将经济和金融问题通过某种方式与总体政治问题协商相联系的具体事例，见 Webb-Truman meeting, September 25, 1950. 法国国防部长声称，如果美国知道要"在金融和生产问题上提供援助，那么德国问题就容易处理得多。法国需要大约一亿美元的原材料，因此必须设法为这笔巨大的财政赤字提供资金"。FRUS 1950, 3:354. 另一实例见 Eisenhower-Ismay meeting, December 8, 1953, Policy Planning Staff [PPS] records, 1947–1953, box 75, Bermuda Conference, Record Group [RG] 59, U.S. National Archives [USNA], College Park, Maryland. 这个事例表明，法国对欧洲防务共同体的支持与美国给法国拨款3.85亿美元来支持其在中南半岛的活动紧密相关。

第三章　对实力的考验

道路。[3]因此，英国寻求与法国这个传统意义上的另一个西欧大国密切合作。1945年末，法国政府呼吁鲁尔区的国际化，并且将莱茵兰与德国其他地区在政治上分离开来。似乎在1945年末的时候，贝文有可能愿意赞同这些观点。9月16日，他告诉法国外长乔治·比多，"我们是赞同成立莱茵共和国的"。[4]

但是英国逐渐放弃了建立一个独立的欧洲集团的可能性，甚至也不将其作为长期目标。早在1946年，英国首相艾德礼就开始认为，英国甚至西欧并不是独立的一极力量，而仅仅是美国力量向东的延伸。艾德礼认为，不列颠群岛可能被视作"以美洲大陆为中心的战略区域向东延展的部分，而不是一个向东穿过地中海、势力抵达印度和东方的大国"。他很担心的是，美国可能不会赞同这种安排，相反可能试图"在它自己周围建立安全区，而把我们和欧洲遗弃在无人之地"。[5]相比之下，贝文在放弃将西欧建立为国际事务中独立的"第三支力量"的想法上，反应更加迟缓。但是到了1949年，甚至他都最终得出结论，西欧永远无法强大到靠自己的力量来

3　见CP (48) 6, January 4, 1948, Cab 129/23, PRO. 另见David Dilks, "Britain and Europe, 1948–1950: The Prime Minister, the Foreign Secretary and the Cabinet," in *Histoire des débuts de la construction européenne (mars 1948–mai 1950)*, ed. Raymond Poidevin (Brussels: Bruylant, 1986), p. 396, and Anthony Adamthwaite, "Britain and the World, 1945–1949: The View from the Foreign Office," *International Affairs* 61 (1985): 226, 228。有关"西方团体"的观点，见Llewellyn Woodward, *British Foreign Policy in the Second World War*, vol. 5 (London: HMSO, 1976), 193 ff.; Bullock, *Bevin*, p. 242; Rothwell, *Britain and the Cold War*, chap. 8, esp. pp. 433, 435, 449。详尽的官方讨论，见Foreign Office briefing paper, "Franco-German Treaty and Policy in Western Europe," July 12, 1945, DBPO I, 1:234–251。

4　Bevin-Attlee-Bidault meeting, September 16, 1945, Prem 8/43, PRO. 该文件也发表在Rolf Steininger, ed., *Die Ruhrfrage 1945/46 und die Entstehung des Landes Nordrhein-Westfalen: Britische, Französiche und Amerikanische Akten* (Düsseldorf: Droste, 1988), pp. 331–332. 该书收集了大量文献，并由编者撰写长篇导论，是有关战后初期鲁尔-莱茵兰问题的出版物中最佳的资源。有关贝文在此问题上亲法的其他事例，见Massigli to Bidault, October 26, 1945, MP/92/FFMA, discussed in Georges-Henri Soutou, "La politique française à l'égard de la Rhénanie, 1944–1947" in *Franzosen und Deutschen am Rhein: 1789, 1918, 1945*, ed. Peter Huttenberger and Hans-Georg Molitor (Essen: Klartext, 1989), pp. 53–54. 另见Sean Greenwood, "Ernest Bevin, France and 'Western Union,'" August 1945–February 1946," *European History Quarterly* 14 (1984):319–357, 以及Greenwood's "Bevin, the Ruhr and the Division of Germany: August 1945–December 1946," *Historical Journal* 29 (1986): 204。

5　Bullock, *Bevin*, pp. 242, 340。

制衡苏联。[6]但是不管如何评估长期的可能性，1940年代末的普遍看法是，英国现在还无法考虑与苏联"摊牌"，除非它确信可以得到美国的支持。[7]到了1947年，很多重要的法国官员也意识到，至少在可见的将来，西方的安全主要还得依靠美国的力量。[8]

但是这些不平等的实力关系并不意味着美国政府强加自己的意志于其盟友，也不意味着英法只能勉为其难地跟随美国的领导。截至1947年12月，贝文和比多与马歇尔的合作并无抱怨或强迫的成分。在伦敦会议上，他们的立场实际上比美国同行更坚定，完全接受了与苏联关系的破裂，甚至不是非常在意这种破裂是怎样被精心策划的。[9]这并不是由于英法方面突然改变了立场。长期以来，英美实际上在关键问题上总是保持一致。甚至法国与英语国家之间，当时实质性的分歧也没有表面上看起来那么大。

关于国际政治的核心问题，即德国问题，英美在战后初期遵循着同样的基本政策。在波茨坦会议上，贝文并不真正接受贝尔纳斯计划背后的理念。他从未真正坚定支持德国的统一，而且在会议上对于统一政策也没有

---

6 见CP (48) 6, January 4, 1948, Cab 129/23, 以及CP(49)208, October 18, 1949, Cab 129/37, PRO。另见Dilks, "Britain and Europe," p. 411; Adamthwaite, "Britain and the World," p. 228。1950年初，这种观点被再次排除。英国财政大臣斯塔福·克里普斯（Stafford Cripps）当时曾提出，这一政策可以替代"几乎是永远从属于美国"的政策。此时他们已经意识到，即使英国想要走独立路线，也是心有余而力不足。正如一位外交部官员对克里普斯的提议的评论所言，显然英国如此依赖美国的金融、军事以及政治支持，"我们不能采取完全固执己见的态度"。见Cripps minute, May 2, 1950, and Makins to Bevin, May 7, 1950, DBPO II, 2:87 n. 4, 248。有关该问题的其他文献，见DBPO II, 2:54-63, 214-215, 227-228。有关贝文在1950年末对该问题的观点，见DBPO II, 3:290。有关英国在1945—1948年在"第三种力量"问题上的政策，还可参见Rothwell, Britain and the Cold War, pp. 414, 422, 435, 449, 以及Bullock, Bevin, p. 517。

7 Jebb memorandum, July 29, 1945, DBPO, I, 1:993; Rothwell, Britain and the Cold War, p. 320. 另注意1947年初外交部一位高官的言论："对美国过度的不依赖将会是危险的奢侈享受。"引用同上，p. 270。

8 例如可参见General Jean Humbert (temporary head of French General Staff) to prime minister, July 29, 1947, box 4Q2, Service Historique de l'Armée de Terre [SHAT], Vincennes; and General Pierre Billotte, Le passé au futur (Paris: Stock, 1979), pp. 33-52。另注意1948年2月比多在法国议会的发言，引自Cyril Buffet, Mourir pour Berlin: La France et l'Allemagne, 1945-1949 (Paris: Colin, 1991), p. 79。

9 Marshall to Lovett, December 8, 1947, FRUS 1947, 2:754-755. 有关贝文和比多对该问题的思考，最好的了解渠道是1947年12月17日会议的长达15页的记录，"Conversations anglo-françaises," Y/297/FFMA; 英文原版见FO 371/67674, PRO。

第三章 对实力的考验

表示支持。1945年末，英国政府向贝尔纳斯的立场进一步靠拢。那时，统一的德国已不再是英国的目标：按照负责德国事务的大臣的说法，英国政府愿意建立中央治理机构，在统一的基础上管理德国，但"并不是建立有效的机构，这恰恰是它要避免的主要目标之一"。[10]这与克莱当时想要做的事情当然有矛盾，但是与贝尔纳斯的政策立场相当一致。1946年，美国带头推行西方的战略，不过很多英国外交部官员也希望如此。贝文本人却不太乐意采取行动。他在那年春季说道，德国的分裂"意味着建立西方集团的政策，而这意味着战争"。[11]贝文以及整个内阁都认为："如今，分裂德国总体上的危险要高于维持我们当前政策的风险。"[12]但是无论他有何顾虑，他还是接受了美国建立双区的计划。[13]

1947年，局势发生了反转。现在，马歇尔在华府掌握大权，英国人比美国人采取了更加坚定的立场。[14]但是贝文和马歇尔一样，仍然不愿意全心全意地接受这种西方战略。诚然，英国外交大臣现在希望"组织"西占区，但是在1947年初，他的目标仍然是为处理对苏关系并最终与苏联人一道制定出有关德国问题的共同政策而建立"更强势的谈判地位"。[15]正是因为他仍然存有与苏联达成协议的希望，所以在4月下旬，贝文拒绝了克莱提出的建立一个真正的双区议会的建议。他认为，"在我看来，当11月召开的外长会议重新讨论德国问题时，这种彻底的政治融合模式不利于与苏联达

---

10 引自 Deighton, *The Impossible Peace*, p. 76。另见 Elisabeth Kraus, *Ministerien für das ganze Deutschland? Der Alliierte Kontrollrat und die Frage gesamtdeutscher Zentralverwaltungen* (Munich: Oldenbourg, 1990), esp. pp. 103-104（关于哈维的观点）and pp. 112-113（关于贝文对哈维立场的支持）。

11 引自 Deighton, *The Impossible Peace*, p. 73。

12 Ernest Bevin, "Policy towards Germany," May 3, 1946, CP(46)186, Cab 129/9, PRO; 以及 CM(46)43rd meeting, Confidential Annex, May 7, 1946, Cab 128/7, PRO。

13 有关贝文不愿接受美国双区建议的文献，见 Greenwood, "Bevin, the Ruhr and the Division of Germany," p. 209。

14 这是戴顿（Deighton）的《不可能的和平》(*The Impossible Peace*) 一书的基本主题之一。例如，可参见 pp. 124, 134, 136, 148, and esp. 163。

15 Ernest Bevin, "Main Short-term Problems Confronting Us in Moscow," February 20, 1947, paragraph 14, CP(47)68, Cab 129/17, PRO。

成协议"。[16]一年之前,他声称:"有一个因素**可能**把我们与苏联联系在一起,即一个统一的德国的存在将对我们双方都是有利的。"即使是现在,贝文也不愿意放弃这一点。[17]但是和美国人一样,到了1947年底,他得出这样的结论:西方诸国除了行动别无选择,而这意味着西方必须继续建立**西德国家**。所以在这两件事中,基本情形大体是一致的:在德国问题上,对"西方战略"的完全接受从而与苏联分道扬镳,虽是缓慢、踌躇的,却是必然的发展趋势。

对法国而言情况更加复杂。诚然,法国本质上是一个西方国家,而且塑造英美政策的总体力量注定要将法国政策推向同样的方向。从一开始,很多法国领导人就对苏联实力表示关注,而且希望与美国建立密切关系。1946年1月之前的法国政府领导戴高乐将军有时持大不相同的立场。但即便如此,他也在1945年11月向美国表明:他认为苏联的威胁比德国问题更加重要,而且他明白如果法国"希望生存下去",就必须和美国合作。[18]

对苏联权势的恐惧是塑造法国对德政策的关键因素。1945年末,法国公开反对建立中央行政机构,并对管制委员会建立中央行政机构投了否决票,这惹怒了克莱。表面上,他们的目的是给盟友施压,迫使他们接受有关鲁尔、萨尔以及莱茵兰的计划——即在不同程度上将上述地区从德国其

---

16 Ernest Bevin, "Implementation of the Fusion Arrangements in the British and United States Zones of Germany," April 30, 1947, CP(47)143, Cab 129/18, PRO. 另见 Rothwell, *Britain and the Cold War*, p. 328。

17 Ernest Bevin, "Policy towards Germany," May 3, 1946, CP(46)186, Cab 129/9, PRO. 贝文在1947年中的谨慎立场,见 John Baylis, *The Diplomacy of Pragmatism: Britain and the Formation of NATO, 1942–1949* (Kent, Ohio: Kent State University Press, 1993), pp. 42–48。

18 关于戴高乐,见 Georges-Henri Soutou, "Le Général de Gaulle et l'URSS, 1943–1945: Idéologie ou équilibre européen?" *Revue d'histoire diplomatique* 108 (1994): 347–353。正如苏图(Soutou)所揭示的那样(p. 353),到1945年末,戴高乐和某些高级军事顾问想要与美国和英国达成"秘密军事协议"。实际上,甚至在1944年,戴高乐就担心盎格鲁-撒克逊军队从欧洲撤出的可能影响。见 Mai, *Alliierte Kontrollrat*, p. 84n。关于戴高乐以及与美国的安全关系问题,参见 Irwin Wall, *The United States and the Making of Postwar France, 1945–1954* (Cambridge: Cambridge University Press, 1991), pp. 33, 41–42。有关戴高乐辞职之后的法国政策,见 Georges-Henri Soutou, "La sécurité de la France dans l'après-guerre," in *La France et l'OTAN, 1949–1996*, ed. Maurice Vaïsse et al. (Paris: Editions Complexe, 1996), p. 27, 以及 Soutou, "La politique française à l'égard de la Rhénanie," pp. 52, 56, 61, 65(尤其是关于比多的观点)。

第三章　对实力的考验

余地区分裂出去。法国声称，除非能制订出关于上述地区的可接受的安排，否则不会支持建立中央政府。[19]很多法国官员（从戴高乐到下属官员）都非常严肃地看待莱茵地区的政策，但是对比多而言，这本质上是一种手段。从一开始，他和某些其他法国决策者就都明确表示，他们反对建立中央政府的真正原因是这样的体制将会"不可避免地导致在德国最终建立一个苏联主导的中央政府"。[20]

英美两国政府也有同样的顾虑。如前所言，英国人反对建立"有效的"中央政府，而且也认为权力集中化会导致共产主义者接管整个德国。贝文指出，分区管理的优势，就是可以让德国西部这个关键部分不受苏联影响。[21]英国人并不因为法国的否决票而不满，而且并不喜欢克莱的想法，即在三方基础上"组织"德国的主体部分——这里的三方包括英国、美国与苏联，却不包括法国。[22]

美国政府同样也不是真的在核心问题上不同意法国主要决策者的观点。实际上从一开始，贝尔纳斯就在考虑建立一个仅限于西部剩余部分的德国。贝尔纳斯的这种想法很明显，不仅体现在他的波茨坦政策上，从1945年8月他与比多会面时的言论也可以看得出来。贝尔纳斯当时称德国有4500万

19　Murphy to Byrnes, October 2, 1945, FRUS 1945, 3:844.

20　例如，参见Caffery to acting secretary, August 6, 1945, FRUS Potsdam, 2:1548–49; Caffery to Byrnes, August 13, 1945, 851.001/8–1345, RG 59, USNA（引自詹姆斯·麦卡利斯特未公开发表的手稿）; Byrnes-Bidault meeting, August 23, 1945, FRUS 1945, 4:718–719; Caffery to Byrnes, September 27, November 3, and December 8, 1945, FRUS 1945, 3:878, 890–891, 916n。实际上，比多因为曾阻止建立中央政府而居功。他在1947年12月说道，如果法国当时同意这一观点（建立中央政府），"共产主义者现在就已经在科隆掌权了"。美国高官波伦以及比德尔·史密斯也持同样的观点。"Conversations anglo-françaises," December 17, 1947, p. 13, Y/297/FFMA, quoted also in Buffet, *Mourir pour Berlin*, p. 73.有关波伦以及比德尔·史密斯的情况，见Clay, *Decision in Germany*, p. 131。关于这一时期法国的对德政策有相当多的文献，其中最好的简要描述，见Soutou's "La politique française à l'égard de la Rhénanie"，不过可以参见这篇文章第一个脚注中所引用的四个主要相关研究，以及最近的研究：Dietmar Hüser: *Frankreichs "doppelte Deutschlandpolitik"* (Berlin: Duncker and Humblot, 1996)。许泽（Hüser）对其解释方式的简要说明，参见他的文章："Charles de Gaulle, Georges Bidault, Robert Schuman et l'Allemagne," *Francia* 23 (1996), esp. pp. 57–64。

21　Deighton, *The Impossible Peace*, pp. 70–71. 另见Bevin's basic policy paper on Germany of May 3, 1946, CP(46)186, Cab 129/9, PRO。

22　Mai, *Alliierte Kontrollrat*, pp. 97–98.

居民，这实际上是当时西方三个占区的人口总和。[23] 但是早在1945年7月，法国也开始考虑由西方三国来管理一个德国西部的可能性。[24] 比多的目标是不让苏联影响德国西部，但这也是贝尔纳斯和杜鲁门的基本目标。[25] 结果是，贝尔纳斯并没有因为法国在管制委员会的否决票而不满，也没有过分施压要求法国的政策更加配合。法国的否决显示出管制委员会体制难以发挥有效作用，在尝试其他途径之前，必须先认识到该体制是失败的。

实际上，美国暗中鼓励了法国的反对立场。传达消息的是美国驻德政治顾问兼国务院最高驻德官员罗伯特·墨菲（Robert Murphy）。1945年10月，墨菲与他的法国同行圣哈杜因（Saint-Hardouin）举行会晤。美国在德国的军事当局当然对最近管制委员会上的否决票感到恼火，但是墨菲说，法国不应该对此太过担忧。他指出，这些军事官员只是奉命行事，并不习惯考虑他们所遇到的阻碍是否有其合理性。接着墨菲在更宏观的层面上讨论了美国对德政策。他说道，美国尝试与苏联合作的政策目前陷入了困境。墨菲并不赞同该政策，而且与法国人一样，他也担心统一的德国最终会落入苏联之手。但是在舆论发生改变之前，美国政府无法拒绝设在柏林的管制委员会机制。不过，法国却不必顺从这个机构。因此，墨菲力劝法国要避免管制委员会体制的缺点并"使你们所控制的区域偏向西方，而不是倒向柏林"。[26]

但是，从最根本层面来看，即使西方三国政府有一些共同的基本目标，还是有一些障碍使得法国无法过于密切地进行合作，尤其是在战后初期与他们的盎格鲁-撒克逊朋友过于公开地合作。首先，有一系列问题与法国国内政治条件有关。比多和法国外交部最高常任官员冉·肖韦尔（Jean

---

23 Byrnes-Bidault meeting, August 23, 1945, FRUS 1945, 4:720. 比多认为，德国由于丢失了东部领土而把"重心"偏向西方，这对法国来说是个威胁。贝尔纳斯回应到，德国的人口从原先的6500万人缩小到现在的4500万人，这应该足够让法国放心。但是，贝尔纳斯接着将事情弄得有些复杂，同时又提到了美国想建立中央政府的政策——尽管他确实注意淡化了该政策的政治意义。
24 Mai, *Alliierte Kontrollrat*, p. 84; Young, *France, the Cold War and the Western Alliance*, p. 59.
25 Franco-American meetings, August 22–23, 1945, FRUS 1945, 4:711, 721.
26 Saint-Hardouin to Bidault, October 9, 1945, Y/283/FFMA.

第三章 对实力的考验

Chauvel）在1946年中和年末不断声明，在与苏联关于德国问题的争论中，法国是站在美国一边的，而法国之所以不能公开支持美国，只是由于"内部政治原因"。[27]尽管不是唯一的因素，庞大的法国共产党的力量当然是关键因素，因为共产主义者是当时法国执政联盟的重要部分。法国国内的共产主义力量在1947年初仍然是个大问题。当4月马歇尔与比多会晤的时候，比多直言道："对于美国提出的'我们可以依靠法国吗？'这样一个问题，答案是'可以'。但是法国需要时间而且必须要避免内战。"[28]法国的内部危机很快爆发。5月，共产主义者被逐出政府，而且当年晚些时候掀起了一波共产主义者领导的政治罢工浪潮。但是到了11月，比多确信局势可以得到控制，而且共产主义者的"夺权运动"将会失败。[29]现在他认为，自己可以更加自由地公开站在西方国家一边，尽管此刻他还是不能过于直接。实际上，比多不够坦率，这也削弱了他在国内的政治地位，最终导致他在1948年7月下台，由罗伯特·舒曼（Robert Schuman）取代其外长职位。[30]

但是国内政治并非全部问题所在。在对外政策方面也确实存在一些差异。"西方战略"意味着要建立德国，或者至少是西德——不仅是在经济和政治上，最终也要在军事上加以建设。显然，对于三个主要西方大国的军

27　见Caffery to Byrnes, June 11, June 22, and August 30, 1946, FRUS 1946, 5:566-567, 567n, 596。有关公开承认国内政治因素在法国对德政策中的重要性，参见Byrnes-Bidault meeting, September 24, 1946, ibid., pp. 607-608。例如，比多采取强硬的反苏立场，似乎并不只是想说一些他认为美国人爱听的话，以便从美国得到经济上或其他方面的让步。即使在1946年底，他仍然认为美国人对苏联人不够强硬。参见他于1946年10月11日与英国大使杜夫·库珀（Duff Cooper）的谈话，引自Soutou, "La sécurité de la France," p. 28。

28　Bidault-Marshall meeting, April 20, 1947, FRUS 1947, 2:369-370。另见 Bidault-Marshall meeting, March 11, 1947; Marshall to Acheson, March 24, 1947; Caffery to Marshall, March 25 and November 6, 1947; ibid., pp. 241, 396, 401, 702。

29　Bidault-Marshall meeting, November 28, 1947, ibid., p. 739。

30　Buffet, *Mourir pour Berlin*, pp. 66, 71, 78-80, 194. 另见 Elgey, *République des illusions*, pp. 386, 387；以及1948年5月24日未署名的文件（MP/67/FFMA）说明了肖韦尔通过提及法国国内政治以解释比多在德国问题上出尔反尔的行为。有关比多对法国政治形势的强烈关切，另见Caffery to Marshall, May 24, May 25, and May 28, 1948, FRUS 1948, 2:273-274, 281, 281n。有关比多改变主意的行为，见Bidault's memoranda of May 20, 1948, Z/Généralités/23/FFMA, 以及FRUS 1948, 2:266-281中的大量文献。有关官方说辞和比多真正的信念之间的差别，见Hüser, "De Gaulle, Bidault, Schuman et l'Allemagne," n. 55；尤其注意1945年9月，比多私下里将德国威胁称作"便于使用的神话"。

方而言，如果想要有效地防卫西欧，最终还是有必要建立德国的军队。英国的参谋长们甚至在战时就在考虑这些问题；美国军方在1947年就主张建立德国的军事力量，而法国军方最晚也在1948年做出表态。[31] 英美两国的政治领导层或至少是某些关键决策者在1947年末得出了相同的结论。当年8月，美方的观点逐渐表达出来，认为不受苏联控制的地区应该在政治上、经济上并"最终在军事上"自我组织起来以应对苏联的威胁，而且也要将德国西部纳入这个集团。[32] 贝文也开始考虑相同的立场。1948年1月，他认为西方各国需要团结一致共同应对苏联威胁，而且"一旦情况允许"，就必须将德国纳入西方的体系之中。[33] 但是过快地建设德国是有风险的，而且鉴于法国的地理位置，它对这些风险尤其敏感。谁能预测苏联将做何反应？谁知道一个强大而又独立的德国将如何行动？如果美国人可以保持相对持久的介入——如果他们承诺投入较大力量保卫西欧，尤其是要在德国西部供养大量军队——风险可能就会很小了。这样一来就可以把苏联稳住，同时也可以限制德国的行动自由。但谁又能确信美国真的愿意充当这种角色，不只是在近一两年，而是相对更为持久地担此重任？如果法国无法确定此事，那么采取对冲止损手段，避免与苏联过分决裂，也就不无道理了。

法国国内有关"西方战略"的争论——在德国问题上是否应该不考虑苏联因素，选择在冷战中与英美为伍——很大程度上将会因为这一系列问题如何得以解决而发生转变。在1947年和1948年的内部讨论中，西方战略的支持者提出了一系列论据。如果法国与其他西方大国合作，而不是孤立自处，它的利益（例如在鲁尔煤矿的利益，在马歇尔援助计划中的利益）

---

31 Rothwell, *Britain and the Cold War*, pp. 119–123; Joint Strategic Survey Committee report, April 29, 1947, FRUS 1947, 1:740; Pierre Guillen, "Les chefs militaires français, le réarmement de l'Allemagne et la CED (1950–1954)," *Revue d'histoire de la deuxième guerre mondiale*, no. 129 (January 1983): 3–33.

32 Interdepartmental meeting and Bohlen memorandum, August 30, 1947, FRUS 1947, 1:762–764. 会上，其他高级官员完全赞同波伦所表达的观点。

33 Summary of Bevin memorandum in Inverchapel to Marshall, January 13, 1948, FRUS 1948, 3:4–6, to be interpreted in the context of the general philosophy Bevin laid out in his December 17, 1947, meeting with Bidault, Y/297/FFMA and FO 371/67674.

第三章　对实力的考验

会得到更多的同情。在这种情况下，其益格鲁－撒克逊盟友可能还会更愿意让它在德国问题上，尤其是事关鲁尔的问题上，拥有发言权。如果战争爆发，即使选择做旁观者也不能防止法国被征服——法国的"命运将会是一样的，不管它是否保持中立"；而且法国也无法阻止英美抛开自己在德国自行其是。如此一来，法国将会别无选择，只得接受现状（即使它没有参与其中）。但是如果它现在采取行动，它也许可以防止形势朝着不利的方向发展，并且在体系尚未成型之时在其中烙下自己的印记。[34]

这样的论据有一些说服力，但还不足以让法国人全心全意地接受西方战略。真正导致这个结果的原因是理解德国问题的方式发生了根本转变。最初，冷战被认为加剧了这样一个问题：与苏联人的矛盾迫使法国接受建设德国这一令人不快且危险的政策。但是法国主要决策者逐渐意识到，西方战略是解决德国问题的一种方式——正在成型的这种体系（基于德国的分裂和东西方某种程度的紧张关系）在他们看来是非常令人满意的。苏联在易北河沿岸驻军，德国弱小而又分裂，德国西部将会依赖西方的保护；即使大部分控制最终结束，那样的西德国家也无力挑战现状，因此可以大范围逐步移除控制，这样就可以将德国西部作为伙伴纳入西方世界。苏联在易北河的军事威胁意味着美国军队仍然需要留在德国，这种停留可能是无限期的，而美国的实力将使苏联人不敢轻举妄动。换言之，这不是用一个问题来掩盖另一个问题。如果这样的体系得以形成，两大问题——德国

34　Buffet, *Mourir pour Berlin*, pp. 64–66, 141–142; Raymond Poidevin, *Robert Schuman, homme d'état, 1886–1963* (Paris: Imprimerie Nationale, 1986), p. 212; Raymond Poidevin, "Le Facteur Europe dans la politique allemande de Robert Schuman," in Poidevin, *Histoire des débuts*, p. 314; Humbert to prime minister, July 29, 1947 (for the quotation), box 4Q2, SHAT, Vincennes. 关于相似主题的不同文献，见Massigli note, November 22, 1947, MP/65; Massigli to Foreign Ministry, June 3, 1948, MP/67; Massigli to Chauvel, February 14, 1949, MP/68; all FFMA。有关英美对法国施压——尤其是如果法国不表示赞同，英美在德国问题上将不理会法国而自行其是的威胁——例如，可参见Lovett-Douglas phone conversation, March 2, 1948; Douglas to Marshall, May 21 and May 24, 1948; Douglas-Saltzman phone conversation, May 31, 1948; Douglas to Lovett, June 4, 1948; Douglas to Marshall, June 16, 1948; 以及 Marshall to Douglas, June 14, 1948; in FRUS 1948, 2:112, 269, 273, 301, 319, 335, 378。另注意英国内阁对此事的讨论，May 3, 1948, CM 34(48), Cab 128/12, PRO。

问题和苏联问题——都将得到解决。1952年前后，这种观点在法国外交部已经非常明显。[35]但是很早之前这一基本思想就已经开始形成。在1947年和1948年，一些更有洞察力的法国官员就得出结论，认为以德国分裂为基础的体系是法国能够期待的最佳安排。[36]

而且，法国采取积极主动的政策有可能使这样一个体系更加令人满意。一些主要官员开始认为，法国现在应该在"建设欧洲"的过程中起带头作用——也就是说，在支持建立西欧的跨国经济和政治结构方面起带头作用。甚至早在1945年初，一些官员就已经有这种想法。但是直到1947年，认为德国问题必须在欧洲框架内处理这种基本观点——或者更准确地说，必须把德国**西部**纳入**西欧**——才开始被付诸实践。问题的焦点是经济一体化，但是最终驱动该政策的是连结德国西部与西方这一宏大政治目标。纯粹的压制性政策无法将德国留在西方阵营。一位法国外交部高官在1947年10月表示，对德国实力的控制、莱茵河地区的特殊地位等所有的一切可能都处理得很好，"但是我们不是用这些方式来阻止德国与苏联眉目传情"。必须推行更具创造力的政策；必须开展"法德之间的经济合作计划"，比如建立关税联盟或者类似的。[37]

因此，有人认为西德必须得到更平等的待遇，而且必须建立可以发展

---

35 尤其注意1952年和1953年由让·索瓦尼亚格（Jean Sauvagnargues）所写的一系列备忘录，尤其是1952年6月25日，以及1953年4月22日和6月10日的备忘录，见Europe 1949-1955/Allemagne/ 822 and 823/FFMA, and Europe 1949-1955/Généralités/100/FFMA。当时的外交大臣——至少包括比多和舒曼——也持同样的看法。见Marc Trachtenberg, *History and Strategy* (Princeton, N.J.: Princeton University Press, 1991), p. 179, 以及 Georges-Henri Soutou, "La France et les notes soviétiques de 1952 sur l'Allemagne," *Revue d'Allemagne* 20 (1988): 270-272。

36 例如，参见Massigli to Bidault, July 8, 1947, MP/92/FFMA: "je crois en définitive que la coupure vaut mieux pour nous"。法国外交部欧洲部门负责人J.-C. 帕里斯（J.-C. Paris）持相同立场，见1948年7月18日的一则笔记，其中他写道："德国的分裂对我们而言是重大利好。"引自Buffet, *Mourir pour Berlin*, p. 189。

37 Coulet to Massigli, October 31, 1947, MP/96/FFMA. 另见一份基本的政策文献，该文献是在1946年末至1947年初起草的，当时的总理是资深社会党人莱昂·布鲁姆（Léon Blum）："在经济领域以及政治领域，对盟国以及德国人来说，使德国融入欧洲是他们的共同目标。这当然仅仅意味着西欧和德国西部。但是除了帝国之外，欧洲是德国人唯一的希望；对昨日的胜利者而言，这是向政治分权但经济繁荣的德国赋予生机的唯一方式，他们必须将此视为目标。" Foreign Ministry to Koenig (draft), January 2, 1947, Y/298/FFMA. 有关法国在布鲁姆过渡期的对德政策，见Soutou, "La politique française à l'égard de la Rhénanie," p. 61。

第三章 对实力的考验

这种新型关系的框架。[38] 只有欧洲的制度可以在这种新环境内有效地限制德国的行动自由。如要维持这种控制，就必须使这些控制手段欧洲化，并且平等地适用于所有国家：随着占领体制的解体，一个西欧体制以及一个并非完全独立的德国将会出现。[39] 此外，"欧洲的"政策将会防止德国民族主义情绪的复萌。"建设欧洲"可能吸引德国的政治想象力：这项伟大的工程（而不是德国的统一）可能成为德国政治活力的焦点，并进而让德国人接受祖国分裂的事实。[40]

因此，对于"建设欧洲"的强调是将美法两国政策相联系的另一要素。比多本人就是将德国西部纳入西方世界的坚定支持者，在1947年4月与马歇尔会晤时他对此毫不避讳："德国是西方的一部分，德国处于欧洲。"[41] 美国人当然很高兴。到了1947年，美国政府也开始相信"建设欧洲"的重要性。到1948年，必须让西欧一体化且德国西部是其中一个重要组成部分的观点已成为美国政策的核心原则。[42] 1948年2月，马歇尔写到，除非让德国西部与西欧连为一体——"首先通过经济上的安排，也许最终还要通过某种政治途径"——否则我们可能会失去整个德国，而"这对于我们所有人而言都是极其严重的后果"。[43] 正如美国驻伦敦大使刘易斯·道格拉斯（[Lewis Douglas] 就其职能而言也是一位重要决策者）1948年2月与英法高级官员会晤时所指出的那样，至关重要的是，有关西德的一种新安排正在出台，要让"德国人感到自己是西欧的一部分"。无论对鲁尔区实行何种控制，

38　John Gillingham, *Coal, Steel and the Rebirth of Europe, 1945–1955* (New York: Cambridge University Press, 1991), p. 159; Buffet, *Mourir pour Berlin*, pp. 79, 138–139, 230, 243; Pierre Gerbet, "Les origines du Plan Schuman: Le choix de la méthode communautaire par le gouvernement français," in Poidevin, *Histoire des débuts*, p. 209, and Poidevin, "Facteur Europe," pp. 314–315. 另见 Massigli to Chauvel, February 14, 1949, MP/68/FFMA。

39　见Buffet, *Mourir pour Berlin*, pp. 230–231; Seydoux note, April 7, 1950, Europe 1949–1955/Généralités/87/FFMA。

40　见Poidevin, "Facteur Europe," pp. 314–317; Poidevin, *Schuman*, p. 220; and Buffet, *Mourir pour Berlin*, p. 138。另见 Saint-Hardouin to Schuman, September 5, 1948, Y/312/FFMA。

41　见Soutou, "La politique française à l'égard de la Rhénanie," pp. 64–65。

42　例如，参见Marshall to Douglas, February 20, 1948, 以及 Douglas to Marshall, March 2, 1948, FRUS 1948, 2:72, 114。

43　Marshall to Caffery, February 19, 1948, ibid., p. 71。

"其本质必须是有利于西欧和德国西部的有效一体化";采取更具惩罚性的措施只会疏远德国,使其落入苏联之手。此外,美国人"十分重视"整个西欧的经济一体化。所以他"非常小心翼翼、非常非正式地"提出,将要建立的体制应不仅适用于鲁尔区,也将适用于"类似的西欧工业地区"。当然,这就是两年之后问世的"舒曼计划"(Schuman Plan)背后的基本观点。[44]

但是这种对欧洲的强调并不意味着法国所考虑的是一个纯粹的欧洲体系。他们脑中所想的欧洲安排并不是要替代某种以美国军事力量为基础的体系。诚然,以德国分裂为基础的整个体系要以美国在德国西部的强大军事存在为前提。这种军事存在不仅可以保护西欧免受苏联进攻,也可以自动限制德国的行动自由。事实上,美国的存在使得解除控制、将德国作为真正的伙伴对待并进而贯彻"建设欧洲"的政策成为可能。因此在法国看来,美国继续保证在欧洲大陆的实力存在是至关重要的。[45]但是,美国会愿意加入这样一个体系吗?

该问题的答案愈发明显:美国是否会加入在某种程度上取决于法国的选择。美国人可能倾向于在德国西部不加限制地向前推进,重建一个强大且完全独立自主的西德国家,然后从欧洲大陆撤军。或者,美国可能只会在空中和海上提供援助:不会在陆地上进行防御;一旦遭到入侵,部署在边缘地区的部队将被用于进攻苏联。出于明显的原因,上述两种可能性对法国人都没有特别的吸引力。但是假如法国明确表示,如果美国政府愿意执行另一种政策,即保持美国在德国的驻军、保持对德国实

44　Douglas to Marshall, February 28, 1948, FRUS 1948, 2:99. 有关 "舒曼计划的美国起源"的观点,尤其是道格拉斯在其中所扮演的角色,较详细的讨论见 René Massigli, *Une comédie des erreurs: Souvenirs et réflexions sur une étape de la construction européenne* (Paris: Plon, 1978), pp. 192-195。另见 Poidevin, *Schuman*, p. 271; Pierre Mélandri, *Les Etats-Unis face à l'unification de l'Europe* (Paris: A. Pedone, 1980), pp. 155, 245, 272ff.; 以及 Gillingham, *Coal, Steel and the Rebirth of Europe*, pp. 169-170。

45　有关美国承诺防卫欧洲对法国政策的关键影响,见 Soutou, "La sécurité de la France dans l'après-guerre," pp. 26, 29, 32。

力的限制以及在西欧提供有效的地面防御,那么法国是愿意在德国问题上合作的。这可能有助于使华盛顿的政策发生倾斜,并导致建立法国真正希望的体系。

而且,法国的政策很有可能产生重大影响。在美国看来,出于一系列政治和军事原因,法国的参与是重要的。这不仅是在反苏集团中加入又一个国家那么简单。法国的参与意味着西德将不仅是两大海外英语国家的受保护国。如果法国参与,西方体系将会有更广泛的基础,更有大陆色彩,更具合法性与可行性,也更具持久性。从军事上来看,一旦战争来临,法国的参与可以提供更多的操作空间、更加安全的交通线以及一支主要地面部队,这一切都有助于使对欧洲的有效地面防御成为可能——而且,如果有望实现西方的防御体系,那么从长远看,有效的地面防御是至关重要的。因此在美国看来,将法国纳入体系之中具有重要意义。这意味着,美国政府很有可能对更加主动的法国政策做出积极回应,而且有关德国以及西欧防御的令人满意的安排也能够得以成型。

于是,尤其是在1947年,这样一种思想开始形成:法国可以支持德国问题上的西方战略,但这种支持并非是无条件的。这还取决于美国是否愿意帮助西欧建立某种安全体系。这项新的法国政策将对1948年的事态发展产生重大影响。

德国、柏林以及安全问题

1948年初,英美法三国代表在伦敦会晤,就建立西德国家一事制定有关条款。经过三个月的会谈,三国代表于6月1日达成所谓的"伦敦建议"(London Recommendations)。制宪会议将要起草一部具有"联邦性质"的民主宪法,但是这个新的国家并不拥有完整主权。占领仍将继续,而且占领当局将会继续保持某些控制——例如对鲁尔、西德的军事状态以及对外关系方面的控制——而且它们实际上也有权在紧急状况下或者当新的共和政体内部的民主体系受到威胁的时候"恢复行使一切权力"。伦敦协议还制定了建立新体制的程序：最迟必须在1948年9月1日之前召开制宪会议。[46]

"伦敦建议"具有非常重要的政治意义。西方将在其控制区建立一个新的国家，但是不知道苏联将做何反应。很多西方领导人认为这可能会导致与苏联的全面冲突。1947年末，对实力的真正考验显然正在孕育当中。例如在8月，波伦预测会出现一次与苏联进行"重大政治摊牌的危机"。他说，有迹象显示在今后几个月内冲突会愈演愈烈，直到非解决不可的程度。[47]欧洲的高级官员也认为有关德国的冲突正走向高潮。贝文、肖韦尔、法国驻伦敦大使（同时也是另一位重要决策者）勒内·马西格利（René Massigli），都坚信西方大国正在迅速步入危险之中。他们都认识到，"组织"德国西部将会导致与苏联人发生战争的风险增加。[48]他们也担心苏联可能发动一场预防性战争，将西方大国的势力从德国赶出去，甚至可能横扫整个欧洲大陆。苏联人可能认为，必须在德国西部的事态发展过快以及美

---

46 有关伦敦会议的主要报道，见 FRUS 1948, 2:309-312。一些主要附件，见 ibid., pp. 240-241, 260-262, 290-294, 305-307。英美决意在德国迅速推进，这也反映在英美占区的实际行动中。1948年1月，一个非常类似德国政府的机构出现了。双区经济理事会（The bizonal Economic Council）就像一个议会，而且理事会的执行委员会被指定为"正规执行机构"（"实际上是内阁但我们不这么称呼它"）。Murphy to Marshall, January 7, 1948, ibid., p. 5. 在德国进行这些结构上的改变之前并未与法国协商，尽管在12月举行的伦敦会议上英国曾向法国保证会让其参与德国的基本政治进程。法国政府勃然大怒，强烈表示反对；英美两国政府十分尴尬。这只是一系列事件中的一个例子，使法国相信，当涉及对外政策的时候，美国并不那么在乎与法国一起行动。有关整个事件，见 Caffery to Marshall, January 10, 1948, and Wallner to Bonbright, January 16, 1948, ibid., pp. 20-21, 27-28; 有关法国方面的反应，见 Massigli to Foreign Ministry, January 9, 1948, MP/65/FFMA, and two Chauvel notes and Chauvel to Bonnet, all dated January 12, 1948, Bonnet Papers [BP], vol. 1, FFMA. 有关联邦共和国的建立，见沃尔夫冈·本兹（Wolfgang Benz）的两部著作：*Die Gründung der Bundesrepublik: Von der Bizone zum souveränen Staat* (Munich: Deutscher Taschenbuch, 1984), 以及 *Von der Besatzungsherrschaft zur Bundesrepublik, 1946–1949* (Frankfurt: Fischer, 1984)（尤其是 pp. 88-116, 可以看到本文描述的事件）。另见两部较为陈旧但是仍然很有用的英文文献：Peter Merkl, *The Origin of the West German Republic* (New York: Oxford, 1963); 以及 John Golay, *The Founding of the Federal Republic of Germany* (Chicago: University of Chicago Press, 1958)。

47 Bohlen memorandum, August 30, 1947, FRUS 1947, 1:765.

48 Oliver Harvey minute, October 20, 1947, MP/65/FFMA.

第三章　对实力的考验

国及其盟友有机会建立防御之前采取行动。[49]

实际上，在1948年初，苏联人确实变得更有对抗性、更具进攻性，似乎准备与西方在德国问题上摊牌。2月，捷克斯洛伐克的"民主"秩序被推翻，强行建立起一个共产主义国家。当这些事件在布拉格出现时，苏联军队并不在场，但是苏联实力的影响以及苏联军事干预的可能性对于在布拉格的竞争双方的考量产生了关键性的影响。苏联副外长佐林（Zorin）于2月19日飞抵布拉格，他告诉当地的共产主义者：斯大林希望将事情闹大，而且他们应该向苏联请求军事援助。佐林说，苏联的部队就在毗邻的匈牙利，随时准备开进布拉格。但是当地的共产主义者认为公开的军事干涉没有必要。苏联随时准备出兵而西方却绝无可能干预，仅仅这一点就让抵抗变得毫无意义。[50]

1947年末，西方政治家们已经预料到，在不远的将来，捷克斯洛伐克将由共产主义者完全控制。[51]西方正在将自己组织成一个集团。因此可以料想到，苏联也要巩固自己的势力范围，而捷克斯洛伐克处在分界线外的苏联一边。但布拉格发生的事情还是非常令人不安。对于许多西方人而言，这些事件印证了苏联政策的粗暴性。对苏联而言，有一个卑躬屈膝的盟友还不够好。不管短期内苏联人可能表现出怎样的策略上的灵活性，从长远看，在拥有绝对控制权之前他们是决不会善罢甘休的。一位法国外交

---

49 Caffery to State Department and Douglas to Marshall, both May 21, 1948; Douglas to State Department, May 30, 1948; and Caffery to Marshall, May 25 and June 2, 1948; in FRUS 1948, 2:266n, 267, 281, 301n, 317. 有关法国对当时局势严重性的总体认识，例如，参见 Dejean to Foreign Ministry, March 12, 1948, and Chauvel to Bonnet, March 18 and May 19, 1948, BP/1/FFMA; 有关讨论见 Buffet, *Mourir pour Berlin*, p. 89. 另见 Massigli to Foreign Ministry, May 3, 1948, MP/67/FFMA. 美国高层官员也认为西方如履薄冰。例如，参见 General Bradley's views, reported in Bonnet to Bidault, May 3, 1948, BP/1/FFMA; 另注意参联会在1948年4月的谨慎立场，载于 JCS Historical Office, *History of the Joint Chiefs of Staff*, vol. 2: *1947–1949* (Wilmington, Del.: Glazier, 1979), p. 360. 杜鲁门后来暗示苏联可能发动预防性战争，见 remarks to the NATO foreign ministers, April 3, 1949, published in the *Vierteljahrshefte für Zeitgeschichte* 40 (1992): 416。

50 Kaplan, *The Short March*, p. 175.

51 Policy Planning Staff, Résumé of the World Situation, November 6, 1947, FRUS 1947, 1:773. 另注意比达乌尔（Bidault）的评论，"Conversations anglo-françaises," December 17, 1947, Y/297/FFMA。

官员认为，苏联已经不在乎世界舆论对此如何反应。似乎他们唯一在乎的是战略考量，而且现在苏联的"主要关切"就是为可能即将到来的冲突做好准备。[52]

柏林的形势更让人忧虑。长期以来，捷克斯洛伐克就被当作苏联势力范围的一部分，但是西方的部队驻扎在西柏林。西方在西柏林驻军是出于占领权，而这种权利是苏联政府也认可的。但是合法权利并不能改变地理现实。苏联知道，柏林的形势使其获得了向西方大国施压的有效手段，而且事实上西方领导人也明白，苏联会利用柏林的孤悬位置和相对脆弱性来为自己谋利。柏林显然是苏联人手中的一张好牌。[53]

因此，苏联在早春的时候对西方进入柏林的通道进行了相对较小程度的干预，并不那么令人吃惊。[54]这种压力很快就减小了，但这种信号已经很明显。当"伦敦建议"在6月被采纳时，苏联就以中止柏林和德国西部的地面交通作为回应。在实施封锁时，苏联清楚地表明，其目的就是要挑战西方建立西德国家的政策：必须搁置"伦敦建议"，而且西方盟国必须回到谈判桌前。斯大林本人以其一贯的直率方式告诉西方各国大使，柏林只是一个杠杆，甚至西方三区的经济融合也都不是问题，"唯一真正的问题"是建立西德政府。[55]

斯大林的这番言论既重要又很能说明问题。他准备接受西方三区

52　Dejean to Foreign Ministry, March 12, 1948, BP/1/FFMA. 德让（Dejean）的分析得到了认可，见Chauvel to Bonnet, March 18, 1948, ibid. 另见 Buffet, *Mourir pour Berlin*, pp. 87–91中的有关讨论。

53　尤其见Murphy to Marshall, FRUS 1948, 2:1268–1270; 以及 Seydoux to Foreign Ministry, November 14, 1947, Y/296/FFMA. 另见 Douglas to Marshall, March 3, 1948, FRUS 1948, 2:120, 以及 Ann and John Tusa, *The Berlin Blockade* (London: Hodder and Stoughton, 1988), pp. 87–88。

54　有关苏联最初采取的行动——墨菲称之为由苏联"肇始的旨在影响我们在柏林持续存在的""一系列限制措施和恼人的事情"——以及美国的反应，见Murphy to Marshall, April 1, 2, and 13, 1948, FRUS 1948, 2:887–889, 892; 以及尤其是 Clay teleconferences with Bradley and Royall, March 31 and April 10, 1948, 以及 Clay to Bradley, April 1, 1948, in *Clay Papers*, 2:599–608, 621–623。尤其注意克莱的评论（p.623）："真正的危机"将会产生自西方在德国西部拟采取的措施，这些措施包括货币改革以及"部分德国政府"的建立。

55　Smith to Marshall, August 3, 1948, FRUS 1948, 2:1003–1004.

第三章 对实力的考验

的融合——也就是说，接受法国被纳入管理西德的集团之中——而且这意味着他多少也接受了关于建立西方集团的大体观点。斯大林还明确表示，他不反对在德国西部进行的经济恢复工作。他所厌恶的是建立一个德国人的国家以及让德国人拥有过多独立和权力的想法。他希望西方政府而不是德国人成为西德的真正力量。这与波茨坦会议确立的由苏联和西方分别控制分裂的德国这个原则是一致的。这意味着，苏联并不是从根本上反对建立一个能够限制德国实力、防止一个西德国家威胁现状的西方体系——如果西方大国可以构建出这种体系，这是苏联愿意接受的。

1948年，苏联和西方领导人并不真正能够讨论这类基本问题。当时对美国人而言，真正的问题在于围绕柏林的冲突以及他们所采取的建立西德国家的政策。他们决定不放弃自己的德国政策，这也就意味着围绕柏林的冲突仍将继续。但是美国最终愿意为了捍卫自己在柏林的地位而出战吗？美国享有核垄断，但是这也只是唯一能够在欧洲制衡苏联地面部队的东西。美国军方认为，美国太虚弱，无法采取强硬立场，因此考虑从柏林撤离。1948年7月，美国参联会敦促领导层考虑"有没有可能找到在不失尊严的情况下从柏林撤军的正当理由"。[56] 10月，参联会仍然坚持认为，"鉴于我们目前的准备情况"，在柏林问题上卷入战争"在军事上不谨慎，战略上也不合理"。[57]

当时相当普遍的看法是，西方最终在柏林是站不住脚的，而且最终应准备从柏林撤军。1947年11月，一位国务院重要官员声称，苏联有能力使西方大国在柏林无法生存，西方应该尽可能坚持住，但最终为了避免战争

---

[56] JCS to Forrestal, July 22, 1948, *JCS History*, 2:144. 另见 "Notes on the Berlin Situation (Army View)," enclosed in Maddocks to Army Chief of Staff, June 28, 1948, Army—Operations, Hot File, box 11, RG 319, USNA.

[57] JCS to Forrestal, October 13, 1948, in *JCS History*, 2:154. 另见 Avi Shlaim, *The United States and the Berlin Blockade, 1948–1949: A Study in Crisis Decision-Making* (Berkeley: University of California Press, 1983), pp. 218, 223–224, 259, 267。

还是要从柏林撤出。[58]英国有时也持类似的观点。[59]尤其是在欧洲，人们倾向于认为柏林是一个必须摆脱的战略负担：只要西方大国还留在柏林，苏联就很容易对西方在德国西部的行为施加压力和限制。就此而论，从柏林撤军与"西方战略"是相伴而生的，这既是建立与西方紧密相关的西德国家这一政策的结果，也是其前提条件。正如1948年7月一位法国官员所阐述的那样，近期事件的总体发展方向——"重组西欧"、"将德国一分为二"——"对我们非常有利"。但是西方在同意参与占领柏林的同时，也牺牲了自己的"行动自由"；所以对西方而言这可能是十分痛苦的，必须设法抽身。[60]比德尔·史密斯的观点也差不多如此。他认为，西方国家如果愿意可以坚守柏林，但是对于这块"暴露无遗的突出部位"，在此维持存在并无任何军事意义。他认为，这实际上正中苏联人下怀，他们的目的就是"让我们无限期地待下去"。这位强烈支持西方战略的美国驻莫斯科大使如今明确要求从柏林撤军。[61]

但是马歇尔和杜鲁门的观点与此不同。在他们看来，美国有权驻军柏林，屈辱撤军将会对整个欧洲政治局势产生深远影响。因此他们非常想要留在柏林。问题是，这样做是否可能避免战争——或者更准确地说，他们最终是否愿意为了留在柏林而冒战争风险。不仅在国务院，在军方也有像克莱将军一样的官员，他们赞同威慑的逻辑，而且认为避免战争的最佳方

---

58 Seydoux to Foreign Ministry, November 14, 1947, Y/296/FFMA. 一位消息灵通的观察者注意到，甚至在危机开始之后，美国很多官员仍然认为西方迟早会撤退。Reston memorandum, December 28, 1948, KP/1/212-216/ML。

59 1946年5月，在一份有关德国的重要文件上，贝文理所当然地认为，如果采取西方战略，英国很快就会被"逐出柏林"。CP(46)186, May 3, 1946, Cab 129/9, PRO. 而且在1947年末，英国驻德代表似乎认为，如果伦敦外长会议失败，从柏林撤军将在所难免。Seydoux to Foreign Ministry, November 14, 1947, Y/296/FFMA. 在危机期间，贝文有时持坚定立场，但有时在美国看来又太过软弱。见Shlaim, *United States and the Berlin Blockade*, pp. 198, 212 (for the picture of Britain as very firm), 以及 (for evidence pointing in the other direction) the report of a U.S. cabinet lunch, September 13, 1948, FD/12/FP/ML, 以及下文引用的证据, 见注释62。另见 Murphy, *Diplomat Among Warriors*, pp. 313, 315。

60 Camille Paris, July 18, 1948, 转引自 Buffet, *Mourir pour Berlin*, pp. 189-190. 同样还可参见Massigli to Chauvel, July 17, 1948, MP/45/FFMA, discussed ibid., pp. 191-192。

61 PPS meeting, September 28, 1948, FRUS 1948, 2:1194-1196.

第三章 对实力的考验

式就是清楚表明美国在任何情况下都不会放弃柏林，最终宁可走向战争也绝不妥协。英法则倾向于相反的观点，认为摆脱危机的最佳途径就是避免对抗，"不将问题挑明"。[62]

这些问题难以解决，而杜鲁门和马歇尔受到来自正反两方的压力。当苏联施行封堵的时候，杜鲁门的第一反应简单而又直接："我们会留在柏林。"不过他又谨慎地指出，这"并不是最终决定"。政治领导层很快决定原则上采取坚定立场，无论苏联怎么做，美国都会留在柏林。[63] 但是实际上美国关于柏林问题的立场并没有表面看上去那么坚定。例如，当道格拉斯大使在4月声称，如果柏林通道被切断，美国将会战斗而不是弃城而逃，马歇尔很快就纠正了他。美国在柏林问题上不会"率先使用武力"。[64] 就杜鲁门而言，他甚至不愿意去射落一个拦截气球，因为他担心这会引发战争，而"美国却没有足够士兵参战"。[65]

美国的基本政策就出自这些相互矛盾的观点：推迟关于使用武力的真正、极重要的决定，直到不得不面对这个问题——也就是说，直到确实不

---

62 Marshall to Clay and Murphy, September 11, 1948, ibid., p. 1148. 7月19—20日，在海牙与布鲁塞尔条约国家的会议中，贝文敦促西方在柏林问题上采取相对温和的立场。他不想在原则问题上放弃，但是也不希望发生对抗。贝文称，美国无疑会对此表示反对并认为他软弱。如果美国确实这么做，他将反问美国，你们会在欧洲部署多少个师的部队，而这对西方的防御又能有多大作用？实际上，当贝文从海牙回国之后，美国确实抱怨贝文的"明显软弱"。马歇尔称英国准备给苏联的照会草稿"使人联想起绥靖政策"。"Conférence de la Haye, 19-20 juillet 1948," p. 8, MP/67/FFMA; Marshall to Douglas, July 21, 1948, 以及 Lovett-Douglas-Murphy teletype conference, July 22, 1948, FRUS 1948, 2:975, 978。

63 *JCS History*, 2:135, 141, 151–152, 154–155; Royall to JCS, June 28, 1948, and Forrestal Diary entry for same date, FD/12/FP/ML. 在公开出版的日记（*Forrestal Diaries*, p. 454）中，有关杜鲁门称这不是"最终决定"的内容被删去。此外还要注意到，一系列的"高级会议"最终做出了留在柏林的决定，而且一封发给道格拉斯的绝密电报也告诉他，为了贯彻这一政策，美国政府"准备采取任何必要的措施"——但是在文件被发出去之前，其中"无论后果如何"这一短语被删去。见 Marshall to Douglas, July 20, 1948, FRUS 1948, 2:971, 971n; 另见 the report of a July 22 NSC decision, ibid., p. 977n。

64 Douglas to Marshall, April 28, 1948, 以及 Marshall and Lovett to Douglas, April 30, 1948, FRUS 1948, 2:899–900, 900n. 仅仅三周之后，道格拉斯告诉马西格利，如果必要的话，美国将会首先跨过门槛。Massigli to Foreign Ministry, May 20, 1948, MP/67/FFMA. 但是仍然不清楚道格拉斯是否被授权做出这项重要声明。

65 Samuel Williamson and Steven Rearden, *The Origins of U.S. Nuclear Strategy, 1945–1953* (New York: St. Martin's, 1993), p. 87.

得不在战争和屈服之间做出选择。因此，应对封锁的最佳办法就是空运，直到1949年5月封锁解禁，西柏林一直靠空运获得补给。但是在这段时间也必须认真考虑战争的可能性。欧洲人尤其感到恐慌。马歇尔于1948年10月在短暂访问巴黎后飞回华府，告诉杜鲁门总统，欧洲人"如坐针毡，神经高度紧张"。[66]

实际上，从1947年12月开始，双方可能已经因为德国问题走向严重对抗。这也意味着必须要组织西方的防御体系，而且越早越好。这便是12月17—18日贝文、比多与马歇尔在伦敦举行的重要会谈的主题。贝文开始呼吁建立一个西欧的安全组织。12月17日，他告诉比多，英法两国应该立即开始军事会谈。正如贝文几周之后向美国所阐述的观点，届时可以纳入比利时、荷兰和卢森堡，然后其他西欧国家亦可加入，而且"只要条件允许"，德国也可以加入。显然这种体系最终还是要靠美国的实力来支撑。[67]比多赞同建立西方防御体系的必要性。法国陆军总参谋长勒韦尔将军（General Revers）被派往伦敦与英国陆军总参谋长举行会谈。另一位法国高级军官（从1945年起成为与美国建立军事联盟的倡导者）比约特将军（General Billotte）则被派往华府参与协商"法美秘密军事协议"；比多自己长久以来就希望促成这种协议。[68]此外，1947年12月，马歇尔和贝文授权美英驻德指挥官制订应对苏联进攻的非常秘密的联合军事行动计划。此事

---

66 引自 Steven L. Rearden, *History of the Office of the Secretary of Defense*, vol. 1, *The Formative Years, 1947–1950* (Washington, D.C.: OSD Historical Office, 1984), p. 347。

67 有关贝文-比多以及比多-马歇尔的会谈，见Y/297/FFMA。有关贝文-马歇尔会谈，见FRUS 1947, 2:815–822; 有关贝文的评论，见 enclosure to Inverchapel to Marshall, January 13, 1948, FRUS 1948, 3:5。西里尔·布菲（Cyril Buffet）是首位全面阐释这些会谈的重要意义的学者，见 *Mourir pour Berlin*, p. 72。

68 "Conversations anglo-françaises," December 17, 1947, p. 10, Y/297/FFMA; Revers report, January 25, 1948, 4Q37/2/SHAT。有关比约特，见 Soutou, "La sécurité de la France," and Pierre Guillen, "Les militaires français et la création de l'OTAN," both in Vaïsse, *La France et l'OTAN*, pp. 25, 34, 77; 另注意安贝尔将军（General Humbert）的分析，引自 Soutou, on p. 32。有关比约特以及1947年12月他前往华盛顿的任务，另见 Georges-Henri Soutou "Georges Bidau lt et la construction européenne, 1944—1954," in Le MRP et la construction européenne, ed Serge Berstein et al. (Brussels: Complexe, 1993), p. 209。另见 Serge Berstein et al. (Brussels: Complexe, 1993), p. 209。苏图在这里指出，1946年春，比多和陆军部长米舍莱（Michelet）早已想要将比约特派往美国去商议安全计划，但是该方案被当时的法国社会党总理费利克斯·古安（Félix Gouin）阻挠。

第三章　对实力的考验

没有向其他任何人提及，甚至杜鲁门和艾德礼也不知情。撤退当然被视作在所难免。计划的目的是确保撤退不会成为一场溃逃。[69]

1948年初，欧洲人强烈要求得到美国的正式安全承诺。对欧洲人而言，值得庆幸的是，马歇尔失去了耐心并且在伦敦会议上自行决定结束与莫洛托夫的会谈，所以现在欧洲人可以说是美国人制造了问题，因此不能对他们见死不救。[70]在接下来的几个月里，双方政府，尤其是法国政府，坚持认为美国要对当下非常危险的局势担负起首要责任，而且法国愿意与美国共进退，但是作为交换，法国需要被赋予某些权利。例如，马西格利在伦敦会议上称，美国政府要求法国支持"极为大胆"的德国政策，而这种政策很可能导致苏联采取预防性行动。如果一场新的战争爆发，法国将处于遭受进攻的巨大危险之中，而且法国外交官员反复强调，美国人必须就此问题采取某种措施。对法国安全的正式保障是不够的。美国人已经承担了道义责任，不能因为几句口头承诺就便宜地放过他们。美国在德国有驻军这个事实本身就意味着，如果战争爆发，美国从一开始就要参与其中。现在真正需要的还不仅仅是引线。西欧必须在地面上加以防御。欧洲各军队的建设需要美国的援助；美国在欧洲的军事存在需要得到加强；西方的军队应该整合为一支一体化的力量，由美国将军统一指挥。[71]因此，实际上从一开始法国就强烈支持由美国来指挥西方的防御体系。法国人希望美国对欧洲的承诺要尽可能强大并且"有机统一"。[72]

69　"Conversation Schuman-Marshall," October 4, 1948, p. 2, Z/Généralités/23/FFMA.
70　见 Bevin's remarks in his talk with Bidault on December 17, "Conversations anglo-françaises," pp. 3-4。
71　Massigli to Foreign Ministry, May 3, 1948, MP/67/FFMA. 另见 Chauvel to Bonnet, March 18, 1948, Bidault to Marshall, April 14, 1948, 以及 Chauvel to Bonnet, April 15 and May 19, 1948, all in BP/1/FFMA. 在后几篇文献中，肖韦尔提出这样一个观点：由美国指挥官来率领有组织的盟军。关于不应轻易放过美国人的观点，见 Bidault 的评论，"Conférence de la Haye, 19-20 juillet 1948, 2ème partie, les entretiens de Washington," MP/79/FFMA。
72　见 Guillen, "Les militaires français," pp. 78, 87; Pierre Guillen, "La France et la question de la défense de l'Europe occidentale, du pacte de Bruxelles (mars 1948) au plan Pleven (octobre 1950)," *Revue d'histoire de la deuxième guerre mondiale et des conflits contemporains*, no. 144 (1986): 78; 以及 *JCS History*, 2:371。

另一个有关西方安全体系的重要观点与德国有关。对于比多和法国而言，德国力量这个长远问题尽管现在被苏联问题遮蔽，但从本质上和国内政治因素的角度来看仍然是重要的。[73]美国在德国的存在有助于防止其成为一个问题。这样一来，这两个安全问题就合二为一了。长久以来人们都明白，德国的威胁可以用来遮掩某些安排，而这些安排实质上是为了应对苏联问题而设计的。[74]现在事情逐渐明朗起来：官方层面针对苏联的措施也可以用来制约德国。

安全问题的关键在于美国的军事承诺，而美国政府很快就给了欧洲人所需要的保证。2月28日，马歇尔写道："只要欧洲的共产主义仍然威胁美国的关键利益和国家安全，我们就不能放弃在德国的军事地位。"他补充道："顺理成章得出的结论就是，三方占领德国所持续的时间可能没有可以预见的确定期限，因此我们会提供长期的安全保障并建立稳固的利益共同体。"他指出，维持对德国的占领尤其意味着，面对德国，法国是安全的。[75]因此法国可以采取更加轻松的态度，采取更积极的合作政策，其政策应该是基于西德终将被视为一个伙伴这一思想。[76]

似乎法国的一再坚持现在取得了成效。美国政府正在做出非常重要的承诺，而且对于美国的新立场，欧洲方面做出了积极回应。3月17日，杜鲁门正式宣布，在欧洲的和平得到确保之前，美国军队将一直留在德国；这项承诺被纳入了6月1日有关德国的三方协议，从而赋予了该承诺某种条约效力。法国在另外一点上也得到了满足。6月1日的协议呼吁采取协调政策，以应对苏联针对西方在德国的意图所做出的反应。因此在政治和法律意义上，该安全方面的安排成为就德国问题所达成的协议中不可或缺的组

---

73 来自肖韦尔信件中的一段文字非常清楚地表达了这种普遍的情绪："还有另一种保证，虽然在目前关注度较低甚至有所忽视，但我们仍对它感兴趣：这就是针对德国所做出的保证。" Chauvel to Bonnet, April 21, 1948, BP/1/FFMA.
74 见 appendix 2, "The German Threat as a Pretext for Defense against Russia" (IS).
75 Marshall to Douglas, February 28, 1948, 2:101.
76 Douglas to Marshall, March 2, 1948, ibid., pp. 110-111.

成部分。对法国而言尤其如此：由于法国在安全领域感到满足，所以正如法国官员当时指出的那样，比多可以在德国问题上公开推行"与英国完全合作"的政策。在协商过程中做出的各种承诺，叠加在一起就成为一个体系；该体系的核心支柱就是美国在德国近乎永久性的军事存在。[77]

如今形势瞬息万变。3月17日，英、法以及比、荷、卢三国签订了《布鲁塞尔条约》。[78]一个为了西欧防御的共同组织即将成立。美国政府最初坚持认为欧洲人应该在此领域起带头作用，而英法合作的主要目的就是为美国的参与铺平道路。[79]但是美国现在想要快速推进，甚至在《布鲁塞尔条约》签订之前马歇尔就通知英法两国，美国已经准备好讨论"大西洋安全体系的建立"。[80]到了5月11日，美国政府同意参加与欧洲各国的军事会谈。[81]

1949年4月，《北大西洋公约》这项基本安全条约最终得以签订。在整个冷战及其之后的时期，这项重要协议都将是西方安全体系的核心。[82]次月，柏林的封锁被解除，《德意志联邦共和国基本法》也获得通过；同年夏天举行了选举，随后西德政府在9月正式成立。不久苏联就在东部建立起自己

---

[77] 有关欧洲对美国新承诺的反应，见Douglas to Marshall, March 2, 1948, 以及 Douglas to Lovett, March 6, 1948, ibid., pp. 111, 138–139。有关杜鲁门的宣告，见DOSB, March 28, 1948, p. 420。有关正式安全承诺以及协调政策的协议，见the London conference report, June 1, 1948, agreed paper on security (Annex L of the report), 以及 London communiqué, June 7, 1948, ibid., pp. 292, 312, 316。有关法国因与其伙伴在安全领域达成协议而愿意在德国问题上合作，见Chauvel to Bonnet, August 3, 1948, BP/1/FFMA。要理解所有这些协议如何构成一个体系，可参见the London conference report（以及注释中所引用的12个附件），FRUS 1948, 2:309–312。

[78] 见Maurice Vaïsse, "L'échec d'une Europe franco-britannique, ou comment le pacte de Bruxelles fut créé et délaissé," in Poidevin, *Histoire des débuts*, pp. 369–389。

[79] Lovett-Inverchapel meeting, February 7, 1948, 以及 Marshall to Embassy in France, February 27, 1948, FRUS 1948, 3:23, 34。

[80] Marshall to Inverchapel and Marshall to Bidault, both March 12, 1948, ibid., pp. 48, 50。

[81] Lovett to Douglas, May 11, 1948, ibid., 2: 233n。贝文和比多在4月17日一封写给马歇尔的绝密信件中要求举行这次会谈，见ibid., 3:91。

[82] 关于缔结《北大西洋公约》并强调德国问题的作用的记述，见Ireland, *Creating the Entangling Alliance*。另见Kaplan, *The United States and NATO*; Baylis, *The Diplomacy of Pragmatism*; Don Cook, *Forging the Alliance: NATO, 1945–1950* (London: Arbor House, 1989); Nikolaj Petersen, "Who Pulled Whom and How Much? Britain, the United States and the Making of the North Atlantic Treaty," *Millenium: Journal of International Studies* 11, no. 2 (1982), 93–114; and the various articles in Joseph Smith, ed., *The Origins of NATO* (Exeter: University of Exeter Press, 1990), esp. Norbert Wiggershaus, "The German Question and the Foundation of the Atlantic Pact"。

的德意志国家，在接下来的很多年里一直被西方称作"所谓的德意志民主共和国"。欧洲现在正式被划为两个阵营。

但这并不意味着一个稳定的政治体系最终形成。柏林封锁的结束并不意味着苏联接受了新的现状，或者说苏联人愿意让西方在分界线的另一端自行其是。西德仍然是苏联的根本关切。不过就现在的军事形势而言，苏联暂时无法进一步采取强硬措施。

脆弱的平衡

1948—1949年，双方都不愿意逼得太紧，以免导致武装对抗。柏林封锁是冷战迄今为止最严重的事件，危机期间苏联的政策并不像许多西方官员所担心的那样咄咄逼人。例如，空运补给之所以成功就是因为苏联选择不加以干预。即使有一些非暴力的措施，尤其是雷达干扰，也需要很长时间才能有效果。但是苏联仍然继续与西方官员在柏林航空安全中心合作，安排进入柏林的航线，因此苏联人很怪异地在"做有利于空运却不利于封锁的事情"。[83]而且危机期间苏美的外交互动基调也相对友好，这确实令人吃惊：例如在7月31日，莫洛托夫仍然将四大国称作"在德国的伙伴"。[84]

美国方面也排除了采取极端措施的可能性，希望和平解决危机。在更普遍的地区纷争上，美国政府此时认为必须采取非常谨慎的政策。其中的基本问题是，二战之后美国军队复员进行得非常迅速，而且到了1947年，这支至1945年建立起的强大军事机器已经实力所剩无几。不仅仅是军事人员从战争末期的约1200万人减少到了1947年中期的150万人。正如美国参

83　Tusa, *Berlin Blockade*, p. 274. 有关不干扰雷达的情况，见Richard Kohn and Joseph Harahan, eds., *Strategic Air Warfare: An Interview with Generals Curtis E. LeMay, Leon W. Johnson, David A. Burchinal and Jack J. Catton* (Washington, D.C.: Office of Air Force History, 1988), pp. 85–86.

84　Smith to Marshall, July 31, 1948, FRUS 1948, 2:998. 另注意克莱7月22日在国家安全委员会上的评论，他称苏联人的态度现已变得"非常得体和审慎"，而几个月前他们还被称为"咄咄逼人和傲慢无礼"。FD/12/FP/ML.

第三章 对实力的考验

联会公开的历史所指出的那样,"就有效战斗力量而言,衰退更加惊人"。战争结束时美国拥有97个师的地面部队,而且"都处在最佳有效战斗力状态"。两年后只剩下12个师,而且所有的师都战力衰退且大部分致力于执行占领任务,美国本土的总预备部队只有两个孱弱的陆军师。从空军实力来看,情况基本一样。美国只剩下非常少的有效作战单位,而且本应该能够实施核打击的单位中没有一个是"满员的或者是具有完全行动能力的"。因此到1947年,美国的这支战争期间建立起来的非常强大的部队"几乎不复存在"。[85]

结果是,美国领导人认为在这个时期他们无法真正贯彻坚定的遏制策略。美国本来应该实行的是"支持自由人民反抗那些试图武力征服他们的少数人或外部压力的政策"——正如1947年3月总统在杜鲁门主义演说中所宣称的那样,但是美国实际上违背而不是遵守了该政策。例如,数月之后,当捷克斯洛伐克的国内政治危机达到高潮时,美国没有给那里的非共产主义者提供任何帮助。另一个例子是在朝鲜,参联会成员强烈主张采取脱离政策,他们的观点最终也占了上风。1947年9月,他们做出了"以最小负面影响尽快撤离"的关键决定。[86]在1947年与1948年之交,美国又不得不就是否使用美国军队防止共产主义者在希腊和意大利夺权做出重要决策。一些国务院官员,尤其是近东和非洲事务司负责人洛伊·亨德森(Loy Henderson),希望美国采取威慑战略,而且认为如果美国派出一支小规模的军队前往希腊以展示决心,苏联就会后退。这些官员认为,无论当地的军事平衡如何,苏联都不会采取可能导致全面战争的行动。[87]但是军方虽然几年后非常热情地接受了威慑战略,现在却完全不认可。他们非常

85　*JCS History*, 2:18-19.
86　Butterworth to Lovett, October 1, 1947, FRUS 1947, 6:820-821. 其中最好的分析,见 William Stueck, *The Road to Confrontation: American Policy toward China and Korea, 1947-1950* (Chapel Hill: University of North Carolina Press, 1981), esp. pp. 75, 86-88。
87　尤其可见 Henderson to Marshall, January 9, 1948, 以及 Hickerson to Lovett, June 1, 1948, FRUS 1948, 4:9-14, 98-99。亨德森的观点已反映在关于希腊的政策文件草案中,NSC 5 of January 6, 1948, ibid., pp. 2-8。另见 Henderson to McWilliams, February 10, 1948, ibid., p. 39。

反感把美国军队仅仅当作政治游戏中的棋子,坚持认为"军事健康"所面临的考验排除了部署军队的可能性。例如,一位陆军高级将领告诉参议院的一个委员会,他"非常反对"向希腊派兵,认为这种部署"从战略角度来看将是一次'捕鼠器'行动",而且这个道理"适用于作为潜在战区的整个地中海地区"。这些观点"代表了华盛顿军方人士在希腊问题上的普遍立场"。[88]

在这些争论中,政治领导层往往采取折中的办法。杜鲁门和马歇尔不想将关键地区拱手让给共产主义者,但是他们两人都不愿意用美国的力量来实施全面的遏制政策。比如在1948年初,当时美国真的担心希腊和意大利会落入共产主义者之手,但是美国政府并没有采取一切必要的政策来阻止——尽管希腊和意大利所处位置长期以来都被视作西方的势力范围。在意大利问题上,即使在共产主义者非法攫取权力的时候,美国也决定在任何情况下都不出兵意大利本土;最多是在共产主义者在亚平宁半岛非法夺权并且仅当受到意大利合法政府的邀请进入时,美国才会将部队派往西西里岛和撒丁岛。[89]在希腊问题上,亨德森提出的将部队派往希腊以显示决心的方案被否决。当然,马歇尔也感到担忧:如果美国采取软弱立场,将会"输掉比赛",而且"我们国家地位"将会受到损害,但是他对于美国的军事承诺最终会走向何处也深表担心。问题在于,如果部署了军队,如果军队处于"苏联的重压之下",美国军队要么必须得到"增援",要么"耻辱地"撤退。他认为,美国军事力量的使用必须有所选择:"必须保存我们有限的力量,将好钢用在刀刃上。"[90]

88　Henderson to Rankin, March 25, 1948, ibid., pp. 64-65. 有关参联会的观点,见JCS to Forrestal, January 8, 1948, and NSC 5/3, May 25, 1948, ibid., pp. 8, 94-95; 另见 *JCS History*, 2:28, 43-48。

89　见NSC 1/2, February 10, 1948, FRUS 1948, 3:767-769。

90　亨德森对马歇尔非正式言论的解读,见Henderson to Rankin, March 25, 1948, ibid., 4:64-65. 有关美国对希腊的政策,尤其可见the minutes of NSC discussions of December 17, 1947, January 13 and February 12, 1948, President's Secretary's Files [PSF], HSTL。关于此问题的其他重要文件,见FRUS 1948, 4:46-51, 93-95, 101, 205-208。

第三章　对实力的考验

但是，马歇尔这么做是不是显得有些愚蠢？难道他不知道美国的核垄断是一张强有力的王牌，所以美国在任何争论中都可以采取更加强硬的立场，而且苏联一定会选择退让而不是与美国打一场自己注定会失败的全面战争？鉴于当时的战略现实，关于此问题的答案是：当时美国政府贯彻的政策是有道理的。

当时的局势对于决策者来说究竟是怎样的？首先，诸国皆知的是，一旦战争爆发，欧洲将会沦陷；但是随后美国就会做好准备，升级并进行持续的原子弹轰炸。可以肯定的是，美国对苏联最初的核打击对于苏联发动战争的能力的影响是有限的。当时美国武器库的聚变核弹的摧毁力相对有限，当量只有2.2万吨；而且当时该武器的数量有限——在1947年中只有13颗，一年之后也只有50颗。当时的情报能力很差，所以目标选择也是个问题；而且也不清楚是否可以在任何情况下都可以将原子弹投送到指定目标。但只要这是一个纯粹的单向空中核战争问题，不管这些问题多么严重，并不会影响战争的结果。苏联的工业以及发动战争的力量会逐渐被战争开始后的炸弹和轰炸机摧毁。美国最终一定会取胜。苏联不会发动战争，因为他们明白美国的胜利只不过是时间问题。[91]

美国领导人认识到了这些基本的军事现实。实际上，正是因为他们了解美国核垄断的重要意义所以才能采取这种军事政策。核垄断——即不管在战争初期发生什么，美国最终注定会取得胜利的事实——意味着美国不必维持大量的军事设施，或者在西欧部署足以防卫这片地区的地面部队。

91　有关这些问题的文献，见 Williamson and Rearden, *Origins of U.S. Nuclear Strategy*, 以及 Trachtenberg, *History and Strategy*, pp. 119-121, 153-158。目前为止关于美国核战略研究的最重要著作出自戴维·罗森伯格。尤其参见他所撰写的两篇相关文章中的某些部分："American Atomic Strategy and the Hydrogen Bomb Decision," *Journal of American History* 66 (June 1979): 62-87, 以及 "The Origins of Overkill: Nuclear Weapons and American Strategy, 1945-1960," *International Security* 7 (Spring 1983): 9-16。有关美国在战争开始所面对的问题的两篇最重要的文献，见 Harmon and Hull reports of May 1949 and February 1950, analyzed in Rosenberg, "American Atomic Strategy and the Hydrogen Bomb Decision," p. 16, and in Richard Rowe, "American Nuclear Strategy and the Korean War" (M.A. thesis, University of Pennsylvania, 1984), pp. 26ff。有关武器当量和储存量的数字，见 Rearden, *The Formative Years*, p. 439。

西方可以采取"引线战略"(tripwire strategy)。强大而又"豪华"的驻扎部队——尤其是欧洲的地面部队——并不是绝对必须的。更为紧要的是西欧的经济复苏。如果不想失去欧洲大陆,美国必须在西欧(不仅仅是军事区域)投入其有限的资源。[92]

但是美国领导人也明白,接受这种引线战略会不可避免地限制自己的行动自由。如果战争爆发,一旦苏联占领西欧,它就会将欧洲的经济整合到战争中去。这样一来,美国就必须轰炸自己的盟友。轰炸、地面战争以及苏联的占领将会摧毁欧洲。正如1949年4月杜鲁门向北约外长所指出的那样:"尽管我们最终会战胜苏联,但是如今苏联的进攻会涉及一场规模难以估计的行动。即使我们可以确保最终胜利,对美国,尤其是对西欧而言,其结果都将是灾难性的。"换言之,美国的胜利将会代价惨重。即使最终西方一定会取得胜利,美国政府,甚至是欧洲政府,都不大可能期待这样一场战争的前景,而且美国由于惧怕疏远其主要盟友,也不会采取过于强硬的立场。当然苏联人也明白,西方各国不愿意在政治分歧上采取坚定不移或是咄咄逼人的立场,而这也意味着他们在政治上大有回旋余地。[93]

特别是在1948年,美国领导人对这些问题十分敏感。尤其是美国参联会,一直强调美国的军事资源会超过能力所限。美国的军事承诺与其军事能力并不相符:这是来自军方当局持续的批评声中的核心问题。[94]而且政治领导层也对局势非常不满意。马歇尔在2月12日的一次关键的国家安全委员会会议上说:"现在的问题是,我们在玩火的同时却没有东西将它扑

---

92 例如,参见James Forrestal to Chan Gurney, December 8, 1947, *Forrestal Diaries*, pp. 350-351。

93 Truman talk to Atlantic Pact foreign ministers, April 3, 1949, *Vierteljahrshefte für Zeitgeschichte* 40 (1992): 416. 尤其注意,此处提及的轰炸"我们被占领的西欧盟友"的问题。另注意在后面的美国文件中提到的"当前参联会战略"将攻击目标定在西欧,比如鲁尔。"一旦这些地区被苏联控制,就要摧毁它们以防止其为敌军提供更多的军事能力。"Fuller paper on U.S. policy toward Europe, September 10, 1954, FRUS 1952-54, 5:1171.

94 *JSC History*, 2:360 and 3(1):12-28. *Forrestal Diaries*, pp. 374-377. Bradley to Joint Chiefs, March 11, 1948; Marshall to Forrestal, March 23, 1948; Forrestal to NSC, April 17 and 19, 1948; in FRUS 1948, 1:539-540, 541-542, 563-564, 566.

第三章　对实力的考验

灭。"[95]马歇尔感到,在"甚至连一个象征性的军事机构都没有"的情况下,自己如履薄冰,必须谨慎前行。但是他也感到这个问题没有办法解决。他说道:"本国无力,也不会为备战提供预算。"[96]在1948年,他和杜鲁门都不愿意承担显著增加的军事预算。[97]

这种局势意味着,西方的防御所依靠的基础非常有限。美国即使拥有核垄断,也只能勉强在中欧制衡苏联。由此可见,一旦这种核垄断被打破,局势将会发生巨大的(实际上是一夜之间的)转变。苏联在德国问题上将会更加自由地继续推进。实际上这就是后来发生的事实:1949年8月,苏联引爆了自己首枚核装置,世界迅速地进入大危机时期。

95　NSC minutes, February 12, 1948, PSF/HSTL. 另见 *Forrestal Diaries*, p. 373。
96　Marshall to Lovett, November 8, 1948, FRUS 1948, 1:655.
97　*JCS History*, 2:164 and chap. 7; Marshall to Forrestal, November 8, 1948, FRUS 1948, 1:655; Rearden, *The Formative Years*, p. 319.

第二部分　北约体系

第四章　北约体系的形成

截至1949年，欧洲被东西方划分而治。双方都对各自的德国占领区进行了"组织"，并入各方阵营。但是欧洲的分裂并没有直接带来稳定的和平。这并不是说双方选择不多只能接受现状——如今美苏完全相互制衡，双方都受困于现状并且认识到共存才是唯一可行的选择。苏联仍然认为德国实力的问题（意指西德实力的问题）是最为重要的。鉴于战争期间因为德国人所遭受的重重苦难，苏联认为自己有权利采取一切必要措施防止德国再次威胁自身的最基本利益，而且究竟采取什么措施以强调这种关切仅仅是出于权宜之计。如果军事平衡不利于苏联，那么就要避免可能导致直接军事冲突的强硬政策。但是如果局势有所变化，苏联很可能会采取更强硬的立场。

1949年末，这种平衡确实开始突然并且急剧地转变。美国的核垄断曾经是苏联在欧洲的地面部队明显优势的制衡力量；如今，随着核垄断被打破，苏联处于更有利的局势，可以接受与西方摊牌。实际上，到了1950年，苏联似乎准备进行真正的对抗。斯大林在同年10月告诉中国人，美国"目前没有大战的准备"，而且像德国和日本这样的国家现在无法为美国提供真正的军事援助。在另一方面，共产主义阵营处在强势地位，不必恐惧与西方的全面战争。斯大林说道："如果战争不可避免，那让它现在就来吧。"[1]

因此西方现在面临非常严重的问题。在西方领导人看来,当前的困难源于军事上的弱势,而且他们得出的结论就是他们必须且快速地发展军事力量。西欧必须在地面上进行防御,正因为如此,德国部队迟早都需要加入其中。但是重新武装的德国意味着联邦德国政治现状的转变:占领体制将会终结,而且德意志国家将会变得更加强大并且独立。

问题在于,沿着该方向的行动可能直接导致战争。西方实力的增强意味着苏联可能认为如今机不可失,时不再来,而且他们需要在力量平衡不利于他们之前采取行动。德国实力的增强涉及德国政治权利的恢复,这尤其触碰到了苏联敏感的神经。苏联人一定会认为,约束德国实力的体制正在迅速瓦解,而且他们并不知道这种过程会进行到何种程度。因此对他们而言,快速采取行动是非常合理的决定,他们需要在局势完全失控之前处理这种威胁。

1950年末,似乎双方即将产生冲突,第三次世界大战也迫在眉睫。但是在这种危机氛围之下,一种可能奠定欧洲稳定和平基础的体制正在悄然成型。到了1954年10月,一整套相互关联的协议成功敲定。西德得以重新武装并且加入北约;德国的政治权利在很大程度上将得以恢复;但是德国人的主权、行动自由以及军事实力将会在一些主要方面被限制。但是德国人可以接受这种体系,因为该体系为来自东方的威胁提供了真正的保护。而且尽管西方的体系是针对苏联的,它最终也是苏联可以接受的体系,因为它解决了苏联的头等安全问题——来自复兴并且修正主义盛行的德国的威胁。但是一个切实可行的体系也依赖于强势的美国的参与,这也成为这个等式中最有问题的一个因素。美国将在欧洲扮演何种角色?美国将会在

---

1 Stalin to Mao, October 1, 1950, 转引自 Stalin to Shtykov, October 7, 1950, 引自 Zubok and Pleshakov, *Inside the Kremlin's Cold War*, pp. 66-67, 并出版在 CWIHP *Bulletin*, nos. 6-7 (Winter 1995-1996): 116。另注意斯大林在1950年12月初对中国人的建议,"趁热打铁"地继续他们在朝鲜的推进,转引自 Mastny, *The Cold War and Soviet Insecurity*, p. 111。

第四章 北约体系的形成

盟友中继续占据主导地位，还是欧洲各国最终不得不为了自身的防御做准备？

从引线战略到前沿防御

1940年代末期，美国的核垄断平衡了苏联对西欧的施压。甚至美国自身拥有的强大工业实力，都被认为可能不足以牵制苏联。如果苏联占领西欧而且利用该区域的庞大资源为自己的战争机器服务，那么苏联在军事工业上的潜力就可以与美国相抗衡。如果不是因为核武器，这个由苏联领导的集团很可能是不可战胜的，而且从长远来看美国都不是其对手。另一方面，美国的核垄断意味着美国在第三次世界大战中的胜利只是时间问题。既然最终的结果已经非常明显，那么西欧的防御最终就可以依靠这种引线战略。当然要说明的是，对欧洲发动进攻将会导致核战争的爆发。[2]但是如果这么做的话，防御开支就能被降至最低，而且有限的资源可用在其他地方。美国可以集中帮助西欧在经济上恢复。国内的税收维持低水平，这样经历过长年经济萧条和战争的一代美国人现在开始可以过上更舒适的生活。

引线战略绝非理想战略。如果全面战争爆发，欧洲将会被占领而且必须要夺回。尤其是欧洲人，无论谁最终赢得胜利，他们都不希望发生这样一场战争。因此在1940年代末，西方在与苏联的对抗中不愿意采取强硬立场。在各种不断发展的争端中，西方领导人认为自己如履薄冰。这种局势并不让人安逸，但是总体说来美国及其伙伴还是愿意接受现状的——至少在欧洲经济恢复并给予防务更高优先级之前是如此。但是，西欧显然迟早都要进行地面防御。美国的核垄断当然不会一直持续下去，而垄断被打破之日，就是重新思考西方防御战略基础之时。但是在1940年代末，尽管从

---

2 在1948年10月与舒曼和贝文的会晤中，马歇尔强调了此观点，参见Schuman-Marshall meeting, October 4, 1948, p. 4, Z/Généralités/23/FFMA, 以及Schuman-Marshall-Bevin meeting, October 5, 1948, pp. 7-8, BP/1/FFMA。

某种意义上来说局势并非令人满意，但有效防御西欧并未被视作急需处理之事。

1949年8月美国核垄断被打破，一切都在一夜之间发生了改变。在全面战争中美国的胜利不再是板上钉钉的事情。双方当然都可以在这样一场战争中使用核武器；在受到大量早期原子弹攻击之后，双方仍然可以存活下来并且有效运转。而且这类空中核攻击将会主宰战争。

在这场战争中，美苏两国将会互相竞赛。在只有美国可以制造核武器的时期，美国可以以一种较为轻松的方式摧毁敌人。但是，时间在转瞬之间变得至关重要。在双向的空中核战争中，各方的目标就是在可动员的战争潜力方面取得巨大优势，而这种潜能可以被用来在可预期的拉锯战中加强军事优势。因此，核武器轰炸的目的就是尽快摧毁尽可能多的敌方军事工业能力，同时保护并且（如果可能的话）发展自身的实力基础。为取得这种优势，各方都有必要全速前进。双方的首要任务就是持续摧毁敌方的空中核攻击能力——包括核炸弹、轰炸机以及空军基地，其核武器以及飞机生产设施——要尽快、尽可能彻底地加以摧毁。进攻越迅速越有效，敌方就越不可能针对己方的类似目标发动反击：因此被赋予极大的优先性的是快速、大规模、高强度的轰炸行动，相对于可动员战争潜力而言的现役部队，军事准备程度以及有效的指挥安排，以及充足的情报和安全的海外基地。一旦在这些关键领域取得成功，战争的最终结果将确信无疑。

但是关于双方究竟谁会赢得竞赛的问题，答案仍然不明朗。在美国看来，核储备相对较少、军事情报不充足、基地体系不可靠等所有这些方面的问题，在核垄断时期虽然并不是非常重要，但是在现在看来，突然就变得严峻得多了。而且美国从一开始就很容易受到苏联图-4轰炸机的单程轰炸。苏联知道美国空军基地以及炸弹的贮藏地点，而且苏联的突然袭击对美国恢复并且实施轰炸行动的能力（这种能力可以确保美国赢得战争）会造成毁灭性的打击。苏联自身依靠西欧强大的工业和技术资源，可能最终比美国生产出更多的炸弹和轰炸机，比美国更快地摧毁对方的核武器及战

第四章 北约体系的形成

机设施,因此这些可以让苏联逐步占据核优势,从而确保战争的最终胜利。在这种情形下,美国的胜利当然不是板上钉钉之事。正如美国参联会主席奥马尔·布莱德利将军(Omar Bradley)于1950年11月对国家安全委员会所说,如果将要爆发全球性的战争,"我们可能有失败的危险"。[3]

美国领导人认为当前的局势会加剧苏联的野心,而且他们也在观察苏联的进攻性是否有急剧增长的迹象。他们很快就发现了类似的证据。例如,苏联告知东欧的共产党领导人,他们现在拥有战略优势,但是他们在欧洲的优势只是暂时的并且不会持续多年,所以眼下是采取行动的时刻。[4]相比苏联,西方对于东欧国家的渗透更为有效,所以西方政府通过情报途径获得了这些消息。[5]为了应对全球性的冲突,苏联做了大量物质上的准备。苏联进入战争经济模式。1950年8月,美国中央情报局列出了其中一些最能反映问题的迹象:

> 大概从1949年1月开始,整个苏联势力范围之内开始实行全面的战争物资工业生产动员计划。根据该计划,苏联势力范围之

---

3 例如,参见Trachtenberg, *History and Strategy*, pp. 19, 107–108, 119(有关布莱德利的引文),135。有关1950年苏联打击能力的文献,参见CIA Intelligence Memorandum No. 323-SRC, "Soviet Preparations for Major Hostilities in 1950," August 25, 1950, Declassified Documents Reference System [DDRS] 1987/3151; 以及 NIE 3, "Soviet Capabilities and Intentions," November 15, 1950, in *Selected Estimates on the Soviet Union, 1950–1959*, ed. Scott Koch (Washington, D.C.: CIA Center for the Study of Intelligence, 1993), pp. 172, 174。

4 尤其参见Karel Kaplan, *Dans les archives du Comité Central* (Paris: Albin Michel, 1978), pp. 94, 162–166, 以及 Kaplan's "Il piano di Stalin," *Panorama*, April 26, 1977。卡普兰(Kaplan)是一位捷克的历史学家,他可获取1960年代有关捷克的文献。另注意苏联准备进攻南斯拉夫的证据。见Béla Király, "The Aborted Soviet Military Plans against Tito's Yugoslavia," in *At the Brink of War and Peace: The Tito-Stalin Split in a Historic Perspective*, ed. Wayne Vucinich (New York: Brooklyn College Press, 1982), pp. 273–288; Beatrice Heuser, *Western "Containment" Policies in the Cold War: The Yugoslav Case, 1948–1953* (London: Routledge, 1989), pp. 127–129; Mastny, *The Cold War and Soviet Insecurity*, pp. 71–72, 102。

5 例如,参见凯南与艾奇逊在"普林斯顿研讨会"上的评论:the transcript of a series of discussions held in Princeton in late 1953 and early 1954, pp. 1189–1190, Acheson Papers [AP], box 76, HSTL, 以及情报简报, "Soviet Activity in Europe during the past year which points toward offensive military operations," October 26, 1950, CD 350.09, RG 330 (July–December 1950 series), USNA.

内绝大部分工厂的改造要在1950年1月之前完成。需要进行重大工业调整的安装改造将会在1950年9月或10月完工。当前的工业生产加上之前积累的军事以及民用补给品的大量存货足以支持这些重要行动。当前的储备物资计划实际上已经完成,涌现出大量的储备物资仓库;高辛烷值的航空器、喷气飞机燃料以及柴油燃料的生产在现有要求之上又加快了速度,使得现有的储存能力不堪重负。(分开储存这些航空燃料的成分比混合在一起更加稳定,因此导致航空燃料存储量增多,这点很重要。)在一些边缘区域飞速建造了军事机场;军事行动所需要的补给已被发往那些地区。[6]

结果,正如1951年初另一份情报报告所指出的那样,苏联至少在1950年中就"已经提前进入备战状态了"。[7]

1950年初,美国官员开始认为,苏联的一些行动已经一触即发——可能是对抗南斯拉夫,或是与柏林,又或是与朝鲜有关。当然,结果是1950年6月朝鲜战争爆发。所以当时普遍认为——正如我们现在所得知的那样,确实如此——斯大林事先就批准了朝鲜的行动。这种军事进攻使美国政府改变了先前针对半岛的脱离政策,决定加以干预。但是这已显现出总体局势的危险程度。当然之后就是两个分裂国家——德国与朝鲜——之间的相似发展。苏联在东德建立共产主义政权,现在正进行武装。那么东德的部队是否会成为进攻西德的先锋队?东德领导人表示,在朝鲜所发生的情况很有可能在中欧再次上演,而且一些来自东德的逃兵也表明他们一直都在

---

6 Central Intelligence Agency, "Soviet Preparations for Major Hostilities in 1950," August 25, 1950, DDRS 1987/3151.

7 Extract from the Intelligence Advisory Committee's "Weekly Report of Indications of Soviet Communist Intentions," May 23, 1951, FRUS 1951, 1:85–86. 另见 NIE 3, November 15, 1950, in Koch, *Selected Estimates*, pp. 169–178; NIE-15, December 11, 1950; NIE-25, August 2, 1951; 以及 Watch Committee Circular Airgram, August 24, 1951, 转引自 FRUS 1951, 1:7, 126, 169n。有关美国国家情报评估(NIEs)的相关文献,见 the editorial note in FRUS 1951, 1:4n。

第四章　北约体系的形成

接受针对西德的军事训练。[8]

1950年秋，局势恶化。当斯大林批准了在朝鲜半岛的进攻时，他可能没有预料到美国会干涉。毕竟，美国多次表示自己已经抛弃了韩国。但是11月的时候中国加入了战争，大败美国部队，美国不仅有可能被赶出朝鲜，还有可能彻底被赶出朝鲜半岛。相比6月战争爆发时来自对方的进攻，此时的事态变得更加严重。这意味着共产主义者有意识地决定以一种重大方式与美国一较高下。为什么他们具有如此进取的目标？是否因为他们判断军事形势对他们如此有利？是否因为他们倾向于认为，当事实上有可能获得胜利时，第三次世界大战不如早些到来？[9]

1950年末至1951年初，这段时间对于美国来说是黑暗的，对欧洲而言也是令人惊恐的时期。可以肯定的是，有必要投入巨大努力并快速修正军事平衡。不言而喻，这势必会带来激起斯大林采取行动的风险——斯大林可能认为，若西方军事力量增长，苏联的军事优势将荡然无存，从而使他无法接受与西方的对抗。为此，在这之前他必须采取行动。真正的军事摊牌一定是非常有风险的，但是如果机不可失，可能在建议之下，斯大林会在他仍然大有机会赢得战争的时候将局势推向高潮。美国领导人认为苏联的蓄势待发态势在某种程度上有所收敛，尤其是在扩大朝鲜冲突方面，他们担心，冲突扩大可能打破平衡并让苏联选择进行全面战争。但是在美国增强军事能力这一核心问题上，他们却未被吓阻。军事增强的风险是显而易见的，但是杜鲁门和艾奇逊（时任美国国务卿）并没有因胆怯而接受苏

8　参见 Trachtenberg, *History and Strategy*, pp. 113-114。有关来自东德的威胁，尤其是提及朝鲜的相关文献，见 Norbert Wiggershaus, "Bedrohungsvorstellungen Bundeskanzler Adenauers nach Ausbruch des Korea-Krieges," *Militärgeschichtliche Mitteilungen*, no. 1 (1979): pp. 101-103; Konrad Adenauer, *Memoirs 1945-1953* (Chicago: Regnery, 1966), pp. 274-275; Thomas Schwartz, *America's Germany: John J. McCloy and the Federal Republic of Germany* (Cambridge, Mass.: Harvard University Press, 1991), p. 126. 施瓦茨（Schwartz）列举的一些典型威胁，引自 Trachtenberg, *History and Strategy*, p. 151n。有关东德的叛逃者，见 Gerhard Wettig, *Entmilitarisierung und Wiederbewaffnung in Deutschland, 1943-1955* (Munich: Oldenbourg, 1967), p. 225。

9　参见 Acheson's remarks, quoted in Trachtenberg, *History and Strategy*, p. 114, n. 46。另见 *JCS History*, 4:67, 79。

联处于上风的局面。1940年代末实行的低军费政策现在看来是一个重大失误。虽然犯过如此巨大的错误，但现在没有任何理由再阻止大规模的军事增长。美国采取了诸多特别措施，尤其是在1950年12月。其军费开支翻了三倍，但是仅有一小部分增长直接和朝鲜战争有关。欧洲盟友也开始通过美国援助或是大幅度增加防务预算增强军事力量。[10]

军事力量的巨大增长有两个主要军事目的。美国想在战争初始针对苏联本土（首要目标是苏联的核力量）发动决定性的进攻；它还希望可以防止西欧被占领。对欧洲而言，显然地面防御（防御范围尽可能向东方扩展）是必须的。甚至在1949年初，"前沿防御"（forward defense）战略很明显就是可以长期让西方联盟团结一致的唯一方法。当时的美国陆军参谋长布拉德利将军非常生动地阐述了该观点。他说道："非常明显地，对于美国人民来说，如果我们战时的战略要求我们先让盟友落入敌手然后再承诺拯救他们，那么我们是不能依靠西欧的朋友的。"但是在当时的依赖空军力量和战时动员的政策之下，美国必须这么做。布拉德利声称，该战略"只会在战争来临之际带来虚弱无力、幻想破灭的盟友"。如果要求西欧人民"以自己的生命为了共同的事业来冒险"，那么西方就需要一个能给予他们真正安全的战略。而且美国，他说道，将迈向的战略是"在共同防御前沿的基础上"与欧洲人"分享我们的力量"。[11]

随着美国核垄断被打破，这些观点就显得更加有力。在新的战略环境之下，苏联将会更加具有侵略性。它很可能认为，美国会因为考虑到双向核战争而选择退缩。美国核保证的动摇也因此意味着苏联可以在政治争端中采取咄咄逼人的态势。这还意味着，在西欧建立强大地面防御的重要性

---

10 参见Trachtenberg, *History and Strategy*, pp. 112-114, 123, 126-128。有关认为极端的战后复员是个错误的观点，例如，见杜鲁门在1952年3月国家安全委员会会上的评论。他说道，美国政府在战后"已经撕碎了我们的战争机器"。"每个人都参与其中，不能将责任归结一处。" NSC minutes, March 24, 1952, PSF/220/HSTL. 有关盟军防务开支增长的数据，参见extracts from briefing book for Eisenhower, and Cabot memorandum, March 27, 1951, FRUS 1951, 3:6, 104。

11 布莱德利的评论，April 5, 1949, in draft aide-mémoire attached to Ives memo, June 24, 1949, CD 6-4-18, RG 330, 1947-1950 series, USNA。

第四章 北约体系的形成

胜过以往。有一系列的军方言论对该基本政治观点表示支持，这在双边核战争的背景之下尤其令人信服：这些言论谈及避免让西欧落入苏联之手的重要性，因为西欧拥有巨大的人力和经济资源，而这又是长期军事冲突中的决定性因素；谈及为驻扎在英国的美国中型轰炸机提供最低限度的纵深防御的必要性；也谈及在欧洲大陆维持一处落脚点的重要性，因为如果苏联持有任何核武器，想要重演诺曼底登陆就显然不再可能。

对于西德而言，这些强调有效前沿防御重要性的基本观点尤其具有影响力。如果德国人要和西方站在一边，那么显然他们必须得到守护。例如，正如艾奇逊所言，如果任何国家想要和西方"密切联合"，那么它必须"给予德国保护"。[12] 此外，如果北约想要防卫西欧剩下的地区，它必须要在德国的土地上战斗。如果西方军队想要有作战的空间，就必须要将德国的领土纳入军事行动区域之内——而且他们也需要调动能力，因为固定的作战地区会很快被攻陷。[13] 如果要在德国进行战争，那么与德国当局的合作将会很有价值；但是除非德国被视为盟友来防卫，它才会像一个盟友一样合作。相反，如果盟军只将德国领土视作军事行动的场地而不是必须防卫的地区，对德国舆论方面的影响可能是灾难性的。实际上，法国军事当局确实将德国视作一个缓冲区。从军事角度考虑问题的人很自然地会采取这种观点：例如英国的军事领导人不愿意让本国完全投身于欧洲大陆的防务，而且美方的一些军事领导人也持同样的观点。但是在这两个例子中，这种态度注定会招致来自前沿防御地区的憎恨。作为最为暴露的地区，同时也是盟国地位最成问题的国家，西德对这种问题尤其敏感。联邦德国政府中的主要反对派、德国社会民主党领袖库尔特·舒马赫（Kurt Schumacher）就用这种观点来质疑西德政府最先由康拉德·阿登纳（Konrad Adenauer）所倡导的亲西方政策。所以采取将西德完全视作缓冲

12　Acheson to acting secretary, May 9, 1950, FRUS 1950, 3:1015.
13　与这些立场相关的典型观点，见 Secretariat Général de la Défense Nationale, "Note sur un système de securité en Europe," August 29, 1955, Europe 1949–1955/Généralités/100/FFMA.

区的战略所带来的代价是西方无法承受的,它会疏远德国人或削弱阿登纳政府的地位。所有这些问题的显而易见的解决办法,就是将对西德的有效防御作为西方联盟的根本目标。[14]

但是如果要保卫联邦德国,显然其他西方国家没有必要承担所有的工作。西德应该为自身的防御做出努力。如果没有德国部队参与,很难想象将如何防守莱茵河西部地区,但是如果西德领土被包含在需要防守的区域内,那么就需要部署更多部队,而且只有德国可以提供这些部队。1949年末,西方的官方立场仍是反对德国以任何形式重新武装,但是在西方主要三国的军界普遍认为需要建立德国部队。1949年11月,就在苏联宣布试爆核弹几个月之后,德国的军事贡献问题突然(当然也绝非偶然)成为首要政治议题。[15]

但是,这种军事上的贡献也意味着西德政治地位的重大转变。因为如果联邦德国认为自己不受信任而且受制于各种各样的限制和歧视,那么它又怎么可能真正与西方同呼吸、共命运,并投身于共同防务之中去呢?简

---

14 有关法国将德国视作缓冲区的观点,尤其见勒韦尔的报告,January 25, 1948, 4Q37/2/SHAT and the "Avis du Comité des Chefs d'Etat-Major au sujet des problémes soulevés par le Plan des Possibilités du Commandant Suprême Allié en Europe," September 6, 1954, p. 9, in Series lK145 (Papers of General Blanc, Army Chief of Staff), box 2, SHAT. 有关舒马赫的观点,见 Ulrich Buczylowski, *Kurt Schumacher und die deutsche Frage: Sicherheitspolitik und strategische Offensivkonzeption von August 1950 bis September 1951* (Stuttgart: Seewald, 1973); 另见 Schwartz, *America's Germany*, pp. 145-146。舒马赫希望西方(包括德国)建立"强大的进攻部队",这足以令人确信爆发的任何战争都将会在东欧而不是在德国领土上(包括东德)进行;在他看来,只有建立了这样的部队德国政府才会加入西方的防御行动。有关英国不愿意完全致力于西欧防御的相关文献,例如,可见 John Baylis, *Ambiguity and Deterrence: British Nuclear Strategy, 1945-1964* (Oxford: Clarendon, 1995), pp. 76-77。

15 有关德国应该为自己的防御做出努力的相关观点,例如,可见 McCloy to Acheson, September 23, 1951, FRUS 1951, 3:1523; Massigli, *Une comédie des erreurs*, p. 239; 以及 the Ely-Stehlin note quoted in Jean Doise and Maurice Vaïsse, *Diplomatie et outil militaire, 1871-1969* (Paris: Imprimerie Nationale, 1987), p. 421。相比于以莱茵河为基础进行防御,更多的部队需要在莱茵河东岸地区部署防御,关于此问题达成了共识,相关文献见 Air Marshal Elliot memorandum, October 19, 1950, DBPO II, 3: 177。有效的防御需要德国人民的支持和合作,有关观点见艾奇逊在西方外长会议上的评论,September 14 and 15, 1950, FRUS 1950, 3:294, 316。1949年末,西方对重新武装德国突然燃起了兴趣,有关文献见 Konrad Adenauer, *Erinnerungen*, vol. 1 (1945-1953) (Stuttgart: Deutsche Verlags-Anstalt, 1965), p. 341; Bonnet to Schuman, November 30, 1949, Europe 1949-1955/Allemagne/182/FFMA。

第四章 北约体系的形成

而言之，如果西德明白自己最多只能成为西方共同体之中的二等成员，它就不会投身于共同防务之中。如果想要西德在军事领域成为一个真正的伙伴，那就不能将它视作一个被占领的国家对待。西方必须重新构建与西德的关系，并将此建立在平等和互相尊重的基础之上。[16]盟军的部队仍然会留在德国的土地上，但是他们的身份发生了变化。他们不再是"胁迫的象征"，而是要保护整个西方。[17]联邦德国以及北约成员国将一起捍卫西方文明；它们的将士将会"肩并肩"合作。[18]在这种情形之下，它们应该将彼此视为伙伴，而这意味着德国的基本政治权利将得以快速恢复。如果想要充分调动德国人为西方奋战的积极性，那么就不能让联邦德国人民认为自己的国家是傀儡政府而不信任它。但是如果要接受西德作为伙伴进入西方集团，那么西德也有充分的理由担负起属于自己的防御责任。德国是否愿意提供军队并加入共同防御，将会是一场对德国是否忠于西方以及是否将自己视为西方世界一分子的检验——就如同西方国家通过与德国"肩并肩"合作表示它们愿意接受联邦德国作为自己的伙伴一样。[19]

所以，所有的事情都开始指向同一个方向：西方和作为西方伙伴的联邦德国的重新武装；以及德国政治权利的恢复（这既是原因，又是结果）及其作为完整或近乎完整的伙伴而被纳入西方共同体之中。

与西德的协议

1949年末及1950年初，这一整套想法开始对西方的对德政策产生重要影响。西方诸国当然愿意接受中欧的现状。1949年2月，贝文指出，德国的分裂"对我们的计划至关重要"，至少现在是如此。[20]法国基本上也持同

---

16 例如，参见McCloy to Acheson, August 3, 1950, FRUS 1950, 3:182。
17 Acheson to Acting Secretary, May 9, 1950, ibid., p. 1016.
18 McCloy to Acheson, July 14, 1950, ibid., 4:698.
19 McCloy to Acheson, September 23, 1951, FRUS 1951, 3:1523.
20 Bevin memorandum, "Germany and Berlin," February 4, 1949, Prem 8/791, PRO.

样的观点。英法两国在这个时候已经完全支持西方战略,他们的主要顾虑是美国可能违背该战略并和苏联签订统一德国的协定。[21]实际上,贯穿于1963年及之后的整个这一时期,英法两国对现状都相当满意,而且对德国的统一几乎没有什么真正的兴趣。[22]

美国人并非同样看待此事,也不认为德国的分裂是他们想要创建的政治体系的基本因素。例如,若是苏联愿意无条件交出东占区,艾奇逊就很乐意将其并入联邦德国。[23]但是如果苏联坚持认为,除非整个德国从西方体系之中移除,它才可以统一,艾奇逊宁可保持现状。美国的基本政策是将西德与西方世界联系起来,并将其纳入一个能坚决抵御苏联压力的集团,艾奇逊并不想抛弃该政策。如果这意味着德国统一在政治上变得不再可能,那么也只能接受分裂的现状。

这项基本战略在美国政府内部并没有被广泛接受。时任美国国务院政策设计司司长的乔治·凯南就是美国政府内对于官方立场的主要批评者,而且在1948年和1949年他强烈要求美国做出巨大政策调整。凯南称,德国人永远不会接受现在所建立的体系——包括德国的分裂以及对德国国家实

---

21 参见Yost to Jessup, May 21, 1949, FRUS 1949, 3:874, 890-892,另见Buffet, *Mourir pour Berlin*, pp. 253, 261。

22 有关揭露英法对于保持现状的看法的文献,见Crouy-Chanel to Massigli, May 8, 1955 (handwritten), enclosing an account of a May 6 meeting with a high British official, MP/96/FFMA。英国的观点,参见Rolf Steininger, *The German Question: The Stalin Note of 1952 and the Problem of Reunification* (New York: Columbia University Press, 1990), pp. 34-35, and esp. p. 108。至于法国,法国外交部德国事务部负责人、年轻的让·索瓦尼亚格(Jean Sauvagnargues)在1950年代早期就认为德国的分裂是最佳方案。例如,参见his memoranda of June 25, 1952, and April 22, 1953, Europe 1949-1955/Allemagne /822-823 / FFMA, and June 10, 1953, Europe 1949-1955 / Géné - ralités / 100 / FFMA。关于舒曼的观点,尤其见Schuman to Bonnet, June 16, 1952, Europe 1949-1955/Allemagne/822/FFMA。法国的这种基本态度反映在很多其他文献中,例如,参见Achilles to State Department, November 17, 1953, FRUS 1952-1954, 5:1719; François -Poncet to Bidault, February 26, 1954, Europe 1949-1955/Allemagne/11/FFMA; and Note de la Direction Politique, April 15, 1955, *Documents Diplomatiques Français* [DDF] 1955, 1:456-458。法国的盟友了解其基本观点。杜勒斯指出,"当然,尽管他们不会公开说出来,法国还是满意于德国分裂的现状的"。NSC meeting, November 21, 1955, FRUS 1955-1957, 5:806。有关这些问题总体的文献,见Soutou, "La France et les notes soviétiques de 1952 sur l'Allemagne," pp. 270-273,以及Trachtenberg, *History and Strategy*, pp. 178-179。

23 例如,参见Acheson to Douglas, May 11, 1949, FRUS 1949, 3:872-873。

第四章 北约体系的形成

力的各种限制。他认为，西德政府注定会成为"充满怨恨和逆反的民族主义的代言人"，而且"怨恨的锋芒"将"不可避免地针对西方政府"。[24]在这个新兴体系之下，西方三国必须将西德"妥善安置，与此同时遏制苏联"，但是在凯南看来它们完全"不够实力去做成此事"。凯南声称，西方应该让欧洲出现力量均势，让德国，或是由德国主宰的欧洲大陆作为制衡苏联的主要力量。毕竟相比于美国人，德国人"更加清楚如何对待"像捷克斯洛伐克、南斯拉夫以及波兰之类的国家。凯南意识到其中"令人震惊的重要意义"，就是德国将会再次成为"非常重要的"角色。但是对于他而言，似乎"在战争期间，希特勒的新秩序的错误之处就在于它是由希特勒提出的"。一个更接近1914年之前的德国，一支"非西方化"而是"介于美苏两国之间"的力量，将能够组织起欧洲大陆，并且"强大到足以制衡苏联人"。[25]但是凯南的观点没有得到广泛认同。美国的决策者大体上不能足够信任德国，并不愿放任其"沉浸在事情会向最好的方向发展的希望当中"。当时普遍的观点认为凯南的想法有一点奇怪，而且最佳的途径仍然是"将德国西部在政治和经济上视为西欧体系的一部分，并处在西方同盟国的监督和保护之下"。[26]

24　Kennan paper, March 8, 1949, FRUS 1949:3, p. 98.
25　PPS meeting with Acheson, October 18, 1949, PPS 1947–1953, box 32, RG 59, USNA. 另见 George Kennan, *Memoirs, 1925-1950* (Boston: Little Brown, 1967), p. 417 and chap. 19; John Lewis Gaddis, *Strategies of Containment: A Critical Appraisal of Postwar American National Security Policy* (New York: Oxford University Press, 1982), p. 33n.; and Yergin, *Shattered Peace*, p. 40。
26　Reinstein to Thorp, September 6, 1948, FRUS 1948, 2:1288n. 另见 Wilson Miscamble, *George F. Kennan and the Making of American Foreign Policy* (Princeton, N.J.: Princeton University Press, 1992), pp. 166–173。在1949年3月9日与凯南、墨菲以及其他高级官员会面时，艾奇逊对凯南的立场表示同情，但是他也声称，自己不是"很理解"凯南的想法，或"不明白提出的解决方案会起何种作用"。他继续说，自己并不理解怎样制定出了一个建立西德国家的决议，而且想知道这是否是"克莱将军的想法而不是政府的决议"。艾奇逊当然知道，这种重要程度的决议不可能是在现场而不是在华府制定的；他实际上可能是在邀请墨菲回顾美国对德政策，无论如何，这就是墨菲接下来做的。因此，国务卿似乎想要远离凯南，但是他想要尽可能做得巧妙。他不想直接拒绝凯南或是结束有关如此重要事宜的讨论。艾奇逊的个人观点——也就是国务院的官方立场——反映在三周之后他递给杜鲁门的一份备忘录之中，其中他强调了至少将德国西部并入西欧体系的重要性，也反映在5月他亲自对该问题所做的重要分析里。参见 Acheson-Kennan-Murphy meeting, March 9, 1949; Acheson to Truman, with State Department paper, March 31, 1949; 以及 Acheson to London Embassy, May 11, 1949; all in FRUS 1949, 3:102–103, 142–155, 872–874。

所以1949年联邦德国成立的时候，西方三国在大体上知道他们想要怎样处理德国问题。他们的长期目标是让西德成为西方集团的一部分——将其整合到西欧和整个西方社会中去。这一时期他们的目标不仅仅是防止苏联占领整个德国。强大、完全独立而又可以在苏联面前独当一面的德国对他们而言也是不能接受的。他们不允许德国变得过于强大或者独立。正如艾奇逊在1950年7月所言，德国不可以"作为欧洲的制衡力量而存在"。相反，德国"注定要与西方结盟"并且融入西方体系，无法自己惹是生非。[27]

但是西方各国能够使德国人接受这些协议吗？美国领导人并不认为事情有十足的把握。正如美国驻德国高级专员约翰·麦克洛伊（John McCloy）所言，盟军正在"为了浮士德的灵魂而争斗"。这种努力可能最终以失败告终，但是如果他们的手腕足够灵活，那么他们很有可能最终胜利。[28]西方政府必须继续转变与德国人的关系，但是在1949年他们认为不应该在此方面进展过快。他们必须保证控制住德国的民族主义情绪。麦克洛伊声称："若是德国人有出格举动，我们有能力和决心立刻对他们进行镇压"。[29]他担心部分德国人可能发生"危险的倒退"。麦克洛伊在1950年初写到，西方当时所依靠的民主仍然需要"在庇护之下才能发展"，因此至少从现在看来，盟友需要在德国维持自己的基本权力。[30]另一方面，美国政府从一开始就明白，如果西方仅仅选择了简单的胁迫政策，事情是不会成功的。德国人不能只是被强迫做西方盟国想让他们做的。相反，在"民主大国的协调之下"，德国将会成为一个"自愿的参与者"并且最终成为一个"全方面的伙伴"。[31]如果西方表示犹豫不决并且不情愿做出妥协，那么就存

27　Acheson-Truman meeting, July 31, 1950, Nitze in Lewis and Achilles to Byroade, May 2, 1950, and Acheson to acting secretary, May 9, 1950, in FRUS 1950, 3:167-168, 914, 1015.
28　U.S. ambassadors' meeting, October 21, 1949, FRUS 1949, 3:287, 289-290. 另见 PPS, "The Current Position in the Cold War," April 14, 1950, and Nitze's remarks, reported in Lewis and Achilles to Byroade, May 2, 1950, FRUS 1950, 3:859, 914; and Byroade memorandum on "Germany in the European Context," February 11, 1950, ibid., 4:599。
29　U.S. ambassadors' meeting, October 21, 1949, FRUS 1949, 3:290.
30　McCloy to Byroade, April 25, 1950, FRUS 1950, 4:683.
31　McCloy to Byroade, April 25, 1950, ibid., p. 633.

第四章 北约体系的形成

在德国被孤立、亲西方的阿登纳政府不被人民信任的风险。

英法的观点在本质上类似。甚至在1949年,三国政府已然明白,占领体制与使德国融入西方社会的政策并不一致。从长期来看,这种占领迟早要结束,但是过快地结束占领又过于危险。问题在于撤出的时机以及怎样建立正确的平衡。盟国必须谨慎行事,在他们确信在德国发生的一切符合自己的利益的同时逐渐放松对德国的控制——确信亲西方的思想已在联邦德国取得完全的胜利而且德国人愿意在西方构建的框架之中找到自己的定位。[32]

至少在1949年和1950年初,这就是当时普遍的看法。但是到了1950年中,西方又反思了这个基本战略:他们也许需要加快步伐;需要冒更大的风险;对西德地位的更加彻底的转型或许是必要的。欧洲的防御成为头等紧急的问题。现在可能没有紧迫的苏联入侵威胁,但是在两到三年之后可能会发生一场大危机。[33]而且显然现有的安排并不充足。盟国在1949年建立的军事框架,即北大西洋公约组织,在艾奇逊看来"毫无希望,完全无用",而且有必要改变这种现状。[34]西方三国的军事领导人从很早之前就已经认识到,西欧的防御离不开德国部队,但是高级政治领导层却不愿意在此领域进一步推行相关政策。比如,美国参联会呼吁改变现有的去军事化政策,让西德人加入北约防御安排之中,"为西欧安全做出有效的贡献",杜鲁门在6月16日对此表示强烈批评,称该报告是"彻底的军事主义"。"我们当然不想犯同样的错误,"杜鲁门在给艾奇逊的信中写到,"那就是在一战之后授权德国训练10万主要用来维护当地稳定的士兵。如你所知,这

---

32 法国的重要官员经常持这些观点。弗朗索瓦·蓬塞(François-Poncet)和马西格利都认为,西方推进建立的体制应该基于与德国的合作。1949年初,他们认为对德国的占领法规应该比之前起草的更加宽松,而且舒曼表示同意。Massigli to Chauvel, February 14, 1949, MP/68/FFMA; Kennan-François-Poncet meeting, March 21, 1949, and Schuman-Acheson meeting, April 1, 1949, FRUS 1949, 3:114, 159.

33 Wiggershaus, "Bedrohungsvorstellungen Bundeskanzler Adenauers," pp. 96, 98-99. 有关贝文认为几年后才会发生一场大危机的观点,例如,见U.S.-U.K. meeting, May 9, 1950, FRUS 1950, 3:1020。

34 Evans memorandum, August 4, 1950, ibid., pp. 182-183.

10万人却被用来作为训练欧洲历史上最巨大的战争机器的基础。"[35]

但是杜鲁门的不情愿并未持续很久。甚至在1949年,艾奇逊仍然认为"如果不运用德国的力量,西欧将无安全可言",到了1950年7月,艾奇逊告诉总统,现在真正的问题不是德国是否应该被重新武装,而是应该怎样去武装德国。[36] 德国国家军队不能由德国人指挥,该观点很快得到认同。麦克洛伊在8月说道,不能允许德国具备让东西方互相争斗的能力,而且德国的军队会削弱"我们目前在民主化德国社会中所取得的成就"。在他看来,重建这样一支队伍将会是"可悲的错误",而艾奇逊称其为"可能的最糟糕行动"。[37] 如果不拥有国家军队就可以让德国人做出军事贡献,那么必须建立一支整合力量——欧洲军队或者北大西洋军队。该部队中会包括德国的一支分队,但可确保德国无法独立行动。正如一位美国的重要外交官指出的那样,真正的共同努力是"唯一的解决之道",这一语道出了现在的共识。[38] 英国人也对此表示同意。在贝文看来,一支一体化的部队是西方唯一确定的可以将"德国的防御努力"维持在"盟国的控制之下"的方法。[39] 但是,即使是这种程度上的德国所做出的贡献,也意味着联邦德国与西方盟国之间关系的转变。德国将变得更像是一个伙伴,而且双方之间更加平等相待。传统的渐进主义战略不再行得通。占领体制将会相对快速地被转换。但是至于西方诸国必须在此事上做得有多快、多彻底,就完全不清楚了。

根据这种新的战略,美国至少要在当下在欧洲保持强有力的军事存在。

---

35 NSC 71, June 8, 1950, and Truman to Acheson, June 16, 1950 (two documents), ibid., 4:686–688.

36 PPS meeting, October 18, 1949, p. 7, PPS 1947–1953, box 32, RG 59, USNA; Acheson-Truman meeting, July 31, 1950, FRUS 1950, 3:167–168.

37 McCloy to Acheson, August 3, 1950, and Acheson-Truman meeting, July 31, 1950, ibid., pp. 167–168, 181.

38 Bruce to Acheson, July 28, 1950, ibid., p. 157. 所有的主要美国决策人员都持相同立场。例如,参见Acheson-Truman meeting, July 31, 1950; McCloy to Acheson, August 3, 1950; and Kirk to Acheson, August 9, 1950; all ibid., pp. 167–168, 181, 193。

39 Bevin to Harvey, October 9, 1950, DBPO II, 3:141.

第四章　北约体系的形成

统一的北约部队需要一位最高指挥官，而且他必须是个美国人。[40]只有美国的将军才有威望和权力使这个综合体系运转。而且北约指挥官必须由数量充足的美军战斗部队支持。目的是支持欧洲的士气并为欧洲大陆的有效防御奠定基础；美国部队将会成为可以包括德国在内的综合体系的主心骨。

现在美国正朝此方向快速推进。9月，在纽约召开的外长会议上，美国给欧洲人提供了一个一揽子计划。如果欧洲想要得到一位美国将军作为北约的指挥官，而且希望美国在欧洲驻守可观的部队，他们就必须根据在华盛顿制订的纲领接受重新武装德国的安排——即将德国视为北约一体化部队的一部分，但是其没有"独立行动的能力"。[41]因此，他们顶着巨大的压力接受了美国的计划。英国人没有表露出他们的顾虑并且接受了艾奇逊的提议。[42]但是对于法国人，问题更加棘手。

法国外长罗伯特·舒曼以及其他重要官员私下在一系列基本问题上同意美国，这些问题包括：吸纳德国进入西方并将其转变为伙伴的重要性；在欧洲建立有效地面防御的必需性；没有德国贡献就无法建立这种防御；以及希望建立一个可以为限制德国行动自由提供长期稳定基础的一体化体系。他们明白，不能在将德国视作"经济和军事盟友"的同时又将其视作政治上的"下等人"。[43]

但是抱有同样想法的法国领导人却要处理一系列的问题。首先是本质上的有关官僚主义的问题。将德国作为一个伙伴并入西方体系的政策在某种程度上被法国在德国的军事管理破坏。因此在1949年，舒曼及其同事带头推进了对占领机制的重大自由化改革：军事长官被一个民事高级委员会

40　Douglas to Acheson, August 8, 1950; "Establishment of a European Defense Force," enclosed in Matthews to Burns, August 16, 1950; Acheson to Bruce, September 2, 1950; all in FRUS 1950, 3:190–192, 215, 261.

41　Acheson to acting secretary, September 17, 1950, ibid., pp. 316–319.

42　尤其参见Bevin memorandum, October 6, 1950, 以及 Bevin to Harvey, October 9, 1950, DBPO II, 3:133–135, 140–142. 另注意 Acheson to Truman, September 15, 1950, FRUS 1950, 3:1229。

43　François-Poncet to Foreign Ministry, November 17, 1950, Europe 1949–1955/Allemagne/913/FFMA.

取代，而且还放松了占领管制。[44]

但是国内的政治问题却不能轻松地得以应对。纽约会议上，舒曼明确表示，他个人理解对德国部队的需求，而且他完全同意，不让德国参与本国的防御中去，这本身就不符合逻辑。如果德国的防御贡献可以在暗地里进行，他是乐于接受的，但是美国人现在要求公开接受此事。舒曼说，问题在于，在法国，只有少数人了解"德国在西方防御事务中的重要性"。政治上，舒曼无法按照美国人的要求办事。此刻的法国民众是不可能同意重新武装德国的。所以最好是先让北约体制快速成型，让美国将军就任北约指挥官，并让美军战斗部队在德国就位。在上述事情完成之后，让法国国会接受某种形式上的德国重整军备就要简单得多了。[45]

除国内政治因素之外，还出于一些重要的、实质性的原因需要谨慎推进此事。德国的重新武装会改变盟国和联邦德国的关系。这会使得德国人占据主导地位，并且鼓励他们施加政治条件，这样一来，盟国可能最终过快地给予德国过多的政治自由。更重要的是，这会挑动苏联，可能使其在盟军建立足以防御自己的力量之前发动预防性战争。

但是，美国政府现在决定快速推进。艾奇逊对西方正如履薄冰以及重新武装德国会打破在莫斯科的平衡并招致苏联进攻的观点不以为然。他告诉盟国，苏联人唯一感兴趣的是东西之间的整体均势。重新武装德国"与此事关系甚微"，因为"我们是通过建立德国部队还是其他手段增强实力，对苏联人而言并不重要。"艾奇逊对他的表现引以为傲。他向杜鲁门夸耀

---

44 Kennan notes of meeting with François-Poncet, March 21, 1949, 以及 Acheson-Schuman meeting, April 1, 1949, FRUS 1949, 3:114, 159. 有关在德国的法国占领当局对舒曼政策的破坏，见 Massigli to Chauvel, February 14, 1949, MP/68/FFMA。

45 参见 Bevin to Foreign Office, September 13, 1950; Harvey to Bevin, October 7, 1950; 以及 Schuman-Bevin meeting, December 2, 1950; all in DBPO II, 3:35–36, 136, 312–317. Schuman-Acheson meeting, September 12, 1950; meeting of western foreign ministers and high commissioners, September 14, 1950; Acheson to Truman, September 14, and September 16, 1950; 以及 Schuman-Bevin-Acheson meeting, September 12, 1950; in FRUS 1950, 3:288, 296–302, 311–312, 1200。美国官员一直认为舒曼面对的国内政治问题相当现实，而且舒曼已经尽其所能了。见 Ambassador Bruce's remarks in U.S. ambassadors' meeting, March 22–24, 1950, ibid., p. 819。

第四章 北约体系的形成

到,他的观点摧毁了欧洲人之所以感到恐惧的逻辑基础。后者认为德国重新武装远非"仅会增加盟军实力",而是可能招致苏联进攻。他说,法国特别倾向于将对德国的重新武装推迟至西方的总体实力得以建立之后,但是艾奇逊将法国人的观点"彻底击溃"。[46]

欧洲人并不信服艾奇逊的推理,但是一体化的军事体系、由美国人担任的北约指挥官以及美国在欧洲大陆不断增多的驻军数量是英法两国非常渴望的。但是,艾奇逊先前就已经说明,欧洲必须首先接受德国要在防御上做出自身贡献这一原则。欧洲并不喜欢这种粗暴政策,但是除了法国之外的所有盟国都愿意接受美国的条件。因此法国想要提出自己的建议需要面对巨大的压力。

因此,10月24日,法国总理勒内·普利文(René Pleven)宣布了关于一支欧洲军以及欧洲防务部门的方案。普利文的方案在结构上与舒曼在当年早些时候为欧洲煤钢共同体提出的方案类似,而且和舒曼计划一样,实际上主要是由欧洲统一的伟大拥护者法国人让·莫内(Jean Monnet)制订出来的。根据普利文的方案,德国部队的征召和武装不能由波恩政府而必须要由超国家的欧洲机构来进行。德国的部队将会被并入高度一体化的欧洲军队中,并和北约国家部队一起受北约指挥官的直接领导。[47]

普利文的提议迅速成形。其间既没有咨询法国军方也没有咨询法国外交部。[48]该方案很快发展成建立欧洲防务共同体(European Defense

---

46 Meeting of western foreign ministers and high commissioners, September 14, 1950, and Acheson to Truman, September 15, 1950, ibid., p. 298, 1230.

47 有关普利文计划的陈述,见Royal Institute of International Affairs, *Documents on International Affairs, 1949-1950* (London: Oxford University Press, 1953), pp. 339-344. 关于简要的大纲,见Acheson to Bruce, October 27, 1950, FRUS 1950, 3:410-412. 有关舒曼计划,见Gerbet, "Les origines du plan Schuman," pp. 199-222; Klaus Schwabe, ed., *Die Anfänge des Schuman-Plans, 1950/51* (Baden-Baden: Nomos, 1988); 以及William Hitchcock, "France, the Western Alliance, and the Origins of the Schuman Plan, 1948-1950," *Diplomatic History* 21 (1997): 603-630。

48 British military attaché report, October 30, 1950, 以及Harvey to Dixon, November 3, 1950, DBPO II, 3:240n, 244。

145

Community）的建议，而且欧洲防务共同体计划直到1954年8月其最终解体之前，都在联盟政治中扮演中心角色。[49]但是该方案从未受到广泛认同。尤其是法国的军方官员，他们对整个方案基本上不赞同。[50]很多重要的政治人士也有同样的顾虑。对时任美国国防部长的马歇尔而言，该计划是"有毒的乌云"；对1951年末再度就任英国首相的丘吉尔而言，欧洲防务共同体则是"烂泥般的大杂烩"。[51] 1950年末及1951年初的普遍观点是，普利文的方案是不切实际的。法国并未想出解决德国重新武装问题的切实方案；似乎该提议的目的就是为了回避这一基本问题。驻法的美国和英国大使都将其视作"政客们设计出的解决政治难题的调和物"，而这一观点为不少法国官员所认同。[52]法国想要在重新武装德国这一问题上一拖再拖，同时得到美国人提供的美国作战师、美国的北约指挥官以及一体化的军事体系。似乎普利文计划在制订之初就带有这种强烈的目的性，而法国的真正目标就是在德国重整军备问题上"拖延时间"。[53]

但是，这不仅仅是法国的顾虑。对于当时整个欧洲而言，基本目标就是避免因为重新武装德国而激怒苏联，同时又可以让美国开始建立欧洲防务的有效机制。在他们看来，战争的风险是真实存在的。例如，在1950年末，贝文总结到，大危机不再会在两三年后到来，而是事态很可能迅速恶化。他现在认为，重新武装德国很可能"打破平衡"并招致苏联的进攻，所以在冒险尝试并决定重新武装德国之前，西方诸国首先增强军事力量是

---

49 有关欧洲防务共同体，见Edward Fursdon, *The European Defence Community: A History* (London: Macmillan, 1980), 以及 Hans-Erich Volkmann and Walter Schwengler, eds., *Die Europäische Verteidigungsgemeinschaft: Stand und Probleme der Forschung* (Boppard: Boldt, 1985)。

50 Acheson to Bruce, November 3, 1950, Spofford to Acheson, December 14, 1950, FRUS 1950, 3:428–429, 574; Guillen, "Les Chefs militaires français," esp. pp. 8–11; Hermann-Josef Rupieper, *Der besetzte Verbündete: Die amerikanische Deutschlandpolitik 1949–1955* (Opladen: Westdeutscher Verlag, 1991), p. 113.

51 Defence minister to Bevin and Attlee, October 28, 1950, DBPO II, 3:228.

52 Harvey to Dixon, October 31, 1950, ibid., p. 240.另注意法国驻伦敦外交官的观点，转引自ibid., p. 220。另见 Massigli, *Une Comédie des erreurs*, p. 257。

53 Defence minister to Bevin and Attlee, October 28, 1950, DBPO II, 3:227.

第四章 北约体系的形成

有意义的。[54]

  这些恐惧绝不是欧洲人丰富的想象力臆造出来的。如上所言，有一系列的迹象表明苏联人正在准备军事行动。该证据证实了很多决策者在理论上所倾向于相信的事情：核垄断可以制衡苏联在欧洲地面力量上的巨大优势，所以核垄断的打破将会为苏联带来契机，而且很可能导致更具进攻性的苏联政策。一些事件已经证实了这种想法——最主要的就是中国介入朝鲜战争。因此在1950年末，风险等级已被认为非常之高。全面战争很可能在不远的将来发生。美国的军事当局对这些问题尤其敏感。参联会甚至在1940年代末就在此问题上采取谨慎立场，而且自从那时起，战略平衡急剧恶化。在他们看来，1950年末以及1951年初的局势是非常危险的：眼下并不是冒巨大风险的时候。[55]

  苏联似乎蓄势待发。决定重新武装德国很可能让苏联选择开战，尤其是在西方已经开始增强军事力量并且在一两年内不可能发动军事行动的时候。例如，麦克洛伊在6月时认为："重新武装德国无疑会加速苏联未来在德国采取任何可能行动的计划，而且这无疑也会被苏联认为是足够具有挑衅性的行动，并由此有正当理由进行极端反制措施。"到12月，这种恐惧加深了。根据美国中情局的估计，在1951年1月，重新武装德国将会引发苏联进攻的几率超过50%，而且军队的情报更加悲观。苏联官员从上至下，无论是在公开还是在与西方的外交官员私下讨论的时候都明确表示，重新武装德国很可能会导致预防性军事行动。[56]但是艾奇逊——布拉德利将军

112

---

54 有关提及"打破平衡"观点的文献，见 COS(50) 194th meeting, confidential annex, Defe 4/38, PRO，转引自 ibid., p. 328n。有关反映类似顾虑的不同文献，见 ibid., pp. 314, 327–328, 331, 331n, 337–338, 344 n, 352 (calendar 133i), 358。另注意艾德礼的观点，见 Attlee's views in the February 8, 1951, Cabinet meeting, Cab 128/19, PRO。

55 参见 Trachtenberg, *History and Strategy*, pp. 113–114, 118–122。

56 参见 McCloy to Acheson, June 13, 1950, PSF/178/Germany, folder 2/HSTL; "Soviet Courses of Action with Respect to Germany," NIE 4, January 29, 1951, and "Probable Soviet Reactions to a Remilitarization of Western Germany," NIE 17, December 27, 1950, both in PSF/253/HSTL. 1951年初美国中情局估计，重新武装德国将会导致苏联进攻的几率超过50%，详见 the summary of the January 24, 1951, NSC meeting, p. 4, *National Security Council: Minutes of Meetings* (mic.), reel 1。有关苏联的威胁，最重要的宣言就是1950年10月19日苏联的警告，该警告被频繁引用在（接下页）

147

称其为"不妥协的雄鹰"——仍然坚持重新武装德国。[57]如果欧洲人想要获得重要的美国军事存在，他们必须接受，并且公开接受重新武装德国的原则。

因此欧洲人承受着巨大的压力，最终在12月，一项安排浮出水面，即"斯波福德妥协案"（Spofford compromise）。西方盟国将立即开始发展一支欧洲军的计划，但是当协商安排之时，德国部队将被组建并会暂时在北约的直接指挥之下。[58]

法国人接受了这种安排，而且现在是德国政府在缓和局势当中扮演着重要角色；实际上，这可能是因为他们已经知道德国不会赞同法国最终愿意接受的这个方案。[59]自8月起，德国的立场开始显著转变。当时，尽管阿登纳希望改变联邦德国的政治地位，他认为对德国的长期威胁如此之巨大，以至于西德人必须对盟国言听计从，来帮助弥补现状。但是现在阿登纳政府放出了条件：除非德国的政治地位发生根本性转变，否则它是不会对本国防御做出贡献的。阿登纳对德国内部的政治形势表示担忧，但是和其他欧洲人一样，他也认为在西方如此虚弱之时不应该惹怒苏联。因此，他认同英法两国，认为现在的主要侧重点应该放在提高北约实力方面，关于重新武装德国的具体问题应该暂且搁置。缓和局势的方法，一是强调真实存在的国内政治问题，二是坚持只有联邦德国得到平等对待之后，防御贡献

（接上页）文献中；有关文本，见 Beate Ruhm von Oppen, *Documents on Germany under Occupation* (London: Oxford University Press, 1955), pp. 520-521, 有关对该威胁的重视程度，见 Clubb to Rusk, December 18, 1950, FRUS 1950, 1:479n；斯特朗（Strang）在与贝文及其他高官的会议上的表态，December 5, 1950, 以及 Bevin memorandum, December 12, 1950, in DBPO II, 3:331, 358. 还有一些警告是通过私人交流传达的。例如，一位驻伦敦的苏联外交官在1950年末告诉一位瑞士外交官，对德国的重新武装"将会是一个类如'联合国军'跨过了三八线的错误"——该事件当然也导致中国参战而且将冲突转化为大国战争。与此同时，苏联塔斯社驻华盛顿记者告诉一位法国外交官，如果德国重新武装，"苏联就会进行打击"。Massigli to Foreign Ministry, December 18, 1950, 以及 Bonnet to Foreign Ministry, December 29, 1950, Europe 1949-1950/Allemagne/300/FFMA.

57 Omar Bradley, *A General's Life* (New York: Simon and Schuster, 1983), p. 519.
58 有关安排，见 FRUS 1950, 3:457-595 passim, esp. pp. 457-458, 531-547, 583-595.
59 利普斯曼在宾夕法尼亚大学的一篇论文草稿中提出了这一观点。为了支持此观点，见利普斯曼（Ripsman）引自 Direction d'Europe of December 5, 1950, in Europe 1944-1960/Allemagne/189/FFMA 的一份说明。

第四章 北约体系的形成

在政治上才有可能。所以阿登纳现在宣称,除非占领制度被契约关系体系所取代,否则不会有德国的部队。另一方面,盟国一定会坚持声称,在他们通过军事贡献的方式从德国得到他们想要的东西并有足够的保障之前不会恢复德国的政治权利。这一切意味着有必要进行平行谈判:政治和军事问题都必须作为一揽子计划的一部分得到解决。这些问题既复杂又具有政治敏感性。协商显然会持续数月,甚至更久。[60]

艾奇逊非常沮丧,但是他明白必须要将德国重新武装的问题"暂且缓一缓"。他现在意识到,美国的威胁——除非包括德国在内的欧洲各国做出了美国所期待的防御贡献,否则它不会派遣相当规模的作战部队或者委派美国将军就任北约指挥官——是无法被实施的。如果美国"企图讨价还价",他说道,并且要求更多的欧洲陆军师,"所有一切都将化为泡影"。[61]所以美国派出了部队,艾森豪威尔成为第一位北约指挥官——欧洲盟军最高指挥官,或欧洲盟军最高司令(SACEUR),北约的一体化指挥体系也得以逐步建立。

与此同时,西方以及德国官员开始处理大量有关规制联邦德国与西方关系的问题——与德国主权、防御贡献、欧洲防务共同体、北约体系等相

---

60 有关"德国态度强硬"的文献,例如,参见高级委员会报告,December 1, 1950, meeting with Adenauer, calendar 120i, DBPO II, 3:309。另见McCloy to Acheson 中引用的阿登纳的文章,November 17, 1950, FRUS 1950, 4:780-781, 以及McCloy to Acheson, January 16, 1951,报告了与布兰肯霍恩的交谈,以及阿登纳的比勒菲尔德演讲,January 14, 1951, FRUS 1951, 3:1452, 1452n。在1950年8月29日有关安全问题的备忘录中反映了阿登纳的早期观点,见Klaus von Schubert, ed., *Sicherheitspolitik der Bundesrepublik Deutschland: Dokumentation 1945-1977*, part 1 (Cologne: Verlag Wissenschaft und Gesellschaft, 1978), pp. 79-83,以及他向盟国高级委员会所做的陈述;尤其参见阿登纳在会议上的评论,August 17, 1950, *Akten zur auswärtigen Politik der Bundesrepublik Deutschland* [AAPBD], 1:222-226。他在1950年末接受了普遍的欧洲观点,认为真正必要的是制定一些可以让美国开始建立"驻留欧洲的强大大西洋军队"的措施,而且德国的防御贡献并非"重要问题"。见DBPO II, 3: 210n。即使在10月,弗朗索瓦·蓬塞的助理阿尔芒·贝拉尔(Armand Bérard)对法德两国政策的某些相似之处感到震惊:双方都"致力于"在西方实力增强之前避免激怒苏联。Bérard to Foreign Ministry, October 17, 1950, Europe 1949-1955/Allemagne/70/FFMA。美国接受这样的观点:所有事情——包括德国的军事贡献以及德国与西方各国的政治关系——必须在一个包罗万象的计划中加以解决,见Acheson to London Embassy, December 14, 1950, FRUS 1950, 4:801-802。

61 Acheson-Lovett telephone conversation, December 15, 1950, 以及Acheson to McCloy, December 16, 1950, FRUS 1950, 3:579。

关的一整套问题。这些问题并不容易解决而且进展缓慢，但是一个相互关联的一揽子计划逐渐成型。毕竟西方在关键问题上观点一致。没有人希望德国过于独立和强大。这首先意味着联邦德国不能拥有一支可以独立行动的部队。另一方面，西方同意，必须要将德国拉拢至西方，这就意味着联邦德国必须"在本质上"得到平等对待。德国可以恢复"很大程度上的主权"。但是，这种措辞反映出盟国不愿允许联邦德国拥有完整的主权。[62]但是西方可以做到何种程度，在很大部分上取决于是否可以制订出结构性的、可以自动约束德国（也可能是所有国家）的行动自由的安排。

但是，究竟要建立什么样的机制还尚且未知。问题是这种机制是应该将重心明显放在"欧洲"还是更宽泛一些的"大西洋"之上。如果没有美国的直接参与，欧洲是否可以团结一致保卫自己？在纯粹的欧洲大背景之下是否可以解决德国权势问题？抑或是否需要美国继续参与，来解决处在国际政治中心的两大互相关联的问题，即德国问题以及抵御苏联问题？

长期以来美国政府都倾向于"欧洲的"解决方案。可以确定的是，1946年在斯图加特的贝尔纳斯，1948年的马歇尔和杜鲁门，都对美国长期致力于保卫欧洲做出了某些保证。但是很多美国决策者逐渐认为美国的存在是一种依靠，现在可能是必须的，然而最终欧洲人必定要团结一致并且为他们自己的防务担起主要责任。到那时美国就可以撤出自己的全部或是大部分的部队。美国的目的就是让欧洲彻底地依靠自己制衡苏联；同时，不会建立由本国控制的强大的、能独立行动的德国军队。可以实现该目标的唯一方法就是欧洲将战争决定权转移给中央管理机构；这意味着对外和

---

[62] 1950年12月，艾奇逊短暂考虑过放弃盟军自1945年就拥有的最高权威，但他很快就打消了这个念头。自那时开始，就一直使用"相当程度上的"政治平等或"大部分的主权"之类的措辞。Acheson to McCloy, December 12 and December 28, 1950; Spofford to Acheson, December 13, 1950; Acheson to London Embassy, December 14, 1950; Acheson in western foreign ministers' meeting, December 19, 1950; all ibid., 4:797, 799, 801–802, 809, 818. 有关其他不同的涉及"相当程度上的"主权以及类似观点的文献，见FRUS 1951, 3:814, 840, 849, 850, 1166。

第四章　北约体系的形成

军事政策需要在统一的基础之上制定,而且需要建立某种欧洲的联邦国家。因此美国人极为重视欧洲在政治上的统一,而且对与此目的一致的方案都基本上表示支持。

到了1948年初,美国决策者已经称西欧是一个独立的实力中心,是一支强大到"对于美苏两国都可以说'不'"的"第三支力量"。[63]美国认为欧洲人有防御自身的资源。面对来自东方的极大威胁,欧洲各国应该求同存异,聚集他们的力量并且最终在政治上团结起来。统一也可以解决德国问题,而且如美军不永远驻扎在欧洲,这有可能是唯一的解决办法。所以美国对于欧洲一体化的态度是非常明确的。艾奇逊告诉舒曼:"我们对此表示赞同,我个人也赞同。"按照这种方法建立的欧洲,将强大到足以防御自身免受"共产主义者的虚无主义以及苏联的帝国主义"的攻击,而且该方案是"这一代人确保下一代不会受到危险的德国越轨行为侵害的最牢固基础"。[64]

但是"欧洲的"解决方案是否可行?一个简单的、超国家的行政结构是不够的;想要体系得以运转,必须真正做到主权集中,而且要建立集中的欧洲政治权力机构来控制任何共有的力量。但是欧洲诸国是否愿意将战争权这一主权的核心权力交给欧洲联邦机构?理论上,"组建欧洲"可能是防止德国独立行动的很巧妙的方法。但是欧洲体系必须在平等的基础上建立。因此,适用于德国的限制也同样适用于法国及其他国家。但是像法国之类的国家会同意自己无法再以国家为单位行事,也不能拥有自己的武装力量吗?

然后就是有关英国所扮演的角色的问题。纯粹地在欧洲大陆上组建集团可能不会起作用。法国也许不会觉得自己强大到可以独自处理德国问

63　Hickerson-Inverchapel meeting, January 21, 1948, FRUS 1948, 3:11.
64　Acheson to Schuman, November 29, 1950, FRUS 1950, 3:497. 另见艾森豪威尔在白宫会议上的言论,January 31, 1951, 以及在北大西洋理事会上的言论,November 27, 1951, FRUS 1951, 3:450-451, 734。

题，即使它还有意大利、比利时、荷兰以及卢森堡站在自己那一边。如果英国参与其中，情况可能就不同了。如果可以摆脱沉重的海外承诺带来的负担并且将自己的精力集中在欧洲，或许英国和法国携手将足以在欧洲体系中制衡西德，而且一个包括了英国的集团也许有能力依靠自身力量对抗苏联。在美国看来，这意味着应该让英国重新认识到自己是一个主要的欧洲国家。[65]

但是英国领导人对这种方案没有一丝兴趣或信心。实际上，英国领导人反对将英国首先视为一个地区性的欧洲大国，对将英国当作欧洲联邦体系关键组成部分的这种观点更是持反对态度。英国希望被视为"美国在国际事务中的伙伴"。它拒绝认为自己只是另一个欧洲国家，而且英国领导人对美国将英国"推回欧洲队列"的尝试感到愤怒。英国是拥有重要海外利益的世界大国。但这并不意味着英国想要脱离欧洲。实际上在1950年5月，英国国防政策发生了"深刻的改变"。西欧大陆的防务现在被认为是"英国战略的第一'支柱'"，比现在英国在中东的防务都更加重要。但是在贝文看来，与西欧的联系只是英国政策所依靠的"三大支柱"之一。与美国和英联邦国家的纽带也同样非常重要。保守党人的看法大致相同。丘吉尔对于英国在世界上所扮演的角色有着清晰的构想：如他所见，英国处于西欧、英联邦以及美国这三个相互重叠的圆环的中心。[66]

---

65 尤其注意美国的观点，见 Anglo-American meeting, April 25, 1950, DBPO II, 2:124, 以及 the PPS discussions, January 18 and 24, 1950, PPS 1947-1953, box 32, RG 59, USNA.

66 有关"三环"的概念，参见 Winston Churchill, "United Europe," November 29, 1951, C(51)32, Cab 129/44, PRO, 以及 David Reynolds, *Britannia Overruled: British Policy and World Power in the Twentieth Century* (London: Longman, 1991), pp. 195, 202。另注意，贝文将西欧、英联邦以及美国称为"我们政策的三大主要支柱"，见 May 7, 1950, brief for Cabinet meeting, DBPO II, 2:261, calendar 74i. 有关英国失去其地位并被"推回欧洲队列"的文献，见 Oliver Franks memorandum, September 27, 1950, 以及 Brook minute of December 16, 1950, DBPO II, 3:114, 383n. 有关英国防御战略的变化，见 Elliot memorandum, October 19, 1950, ibid., p. 178; 另见 ibid., 2:164, 164n。

第四章　北约体系的形成

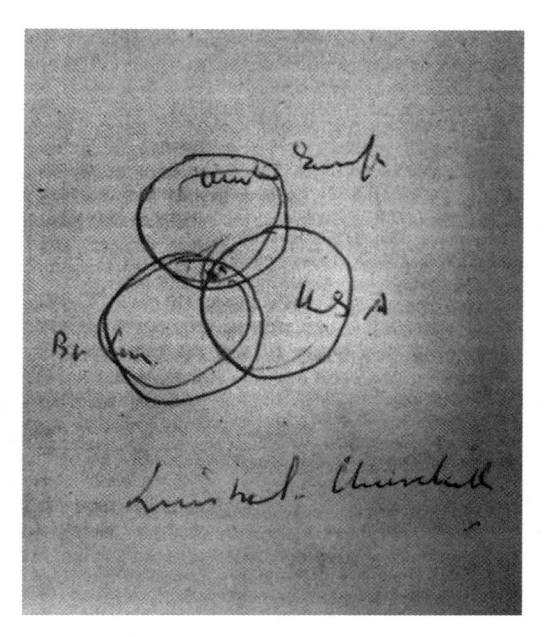

图2：丘吉尔对于英国在世界上位置的想法。此图来自于丘吉尔在1951年12月与阿登纳的会晤中所作的草图，影印照片出自 Adenauer, *Errinnnerungen*, 1:512。

因此到了1950年，英国已成为主要西方三国中最具有大西洋主义倾向的国家。这是最新的发展事态，而且仅在1949年的时候贝文才放弃有关英国领导的"第三支力量"的想法。贝文以及其他多数英国官员最终相信，无论英国是否被纳入欧洲体系，整个西欧都不足以强大到保护自己。[67]美国必须留在欧洲，必须强调"大西洋"的概念而不是狭隘的"欧洲的"观点。贝文写道："我们不能允许欧洲联邦的观念在北约生根，否则会削弱而不是加强大西洋两岸之间国家的纽带。我们必须将其扼杀在萌芽时期。"[68]北约体系——即在美国将军作为最高指挥官领导下的基础广泛的一体化部队——必须被加以强调；它是保持美国参与其中的途径。

67　David Reynolds, *Britannia Overruled: British Policy and World Power in the Twentieth Century*, pp. 67-68.
68　Bevin memorandum, November 24, 1950, DBPO II, 3:294.

所以英国人对普利文计划以及有关欧洲防务共同体的整个构想表示反对。贝文写到,法国所设想的欧洲军队"与我们将大西洋共同体建设为未来的主要集团的总体政策格格不入"。这对于"大西洋集团而言是一种毒瘤",而且可能给美国人脱离欧洲找到借口。[69]欧洲依靠自己的力量是不足以保护自己的,而且法国的方案无法为将德国融入西方提供足够的框架。实际上,法国方案的主要目标就是防止德国直接被纳入北约。另一方面,贝文"正在设想建立一个全面的大西洋联盟,可以将**所有**大西洋国家以及德国囊括其中"。他指出:"在此框架内,德国无法为害。"[70]

但是英国不愿意正面反对普利文计划。他们认为必须要赞同该计划,因为这是眼下唯一让美国派遣作战部队和北约指挥官的方法。但是他们自己不会加入这支力量,而且英国人也对美国推动自己加入欧洲集团表示不满。贝文告诉一位美国高官,美国必须明白英国"不是欧洲的一部分;它不仅仅是一个卢森堡"。[71]但是,若是欧洲大陆国家想要建立欧洲联邦部队,英国也不会阻止它们这样做。[72]

法国的态度有些不太一样。很多官员都认为,某种欧洲大陆集团的建立可以对美国在联盟中的压倒性力量起到制衡作用。部分出于这种原因"组建欧洲"的观点在法国非常受欢迎,尤其是在联合执政的政党之中。但是与此同时,法国人也深感过度推动"欧洲观念"可能是不明智的。法国不希望被遗弃在一个只有苏联人和德国人的欧洲大陆。它想要它的盎格鲁-撒克逊伙伴,尤其是美国,相伴左右。从一开始法国就强烈要求美国在欧洲保持强大的军事存在。法国还奋力争取建立一体化的防御体系以及要求任命美国人担任北约指挥官,在1950年继续支持在美国领导下建立一个统一的西方防务机构。普利文说道:"一个共同的管理机构将使美国能够

---

69 Bevin memorandum, November 24, 1950, 以及 Bevin to Franks, November 29, 1950, ibid., pp. 293, 306。
70 Bevin to Nichols, November 23, 1950, ibid., p. 290.
71 Bevin-Spofford meeting, August 23, 1950, ibid., p. 4.
72 Cabinet Defence Committee meeting, November 27, 1950, ibid., p. 302.

第四章　北约体系的形成

行使它在大西洋防御中必须发挥的主导作用。"[73]

此外，也需要美国来处理德国问题。在1952年1月写给艾奇逊的信中，舒曼称欧洲防务共同体的概念自身不能解决德国问题。但是德国可能某天从欧洲防务共同体中撤出，这样的危险是确实存在的，所以到1952年初，法国人实际上要求其盎格鲁-撒克逊盟友保证，如果德国尝试退出共同体，它们就会进行武力干涉。[74]

但是，美国政府不愿意担当这样的角色。艾奇逊说，美国人在欧洲"不是为了履行朋友的责任而是为了防止来自外部的侵略"。[75]欧洲人一直尝试将美国拉进来——加强美国在欧洲的军事存在，确保美国一直会在欧洲扮演重要角色，并且建立美国领导的强大的北约体系。美国的存在是他们建立这种政治体系的核心支柱。但是美国人小心谨慎。尤其是美国参联会，它并不希望美国与欧洲联系过于密切。参谋长所感兴趣的是守护美国的自主权力，而且从一开始就抵制欧洲人，尤其是法国人施加的建立高度一体化的体系（即使是在美国控制之下）的压力。[76]

73　Bruce to Acheson, August 1, 1950, FRUS 1950, 3:171.
74　有关德国最终可能会撤出的问题，见Schuman to Acheson, January 29, 1952; Bruce to Acheson, February 1, 1952; Churchill-Acheson meeting, February 14, 1952; western foreign ministers' meeting, February 14, 1952; Anglo-American meeting, February 16, 1952; Acheson to Truman, February 16 and May 26, 1952; 以及 Tripartite Declaration, May 27, 1952; all in FRUS 1952–1954, 5:10,12–13, 39, 41–43, 46–47, 78–79, 682, 687。
75　Acheson to Truman, ibid., p. 79.
76　有关美国军方领导层不愿做出充分承诺的文献，见 *JCS History*, 2:385, 392–393; 另见 Militärgeschichtliches Forschungsamt, *Anfänge westdeutscher Sicherheitspolitik, 1945–1956*, vol. 1 (Munich: Oldenbourg, 1982), pp. 244–245。美国军方明确表示，他们希望美国的部队在必要时可以以国家为基础行动，也正是由于这个原因才最终建立了美国欧洲司令部。1951年艾森豪威尔反对该政策，不是因为建立美国司令部有任何实际意义，而是因为由此所涉及的象征意义：它意味着美国人试图远离一体化的北约体系。接替艾森豪威尔任欧洲盟军最高司令的李奇微将军（General Ridgway）更具民族主义倾向，而且参联会对此问题的观点最终占了上风。但是艾森豪威尔之前一直有能力保证欧洲盟军最高司令可向总统直接汇报，而且是他（并非参联会）对美国在欧洲的部队拥有直接的控制权。见 H. H. Lumpkin, "The SACEUR/USCINCEUR Concept" (U.S. European Command, August 1957; Defense Department FOIA release), with the following attached documents: Eisenhower to JCS, October 3, 1951; JCS to Eisenhower, October 5, 1951; Ridgway to Handy, May 31, 1952; Ridgway to JCS, June 11, 1952。这些文献中的第一篇也发布在 *Eisenhower Papers*, 12:592–593；一个编者按（p. 594, n. 5）解释了艾森豪威尔与参联会的矛盾而且引用了一些其他的文献。在引用中，参联会认为美国的战争计划应该"完全以本国考量为基础"。当务之急是，美国是否可以以本国为基础为撤出西欧制订计划。问题的解决方法是同时有两种方案：欧洲盟军最高司令部计划（并没有规定在战争到来之时撤军）和美国计划（规定了撤军问题，并且欧洲盟军最高司令部的欧洲官员对此并不知情）。见 ibid., p. 805, n. 2; 及 *JCS History*, 4:308。

155

实际上，美国是不情愿地被拉入北约体系的。美国原本并未准备在欧洲建立一个自己的帝国；美国的霸权本身从未被当作目的来追求。美国政府最希望看到的是欧洲人以一种联邦的形式团结一致，承担他们自己的防务。但是如果该目标无法达成，那么美国将别无选择，只能建立以美国的强大存在为基础的体系：没有其他办法可以既在欧洲建立对苏联的有效制衡机制，同时又不能让德国变得过于强大和独立。但是，想让美国政府完全接受这个结论，还需要数年时间。

然而并非1950年代的历届美国政府都不接受在欧洲维持长期军事存在的观点。1951年7月中旬，艾奇逊就对此表示支持。在6月末及7月初，艾奇逊仍在设想最终完全依靠欧洲自身的解决方案。美国最终会从欧洲撤军，艾奇逊声称，但是在撤军之时必须要留下一个一体化的军事体系。必须避免出现这样一种情况："除了完全由国家控制的国家部队"——特别是指由德国控制的德国军队——在欧洲大陆上什么都不会留下。因此建立"可发挥作用的欧洲军队"成了美国的目标；美国在短期内必须采取"切实的行动"；并且在美国主导的北约体系之下或许能最终演化出一个欧洲的体系。[77]

但是其他高级官员很快对艾奇逊的基本假设提出了批评。他们不相信本质上的欧洲框架是可行的，也不信服美国政策应建立在今后某时美国将从欧洲撤军的假设上。他们怀疑，即使从长远角度来看，西欧是否能强大到独自抗衡苏联。因此，美国不能认为自己仅是短暂地介入欧洲。故而，欧洲部队应是"永久而非暂时地"嵌入在更广泛的北约框架中。即使在理论上，欧洲拥有独自制衡苏联的资源，如果想要建立纯粹的欧洲体系，它们还需要解决基本的政治问题。除非可以为欧洲力量提供"超国家的政治指导"，否则纯粹的欧洲解决方案是不可行的。美国驻法大使指出，如果"没有永久性的欧洲政治体系"，欧洲的部队将会在美国部队和美军指挥官

---

77 Acheson to Bruce, June 28, 1951, 以及 Acheson memorandum, July 6, 1951, FRUS 1951, 3:802, 804, 816。

第四章　北约体系的形成

撤离之后"回归到各自的国家军队";这当然是美国决策者非常想要避免的。问题在于"欧洲的超国家的文职控制"是难以解决的。正如艾奇逊自己所认识到的那样,该问题"深入主权的根基",所以眼下并没有快捷和容易的解决方案。事实上,无法明确认为能制订出一个可行的解决方案。[78]

所以在7月中旬,艾奇逊的立场发生了巨大改变。他的新立场强调北约以及美国对欧洲的长期承诺,而不是类似欧洲防务共同体的欧洲机制。现在,艾奇逊抱怨到,"将欧洲一体化和欧洲军视作所有问题(包括针对德国的安全问题)的最终解决方案"以及对发展大西洋共同体的长期重要性表示漠视的趋势愈发明显。两周之前,他刚刚接受了美国只是暂时存在的观点,但是现在他否认美国加入北约"在未来某个不确定的时间会终止"。要"最好地服务于美国的长期利益",不能仅发展欧洲军计划,还要通过与北约盟国的"永久联合政策"来保卫整个大西洋地区。其中的原因更多地与德国而不是苏联有关:艾奇逊现在认为,在未来的欧洲军中,西欧各国的影响力"可能不及德国"。[79]

因此有必要强调北约。欧洲现在所从事的最重要的事务就是在军事方面,而且他们要将部队融入北约的框架之中。此外还需要淡化欧洲军作为独立的政治实体这一想法。[80]这与欧洲的基本政治现实是一致的。正如舒曼当时所指出的那样,普利文计划并不要求建立一个拥有战争权力的欧洲"超级国家",而仅仅是建立可以招募、训练和武装欧洲部队的欧洲管理机构。[81]换言之,欧洲防务共同体仅是管理意义上的超国家机构,并不是要将成员国的主权真正集中起来。当1952年中有关欧洲防务共同体的协议最终

78　Acheson to Bruce, June 28, 1951; Bruce to Acheson, July 3, 1951; Acheson memorandum, July 6, 1951; Spofford to Acheson, July 8, 1951; all ibid., pp. 803–804, 806, 814, 818, 822.

79　Acheson to Bruce, July 16, 1951, ibid., p. 835.

80　美国人现在决定用"欧洲防务部队"一词,而不是"军",以强调他们现在讨论的"仅仅是军事领域的组织",而不是具有鲜明政治特点的一支力量。见MacArthur to Perkins and Byroade, July 7, 1951, 以及 Bruce to Acheson, July 15, 1951, ibid., pp. 820, 837n。

81　有关舒曼强调此观点的文献,见Strasbourg speech of November 24, 1950;有关文本,见 *L'Année Politique* (1950): 381。

签订之时，协议的一项条款要求对这一问题进行研究，而且实际上最终提出了一个建立政治联盟的方案。但是最终的结果是该方案还没有欧洲防务共同体自身有吸引力。[82]

欧洲无法建立一个属于自己的超国家的政治体系，这意味着有效的权力仍然在美国手中。除了美国人，除了欧洲盟军最高司令，还有谁可以填补欧洲政治权威缺失而产生的空白？[83]实际上，美国人和欧洲人现在都认为，欧洲部队必须由欧洲盟军最高司令控制，并且嵌入北约体系之中。[84]

截至1952年5月，一系列基本协议得以制定出来，而且在这些协议旨在建立的政治体系中，美国将会扮演重要角色。联邦德国将被给予更多管理自己事务的权力，但是没有完全恢复其主权。例如，西方盟国将保留在德国驻军并且在极端情形下干预德国内政的权利。即将建立的欧洲防务共同体并不是纯粹的欧洲大陆的机构。由美国将军担任的欧洲盟军最高司令将指挥欧洲部队，而且1952年5月27日签订的三方宣言强调了英美的参与。该宣言在欧洲防务共同体协议签订之时由英、法、美三国发布。在宣言中，英美承诺将把脱离欧洲防务共同体的行为视为"对其自身安全的威胁"，并根据《北大西洋公约》采取行动。它们在欧洲大陆尤其是德国的驻军显然与它们对欧洲防务共同体的"完整性的关注"相联系：驻军是为了

---

82 见 Georges-Henri Soutou, *L'alliance incertaine: Les rapports politico-stratégiques franco-allemands, 1954–1996* (Paris: Fayard, 1996), p. 21。

83 有意思的是，军方率先开始讨论此问题，欧洲缺少真正的、可以控制欧洲部队的超国家政治权威是整个欧洲防务共同体这一概念的主要缺陷。例如，法国军事领导人认为只有在欧洲政治统一的前提之下，一支欧洲军才有意义。如果想要做成此事，必须要先建立共同的政治体系。参见 Guillen, "Les Chefs militaires français, le réarmement de l'Allemagne et la CED," pp. 10, 25，尤其是法国参谋长会议的会议记录节略，February 6 and November 15, 1951, 转引自 Doise and Vaïsse, *Diplomatie et outil militaire, 1871–1969*, p. 422。这也是美国军方领导人的观点。艾森豪威尔在1951年3月认为，在真正集中主权之前建立欧洲部队，无异于"用驮车来拉马前行，颠倒了顺序"，而且在1950年的时候，美国参联会就持有这种观点。见 Cyrus Sulzberger, *A Long Row of Candles* (New York: Macmillan, 1969), p. 615，以及（有关参联会观点）*Anfänge westdeutscher Sicherheitspolitik*, 1:355 n. 23。

84 Interim report of EDC conference, July 24, 1951, 以及 Acheson and Lovett to Truman, July 30, 1951, FRUS 1951, 3:845, 851。有关英国方面类似的观点，见 Spofford to acting secretary, November 7, 1951, ibid., p. 913。

第四章 北约体系的形成

"确保德国不会分离出去"。[85]因此盎格鲁-撒克逊人同意为整个欧洲防务共同体体系做担保。

但是这些安排从未生效。接连几届法国政府都知道，若欧洲防务共同体协议提交到议会将会被否决，所以它们在协议批准上一拖再拖。但这是美国政府——尤其是1953年1月就职的艾森豪威尔政府——难以接受的。

艾森豪威尔政府的核心关切就是欧洲防务共同体。这并不是因为它将该方案视作德国人能够做出军事贡献的唯一方法。即使在政治上可行，美国政府也不愿接受其他为德国国防做贡献的方式。实际上，艾森豪威尔认为"诉诸国家部队是远在欧洲防务共同体之后的次要选择，两者是无法相提并论的"。从纯粹的军事角度来看，在北约框架内部署德国部队可能是最佳选择，但是对于艾森豪威尔而言，决定性的考量却在本质上是政治性的。他和国务卿杜勒斯一致认为，欧洲防务共同体的真正意图在于将德国和法国都纳入其中，让它们团结起来成为强大到足以依靠自己来对抗苏联的欧洲联邦的核心，这样一来也使得美国在不远的将来撤离欧洲成为可能。[86]

所以，艾森豪威尔政府的上台导致了美国在一些关键领域的政策上的重要反转。现在，美国又认为欧洲人应该以某种联邦同盟的形式团结起来，而且他们应该担当起自己的防御责任，并且美国迟早会从欧洲撤军。建立完全依赖美国的体系的观点被否定。不管欧洲防务共同体有何缺陷，都为艾森豪威尔指明了正确的方向。如果建立一支欧洲军队，那么最终会成立一个欧洲政治机构去控制军队；作战权力必须要被集中；某种程度上的主权集中在所难免。欧洲防务共同体将在政治上统一欧洲铺平道路，而且既

---

85 Tripartite Declaration, May 27, 1952, FRUS 1952-1954, 5:687; Acheson-Eden meeting, February 16, 1952, ibid., p. 46.
86 有关艾森豪威尔的观点，见百慕大会议，December 5, 1953, ibid., p. 1783。有关美国认为欧洲防务共同体在政治上比军事上更为重要的原因，见"Annotated Order of Business at Bermuda," c. December 1953, Dulles State Papers [DSP], reel 12, frame 16320, ML, 及Dulles-Mendès meeting, September 27, 1954, p. 4, State Department Conference Files, CF 370, RG 59, USNA。有关美军撤离的问题，见Trachtenberg, History and Strategy, pp. 163-164, 167-168, 185。下一章将对此问题进行更详细的讨论。

然统一的欧洲是目前为止针对基本战略问题的最佳解决方案，那么欧洲防务共同体就只能成功，不准失败。因此现在欧洲防务共同体被认为是至关重要的——这是由于根本性的政治原因，而不是因为这是唯一可以允许德国军队发展的体系。

因此，新政府决定竭尽全力让法国同意该计划。法国政府声称，如果得不到美国新政府的承诺，法国国会就会投票否决欧洲防务共同体协议。所以艾森豪威尔政府极不情愿且相当愤怒地重申了关于美国在欧洲维持军事存在的旧担保。[87]但是从另一面看，这是美国对法国的直接警告：如果欧洲防务共同体失败，美国将会从欧洲大陆撤军。美国还告诉法国，它届时将和英国一起靠两国自己的力量重新武装德国。[88]杜勒斯表现得尤为严厉。1953年12月，他公开威胁称，如果欧洲防务共同体失败，美国的对欧政策将会进行"令人痛苦的重新评估"，而且在1954年7月，杜勒斯告诉法国总理皮埃尔·孟戴斯－弗朗斯（Pierre Mendès France）："美国的公众情绪已经达到高潮，我们无法再容忍法国的无限期拖延。如果重新武装德国不能在欧洲防务共同体的框架内进行安排，那么就会引起大麻烦。实际上，如果此事真的发生，美国对北约的所有援助都将被切断。"[89]

但是孟戴斯并没有被吓倒。在他看来，法国在欧洲和远东的政策已然失败，而他的职责就是清理这些烂摊子。他的主要目标之一就是为欧洲防务共同体引发的"持久的危机"找到出路。[90]他于1954年8月允许法国国会

---

87 NSC meetings, February 26 and March 4, 1954, FRUS 1952-1954, 7:1230 and 5:886-890. 这些保证于4月15日被传至欧洲防务共同体国家；见DOSB, April 26, 1954, pp. 619-620。

88 见 appendix 3, "The United States, France and the German Question, 1953-1954" (IS)。

89 早在1953年1月，杜勒斯就谈及用退回边缘战略的可能来威胁法国所具有的重要性。见State-JCS meeting, January 28, 1953, FRUS 1952-1954, 5:712-713. 有关进行"令人痛苦的重新评估"的威胁，见其在北约理事会上的讲话，December 14, 1953；当天晚些时候在新闻发布会上又重申此观点。Ibid., pp. 463, 468. 另见Dulles-Mendès meeting, July 13, 1954, ibid., p. 1020; NSC minutes, July 16, 1954（文中引用的出处），DDRS 1986/1561；以及Bonnet to Mendès, August 24, August 27, and September 16, 1954, DDF 1954, pp. 228, 228n., 378。

90 Mendès to Massigli, August 14, 1954, Mendès France Papers, Accords de Paris (first box), folder "Correspondance avec nos ambassadeurs," Institut Mendès France, Paris. 另见孟戴斯对于该影响的评论，转引自René Girault, in François Bédarida and Jean-Pierre Rioux, eds., *Pierre Mendès France et le mendésisme* (Paris: Fayard, 1985), p. 527。

第四章 北约体系的形成

否决关于欧洲防务共同体的提案，令杜勒斯勃然大怒，把孟戴斯视作苏联的工具。[91]但是法国领导人却认为自己完全被误解了。[92]实际上，此时的孟戴斯为了拯救北约体系比任何人都付出了更大的努力。

孟戴斯意识到1954年的战略环境和1950年时的非常不同。1950年末有关重新武装的重大决议在1952年已经开始得到回报。到了1954年，美国的实力已经达到空前的高度。在战略层面看来，显然西方尤其是美国现在开始占据了上风。在这种新的战略环境之下，西德不再被视为一个威胁。与其他地区建立起来的配备核武装的强大力量相比，任何德国武装力量都相形见绌。甚至法国自己也准备发展核力量。该领域的关键决策是由孟戴斯的法国政府在1954年末做出的。德国的军事实力不再是个问题。实际上，在法国看来，在这个新的战略环境下，德国的常规部队"比以往更加有必要"。德国的重新武装会给西欧的防御增加深度，因此也会使法国更加安全。[93]

因此孟戴斯明白，旧时的辞令已经过时而且必须要抛弃——尽管需要谨慎处理此事，并且还要注意法国国内的政治现实。对于前几任法国政府，欧洲防务共同体的主要功能之一就是防止德国脱离北约；1953年，法国总理威胁到，如果不顾法国的反对，允许德国带着自己的部队加入北约——也就是将德国和其他国家在军事上同等对待——法国将会"使任何德国部队的存在形同虚设，因为其反对将会如此强烈，以至于将在实质上切断德

91　NSC meeting, September 24, 1954, FRUS 1952–1954, 5:1266.
92　见Mendès to Bourgès-Maunoury, August 26, 1954, in Pierre Mendès France, *Oeuvres complètes*, vol. 3: *Gouverner, c'est choisir* (Paris: Gallimard, 1986), p. 249。有关杜勒斯误解孟戴斯政策的文献，见Dulles to Dillon, August 12, 1954, and Dillon to Dulles, August 13, 1954, FRUS 1952–1954, 5:1030, 1032; Mendès to Bonnet, August 13, 1954, and Lagarde to Mendès, November 26, 1954, DDF 1954, pp. 142, 799–800; 以及 Pierre Guillen, "La France et l'intégration de la R.F.A. dans l'OTAN," *Guerres mondiales et conflits contemporains*, no. 159 (July 1990): 78–79。
93　Aline Coutrot, "La politique atomique sous le gouvernement de Mendès France," in Bédarida and Rioux, *Mendès France*, pp. 309–316; Georges-Henri Soutou, "La politique nucléaire de Pierre Mendès France," *Relations internationales*, no. 59 (Fall 1989): 451–470, and "La France, l'Allemagne et les accords de Paris," *Relations internationales*, no. 52 (Winter 1987): 468.

国与大西洋之间的交通线"。[94]对于孟戴斯而言，这种态度没有任何意义。这与西方国家的对德政策的整个主旨不相符。此外，对于该观点的支持者而言，欧洲防务共同体本身就是一种目的，更像是有关神学的问题而非实际的政治问题。[95]但是对孟戴斯而言，政治现实是最根本的，而且欧洲防务共同体无法得以建立一事很快就变得很明显了：盟国无法接受协议的重大改变，而且以协议现在的形式呈现，法国国会也不会批准。这些都意味着必须要制订出其他的解决方案——而且速度要快——该方案要让德国加入西方的防务之中。[96]

在8月23日与英国领导人的谈话中，孟戴斯已经提出了一个欧洲防务共同体的替代方案。欧洲要成立包括英国在内的、更为广泛但是更加松散的集团。在他看来，在更大的北约框架之内的这种安排很可能为法国国会接受。毕竟，法国的政治领导人认为增加一些责任将会是有建设性的：欧洲防务共同体原本就是法国提出的，而法国现在却不愿意接受这个提议，这令人尴尬。此外，孟戴斯所构想的安排与英国关于这些问题的基本立场一致。出于对美国的忠诚，英国领导人支持欧洲防务共同体，但是他们的心之所向却不在于此。在英国看来，一个统一的欧洲只能经过一种有机的过程才能得以发展；而快速建立诸如欧洲防务共同体的超国家欧洲机制并不是应该采取的方法。"欧洲联邦可以发展但是绝不能被建立"，丘吉尔在9月给艾森豪威尔的信中写道："它的建立必须出于自愿，而非应征性质。"[97]所以尽管英国人一开始不愿意与美国人分道扬镳并采取孟戴斯现在提倡的路径，但是在欧洲防务共同体分崩离析之后他们迅速就回心转意了。

---

94 Top Secret Staff Summary, February 5, 1953, DSP/82-83/73328/ML.
95 见Mendès' remarks in the National Assembly, December 23, 1954, in his *Oeuvres complètes*, 3:614。
96 有关孟戴斯的基本观点，见Massigli to Mendès, August 12, 1954, 以及Mendès to Massigli, August 14, 1954, Accords de Paris (first box), folder "Correspondance avec nos ambassadeurs," Mendès France Papers. 另见Mendès to Massigli, April 1, 1969（此文献非常重要，因为它记录了8月25日与英国领导人在查特韦尔进行的会晤）, in Accords de Paris (second box), folder "Polémique Spaak/PMF," Mendès France Papers, 以及Massigli, *Une comédie des erreurs*, chaps. 11 and 12。
97 Churchill to Eisenhower, September 18, 1954, *Eisenhower Papers*, 15:1299n.

第四章 北约体系的形成

实际上，英国人提出该方案的时候就好像这个观点完全是由他们自己想出的，但是孟戴斯很乐意让他们这么做，因为如此一来，美国人就会更容易接受该观点。[98]

但是美国政府对这种解决方案完全不满意，而且最终接受该方案的时候很不体面。欧洲防务共同体的方案破灭之时，杜勒斯告诉他的高级顾问，"另一条重新武装德国的路径过于敷衍了事"，"我们必须从中抽身"，并且"直到在欧洲创立合理的政治基础之前，建设德国毫无用处"。他说，建设拥有"漂亮的"上层建筑，以及军队和常设小组的北约，但却没有像欧洲防务共同体可以提供的那类强大政治基础，这是毫无意义的。一个"如沼泽般松软的政治基础，缺乏团结或一体化的坚实性，将使这个漂亮的上层建筑在第一次遇到真正压力的时候就摇摇晃晃、不堪一击"。英法做出试探，看看美国政府是否会同意北约的解决方案，但杜勒斯反应冷淡，再一次威胁将对美国战略进行重大的重新评估，并警告称，美国可能不再致力于欧洲的防御，而且对除了欧洲防务共同体之外的解决方案表示"顾虑极大"。[99]

尽管杜勒斯表现出郁闷和不满，但这并不妨碍在1954年初秋先后于伦敦、巴黎召开的两次重要会议上迅速制订出基本的解决方案。方案体现在大量的相互关联的协议和宣言之中，通常被称为巴黎协定（Paris

---

98　Mendès-Eden-Churchill meeting, August 23, 1954, and Mendès to main French ambassadors, September 18, 1954, Mendès France, *Oeuvres complètes*, 3:246-247, 317-321; Massigli to Mendès, September 9, 1954, and Parodi to Massigli, September 9, 1954, with Mendès draft proposal, DDF 1954, pp. 308-310, 312-315. 有关英国人对于欧洲防务共同体的态度，尤其见 Dulles to Eisenhower, September 18, 1954, FRUS 1952-1954, 5: 1227。杜勒斯曾报告说，丘吉尔声称，他很高兴"欧洲防务共同体的愚蠢行为"已经结束，而且"他对此表示支持仅是因为"艾森豪威尔希望建立这种体制，但是他对此"从未抱有信心"。而且实际上，丘吉尔一直试图为直接接纳德国加入北约这一更简单的解决方案敞开大门。

99　Dulles meeting with State Department officials, August 25, 1954, Dulles-Bonnet meeting, September 14, 1954, Dulles-Adenauer meeting, September 16, 1954, p. 6, DSP/64, frames 62974, 63055 and 63071, ML. 另注意杜勒斯在制订北约解决方案的会议上所表现出的极不情愿的语气，另见 NSC meeting of October 6, 1954, FRUS 1952-1954, 5:1357-1361, 1379-1382。

accords）。[100]多年的努力之后，西方国家似乎终于建构出一个政治体系。

北约体系

巴黎协定结束了占领政权。联邦德国将会在其国内国外事务方面拥有"主权国家的完整权力"。此外，该方案还允许西德加入北约，并且为重建德国国家军队确立了框架。但是盟国坚持保留重要的法律权利，在很大程度上限制了德国的主权。

首先，如果德国的民主体制受到威胁，西方诸国保有在极端情况下进行干涉的权利。在联邦德国早期，西方政府还不确定"基本的民主秩序"是否能在德国落地。[101]麦克洛伊和艾奇逊由此在1951年的时候认为，如果德国的民主受到严重威胁，盟国应该可以进行干涉。[102] 1952年5月未受批准的协议明确授权盟国可在德国民主制度受到威胁之时宣布国内紧急状态并且采取适当措施。当基本公约在1954年重新商议之时，该条款被取消，但是这并不意味着盟国的这种权利就消失了。1952年条约的另一条款赋予西方三国的军队指挥官，在其指挥的部队受到威胁的情况下，可使用"独立于紧急状态"的权利采取任何必要措施"铲除危险"。条款本身允许盟国在德国国内的民主体制受到威胁的时候采取行动，因为民主秩序的倾覆会自动威胁到西方部队的安全。由于这一条款令阿登

---

100 重要文献见FRUS 1952-1954, 5:1345-1366, 1435-1457。一份极为重要的文件，即《三国与德意志联邦共和国关系公约》，在此没有印出其最终版本，但可找到1952年5月的原始版本（ibid., 7:112-118）；而且也可见1954年10月的修订版：ibid., 5:1341-1342。最终文本见Paul Stares, *Allied Rights and Legal Constraints on German Military Power* (Washington, D.C.: Brookings Institution, 1990), pp. 91-96。

101 Rupieper, *Der besetzte Verbündete*, pp. 60-63. 当时对于民意调查数据非常重视，很多数据都令人不安，记录了德国人民对于纳粹时期的感受。例如，见"Germans Continue to Like Nazism," Top Secret Staff Summary, January 16, 1953, DSP/82-83/73244-73245/ML。有关军政府时期的美国官方民调数据，见Anna J. Merritt and Richard L. Merritt, *Public Opinion in Occupied Germany: The OMGUS Surveys, 1945-1949* (Urbana: University of Illinois Press, 1970)。

102 McCloy to Acheson, August 18, 1951; Acheson-Schuman meetings, September 11 and September 13, 1951; FRUS 1951, 3:1175-1176, 1251, 1273.

第四章 北约体系的形成

纳感到尴尬,盟国愿意从1954年的最终协议中将其删去,条件是将其作为一项"实际安排"保留下来,德国总理也同意这一解决方案。阿登纳给予盟国书面保证,条款的删除并不会改变什么,因为采取任何必要措施保护自己领导的军队是"任何军事指挥官与生俱来的权利"。因此,盟国拥有一项相当广泛和定义相当松散的权利,在极端情况下可以干涉德国内政。[103]

德国的国际行为是一个更加基本的关切点。西方诸国担心德国日后可能通过军事手段尝试重新统一自己的国家。因此阿登纳应邀做出承诺,保证联邦德国不会动用武力重新统一德国或是改变现在的疆界,阿登纳的承诺由西方三国作保。[104]西方更加担心联邦德国可能会与苏联做交易:只要其与西方断绝关系,苏联就会让德国重新统一。西方三国因此坚持在全德问题上保留它们的权利。在巴黎协定中,联邦德国被当作德国人民在国际事务中的唯一合法代表,但是无权独自就德国问题进行谈判。三国保留拒绝任何它们不赞成的德国解决方案的法律权利,而且这尤其适用于规定德国中立化的解决方案。

这些对德国主权的限制与保留权利中最重要的一项紧密相关,即在德国领土上驻扎军事部队的权利。在巴黎协定之下,联邦德国没有让西方国家撤军的合法权利。西方领导人十分重视这项重要权利。直至1958年,当社会党政府今后在德国上台后是否会与苏联人达成统一—中立协议的问题出现之后,艾森豪威尔明确表示美国不会允许美军被"踢出"。"如果社会党人真的在德国掌权",艾森豪威尔指出,"我们必须在德国投入更多的美国部队"。不管德国人作何想法,西方盟国既有权利,最终也有能力阻止中

---

103 Convention on relations, May 26, 1952, FRUS 1952–1954, 7:115;麦克洛伊的观点引自 High Commission report, August 9, 1951, 以及 Schuman in foreign ministers' meeting, September 13, 1951, FRUS 1951, 3:1273, 1505. Kidd memorandum, September 10, 1954, and working party report, October 2, 1954, FRUS 1952–1954, 5:1169, 1341; Ruhm von Oppen, *Documents on Germany under Occupation*, p. 628.

104 联邦德国与西方三国的声明,October 3, 1954, FRUS 1952–1954, 5:1352–1354。

165

立主义的解决方案。[105]

但是法律上的限制只是限制德国行动自由的体制的一部分。1954年末制订出的军事安排更加重要。西德将被纳入北约之中,但是德国军队建设的规模和性质须在多方面加以约束。西欧联盟(Western European Union)将会执行这些限制,该联盟是纯粹的欧洲机构,包括英国和联邦德国,并且其主要功能就是监督德国的军控。最重要的限制与核武器有关。德国政府保证不在自己的领土上制造核武器,而且西欧联盟会强制执行这一限制。[106]

此外,这支新的西德部队将会被并入北约,而且欧洲盟军最高司令的权力也会被大幅加强。新的北约框架提供了处理德国问题的有效措施。在一个一体化的、由美国主导的军事体系中,德国将无法独立行动。在该体系中对德国行动自由的限制将会是自然而然的,因此相比于一个过于明显地反映出根深蒂固的不信任的控制制度,这种限制更加容易被接受。欧洲防务共同体计划失败之后,强化北约体系并将其作为欧洲防务共同体的替代方案的想法迅速出现。北约指挥官艾尔弗雷德·格伦瑟将军(General Alfred Gruenther)在其中扮演了重要角色。他发展了该观点并使孟戴斯、艾登以及美国政府确信,强化欧洲盟军最高司令的权力可以解决相关的德国问题。[107]但是欧洲不需要什么说服力。例如,艾登现在声称"对德国部队真正的、唯一的控制"是将德国和美国放在同一个军事组织当中。[108]同样对于孟戴斯来说,正是由于这些原因,进行高度的军事一体化就显得至

---

105 NSC meeting, February 6, 1958, Ann Whitman File [AWF], NSC series, box 9, Eisenhower Library [DDEL].
106 Protocols to Brussels Treaty (including Adenauer declaration), October 22, 1954, FRUS 1952–1954, 5:1446–1456.
107 有关欧洲防务共同体替代方案的总体问题,见ibid., pp. 693–694, 713, 799, 859–860, 以及 ibid., 7: 502。关于北约方案——即强化北约制度性结构——的出现,见Martin to Moore, January 18, 1954, 740.5/1-1854, RG 59, USNA。有关在欧洲防务共同体计划失败之后该观点的作用,见FRUS 1952–1954, 5:1199–1201, 1219, 1228, 1282, 1293。
108 Gruenther to Dulles and Conant, September 16, 1954, FRUS 1952–1954, 5:1201.

第四章　北约体系的形成

关重要。[109]

所有这些——强化的北约体系、西方在德国领土上的军事存在、保留的权利、对德国军事力量的限制——加在一起成为一个体系。德国与西方相联系并成为其重要的一部分,但是它的行动自由被限制,不能像其他西方国家一样拥有相同的主权权利。如此区别对待德国,西方还可能指望联邦德国成为一个忠实的盟友吗?

无论如何,问题将会是严峻的,但是这个问题究竟有多大困难还取决于苏联的政策。苏联是有能力在德国和西方国家之间制造隔阂的。它可以接受在真正自由选举之上的重新统一,但是唯一的要求就是重新统一之后的德国不能成为西方集团的一部分。当时普遍认为,如果由德国人自己决定,他们将会非常渴望赞成此方案。[110]

但是在1950年代早期,西方诸国还没有准备接受德国在此基础上的统一。有关中立的方案有两个基本的变化形式:统一之后的德国可能很虚弱,它的军事力量受制于外部控制,或者德国可能再一次成为强大而又真正独立的大国。但是这两种可能都不是特别具有吸引力。不受西方保护的、虚弱的全德国家将会容易受到来自东方的压力,但是一个强大而又统一、在东西方之间纵横捭阖的德国(正如杜勒斯所说)注定成为"未来麻烦的根源"。但是,若是西方诸国过于公开和直接地反对此观点,尤其是如果西方明确表示,他们反对的原因就是不信任德国并且不希望德国太过强大和独立,那么最终联邦德国可能会离开西方联盟,北约体系也将随之迅速解体。结果是,苏联方面的任何真正的灵活性都会使西方陷入困境:在西方看来,

---

109　见1954年12月23日他在全国大会上的讲话,*Oeuvres complètes*, 3:613;另见 p. 608。

110　例如,参见 McCloy to Acheson, September 23, 1951, FRUS 1951, 3:1785-1786, 以及 NSC 5524 of June 10, 1955, 关于与苏联达成涉及德国协议的基础性政策文件草案。根据后一篇文献(p. 12),阿登纳强烈反对将德国的中立化作为重新统一的代价,但是文献起草者认为德国人民很可能会支持这样的建议。如果"在自由选举后,苏联提出真正的统一建议",阿登纳可能会"失去对局势的掌控",而且德国的舆论可能"迫使他接受中立化作为代价"。见 file for NSC 5524, NSC records, RG 273, USNA。

苏联的提议越慷慨，也就越危险。[111]

1950年代初，这些问题绝不仅仅是设想。从1951年末开始，似乎苏联可能真的愿意在真正自由选举的基础上接受统一。[112] 1952年3月，斯大林公开提出旨在迎合德国人的安排。德国可以在民主的基础之上统一；外国部队将被撤出，且新的统一的德国将不属于任何集团；允许德国人自行发展"对于国防至关重要的"军事部队。这些提议同斯大林提议中的其他条款一起，表明苏联所设想的是将德国复兴为一个能够独当一面，在国际事务中扮演真正独立角色的大国。[113]

在公开场合，西方对此提议不予理会，称这是破坏德国作为西方集团的一分子而进行重新武装的策略。该观点最终被证明是正确的：苏联

---

111 有关杜鲁门政府的政策，参见Acheson to Douglas, May 11, 1949, 以及 Acheson to Jessup, May 18, 1949, FRUS 1949, 3:872-873, 884。有关艾森豪威尔的政策，见下文pp. 134-135。关于不能公开表示反对的相关引文以及观点，见杜勒斯在与皮奈和麦克米伦会谈时的评论，October 31, 1955, FRUS 1955-1957, 5:652。苏联方面的灵活应对会使西方陷入困境，很多文献反映了这观点。例如，法国在1951年初就认为苏联接受西方自由选举的提议将会是"对我们而言可能发生的最为尴尬的事情"，或是1953年，英国认为贯彻希望通过自由选举取得统一的政策将会是"非常危险的"。有关表现出英法两国官员以此立场提出主张的文献和额外的文件选录，见Bruce to Acheson, February 27 and also October 11, 1951, FRUS 1951, 3:1763-1764, 1796-1797; Dulles-Bidault-Salisbury meeting, July 11, 1953, FRUS 1952-1954, 5:1625, 1627; Gifford to State Department, May 6, 1952, ibid., 7: 227。有关法国的观点，尤其见Schuman to Bonnet, June 16, 1952, 以及Bonnet to Schuman, June 16, 1952, Europe 1949-1955/Allemagne/822。另注意比尔乌达的评论，载于Dillon to State Department, April 26, 1953, FRUS 1952-1954, 5:390, 及a Note de la Direction Politique, April 15, 1955, DDF 1955, 1:456-458。美国人也认为，"真正有吸引力"的苏联提议将会使西方政府难堪，但是发现苏联很固执己见的时候，美国人又舒了一口气。见艾森豪威尔的评论, October 1, 1953, NSC meeting, FRUS 1952-1954, 7:542。在1954年初的柏林外长会议召开之前，杜勒斯担心苏联可能会提供"让统一的德国中立化"的"真正的解决方案"；杜勒斯在会后指出，如果苏联真的这么做，西方国家将会"做出一些非常艰难的决定"，但是所幸的是苏联的顽固意味着西方"不必面对这些艰难的抉择"。NSC meeting, February 26, 1954, ibid., p. 1222。

112 见关于共产主义者的重要姿态的报告, François-Poncet to Foreign Ministry, October 16, 1951, Europe 1949-1955/Allemagne/301/FFMA。

113 德国历史档案对这一段历史非常重视。更加重要的著作在Rupieper, *Der besetzte Verbündete*, p. 241n 中被引用。Rolf Steininger, *Eine vertane Chance: Die Stalin-Note vom 10. März 1952 und die Wiedervereinigung* (Bonn: Dietz, 1985)是其中最为重要的研究之一，它被翻译成英文，并以*The German Question: The Stalin Note of 1952 and the Problem of Reunification* (New York: Columbia University Press, 1990)的书名出版。鲁皮珀（Rupieper）关于此问题的谈论（pp. 240-300）也极为有用，尤其是关于美国方面的记叙。关于法国方面的文献，见Soutou, "La France et les notes soviétiques de 1952 sur l'Allemagne"。

第四章　北约体系的形成

的举动确实在根本上就是一种手段。[114]但是西方官员当时绝不可能知晓这一点，而是事实上十分警惕：因为他们觉得苏联人这次很可能是真心实意的，所以该提议被认为是危险的。鉴于这样做可能对德国的影响，欧洲人和美国人愈发认为不能直接拒绝苏联的提议。因此他们必须巧妙处理此事。他们的目的就是坚决不与苏联人达成协议，但是不能表现得过于强硬，以防扰乱德国舆论——或者扰乱英法两国国内舆论，因为在英法两国之中有赞成缓和，从而也赞成与苏联达成总体解决方案（这尤其意味着解决德国问题要在某种统一协议的基础之上进行）的重要政治力量。[115]

但是艾奇逊想要采取更强硬一些的立场。他理所当然地认为，美国不得不使用其权力范围内的"一切手段"来阻止与苏联就德国问题进行谈判。但是艾奇逊想要采取的强硬口吻会在政治上伤害欧洲主要三国的政府。1952年，盟国因此强烈要求艾奇逊采取相对温和的立场，而且不要断绝与苏联谈判的可能。盟国的态度令艾奇逊不安：欧洲人愿意和苏联对话，他因此觉得"困惑"并且"吃惊"。但是这些差异更多是表面上的，而不是真实的：盟友们可能需要表现得灵活一些，但是它们和美国一样，对按照苏

114　见Gaddis, *We Now Know*, p. 127,尤其是引自Alexei Filitov, "The Soviet Policy and Early Years of Two German States, 1949–1961," CWIHP conference paper (1994), p. 6的段落。另见Gerhard Wettig, "Stalin and German Reunification: Archival Evidence on Soviet Foreign Policy in Spring 1952," *Historical Journal* 37 (1994): 411–419。

115　关于苏联的提议被认真对待，见Noblet to Foreign Ministry, March 14, 1952, Europe 1949—1955/Allemagne/819/FFMA, and Massigli to Foreign Ministry, March 18, 1952, MP/69/FFMA, 其中反映了他和艾登对于诺布利特（Noblet）电文的反应。马西格利和艾登都十分重视苏联的这些行动。关于法国外交部的常任高级官员的更多怀疑反应，见Parodi to Noblet, March 18, 1952, Europe 1949–1955/Allemagne/820/FFMA。英国高级官员对待苏联的提议也非常谨慎，有关证据见Roberts to Strang, March 14 and March 15, 1952, with appended comments, FO 371/97878 and 97879/PRO。有关美国方面的反应，例如，参见Rupieper, *Der besetzte Verbündete*, pp. 243-245。一些人认为不能简单地拒绝提议，而且英、法、德国内有很重要的政治力量需要迎合，所以这些问题应该被巧妙解决，有关观点见Gifford to State Department, May 11, 1952, FRUS 1952-1954, 7:239。另注意Steininger, *German Question*, p. 168, n. 27中引用的英国文献。这种对国内舆论的关注在1955年的英法两国之中影响更为巨大。见FRUS 1955-1957, 5:137, 161, 171, 304。

联建议的方法解决德国问题并没有什么真正的兴趣。[116]

那么，西方政府怎样才可以在不疏远德国人民以及不会在国内付出巨大的政治代价的情况下避免达成协商协议？基本的策略就是摆出看上去有利于德国和国内舆论但是苏联一定会拒绝的条件。该策略可以阻止会议的召开，或是在会议开始之后破坏协商。[117]此事的关键在避免过于关注自由选举。法国尤其担心，若是此事成为中心问题，苏联可能"准备就我们所要求的绝大部分条件做出让步"。盟国不得不保留一些回旋的余地，而且舒曼现在声称，西方应该呼吁摆脱四大国的控制。所以西方的口号应该是"不仅仅是自由选举，而是为自由德国举行的自由选举"。[118]这种口号能够吸引德国人，但它也代表了苏联人所不能接受的立场：苏联人不可能同意以给予新国家留在西方集团的自由为条件来实现德国统一。这样一来盟国就可以巧妙地解决问题了。但是，这种手段是必要的这一事实也指出了西方体系的基本弱点：它取决于德国的合作和忠诚，但是与此同时，该体系的基本目标之一是限制德国的权力和独立。这种体系可以无限维持下去吗？

但是目前看来，该体系正常运转，这很大程度上是由于德国政府自己的政策。而这项政策又在很大程度上由一位相当杰出的人决定，他就是康拉德·阿登纳。他自1949年联邦德国成立至1963年下台一直担任联

---

116 见 Acheson to Gifford, April 18, May 9, May 12, June 10, and June 12, 1952, 及 Gifford to Acheson, May 6 and May 11, 1952; 载于 FRUS 1952–1954, 7:211, 229, 234–237, 239–242, 263, 268。另注意1953年7月11日比多在西方外长会议上的讲话, ibid., pp. 1614–1615。这位法国外长表示，尽管他不喜欢被迫与苏联谈话，但因为国内政治因素不得不接受协商的观点。

117 关于提出希望或明知不会被接受的提议的策略，例如，参见引自 Bruce to Acheson, October 11, 1951, FRUS 1951, 3:1797 的法国观点；Acheson to State Department, June 28, 1952, 以及 Donnelly to State Department, October 14, 1952, FRUS 1952–1954, 7:277,385。一个典型的观点就是，西方国家可以做出一些努力提出一些条件，因为苏联"不可能接受"。见 Dulles to Gifford, October 13, 1953, ibid., p. 655。另注意比多的言论，他认为协商的可能性很小，西方应该向苏联提出"苏联完全不同意的"建议。见西方外长会议, October 16, 1953, ibid., p. 695。英国外交部的观点如出一辙。尤其参见艾登的旁批, on Roberts to Strang, March 15, 1952, 以及 Eden to Foreign Office, March 21, 1952, FO 371/97879, PRO。在这些文献首篇所附的备忘录中，斯特朗认为，如果苏联人真心想要在自由选举的基础之上接受德国统一，西方将别无选择只得赞同，即使选举可能导致舒马赫政府上台，并改变阿登纳政府将德国融入北约的政策。但是艾登并未肯定这一点。"果真如此吗？"他在边缘空白处写道："我们难道不可以附加其他条件吗？"

118 Gifford to State Department, May 6, 1952, FRUS 1952–1954, 7:227; 另见 Schuman to Bonnet, June 16, 1952, Europe 1949–1955/Allemagne/822/FFMA。

第四章 北约体系的形成

邦德国总理。

按照阿登纳自己的话说，在联邦德国政府早期，他比所有的德国人民都更加倾向西方。他的宏大目标就是让德国成为一个西方国家。通过政治上、经济上并最终在军事上与西方连接，联邦德国最终会被纳入西方世界，继而吸收西方的价值观念。与亲西政策相并而行的是对德国统一的冷静态度。既然苏联不允许统一的德国融入西方体系，那么就将统一的问题暂且放在一边。但是无论如何，阿登纳都不是太过渴望统一。阿登纳说，东部的德国人和西部的德国人不同。他们是充满民族主义以及军国主义情绪的普鲁士人。而西德人，尤其是像他一样的莱茵兰人，与西欧关系更为亲密。因此，在这个体系真正有机会生根之前——即在德国真正巩固其作为西方一分子的地位之前——过早地将东德人，甚至是西柏林人纳入联邦德国都毫无意义。[119]

因此，阿登纳是1950年代早期西方在处理由苏联的对德政策所引发的问题时最有力的盟友。阿登纳的目标就是断绝下述的可能性：关于德国的四方会谈可能会产生某种动力，并最终会按照中立主义路线统一德国。为了达成目标，他展现出相当娴熟的策略技巧。他并不会公开反对与东方谈判，而是按照他最为亲近的一位顾问的话来说，寻求"佯装灵活，为的就是可以自由地与西方共进退"。[120] 阿登纳的基本策略之一，就是比其民族

---

119 关于阿登纳的想法以及他的观点与德国人民的感受之间的差距，见 Adenauer-Acheson meeting, November 13, 1949, FRUS 1949, 3:309–310; Adenauer-Murphy meeting, July 8, 1954, FRUS 1952–1954, 7:581–582; Beam to State Department, April 28, 1955, ibid., 5:153; Schwartz, *America's Germany*, pp 52, 78; Steininger, *German Question*, pp. 22, 118–119; 以及 Hans-Peter Schwarz, *Adenauer*, vol. 2; *Der Staatsmann, 1952–1967* (Stuttgart: Deutsche Verlags-Anstalt, 1991) pp. 145–147. 关于阿登纳对让西柏林加入联邦德国一事态度冷淡——部分原因是，尤其在1949年，他的相对多数票太少，无法在联邦议院中抵御社会党的力量，见 Rupieper, *Der besetzte Verbündete*, pp. 161–162; François-Poncet to Schuman, October 19, 1949, Europe 1949–1955/ Allemagne/ 8/FFMA; U.S. ambassadors' meeting, October 22, 1949, FRUS 1949, 3:288; 尤其是 Cyril Buffet, "Le Blocus de Berlin: Les Alliés, l'Allemagne et Berlin, 1945–1949" (doctoral thesis, University of Paris IV, 1987), p. 1004。

120 Blank-Alphand meeting, October 11, 1951, 引自 David Large, *Germans to the Front: West German Rearmament in the Adenauer Era* (Chapel Hill: University of North Carolina Press, 1996), p. 133。

主义对手表现得更为右倾——例如，对奥得河-尼斯河一线以东的领土提出他知道苏联人无法接受的要求，或者谈论德国如何能不通过妥协而是通过"实力政策"（很可能他自己从来都没有认真对待过这种战略）来达成统一。[121]

有阿登纳这样的人掌控德国的政策，西方政府几乎很难相信他们有多幸运。尽管与阿登纳的关系一直较为冷淡，英国人也还是在1950年末的时候认为他是英国所能拥有的"或许最好的德国总理"。[122]不管他们与阿登纳在处理日常事务中遇到什么困难，法国从一开始就因为阿登纳可以在波恩掌权而感到高兴。[123]美国政府很快发现，阿登纳是不可或缺的。正如艾森豪威尔在1953年10月所指出的那样，"我们在欧洲的所有政治计划"都以"阿登纳的继续执政为基础"。[124]在1955年，艾森豪威尔称阿登纳是西方的"秘密王牌"。[125]西方诸国必须竭尽全力保证阿登纳的政权稳固，尤其是在1950年代初期，阿登纳内阁的替代品——由民族主义倾向非常严重的库尔

121　有关阿登纳的考量，以及关于指出一定程度的紧张局势符合自己的利益的相关文献，尤其见François-Poncet to Schuman, June 30, 1952, Europe 1949-1955/Allemagne/10/FFMA, 以及François-Poncet to Foreign Ministry, June 14, 1952, Europe 1949-1955/Allemagne/821/FFMA。关于利用奥得河-尼斯河一线的领土问题来阻止谈判成功，见François-Poncet to Foreign Ministry, March 17, 1952, Europe 1949-1955/Allemagne/820/FFMA。另见Steininger, *German Question*, pp. 48, 168。有关一位法国官员对此战略的评价，见Bruce to Acheson, October 11, 1951, FRUS 1951, 3:1797。有关"实力政策"，例如，参见Klaus Erdmenger, "Adenauer, die Deutsche Frage und die sozial-demokratische Opposition" and Wilfried Loth, "Adenauers Ort in der deutschen Geschichte," in *Adenauer und die Deutsche Frage*, ed. Josef Foschepoth 2nd ed. (Göttingen: Vandenhoeck and Ruprecht, 1990), pp. 173-174, 282。在后来与苏联大使的谈话中，阿登纳将"实力政策"斥为陈词滥调。Adenauer, *Erinnerungen*, 3:453.

122　Steininger, *The German Question*, p. 45.

123　尤其参见François-Poncet to Schuman, November 6, 1949, Europe 1949-1955/Allemagne/ 254/FFMA："在我们已经认识的以及将认识的那些人中，阿登纳内阁当然是最愿意寻求改善与法国的关系，并且愿意与之达成长久谅解的。我们在一段时间内都不会遇到更好的德国内阁了。"

124　Eisenhower diary notes, October 8, 1953, p. 9, DDE Diary/4/DDEL. 另见杜勒斯在西方外长会议上的评论，July 11, 1953, FRUS 1952-1954, 5:1617。

125　Meeting of western leaders, July 17, 1955, FRUS 1955-1957, 5:345. 这实际上是美国从一开始的态度，例如，参见McCloy to Acheson, November 17, 1950, FRUS 1950, 4:780。美国必须支持"阿登纳对于西方的坚决拥护"，这位驻德高级专员说道。他没有看见"其他人"持有"类似的立场"。

第四章 北约体系的形成

特·舒马赫所领导的社会党政府被视作极其糟糕的。[126] 如果让德国人自己做选择,德国人很可能会选择某种统一-中立方案,但是阿登纳作为总理可以使天平向另一个方向倾斜。因此阿登纳必须得到支持。

当然,阿登纳也希望西方将他视作不可或缺的伙伴。他知道西方对他的信心是他唯一的重大国内政治资产,他竭尽所能地去培养这种信心。[127] 所以阿登纳将他认为西方各政府想要听到的告诉了它们。当处理与美国人的关系时,阿登纳强调美国领导的重要性,强调美国作为在欧洲施展"指引之手"的"导师"的重要性。[128] 当处理德法关系时,他更自由地发挥着"莱茵"、反普鲁士,甚至是反柏林的主题——这也是他的真实观点,但是可能是以更夸张的方式表达出来,尤其是在战后不久。[129] 当从整体上处理与联盟国的关系时,阿登纳及其助手经常强调保证自己执政的重要性。例如,在1954年7月,阿登纳"反复强调",他认为亲西政策的"所有重任"全都落在"他这个老年人的肩上"。如果他不幸去世,他"所预见的只有无尽的麻烦"。在他看来,"西方要想找到另一位贯彻这样的亲西政策的德国政治家需要很长时间"。在这条路上,他"比其他德国人民所愿意的都要走得更远"。如果他的政策不受信任,那么德国将"不可避免地转向更加独立

---

126 有关西方对舒马赫的看法以及阿登纳利用舒马赫政府向西方施压的文献,见 Schwartz, *America's Germany*, pp. 53–56, 80, 243,以及 François-Poncet to Schuman, September 1, 1952, ff. 182–189, Europe 1949–1955/Allemagne/10/FFMA。

127 这尤其适用于美德关系。甚至在1960年,德国与美国的"蜜月期"结束许久之后,阿登纳仍然认同这个基本原则:"这些欧洲国家与美国的联系越紧密,它们的国内政治地位就越稳固。"见 Adenauer-Debré meeting, October 7, 1960, Adenauer, *Erinnerungen*, 4:75。

128 Conant to Dulles, November 30, 1953, FRUS 1952–1954, 7:683. 有关阿登纳的恭维能力,见 Schwarz, *Adenauer*, 2:62–64 中的一些精彩轶事。

129 有关此时期与阿登纳的三场会议的报道,见 Stenger memorandum of conversation, September 18, 1945, Y/282/FFMA; French consul general in Düsseldorf to Saint-Hardouin, June 13, 1946, Y/286/FFMA; Arnal to Saint-Hardouin, March 25, 1947, Y/293/FFMA。第一场会议上,阿登纳称自己赞同在德国西部建立三个独立的州——莱茵兰、巴伐利亚以及西北部——三者之间互相联系,多少与英国的几块领土之间的联系方式相似。这些将会成为法国领导的"西欧合众国"的一部分。法国当然是最佳的占领国。在后两场会议中,阿登纳的发言就不那么极端了。但是他继续用略微温和的语气在和法国官员的会晤中(通常情况下,他们也有同样的情感)强调他对东方的厌恶——包括德国东部,甚至是柏林。尤其参见 Buffet, "Blocus de Berlin," p. 1004;另注意在 Schwartz, *America's Germany*, p. 332, n. 42 中所引用的资料。有关阿登纳在1945年对法国占领当局的撩拨,见 Schwarz, *Adenauer*, 1:449–462。

的政策，并且更加关心德国在东方的传统利益。"[130]

在1950年代，西方政府同意阿登纳必须在位，尤其是美国人，决意给予维持阿登纳在德国掌权所需的一切支持。例如，杜勒斯实际上在1953年干涉了德国的选举，警告称，如果阿登纳不再度掌权，将会带来灾难性的后果；一位德国政治家声称此次干预给阿登纳赢得了100万张选票。[131] 1954年中期，美国国务院愈发担心，随着欧洲防务共同体即将解体，"阿登纳将会不受信任，而且德国人可能会采取更加'德国式'的态度，支持独立行动并且挑起东西方之间的不和"。所以当德国政府要求西方发布公开声明，说明德国政治权利的恢复不会进一步拖延时——这被指出是阿登纳为了应对即将举行的北莱茵－威斯特伐伦州选举所需要的——该要求在当天就得到了回应，西方发布了相关声明。[132] 但这并不仅仅是因为西方国家认为必须为了维持阿登纳在位而做出让步。事态的进展有更加积极的一面：只要阿登纳掌控德国的政策，西方就更容易将联邦德国作为一个全面的（或是基本上全面的）伙伴来对待。

实际上，1953—1955年，西方的对德政策确实有一定的缓和。美国人逐渐认识到，基本问题不能永远通过取巧来解决。正如1953年9月一份重要的美国国务院文件所指出的那样，"对统一的要求"是"德国的首要问题，如果阿登纳或是西方国家想要对此表示反对，就会有疏远德国公众情

---

[130] 见Kidd memorandum, July 8, 1954, FRUS 1952–1954, 7:581–582。另见Adenauer to Dulles, August 9, 1955, p. 4, 762.00/8–955, RG 59, USNA; Loth, "Adenauers Ort," p. 271；哈尔斯坦和阿登纳自己的评论，载François-Poncet to Mendès France, August 16 and September 17, 1954, DDF 1954, pp. 155, 384–385；以及布兰肯霍恩在与法国外交官让－马里·苏图会谈时的评论，June 16, 1955, DDF 1955, 1:788。

[131] Editorial note, FRUS 1952–1954, 7:532–533; U. W. Kitzinger, *German Electoral Politics: A Study of the 1957 Campaign* (Oxford: Clarendon, 1960), p. 251. 有关杜勒斯对阿登纳的国内政治地位的持续关注，以及他意识到西方政策的制定需要注意此问题，见Dulles to Eisenhower, July 21, 1955, FRUS 1955–1957, 5:439。

[132] Dulles-Krekeler meeting, June 23, 1954 (with attachments), 以及麦钱特与参议员的会晤, June 24, 1954, FRUS 1952–1954, 7:574–578。关于国内政治问题，阿登纳自己在与西方领导人的谈话中非常开放。例如，参见the Dulles-Adenauer meeting, September 16, 1954, pp. 4–5, DSP/64/63069–63070/ML, 或者阿登纳与盟国高级委员会会谈时的表态，November 16, 1950, AAPBD 1:267–268。

第四章 北约体系的形成

绪的严重风险。在此情形之下，西方过去采取的策略或将不再充分"。[133] 到了1955年初，西方诸国更为强烈地认识到，它们有必要认真对待德国重新统一的问题。目前为止，西方在此问题上的政策"就好像一张期票，上面写着，多亏了苏联人，我们还不需要付款"。但是没人可以确定这种局势会永远持续下去，而且为了避免失去德国人民的信任，西方已经开始考虑，如果德国的重新统一"真正成为可能"，西方应该采取什么样的政策。[134]

对于杜勒斯而言，显然苏联不可能不加索取地交出东德。如果西方认真对待重新统一的问题，它们就要做好准备，为苏联提供一些实在的好处。因此需要制定某种"安全协议"，其核心就是为了控制德国武装的级别与性质。苏联人必须要被允许在该体系中扮演关键角色。正如杜勒斯在1955年所指出的那样："德国的统一将别无他法，只能在苏联有发言权的国际控制之下实现。苏联人不可能只是简单地交出东德，使其加入西德并且允许统一的德国进一步重新武装来对抗苏联。"如果德国的武装等级仅仅为西方所控制，杜勒斯说道，如果仅仅因为欧洲安全协议的原则性问题对此加以拒绝，"那我们还是放弃统一德国的所有希望吧"。[135]

英法两国的态度也在向此趋近。法国和英国外交部的专业外交官们对现状非常满意，但是英法的最高政治领导层看待问题的观点却稍有不同，这在部分上是由于在两国中都有呼吁缓和的公众压力这一关键因素。[136] 比

133　"Basic Position Paper on Germany for Four-Power Talks" (PTS D-1), September 8, 1953, enclosed in JCS 2124/94, September 12, 1953, CCS 092 Germany (5-4-49) sec. 17, SO File, JCS Chairman's Files, RG 218, USNA. 在FRUS 1952—1954, vol. 7中并不包括"与苏联的拟议会谈"（PTS）系列文件。

134　塞西尔·莱昂（Cecil Lyon，国务院的德国事务主管官员）to Merchant, January 4, 1955, appendix on "German Unification," 762.00/1-455, RG 59, USNA。

135　Dulles in State Department meeting, September 26, 1953, 以及Dulles-Molotov meeting, February 6, 1954, FRUS 1952—1954, 7:636, 987；杜勒斯与英国、法国及德国领导人会谈，June 17, 1955, 以及（关于引文）Dulles in NSC meeting, July 7, 1955, FRUS 1955—1957, 5:238, 276-277。

136　Gifford to State Department, May 11, 1952, FRUS 1952—1954, 7:239; 以及 Beam to Dulles, April 26, 1955, 396.1/4-155, RG 59, USNA。另见 Watson-Elbrick-Beam-Tyler meeting, April 1, 1955; Beam to State Department, April 30, 1955; Dulles to acting secretary, May 8, 1955; Jackson log, July 11, 1955; all in FRUS 1955—1957, 5:137, 161, 171, 304。

多于1953年再度出任外交部长一职，对他而言，这意味着西方政府不得不经历一番逢场作戏。[137]但是1954年，孟戴斯准备对与德国、苏联以及欧洲安全相关的一系列复杂问题进行重新审视。也许西欧联盟条约中所列出的控制措施可以通过某种方式拓展为某种全欧洲的安全体系；或可在此基础之上达成总体的协议。[138]丘吉尔也认为应该郑重考虑通过协商达成解决方案，而且他在1953年开始积极推动与苏联人的对话。[139]丘吉尔对于缓和局势的兴趣，源于核领域的发展，尤其是热核武器的问世。杜勒斯也担心热核武器革命的意义，而且在1953年末，他开始谈论"在全球范围内付出巨大努力缓和世界紧张局势"的必要性。[140]

阿登纳对于德国统一的观点也开始温和起来。在1953年，又在1955年，阿登纳敦促西方诸国抓住机遇，主动要求进行谈判。他的计划是让西方在欧洲安全体系中提出德国统一事宜，也为德国东部及其邻近地区争取特殊军事地位。[141]阿登纳最为亲密的顾问赫伯特·布兰肯霍恩（Herbert Blankenhorn）向美国人解释到，整个计划本质上是策略性举措，旨在提高阿登纳在即将到来的选举中的地位。[142]当该问题在1955年再次出现时，国

---

137 Western foreign ministers' meeting, July 10, 1953, FRUS 1952–1954, 5:1614–1615; western foreign ministers' meeting, October 16, 1953, ibid., 7: 695. 有关比多的观点——他认为现状是目前为止的最佳方案，见 Soutou, "La France et les notes soviétiques," p. 272。

138 尤其注意孟戴斯-弗朗斯在联合国的演讲，November 22, 1954, in his *Oeuvres complètes*, 3:494–495。

139 Steininger, *German Question*, pp. 103–109. 另见 Josef Foschepoth, "Churchill, Adenauer und die Neutralisierung Deutschlands," *Deutschland Archiv* 17 (1984): 1286–1301, 以及 Rolf Steininger, "Ein vereintes, unabhängiges Deutschland? Winston Churchill, der Kalte Krieg und die deutsche Frage im Jahre 1953," *Militärgeschichtliche Mitteilungen* 36 (1984): 105–144。

140 Dulles memorandum, September 6, 1953, FRUS 1952–1954, 2:457–460.

141 最好的描述，参见 Schwarz, *Adenauer*, 2:85–87 (for 1953), 186–187 (for 1955)。另见 Blankenhorn-Riddleberger meeting, July 10, 1953, FRUS 1952–1954, 5:1606。其他相关信息，见 Thurston paper, "Proposed Talks with the Soviets (PTS)," September 24, 1953, 092 Germany (5-4-49) sec. 19, S.O. File, RG 218, USNA. 关于德国在1955年所扮演的角色的相关文献，见 Beam to State Department, April 28, April 29, and July 9, 1955; Merchant to Dulles, June 15, 1955; Dulles-Adenauer-Macmillan-Pinay meeting, June 17, 1955; all in FRUS 1955–1957, 5:155–158, 229, 235, 309–310。另见 *Anfänge westdeutscher Sicherheitspolitik*, 3: 151。最后参见有关 "Adenauer plan—1955," DDRS 1989/3311 的文献列表。

142 例如，参见 Bruce diary, July 9, 1953, FRUS 1952–1954, 7:484; 以及 Blankenhorn-Riddleberger meeting, July 10, 1955, ibid., p. 1607。

第四章 北约体系的形成

内政治考量继续在阿登纳的思考方式中扮演重要角色。[143]但是特别是在1955年，似乎阿登纳不仅仅是因为国内政治目的而走过场。由于1953年的选举，阿登纳的国内政治局势已经有了显著改善，而且他不必再担心国内的民族主义反对派。[144]但是到了1955年，他的立场变得更加灵活，而且德国在这一年的策略和往年的非常不同。在1951年和1952年，阿登纳提出了奥得河－尼斯河一线以东领土这类问题，目的就是破坏与苏联的谈判。但是现在他和他的政府暗中向美国人表明，他们准备做出巨大让步——接受奥得河－尼斯河边界以及德国东部的去军事化，而且在与苏联的协议中纳入西欧联盟对于德国军事实力的限制——前提是协商颇有成效，而且有望就德国统一达成真正的共识。[145]

现在，美国人也希望达成共识，而且杜勒斯认为一些协议可能真的是可以商议的。[146]一个欧洲安全体系将建立起来——也就是说德国的军事力量将会受制于外部控制。美国人也开始为撤离协议以及在北约之外重新统

---

143 注意布兰肯霍恩提到了提出建议是"出于策略和宣传的原因"，有关文献见U.S. Delegation to State Department, April 29, 1955, FRUS 1955–1957, 5:157。另见U.S. to State Department, July 9 and July 15, 1955, ibid., pp. 309, 322, 以及Soutou-Blankenhorn meeting, June 16, 1955, DDF 1955, 1:789。

144 Conant to Merchant, April 25, 1955, FRUS 1955–1957, 5:147–148。

145 Conant to Merchant, April 25, 1955; Adenauer-Dulles-Macmillan-Pinay meeting, June 17, 1955; Brentano in meetings with western foreign ministers, September 28 and October 24, 1955; all in FRUS 1955–1957, 5:148, 238, 600, 625. 布伦塔诺在9月和10月的关于北约的宣告，是与苏联协议的一部分，提出不会将部队开往德国东部。这表现出德国立场变得温和，也证明其愈发灵活。有关德国早期的态度（美法对此表示赞同，但是英国人不同意），见U.S. Delegation to State Department, July 9 and July 15, 1955, ibid., pp. 310, 323。另见阿登纳在基督教民主联盟执委会的言论，May 2, 1955, in Günter Buchstab, ed., *Adenauer: "Wir haben wirklich etwas geschaffen": Die Protokolle des CDU-Bundesvorstands, 1953–1957* [CDU-BV] (Düsseldorf: Droste, 1990), pp. 432–433。

146 关于杜勒斯的乐观，见NSC meeting, May 19, 1955, 以及Dulles-Eisenhower meeting, August 11, 1955, FRUS 1955–1957, 5:184, 546。有关支持乐观态度的论辩，见"Basic U.S. Policy on Four-Power Negotiations," June 10, 1955, in NSC 5524 file, RG 273, USNA；在此处铺展的论辩思路在最终版本中被淡化，见NSC 5524/1, in FRUS 1955–1957, 5:287–288。另注意，苏联驻法大使维诺格拉多夫（Vinogradov）声称，如果在投票之前所有的国外军队都从德国撤出，苏联现在"愿意接受全德范围内的自由选举，但是这些选举要受制于严格的国际控制"。Dillon to Dulles, June 23, 1955, 611.61/6-2355, RG 59, USNA. 但是，美国中情局对这些迹象不为所动，而且观点更为悲观。见Intelligence Comments on NSC 5524, July 1, 1955, FRUS 1955–1957, 5:251–252。但是，其他政府——尤其是法国——的一些官员害怕苏联现在真的准备采取灵活立场。例如，参见the Note de la Direction Politique, April 15, 1955, DDF 1955, 1:456–458。

一德国的想法所吸引。在杜勒斯的新观点中,强大的北约并不是"战争威慑的必要条件",而且对于一个"重新统一、对西方友好"但并非西方联盟的正式组成部分的德国,他持开放态度。现在最佳的方案仍然是在像北约和西欧联盟一样的西方体制之内促使德国统一,但是如果统一的德国作为亲西的"中立者"游离于西方之外,那么就要重新调整北约的战略来应对这种局势。[147] 苏联人也会被给予具有深远意义的法律保障。西方将承诺,如果德国进攻苏联,西方将会给予援助。在杜勒斯看来,"美国所做出的这种在欧洲发生战争时站在苏联一边的承诺"是非常重要的让步,而且他要在迫切需要之时才会做此让步。杜勒斯声称:"在苏联人向我们提出要求之前,我们不希望强行要求他们接受该决定,这会让如此重要的决定大打折扣。"[148] 当时,美国实际上是非常严肃地考虑了协商解决的方案。在1951年和1952年,西方政府采取了阻碍策略,但是到了1955年,美国的战略是使成功的机会最大化。

这些都反映出美国官方观点的重大转变。当时,杜勒斯乐于接受正式中立的、重新统一的德国,这是新政策中最为引人注目的一个方面。美国人现在明显愿意比1953年的时候更进一步——实际上,美国在1953年的政策已经是比1951年的时候更加灵活。到了1953年,西方的决策者已得出结论,那就是重新统一的德国应有权选择是与西方结盟,与东方结盟,还是保持中立;西方诸国不再坚持要求统一的德国留在北约体系,尽管他们推测如果德国人

---

147 杜勒斯与其高级顾问的会议,May 3, 1955, DSP/64107-109/ML; NSC meeting, October 20, 1955, FRUS 1955-1957, 5:616-617。另见杜勒斯与国务院高级官员的另一次会议的记录,April 8, 1955, p. 5, DSP/66/64026/ML。关于该问题在5月被认真对待的进一步表现,见Wilson to Gruenther, May 6, 1955, 以及 Gruenther to Wilson, May 25, 1955, CCS 092 Germany (5-4-49) sec. 30, RG 218, USNA。欧洲盟军最高司令被要求对此问题发表观点,准备回应这个问题"令他痛苦万分"。他接受了德国在北约体系之外的重新统一以及西方将从德国领土撤军的观点,但是他对此观点的接受受制于一个基本条件,即"在任何情形下,德国的潜力都可以与北约体系相联系",以及"允许在令人满意的程度上进行联合防御规划"的对德关系。实际上,杜勒斯甚至在1953年就开始不太认真地考虑过撤出军队的想法。见 Dulles memorandum, September 6, 1953, FRUS 1952-1954, 2:459-460。

148 Dulles-Macmillan-Brentano-Pinay meeting, September 28, 1955, FRUS 1955-1957, 5:598.

第四章 北约体系的形成

可以自由选择的话，还是会选择与西方保持结盟关系。但是在1955年，杜勒斯愿意更进一步，他认为西方最终会接受苏联提出的让重新统一的德国处于北约体系之外的条件，无论德国是否想要成为北约的一部分。

这当然与先前的美国政策截然不同。在艾奇逊以及艾森豪威尔执政初期，德国中立化的观点是完全不可能的。1953年，艾森豪威尔的国家安全顾问称，美国"无法容忍德国中立"。1954年，时任美国副国务卿的比德尔·史密斯也持类似观点。在1954年末，当错误地认为孟戴斯赞同德国中立并在自由选举的基础之上重新统一的时候，杜勒斯勃然大怒。但是数月之后的今天，杜勒斯接受了该观点，他的公开声明开始反映出美国的新思维。[149]

杜勒斯的目标是迎合德国的民族情绪，但是他与中立化方案的眉来眼去使阿登纳感到不满，也让美德关系紧张起来。阿登纳为了让德国融入西方做出很多贡献，而美国人现在却准备将德国逐出北约，置德国于危险境地，与阿登纳在德国国内的反对派为伍——而且美国所做的一切都没有与阿登纳政府真正商讨过。多年来，美国人一直坚持认为中立化将会是场灾难，而现在，美国似乎突然采取了相反的立场。这种人怎能令人相信？而且在现在的体系之中，德国的安全绝对依赖于美国。[150]

因此，美国的新政策导致了它与其最重要的盟友之一的严重问题，但

149　NSC meeting, August 13, 1953, September 26, 1953, FRUS 1952–1954, 7:505; Bonnet to Mendès France, August 16, 1954, DDF 1954, p. 158. 即使是1955年美国政策发生改变的时候，杜勒斯和总统仍然告诉联盟国，德国的中立实际上是"无法想象的"。正如艾森豪威尔自己所言："不可能使处于欧洲中心的8000万勤劳的人民保持中立。这根本不可能做到。"见Eisenhower-Eden-Faure meeting, July 17, 1955, and Dulles-Pinay-Macmillan meeting, October 31, 1955, FRUS 1955–1957,5:348, 652. 在有关公开声明中，艾森豪威尔在1955年5月18日新闻发布会上的公开声明最为重要。见 *Anfänge westdeutscher Sicherheitspolitik 1945–1954*, 3:148–149; Rupieper, *Der besetzte Verbündete*, pp. 419–420; Schwarz, *Adenauer*, 2: 184. 顺带一提，阿登纳错误地认为艾森豪威尔而非杜勒斯是这些计划的背后主谋；在他看来，艾森豪威尔"温和"，只有杜勒斯表现"强硬"。见 ibid., p. 388, 以及 Adenauer, *Erinnerungen*, 3:306, 328.

150　有关阿登纳对美国不信任的文献，见 Schwarz, *Adenauer*, 2:184, 205–206, 385。另注意阿登纳与杜勒斯的长时间会谈的记录，June 13, 1955, 该文献主要讨论此问题。阿登纳描述了一系列表明当下情况严重性的德国情报报告；杜勒斯没有过多谈论实质性问题，而是关注于总统是否在背着他追求该政策，见DSP/66/64250-55/ML.

是并未对与苏联达成真正协议产生任何积极作用。杜勒斯认为，再往前一步就有可能让基本的解决方案成为可能，但是他太过于乐观了。苏联对于杜勒斯所设想的安排完全不感兴趣。即使是在1952年，苏联也并不真正赞同统一—中立方案。在1950年末决定实施的大规模增强美国军备的行动对战略平衡产生了重要影响，而且苏联在1952年对于美国人的言行非常在意——尤其是关于在为时已晚之前将苏联"推回"并与之一决高下的言论。[151] 在此情况下，苏联在德国和西方的分歧之中捞取利益，并在资本主义阵营之中"制造矛盾"的旧政策现在仍然有某种吸引力。苏联人认为，他们应该试图通过迎合德国的民族主义情绪获益——只要他们有信心能永远不必兑现这一政策。

但是，当有关"推回"以及"解放"的好战言论并没有真正落实为有效的政策的时候，苏联人的顾虑有所消退，而且他们对于打德国这张牌已经完全没有兴趣了。实际上，甚至在1952年，迎合德国民族主义情绪的提议就已迅速被对《波茨坦会议议定书》和四国控制原则的提及所取代，其速度之快令人咋舌。[152] 到了1954年，苏联对德国民族主义情绪的迎合已变成了纯粹的政治宣传做法，而且不太奏效。例如，当年2月在柏林举行的外长会议上，莫洛托夫公开谴责1919年的凡尔赛体系，并称其为"压迫的工具"，而且称凡尔赛体系引发了战争。但是当他与杜勒斯进行私人会谈的时候，他阐明了苏联的真实观点。莫洛托夫说道，凡尔赛体系的问题在于没有得到强制执行，而且他呼吁在四方控制之下的德国的重新统一。他认为，四大战胜国在压制德国方面有共同利益。[153] 到了1955年，苏联人显然

---

151 见 Trachtenberg, *History and Strategy*, chap. 3, esp. pp. 149–151。另见苏联外交官弗拉德金（Vladykin）的转述，载于 Daridan to Foreign Ministry, June 28, 1952, Europe 1949–1955/Allemagne/ 302/FFMA。

152 Soviet note, May 24, 1952, and Kennan to State Department, May 25, 1952; 以及 Smith to Conant, August 17, 1953; all in FRUS 1952–1954, 7:252–253, 625。

153 U.S. Delegation to State Department, February 2, 1954, and Dulles-Molotov meeting, February 6, 1954, ibid., pp. 915, 985–987. 另注意 Dulles-Adenauer meeting, February 18, 1954, PPS 1954, box 79, Germany, RG 59, USNA。

第四章 北约体系的形成

对于重新建立强大、统一而且主权完整，没有国外部队驻军，却可以在国际事务中规划自己政策的德国完全不感兴趣。一个分裂的德国，其中联邦德国与西方体系密切相关，而且依赖于满足现状、根本利益是维护和平的大国——在苏联看来，相比于不受大国控制的重新统一的德国，在眼下显然是好得多的解决方案。

在与苏联人的对话中，西方政治家频繁声称，北约是对苏联有利的：融入体系的德国不会对苏联造成威胁。西方，或者至少说是美国的目标是劝说苏联人接受德国重新统一，同时也不必坚持认为统一的德国一定要脱离北约。但是这些论点越有效，苏联人就对德国的重新统一愈发没有动力。有一个动因可能会让他们接受一个正式的解决方案，那就是相信现状是不稳定的。正如杜勒斯所指出的那样，想要让苏联人同意德国的重新统一，必须让苏联"认识到如果放任德国的局势于不顾，这些问题最终将会爆发"。[154] 但是，如果此种形式的北约体系可以保证德国不会越轨，从而消除风险，那么苏联人还有何动力去协商一个解决方案，让所有部队撤出德国呢？当今的体系——对德国主权的限制、西方军队在德国的合法驻留以及联邦德国对于西方诸国的政治和军事依赖——这些都与德国的分裂，尤其是苏联在易北河的军事存在有关。那么为何苏联会同意一个将改变所有现状的和平解决方案？德国的重新统一很可能意味着德国的完整主权、苏联的撤军以及德国与西方国家政治关系的改变。德国会减少对西方的依赖，与其盟友的联系也会完全平等。如果苏联的目标是为了限制德国的权力，那么在苏联看来，难道目前的体系不是更好吗？那么将这种体系置于风险之中又是出于什么目的？为什么不维持现状？

所以在1955年的日内瓦峰会上，苏联领导人明确表示，他们对于重新统一德国的解决方案不感兴趣。对于西方为了吸引苏联达成协议而愿意做出的安全承诺，它不予理会：苏联是一个大国，不需要依靠西方的保障。

154　State Department meeting, August 28, 1955, FRUS 1955–1957, 5:557.

当时对于苏联政策起到影响的还有国内因素。斯大林在1953年逝世，后斯大林时代的权力争斗已经开始。尼基塔·赫鲁晓夫（Nikita Khrushchev），当时的苏共领袖，现在成为莫斯科的主导人物。他所击败的对手，诸如贝利亚（Beria）以及马林科夫（Malenkov），在德国问题上都采取了灵活的立场，而且德国问题也在领导权争夺的过程中产生了一定作用。赫鲁晓夫对于在事后采取可以证明其对手正确性的妥协立场并不感兴趣。相反，苏联人坚持认为，德国的分裂是双方必须要接受的现实，苏联现在承认了德意志联邦共和国，并与该国互派大使。[155]

和平的机会？

1955年东西方之间未能达成正式协议，这意味着1954年的方案将会原封不动地得以保留。由巴黎协定所建立的体系是否可以作为稳定和平的基础？答案取决于对苏联、德国以及美国政策的分析。上述三国是否最终愿意接受该体系呢？

首先，苏联几乎肯定会赞同该体系。北约体系尽管在官方上是针对苏联的，但是实际上却解决了苏联的头等安全问题。假设北约可以按照联盟国的意愿行事，而且最重要的是美国将会留在欧洲并继续统领北约，那么德国的权力就会受到遏制，而且德国也不会再是个威胁。西方政治家从一开始就认为德国并入西方体系是解决德国问题唯一可行的方法。在1954年

---

155 尤其参见 Heads of Government meeting, July 20, 1955, and NSC meeting, July 28, 1955, ibid., pp. 391, 531。有关苏联内部的权力争斗及其对苏联对德政策产生的影响，见 James Richter, "Reexamining Soviet Policy towards Germany during the Beria Interregnum," CWIHP Working Paper no. 3 (Woodrow Wilson Center, Washington, D.C., 1992)。有关苏联领导层内部的讨论，另见 Hope Harrison, "The Bargaining Power of Weaker Allies in Bipolarity and Crisis: The Dynamics of Soviet-East German Relations, 1953-1961" (Ph.D. diss., Columbia University, 1993), pp. 50-51, 109。赫鲁晓夫（以及东德的领导人）十分严肃地对待贝利亚以及马林科夫的行动。赫鲁晓夫后来告诉乌布里希，他们一直都愿意"清算民主德国"。Khrushchev-Ulbricht meeting, November 30, 1960, in Hope Harrison, "Ulbricht and the Concrete 'Rose': New Archival Evidence on the Dynamics of Soviet-East German Relations and the Berlin Crisis, 1958-1961," CWIHP Working Paper no. 5 (Woodrow Wilson Center, Washington, D.C., 1993), appendix A.

第四章 北约体系的形成

初的柏林会议上，这就是杜勒斯对莫洛托夫讲话的主旨。在1955年的日内瓦峰会上，艾登告诉苏联人，即使从苏联的角度来看，"让北约遏制德国的军事实力也比令其放任自流"要好得多。部分是出于该原因美国才如此强烈支持欧洲防务共同体。艾森豪威尔在1953年如是说："不能让德国人敲诈其他国家并对他们说'接受我的条件，否则免谈'。"而欧洲防务共同体可以防止德国这么做。艾森豪威尔说，西方目标就是"将德国并入一个联邦，使其无法逃脱"。而且在1955年，艾森豪威尔告诉苏联人，北约也可以起到同样的作用。北约将会使德国无法独自进行军事行动，而且它还指出，西方部队在德国领土的有形存在将会"构建起对所有人的巨大安全保障"。[156]

苏联人明白这种观点是有一定道理的，而且一直都认为西方体系可以"防止德国越轨"这一总体观点是正确的。他们当然意识到，西方认同德国问题确实存在，而且西方的目标从不是建立一个强大到可以作为反苏先锋的德国。例如，斯大林知道欧洲防务共同体并不是针对苏联，而是事关"欧洲的权势"——即德国会拥有多少权势。[157]令苏联非常担心的是，该体系可能不会像预计的那样运转。苏联人担心美国和其他西方国家"会很快失去对德国的控制"，而联邦德国可能"变为欧洲船舰上的一门任意开火的大炮"。让德国"牢固地系缚于北约"而且局限于纯粹的防御策略，这样的西方目标可能无法达到。换言之，苏联之所以保留意见，是因为它怀疑北约体系是否可行。但是，如果西方诸国最终制订出限制德国权力的安排，那么苏联的最基本利益将得到保护，而且苏联显

---

156 Eisenhower-Churchill-Bidault meeting, December 5, 1953, FRUS 1952–1954, 5:1783. U.S. Delegation to State Department, February 3, 1954 (two documents) and February 11, 1954; Dulles-Molotov meeting, February 6, 1954; ibid., 7:927, 934, 984–986, 1020. U.S. Delegation to State Department, July 20, 1955 (two documents), and Dulles-Ollenhauer meeting, November 7, 1955, FRUS 1955–1957, 5:393, 395, 406, 696.

157 斯大林与东德领导人会谈, April 7, 1952, in *Pieck: Aufzeichnungen*, pp. 396–397。

实际上，苏联人在1950年代末寻求与美国人达成可以稳定并正式确定欧洲现状的一项谅解。传统的苏联观点强调扩大"帝国主义阵营中的每一处缝隙、每一处不和、每一处矛盾"。莫洛托夫在1957年仍然支持该观点，但是现在赫鲁晓夫及其拥护者认为这过于教条老套，所以不予采用。苏联新领导层对于将德国建设成一个制衡美国的工具不感兴趣，而是倾向于一个由美苏主导的体系——在其中美国统领西欧而且德国仍然依赖美国的保护。[159]

而且，最终德国人也可以接受该体系，尽管在此体系中德国的权力和行动自由都被加以限制。这背后有一系列的原因。对于德国主权的限制并非过于不公正，而且也没有很明显地表现出这是对德国的控制。一些限制——比方说扩大欧洲盟军最高司令权力的条款——有相当直接的军事原因。当然，统一的目标被搁置一旁，但是通过武力来统一实际上是绝无可能的，而且和平解决也是极不可能，因为苏联人坚持的条款会以德国的安全为代价，因此联邦德国绝不会接受。在这种情况下，绝大部分对于德国主权的限制没有什么实际意义，而且很可能最终被遗弃。与其在这些条款上拘于小节，倒不如耐心理智一些，乘上将最终带来德国政治地位的完全转变的政治大潮。

除此之外，关于接受巴黎协定中所确立的体制还有一些司法上的论据。

---

158 Zubok, "Soviet Intelligence and the Cold War," p. 10; Vladislav Zubok, "Khrushchev and the Berlin Crisis (1958–1962)," CWIHP Working Paper no. 6 (Woodrow Wilson Center, Washington, D.C., 1993), p. 3. 另见扎鲁宾在与波伦会晤时的评论，July 19, 1955, FRUS 1955–1957, 5:387。有关表明苏联希望由美国主导的体系遏制西德实力——相比于纯粹的欧洲大陆体系，苏联更加喜欢这种方案——的其他文献，见Soutou, L'alliance incertaine, p. 264。在保持美国在欧洲，尤其是在德国的军事存在方面，苏联有某种利益，该观点是以下文献中的主题：Caroline Kennedy-Pipe, Stalin's Cold War: Soviet Strategies in Europe, 1943 to 1956 (Manchester University Press, 1995)。关于适用于冷战中更靠后时期的相关论点，见John Keliher, The Negotiations on Mutual and Balanced Force Reductions: The Search for Arms Control in Central Europe (New York: Pergamon Press, 1980), pp. 144–145。

159 Yuri Smirnov and Vladislav Zubok, "Nuclear Weapons after Stalin's Death: Moscow Enters the H-Bomb Age," CWIHP Bulletin (Fall 1994): 17.

第四章 北约体系的形成

联邦德国的完整主权将意味着德国的分裂是确定的；另一方面，被保留的权力强调了西德政权的临时地位，以及盟国对建立统一德国的持续的责任。[160]另外还要考虑有关柏林的特殊问题。盟军在柏林驻军的权利源于占领政权，但是要将这种政权理解为一个集团。在西德将其彻底清除将在某种程度上削弱盟国继续留在柏林的权利，而且如果这样的法律考量在某种程度上（很小但却不可忽视的程度）影响了苏联和西方的政策，德国主权的恢复可能对于柏林人来说并非好事。[161]

而且当时还要考虑到阿登纳这个因素。在早些年里，阿登纳在任何情况下都不希望德国拥有完整的行动自由。他认为，在他离任之后，德国人民可能无法经受住苏联的言语诱惑，而且如果仅仅由他们做出选择的话，可能会与苏联人达成统一—中立协议。但是在阿登纳看来，不受西方束缚的德国在道德上和物质上都不足以强大到"在欧洲维持自由独立的中立地位"。德国必须被系缚于西方；因此联邦德国的行动自由被限制，阿登纳也可以接受。[162]

尽管这些因素都很重要，但是德国政策的基本根基是地缘政治性质的。

---

160 出于同样的原因，联邦德国没有严格意义上的宪法而只有"基本法"。而且该法并不是真正地由制宪议会起草的，而是由"议会委员会"起草。当时的德国人急于想要避免任何可能表明新主权国家正在建立的事情。见Murphy to Marshall, July 8 and July 9, 1948, 以及 ministers president to Clay, July 10, 1948, FRUS 1948, 2:382-386。

161 见Rupieper, *Der besetzte Verbündete*, pp. 151-180, esp. pp. 169, 178, 以及Schwartz, *America's Germany*, p. 238。在讨论德国的法律地位时的主要议题就是有关柏林的争论。例如，贝文在1950年12月提醒艾奇逊，"我们在德国西部抛弃了有关四方机制的概念，却在柏林坚持维持该机制，这对我们可能是很危险的"。Calendar 139i, DBPO II, 3:374. 另见McCloy to Acheson, December 1, 1950, and U.S. Delegation to Acheson, December 13, 1950, FRUS 1950, 4:791, 799; Foreign Ministry to Massigli and Bonnet, January 6, 1951, 以及 Sauvagnargues memorandum on question of supreme authority, January 17, 1951, Europe 1949-1955/Allemagne/914/FFMA。

162 见McCloy to Acheson, July 6, 1951, FRUS 1951, 3:1489; Conant to Dulles, July 2, 1953, FRUS 1952-1954, 5:1588; Schwartz, *America's Germany*, p. 247; 以及 Steininger, *German Question*, pp. 22, 118-119。值得指出的是，阿登纳准备接受法国的方案，即美国应为欧洲防务共同体作保并且如果德国试图脱离，美国将会采取行动，但前提条件是该方案是更加全面的体系的一部分，在其中美国还会阻止共产主义者接管意大利或是戴高乐主义政权在法国上台这类情况。这是某种"反向勃列日涅夫主义"，而且美国当然拒绝了该想法。但是这也说明了来自欧洲的对美国加大参与欧洲事务力度的要求。见Acheson-Eden meeting and Acheson to Truman, both February 16, 1952, FRUS 1952-1954, 5:46, 79。

当前的地缘政治局势与"一战"之后的局势非常不同,而这意味着德国现在需要重新制定自己的对外政策。在1920年代,德国的目的是摆脱"凡尔赛的镣铐"而且重新恢复自己独立大国的地位。但是当时德国被独立的、与西方国家联系在一起的东欧国家所形成的屏障挡住而免受苏联的压力;而且在1920年代,当时的苏联要比"二战"之后的苏联更加虚弱。在西方国家中,只有法国尝试推行凡尔赛体系;到了1920年初,美国退出,英国也处于半退出状态;所以没有什么可以阻挡德国的野心,而且实际上魏玛共和国的民主政府一开始就抵制凡尔赛体系。1920年代的德国在西方和苏联之间纵横捭阖,提高自己在国际事务中的影响力并逐渐恢复自己的实力;"凡尔赛的镣铐"在希特勒上台之前就已经被扔掉。但是在1950年代,强大的红军不是存在于与西方相联系、敌对的波兰背后,而是处在德国的内部。此外,不仅仅是在一定程度上由英国支持的法国在支撑着西方体系。美国这个更强大的国家成为主要的西方力量。德国受到了威胁,而且强大的西方联盟提供了安全保障;德国被视作一个近乎平等的伙伴并为西方世界接受。这一次,德国更加有动力与西方的盟国合作,并在这些国家建立的体系之中站好自己的位置。

　　这一切因另一系列的因素而加强,这些因素在本质上是道德的或是历史的。在冷战的环境下,德国有强大的动机去接受民主价值观。西方只会保护一个民主的、拒绝纳粹过往以及摒弃毒害其政治生活多年的过热的民族主义的德国。这样的德国意识到,他国的顾虑有一定的合理性,而且也愿意接受某种程度的对其权力的约束,以此作为过去的所作所为的代价。在起源和发展过程上,"一战"和"二战"相当不同。既然当时的德国确实有罪,在1950年代对德国主权施加的限制就理所当然地比凡尔赛体系所规定的限制更为严苛。而且德国融入西方体系是一种道德恢复的形式:在道德层面上,也在物质层面上,德国作为一个真正的伙伴正被西方世界接纳。

　　这些因素都指向同一个方向。这意味着德国人可以接受1954年的体系。他们可以接受与盟友共同制订的安排,尽管这些安排在一些重要方面

第四章 北约体系的形成

限制了德国的军事力量和政治独立——但是只有在美国仍然留在欧洲大陆并继续在欧洲扮演基本的政治角色的情况下，德国才会接受。

那么该体系的可行性就完全取决于美国的政策。苏联会赞成该方案，所以最终德国也会接受。但是美国的态度存在问题。美国的存在使得整个体系得以运转。如果美国不参与其中，谁来保护德国？英法两国显然不能做出必要程度的保证。如果美国撤出，德国将不得不建立自己的部队。如果美国撤军，那么限制德国主权、保持联邦德国无核以及使西方军事体系高度一体化的体制将难以维系。但是如果美国参与，该体制就可以正常运转。这样一来西欧将得到保护，与此同时苏联也不会因为德国的复兴而感觉受到威胁。

因此美国的权势是北约体系的中心，而且美国在欧洲的存在能够维系整个政治结构。1954年协议可以作为稳定和平的基础，前提是美国会留在欧洲大陆并且继续在政治和军事方面扮演中心角色。问题是，艾森豪威尔和杜勒斯决定要"撤出欧洲"，并让欧洲人自己担负起防务的责任。[163]苏联和德国可能愿意接受限制德国权力并且由美国主导西方的这样一个体系，但是美国政府对于长期扮演这种角色表示不感兴趣。

这项基本的政策选择——在不远的将来从欧洲撤军的决定——将会产生巨大而深远的影响。这意味着，在相对稳定的体系最终成型之前，世界将会经历又一段时期的危机。

163　NSC meeting, July 7, 1955, FRUS 1955–1957, 5:274.

第五章　艾森豪威尔与"核共享"

1950年代初，西方国家寻求建立一种既可以为欧洲提供防御、又可以防止德国变得过于强大从而独立行事的体系。随着1954年末巴黎协定的签订，似乎西方最终达到了目标。包括德国国家军队在内的强大北约部队将会制衡苏联，但是德国的行动自由也将在很多方面受到限制。其中，最为重要的限制与核武器有关。严格说来，联邦德国只承诺不在自己的境内生产核武器，但是根据1954年体系的精神，德国是不允许拥有由自己控制的核力量的。无核的德国无法独自对抗苏联。只要联邦德国依赖于其盟友的保护，只要那些联盟国从根本上致力于防御性政策，那么西德或是西方集团绝不会对苏联控制东方产生威胁。

因此，苏联人可以接受西方于1954年制定的协议，而且德国人也接受一个为联邦德国提供安全保障的体系。但是该体系是否可行，还取决于美国在欧洲持续的军事存在。如果美国人撤出，无核的德国面对苏联的压力便会非常脆弱；联邦德国只有自己发展出强大的核能力才能确保自身的安全。但是一个强大独立的德国将不会再受限于纯粹的防御政策，在苏联看来，这也是为什么任何指向德国复兴的发展——最重要的是德国核力量的发展——都注定会引发巨大关注。

但问题是，艾森豪威尔非常想要在不远的将来从欧洲撤军。他认为，欧洲人应该能够尽快地保卫自己。欧洲应该成为第三大"权力集团"，有能

第五章 艾森豪威尔与"核共享"

力依靠自己的力量与苏联抗衡。这意味着欧洲人,包括德国人,都需要拥有他们自己控制的核武器能力。实际上,在艾森豪威尔政府末期,北约盟国对美国的核武器进行了有效控制。这并不是因为军事已经失控或者中央当局有所松懈而"新近才发生的事"。这是最高层做出的基本政策决定的结果:美国政府实际上选择了被称为"核共享"的政策。

核共享政策极具历史意义,而且要理解该政策,必须要进一步探究其根源。如果能够理解华盛顿方面思考的深度和重视程度,那么在有关武器控制领域的一些行动的意义就不言自明了。反之,因为在武器控制领域所发生的一切,这种思考应该受到重视。接下来的三个部分探究了核共享政策的三大根源:艾森豪威尔对于欧洲的未来以及美国在世界上所扮演的角色的基本观点;1954年12月所采取的有关西欧防务的军事战略;以及对于全面战略平衡的长期变化的思考,尤其是对美国最终不可避免地丧失战略优势的影响的思考。最后一节将会讨论核共享政策本身以及该政策在当时是如何实际执行的。

艾森豪威尔的观点

艾森豪威尔的长期目标非常简单。他希望将西欧建立成所谓的"第三大权力集团"。艾森豪威尔在1955年告诉美国国家安全委员会,如果该目标实现,美国将不再需要担负起欧洲防务的重任。他说道,这样美国就可以"坐镇本国,稍作休息。"[1]

早在艾森豪威尔成为总统之前他就有了这些想法。1951年2月,艾森豪威尔指出,"西欧巨大的工业化复合体"显然不能落入共产主义者之手,而且美国应该率先组织起防御体系,因为欧洲盟国仍然过于弱小,无法独

---

[1] NSC meeting, November 21, 1955, FRUS 1955-1957, 19:150-151. 另注意总统对西欧成为"世界第三大权力集团"的重要性的提及,见 Eisenhower to Gruenther, December 2, 1955, *Eisenhower Papers*, 16:1919-1920。

自应对。如今，美国在欧洲驻扎着数量可观的军队，这表明美国是"认真的"。但是欧洲人迟早需要自己保护自己。新任北约指挥官从欧洲寄来的信件中写到，从长远看来，"西欧的防务并不完全依赖于或是在物质上依靠美国在欧洲的强大军队。欧洲必须发扬自己的精神，增加自身的实力。我们不能成为一个现代罗马，用我们的军团守卫遥远的边域，这些地区从政治上讲不是**我们**的边疆。我们必须援助这些人民（去）重拾信心并且重建军事力量。"[2]

艾森豪威尔当时的主要观点就是这样。在1951年1月的白宫会议上，他说道，西欧"拥有3.5亿人口，有巨大的工业能力和高技能并受过教育的人口"，它当然可以发展出牵制苏联的实力。为何西欧坐拥如此多的资源，却害怕"1.9亿落后的"苏联人呢？答案是苏联是一个强大而又统一的国家，而欧洲则处于分裂与虚弱之中。欧洲人必须行动起来，为自己的军事命运承担责任，他们必须搁置古老的民族差异并将自己组织成一个强大而统一的集团。如果西方国家"团结一致，训练了充足的士兵，制造出足够的装备，他们就可以让苏联靠边站了"。[3]

当欧洲人团结起来发展其军事力量的时候，美国的部队也必须出现在欧洲。但是美国的保护伞并不是永久性的。如果艾森豪威尔曾说过一次，他一定说过上千次：美国在欧洲的大规模军事存在原本就应该是暂时的。他在1953年的美国国家安全委员会会议上指出："美国在欧洲的驻军从一开始就是紧急措施，而不是无限期地持续。"[4]他在当月晚些时候指出，当部署这些师的决议做出之后，没人会"立即"想到，这些部队会留在欧洲长达"数十年"——会想到美国"可以用自己的部队建造罗马城墙来保护世界"。[5]艾森豪威尔在1956年指出，将美国部队派往欧洲是为了"在这段欧

2　Eisenhower to Bermingham, February 28, 1951, *Eisenhower Papers*, 12:76-77. 着重标志为原文所加。
3　White House meeting, January 31, 1951, FRUS 1951, 3:449-458.
4　NSC meeting, October 7, 1953, FRUS 1952-1954, 2:527.
5　Eisenhower to Gruenther, October 27, 1953, *Eisenhower Papers*, 14:611.

第五章 艾森豪威尔与"核共享"

洲部队正在建立的危机时期起到过渡作用"。[6]同样在1959年:"美国在北约地区部署的六个师原本就是我们打算针对紧急情况做出的应对措施。派遣这些师是为了鼓励欧洲国家成为抵抗苏联的第一线。"[7]美国的最终目标是从欧洲撤军,并将防务的责任转交给欧洲人。在担任欧洲盟军最高司令的早期,艾森豪威尔认为"如果在十年之后,所有为了欧洲防御目的而部署的美国军队仍然没有回到美国,那么整个计划"——指整个有关北约的努力——"将会失败"。[8]关于这个基本问题,艾森豪威尔从未真正改变他的观点:他作为总统的最大挫败是他不能将美军从欧洲撤出。[9]

但是如果美国想要撤出欧洲,那么欧洲人就必须先要在一个真正的政治联盟里团结。他在1951年12月写到,只要西欧"仍然是主权政治领土的大杂烩",实力就无法"真正得以发展"。欧洲人应该把他们并不重要的民族分歧放置一旁,建立一个欧洲合众国。只要欧洲统一,美国就没有什么好担心了。"整个'德国'问题将得以解决",欧洲很快就能保护自己,而且美国很快就可以从欧洲撤军。实际上,"直到确定建立了欧洲合众国,欧洲问题才会真正有解决的方案"。他对于那些呼吁采取谨慎的、按部就班的方法的论述感到厌烦。应该"一次性"地促成统一并且"越早越好"。1951年12月,他敦促法国总理普利文邀请欧洲大陆的北约各国参加"制宪大会",建立一个"欧洲联盟"。他在1952年6月写到,美国应该"朝着一个伟大而又终极的目标",即"欧洲的政治和经济的统一"而努力。[10]

但是,艾森豪威尔很快明白,这个伟大的目标不可能在一夜之间达

6　Eisenhower-Dulles meeting, October 2, 1956, FRUS 1955–1957, 19:360.
7　NSC meeting, March 26, 1959, FRUS 1958–1960, 7(1):444.
8　Eisenhower to Bermingham, February 28, 1951, *Eisenhower Papers*, 12:77.
9　有很多记录艾森豪威尔的文献都表述了这种观点。代表性的例子,见FRUS 1952–1954, 2:456; FRUS 1955–1957, 5:274; FRUS 1958–1960, 7(1):479, 508, 516, 519; 以及Trachtenberg, *History and Strategy*, p. 185, n. 56中所引用的参考文献。
10　U.S. Delegation to acting secretary, November 27, 1951, FRUS 1951, 3:734. Eisenhower diary, June 11, 1951; Eisenhower to Harriman, June 30 and July 9, 1951; Eisenhower to Lovett, December 13, 1951; 以及 Eisenhower to Pleven, December 24, 1951; all in *Eisenhower Papers*, 12:340–341, 398, 408, 781, 812. Eisenhower to Gruenther, June 19, 1952, ibid., 13:1248.

成。如果想要完全实现欧洲统一的目标，必须采取循序渐进的方法。如果欧洲无法快速发展成"第三大权力集团"，美国必须继续承诺在一段时间内致力于欧洲的防务。因此，艾森豪威尔开始设想一个三个阶段的过程。首先是紧急情况阶段，美国将会在欧洲驻扎大量军队，或许会持续5—10年。在第二阶段，欧洲将会承担起自己地面防御的责任。在这一阶段，美国会继续用自己的战略核力量保障西欧的防御，但是只会驻扎象征性的地面部队——可能只有一个师的部队。最终的第三阶段，虽然欧洲仍然与美国保持友好，但是欧洲已经在军事上自立，并且在世界事务中成为一个真正独立的"权力集团"。

艾森豪威尔想要按此计划尽快推进，而且在1950年代中后期，美国对欧的所有主要政策都根植于这种思想。在政治方面，美国政府强烈要求欧洲统一。在军事层面，美国政府的基本目标是将防御的首要责任转交给欧洲。该政策的隐含假设就是欧洲人将会拥有自己的核能力——西欧不会仅仅是美国战略上的受保护国。

这些总体政策中的首条，即支持欧洲统一，并不是源于对该问题特别复杂的分析。欧洲统一是一个很重要的目标，因此任何似乎可以促进"欧洲方案"的提议都值得支持。一个欧洲联盟、一个真正的主权合并、一个共同的国会、共同的选举、真正的联邦政府——所有的一切都会是理想的。但是如果暂时无法做出如此剧烈的改变，目前只能得到的是让·莫内所设想的一体化的欧洲行政体系，那也是很不错的，因为这种体系很自然地最终会发展为真正的联邦体系。[11]欧洲防务共同体是"欧洲方案"的伟大象征，所以必须要支持欧洲防务共同体。这就是为什么在1951年中期艾森豪威尔改变其立场，决定支持欧洲防务共同体构想，尽管如他当时所言，该计划"似乎固有地囊括了所有能被聚在一起的障碍、困难以及误导

---

11 注意杜勒斯在与德国原子能事务部长施特劳斯（Strauss）会晤时谈话的语气，见May 14, 1956, FRUS 1955-1957, 4:439-440.

第五章　艾森豪威尔与"核共享"

人的奇异观点"。[12]

　　欧洲防务共同体失败之后，美国政府将前者的重任分置于两个新的计划，这也是欧洲统一的支持者们寄予希望的两个新计划：欧洲共同市场以及欧洲原子能共同体。欧洲共同市场以及现存的欧洲煤钢共同体，与欧洲成为"和美苏一起的第三股世界力量"的观点相互联系，而且艾森豪威尔政府非常支持这些努力。例如，在1957年5月，当杜勒斯敦促德国批准共同市场协议的时候，他做出了其标准的、含蓄的威胁。杜勒斯说，统一的欧洲可以自立，但是如果欧洲仍然处在分裂和孱弱之中，防务的重任将会继续不均衡地落在美国的肩上。但是，美国人不会无限期地承担这种责任，他说道："对于欧洲的很多国家来说，完整的主权是一种它们再也不能以美国为代价而享有的奢侈品。如果在欧洲防务共同体失败之后，共同市场协定失败，国务卿认为很难指望美国公众舆论会进一步支持欧洲。"[13]

　　艾森豪威尔和杜勒斯也是欧洲原子能共同体的强烈支持者。在他们心中，欧洲原子能共同体，是与西欧作为独立的"权力中心"以及"统一的欧洲将会成为第三股世界性力量"这些观点相联系的。"如果西欧实现了一体化"，杜勒斯如是说，"这可以将欧洲的负担从美国的肩上移除，团结法德两国，并且组成统一的权力集团制衡苏联。"[14]

　　欧洲原子能共同体实际上是与建立独立的、一体化的欧洲核能力的观点直接相关。西欧可以独自制衡苏联的强大核力量，这种观点显然暗示着欧洲最终会发展核力量，而且艾森豪威尔和杜勒斯也想要向此方向推进。

　　12　Eisenhower to Marshall, August 3, 1951, *Eisenhower Papers*, 12:458.
　　13　见 Eisenhower-Mayer meeting（有关煤钢共同体），February 8, 1956, Dulles-Strauss meeting（有关共同市场），May 14, 1956, FRUS 1955–1957, 4:409, 441。杜勒斯关于共同市场协议所做出的威胁，见 Dulles-Adenauer meeting, May 4, 1957, FRUS 1955–1957, 26:240。杜勒斯在与美国官员进行的内部讨论中采取了相同的立场。见 meeting with U.S. ambassadors, May 6, 1957, ibid., 4:587。
　　14　State Department memorandum on "Peaceful Uses of Atomic Energy and European Integration," December 6, 1955; State Department meeting, January 25, 1956; Eisenhower-Etzel meeting, February 6, 1957; all in FRUS 1955–1957, 4:355, 391, 517. 另见 Stephen Ambrose, *Eisenhower*, vol. 2 (New York: Simon and Schuster, 1984), pp. 404–405。

可以确定的是，必须要避免"会导致核武器项目增加的大量不受控制的国家性核发展"。[15]但是一体化的欧洲计划完全是另一回事，而且杜勒斯也赞成这个观点。一些主要的国务院官员强烈反对建立独立的欧洲核设施，而且非常反对美国迈出关键的一步来帮助欧洲人"获得核独立"——比如向他们出售用于同位素分离的气体扩散设备，但是杜勒斯不同意。在国务院和原子能委员会官员的会议上，当该问题出现且原子能委员会主席宣布他愿意"在法律允许的范围内"配合欧洲原子能共同体的政策时，杜勒斯"声称他希望委员会可以超过这些限度并且考虑所有可能性"，并且要以为美国制定最佳政策为前提。气体扩散设备的出售存在一些合法性的问题；杜勒斯在此表示他愿意出售这个设备，帮助欧洲人"取得核独立"。该政策的真正重要意义实际上在于，尽管欧洲原子能共同体被认为是应该致力于原子能的和平利用，但所有人都意识到该项目在军事层面的意义：独立的核设施可能最终意味着独立的核武器能力。[16]

艾森豪威尔的基本防御政策最终指向同一个方向。他的核心目标之一是让欧洲为了自己的防务承担更多责任。目前，这意味着要制定一个要求欧洲人建立自己的地面部队的政策。在1950年代初期，艾森豪威尔当然非常重视西欧的直接防御。在1951年担任欧洲盟军最高司令时期以及他就职总统的前几年，艾森豪威尔都不愿意做出妥协，接受完全依赖核威慑的简单政策。从一开始，重要的欧洲大陆地面防御就是艾森豪威尔战略的核心。总统希望北约的地面部队可以发挥令人钦佩的军事作用。他无意"任欧洲

15　Dulles-Strauss meeting, May 14, 1956, FRUS 1955-1957, 4:441.

16　State-AEC meeting, January 25, 1956, ibid., p. 395. 国际原子能事务秘书特别助理杰拉尔德·史密斯（Gerard Smith）可能是国务院中反对相对自由政策的带头人。尤其注意在反对出售铀浓缩设备的备忘录中他的语气："我们将让欧洲各国独立于我们，并且放弃垄断可出售浓缩铀。" Smith to Merchant, December 8, 1955, ibid., p. 361. 另注意，一年半之后他对于北约核储备计划的反对。他反对某文献中的一篇关于此问题的文章，大意是说美国政府应该努力让联盟国减少"对美国在原子领域的依赖"："我认为这种依赖对我们有利"。Smith to Timmons, May 21, 1957, 740.56/5-2157, RG 59, USNA. 核设施原则上是为了和平而使用，但不可避免地为核武器能力奠定了基础，有关论点见一份重要的文献 State Department memorandum of December 6, 1955, FRUS 1955-1957, 4:356-357. 正如这份备忘录所指出的那样，至少主要的欧洲原子能共同体参与者都认为，由于技术原因，"原子能的和平利用会与潜在的为军事目的拥有原子能相联系"。

第五章　艾森豪威尔与"核共享"

遭受蹂躏",他在1954年末如是说,每当有人认为是美国的政策"将我们除了核能力以外的所有军事能力都剥夺一空",他都会很不高兴。艾森豪威尔说:"这种想法简直是无稽之谈。"[17]但是欧洲人需要提供实施该战略的大量地面部队。美国将会是"先头部队背后的中坚"。美国的军事力量不会分布在苏联的外缘,而是集中在美国国内作为某种移动后备军。[18]

这是"新面貌"战略背后的主要观点,艾森豪威尔政府在1953年就任后采取该军事战略,而且在整个1950年代都一直是美国官方思考的关键因素。有关"新面貌"的基本文献,即1953年8月8日美国参谋长联席会议的报告,明确呼吁要将美国部队"重新部署"到美国本土。该报告称,在现行的"重点强调"在"海外的外围军事部署"的政策之下,美国已经"过度扩张"。美国的行动自由"被严重削弱,先发制人的能力也受到极大限制"。它必须要改变当前的军事优先次序。首先应该将重心放在发动全面核战争,即"进行迅速强力的报复性打击的能力"上,并且通过防空手段保护"驻扎在欧洲大陆的要害部队",将"损失限制在国家可控的程度之内"。[19]美国认为,这些必要的、大量的当地防御部队将会由当地的盟国提供。美国不能包办一切:必须要有劳动分工。杜勒斯在1957年指出,理论上"我们会做'大事情'(大规模报复性进攻)。我们的盟友则需处理本地的小冲突"。总统对此表示同意:"我们的政策应该是,我们的盟友为本国地面防御提供手段,而美国应该只负责空军和海军方面的行动。"[20]

17　NSC meeting, June 24, 1954, FRUS 1952-1954, 2:690-691.
18　Eisenhower-JCS meeting, February 10, 1956, MR 80-224 No. 2, DDEL, 另见National Security Archive [NSA], Washington; NSC meeting, March 26, 1959, FRUS 1958-1960, 7(1):444-445. 总统经常持有这些立场。例如,参见Cutler memorandum, September 3, 1953, FRUS 1952-1954, 2:456; 以及NSC meeting, December 22, 1960, p. 16, AWF/NSC/13/DDEL。
19　Joint Chiefs of Staff memorandum to the secretary of defense, August 8, 1953. 这篇关键文献是1953年8月27日举行的美国国家安全委员会关于军事政策的重要讨论的基础。见FRUS 1952-1954, 2:444-455. 在编纂过程中,美国对外关系文件的编辑无法找到文献(p.444n)的副本,但是戴维·罗森伯格找到了副本,并赠与我一份。当时即将担任参联会主席的阿瑟·威廉·雷德福上将认为这非常重要,并且亲自设法解密了这份文献。见Stephen Jurika, Jr., ed., *From Pearl Harbor to Vietnam: The Memoirs of Admiral Arthur W. Radford* (Stanford, Calif.: Hoover Institution Press, 1980), p. 322.
20　NSC meeting, February 28, 1957, FRUS 1955-1957, 19:429.

因此，美国政府要求欧洲人建设地面部队，特别是在艾森豪威尔执政末期，美国官员不断抱怨，称欧洲人没能担当起共同防御责任中其"应该承担的部分"。艾森豪威尔希望欧洲承担地面防御的主要责任，这样美国在欧洲的大量部队就可以回国。[21]问题是怎样让欧洲政府如此行事。此外，出于种种原因，美国政府从未准备向联盟国挑明此问题。美国政府内部在这个基本问题上存在分歧。尤其是杜勒斯和艾森豪威尔在此观点不一致。从一开始，杜勒斯就认为，美国应该谨慎提出"重新部署"问题。美国的撤军可能被理解为回归孤立主义或是"美国堡垒"的心态。这可能会导致欧洲士气的消散，阿登纳政府在政治上被削弱，会导致中立主义转向，西方联盟瓦解，并最终失去整个欧洲。[22]艾森豪威尔指出，每当有人谈论美国撤军，北约的盟友就变得"几乎精神错乱"。[23]为了减少这种焦虑，国务院在这些年就美国在欧洲停留的意图给予联盟国误导性的保证——这些保证有时与来自五角大楼的"重新部署"的言论互相矛盾。[24]

但是近十年之后，艾森豪威尔逐渐意识到应该向欧洲人表明美国的目标。美国在过去对此事避而不谈。结果欧洲人就认为美国的存在是理所当然——美国被困在欧洲，美国"暂时的"存在有可能成为永久性的，想要真正改变政策也变得更加困难。甚至在1956年，艾森豪威尔还在抱怨美国政府"不愿意将此事向欧洲人径直表明"，结果，他说到现在问题"变得非

21　Eisenhower-Dulles meeting, October 2, 1956, ibid., 4:100; NSC meetings, December 11, 1958, and November 12, 1959, 以及 Eisenhower-Norstad meeting, August 24, 1959, FRUS 1958-1960, 7(1):367, 479, 509。另注意艾森豪威尔在会议上与他的高级顾问的谈话，见December 12, 1958 (document dated December 15, 1958), SS/S/DoS/3/State Department/DDEL。

22　例如，参见NSC meeting, August 27, 1953, FRUS 1952-1954, 2:445-453, 以及 Dulles to Eisenhower, October 21, 1953, DP/WHM/8/General Foreign Policy Matters (4)/DDEL。关于杜勒斯和艾森豪威尔的分歧，见Eisenhower-Norstad meeting, November 4, 1959, 以及 Eisenhower-McElroy meeting, November 16, 1959, FRUS 1958-1960, 7(1):499, 517; Eisenhower-Gray meeting, July 27, 1959 (document dated July 29), OSANSA/SA/P/4/Meetings with the President/DDEL, 以及 Allen Dulles-Eisenhower meeting, August 22, 1961, National Security Files [NSF], box 82, Kennedy Library [JFKL], Boston。

23　Eisenhower-McElroy meeting, November 16, 1959, FRUS 1958-1960, 7(1):516.

24　尤其参见Dulles and Eisenhower remarks in NSC meeting, December 10, 1953, FRUS 1952-1954, 5:450-451。另注意Dulles's comments in a July 7, 1955, NSC meeting, FRUS 1955-1957, 5:274。

第五章　艾森豪威尔与"核共享"

常棘手，难以解决"。[25]

到了1959年，艾森豪威尔的任期即将结束，眼下的这个问题要么现在解决，要么就永远无法解决。此时的美国开始出现严重的收支不平衡，而且这也让减少美国在欧洲的军事开支这一观点更具分量。现在该是采取行动的时候了。艾森豪威尔说道，在过去的五年，他一直尝试让国务院"将削减我们军队数量的事实摆在欧洲人面前"。鉴于欧洲当下的繁荣，欧洲人"没有理由"不承担起更多的防务责任。美国不应该包办一切。"我们几乎承担了所有战略威慑部队的重任，还进行太空活动以及原子能计划。我们承担了绝大部分基础设施的开销，并维持了大规模的海军、空军以及六个师。他认为欧洲是'把山姆大叔当傻瓜耍'。"紧急援助是一回事，但是那个时代已经成为过去。[26]

但是美国政府不能采取休克疗法。必须要让欧洲人意识到，美国绝不会抛弃盟友，而是仅仅要求责任的等分。艾森豪威尔"对于将所有防务重任压在美国的肩上感到厌倦"。他说："是时候重新调整欧洲的思维方式，在北约的形势确定之前让这种思维方式更加现实一些；是时候让欧洲人民承担起自己的地面防御责任了。"如果欧洲人拒绝，并且"防御整个世界的重任都要强加于我们，那么我们最好还是统治世界吧"。艾森豪威尔开玩笑地说。但是如果欧洲人希望起到真正的作用，那么他们就要做出美国正在做的努力。但是，这些政策转变是不能单边地强加于欧洲人的。首先必须要让欧洲人明白一些"难以改变的事实"，让他们自愿地同意接受这些结构上的改变。美国已经做出承诺，并且恐怕现在什么也做不了。在柏林一直持续的危机也需要被纳入考虑范围之内。美国在这场危机中撤军将发出错误的信号。但是在危机过后，整个问题都将会被推向台前，而且与此同时

25　Eisenhower meeting with top advisers, October 2, 1956, FRUS 1955–1957, 4:100. 另见总统在国家安全委员会上的评论，November 12, 1959, FRUS 1958–1960, 7(1):508。

26　Eisenhower-Norstad meeting, November 5, 1959, FRUS 1958–1960, 7(1):498. 关于揭示国际收支问题在这点上的影响的各种文件，见 ibid., pp. 488 n, 491, 494, 499。

美国"绝不会改变立场"。总统坚持认为应该"直接而又清楚地"让欧洲关注这一问题。[27]

虽然美国政府抱怨欧洲人没有尽自己的责任，但是它也明白为何欧洲人所做出的努力有限。基本的问题就是，军事力量的支配性形式的控制权无疑是在美国手中而不是欧洲。如果这种本国的防御部队的建设，无论多么庞大，都无法让他们更好地掌控自己的命运（实际上这会让美国更容易撤出大量的地面部队并且削弱美国的核保障），那么为什么欧洲人还要着手这种军事建设？美国最终会做出关键决定，而拥有常规部队的欧洲只能"玩玩弹珠游戏"。[28]

如果欧洲人不准备承担自己的责任，是因为所有的权力都集中于美国手上，那就有必要改变这种局势。美国最高领导人不希望让西欧继续成为美国的受保护国。艾森豪威尔希望欧洲成为真正的、为自己的防御承担责任的盟友。他愈发地抱怨到，欧洲人已经丧失了责任感。欧洲应该为此感到"羞愧"，而且美国应该做出更多努力，"断绝我们的盟友对我们的过度依赖并鼓励他们自己更加努力"。[29] 必须要让欧洲人意识到，"安全问题不能永远并彻底地依赖于美国"。[30] 这意味着，欧洲需要自己可控的核力量，这是因为若非如此，他们又怎能减少对美国的依赖并最终承担起自己的防御重任呢？实际上，杜勒斯特别提到北约核储备的想法时称："我们不想让盟友完全依赖我们，而且也并不认为这是一种良性关系。"[31]

所以如果欧洲对于美国的"过度依赖"是个基本问题，如果美国真正的目标是让欧洲人为自己的命运承担责任，那么答案只有一个。必须要让欧洲配备核武器——而这也意味着他们可以自己控制这些核武器。早在

27　NSC meeting, November 12, 1959, ibid., pp. 508–509, 514.
28　见 Allen Dulles to John Foster Dulles, August 28, 1956, FRUS 1955–1957, 26:148。
29　Eisenhower-Dulles meeting, December 12, 1958, 以及 Eisenhower-Spaak meeting, November 24, 1959, FRUS 1958–1960, 7(1):370–371, 521, 524. 另见 NSC meeting, March 26, 1959, ibid., p. 445, 以及 NSC meeting, June 15, 1956, FRUS 1955–1957, 26:128。
30　NSC meeting, December 11, 1958, FRUS 1958–1960, 7(1):367.
31　Dulles press conference, July 16, 1957, DOSB, August 5, 1957, p. 233.

第五章 艾森豪威尔与"核共享"

1954年,艾森豪威尔就已经有了这些想法。在与杜勒斯的会面中,他建议告诉英法两国,"我们拥有一定数量的各种型号的原子武器,以备其可能之需,这会让他们在决定是否使用这些武器的时候担起更多责任"。[32]

因此,美国的直接目标是与欧洲制订责任分工,即美国将维持战略核力量,而盟国集中精力进行地区防御。但艾森豪威尔政府从未想过,这种显而易见的军事力量的主导形式将完全由美国控制。实际上,关于在此领域的分工的观点暗示着美国政府愿意接受核共享的方案。美国的紧迫目标或许是让欧洲集中于地面部队建设而将战略性空中进攻交给美国。但是这意味着欧洲的安全取决于美国最终进行全面核打击的意愿。美国要求欧洲信任自己会兑现承诺。但是如果美国不愿意信任自己的盟友,不将自己最重要的武器与之分享,怎么能期望欧洲人信任美国?如果美国将欧洲人视作联盟中的"二等"成员,这种联盟怎么可能得以维系?这种影响将会是非常有害的。正如杜勒斯所言:"信任是双方的。仅仅是他们信任我们,这是不够的。我们也需要给他们分配任务,让他们有事可做。欧洲各国都想参与导弹的研发,而不是仅仅希望成为炮灰。"[33]

艾森豪威尔认为,欧洲将会坚持更大程度上的独立是理所当然之事;考虑到他们必须面对来自装备有核武器的苏联的大规模军事力量,那么欧洲政府希望获得属于自己的核力量是再自然不过的事情了。他认为"很多国家将会发展自己的核能力,此事必然会出现,就像黑夜之后必是白天一样,是肯定会发生的事情"。[34] 而且欧洲各国完全独自发展这些力量也没有什么意义。一系列的独立并且毫无协调的国家核计划将是不合理的浪费。美国花费巨大的代价才建立起庞大的核基础设施,最好还是将北约国家视

---

32 Dulles-Eisenhower meeting, April 19, 1954, *Secretary of State's Memoranda of Conversation, November 1952–December 1954* [SSMC], microfiche supplement to FRUS, no. 424.

33 国务院官员与外部顾问的会议记录,November 6, 1957, DP/GCM/3/Strictly Confidential—N-P (1)/DDEL。这种观点在当时颇为流行,甚至是杜鲁门政府的老官员都表示赞同。例如,参见斯波福德在此会议中的言论:"与盟友分享核武器将会表明我们对他们的信任,而且也会再次激发他们对于防务的兴趣。如果不直面该问题,将很难使他们重拾信心。"

34 NSC meeting, October 29, 1959, FRUS 1958–1960, 7(2):290.

作真正的盟友，并且为他们提供所需要的武器和技术。

对于艾森豪威尔而言，所有的这一切都是显而易见的。"看在上帝的份上"，他在1955年感叹道（在他讨论西欧作为"第三大权力集团"的同一次国家安全委员会会议上）："我们不要对盟国过于吝啬。""将许多北约盟国视为继子，并且希望他们承诺与我们并肩作战"，这显然是荒谬的。"我们这么做无异于自毁前程。"[35] 美国应该帮助盟友获得现代武器。实际上，正如艾森豪威尔在1959年所说，"如果想让它们继续作为美国的盟友"，美国必须施以援手。[36]

MC48号文件及其意义

1950年末，美国着手为重新武装付出巨大努力。国防开支迅速增加。军事交付由朝鲜战争开始后的第一季度的12亿美元增长到1953年中期的每季度100多亿美元。美国的国防开支由朝鲜战争前一年时占国民生产总值的4.7%增长到1952—1953年时惊人的17.8%，而且只有一小部分的增长是由于朝鲜战争。正在增长的还有美国的总体作战实力，尤其是针对苏联发动空中核战争的能力。北约盟国也加入其中。据估计，当时的英国国防支出从1949—1950年时占国民生产总值的5.7%增长到1952—1953年时的9.9%；对于法国，则是在同期从6.5%增长到10.1%。[37]

但是这些原始数据只在很小的程度上显示了军备建设的影响。当时是军事科技的变革时代。尤其是在核武器领域，发展更是突飞猛进。核弹设

---

35 NSC meeting, November 21, 1955, FRUS 1955-1957, 19:151.
36 Eisenhower-de Gaulle-Macmillan meeting, December 20, 1959, p. 16, Prem 11/2991, PRO. 另见 Eisenhower's remarks in the NSC meeting of November 17, 1960, FRUS 1958-1960, 7(1):657。
37 见Trachtenberg, *History and Strategy*, pp. 126-129. 有关数据，见Key Data Book, n.d., PSF/NSC-Reports-Misc/HSTL；向总统作的报告，"Defense Expenditures of Soviet and NATO States as a Percent of Their Respective Gross National Products," September 5, 1952, DDRS 1988/2259. 另见为艾森豪威尔作的简报，n.d., and Cabot to Acheson, March 27, 1951, FRUS 1951, 3:6, 104；美国对德政策声明草案，December 13, 1957, FRUS 1955-1957, 26:335。

第五章 艾森豪威尔与"核共享"

计上的进步意味着武器可以变得更小、更轻便，足以用战斗机，包括航母上的飞机携带，并且在可裂变原料的生产以及裂变效率上都有巨大提升。与此同时，更高当量的武器也被投入测试，而且真正的热核武器——比在日本引爆的原子弹威力大1000倍——在1952年首次试爆。该事件将会带来非常深远的影响；1945年的核武器革命代表着与过去的决裂，但是热核武器到来的意义还要更重要。[38]而且，尽管这些核武器的发展是至关重要的，但其他许多领域——飞机推进装置、军事电子领域（包括军事计算机化的开始）、情报技术等——也一直都在取得令人瞩目的进步。

军事科技迅猛发展，这意味着西方重整军备的战略影响要比简单的统计数据所能体现的巨大得多。尤其是配有最为现代化武器的美国军队，在1952年末发展到储备有大量愈发过时的武器的苏联也无法相媲美的程度。军事平衡事实上完全转变了。在1950—1951年，美国领导人担心，如果第三次世界大战爆发，美国很可能会输掉这场战争。但是到了1953—1954年，他们对于全面战争的结果不再怀疑。美国将会取胜，而苏联则会被彻底消灭。[39]

1954年末，西方联盟采取的政策充分利用了美国当时巨大的军事优势。该战略体现在十分重要的北约MC48号文件中，并于1954年12月17日由北大西洋理事会通过。该战略是核共享政策的第二大根源。[40]

38　见 Trachtenberg, *History and Strategy*, pp. 119-120, 133-134。

39　关于这些问题，以及军事平衡的改变对于美国在具体地区政策的影响，见 Trachtenberg, *History and Strategy*, pp. 129-131, esp. n. 111。另见 Sulzberger-Gruenther meeting, November 9, 1954, in Cyrus Sulzberger, *The Last of the Giants* (New York: Macmillan, 1970), p. 107; Dulles statement to NAC, December 14, 1953, and NSC meeting, December 23, 1953, FRUS 1952-1954, 5:464, 480; 尤其见 NSC meeting, October 20, 1955, FRUS 1955-1957, 4:26。关于战略优势意味着什么，以及为何美国会在这一时期占据上风的基本问题将会在本章后文讨论。

40　我对于这些问题的理解很大程度上基于罗伯特·万普勒（Robert Wampler）的著作，尤其是他的博士论文"Ambiguous Legacy: The United States, Great Britain, and the Foundations of NATO Strategy, 1948-1957" (Harvard University, 1991)。另外，我与万普勒就这些问题的谈论也让我受益匪浅。另有信息出自 *JCS History*, 5:311-317。除了官方记录以及 FRUS 1952-1954, 5:482-562 中发布的文献之外，关于此话题几乎没有公开的文献。但是最近几年，一定数量的重要文献可获取了。英国国家档案馆藏 Defe 6/26 中的资料尤其具有指导意义，法国万塞纳的法国军队历史档案馆中，"布兰克文件集"（Blanc Papers）里有关法国方面的材料也极具启发性。以下文章中给出了一些关键的节选，"La formation du système de défense occidentale: Les Etats-Unis, la France et MC 48," in Vaïsse et al., *La France et l'OTAN*。另注意法国外交部关于核战争的备忘录，December 13, 1954, DDF 1954, pp. 906-909。MC48的文本内容在1996年被解密；我对为我提供副本的欧洲盟军最高司令部的历史学家格雷戈瑞·佩德罗（Gregory Pedlow）深表感激。

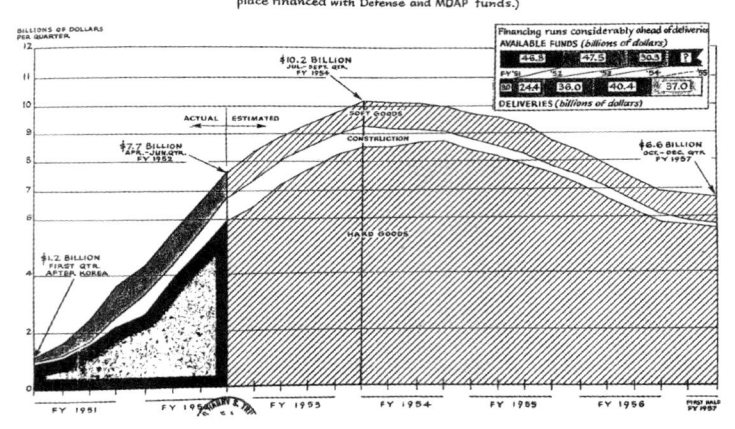

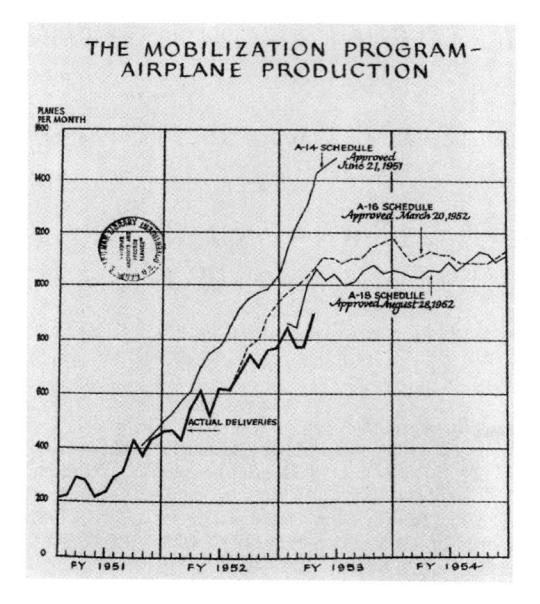

图3：杜鲁门政府末期美国的军事重整计划
图表出自"关键数据手册"("Key Data Book")。
资料来源：President's Secretary's Files, NSC—Reports—Misc, Harry S Truman Library。

MC48战略特别强调核武器对欧洲的防务作用，而且北约对于此战略的接受也非常具有历史意义。其意义并不在于它标志着北约正式接受一个

第五章　艾森豪威尔与"核共享"

以核武器为基础的战略。这并没有什么特殊之处。北约的欧洲防御战略在整个冷战时期都在根本上依赖于核力量。MC48战略真正的特别之处在于，它所基于的假设是，有且仅有一种方法可以阻止苏联人在战争来临之时占领欧洲——通过在战术上和战略上迅速并大规模使用核武器。一直以来，西欧的前沿防御政策出于政治因素被认为是必须的：欧洲对于联盟承诺的基础，就是联盟倾其所能保护欧洲成员免受苏联的进攻。1950年代初期的一系列事件已经表明，由于国内政治以及财政方面的因素，非核防御已经完全不可能。在1954年之前，北约的战略一直受困于军事"需求"与北约盟国愿意提供的实际资源之间持续且难以弥合的差距。但是现在看来，似乎在地面上防御欧洲是有可能的。现在的目标不仅仅是威慑，而是建立起足以防止在与苏联的战争爆发之后苏联人占领西欧的防御手段。

　　该战略的基础在于，即使是规模有限的部队，如果能够适应核战场，配备上核武器并准备好用其有效打击战术性目标（比如敌方战争物资储备，供给线以及部队集中地），就可以保证北约的欧洲部分不会在相对短的时间内被占领。而这段时间里，苏联的基本力量来源正在被战略空中进攻摧毁。苏联在欧洲的进攻能力很快会衰退，而在此之前，被训练于核环境之下作战的、配备核武器的掩护部队将有能力在欧洲大陆一直坚守。因此，MC48战略并不像有时声称的那样，是"建立在用战术核武器对常规武器进攻进行回应基础之上的战略"。[41] 新战略的本质是核武器的回应将**既是战术性的，又是战略性的**；针对苏联的进攻将会是大规模的，而且最重要的是极为快速的。用MC48文件中的话说："北约有能力在欧洲提供有效的威慑，如果威慑不起作用且爆发了战争，它也有能力防止欧洲被迅速占领，**但前提是确保有能力立即使用核武器**。我们的研究表明，如果不能立刻使用核武，我们无法依靠可获得的资源成功防御欧洲。任何核武器使用的延迟——即使是几个小时的延迟——都可能是致命的。因此一旦战争牵扯到北约，北约应从一开始就

41　Robert E. Osgood, *NATO: The Entangling Alliance* (Chicago: University of Chicago Press, 1962), p. 116.

可以使用原子武器和热核武器进行防御，这在军事上是至关重要的。"[42]

为了采纳MC48战略，北约欣然接受了极速升级战略。当时，没有任何一种战略（实际上是没有任何一种北约战略）如此着重且明确地强调迅速、大规模的核升级。这并不是一项进攻性战略。正如总统艾森豪威尔以及其他北约领导人当时反复声明的那样，必须明确的是苏联应该对战争负责。但是一旦明确了苏联难辞其咎之后，美国及其盟友必须火力全开。艾森豪威尔在1954年12月告诉美国国家安全委员会："我们在第三次世界大战中唯一可以战胜苏联的机会，就是从战争伊始让敌人瘫痪。""我们**不会**挑起战争"，他补充到，该受谴责的是苏联。只有在这种情况下美国才会"使用核武器"，而且"如果我们要保全我们的制度并且赢得战争"，美国就必须能够使用核武器。[43]

MC48战略是否是以先发制人战略为前提？即使苏联完全使用常规部队作战，西方也会（如果可能的话）首先发动大规模空中原子弹进攻，这被认为是理所当然的。但是这种新战略是否具有更强的先发制人性质，即一旦北约判定战争不可避免，在敌人真正开始军事行动之前就可能进行全面的核打击？这些指标混合在一起不好判断，但是一系列的证据确实表明MC48战略在这种意义上是先发制人性质的。但是，这个重要的结论绝大部分依赖于建构和推论——取决于战略的逻辑以及对某些关键文本的解读。

首先，显然MC48战略的前提假设就是，在欧洲的主要战争是不受限制的，而且会迅速发展为全面冲突。实际上，如果任何人对这种结果有疑义，MC48战略将保证达到全面冲突程度的战事升级会非常迅速。但是若是

---

42 NATO Military Committee, "The Most Effective Pattern of NATO Military Strength for the Next Few Years," MC 48, November 18, 1954 (approved on November 22, 1954), SHAPE Historical Office. 着重标志为原文所加。有关"立刻使用核武器"的条款是三个有关新战略可行性条款的第一条；另外两条与德国的防御贡献以及使北约部队可以在袭击中幸存并迅速进入战斗状态的具体措施相关。另见Comité de Défense Nationale, "Examen du 'Plan des Possibilités' établi par le commandement suprême des forces alliées en Europe," p. 4, September 7, 1954, folder "Comité de Défense Nationale du 10 Septembre 1954," Box 2, Papers of General Blanc (French Army Chief of Staff), fonds 1K145, SHAT, Vincennes。

43 NCS meeting, December 3, 1954, FRUS, 1952-1954, 2:805-806.

第五章　艾森豪威尔与"核共享"

用核武器对付苏联——显然MC48战略基本的决定就是在欧洲战场使用这些武器对抗苏联，那么苏联当然也会用同样的手段进行报复。对于西欧而言，他们只能接受非自杀式的以核武器为基础的战略。只有在能够阻止苏联进行大规模报复行动的前提下该战略才可以接受。唯一可以达成目标的方法就是在苏联的核能力易于受到攻击的时候将其摧毁，也就是说，在他们的轰炸机起飞之前将其摧毁。MC48战略的主要设计师之一北约指挥官格仑瑟将军（General Gruenther）在1954年1月举行的新闻发布会中指出，大家都知道，"掌握制空权的最佳方法就是在敌机起飞之前将其摧毁"。[44] 而且，一旦确定战争是不可避免的，唯一可以这么做的方法显然就是进行先发制人的打击——也就是说，当苏联人正在准备采取行动的时候进行打击，而不是在他们真正进攻之后再进行打击。生死存亡之际，西方事实上是难以在苏联的进攻下存活下来的，所以他们怎能允许由苏联人制定行动时间并且将首次核打击的机会让给他们呢？

这种想法当然是艾森豪威尔基本的防御思想的核心——这是一个重要的事实，因为艾森豪威尔的个人思想成了MC48战略最为重要的来源。在其整个总统任期内，艾森豪威尔都认为欧洲的战争是无法掌控的。第三次世界大战中可能会有区域性战争，但即使在这些区域，美国也准备放开手脚作战；实际上，一旦美国军队被大量敌人攻击，美国即可动用核武器。在其任期早期，艾森豪威尔采取了非常强硬的立场，并谈及在这种情况下，有必要打击敌人的核心力量；实际上，如果这种战争过多，他说美国甚至可能直接进攻苏联。后来，他的态度稍有缓和，某种程度上不情愿卷入核升级当中。但是即使是在当时，艾森豪威尔也认为国务院（后者认为核武器"应该作为最终手段使用"）在该问题上"过于谨慎"。[45]

44　格仑瑟新闻发布会记录，January 11, 1954, Montgomery Papers, file "Philosophy of NATO military build-up," Imperial War Museum, London.
45　有关艾森豪威尔表示愿意在第三次世界大战中的地区战争升级战事的证据，见NESC briefing, January 23, 1956（其中总统声称他不会"在无法触及敌军实力核心和支柱的情况下让我们的部队参战"）; NSC meeting, February 27, 1956; Eisenhower-Radford-Taylor meeting, May 24, 1956;（接下页）

至于欧洲，他们的政策要明确得多。艾森豪威尔自始至终都强调，在欧洲的战争将会是与苏联展开的，因此也是不可避免的全面战争。考虑到种种风险，双方都会倾其全力。有关"相互威慑"的言论——该观点认为双方由于惧怕报复都不会使用核武器，所以最终只会用常规武器交战——在他看来"大错特错"。实际上，美苏之间的战争将会是全面战争，所以当然会用到核武器。艾森豪威尔在1956年说道："认为卷入生死之战的美苏两国不会使用核武器的想法是愚蠢的。"1960年，他再次直言，欧洲的战争会发展为全面战争。艾森豪威尔说道，这也是为什么"我们必须在苏联有意进攻的时候准备好迎击的原因。他不认为在欧洲会进行有限战争，而且认为如果我们不使用核武器参与这场战争，我们就是在愚弄自己以及欧洲的朋友"。[46]

在艾森豪威尔看来，这种情况下战争的目标只有一个，那就是国家的生存。在这样的战争之中没有胜者，艾森豪威尔如是说，但是"我们只是不想不体面地输掉这场战争"。他会全力，不加限制地进攻苏联。"在这样一场战争中"，他说道，"美国将会把这一可怕的以至于根本无法讲究其施加方式的力量运用到战争中去"。总统当然意识到苏联对美国进行全面核打击将会多么具有毁灭性。如果美国想要存活下来，就必须防止苏联发动这种打击。鉴于有限的防空有效性，唯一可以保护美国的方法就是在苏联的轰炸部队起

（接上页）NSC meeting, January 3, 1957; and NSC meeting, May 27, 1957; all in FRUS 1955-1957, 19:191, 211, 313-314, 397, 503。另注意一系列的公开声明（ibid., p. 61）以及艾森豪威尔在1954年第一次台海危机中有关打击要害的言论，称应该直接进攻苏联而不是与中国进行地面战争；NSC meeting, September 12, 1954, FRUS 1952-1954, 14:617。但是关于此问题的证据并不明晰：一些文献表明美国不愿升级事态。例如，参见NSC meeting, May 17, 1956, FRUS 1955-1957, 19:307。有关只有在"欠发达地区"才可能进行有限战争的言论，见NSC meeting, May 27, 1957, ibid., p. 503。关于"如果局部战争过于普遍，美国就必须发动主要战争"的言论，见NSC meeting, August 4, 1955, ibid., p. 97。关于在任期后期对这些问题的处理，有关文献见Eisenhower-Herter-McElroy-Radford meeting, July 2, 1959; NSC meetings, July 9, 1959, 以及 October 6, 1960; Furnas to Smith, July 15, 1959; in FRUS 1958-1960, 3:228-235（相关引用见第233页及第235页），238-248, 255-258, 483-484。

46 另见 Eisenhower-Taylor-Radford meeting, May 24, 1956, FRUS 1955-1957, 19:311-315; Eisenhower-Bowie meeting, August 16, 1960, FRUS 1958-1960, 7(1):612, 614。有关其他反映艾森豪威尔坚信重大全面战争具有不可控性的观点，以及他否认由于双方都太害怕而不敢使用核武器，所以重大冲突之中可以保持有限战争这种观点的相关文献见 NSC meeting, June 24, 1954, FRUS 1952-1954, 2:689-690, and Eisenhower-JCS meeting, February 10, 1956, DDRS 1982/798。

第五章　艾森豪威尔与"核共享"

飞之前将其摧毁。当艾森豪威尔在1956年5月称"大规模报复"是"国家生存的关键",所指的就是此意。对于艾森豪威尔而言,尽管有时他说的正好相反,但是"报复"并不意味着仅仅是在敌方进攻之后的还击:像这样的简单的反击并不能确保美国社会的存活。当艾森豪威尔说"除了报复以外事实上没有其他防御"的时候,他真正想说的是美国应该首先发动"报复性"进攻——正如他在同日所言,美国"决不允许敌军率先进行打击"。[47]

而且艾森豪威尔认为,美国应该集中精力发展可以使其具备先发制人核打击能力的军事力量。1956年末,在听取了核战争影响的简要汇报之后,艾森豪威尔感到疑惑:"为什么要在发展我们削弱敌军核打击能力以外的领域投入资金?"[48]数月之后,他指出,鉴于苏联核武器进攻会导致的巨大损失,"我们所能采取的唯一明智的决定就是将我们所有的资源都运用到战略空军司令部以及氢弹的研发中去"。[49]他完全明白,这些额外能力真正可以起作用的唯一方法,就是如果美国使用这些能力在苏联发动首次进攻之前摧毁苏联部队——鉴于防空的有限效力,这意味着要在其起飞之前将其摧毁。

正如戴维·罗森伯格所言,大规模报复其实意味着大规模的先发制人策略——当然这是从作战的角度来看,而且在相当大的程度上也是从基本战略的角度来看。[50]按照国防部资助的一项重要历史研究的话来说,艾森豪威尔时期整个美国的军事行动姿态"都是在对即将发生的进攻竭力作出迅速(实际上是先发制人的)以及大规模的回应"。[51]这并不是美国决定在遭

47　NSC meeting, March 25, 1954, FRUS 1952–1954, 2:640–642. 另见NSC meeting, January 22, 1959, FRUS 1958–1960, 3:178; Eisenhower-Radford-Taylor meeting, May 24, 1956, FRUS 1955–1957, 19:313。不能允许敌军率先进攻,有关文献见November 1957 document cited in Rosenberg, "Origins of Overkill," p. 47. 另注意艾森豪威尔在1959年3月5日在参加国家安全委员会关于全面战争战略讨论时的观点:"如果你卷入了一场争斗,你就应该在别人向你开枪之前率先开枪。" FRUS 1958–1960, 3:197.

48　NSC meeting, December 20, 1956, FRUS 1955–1957, 19:381.

49　NSC meeting, February 7, 1957, ibid., p. 416.

50　David Rosenberg, "Toward Armageddon: The Foundations of U.S. Nuclear Strategy" (Ph.D. diss., University of Chicago, 1983), p. 221. 另见 pp. 197–201。

51　Ernest May, John Steinbruner, and Thomas Wolfe, "History of the Strategic Arms Competition, 1945–1972," pt. 1 (Office of the Secretary of Defense, Historical Office, 1981), p. 588. Available from the Department of Defense Freedom of Information [DOD-FOIA] Office.

受敌人率先打击之后再发动进攻。在艾森豪威尔时期，总统指出，首要任务是"削弱敌人的**最初**威胁——凭借大规模报复力量和能力，以及一个具有重要能力的大陆防御体系实现"。[52]按照今天的术语来说，"削弱"进攻意味着使敌军的战略能力尽可能无效化，而且值得指出的是，该任务不能仅仅通过防空来完成。"报复性"部队将会承担主要责任，并且只有在它可以摧毁敌方部队的前提之下才能达成目标——摧毁**最初**进攻的部队，而不仅是后备部队中任意用于跟进打击的部队——而且必须在地面上就将其摧毁。

艾森豪威尔相信"尽可能地削弱敌军**初次**打击"的重要性，而且他的政策也反映出这一基本原则。[53]在他看来，美国"唯一可以取胜的机会"——实际上是唯一可以存活下来的机会，因为他相信关于这种战争中的胜利者或是失败者的讨论没有意义——就是"从战争伊始即让敌人瘫痪"。[54]而且最应该优先考虑的就是摧毁敌人的战略部队。[55]

但是，这是否意味着美国会在苏联人通过敌对军事行动真正发动战争之前率先发动袭击？还是它假设战争可能会以苏联对欧洲进行常规进攻开启，这样美国的首次打击就会在苏联已经采取实际军事侵略行动之后才会发生？关于此问题非常重要的一点就是，要理解美国的战略**并不是**建立在战争会以这种形式发生的假设之上，实际上艾森豪威尔明确排除了苏联在有意开战之后**不会**对美国进行大规模核武器进攻的观点。艾森豪威尔几乎不怀疑，如果苏联决心发动战争，那么它会在"相当大的"压力之下以"突然袭击的方式"使用核武器；"他认为苏联将会立即并且全力使用核武器的观点是有依据的"。[56]

这意味着，如果美国想要首先进行核打击——这对于西方的生存而

52　Eisenhower-JCS meeting, December 22, 1954, AWF/ACW Diary/3/DDEL. 着重标志为本书作者所加。
53　NSC meeting, July 29, 1954, AWF/NSC/5/DDEL. 着重标志为本书作者所加。
54　NSC meeting, December 3, 1954, FRUS 1952–1954, 2:805.
55　见 Rosenberg, "Origins of Overkill," esp. p. 38。
56　Eisenhower-Radford-Taylor meeting, May 24, 1956, FRUS 1955–1957, 19:312.

第五章 艾森豪威尔与"核共享"

言非常重要，因此这也是该战略的主要目标，它很可能不得不在敌军真正进攻**之前**发动打击。因此要重点强调反应速度，而如果美国和北约选择了常规意义上的简单的报复性战略，那么反应速度就没有什么意义。"胜利或是失败"，艾森豪威尔写到，"可能取决于分秒之间，要么是迅速做出决定取得胜利，要么是在犹豫不决中可悲地浪费关键时机从而以失败告终"。[57]

美国最高军事当局普遍接受该观点。前陆军参谋长，如今的美国驻北约军事委员会代表J. 罗顿·科林斯（J. Lawton Collins）将军在1953年12月对北约军事委员会的发言中强调，"在授权指挥官发起报复性行动的权力方面，即使是短暂的延迟，也很可能导致我们的军事地位严重瓦解"。[58]北约指挥官艾尔弗雷德·格伦瑟将军在他极为重要的"能力研究"（MC48战略以其为基础的关键文档之一）中也强调了该观点。格伦瑟写到，为了完成防御欧洲的主要任务，欧洲盟军最高司令的"实施核武器的计划中使用的权力必须确保在**反制突发进攻时不会出现任何延迟**"。这里选用了"反制"一词，而不是使用"应对"或"反应"之类的词，很可能再次反映出西方可能会在危机之中采取先发制人的战略。[59]

MC48战略正是源于这种思想。它认为，北约应该快速采取行动。如果可以有效地使得苏联的核能力无效化，那么西方就应该"立即"进行空中核进攻。在欧洲盟军最高司令看来，进攻"应该首先针对对手的核能力以及关键阵地：在行动中，时间因素是决定性的，必须采取措施最大程度地减少决策和执行所需的时间"。这么做的目的是"将西方从苏联的核武器进攻的威胁中解脱出来"。但是北约可以这么做的唯一方法就是，在苏联人用核武器对北约国家进行打击之前先摧毁他们。既然没

57　Eisenhower to Churchill, January 22, 1955, *Eisenhower Papers*, 16:1523.
58　转引自Wampler, "Ambiguous Legacy," p. 602。
59　引自"Standing Group Report to the Military Committee on SACEUR's Capability Study, 1957," annex to JP(54)76 (Final), September 2, 1954, Defe 6/26, PRO。着重标志为本书作者所加。

人可以理所当然地认为苏联会好心地以常规进攻开始战争，然后静待西方率先进行核打击，那就意味着北约可能会在苏联人公开进攻之前进行打击。[60]

西方领导人当然认为自己永远不会率先开战，而且在很多文献中都明确排除了先发制人策略的可能性。[61]但是，鉴于战略的逻辑以及很多观点对立的文献，很难仅仅从表面上看待这种声明。[62]因此杜勒斯在1953年12月评论到，发展一种"一旦收到预警就可以立即生效的机制"是"非常重要的"。[63]而且艾森豪威尔本人在MC48战略被采纳的几天后强调，"一旦收到可能发生实际进攻的**预警**，他坚定地想要立即启动一支战略空军。"[64]措辞再次变得十分重要，这意味着轰炸机部队在苏联仍在为战争做准备但并没有真正发动进攻之时就可以出动了。[65]

至少在目前看来，在这一时期北约总部的总体思想是，苏联人会在中欧加强兵力，然后会对北约的欧洲部分实施进攻，而且这种军事力量的增

---

60 "Avis du Comité des Chefs d'Etat-Major au sujet des problèmes soulevés par le Plan des Possibilités du Commandant Suprême Allié en Europe," September 6, 1954,以及"Examen du 'Plan des Possibilités' établi par le commandement suprême des forces alliées en Europe," Blanc Papers, fonds 1K145, box 2, SHAT。

61 例如，参见Eisenhower's diary entry for January 23, 1956, *Eisenhower Papers*, 16:1974,以及他的评论，见NSC and other meetings in 1954, 1957 and 1960, in FRUS 1952–1954, 2:641, FRUS 1955–1957, 19:675, FRUS 1958–1960, 3:413。

62 应该指出的是，在排除先发制人行动时，艾森豪威尔的部分言论与在其他场合下的观点明显相矛盾。由此，1956年1月的日记仅仅记载着，他说，除非先召集国会并宣战之后才能部署进攻，他认为这种进攻是不可能的。但是在1959年柏林危机期间，他与国会领导人会面并称，如果苏联切断通往柏林的陆上通道，他会先于国会行动，一位参议员打断他并说"不需要经过国会，直接开战就行"。艾森豪威尔"向他保证，一旦**真正**的紧急情况到来他会那么做的"。Eisenhower meeting with congressional leaders, March 6, 1959, p. 7, DDRS 1996/3493。

63 North Atlantic Council meeting, December 16, 1953, FRUS 1952–1954, 5:479。

64 Eisenhower-JCS meeting, December 22, 1954, AWF/ACW Diary/3/December 1954 (2)/DDEL。着重标志为本书作者所加。

65 同样的观点也适用于描述新战略的一份重要法国文件中的一句话："欧洲盟军最高司令所有计划的前提就是，**一旦敌军显示出敌意就立即使用新武器（核武器）**"。这些精确的表达非常重要。文献中北约开始进攻并不是在敌军进攻开始（dès le début des hostilités）之后才进行；文献中的措辞是，进攻开始是在敌军的作战意图变得明显之后。在建议的安排中，全面警报将会授权那些部队"受到进攻或者威胁"的指挥官"根据紧急方案计划行动"。此处再次用到"受到威胁"一词，表明先发制人的策略存在执行可能。"Standing Group Report to the Military Committee on SACEUR's Capability Study, 1957," annex to JP(54)76 (Final), September 2, 1954, Defe 6/26, PRO。

第五章 艾森豪威尔与"核共享"

加本身就是一种进攻的警告。格伦瑟认为"警戒时期"将会持续5—7日。当西方接收到警讯,全面警报将会鸣起,并且自动授权给欧洲盟军最高司令,让其命令进行核打击行动。换言之,在"双方开火之前",就已经做出了使用核武器的决定。[66]

正如艾森豪威尔在写给丘吉尔的信中指出的那样,必须要十分慎重地考虑北约应该"爆发性地"做出反应的情形。[67]该问题被视作难以解决,这也再次支持了这样一个观点:艾森豪威尔以及其他战略制定者确实在考虑先发制人。对苏联核打击进行报复的决议,或者甚至是为应对苏联在西欧的大规模常规武器进攻而进行全面核打击的决议都不难做出,但是确定先发制人行动的条件显然是个难上加难的问题。

实际上,在1954年11月4日进行的国家安全委员会会议上,艾森豪威尔发出指示,要求在国家安全委员会计划委员会下成立特别分委员会。该委员会旨在汇报"可能构成敌对意图的明确迹象的苏联或会采取的行动"。艾森豪威尔亲自拟定了该分委员会的职权范围。该机构首先,

> 应基于对苏联敌对意图的判断,预判美国是否需要立即采取军事行动,使其免受攻击。对于这些既定迹象,我们的反制措施将包括下令美国城市紧急疏散、分散美国战略空军司令部、动员等,还包括**美军可能采取的预防性军事行动**。总统还暗示,如果

---

[66] 见 Vice Admiral Royer Dick to Lord Ismay, February 11, 1954, Ismay Papers, III/12/22/1, Liddell Hart Centre for Military Archives [LHCMA], King's College, London, 引自 Wampler, "Ambiguous Legacy," p. 615. 另见 Standing Group Report to the Military Committee on SACEUR's Capability Study, 1957, annex to JP(54)76 (Final), September 2, 1954, para. ll, Defe 6/26, PRO, 及 Gruenther's "Remarks to SHAPE Correspondents," January 11, 1954, Montgomery Papers, file "Philosophy of NATO Military Build-up," Imperial War Museum, London.

[67] Eisenhower to Churchill, January 22, 1955, *Eisenhower Papers*, 16:1523. 其他表现艾森豪威尔对此问题感兴趣的事例,参见美国国家安全委员会关于"启用美国部队对侵略作出迅速反应的宪法权威"的讨论。艾森豪威尔说道:"问题在于,一旦总统知道苏联人准备进攻美国,总统可以并且应该去做些什么。"这再次表现出先发制人行动在理论上并没有被排除。NSC meeting, April 13, 1954, DDRS 1992/2735.

有必要，他可能准备授予**当地指挥官预先行动权**。[68]

166　MC48战略事实上解释了1950年代形成的北约体系最不同寻常的特征之一：欧洲盟军最高司令被授予在紧急情况下发起核武器行动的有效权力。当时有人不断强调，在生死攸关之际，根本就不能浪费宝贵的时间进行复杂的政治协商，而且美国政府从一开始就坚持认为，自己单方面拥有在行动中使用核武器的最终权力。在给参联会主席雷德福上将的信中，艾森豪威尔写到，如果其中一个盟国试图"对美国认为对其安全或暴露于敌军进攻之下的其武装部队的安全至关重要的行动行使否决权，"美国将会如何反应。"我们就不应该让英法两国对我们的意图抱有任何幻想。"国务卿杜勒斯经常坚定地持有类似的主张。[69]

但是值得指出的是，不只有美国政府保留了这一至高无上的权力。新的证据揭示出一个更为关键的要点：美国使用核武器的权力实际上被授予了北约指挥官——或者更准确地说，是授予给了作为美国在欧洲的总指挥官——欧洲盟军最高司令，或是欧洲总部司令（CINCEUR）。北约的军事当局在一段时间内一直要求预先授予发动核打击的权力。在1953年担任欧洲盟军最高司令的李奇微将军在他最后几次动议中要求授予权力，以便

68　Beam memorandum, December 31, 1954, 及 n. 3 appended to this document, FRUS 1955-1957, 19:1-2. 着重标志为本书作者所加。分委员会日期为1955年3月21日的报告被提交给国家安全委员会，并在1955年3月31日的会议上进行了讨论。报告列出了苏联的一系列行动，这些行动"应在总统看来，无疑需要立即采取军事行动使美国免受敌军进攻的后果影响，或是推迟、削弱，或是阻止即将到来的敌军的进攻"。至于其他事情，比如苏联进攻南斯拉夫并占领芬兰，这些被认为是"明显的证据，预示苏联一定或很快会对美国本土发动进攻"。报告并未要求在发现苏联在欧洲明显在准备地面战争的时候进行先发制人的打击，尽管报告原先的版本包含了列出各种指标的附录。NSC meeting, March 31, 1955, ibid., p. 69; "Study of Possible Hostile Soviet Actions," NSC 5515/1, April 1, 1955, ibid., pp. 71-75. 原始草稿的附录可以在DDRS 1986/2158中找到。因为参联会认为该附录太过武断，并具有误导性，无论如何都不是必要的，所以将其删去。FRUS 1955-1957, 19:70, n. 11.

69　Eisenhower to Radford, December 8, 1954, CJCS Radford 092.2 NAT, RG 218, USNA. 有关杜勒斯的文献，见 statement to the North Atlantic Council, April 23, 1954, FRUS 1952-1954, 5:512; Dulles to Wilson, Feb. 8, 1955, 740.5/2-855, RG 59, USNA; Dulles-Brentano meeting, November 23, 1957, FRUS 1955-1957, 4:191; Dulles to Adenauer, November 29, 1957, DDRS 1988/3308; 尤其是 Dulles-Macmillan meeting, December 14, 1957, DDRS 1987/3307。另注意 Wampler, "Ambiguous Legacy," pp. 650, 971。

第五章 艾森豪威尔与"核共享"

"在战争爆发之后可以立即发动核武器反击"。[70]该观点也是1954年格伦瑟的战略的基本特点。[71]华府军事当局希望盟国将该原则作为MC48战略的一部分正式加以接受。[72]

但是，从一开始就很明显，这样的安排很难获得盟国的明确批准。实际上，欧洲人对新战略所造成的巨大困境非常敏感：军事上需要采取极其迅速的行动，而政治上又必须由正式成立的民事权力机构做出关键决议，两者之间存在冲突。在新近发表的文献中这种基本必要性间的冲突再三出现。英国的一份文献由此讨论了北约常设小组关于格伦瑟"能力研究"的报告。内容如下：

> 从政治上来说，发动原子武器战争所引发的后果是严重的，所以授权欧洲盟军最高司令决定使用原子武器的权力必定会遭到最强烈的反对。从军事上说，无论是否遭受核武器的攻击，立即进行核打击报复毫无疑问是重要的；到1957年，这甚至更加重要，因为欧洲盟军最高司令的部队将会专注于原子战争战略……常设小组草案的提议在某种程度上满足了欧洲盟军最高司令的要求，但是以下问题还是悬而未决：如果欧洲盟军最高司令没有时间获得理事会对于全面警报的同意，那又将会怎样？**从军事层面来说，在这种情况下给予欧洲盟军最高司令自行决定的权力这种做法是可行的，但是从政治层面来说，这很可能是不可能的。**[73]

---

70 见 SACEUR's "Estimate of the Situation and Force Requirements for 1956," October 2, 1953, para. 26, COS(53)490, Defe 5/49, PRO, 引自 Wampler, "Ambiguous Legacy," p. 501。

71 "Standing Group Report to the Military Committee on SACEUR's Capability Study, 1957," September 2, 1954, annex to JP(54)76 (Final), 以及 Joint Planning Staff report on "The Most Effective Pattern of NATO Military Strength for the Next Few Years," October 21, 1954, JP(54)86 (Final), both in Defe 6/26, PRO。

72 *JCS History*, 5:305.

73 "Standing Group Report to the Military Committee on SACEUR's Capability Study, 1957," September 2, 1957, annex to JP(54)76 (Final), Defe 6/26, PRO. 着重标志为本书作者所加。

法国也是如此看待此事：谁被授予核打击的权力是"最为微妙的问题"。[74] 极快的行动速度很可能是必要的，但是如此重要的决定是否可以仅由欧洲盟军最高司令独自做出？法国希望重要的决定由以三国为基础的政治机构做出，这种机构可能是由英、法、美代表组成的小型委员会。[75] 但是，美国人不希望自己的权力受到制约。而且英国人也赞同美国人，认为正式安排是不必要的——即在紧急情况的时候"最高决策层"可以"非正式地处理"这些问题。[76]

最终，关于控制问题并没有作出正式决定。法国提议的三国委员会方案并未被采纳，但是美国人决定在关于核武器使用的根本问题上不给欧洲人施加过多压力。格伦瑟将军反对推动"北约就使用核武器的权利达成明确协议"。他声称，让像MC48这样的战略"在原则上获得批准"，将会"在实际上落实该计划并且为未来的行动奠定基础"。[77] 杜勒斯对此表示同意，而且参联会也赞同此观点。美国不再强烈要求明确的承诺，而是认为"应该逐步、心照不宣地引导欧洲各国步入核领域"。[78]

按照正式的说法，北约理事会只同意MC48战略"作为北约军事机构的防御计划和防御准备的基础，并指出这种同意并不包括在发生敌对行动时将计划付诸行动的政府责任的代表权授予"。[79] 但是这种措辞多少有一些不坦率。北约政府在同意了MC48战略之时，他们不仅仅是批准它作为计划的基础。他们也接受了——至少对于英法两国而言，是会意地接受——

---

74 "Examen du plan des possibilités," 1K145/2/SHAT.

75 Foreign ministry note on atomic warfare, December 13, 1954, DDF 1954, pp. 906–909; Dulles-Mendès meeting, November 20, 1954, Dulles-Mendès-Eden meeting, December 16, 1954, SSMC, nos. 800 and 853.

76 Dulles-Makins meetings, December 4 and December 8, 1954, 以及Dulles-Eisenhower meeting, December 14, 1954, SSMC, nos. 827, 849。

77 Elbrick to Dulles, October 12, 1954, 740.5/10-1254, RG 59, USNA. 这些言论从发表在FRUS, 1952–1954, 5:527的文件版本中被删除。

78 Top-level meeting, November 3, 1954, 740.5/11-354, RG 59, USNA. 引用的段落在发布的FRUS 1952–1954, 5:532的文献中被删去。Goodpaster to Eisenhower, November 16, 1954, SS/ITM/3/NATO file no. 1 (4)/DDEL.

79 *JCS History*, 5:317.

第五章 艾森豪威尔与"核共享"

其所代表的整个行动的概念。[80]对于美国人而言,艾森豪威尔当局当然没有将各国政府有决定战争以及和平的责任这一限定性条款太当真。"出于政治目的",美国政府愿意遵循文件文本,将"最终决定"的权力保留给各国政府。但是当时机成熟,美国政府不会因为一个盟国政府的反对而止步不前。[81]总的来说,当被问到北约将如何开战时,美国最基本的策略就是巧妙地处理这个问题。在这种背景下,杜勒斯说道:"事件本身会处理政治决策问题",尤其是美国仍保留"自己的行动自由",并将采取必要的行动,"因为拥有核武器的是我们的部队,这些核武器将能够在自己的防御中使用,这是决定性的"。[82]实际上,在整个1950年代,北约都没有一个真正的程序来决定何时、以何种方式使用武力:该关键性问题在整个艾森豪威尔时期被刻意回避了。[83]所以在1954年12月,杜勒斯并未迫切要求一个明确的授权。仅排除任何提出在紧急状况下欧洲盟军最高司令的行动必须等待北约成员国批准的北约理事会的决定,这就足够了。

美国真正的观点是,若要让MC48战略充分发挥作用,迅捷的行

---

80 例如,参见Foreign Ministry note on atomic warfare, December 13, 1954, DDF 1954, p. 907。
81 Memorandum for Radford, December 8, 1954, CJCS Radford 092.2 NAT, RG 218, USNA.
82 Dulles-Eisenhower meeting, December 14, 1954, SSMC, no. 849.
83 因此,根据美国的文献,在艾森豪威尔执政末期,北约体系已经完全成型,但在关于如何开战、谁有权力开战的问题上态度模棱两可。State Department memorandum on "The Problem of Berlin," p. 5, enclosed in McGhee to Bundy, March 24, 1961, NSF/81/JFKL. 在1960年中,一位英国官员认为政治上控制核武器使用的体系是"不明确且分散的"。Sir Solly Zuckerman, in a meeting with Macmillan and the defence minister, June 13, 1960, Prem 11/3713, PRO. 而且,这种体系的成型也绝非偶然。北约指挥官诺斯塔德将军(General Norstad)在此方面的观点也颇具分量,而且他强烈反对制订一个严格的程序来解决这一根本问题。例如,参见Norstad-Adenauer meeting, December 16, 1957, DSP/231/107951/ ML; Norstad-Adenauer-Spaak meeting, reported in Houghton to Herter, September 10, 1960, SS/ITM/5/NATO (4) [1959-1960]/DDEL; Norstad-Lloyd meeting, July 11, 1960, Prem 11/3713, PRO. 并不仅仅是美国人才认为最好应该避免这种问题。阿登纳在与诺斯塔德会面时基本表达了与这位欧洲盟军最高司令一致的观点,而且在斯巴克于1960年9月的会议上提出此问题时非常生气。通常,英国也赞同回避此问题。例如,参见Ismay meeting with U.S. State Department officials, March 13, 1953, FRUS 1952-1954, 5:361。1957年末,一位英国国防部高级官员也声称,北约必须"远离如何做出使用决定的预先计划"。Martin to Timmons, November 29, 1957, State Department Freedom of Information Act release [DOS-FOIA] 90-1102-25. 而且根据1960年美方的文献,北约成员国整体都非正式地认为,不应该"建立核战争制度的正式程序并让北约理事会加以批准"。"NATO in the 1960's: U.S. Policy Considerations" (draft), September 9, 1960, p. 22, SS/ITM/5/NATO (5) [1959-1960]/DDEL.

动——而且很可能是先发制人的行动——可能是至关重要的。但是仅当欧洲盟军最高司令在紧急情况下被授权做出重要决定之后才能成为可能。艾森豪威尔自己先前就是欧洲盟军最高司令，他当然认为北约指挥官应该在极端情形之下被给予一些裁量权。[84]而且美国参联会主席雷德福上将在后来也称"真正应该做出决定的是欧洲盟军最高司令"。[85]

实际上，欧洲盟军最高司令确实有某种公认的权威，可以在极端情形之下命令部队采取行动。1954年，在批准欧洲盟军最高司令应该在"恰当的时候"寻求政治指导的原则的时候，北约理事会承认北约指挥官有权解释"恰当的时候"这一限制条件，只要他认为合适。[86]1956年北约军事委员会的一份文件指出，欧洲盟军最高司令在"紧急程度无法允许遵循完整程序的情况下"可以不必寻求政治指导。[87]当然，如果美国明确拒绝接受任何盟国对在紧急情况下使用美国部队行使否决权——而且这在某种程度上甚至包括驻扎在该盟国领土上的部队[88]，那么对于欧洲盟军最高司令而言，他甚至不需要具体的北约授权就可以拥有预先授予的权力。考虑到当时北约的核部队实际上都是美国的，预先授权可以因后者的美国驻欧部队指挥

84　*JCS History*, 5:317, and Wampler, "Ambiguous Legacy," p. 1041.

85　Radford-Strauss meeting, December 10, 1956, Conference Files, CF 814, RG59, USNA, 引自 Wampler, "Ambiguous Legacy," p. 976。

86　见 Wampler, "Ambiguous Legacy," p. 629。

87　引自同上书, p. 1005。这是引自北约MC57号文件的草稿。另注意，杜勒斯在1955年初提及了北约紧急情况文件，该文件允许"在突发和极其紧急的情况下"跳过政治协商。Dulles to Wilson, February 8, 1955, Records relating to Disarmament, 1953–1962, box 83, NATO—Nuclear Weapons, 1954–1956, RG 59, USNA.

88　美国人——尤其是军方——在这一时期都非常不愿意自己的权力被与即使是最友好的外国达成的协议所牵制。甚至有关美国在英国的基地使用的相关安排都是非常不严谨、非正式的，而且可以由两国政府进行不同的解释。美国官员表明，英国人"显然"有权在基地发起进攻之前被征询。但是根据1952年1月达成的协议，鉴于"当前普遍的局势"，对于基地的使用"将由双方决定"；英国人可以争辩说这授予了他们被征询意见的权利；但是美国人可以在这样一种假设的基础上继续进行，即关于"当前普遍的局势"的但书暗示，美国人如果认为时间紧迫，无法商议，他们有权从自己的基地发起进攻——实际上，杜勒斯在1957年12月的一次与参议员诺兰的电话交谈中赞同了这一解释。见 Timothy Botti, *The Long Wait: The Forging of the Anglo-American Nuclear Alliance, 1945–1958* (New York: Greenwood, 1987), pp. 80–86（有关美国不愿意做出任何承诺），pp. 84 and 93（有关早些时候关于在英国基地的使用的保证），p. 101（有关协议中的重要段落以及"隐含同意"的理论），以及 p. 206（有关杜勒斯的阐释）。

第五章　艾森豪威尔与"核共享"

官职责而给予欧洲盟军最高司令。

艾森豪威尔明白，发起军事行动的权力可以被合法授予高级军事指挥官，只要他们是美国人即可。1956年的国家安全基本政策文件中承认了预先授权（predelegation）这一原则，实际上在艾森豪威尔时期的第一份美国国家安全基本政策文件NSC 162/2中，对关于核武器使用的重要段落的解释也隐晦地表达了这一原则。[89]如果绝对需要立即采取行动呢？如果雷达屏幕突然出现大队的敌军轰炸机，艾森豪威尔问到，难道指挥官使用"手边上所有武器来捍卫自己以及自己的部队"不是合理的吗？[90]这种言论是标准的跨过门槛（footin the door）式的，经常用来捍卫一定程度上的预先授权的合法性。但这一原则可以贯彻到什么程度？实际上应该包括发动先发制人打击的权力吗？

似乎该问题绝大部分是在非正式的基础之上处理的：总统与高级军事指挥官达成某种程度上的谅解，尤其是与欧洲盟军最高司令和美国战略空军司令部指挥官（CINCSAC）达成谅解。即使是到了1959年，预设仍然是作为在欧洲的美方指挥官的欧洲盟军最高司令"很可能依据指挥官有与生俱来的、保护自己部队的权利这一原则开始作战"。[91]实际上是艾森豪威尔在1953年委任格伦瑟将军担任欧洲盟军最高司令的，两人私交甚密——关系非常亲密以至于双方都对对方的品格评价颇高，在格伦瑟担任北约指挥

89　NSC 5602/1, March 15, 1956, para. 11, FRUS 1955–1957, 19:246. 1953年10月30日的NSC 162/2文件中的段落39b写到，"在发生敌对行动时，美国将会考虑使用核武器，如使用其他弹药一样"。国务院和国防部对于此条款的解释不尽相同；参联会认为，这意味着一旦发生武装冲突，使用核武器的权力是自动获得的。1953年末，总统决定，仅当西欧或是美国受到核武器进攻时才能"自动"使用核武器；在其他情况下，必须要做出政治决定。Cutler to secretary of state, secretary of defense, and AEC chairman, March 14, 1955, summing up a memo from Lay to those three officials of January 4, 1954, on the interpretation of paragraph 39b, in OSANSA/NSC/S/1/Atomic Weapons (1953–1960)(1)/DDEL. 包括NSC 162/2在内的艾森豪威尔时期的美国国家安全基本政策文件出版于Marc Trachtenberg, ed., *The Development of American Strategic Thought, 1945–1969*, vol. 1 (New York: Garland, 1988)。

90　NSC meeting, February 27, 1956, FRUS 1955–1957, 19:204.

91　Deputy Secretary of Defense Quarles and Captain Schneider of the Chief of Naval Operations office, in notes of Eisenhower meeting with Twining, Quarles, et al., March 12, 1959, FRUS 1958–1960, 7(1): 436. 值得指出的是，总统对此观点并不反对。

官期间，正式的安排从不是真正必要的。格伦瑟的后继者，空军将领劳里斯·诺斯塔德与总统的关系并不亲密，但是即使如此，作战权力的问题也显然以一种相对非正式的方法处理。1960年，当英国外交大臣问诺斯塔德，美国政府是否"代表该国将权力授予他"，诺斯塔德回答道："关于此问题的答案取决于他和总统的关系"，而且他表示"目前他与艾森豪威尔总统的关系达到了不需要达成谅解的程度"。[92]

同样地，似乎美国战略空军司令部指挥官柯蒂斯·李梅（Curtis LeMay）将军也和艾森豪威尔在这些问题上达成了某种程度上的非正式谅解。1957年，李梅和负责调研突然袭击问题的盖瑟委员会（Gaither Committee）的成员罗伯特·斯普拉格（Robert Sprague）会面。李梅告诉斯普雷格，在极端情况下，他可能会不经总统直接授权就发动先发制人的袭击，这依靠的是他作为美国战略空军司令部指挥官的权力。李梅具体说："如果我发现苏联人正在集结空军准备进攻，我会在他们起飞之前将它们击落。"当斯普拉格提出反对，认为这不是国家政策时，李梅回答到他并不在意，而且这就是他的政策，他会这么去做。[93]很难想象，李梅对斯普拉格如此直言不讳——总统很可能会听到这些言论——除非李梅被暗示过艾森豪威尔知道这种政策的必要性。

无论如何，大概是在这个时候制订出了关于预先授权的正式规定。到了1957年，苏联已经研制出足以让热核弹头环绕地球半周的火箭。这意味着预警时间被极大地缩短，而且华府的国家指挥机构在有机会授权核武行动之前可能就被摧毁了。考虑到这种威慑，急需明确的预先授权以避免这种紧急情况的发生。[94]

92　Notes of Norstad-Lloyd meeting, July 11, 1960, Prem 11/3713, PRO.
93　引自Fred Kaplan, *The Wizards of Armageddon* (New York: Simon and Schuster, 1983), pp. 133-134。1986年1月15日，斯普拉格写给我的一封信中确认了这种表述的准确性。另见LeMay's comments in Kohn and Harahan, *Strategic Air Warfare*, pp. 92-95。
94　这反映在此时对发展"反应理论"问题的关注上。例如，参见Eisenhower-Gray meeting, July 19, 1960, OSANSA/SA/P/5/DDEL, and Rubel briefing on continental defense, September 15, 1960, p. 13, SS/S/A/16/National Security Council [vol. 2](6)/DDEL。另见FRUS 1958-1960, 3:353中与该问题相关的编者注。

第五章　艾森豪威尔与"核共享"

1957年5月，总统发布了一份基本的"核武器消耗授权"的文件，而且后续出台了一系列文件，进一步在细节上强调了预先授权的本质。在这些安排之下，某些指挥官——尤其是美国战略空军司令部司令和美国驻欧洲指挥官——被授权可以自己做出重大决定，前提是他们无法"在生死攸关之际，与上级联系的时候"，才可以如此行事。[95]

关于预先授权的整个问题都被认为是相当敏感的。而且相关文献还没有被完全解密。尽管可以获取一些授权信或是相关文献，也只能获知极少的有关当时的人们的想法——例如艾森豪威尔真正的意图是什么，他如何向高级军官解释他的考量，或是这些指挥官如何理解他们正在被授予的权力的意义。但是，通过这些资料，我们确实能感觉到，在分秒必争的关头，艾森豪威尔确实愿意给予高级军事指挥官很多选择的自由。他的基本思想相当直接。在欧洲进行的美苏战争一定会使用到核武器。为了减少对自己的损害，西方诸国必须尽可能阻止苏联人发动核打击。这意味着西方的部队必须尽可能快速、有效地进行打击，将其最初的攻击集中在苏联的核力量上。西方并不是要"发动"战争，这只是意味着美国及其盟友将会等到苏联的开战责任明晰之后才会行动。然而他们不能等待过久：拖延的时间越长，导致灾难的风险就越大。[96]因此西方可能会进行先发制人的打击。在1959年柏林危机期间与国会领袖会面时，艾森豪威尔指出："当我们处在非常危急的时期"，可能有必要"进行全面战争来保护我们的权利"。[97]换言

95　Rosenberg, "Origins of Overkill," pp. 48–49; "Note on Implementing Instructions for the Expenditure of Nuclear Weapons," JCS 2019/238, August 15, 1957, CCS 471.6 (8-15-45) sec. 99R8, RG 218, USNA and DDRS 1980/272B; 与卡尔·凯森的会谈, August 1988. 有关被严重删减的关于预先授权的信件，见 DDRS 1997/1280-1282。另注意，在肯尼迪政府早期，麦乔治·邦迪（McGeorge Bundy）曾称："在当前局势下，如果一个下级指挥官面临着实质性的苏联军事行动并且无法联系（总统）的时候（由于双方之间通讯被切断），也可自行决定是否使用热核武器。" Bundy to Kennedy, January 30, 1961, NSF/313/NSC no. 475/JFKL. 被删减之后的有关此事宜的大量文献，见National Security Archive website: http://www.seas.gwu.edu/nsarchive/news/predelegation/predel.htm。

96　例如，注意艾森豪威尔对于1953年12月5日他和丘吉尔以及艾登的会晤的记述："我告诉他们，一旦战争爆发，很自然地，我们必须沉住气，让全世界看清苏联才是真正的侵略者，但是我也相信，如果在使用核武器上耽搁得太久，那么就会受制于大规模的毁灭性进攻，然后再想进行报复都是不可能的了。" Eisenhower Papers, 15:733.

97　Eisenhower meeting with congressional leadership, March 6, 1959, FRUS 1958-1960, 8:433.

之，在敌人对北约部队开火之前，或者至少是在大规模的常规战斗开始之前就必须进行核打击。一项如此强调非常快速的、先发制人的政策意味着高级军事官员，尤其是欧洲盟军最高司令，将会在决定何时必须下令进攻方面担任关键角色。

艾森豪威尔并没有考虑欧洲盟军最高司令会完全由自己施行预先授予的权力，当然也没有考虑到后者会半带挑衅地违抗总统的意愿而发出进攻命令，为的是迫使总统采取行动并将美国战略空军司令部投入其中。艾森豪威尔可能想的是在总统和欧洲盟军最高司令之间持久并有强度的协商，与此同时和三个主要盟国政府进行另外的协商。执行战争计划的决定将会以政治尤其是军事材料为基础非常自然地制订出来。但是，上述的前提是总统会强烈倾向于遵从现场指挥官，即欧洲盟军最高司令的军事判断。

这种假设是欧洲盟军最高司令的特殊权力的核心所在。因为在1950年代，欧洲盟军最高司令并不是普通的军事指挥官。他在与总统的关系中处于"独特的地位"；他不接受来自参联会的命令；它有很大程度上的个人自主权，这使得他不仅仅是作为美国政策的工具而与欧洲各国政府相联系。首位欧洲盟军最高司令艾森豪威尔在发展基于这一概念的体系中扮演着重要角色。在他同意接受任命之前，他已经让杜鲁门批准给予欧洲盟军最高司令一定的自主权，而且他认为这是有必要的。[98] 在他成为总统之后，他继续支持关于强大的欧洲盟军最高司令的基本观点，即欧洲盟军最高司令应该具有相当大的发动战争的权力。甚至是在艾森豪威尔的总统任期即将结束的时候，他仍然抱有这些想法。他在1960年末的时候认为，欧洲盟军最高司令应该有权决定核武器使用的时间和方式。[99]

---

98 参见 General Coiner to SHAPE chief of staff, September 2, 1960, DDRS 1990/1880；艾森豪威尔在会见军事领导人时的回忆, March 12, 1959, FRUS 1958–1960, 7(1):435；及 Lumpkin, "SACEUR/CINCEUR Concept"。

99 Notes of Eisenhower-Spaak meeting, October 4, 1960, SS/ITM/5/NATO(6)[1959–1960]/DDEL. 此版本的文献于1979年被解密；在14年之后发行的版本中（FRUS 1958–1960, 7[1]:638–642），相关段落被删去。

第五章 艾森豪威尔与"核共享"

MC48战略，尤其是该战略对于先发制人行动的强调以及它对于将发动战争的权力移交给高级军事指挥官的鼓励，很自然地让很多人尤其是欧洲各国政府感到不安。那么这种战略是如何被接受的？本质上，是否是美国将该战略强加于欧洲？

美国当然在推行这个新战略的过程中起到了带头作用，而且在此过程中艾森豪威尔也扮演了关键角色。从一开始他就知道核武器可以在欧洲的防御中发挥重要作用。1951年1月，就在艾森豪威尔刚刚担任欧洲盟军最高司令之后不久，他在白宫举行的会议上阐述了其基本战略思想。北约可以在英格兰和北海以及地中海和北非地区建立空军和海军力量。"如果苏联人想要在中间地带有所行动，我就会从两翼给它狠狠的一击。我认为，如果可以建立我想要建立的力量，中心就可以得以保全，苏联也不得不后撤。"[100]在此背景下，核打击将会非常有效，而且实际上，从1949年开始，陆军对欧洲防务的思考就已经集中于核力量的战术性使用。[101]艾森豪威尔对这种使用核武器的方式尤为感兴趣。[102]但是，以此为目的使用核武从1952年才开始。随着核武器储备的急剧扩张以及武器设计的进步，战斗机已经可以配备核弹了。[103]

但是，此时艾森豪威尔已经不再是欧洲盟军最高司令了。他的继任者李奇微将军更具保守倾向。李奇微处理欧洲防务问题的总体方法被普遍认为没有充分考虑到核武器化对地面战争的性质将造成的影响。他仅仅是想"在常规部队的态势上叠加核计划"。因此需要非常高的兵力水平：每当以标准方式部署的北约部队被核武器消灭之时，必须要由其他部队顶替其位置。而且，李奇微对于欧洲防务的要求完全忽略了战略性空中战争的影响：

100　White House meeting, January 31, 1951, FRUS 1951, 3:454.
101　见Trachtenberg, *History and Strategy*, pp. 156-157。正如万普勒向我指出的那样，一些秉持陆军的观点的官员开始转向支持欧洲盟军最高司令部的观点，而欧洲盟军最高司令部在缔造MC48战略中起到了某种作用，例如舒依勒将军（Schuyler）就成了格伦瑟的参谋长。
102　见*Eisenhower Papers*, 13:1225-1227中的长脚注。
103　见Trachtenberg, *History and Strategy*, p. 129。

就好像北约和美国战略空军司令部将会进行两场不同的战争,双方之间相互不受影响。这样的结果是再次放大对武力需求的预估,因此将会使欧洲陷入这样一种局面:基于政治现实,即使是付出巨大的努力也注定是完全不够的。李奇微的方法意味着有效的前沿防御永远无法达成。[104]

艾森豪威尔和格伦瑟从一开始就不喜欢这种守旧的军事思想,顺带一提,这种思想还得到很多高级军官的认可。[105]两人认为"这种坦克对坦克,师对师的较量"正是"我们最希望避免的"。[106]问题并非无法解决:"我们可以不用付出国家破产的代价而得到安全",艾森豪威尔写道,"如果我们冷静思考,权衡利弊的话"。必须要将"先入为主的观点"放在一边;如果战略上进行彻底的调整是合适的,那么就要进行调整;我们必须要认真思考并坚决接受核武器革命所可能导致的影响。[107]

当艾森豪威尔于1953年1月就任总统的时候,他非常清楚自己的目标,而且他所做的第一件事就是掌控战略制定的过程。美国参联会主要成员的任期即将结束,并且新首脑决定将他们统统换掉。艾森豪威尔随后从欧洲召回李奇微,让他担任陆军参谋长;其他的新任参谋长,包括参联会主席雷德福海军上将以及空军参谋长特文宁将军(Twining),对于核武器尤其是战略核武器都更加依赖。这首先意味着参联会将在一些最基本的战略问题上产生分歧,因而艾森豪威尔将扮演仲裁者的关键角色。但是艾森豪威尔也在欧洲有所突破:他摆脱了李奇微,并且现在可以让他的密友格伦瑟担任新的欧洲盟军最高司令了。如果艾森豪威尔之前能按自己的意愿行事,格伦瑟本可以立即成为他的继任者,担任北约指挥官,然而杜鲁门将这一

---

104 General Robert C. Richardson III, "NATO Nuclear Strategy: A Look Back," *Strategic Review*, 9, no. 2 (Spring 1981), esp. pp. 38-40; Robert Wampler, "The Die is Cast: The United States and NATO Nuclear Planning" (unpublished paper), pp. 13, 15, 19, 24, and esp. 27-28; and Wampler, "Ambiguous Legacy," pp. 500, 503-504. 有关李奇微的战略,见"SACEUR's Estimate of the Situation and Force Requirements for 1956," COS(53) 490, October 2, 1953, Defe 5/49, PRO。
105 例如,注意参联会主席布莱德利的观点,见 *JCS History*, 4:309-310。
106 Gruenther to Army Department, October 5, 1951,转引自 *Eisenhower Papers*, 13:1226。
107 Eisenhower diary, October 18, 1951, *Eisenhower Papers*, 12:651.

第五章 艾森豪威尔与"核共享"

职位给了李奇微。但是现在,在自己当上总统之后,艾森豪威尔就可以按照他的意图作出安排。而且在艾森豪威尔的全力支持之下,格伦瑟得以逐步控制进程,最终使 MC48 战略在 1954 年 12 月被采纳。

但这并不意味着新战略是被强行硬塞给欧洲人的,他们只是带着严重的顾虑、非常不情愿地接受新战略。实际上,情况恰恰相反。法国军事当局以及某些英国的主要官员同其他任何人一样对李奇微战略的明显缺陷感到关切。在此战略之下,北约的能力和需求之间的缺口一直存在,因此将会永不满足地要求增加军事支出。然而北约国家显然在防务贡献方面已经达到了可以比较现实地预见到的极限;军事支出实际上进入平稳阶段。明显的解决方案难道不是考虑到即将成为可能的"新武器"造成的影响,并且从根本上调整在欧洲作战的方式,以便充分考虑核武器革命吗?拥有更加一体化的防御战略,尤其是发展西欧的防御战略并让其与美国的全面战争战略更加紧密地联系,这难道不是更有意义吗?[108]

如果问题在于此,那么解决的方法是显而易见的,尤其是站在法国军事领导人的角度。一个高度一体化的北约防御战略,一个以核武器为主要武器,将欧洲防御与美国的空中核武器进攻紧密相联的战略,一直以来都是法国军事政策的目标。[109]这也是法国军方如此明确、全心全意接受 MC48 战略的原因。法国的参谋长强调,该政策将会"首次"让有效的欧洲防御

---

108 French General Staff memorandum, November 25, 1953, Ismay Papers III/12/13a/LHCMA; Ismay's notes for December 6, 1953, meeting, Ismay Papers, III/12/17/LHCMA; summary of foreign ministers' meeting, December 6, 1953, FRUS 1952-1954, 5:1789-1790.

109 就法国军事当局的自我意识而言:被要求就新战略提出报告的参谋长委员会指出,"将使用原子武器的手段整合进西方防御体系,将美国的战略军事能力与后者紧密结合,其对于这些表示认可的条款是**法国至今仍在持续追求的目标**"。"Avis du Comité des Chefs d'Etat Major," September 6, 1954, 1K145/3/SHAT;着重标志为本书作者所加。在其他内部讨论中,法国军方对新战略的出现做出了贡献。例如,参见法国陆军参谋长勃朗将军(General Blanc)的言论——"军事体系以及力量结构的变革的观点由常设小组的埃利(ELY)将军在 1950 年提出,并得到瓦卢伊(VALLUY)将军坚定的支持,这种支持在今天终于有了成果。"Notes of Blanc talk to Conseil Supérieur des Forces Armées, November 5, 1954, 1K145/4/SHAT. 此时期法国的军事领导人的观点与 MC48 战略的思想非常一致,另见 Billotte, *Passé au futur*, pp. 41-42; Maréchal Juin, *Mémoires*, vol. 2 (Paris: Fayard, 1960), pp. 255-258; Bernard Pujo, *Juin, Maréchal de France* (Paris: Albin Michel, 1988), pp. 294-296。

成为可能。如果该政策被拒绝，美国很可能放弃前沿防御并且重归"边缘战略"。但是前沿防御对于法国非常重要，法方的参谋长表示可以接受德国的军事贡献，而且他们认同格伦瑟的观点，认为德国的贡献对于新战略的成功至关重要。多年来，法国一直带头推动建立高度一体化的北约体系，并且抱有三个互相联系的目标：通过将美国人与北约其他成员国尽可能紧密地联系起来使其留在欧洲；为德国重新武装提供一个框架，同时限制德国的行动自由，但要以一种不会令德国人感到太过冒犯的手段；通过共同行动更有效地利用北约国家有限的军事资源。新战略使他们更接近所有这些目标。如果他们所付出的代价是牺牲法国一定的独立，那么这种牺牲不是隐含在联盟的本质里吗？而且目前为止美国在联盟中注定会扮演最为重要的角色。至于政治领导层，孟戴斯的法国政府当然对新战略抱有担忧，但在最终分析中，法国军方高级领导人的论点说服了政府，法国政府消除了所有疑虑并完全接受了新体系。

实际上，整个西欧很快就接受了新战略。美国人本来预期MC48战略会遇到比实际情况更大的阻力，但却惊讶并且高兴地发现，欧洲人在1954年12月举行的北约理事会会议上非常乐意地接受了新战略。[110]即使是在关于预先授权的敏感问题方面，欧洲人也很快接受了美国人的观点——如果这种观点在1954年还没有被有效接受的话。在1956年12月举行的北约理事会会议上，北约各国国防部长总体上支持授予北约指挥官使用核武器的权力。荷兰和西德的国防部长对于此问题尤为直言不讳。关于北约欧洲国家的总体态度，或许最好的总结是葡萄牙驻北约大使在早些时候讨论核武器使用问题时对格伦瑟的评论："如果时机成熟，就使用它们吧。你们无需等待问询。我们可能事后要判你绞刑，但是看在上帝的份上还是使用核武器吧。"[111]

美国政府对欧洲态度的转变非常满意。艾森豪威尔在1956年说，"使

---

110 例如，参见 Secretary Humphreys' remarks in the December 21, 1954 NSC meeting, FRUS 1952–1954, 5:562。

111 Wampler, "Ambiguous Legacy," pp. 987–988, 1039.

第五章　艾森豪威尔与"核共享"

我们的盟友确信我们对于使用核武器的观点是正确的，在这方面，美国取得了真正的进展。例如，北约国家现在大声疾呼，要求我们和它们分享核武器；然而几年之前他们还对使用核武器的所有想法感到恐惧"。[112]但是这点非常关键：MC48战略意味着欧洲国家需要装备核武器。而这反过来意味着，如果美国重视该战略以及联盟，就必须帮助欧洲获得一定的核能力。

因此，核共享战略隐含在MC48战略中。欧洲的战争从一开始就是一场核战争；能够适应核战场的部队实际上是唯一值得建设的部队。只要盟国没有配备核武器，它们就会从根本上被这种新战略边缘化。"现在，我们实际上在告诉我们的盟友，如果发生下一场战争，那将很可能是一场核战争"，杜勒斯在1956年末告知国家安全委员会。"既然他们没有这样的核武器，他们自然会从我们的声明中推断出，当我们奋勇作战时，他们只能作壁上观。无论在我们还是他们看来，这种态度都是不可取的。"[113]他在一年之后说道，盟国正处于一个非常不稳定的局势当中。在西方的防务中，核力量扮演着"日益重要的角色"。其结果是，那些没有核力量并因此觉得在决定使用这些武器的时候它们"没有发言权"的国家，会陷入"相当迷茫和犹疑的状态"。[114]

因此，如果要挽救联盟，美国的政策就必须更加慷慨。杜勒斯向虚心纳言的艾森豪威尔解释到，美国不能告诉它的盟友"实际上这些新武器就要成为常规武器了，并同时告诉它们不能拥有这些武器。他认为现在（1957年底）是时候做出决定了，否则联盟就会分崩离析"。[115]早在1953年12月，杜勒斯就曾说过，美国政府希望确保盟国的部队不必用"过时的装

112　NSC meeting, May 10, 1956, FRUS 1955-1957, 20:399.
113　NSC meeting, October 4, 1956, p. 8, AWF/NSC/8/DDEL. 另见 Dulles's remarks in the May 11, 1956, NSC meeting, FRUS 1955-1957, 4:81, and Trachtenberg, *History and Strategy*, pp. 182-183.
114　Dulles meeting with Macmillan and Lloyd, October 22, 1957, DDRS 1987/3272.
115　Eisenhower-Dulles meeting, October 22, 1957 (document dated October 31), AWF/DDE Diaries/27/October 1957 Staff Notes (1)/DDEL. 这里所引用的篇章尽管在1982年被解密，但在1992年出版的版本中被删去，见FRUS 1955-1957, 27:800.

备"来战斗。[116]苏联已经拥有并正在部署针对这些盟国的核武器,美国在这种情况下怎能不将这种武器提供给它的盟友?如果美国如此明显地不信任它的盟友,这又是一个怎样的联盟?

根据MC48战略,美国实际上是在要求盟国将他们的命运放在美国的手中——实际上,主要是交到一位美国将军的手中。如果美国对欧洲人不信任,并且不愿意将对于欧洲防御十分重要的武器送给欧洲,那么怎么还能指望他们会信任美国?北约已经发展出一套一体化的指挥体系。但是,如果这仅仅意味着美国是这场演出的主角,下达欧洲人必须要执行的命令,这样的联盟是否可行?难道军事一体化的基本观点不是意味着北约的部队应该不分国别地被统一武装吗?一支真正一体化的部队可以由不同国家的分队组成,其中一些拥有最现代化的装备,而其他的在原则上不被允许拥有在现代战争中最为重要的武器,这种想法十分荒谬。

对于艾森豪威尔和杜勒斯而言,核共享的必要性从一开始就是显而易见的。杜勒斯在1957年时指出,"设想北约成员国被分为一流和二流国家"是不可能的——实际上,这一直就是他的,尤其是艾森豪威尔的观点。[117]早在1953年,杜勒斯就已经在讨论将"原子武器'配备到'北约部队中",这样一来盟国就不需要用"过时的武器"作战了。[118]在1954年末正在准备MC48战略之时,美国政府决定,今后根据新战略,美国的军事援助将与"准备进行一体化行动的"欧洲部队的发展"相适应"。该做法的目标是为了保证北约拥有自己的核能力。[119]1956年,杜

---

116 Foreign ministers' meeting, December 6, 1953, FRUS 1952-1954, 5:1790.
117 Dulles-Brentano meeting, November 21, 1957, 740.5/11-2157, RG 59, USNA. 这句不寻常的话在后续发布版本的文献中被删去(FRUS 1955-1957, 4:202)。另见艾森豪威尔的评论,November 17, 1960, NSC meeting, FRUS 1958-1960, 7(1):657。
118 Heads of government meeting, December 6, 1953, DDRS 1985/307.
119 Goodpaster to Dulles, Wilson, and Radford, November 4, 1954; Goodpaster to Eisenhower, November 16, 1954; 关于对援助有效性的保证的应急文件, December 10, 1954; 及Wilson and Dulles to Eisenhower, December 10, 1954; in Conference Files, CF 420, RG 59, USNA. 前两份文献(第二份是删减版)也出现在FRUS 1952-1954, 5:533-535中。

第五章 艾森豪威尔与"核共享"

勒斯赞同英国外交大臣的意见,即"战略概念设想每个成员都应具备核武器能力",而且这就是"MC48战略的隐含意义"。[120]实际上,MC48战略非常重视快速行动,因此也重视现有的以及可以行动的部队,这意味着在欧洲人手中的武器必须在他们的有效控制之下,并且可以让战略起到作用。通过这种方法,MC48也让美国核共享的政策羽翼渐满、逐渐成型。[121]

因此美国政府决定向盟国主动伸出援手。例如,美国在1956年1月告知了法国有关核共享的政策。杜勒斯告诉法国大使,核武器正逐渐成为常规武器,而且美国政府希望为欧洲盟国提供核能力。欧洲各国之间互相重复对方的努力,在独立的国家基础上发展核力量,这是愚蠢而又浪费时间的。因此好好利用美国在核武器方面的巨大投资则更有意义。杜勒斯认为,核武器在美国制造会相对便宜,而且可以直接提供给盟国。但是他和艾森豪威尔必须首先克服一大障碍:美国国会。必须使《原子能法案》放宽政策,这并不容易。[122]

实际上,该问题变得相当重要。艾森豪威尔坚定地认为,必须要改变该法案。《原子能法案》(有时亦称为《麦克马洪法案》),在艾森豪威尔看来是愚蠢、过时且具有破坏性的法案。当时美国政府试图让盟国搁置民族主义情绪——尤其是在MC48的大背景之下——但是美国国会采取了比它国更加具有民族主义的立场。原子能联合委员会被《麦克马洪法案》赋予了很大权力,而且似乎认为自己比艾森豪威尔更理解美国防务政策的核心。这些对于联盟宛如毒药一般难以忍受,但是政府就是没有足够的票数来改

---

120 Anglo-American meeting, December 11, 1956, FRUS 1955–1957, 4:125.
121 关于对行动意愿的强调以及其与核共享政策的关系的有关文献,参见 Office of the Assistant to the Secretary of Defense (Atomic Energy), "History of the Custody and Deployment of Nuclear Weapons, July 1945 through September 1977," February 1978, pp. 37, 43, DOD-FOIA; Gruenther to JCS, October 15, 1956, CCS 471.6 (8-15-45) sec. 86 RB, RG 218, USNA; and Eisenhower in NSC meeting, November 17, 1960, FRUS 1958–1960, 7(1):655。
122 Couve to Massigli, February 2, 1956, MP/96/FFMA.

变法案。[123]因此艾森豪威尔认为,应该"教育"美国人民一些关于新式武器的知识。必须要让他们明白,核武器"正在逐步变为常规武器而且我们必须要将这些武器给予我们的盟友"。[124]

均势的阴影

179　MC48战略由此隐含了核共享政策。但是仅在美国对苏联拥有巨大军事优势的时候,该战略才有意义,而且显然从一开始这种优势就不会永远持续下去。无论美国花费了多少或是制造了多少核武器,从1954年起,人们都理所当然地认为,美国巨大的战略优势最终会消失。美国可能在武器数量上保持巨大的领先优势,如果美国先发制人,其力量也许可以摧毁苏联的大量核武库。但是如果苏联的核武库足够庞大,以至于苏联可以用剩余的核武器进行报复性的核打击,美国仍然会遭受巨大的破坏。考虑到热核武器的威力,苏联方面并不需要很多存留力量(就可以给美国足够沉重的打击)。一支能向目标投放40—50枚炸弹的力量就足以有效地摧毁正常运转的美国社会。显然苏联迟早会培养出这样一支力量;它们迟早会将力量建设成强大到让美国对苏联的全面核打击无论从哪个方面看都是自杀式的程度。无论美国的攻击规模有多大、执行得多么迅速,苏联社会被摧毁得有多么彻底,热核武器的威力都是如此巨大,以至于苏联的残余部队到那时仍然能在报复打击中彻底摧毁西方国家。

在1950年代中期,人们认为这种局面的到来并不遥远。几年之内,可

123　Eisenhower meeting with Gaither committee, November 4, 1957, FRUS 1955–1957, 19:623; Eisenhower remarks in meeting with Macmillan and de Gaulle, December 20, 1959, pp. 15–16, Prem 11/2991, PRO. Eisenhower-Norstad meeting, August 3, 1960, Eisenhower-Bowie meeting, August 16, 1960, and Eisenhower-Spaak meeting, October 4, 1960, all in FRUS 1958–1960, 7(1):610, 612, 640. 有关杜勒斯的观点,见foreign ministers' meeting, December 6, 1953, FRUS 1952–1954, 5:1790, and Dulles-Pineau meeting, September 7, 1957, FRUS 1955–1957, 27:169。

124　Eisenhower-Dulles meeting, October 22, 1957, AWF/DDE Diaries/27/October '57 Staff Notes (1)/DDEL。在后续出版的版本中该段落被删去,见FRUS 1955–1957, 27:800。

第五章 艾森豪威尔与"核共享"

能在1950年代末，全面战争将意味着彻底的毁灭。到那时，美国是否仍然可以用战略核武器威胁对苏联发起进攻，还是会因为担心苏联的报复而止步不前？但是这种核武轰炸的威胁是美国军事力量的核心。如果苏联核能力的增长有效地消除了这种威胁，那么还可以用什么来保护西欧？还有什么可以反制苏联大规模的地面力量？

即使是理论上有能力在欧洲面对苏联的全面常规进攻时守住战线的部队也不是一个足够的解决办法：北约的部队也许能够阻止苏联地面部队占领欧洲，但无法阻止苏联的飞机和导弹穿过前沿防线进行核打击。随着美国的城市处在日益增加的危险之中，美国核威慑的价值注定会降低：即使欧洲爆发了核战争，美国可能也不会对苏联进行报复性打击。在这种情况下，欧洲人怎能将自己的命运完全交由美国人掌控？难道他们不需要自己控制的核力量？美国应该确保欧洲发展自己的核能力，这样至少可以部分地减少美国肩上的维持可靠威慑的重任。这难道不符合美国的利益吗？这些都意味着，北约盟国需要一支不受美国控制的威慑力量。由此，这种对于战略均势影响的关注成为了核共享战略的第三大支柱。

当然，在目前看来，美国在战略层面上还是占据了很大的优势。MC48战略被采纳的时候，北约领导人不再担心苏联可能在不远的将来入侵西欧。1954年末，格伦瑟将军直截了当地称："我们对于苏联集团的优势如此巨大，所以不必担心他们现在就向我们发起进攻。"[125] 1955年，他认为："如果苏联想要现在进攻，北约部队可以轻松击败他们。"[126] 美国人正在充分利用它的战略核武器以及运载系统的巨大优势，而且这种优势贯穿整个艾森豪威尔时期，并一直延续到了肯尼迪时期。这一时期的美国战略空军司令部李梅将军如是说："在1950年代有这么一段时期我们可以赢得对苏联的战争。我们的损失基本只是飞行时间的事故率"，因为苏联的对空防御很

---

125 Sulzberger, *Last of the Giants*. p. 107.
126 NSC meeting, October 20, 1955, FRUS 1955–1957, 4:26.

差。[127]艾森豪威尔在1959年也表达了相同的观点。总统说道："如果要向苏联释放我们的核储备，那么我们要考虑的主要危险不是来自苏联的报复打击，而是大气中的放射性尘埃。"[128]

与标准的官僚体制实践相符合，正式的预估一般要更加谨慎，但是即使在1960年代初，一些密切介入这些问题的人也认为美国拥有接近首次核打击的能力。当时的白宫高级官员卡尔·凯森在1961年柏林危机期间对此问题进行了分析，他总结到，美国只需要进行有限的打击就可以摧毁苏联可以给美国造成严重损失的能力。[129]而且在1962年古巴导弹危机期间，一位高级空军将领声称："如果美国进行打击"，美国军方"有90%的把握将99%苏联以美国为目标的核部队在起飞之前摧毁，或者有99%的把握确保90%的苏联核部队在起飞之前被摧毁"。[130]但是这些都没有考虑到北约控制的核力量可以造成多少伤害，也没有考虑欧洲会在苏联的报复打击中遭受多少损失。但是根据一项重要的国防部历史研究，苏联的战略形势可以说是"近乎绝望的"，而且"美国和北约相协调的先发制人的打击"可能已经可以摧毁足够多的针对北约地区的苏联部队，以"消除作为人质的欧洲的威慑效用"。[131]

这种优势是很重要的，但并不是因为所有人都认为美国很可能会动用其庞大的核实力。例如，没有人会认为苏联做了一些小动作，比如在通往柏林的高速公路上拦截几辆吉普车，美国就会发布"行动代码"并发动全面的核打击。战略从不是这样的，尽管它经常被如此描述，基本的想法是，美国当局将有能力采取更多有限形式的军事行动，无论在那个层面的力量

127　Kohn and Harahan, *Strategic Air Warfare*, p. 95.
128　Dwight Eisenhower, *Waging Peace, 1956–1961* (Garden City, N.Y.: Doubleday, 1965), pp. 347–348.
129　Kaysen interview, August 1988.
130　Raymond Garthoff recollection, from the record of a conference on "Europe and the Cuban Missile Crisis" held in Paris in October 1992. 加特霍夫（Garthoff）在10月17日晨会上的发言。笔者现在拥有这份录音文件。
131　May et al., "History of the Strategic Arms Competition," p. 475.

第五章　艾森豪威尔与"核共享"

平衡是什么，因为他们有能力使冲突升级。美国最终是有能力发动全面核打击的；苏联则没有可以比拟的实力。因此，如果美国政府表现出强硬姿态，苏联必须做出让步。这就像一场象棋游戏，杜勒斯说道："一般来说，在一盘棋局中你不可能直接吃掉对方的王；你只是将他的军然后就不需要做剩下的事了。"而且美国可以接受苏联的挑战，因为它知道"自己的军事实力高于苏联，而且苏联也知道我们比他们占优。因此，如若必要，我们就可以将苏联一军"。[132]

	美国			苏联	
	储备总量	战略武器	总当量（百万吨）	储备总量	战略武器
1945	2	2	0.04	—	—
1946	9	9	0.18	—	—
1947	13	13	0.26	—	—
1948	50	50	1.25	—	—
1949	170	170	4.19	1	—
1950	299	299	9.53	5	—
1951	438	438	35.25	25	—
1952	841	660	49.95	50	—
1953	1,169	878	72.80	120	—
1954	1,703	1,418	339.01	150	—
1955	2,422	1,755	2,879.99	200	—
1956	3,692	2,123	9,188.65	400	84
1957	5,543	2,460	17,545.86	650	102

132　NSC meeting, January 11, 1957, FRUS 1955–1957, 19:407. 另注意李梅将军的言论，他当时是大规模核进攻的较为激进的支持者之一。他说道："我认为，很多人都以为大规模报复战略实际上就是面对任何来自苏联的行动，自动按下所有按钮，所有枪炮一起开火之类的。据我所知，军方之中没有一人是这么想的。"而且在1950年代，李梅在美国战略空军司令部的主要下属卡顿（Catton）将军，对此观点进行了详细解释："大规模报复一词一点也没有表述出我们的意图。当然，重要的是在最高紧张态势下我们总能够占优势，这样任何局势的升级对于敌军来说都是不利的。" Kohn and Harahan, *Strategic Air Warfare*, p. 108.

(续表)

	美国			苏联	
	储备总量	战略武器	总当量（百万吨）	储备总量	战略武器
1958	7,345	2,610	17,303.54	900	186
1959	12,298	2,496	19,054.62	1,050	283
1960	18,638	3,127	20,491.17	1,700	354
1961	22,229	3,153	10,947.71	2,450	423
1962	27,100	3,451	12,825.02	3,100	481
1963	29,800	4,050	15,977.17	4,000	589

表1：对于美国以及苏联核储备的估计。

数据来源："Estimated U.S. and Soviet/ Russian Nuclear Stockpiles, 1945—1994," *Bulletin of the Atomic Scientists*, November-December 1994, p. 59。更多资料，见美国自然资源保护委员会核项目网站：http://www.nrdc.org/hrdcpro/nudb/datainx.html。

由此，美国在整个艾森豪威尔时期拥有明显的战略优势；实际上，苏联花费如此之长的时间去建立有效的核力量，这是很令人惊讶的。对于熟悉局势的分析家而言，苏联在这一关键领域的举动很令人费解。兰德公司的分析家安德鲁·马歇尔（Andrew Marshall）在1960年指出，苏联基地设置的"非理性"是"难以置信"的。它们要花费6—8小时来装载飞机。马绍尔声称："在这种情况下，他们就是活靶子。"[133] 1955年末，另外两名兰德公司的分析家提出了相同观点："面对美国有可能使用高当量的核武器进行突然袭击，苏联没有采取任何基本措施保护自己，我们对此非常惊讶。"[134] 在1963年7月，马绍尔和他目前在兰德公司的同事，前美国空军目标情报文职主任约瑟夫·洛夫特斯（Joseph Loftus）具体分析了该问题。苏联战略姿态的缺陷很明显。他们声称，苏联人"非常不愿意将核弹头和运载工具

133　见 Trachtenberg, *History and Strategy*, p. 29。
134　M. J. Ruggles and A. Kramish, "Soviet Atomic Policy," D(L)-3297, November 9, 1955, Rand Corporation Archives.

第五章　艾森豪威尔与"核共享"

结合起来"。核弹头与导弹相隔非常之远。对于苏联的中程弹道导弹而言，武器贮藏地点平均在50英里以外。在发展洲际力量方面，苏联也是出奇的缓慢，这并不是因为他们缺乏资金。这些资源尤其浪费在无效的对空防御系统上。苏联人显然在"二战之后仅在高射炮的研发上就花费了很多资金。而对于整个洲际投送项目，包括"熊"和"野牛"*轰炸机计划、洲际弹道导弹以及导弹潜艇的研究计划，投入的资金还没有投入高射炮研发项目的高"。苏联的战略空军部队非常容易遭受攻击：它的五个轰炸机基地，只有三个得到地对空导弹阵地的保护，而即使是这些对空导弹也不是出于快速反应的目的而部署的。苏联并未像美国那样通过各种努力来减少战机的脆弱性。他们指出："美国空军所采取的这些通常措施，例如机载炸弹、空中警戒以及保持快速反应地面警戒的战机，还有将轰炸机停在跑道末端等，并没有在苏联那里得到体现。而且，显然在与西方的危机期间，这种态势也没有发生明显变化。"苏联的洲际弹道导弹部队亦是如此："导弹、发射机制的性质以及执行系统的模式，这些都表明这种部队并不是为了快速反应而设计的。"上述这些都是"非常令人困惑的现象"，而且"相比于苏联洲际部队的脆弱的基地设置以及缓慢的反应时间，更令人疑惑不解的是它的迟来以及小规模"。最后的总结就是：美国之所以可以长久地保持自己的核优势，就是源于苏联的无能。[135]

直到1963年末，美国政府才最终得出结论：先发制人打击不再是可行的选择。1963年9月，美国国家安全委员会负责评估核战争导致损失的净评估分委员会（Net Evaluation Subcommittee）向政府高级官员递交了一份报告。肯尼迪总统想知道，"即使是我们先进攻苏联"，苏联的报复打击

---

* 即"图-95"和"米亚-4"，文中为北约的称呼。——译者。

135 Joseph Loftus and Andrew Marshall, "Forecasting Soviet Force Structure: The Importance of Bureaucratic and Budgetary Constraints," RM-3612-PR, July 1963, pp. 23 ff., 69–72, Rand Corporation archives. 引用的文章于1986年被解密，关于在古巴导弹危机期间苏联在战略上的不作为，参见 Trachtenberg, *History and Strategy*, pp. 253–257. 有关苏联在此时期战略上的脆弱性的额外技术性信息，见 May et al., "History of the Strategic Arms Competition," pp. 474–476.

是否会造成难以接受的结果。净评估小组委员会主席莱昂·约翰逊（Leon Johnson）将军称，实际上现在的情况就是如此："即使我们先发制人，残存下来的苏联部队还是有充足的能力给美国造成无法接受的损失。总统随后问道，那事实上我们是否处在一段核僵局时期。约翰逊将军回答道，确实如此。"总统随后总结出他从报告中可以得到的基本结论：新的事实表明"先发制人打击对我们而言是不可能的"。[136]

但是这一结论是经过很多年才得出的，而且有关美国的核优势会持续很长时间这一事实实际上在1950年代初还不是非常明显。因此迟早会出现的相互威慑的这种局势从一开始就是令人极为关切的问题。尤其是像杜勒斯一样的高官也在担心，美国"发起战略核轰炸"的自由行动因为害怕苏联的报复而"受到限制"时会发生什么。[137]这样一来要怎样守卫欧洲？如果美国仍然坚守一种可能导致欧洲社会，甚至是文明本身被毁灭的军事战略，这样又如何能保证联盟的团结？如果现行的战略即将无价值，是否有其他战略替代？

自1954年起，这些大问题不仅主导着美国的政策，也主导了北大西洋联盟的政治。1950年代中期艾森豪威尔政府强烈关注"相互威慑"问题。从1954年末开始，各种各样的"时间表"被制订出来，为的是让政府理解这一问题。[138]上述这些都意味着，世界将会难以避免地并且可能很快地进入"相互威慑的状态，而且在这种状态之下，双方都会小心谨慎，不会贸

136　NSC meeting, September 12, 1963, FRUS 1961-1963, 8:499-507.
137　NSC Planning Board study, NSC 5422, June 14, 1954, 及 "Basic National Security Policy (Suggestions of the Secretary of State)," November 15, 1954; FRUS 1952-1954, 2:655, 773。
138　除了这里所转载的时间表之外，基力安（Killian）在1955年提出的关于突然进攻问题的报告以及1957年的盖瑟报告是两份非常重要的报告，它们视"时间表"这类问题为分析的重点。两篇报告都载于Trachtenberg, *Development of American Strategic Thought*, vol. 1；时间表是在第342—345页及第540—542页。在艾森豪威尔执政中期，关于如何严肃对待这些"时间表"的文献，见NSC meetings, August 4, 1955, November 15, 1955, and June 15, 1956, and annex to NSC 5602/1, March 15, 1956; all in FRUS 1955-1957, 19:95-96, 147, 258, 319, 324-325, 327-328。但是到了1958年初，艾森豪威尔对此方法表示厌烦。"他非常讨厌时间表"，他告诉国家安全委员会："这些表从来都没有价值。" NSC meeting, January 6, 1958, FRUS 1958-1960, 3:7。

第五章 艾森豪威尔与"核共享"

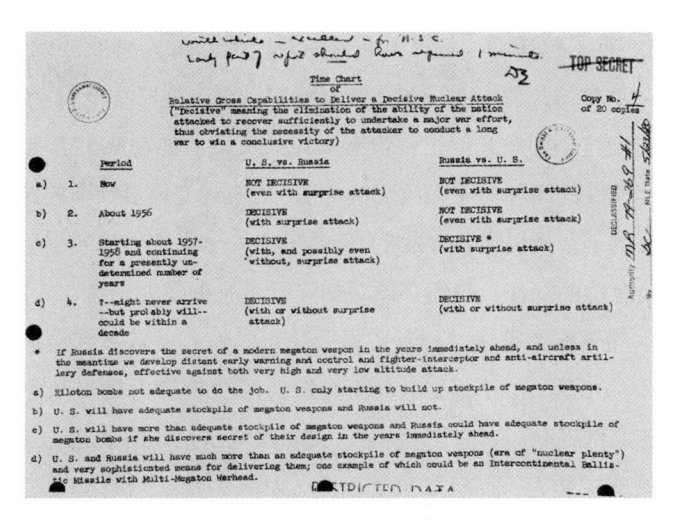

图4：由罗伯特·斯普拉格绘制的时程图，该图于1954年11月被呈递给国家安全委员会。请注意总统在图上方的手写评论："有价值—很好—交给国安会"。见Sprague's report to the NSC on continental defense, June 16, 1955, para. 10, Declassified Documents Reference System, 1997/1052。带有艾森豪威尔评论的该文献的副本现存于Ann Whitman File, Ann Whitman Diary, box 3, November 1954（1）, Dwight D. Eisenhower Library。

然发动全面战争，或是采取被认为会极大提高全面战争风险的行动"。[139]

但是艾森豪威尔非常不情愿接受这一观点。他认为，"美苏将会陷入一场生死缠斗并且还不使用核武器，这种想法愚蠢至极"。[140] 但是在不假思索地否认了该观点后，艾森豪威尔又觉得自己的立场愈发不稳固。他在1955年说道，局势很快就会发展到让全面战争变得很荒谬的地步。由于有了远程和中程导弹，全面战争不再有意义，而且他自己"永远不会发动"这样一场战争。[141] 次年，艾森豪威尔又说道，"战争到现在为止，一直是一场竞

139　Annex to NSC 5602/1, March 15, 1956, FRUS 1955-1957, 19:258. 另见NSC 5501, January 7, 1955; NIE 100-7-55, November 1, 1955; 泰勒会见艾森豪威尔，May 24, 1956; Cutler in NSC meeting, February 28, 1957; all ibid., pp. 26, 135, 311, 428-429。
140　艾森豪威尔会见雷德福和泰勒，May 24, 1956, ibid., p. 312.
141　NSC meeting, August 4, 1955, ibid., p. 102.

赛",但是"有了核导弹,它已不再是一场竞赛,而是彻底的毁灭"。[142] 在1953—1954年时如此清晰明确的艾森豪威尔的整个战略正变得混乱不清。

总统明白这个问题,但是他没有真正的答案。他在1957年初告知国安会,一些世界性的问题似乎是"无解的"。其中有关弹道导弹的问题便是这方面的主要例子。他说道:"威慑力量的概念"已经"消散殆尽了。鉴于当下令人难以置信的局面,我们必须对如何行事有更多的思考"。[143] 1956年初,艾森豪威尔甚至准备承认"相互威慑"论点的核心:双方都会避免可能引起全面战争的情势,"慑止发生全面热核武器战争的力量将与热核战争能力相应地成比例提高"。但是实际上,艾森豪威尔也同时说道,美国必须继续主要依赖其核能力,而且如果美国陷入战斗,那么就有必要"直插敌军心脏"。[144]

所以艾森豪威尔无法与自己最初的战略思想的基本原则相割裂:在一场重大的美苏冲突之中,双方都不愿意长期单手作战,因此战事升级是难以避免的,战略核武器是主要的战争工具,并且主要依靠的必定是美国进行全面核战争的能力。对在全面战争中保持克制的观点,他继续置之不理。他在1959年说道:"一旦我们卷入了与苏联的核战争,直到解决敌人之前我们绝不能停止。""在战争之中进行协商"是毫无意义的,因此我们别无选择,只能"痛击苏联人"。[145]

另一方面,杜勒斯却不那么相信宿命。他知道眼下有一个真正的问题,而且敦促采取替代政策。鉴于杜勒斯是"大规模报复"战略的坚定支持者,但同时又是政府中希望撤销该战略(至少在不远的将来)、支持采取不同战略取代它的带头者,这可能显得有些讽刺。1958年,杜勒斯告知国安会:"大规模核威慑正逐渐失去其作为我们武器库的主要元素的地位";至少从

142　艾森豪威尔会见国会领导人,February 14, 1956, ibid., p. 198。另见 Eisenhower-Quarles-Twining-Killian meeting, March 4, 1959, FRUS 1958–1960, 3:185, 187。
143　NSC meeting, January 11, 1957, FRUS 1955–1957, 19:409.
144　NESC briefing, January 23, 1956, ibid., pp. 190–191.
145　NSC meeting, January 22, 1959, FRUS 1958–1960, 3:176–179.

第五章　艾森豪威尔与"核共享"

1953年起他就一直在做出这类论述。[146]杜勒斯在很早的时候就已经接受了"相互威慑"的观点，而且很可能是他确保了阐述这一总体观点的语句包含在基本政策文件中。[147]

"核均势"不可避免，这种观点有极为重要的含义。这意味着美国将必须对所谓的"灵活反应"战略作出调整：正如美国国家安全基本政策文件所指出的那样，随着"核均势"的到来，"有选择并灵活地使用部队的能力"将会"愈发重要"。[148]西方必须要在不自动冒着核打击的巨大风险的情况下，确保可以处理地区性的侵略——或者，正如人们后来所说，"毁灭""投降"并不是唯一选择。特别是在1958年，杜勒斯不断强调要将重心从战略核力量转向区域防御。[149]他告诉国安会：美国"必须准备进行不以完全击败敌军为目的的防御性战争"。[150]在同年晚些时候，他又指出，美国应该"减少在核领域的努力，基于的理论是，我们只需要足够的威慑即可；我们不需要在任何一点上都处于优势地位"。[151]正如他指出的，我们必须更加重视常规部队，这些部队"是我们平时能派上用场的"。[152]

杜勒斯的观点在某种程度上得到了不少重要官员的青睐——比如总统的国家安全顾问罗伯特·卡特勒（Robert Cutler），陆军参谋长马克斯韦尔·泰勒（Maxwell Taylor，他因在公共场合不断这么说而激怒了艾森豪威尔），海军行动部部长阿利·伯克上将（Arleigh Burke）以及接替格伦

146　NSC meeting, May 1, 1958, ibid., p. 86. 有关杜勒斯在早些时候就有过这样的言论的相关文献，见foreign ministers' meeting, December 6, 1953, FRUS 1952–1954, 5:1790。
147　"Basic National Security Policy (Suggestions of the Secretary of State)," November 15, 1954; 以及 Dulles in NSC meeting, November 24, 1954; ibid., 2:773, 789。
148　NSC 5501, January 7, 1955, and NSC 5602/1, March 15, 1956, FRUS 1955–1957, 19:26, 32–33, 247。
149　关于典型的例子，见Dulles-Eisenhower meeting, April 1, 1958, DDRS 1989/3430; State-Defense meetings, April 7 and June 17, 1958, SS/S/A/21/Nuclear Exchange [September 1957–June 1958](3)/DDEL, and DDRS 1982/1578。
150　NSC meeting, May 1, 1958, FRUS 1958–1960, 3:86.
151　Dulles-Anderson meeting, November 6, 1958, DP/GCM/1/DDEL.
152　Anderson-Dulles phone call, December 3, 1958, DP/TC/9/DDEL.

瑟担任欧洲盟军最高司令的空军将领诺里斯·诺斯塔德。[153]这一总体方针强调了北约防御部队,即旨在直接守卫北约地区的部队的重要性。正如诺斯塔德所言,防御部队将会"为使用最终能力提供一个'本质上的替代选择'"。[154]

这场争论涉及的问题具有根本性的重大意义,而且在1950年代,界限的划分更加清晰。双方都有偏离MC48战略的动向。支持"大规模报复"战略的人开始认为在欧洲的直接防御是毫无希望的,而且无论前线发生什么,没人能阻挡苏联人踏平欧洲,西方盟国真正拥有的也只有核威慑,而且(关于此观点更为极端的版本认为)这也是西方真正需要的全部,因为双方巨大的核能力会让一切战争变得不可能——即使是有限的侵略或是常规战争也不可能,因为这会涉及不可减少的高风险的局势升级。

这就是英国的观点,或者说至少是英国政府在要求重新评估北约战略之时提出的观点:美国官员认为(实际上他们的假设非常准确),英国人提出这样的观点主要是为削减军事预算,尤其是为削减英国在德国的部队数量提供理由。[155]实际上,诺斯塔德告诉英国人,最好还是采取"坦诚公开的政策",并且承认他们是出于经济因素要减少在欧洲的驻军,而不是用这种他认为非常有瑕疵的战略观点作为理由。但是英国政府无法这么做。正如英国国防大臣所指出的那样,用"财政困境"来解释削减军费会"进一步削弱英镑,危及英国的财政稳定并且会对英国的经济形势造成普遍损害"。[156]

---

153 见之前引用的卡特勒以及泰勒在1958年5月1日的国家安全委员会会议的言论。有关泰勒接受"相互威慑"的观点,见与艾森豪威尔的会面,May 24, 1956, FRUS 1955–1957, 19:311–312。有关海军总体上的态度,尤其是支持"有限威慑"的态度(特别是在1950年代末),见Rosenberg, "Origins of Overkill," pp. 56–57。

154 Nolting to State Department, October 2, 1957, FRUS 1955–1957, 4:170–171. 有关诺斯塔德的观点——愈发的与艾森豪威尔的观点相悖——见U.S. Delegation to State Department, December 18, 1958, and Herter-Anderson-McElroy meeting, October 24, 1959, FRUS 1958–1960, 7(1):387, 489。当诺斯塔德听闻艾森豪威尔要求进行大规模裁军,他"几乎勃然大怒"。Merchant-Eisenhower meeting, August 24, 1959, Merchant Papers, box 5, ML.

155 见Wampler, "Ambiguous Legacy," chap. 12, esp. pp. 877, 884, 960。

156 Norstad-Head meeting, December 12, 1956, DSP/52/57492/ML.

第五章 艾森豪威尔与"核共享"

在艾森豪威尔政府末期，经济因素在美国也起到了一定的作用。由于削减兵力可以作为应对美国日益严重的国际收支问题的一种途径，财政部官员大体上都倾向采取引线战略。[157]但是很多人——比如国防部长麦克尔罗伊——出于一些军事因素开始支持该战略。[158]尽管艾森豪威尔在此问题上并不教条，也不愿意将自己的个人观点强加于整个政府，但是他也愈发地倾向更加纯粹的"大规模报复"战略。早在1956年5月，他就认为，考虑到"近来武器的发展"，现行的北约战略（当然是以欧洲的直接防御为目的）是"彻底过时的"。[159]到了1959年，他对此更加坚信不疑。在他看来，欧洲的有限战争是不可能的；北约的防御因此应该是"象征性"的；美国在欧洲的军事存在可被大幅度削减，也许可被削减到只有一个师的兵力。[160]

但是与此同时，另一方的人——他们更多考虑的是有效防护、有限战争、核武器使用的高门槛，甚至是"不率先使用核武"政策以及仅仅是为了威慑敌军，不让其发动核战争而建设的核力量——与MC48战略开始了更为激进的决裂。[161]即使是根据MC48战略，大量的地面部队仍然是重要的。他们的功能就是加大敌军进攻的赌注，如果敌军想要有胜利的可能，就必须达到实际上可能自动引发全面战争的规模；因此强大的防御力量是威慑战略不可分割的一部分。该观点一直没有改变，但是到了1956年的时候又补充了一条新的论点。格伦瑟现在声称，同样强大的防御部队也使得

---

157 有关反映该问题的逐渐增加的重要性及其对战略事务的越发增长的影响的文献，见 FRUS 1958-1960, 7(1):488 n, 491, 494, 498-499, 512-513, 679。
158 Smith to Herter, October 29, 1959, ibid., p. 495.
159 NSC meeting, May 17, 1956, FRUS 1955-1957, 19:306.
160 Eisenhower meeting with Herter et al., October 16, 1959, 以及 Herter-McElroy-Anderson meeting, October 24, 1959, FRUS 1958-1960, 7(1):488 n, 489。
161 陆军十分支持这种处理方式。尤其见 Taylor in NSC meeting, May 1, 1958, ibid., 3:82。1961年2月，陆军要求北约战略强调"在北约地区与苏联进行有限战争"，建立可以支持该想法的部队结构，并且"仅在苏联使用核武器的情况下动用核武器"。这种在肯尼迪政府早期就提出的特殊立场，明显反映出军方在艾森豪威尔时期就已经形成的思维方式。Briefing sheet for JCS Chairman on JCS 2305/386, "NATO Strategy and Nuclear Weapons," March 1, 1961, CCS 9050 (11 Feb 61) sec 1, JCS Central Files, RG 218, USNA. 国务院在艾森豪威尔政府末期的立场与此并没有太大出入。见 draft record of action for November 17, 1960, NSC meeting, pp. 2-3, DDRS 1992/2709。

"遏制地区性侵略,将其规模控制在小于可能导致全面战争的范围之内成为可能"。威慑几近形成。无论敌人作何行动,入侵都是无利可图的。发挥"战略"作用,即迫使想要进行大规模入侵的敌军考虑到这种规模可能会导致全面战争,就需要这种武装力量,而且这种武装力量也可以起到"战术"作用,使北约可以防御有限的侵略。[162]

这代表着某种程度上背离了MC48形式的迅速升级局势的战略。尽管局势可能升级,但是将会以一种更受控制的方式升级。首先必须要让苏联人明白,北约是认真的,西方已经准备好冒着局势升级的风险:北约投入了大量地面部队参与行动,这会迫使敌方担心可能的升级,因而重新评估自己所处的形势。因此,地面部队是这一威慑战略中不可分割的一部分,后者不仅仅是基于单纯的世界末日威胁。这些地面力量是有限升级游戏中所需的筹码。[163]

这并不是成熟的有限战争战略,但毫无疑问是朝该方向迈出的一步:格伦瑟在1956年明确接受了在欧洲遏制局地军事冲突并且不引发全面战争的可能性。诺斯塔德将该思想向前推进了一步,主张防御部队应强大到足以在全面战争爆发之前强行"暂停",由此可以为战略核打击提供"本质上的替代选择"。[164]

北约在1956年和1957年正式认可了更加灵活的战略,接受了新的北约政治指令(NATO Political Directive)以及以此为基础的新基本战略文件——MC14/2。MC14/2的接受经常被认为是代表了联盟对于"大规模报

---

162 Wampler, "Ambiguous Legacy," pp. 940–941. SACEUR's Force Requirements 1960/62," annex to JP(56)162 (Final), November 16, 1956, Defe 4/92, PRO 是总结了万普勒恰如其分地称之为格伦瑟的"遗言"的关键文件。

163 当时经常使用这种牌桌比喻。例如,注意艾森豪威尔在与国会领导人就柏林问题举行会议时所提及的"我们将赌注押上",见March 6, 1959, FRUS 1958–1960, 8:433。另见Eisenhower-Kennedy meeting, January 19, 1961, 引自Fred Greenstein and Richard Immerman, "What Did Eisenhower Tell Kennedy about Indochina? The Politics of Misperception," *Journal of American History* 179 (September 1992): 576, 以及Kennedy-Norstad meeting, October 3, 1961, p. 7, in FRUS 1961–1963, vols. 13–15 (mic. supp.), no. 191。

164 例如,参见Nolting to State Department, October 2, 1957, FRUS 1955–1957, 4:170–171 及U.S. NAC delegation to State Department, December 18, 1958, FRUS 1958–1960, 7(1):387。

复"战略的认可。但是实际上，MC14/2应该被视作**背离**"大规模报复"的重要一步——实际上是在MC48战略以及1960年代及之后的"灵活反应"战略之间的一种折中道路。[165]政治指令以及MC14/2代表了已在发展的进程的高潮，这个过程至少在相当大的程度上是由英国设法让联盟接受一个纯粹的"大规模报复"战略而启动的，而该战略（和MC48不同）并没有认可在欧洲部署大量地面部队的必要性。但是在政治指令以及MC14/2的形成过程中，英国官方的观点落败了。美国认为大量的地面部队是必要的，这种观点最终占了上风。[166]

北约理事会在1956年12月13日采纳了该政治指令。其中的关键段落要求部队能够"处理诸如渗透、侵袭以及局地敌对行动"等事件；它宣称这些部队应该"有能力处理"这些情形，而"并非必然要求助于核武器"。1957年4月通过的MC14/2文件在很多地方都回应了这种观点，而且也包括详细定义了北约关于此问题基本思想的"有限战争声明"（"Statement on Limited War"）：

> 苏联人因此可能会得出结论，唯一可以有利推进他们的目标的方式就是针对有限的目标采取行动，比如在北约地区进行的渗透、侵袭，或局地敌对行动，由他们自身对这些活动或是公开，或是隐蔽地加以支持，并且相信盟军集体性地想要防止全面冲突，这会限制后者的反应或是让其完全不做出行动。在这种情况下，北约必须准备在不使用核武器的情况下快速做出反应。如若局势需要，北约也必须要准备用核武器快速反应。关于后一方面，军事委员会认为，如果苏联卷入了当地的敌对行动并且想要

---

[165] 对于MC14/2的一般性解释是，它代表北约采纳了"大规模报复"战略，见Wampler, "Ambiguous Legacy," p. 1058, n. 2中所引用的参考文献。万普勒认为，这种解释并不是非常合理，笔者对此的讨论主要基于他的分析。

[166] 参见ibid., chap. 12 and 13。

扩大冲突的范围或延长其时间，那么局势就要求利用北约所掌握的所有武器和力量，因为在任何情况下北约都没有和苏联人进行有限战争的设想。[167]

北约的战略处在转型之中。官方的目标是让联盟的姿态更加灵活。在艾森豪威尔时代末期，美国的高级官员所使用的术语与肯尼迪时期的"灵活反应"言论相差无几。在1960年12月，国务卿赫脱告诉北约理事会："一旦遭受进攻，北约的部队应以适配进攻性质的恰当反应来处理局势。"他随后提及诺斯塔德呼吁建立拥有"坚实常规能力"的部队，以及他坚持认为，"在战争中使用核武器的门槛应该是很高的"。赫脱说道，如果没有一支坚实的防御部队，北约的军事指挥官"将无法做到灵活反应，让他们以恰当的回应来处理任何局势"。[168]国防部长盖茨也强调了可以给北约提供"充足的灵活反应"的"核力量以及非核力量"的重要性。盖茨说道："我们必须准备以充足的力量和决心来面对苏联阵营任何公开的军事行动，并且要么迫使苏联撤退，要么就要让其接受报复的所有风险。"[169]

艾森豪威尔的个人观点当然与这一总体方针非常不同，而这些声明仍然以美国的官方政策呈现出来，这一事实表现出在艾森豪威尔政府之内"灵活反应"的思维模式的影响现在有多么深刻。其力度不仅仅在于要求军事层面上一定程度的灵活性，在政治上亦是如此。像杜勒斯这样的人很明显不情愿直接挑战艾森豪威尔的军事判断，但是在强调继续如此严重依赖核武器的政治影响上，他们的立场要坚定得多。杜勒斯及其追随者承认，欧洲战争很可能像艾森豪威尔说的那样循其轨迹进行，想要控制这种

---

167 这些来自政治方针以及MC14/2的摘录是由英国以及美国的不同资料源拼凑而成，出自Wampler, "Ambiguous Legacy," pp. 1074-1079。MC 14/2的完整文本在万普勒完成论文之后被解密，而且可从欧洲盟军最高司令部历史办公室获得。
168 Herter statement at NATO ministerial meeting, December 16, 1960, FRUS 1958-1960, 7(1):678.
169 Gates statement to NATO ministerial meeting, December 1960, DDRS 1987/1141.

第五章　艾森豪威尔与"核共享"

冲突可能性不大。但是早在这种战争爆发之前，如此强调战略核力量的战略会导致非常严重的政治后果。欧洲将远离可能直接导致其毁灭的美国政策，而且北约联盟很可能分崩离析。甚至在1953年的时候，杜勒斯就担心北约设想会在欧洲"失去吸引力"，担心美军在欧洲的军事基地会被认为是"避雷针"而不是"保护伞"。[170] 对于核力量，尤其是战略核力量的过分依赖会导致欧洲与美国分离。他说，这会"削弱战斗意志并且激发中立主义思维"。[171]

杜勒斯在1954年说，因此我们要给欧洲人"一些选择感，让他们觉得自己是战争当中真正的一份子"。1958年，他更加直言不讳地道出此观点。他说，北约盟国"必须至少有种错觉，认为除了美国按下按钮引发全球性的核战争之外，他们自己具备某些抵御苏联的能力"。如果他们不具备这种能力，就会与美国"脱离关系"——即从一个可能直接导致核毁灭的联盟中分离出去。[172]

因此，杜勒斯坚决反对美国"将所有的鸡蛋都放在核战争这一个篮子里"。[173] 北约需要发展强大的区域性防御，而且在1950年代中期，他认为，建立在低当量、低放射尘的战术核武器基础之上的欧洲防御可能很快就会具有可行性。大规模报复战略迟早会让欧洲远离美国，但是以"小型'清洁'的核武器具备的战术防御能力"为基础的新战略概念或会使美国有能力拯救联盟。[174]

但是杜勒斯几乎是政府中唯一认为这是一条出路的重要人士。如果西

170　Dulles memorandum, September 6, 1953, FRUS 1952–1954, 2:457–460.
171　Dulles paper, November 15, 1954, ibid., p. 775.
172　Dulles paper, November 15, 1954, ibid., p. 775; NSC meeting, May 1, 1958, FRUS 1958–1960, 3:85, 88.
173　Dulles to Eisenhower, May 7, 1958, DDRS 1991/823.
174　NSC meeting, May 1, 1958, FRUS 1958–1960, 3:85. 有关杜勒斯对于在很大程度上以战术核武器为基础的防御的兴趣，见Dulles-Adenauer meeting, May 4, 1957, FRUS 1955–1957, 26:237; Dulles-Eisenhower meeting, April 1, 1958, DDRS 1989/3430; 以及the editorial note, FRUS 1955–1957, 19:60–61. 长期以来，杜勒斯一直在考虑可以将核武器"融入"区域性防御。例如，注意1953年12月6日他在与比多和艾登会面时的言论，FRUS 1952–1954, 5:1790。

方是唯一拥有战术性核武器的一方，那么以战术性核武器为基础的防御战略才可能会有意义。正如五角大楼的一位高级官员向杜勒斯指出的那样，问题在于"敌人也可以用同样的武器对付我们"。[175]北约可能有其"约束政策"，限制东欧卫星国，尤其是东德所使用的核武器的当量，但是不能保证苏联也会遵守类似的限制条件。[176]而且在任何情况下，将使用核武器的数量，而不是它们的平均当量才是主导因素。负责的军事官员在当时谈到了此类核武器的惊人数量。例如，加文将军曾提到，军队需要15.1万件这样的武器，其中10.6万件用于战术性战场用途，2万件用于"支援盟友"。[177]主要使用战术性核武器进行的战争很可能摧毁整个欧洲而不伤及苏联和美国。而这种战略上的转变是为了拯救联盟？

实际上，任何强调区域性防御的战略，甚至是本质上依赖常规部队的战略，其基本问题都是北约方面只能对战争的性质施加有限的影响。北约国家可能不想动用核力量，但是苏联会认为美国不愿升级战事并冒着摧毁美国城市的风险，所以它可能仍然会使用核武器攻击欧洲目标。所以无论防御部队多么强大，西欧仍然需要某种形式的核威慑。一定程度的灵活性当然是一个好主意，但是北约的欧洲部分还需要更多。

那么要怎样反制苏联对于欧洲的核威胁？一个基本途径是：将美国的核威慑与欧洲紧密相连——尝试确保如果苏联针对欧洲使用核武器，美国人就会对苏联进行报复性核打击。该方案是要确保核报复打击尽可能是必然的。因此美国应该继续在欧洲维持一支庞大的军事力量；驻军规模越大，美方就越不容易背信承诺，而且一旦在欧洲爆发战争，战事升级的可能性

175　Deputy Secretary of Defense Quarles, in State-Defense meeting, April 7, 1958, SS/S/A/21/Nuclear Exchange [September 1957–June 1958] (3)/DDEL.

176　关于"约束政策"，见Roberts to Foreign Office, October 7, 1960, Defe 11/313; U.K. NATO Delegation to Foreign Office, October 17, 1962, Prem 11/3715; 以及 Joint Planning Staff, "SACEUR's Revised Emergency Defence Plan," JP(62)18 (Final), March 19, 1962, para. 11, in COS(62)23rd meeting, Defe 4/143; all PRO。

177　Office of the Assistant to the Secretary of Defense (Atomic Energy), "History of the Custody and Deployment of Nuclear Weapons," p. 50, DOD-FOIA.

第五章　艾森豪威尔与"核共享"

也就越大；这意味着苏联人很可能会被慑止首先发动一场严重冲突，尤其是一场核冲突。

美军在欧洲的强势存在也意味着控制着核力量的欧洲盟军最高司令仍然会由一位美国人担任。这也是让欧洲放心的另一个重要原因。就像源自北美殖民时期的"虚拟代表"的古老理论一样：一旦危机到来，美国政府内部就会有一位将军拥护欧洲的利益，其看待事物的整个方式长期以来受保卫西欧的根本责任影响。实际上，诺斯塔德就是这样一个拥护者。正如一位官员在1961年指出的那样："北约国家已经开始信任诺斯塔德，因为他们认为诺斯塔德就是他们中的一份子，而不是美国政策的鼓吹人。"[178]但是不管欧洲人对这位北约指挥官个人有什么样的信心，他们认为，只有与盟国达成规定他的战争决策权的明确安排，这位欧洲盟军最高司令才可以起到这种作用：在1957年进行的关于预先授权的讨论中，杜勒斯认为，授予作为美国驻欧洲指挥官的盟军最高司令在北约地区使用核武器的正式权力，"会让我们的盟友更加放心"。[179]

但是即使是这种方案可能也无法彻底解决问题。无论美方有何言论或是做出何种承诺，基本问题仍然存在。理论上，欧洲盟军最高司令可能具有宽泛的战争决策权，但是他归根结底还是美国的将军，有哪位美国总统（可能除了艾森豪威尔之外）真正愿意将部队的有效指挥权拱手让人呢？而且，如果最终的决定权掌握在总统手中，那么有什么可以保证——不管美军在欧洲发生了什么——若是这种进攻会不可避免地直接导致美国社会的毁灭，他会下令对苏联进行核打击？如果进攻会不可避免地导致欧洲的毁灭，欧洲人还会希望艾森豪威尔这么做吗？难道欧洲人不想在一定程度上掌控已经发生的事情，这样他们就可以对根据当时情况不得不做出的决策产生某种实实在在的影响？实际上，他们怎么可能接受美国人完全掌握其

178　Legere to Bundy, October 24, 1961, Taylor Papers [TP], box 35, NATO 1961–1962 T-38-71, National Defense University [NDU], Washington.

179　Telephone call to General Cutler, April 27, 1957, DP/TC/12/DDEL.

最终命运的局面？

那么关键问题就在于控制权以及责任。在杜勒斯和艾森豪威尔看来，如果美国拥有所有的权力，因此也承担所有的义务，是无益处的，而且这实际上也是联盟中"某种痼疾"的根源。[180] 在目前的局势下，欧洲人可能会不负责任地行事。他们可以从两方面谴责美国。他们可以说——实际上这种指责越来越多——一旦美国的城市处在危险之中，美国就不会为了防御欧洲而发动全面核进攻。与此同时，欧洲人可能会抱怨，称美国实际上会发动一场全面战争而不是遭受一次重大失败，而欧洲在此过程中会被摧毁。批评来自两端的事实表现出，美国的政策本身并非是问题的根源。[181] 困难内嵌于局势当中，或者至少内嵌于在几年之后将会存在的局势当中，那时全面战争实际上意味着完全毁灭。必须要让欧洲人直面真正的问题，这意味着他们必须对危机中发生的事件有一些真正的控制权。

欧洲对于美国决心的怀疑并不是完全没有依据的。时机或许有些不当。在1950年代，很多欧洲人都认为核均势、相互威慑以及"战略僵局"的时代已经来临。一些欧洲人甚至怀疑艾森豪威尔的决心——而艾森豪威尔总统坚信宁死不屈的军人信条，并且他甚至比杜勒斯更加认为，如果美国被逼得太甚，它必须几乎不计后果地坚持下去并发动全面核战。但是否有任何其他美国总统愿意冒险尝试？杜勒斯并不这么认为，因此他相信"欧洲的怀疑"是基本"合理"的。[182]

该问题是根本性的，也是无法回避的，而且随着高级官员在1950年代末对这个问题的思考，一个基本结论开始浮现。以强化北约防御、灵活化北约战略、继续保持美军在欧洲的大量存在，或赋予欧洲盟军最高司令更

180　例如，参见杜勒斯在与英国高官会晤时的评论，October 24, 1957, FRUS 1955-1957, 27:819。此处杜勒斯将英国包括在核俱乐部当中，但是他的思想的主旨是清晰的。

181　见一位英国高级官员对于杜勒斯观点的叙述，Chauvel to Pineau, October 31, 1957, DDF 1957, 2:617-618。

182　State-Defense meeting, June 17, 1958, DDRS 1982/1578; NSC meeting, May 1, 1958, FRUS 1958-1960, 3:89。

第五章　艾森豪威尔与"核共享"

大的正式权力为基础的解决方案可能都是有作用的，但是它们无法解决问题。长期看来，可能只有唯一一种切实可行的解决方法，那就是让欧洲人获得自己的核威慑能力。

艾森豪威尔时期的"核共享"

大约在1956年及1957年，核共享战略中的各种要素正逐渐明晰。在几年之前还"因为一想到使用核武器就感到恐惧而退缩"的欧洲人，现在正如艾森豪威尔所说，"吵着"要求美国与他们分享核武器。[183]实际上，欧洲的官方态度确实产生了惊人的转变。1953年末，艾森豪威尔和杜勒斯就相互抱怨北约盟国如何拒绝接受核时代已经到来的现实。总统认为，欧洲人"远远落后于我们，而且只把他们自己当作核战争中毫无防御能力的目标"。杜勒斯对此表示同意："尽管我们将原子武器当作伟大的新型防御力量之源，很多我们的盟友却认为核能力是通往毁灭的大门。"[184]但是到了1956年，在杜勒斯看来，欧洲人反而变得非常"赞同使用核武器"。1956年12月，在北约理事会会议上，杜勒斯不得不抵挡来自盟国的重压，他认为盟国过于重视核力量，从而忽视了常规能力。[185]

对于美国人来说，艾森豪威尔政府的高级官员在当时愿意通过提供欧洲人所需要的核武器来满足他们的关切。当时美国政策的核心思想就是，建设一个体系，可以给予欧洲盟友信心，且让他们相信在紧急时刻核武器将会提供给他们。在1957年12月北约政府首脑会议上正式提出的北约核储备计划——可能是艾森豪威尔时期所采取的最为重要的政策举措——在制订时就设想了这样的目标。该计划基于这样一种观点：美国所作出的"单纯的核保护承诺不再是任何主要国家的安全基石"。北约欧洲国家需要建

183　NSC meeting, May 10, 1956, FRUS 1955–1957, 20:399.
184　NSC meeting, December 11, 1953, FRUS 1952–1954, 5:451–452.
185　见Wampler, "Ambiguous Legacy," pp. 987–990。

立一个可以确保在紧急情况下能使用美国核武器的体系,而且核力量"实际可用"的"最好的保证在于我们的盟友真正可以分享这种便于使用的力量以及有效使用这种力量的能力"。美国已经在一段时间里"朝这个方向努力",但是现在有必要加速推进了。在核储备计划下——顺便提一下,该计划一开始是由法国政府提出的——盟国可以有理由确定,当战争爆发时,核弹头"可以出于盟国的目的供合适的北约指挥官使用"。[186]这样一来,欧洲人可以相信,"应对核武器进攻的时候会必然使用核力量",而且如果有必要的话,这些"核力量可以被用来应对除了核进攻之外的其他袭击"。[187]

该计划并未要求正式放弃美国的最终权威,但是美国官员当时认为已经做出了"极为重要"的政策决议。[188]他们认为美国正在朝着完全核共享的方向迈出重要一步——即让武器处在欧洲的有效控制之内。美国人已经在用具备核能力的武器来武装北约盟国(在紧急防御情况下,向他们提供核组件)。如果认为核储备计划是"极其重要的",那么仅仅是因为这意味着美国政府已经决定远远超出现行政策并给予欧洲人更多支持。

在接下来的几年内,北约盟国确实可以有效地控制美国的核武器。在艾森豪威尔政府末期,大约有500件核武器被部署在欧洲的非美国北约部队中,而且多年前有关核武器控制的基本图景就已经明确了。[189]美国对于这些核武器的控制是非常薄弱且无效的。原子能联合委员会(The Joint Committee on Atomic Energy,JCAE)在1960年末对这些问题进行了重要调查;委员会总结到,已经成型的安排是对有关美国"监管"的观念的讽刺。

---

186 "Nuclear Policy," background paper prepared by State Department Policy Planning Staff for NATO Heads of Government Meeting, December 4, 1957, pp. 5-7, Wampler FOIA release. 有关法国最初提出此方案的文献,见 Dulles to Paris embassy, November 30, 1957, 740.56/11-3057, RG 59, USNA, 以及 Parodi to Foreign Ministry, May 6, 1957, note of general secretariat, May 7, 1957, and Dulles-Mollet-Pineau meeting, May 6, 1957, in DDF 1957(1): 734, 734 n, 738-739.
187 来自刚刚引用的"Nuclear Policy"简报。
188 Norstad remarks to the NATO Council, April 30, 1959, Norstad Papers [NP], box 85, Atomic-Nuclear Policy 1957-1959 (1), DDEL. 另见洛珀关于核共享的简报,April 26, 1960, p. 6, NP/96/Atomic-Nuclear Policy (2)/DDEL。
189 有关数据,见 White House briefing for JCAE, May 1, 1962, 740.5611, RG 59, USNA.

第五章　艾森豪威尔与"核共享"

到了1960年，处于快速反应警戒中的盟国战斗轰炸机停在跑道上，装备着美国的核武器，随时准备起飞。只配备一把步枪的美国哨兵独自站在停机坪上，甚至都不知道在飞行员不经授权就起飞的时候该朝何处射击——这些美国哨兵往往是年仅18岁的青年，要求他们"在空地上长时间放哨，每次长达八小时"——这就是美国监管着这些武器的意含所在。[190]

这并不仅仅是有效控制载有核武器的战机的问题。人们也担心关于北约决定在1950年代末期部署的战略导弹（部署在英国的"雷神"导弹以及最终部署在意大利和土耳其的"朱庇特"导弹）的控制问题。这些中远程弹道导弹在理论上是处在联合控制之下的。双方制定出"双重钥匙"系统来确保仅仅在美国以及所在国同时使用钥匙的前提下才可以发射武装导弹。但是实际上，美国政府是否拥有阻止使用核武器的实际能力，这绝对是不清楚的。一位1959年访问位于英国的"雷神"导弹基地的美国议员吃惊地发现，英国官员拥有全部两把钥匙；基地并没有核弹头，但是当核弹头部署在基地时，这两把钥匙（或者完全一样的钥匙，据推测英国人会制作）将会给予英国当局有效控制中远程弹道导弹的权力。无论如何，

---

[190] 关于一些标准的描述，见John Steinbruner, *The Cybernetic Theory of Decision: New Dimensions of Political Analysis* (Princeton, N.J.: Princeton University Press, 1974), pp. 182-183; Peter Stein and Peter Feaver, *Assuring Control of Nuclear Weapons: The Evolution of Permissive Action Links*, CSIA Occasional Paper no. 2 (Boston: University Press of America, 1987), pp. 28-31; and Peter Feaver, *Guarding the Guardians: Civilian Control of Nuclear Weapons in the United States* (Ithaca, N.Y.: Cornell University Press, 1992), pp. 178-183. 这些对于美国核武器在盟国有效控制之下的记叙在不同的档案资料中被证实。例如，参见1961年的美国驻欧洲空军司令杜鲁门·兰登（Truman Landon）在一次口述历史采访中所做出的评价。他说道，不仅仅是法国和英国的飞机，德国和加拿大的飞机上也配备了美国的核武器。他说，"从理论上讲，它们在我们手中"，但盟军已经接受了使用这些武器的训练。"我确定我们违反了1—13条规定，可能违反了更多。但是对我们而言，似乎非常有必要对他们进行训练，而且他们对此也表示感谢。" Oral History interview with General Truman H. Landon, p. 481, Office of Air Force History, Bolling Air Force Base, Washington, D.C. 另注意艾奇逊在1961年4月与英国人会面时的言论："很多欧洲盟国的武装力量"，他说道，"比如荷兰、意大利和法国——实际上都拥有核武器"。"美国对于这些武器的控制，在某种程度上是理论上的；美国并不总是有一把配套钥匙，而且有时这种控制者只不过是一个美国的中士，他所负责的就是检查这些武器有没有未经授权就发射"。Anglo-American talks, April 5, 1961 (second meeting), p. 1, Cab 133/244, PRO. 文中最重要的引用部分的档案源以及资料（见p. 31），见Holifield Report on U.S. nuclear weapons in NATO. 霍利菲尔德（Holifield）是国会原子能联合委员会特别委员会主席，该特别委员会最近在欧洲调查此问题。该报告的总结部分见Holifield to Kennedy, February 15, 1961, 而且可在华盛顿国家安全档案馆获得。

在危机之中，美国官员可能被所在国的部队压制，而且钥匙也会被他们拿走。[191]

在原子能联合委员会看来，整体局势不容乐观。美国的控制实际上"形同虚设"；这些已经成型的安排的"合法性令人质疑"；美国监管和控制的旧准则"被延伸得难以辨认"。[192]但是这种体系是怎么产生的？本质上的问题是军方独自制订安排，还是"逐渐地、一步一步地屈服于我们强大的、牢固的军事集团的压力"，抑或艾森豪威尔失去对政策的掌控，太过劳累、太过软弱，以至于无法坚持己见并且做出显然应该做出的决策？[193]

这种解释是完全不正确的。实际上，艾森豪威尔是核共享计划的主要推动力。甚至在军方还在犹豫不决的时候，总统一直在该领域推行非常开

191　见 Joel Larus, *Nuclear Weapons Safety and the Common Defense* (Columbus: Ohio State University Press, 1967), pp. 80–86；另见 David Schwartz, *NATO's Nuclear Dilemmas* (Washington, D.C.: Brookings, 1983), p. 78。另注意，阿尔伯特·沃尔斯泰特（Albert Wohlstetter）当时说过，"雷神"以及"朱庇特"中远程弹道导弹在欧洲的部署似乎"让我们的盟友拥有了属于自己的、不受我们决策干预的威慑能力"。Albert Wohlstetter, "The Delicate Balance of Terror," *Foreign Affairs* 37 (January 1959): 224；沃尔斯泰特是一位消息特别灵通的观察员。即使是在政府之中，高级官员也绝不确定美国可以牢牢控制中远程弹道导弹。例如，诺斯塔德并不确定意大利的"朱庇特"导弹是否可以不经美国授权发射，并且一度不得不派遣一位美军将领前去探查究竟。Kohn and Harahan, *Strategic Air Warfare*, p. 94。在1962年古巴导弹危机期间，华盛顿政府担心土耳其的"朱庇特"导弹可能不经总统特殊授权就被发射；如果发现任何未经授权意图发射导弹的企图，欧洲盟军最高司令将受命摧毁导弹或者让其无法发射。White House meeting, October 22, 1962, in Ernest May and Philip Zelikow, *The Kennedy Tapes: Inside the White House during the Cuban Missile Crisis* (Cambridge, Mass.: Harvard University Press, 1997), pp. 222–223; JCS Joint Secretariat, Historical Division, "Chronology of JCS Decisions Concerning the Cuban Crisis," December 1962, p. 34, DOD-FOIA; Philip Nash, *The Other Missiles of October: Eisenhower, Kennedy and the Jupiters, 1957–1963* (Chapel Hill: University of North Carolina Press, 1997), p. 126。在1962年夏天的时候开始对这些武器安装"许可行动链接"（PALs），但是直到危机开始时，安装仍未全部完成；见 White House briefing for Joint Committee on Atomic Energy, May 1, 1962, 740.5611, RG 59, USNA, and Nash, *Other Missiles of October*, p. 125。最后，值得一提的是，根据美国政府和国会之间的共识，"监管"意味着对使用途径的管束要达到"需要采取武力行动"才能控制武器的程度。Loper presentation to NSC Planning Board, April 26, 1960, p. 8, NP/96/Atomic-Nuclear Policy (2)/DDEL。因此，根据定义，监管的安排并不能防止所在国用武力夺取武器。

192　Holifield Report, pp. 28, 48–49; Senator Clinton Anderson to President-Elect Kennedy, November 16, 1960, JCAE records, General Correspondence/323/International Negotiations: NATO, RG 128, USNA; Feaver, *Guarding the Guardians*, pp. 179–180.

193　引自国会议员切斯特·霍利菲尔德（Chester Holifield）在1960年2月的演讲，他是原子能联合委员会的主要成员之一。引自 Feaver, *Guarding the Guardians*, p. 178。

第五章　艾森豪威尔与"核共享"

放的政策。[194]美国将核武器的实际控制权转交给北约盟国，这是一种"高层政策"（high policy）。这并非是由于高层的松懈而发生的事情，而是由政府最高层做出的重大政治决议的结果。

在1950年代，艾森豪威尔以及其他美国高级官员强烈支持核共享的基本观点。总统对此的感情愈发强烈，并且明确主张核共享政策。在这种背景下，艾森豪威尔在1955年说道，不能将盟国视作"继子"来看待，而是要慷慨相待。[195]他并不喜欢"我们发号施令，而欧洲人只能在联盟中处于次级地位这样一种态度"。[196]在艾森豪威尔看来，美国政府应该试图不让盟友接触这些核武器的想法简直荒唐至极。这就好像"我们一直在用弓和箭打仗，然后获得了手枪。尽管我们共同的敌人已经有了手枪，但我们还是拒绝把枪给我们的盟友"。[197]

正如艾森豪威尔在1960年2月时所说，他个人"因此一直强烈赞成共享我们的武器"。[198]但是依据法律，武器应该仍然由美国监管。在他看来，真正的问题是国会的态度。国会似乎以为"我们的情形还和1947年一样，那时我们还垄断着核秘密"。[199]国会拒绝放弃《原子能法案》，该法案是立法的"一大败笔"，而且"极大地伤害了"美国与北约盟国的关系。[200]"国会在这方面所表现出的愚蠢一直让艾森豪威尔感到吃惊。"[201]他再三强调同

194　军方采取了相对谨慎的态度，例如，参见Radford to assistant secretary of defense for international security affairs, September 21, 1956, JCS Chairman's Papers (Radford), CCS 471.6 (1 August 1956), RG 218, USNA; and Radford to Wilson, November 21, 1956, CCS 350.05 (3-16-48) sec. 8, RG 218, USNA。另见1957年5月27日国安会上对此问题的讨论，FRUS 1955-1957, 19:496, 498。最后注意，雷德福向杜勒斯抱怨道（在与法国即将进行有关核共享问题的讨论之时）："在现代武器方面，北约走得太远了。"Dulles-Radford meeting, July 2, 1957, DP/GCM/Memoranda of Conversation— General—N through R (1)/DDEL.

195　NSC meeting, November 21, 1955, p. 11, AWF/NSC/7/DDEL. 另见his comments in the NSC meeting, November 17, 1960, FRUS 1958-1960, 7(1):657.

196　Eisenhower-Norstad meeting, August 3, 1960, ibid., pp. 609-610.

197　NSC meeting, August 18, 1959, ibid., 7(2):251.

198　Eisenhower-Herter meeting, February 8, 1960 (document dated February 12), DDRS 1985/529.

199　NSC meeting, October 29, 1959, FRUS 1958-1960, 7(2):292. 在这份经过删减的文献中，这些言论并非特别标明出自艾森豪威尔，但是结合背景和内容，这些显然是总统所言。

200　Eisenhower-Norstad meeting, August 3, 1960, FRUS 1958-1960, 7(1):610.

201　NSC meeting, October 29, 1959, ibid., 7(2):292.

样的观点。他在1957年10月时说道,《原子能法案》"是个巨大的错误"。该法案所要求执行的政策"看似有反常理",他在1959年9月对戴高乐如是说。数月之后,他告诉戴高乐,这项法律"有些荒谬",但是戴高乐必须明白,"美国和其他国家一样,都有民族主义"。总统在与美国官员的会议上也采取了完全一致的立场。例如在1959年5月,艾森豪威尔抱怨到,政府被国会施加的"无意义的限制束缚了手脚"。[202]

艾森豪威尔尤其反感的是,《原子能法案》赋予原子能联合委员会扰乱行政部门权威的特殊权力的方式。他说道,与原子能联合委员会商议"只等于让政客告诉我们如何实施防御政策"。[203] 原子能联合委员会"在其职能上是违反宪法的"。[204] 它不仅违反了宪法规定的三权分立的原则,也侵犯了总统作为总司令的权威。但是他不愿正面挑战这个体系,因为他是个"少数派总统",不能疏远国会中的民主党多数派。[205] 他知道政府最终没有足够的票数来实现他所希望的法律上的巨大宽松。

如今只有一条出路。美国不会将核武器公开地移交给盟国。严格说来,这些武器仍然会留在美国人手中,因此政府就可以声称这是没有违反法律的。但是监管的安排将会非常脆弱且不起效果,以至于北约盟国会有效地控制美国的核武器。这样一来,艾森豪威尔就能绕过《原子能法案》的限制了。

因此,美国官员认为,监管的安排本质上纯粹是"象征性"的,是为

---

202 Anglo-American meeting, October 24, 1957, FRUS 1955–1957, 27:820; Eisenhower-Herter meeting, May 2, 1959, and Eisenhower-de Gaulle meeting, September 2, 1959, FRUS 1958–1960, 7(2):204, 262; Eisenhower-de Gaulle-Macmillan meeting, December 20, 1959, pp. 15–16, Prem 11/2991, PRO. 另见 Anglo-American meeting, June 9, 1958, DDRS 1987/2777; Couve to Massigli, February 2, 1956, 报告了杜勒斯对核共享的开放观点,并说《原子能法案》和国会的态度是仅有的主要障碍, MP/96/FFMA; and John Baylis, *Anglo-American Defense Relations 1939–1984: The Special Relationship*, 2d ed. (New York: St. Martin's, 1984), p. 90(此处艾森豪威尔认为《麦克马洪法案》是"美国历史上最为可悲的事件之一,他个人对此深感羞愧")。

203 NSC meeting, August 25, 1960, FRUS 1958–1960, 7(1):619–620.

204 Eisenhower-Bowie meeting, August 16, 1960, ibid., p. 612; 另见 Eisenhower-Spaak meeting, October 4, 1960, ibid., p. 640。

205 Eisenhower meeting with Gaither committee, November 4, 1957, FRUS 1955–1957, 19:623; 以及 Eisenhower-Spaak meeting, October 4, 1960, FRUS 1958–1960, 7(1):640。

第五章　艾森豪威尔与"核共享"

了在"技术层面上"符合法律规范而必须要做的事情。[206]而且他们谈论的不仅仅是战地武器。这些安排也适用于装载有百万吨级核弹头的战略导弹。例如在1956年12月，国防部长威尔逊向英国防务大臣暗示，美国政府将会向英国提供中远程弹道导弹。"关于核弹头的监管，需要制订一些协议安排"，英国方面的记录这样指出。但是，威尔逊"给人的印象就是，他们有可能想出一些办法将核弹头交给英国"。[207]两日之后，一位英国国防部高级官员与五角大楼的另一位高官戈登·格雷（Gordon Gray，后来成为艾森豪威尔的国家安全顾问）再一次进行了会谈。美国仍然没有十分重视有关核弹头监管的条款："因为《原子能法案》的存在，核弹头监管从严格意义上说由美国负责，"英国官员记录到，"但是我明白，只要向该国派遣几名陆军军械部的相关工作人员就可以满足法案的要求了。"[208]

美国并不仅仅给予英国优惠待遇。艾森豪威尔政府打算同等对待其他北约国家，尤其是法国。例如，在1957年11月，美国高级官员会见法国领导人。法国想要的不仅仅是战地武器，而是"射程更远，可以打击到苏联核心"的导弹。美国人对此表示赞同。美国国防部副部长夸尔斯（Quarles）称："法国的想法与我们一致，剩下的就是制订方案的问题了。"[209]他认为美国应该在核武器领域"对法国更加主动"，杜勒斯对此表示

206　例如，参见 Haskell to Nolting, November 3, 1959, enclosed in Haskell to Burgess, November 4, 1959, 740.5/11-459, RG 59, USNA。

207　Meeting of British defense minister with Secretary of Defense Wilson, Admiral Radford, and Gordon Gray, December 12, 1956, Defe 7/1162, PRO.

208　Powell notes of meeting with Gray, December 14, 1956, Defe 7/1162, PRO. 当年早些时候，美国国务院一直在为格雷与英国官员的会面而感到不满；1月，一位官员"对美国提议将'中远程弹道导弹的控制权交给英国'的报告表示难以置信"。Ian Clark, *Nuclear Diplomacy and the Special Relationship: Britain's Deterrent and America, 1957-1962* (Oxford: Clarendon, 1994), p. 47. 另注意，英国原子能高级官员在1957年12月向法国讲述拟议的监管安排时所采用的方式。他说，监管问题"绝大部分是有意为之"；适用于美国武器的虚构说辞——即它们是由原子能委员会而不是军方控制——将会同样适用于北约储备的武器。Chauvel to Pineau, December 11, 1957, DDF 1957, 2:879-880. 应该注意的是，麦克米伦认为，部署中远程弹道导弹能够让英国"在我们自己有望制造出这些武器很早之前就拥有火箭威慑力量"。见 Baylis, *Anglo-American Defense Relations*, pp. 89-90。

209　Pineau meeting with U.S. Defense Department officials, November 20, 1957, FRUS 1955-1957, 27:202.

同意。[210]实际上，夸尔斯告诉法国国防部，他希望"依据北约的战略，这些导弹应该在受到攻击之时可供所有相关北约国家使用"。他指出，核弹头"**严格意义上说仍然要在美国的监管之下**"——法国在会议的记录上写为"**名义上在美国的监管之下**"(nominalement sous garde américaine)，但实际上，法国可以肯定"在战争到来之时"，"能够立刻"使用这些武器。[211]美国的目的并不是给予法国像英国一样的特殊地位。美国的最终目的是，在整体上将中远程弹道导弹的控制权交给北约盟国：到了1957年的时候，对于美国和（武器）所在国而言，"应尽快制订计划让本地部队承担某些作战单位的人员配备和控制责任，这是对双方都有好处的"。[212]

当前的进展已经非常明了，毋庸置疑。鉴于在转移美国在欧洲的核武器的切实控制方面的实际所为，鉴于艾森豪威尔以及其他高级官员为核共享战略赋予的重要意义，以及这种态度植根其上的思考的深度和严肃性，鉴于艾森豪威尔认为《原子能法案》违反了宪法，以及高级官员称监管的安排实质上流于形式——上述种种，结论已经非常清晰：美国将对核武器的有效控制权进行转交是政策故意为之，而且在此之前政府最高层已经做出了非常重要的决议。艾森豪威尔本人当然明白真正的政策究竟是什么。正如他在1959年6月告诉诺斯塔德将军时所说的那样："实际上，我们愿意交出武器的控制权。我们只是在名义上保持对它们的占有。"[213]

210　Quarles-Dulles meeting, December 27, 1957, DSP/69597/ML.

211　Dulles-Pineau meeting, November 19, 1957, 740.5/11-1957, RG 59, USNA（关于美方的记录），及 DDF 1957, 2:712（关于法方的记录）。着重标志为作者所加。

212　Defense Department background paper on IRBMs for NATO Heads of Government meeting, circulated December 6, 1957, DSP/229/106963. 一周之前，遵从艾森豪威尔基本政策的美国参谋长联席会议批准了下述原则："制订计划让本地部队逐步并最终承担某些作战单位的人员配备和控制责任，这对美国和（武器）所在国都有好处。"JCS to secretary of defense, November 27, 1957, CCS 092 Western Europe (3-12-48), RG 218. 但是该政策应该"走多远"，仍然存疑。例如，一些美国国务院的官员担心"土耳其人会滥用中远程弹道导弹"，但是诺斯塔德指出，美国可以"无限期地拖延安排，并且在此安排之下武器仍由美国控制"。他指出，土耳其人"显然没有准备好立即"控制这些武器。Norstad-Dulles meeting, February 4, 1959, DSP/243/123621.

213　Eisenhower-Norstad meeting, June 9, 1959, FRUS 1958-1960, 7(1):462.

第六章　混乱的同盟

在艾森豪威尔执政后期，北约同盟国对美国在欧洲部署的许多核武器都有着有效的控制。但这绝不是核共享问题的最终答案，并且在艾森豪威尔看来，仍然有许多事情尚待解决。由于美国在既有的关于核共享问题的实际安排上没有形成明确且清晰的战略——事实上，当前的安排徘徊在合法性边缘——因而显然不是一个永久的解决方案。美国需要构建一个更稳定的制度体系。联盟对武器的控制应该公开、直接并且合法。建立某种北约核力量是一种方法。艾森豪威尔认为，美国在欧洲的军事存在终将褪去，可能降至只有单独一个师的力量，甚至有可能一支部队都不剩，并且最终北约的力量将成为欧洲的核力量。其设想是：欧洲的核力量最终会真正独立，并且不受美国方面否决权的制约。[1]

这样的北约或欧洲的核力量将如何组建？有关战争发动权力的问题，即谁授权使用核武器的问题至关重要。在美国占主导的体系中，答案相对

---

[1] 例如，可参见1960年8月的Bowie Report: "The North Atlantic Nations: Tasks for the 1960's"，文中呼吁建立一支不受美国否决权制约的北约部队。详见报告全文（尤其是pp. 7-8, p. 66），在1991年的核历史项目（Nuclear History Program）中可以查阅。（提及"不受美国否决权限制的北约战略性力量"的系列文章在两年之后出版的报告的审查版中被删去，见FRUS 1958-1960, 7(1):623。）关于艾森豪威尔对鲍伊方法的支持，见Bowie-Eisenhower meeting, August 16, 1960以及Eisenhower-Merchant-Gates meeting, October 3, 1945, ibid., pp. 611-614, 634-635。关于美国在欧洲的军事存在终将褪去，可能降至只有一个师的力量以及相关的由欧洲控制的武装力量的观点，见Eisenhower-Herter meeting, October 16, 1959, ibid., 9:70。关于艾森豪威尔提到的撤出美国所有的六个师，见NSC meeting, August 18, 1959, 7(2):249。

来说比较简单：由美国人来做关键决定。在1950年代，这是众人皆知的事情，不过北约国家倾向于不明确处理这个问题。他们认为关于核武器控制的问题比较"理论性"。该问题只能"就事而定"。专注于这类问题会体现出相互的不信任而且并不会有什么实质性的价值。[2]但是随着力量在北约各成员国之间的分布更加均衡，这种途径也不再可行。关于控制核力量的更加清晰的安排亟待制订。

关于如何控制北约的（最终会成为欧洲的）核力量有两种基本途径。这两种方法都存在不少问题。第一种途径是，按照北约其他部队的组织原则管理这支核力量，即以国家为基础，由国家进行最终控制，但在北约框架之内制订计划，并在战争到来之时执行完全有效的统一指令。尽管没有理由不在国家的基础上制订各种后备应急安排，但是战略计划，尤其是打击的目标，主要是在联盟基础之上加以制订。

但是，这种相对松散的方案有两大问题。首先就是军事效率的问题。核决策需要快速制定，核行动的权力也因此需要集中化。事实上，北约的一个基本趋势就是，军事一体化程度越来越高。正如英国驻北约大使所指出的，这种趋势是"日益增长的现代战争的速度和现代武器的暴力程度所导致的直接的技术上的必然结果"。对空防御就是一个典型例证："如果你可以集中掌控来自守护联盟的长距离早期预警系统的信息，并且也可以集中控制准备好击退来犯敌军的战斗机部队和地对空导弹，你还有一些成功的希望。如果每个国家依赖仅自己所能获得的信息和仅自己能调动的空军部队，那么在绝大部分情况下无论做出什么应对也无法击退敌人的进攻。"北约军事委员会研究了相关事宜，并在1958年11月（在MC 54/1中）的报告中指出，欧洲盟军最高司令无论在"战争或是和平时期"都需要对北约防空部队的作战进行控制。诺斯塔德将军曾说，如果缺少作战控制，那么

---

2 大致内容可参见第五章第168页，尤其是注释83。关于艾森豪威尔评论"核武器控制问题是理论性的"，见Eisenhower-Spaak meeting, October 4, 1960, FRUS 1958–1960, 7(1):641.

第六章 混乱的同盟

"对各武装力量的协调将是松散、无效的"。[3] 诺斯塔德认为，先发制人的策略是欧洲的唯一希望："西欧真正的防空并不存在于发生在西欧上空的空战中，而是我们针对苏联空军在他们基地中所做的先发制人的措施"——当然这种策略只有在敌军发动进攻之前就将其摧毁才有意义。[4] 诺斯塔德将军认为，北约的司令部"必须有**立刻**打击某一目标的能力"。[5] 由此，美国人相当看重核战争，这也是他们被建立一个紧密的、集中的北约司令部结构的观点所吸引的主要原因，尤其是在核领域。

第二个更基本的、关于以国家为单位而组织的北约或是欧洲核力量的问题在于：德国也会参与核武器的使用。[6] 一个拥有自己的核能力的德国不再会被一个纯粹的防御策略限制；如果德国看似正在本国掌控下发展核力量，苏联人可能会先发制人。所以，对于很多西方国家的领导而言，似乎有三个西方大国不希望局势向这个方向发展——也就是说，有利于他们利益的局势就是保持德国对其盟友的依赖，并且不允许德国控制核武器。

这便是1950年代末英国——某种程度上也是法国——对此事的看法。对于美国人而言，尽管艾森豪威尔本人对德国力量的增长不太上心，但是国务院和其他部门的主要官员愈发对建立德国核力量的想法持反对态度。[7] 在他们看来，从总体政策上来说，如果要避免建立德国核力量，也应该反

---

3 Roberts to Lloyd, "General de Gaulle's Attitude to NATO," December 3, 1959, Prem 11/3002, PRO. 另见诺斯塔德与阿登纳会晤时的评论，December 16, 1957, p. 2, DDRS 1987/563。

4 Vernon Walters, *Silent Missions* (Garden City, N.Y.: Doubleday, 1978), pp. 502-503. 另见 de Gaulle-Norstad meeting, January 21, 1960, FRUS 1958-1960, 7(1):568。正如前章所述，这种思想在格伦瑟时期就已根深蒂固。诺斯塔德的前任在1955年末就呼吁建立防空系统，它将包括北约"核打击计划"的"及时"（timely）实施的相关安排。关于格伦瑟的建议，参见两份1955年底和1956年初的参联会文件，引自 *JCS History*, 6:144。

5 引自英国对北约司令部的一项研究的阐释，可参见 UKNMR/8/6(431), March 24, 1960, Defe 11/312, PRO 的附件："MRBMs in Allied Command Europe"。着重标志为本书作者所加。

6 此事的重要意义在很多文件中都有反映，尤其是在艾森豪威尔执政后期。例如，参见诺斯塔德在与美国高级官员会晤时的评论，August 2, 1960, DDRS 1989/2751 和科勒（Kohler）与斯巴克（Spaak）会晤时的评论，June 13, 1960, NP/Policy File/NATO General (4)/DDEL。

7 Eisenhower-Macmillan meeting, March 28, 1960, FRUS 1958-1960, 9:260-261. 甚至在1951年和1952年，艾森豪威尔认为最重要的是，要使德国在对抗共产主义时全心全意地站在我们这边，并且对法国所认为的德国力量过于强大的忧虑没有表现出耐心。例如，参见1951年7月2日他的日记，以及 Eisenhower to Truman, February 9, 1952, *Eisenhower Papers*, 12:399 and 13:959-960，另见 NSC meeting, November 12, 1959, FRUS 1958-1960, 7(1):511。

对建立国家核力量（当然不是美国的）。关于建立英国或是法国的核力量的观点本身并不令人苦恼。问题在于涉及德国的溢出效应，因为如何向法国开绿灯却对德国说不？此外，如果有人对法国说不，那他怎么可能继续和英国进行核项目合作？如果目的就是保持德国无核，那么建立以国家为单位的核力量的方案就必须受到抵制。建立一个北约的或者最终会成为欧洲的，由国家为单位所组成的，并且归根结底将由各个国家控制的核力量，这样一个观点是与这整个思维方式不相符的。

一个更加紧密、集中，能够使欧洲不可能以国家为单位使用他们的力量的体系因此成为第二个主要的可选项。但是这里又有很多问题。如何控制这支力量？战争决定权，也就是主权的核心，能够被转交至某国际委员会，或是直接转交至这支力量的指挥官吗？在第一种情形中，德国将会仍然对其盟友保持完全依赖——如果这次不依靠美国，就会依靠英国或是法国。从德国角度来说，这几乎不是一种进步。在第二种情形中，战争决定会被转移至高级军事官员做出。但是这种决定本质上是政治性的：在一个主权国家，也就是能够在国际事务中规划自己路线的国家，是否参战是政治领导层需要做出的决定。尤其对于德国而言，基本的问题——至少如阿登纳所见——就是，德国不能控制它自己的政治命运。任何严密且集中的控制，从而使德国无法独立行动的策略安排都很难长期解决这个基本政治问题。

时移世易

这两个方向对艾森豪威尔都有吸引力：一个是建立一支最终以成员国为单位、受国家控制的核力量；另一个是建立一支高度集中的北约的并最终成为欧洲的核力量。一方面，他认为真正的联盟需要以自愿合作和互信为基础。但作为一名军人，他也深知一个强有力的、集中的指挥结构的重要性。考虑到艾森豪威尔一向致力于欧洲统一并且坚信欧洲成为"第三大

第六章 混乱的同盟

力量集团"的重要意义,一个高度一体化的体系很有可能发展成为一个纯粹的欧洲体系,从基本政治角度考虑,这也是可取的。

正是这种信念使得国务院打开了一个缺口。[8] 很多国务院的重要官员都对艾森豪威尔推行的核共享政策完全不认同。[9] 在他们看来,以国家为基础的核能力不仅是浪费还在军事上缺乏效率。真正的问题是更深层次的。在不考虑涉及的成本的情况下,由国家控制核力量这种方案也是极其不得人心的。一支独立的德国力量是核心问题,这既是它本身的问题,也是因为苏联可能采取的反应。但是"欧洲"显然需要"某物"以获取对核武器更大的控制。建立一个唯一的、一体化的北约或是欧洲核力量由此成为唯一出路。

但不是所有国务院的官员都这样看待此事。对有些人而言,一个不受美国否决权制约的、一体化的北约力量是勉强能被接受的——这样一来就可以减缓欧洲希望能在核领域"有所作为"的压力,并且让艾森豪威尔不再坚持对北约盟国实行宽厚的政策。对另外一些人而言,这本身就是一个重要目标,是能够带来真正统一、独立的欧洲的方法。他们认为,这是对美国在欧洲所面临的一大堆问题唯一且永久可行的解决方案。

但是不论这些人之间有何分歧,他们对以国家为基础掌控核力量都持强烈的反对态度,因此支持建立一个高度集中的体系。以诺斯塔德将军为首的、来自北约的强大游说团体认为,高度集中的控制(本质上意味着欧洲盟军最高司令的控制)出于军事原因至关重要,他们在此事上也给予国务院支持。这种观点在国会和本国主义相对强烈的美国国防和原子能机构中也得到了大力支持。诚然,尤其是在国会,美国人不愿意无偿地将核秘密公之于众,对核能力的传播感到焦虑,也不愿意成为这种核扩散过程中

---

8 特别参见 Owen to Courtney, February 26, 1960, Records relating to atomic energy, box 384, Regional Programs: NATO, RG 59, USNA.
9 这里请注意艾森豪威尔与他的国家安全顾问戈登·格雷之间交换的意见。总统在1960年2月3日的新闻发布会上拥抱核共享观念之后,曾出现一阵骚乱。正如他自己所说,他只是说了"他所坚信的和他曾经说过的话",格雷对此表示赞同:"我向总统指出,我至少四次听到他在国家安全委员会会议上以强硬的措辞说同样的话,但国务院并未真正同意。"参见 Gray-Eisenhower meeting, February 9, 1960, OSANSA/SA/P/4/1960-Meetings with the President-vol. 1 (7)/DDEL.

的一方。除了这些宏观考虑之外，还有与戴高乐相关的日益严重的问题。这位在1958年中重掌政权的法国领导人开始在北约制造麻烦，并由此丧失了他对美国核合作曾享有的任何要求权。[10] 从政府角度来看，似乎如果想做任何事情，都必须在联盟范围内而不是以国与国为基础加以解决。[11]

美国政府因此愈发赞同第二种基本方案。在艾森豪威尔执政末期，美国代表认为，核共享战略必须有"北约特色"。现在人们更加强调集中控制。尽管某种程度上艾森豪威尔本人对此不会感到很舒服，但事实上美国的官方政策正在背离对以国家为基础的核武器计划的支持甚或接受。

在1956年和1957年，美国政府从来没有反对这类项目的原则。艾森豪威尔当然不希望北约盟国自行其是，建立可以被完全独立使用的力量。但这并不意味着他反对欧洲发展核力量，并最终为国家所控。在他看来，欧洲人不可避免地会发展这种力量。但是他希望是在北约的框架之下，盟友之间在生产、部署、制定目标上相互合作。艾森豪威尔认为"意大利、德国、法国和英国都想要拥有核武器"。但是只要这些力量能在北约的框架之下相互配合，这就不成问题：他说道，武器，"必须是北约的武器，其使用必须服务于'全面的'或者战略目的"。[12] 在他看来，这个过程进展越深入，这些关于核武器的安排就更具"北约特色"，更具欧洲特色，就越好。

艾森豪威尔一直以来都赞同合作的安排，甚至仅仅是由欧陆国家制订的多国合作的安排，他也不反对。1955年和1956年有关欧洲原子能共同体的事情就很清楚地反映了他的态度。但是主要出于经济原因，欧洲原子能共同体未能开始运作。但是在1957年和1958年，法国和德国，以及后来

10　有关与法国的核合作相关的具体问题，参见 Eisenhower-Macmillan meeting, June 9, 1958, DDRS 1987/2777（文中提及，国会对法国"非常不友好"，这使得法律的一个变动"非常可疑"）；NSC meeting, October 29, 1959, FRUS 1958–1960, 7(2):292（文中有证据表明，反对向法国提供核援助的根源在于法国人"与北约格格不入"）；以及 Gates-McCone-Dillon meeting, August 24, 1960, NP/85/Atomic-Nuclear Policy 1960 (2)/DDEL（文中诺斯塔德的言论很有说服力：在戴高乐将军"持续不与北约合作之后"，用核共享战略去"奖赏他无疑是糟糕的策略"）。

11　例如，参见 NSC meeting, August 18, 1959, p. 16, DDRS 1990/890。

12　Eisenhower-Norstad meeting, August 3, 1960, FRUS 1958–1960, 7(1):610。

第六章 混乱的同盟

加入的意大利，开始了核合作。一系列协议，即所谓的法意德协议（FIG［France-Italy-Germany］agreements）就在这时得以签署。[13] 他们的目的在于建立"欧洲战略实体"：欧洲大陆将会发展他们自己的某种核能力。[14] 在 1958 年 5 月重掌政权之后，戴高乐正式结束了这些努力——实际上戴高乐的前任已经放弃了上述努力，但是美国人怎样看待法意德项目也很重要。一些国务院的官员，如杰拉德·史密斯（Gerard Smith），就不赞同该想法。[15] 但是杜勒斯则表示赞同。

1957 年 12 月杜勒斯在北约会议中会见阿登纳的时候，此事被拿出来讨论。阿登纳提及法意德的核武器研究提议，并且想要确保美国完全知晓此事。杜勒斯表示愿闻其详，但他的语气没有丝毫敌意。他提出这样一种可能性，即扩大安排并且创建将包括三个欧陆国家以及美英两国在内的"某种核武器权威机构"。在 1958 年初，致力于此的国务院官员力图确保这项计划不会导致欧洲各国把核力量划入他们自己的控制范围。该提议的要点在于：这实际上是"为了阻止在欧洲建立额外的国家核能力"。但完全不清

---

13 关于法意德协议，见 Colette Barbier, "Les négociations franco-germano-italiennes en vue de l'établissement d'une coopération militaire nucléaire au cours des années 1956–1958," Eckart Conze, "La coopération franco-germano-italienne dans le domaine nucléaire dans les années 1957–1958: Un point de vue allemand," 以及 Leopoldo Nuti, "Le rôle de l'Italie dans les négociations trilatérales, 1957–1958," all in the *Revue d'histoire diplomatique* (1990), nos. 1–2; Peter Fischer: "Das Projekt einer trilateralen Nuklearkooperation," *Historisches Jahrbuch* 112 (1992): 143–156, 以及 Fischer's article, "Die Reaktion der Bundesregierung auf die Nuklearisierung der westlichen Verteidigung," *Militärgeschichtliche Mitteilungen* 52 (1993)(pp. 125–129); Schwarz, *Adenauer*, 2:332, 394–401；尤其参见 Georges-Henri Soutou, "Les accords de 1957 et 1958: Vers une communauté stratégique et nucléaire entre la France, l'Allemagne et l'Italie?" in *La France et l'atome: Etudes d'histoire nucléaire*, ed. Maurice Vaïsse (Brussels: Bruylant, 1994)。另有学者指出，法国高级将领（斯特林和瓦吕将军）和德国最高级将领豪辛格将军早在 1956 年 7 月曾提出过核合作问题——在美国，顺带一提。Christian Greiner, "Zwischen Integration und Nation: Die militärische Eingliederung der Bundesrepublik Deutschland in die NATO, 1954 bis 1957," in *Westdeutschland 1945–1955: Unterwerfung, Kontrolle, Integration*, ed. L. Herbst (Munich: Oldenbourg, 1986), p. 275；另引自 Greiner's article in *Anfänge westdeutscher Sicherheitspolitik*, 3:737, 739。关于法意德事件的最完整记述，见 Soutou, *L'Alliance incertaine*, chaps. 3 and 4。

14 Georges-Henri Soutou, "Les problèmes de sécurité dans les rapports franco-allemands de 1956 à 1963," *Relations internationales*, no. 58 (Summer 1989):229.

15 例如，参见 Smith to Dulles, March 3, 1958, and Elbrick to Dulles, 关于"在欧洲生产核武器"（与史密斯意见一致）, March 6, 1958, PPS records, 1957–1961, box 151, Europe 1958.

楚这是否符合杜勒斯的想法。[16]

艾森豪威尔关于此事的态度大概反映在1958年4月美国国防部长麦克尔罗伊在北约国防部长会议上发表的讲话中。麦克尔罗伊说，只要工作是在北约的支持下进行的，美国"不反对"像法意德合作这样的安排。[17]如果是那样的话，美国将会提供技术上的和财政上的一定支持。考虑到这一立场比麦克尔罗伊个人所支持的立场要开明得多，人们有理由相信，他采取这种立场是出于对总统的忠诚——或者说是基于总统的指令。[18]

这时美国政府又迈出了重要一步，支持独立的欧洲核能力。美国人不仅乐于帮助欧洲人获得对美国制造的弹道导弹的控制权，他们甚至准备帮助欧洲人在欧洲制造这些武器。1957年11月，杜勒斯告知法国领导人，美国打算将中远程弹道导弹的制造图纸交给他们的欧洲盟友，艾森豪威尔也在12月举行的北约政府首脑会议上正式提出了此事。他说，美国政府"相信中远程弹道导弹的后续研发和生产若在欧洲进行是有利的。为此，我们准备在采取适当的保护措施的情况下提供与中程弹道导弹运载系统有关的制造图纸和其他必要数据，前提条件是，委员会决定中远程弹道导弹的进一步研发和生产应该在欧洲地区北约盟国的合作基础上进行"。[19]

16　Dulles-Adenauer meeting, December 14, 1957, DDRS 1987/750. 法国人把这个观点灌输给美国人。几周之前，法国驻北约大使提议建立一个北约"涉及现代武器领域的共同行动的机制，包括评估、生产和共同使用"。Thurston to Timmons, October 29, 1957, 740.5611/10-2957, RG 59, USNA. 关于杜勒斯在国务院的下属提出的发展北约核权威机构的观点，参见"Franco-German Italian Collaboration in the Production of Nuclear Weapons," enclosed in Smith to Dulles, March 3, 1958, PPS 1957-1961, box 151, Europe 1958, RG 59, USNA。

17　Elbrick to Dulles, April 24, 1958, FRUS 1958-1960, 7(1):318. 另注意夸尔斯在与皮诺和麦克尔罗伊会谈时的评论，November 20, 1957, FRUS 1955-1957, 27:203。

18　有关麦克尔罗伊的观点，参见NSC meeting, July 16, 1959, FRUS 1958-1960, 3:261。国防部长在此将他代表的部门的观点和他自己的观点做了"分割"。如麦克尔罗伊的言论所指出的，此事中的官僚政治问题并不容易弄清。所涉及的美法德三国政府在这些事情上存在各自内部的分歧，并且这些派系分歧以一种相当复杂的方式相互作用，见 appendix 4, "The Politics of the Nuclear Sharing Question" (IS)。

19　Pineau-Dulles meeting, November 19, 1957, DDF 1957, 2:713. 关于总统演讲的摘录，见DDRS 1987/558. 这是一份背景文件，概述了美国政府的目标："在不远的将来，应该在欧洲发展中远程弹道导弹的生产能力。用于设计未来导弹型号的欧洲导弹研究和开发能力也应开始建设。美国导弹技术的转让对任何此类项目的成功都至关重要。美国的信息披露政策一定要修改，以便使其能够做到这一点。" Nuclear policy background paper, December 4, 1957, Wampler FOIA release。

第六章 混乱的同盟

此时，美国并不坚持欧洲人在其帮助下制造的导弹受欧洲盟军最高司令的控制。[20] 相反，艾森豪威尔在帮助欧洲国家以国家为基础获得它们自己的战略核能力方面迈出了一大步。他显然希望，资源能够被集中起来，以避免毫无意义的重复劳动，而且在紧急情况下，盟国将以协调的方式——在北约框架内——使用它们的力量。但他并不认为一定要建立一个紧密的制度化结构，这将使核武器不可能独立地为各国所用。

这种观点反映在美国与主要盟国政府的共享政策上。在1957年初，艾森豪威尔正式接受了给英国提供中远程弹道导弹的方案。那时他并不坚持甚或建议这些导弹要受制于北约的控制。[21] 在与英国签订的协议中，只要求这些导弹"由美国提供、供英国使用"，并且只字未提北约。[22] 显然艾森豪威尔想要对英国人慷慨相待。1957年末，他想"在互信的基础上与英国人充分合作"，并且希望进行充分的信息交流。双方"应该坦诚相待，彼此倾其所有"。[23] 总统的态度如此积极以至于原子能委员会主席都担心，艾森豪威尔已经决定"无论是否涉及非常机密的信息，都将会把一切交予英国"。但是杜勒斯认为，总统不会这么极端。艾森豪威尔并不想冒着泄露"高度机密信息"的风险，并且这也不会给英国人带来多少好处。他只是想制订一个切实可行的方案。[24]

在发展与英国人的这种关系时，艾森豪威尔和杜勒斯并没有试图建立一种特殊的英美核联盟。杜勒斯指出，英国人总是试图强调他们与美国的"特殊关系"，但是美国政府不得不"表现出自己代表所有盟国的利益"。在

20　参见Haskell to Nolting, November 3, 1959, attached to Haskell to Burgess, November 4, 1959, 740.5/11-459, RG 59, USNA。

21　Eisenhower-Macmillan meeting, March 22, 1957, FRUS 1955-1957, 27:737-739.

22　Bermuda communiqué, March 24, 1957, DOSB, April 8, 1957, p. 561. 另见Wilson and Herter to Eisenhower, March 14, 1957 (with appended documents), DDRS 1997/1857。

23　Meeting with the president, October 26, 1957, 引自Clark, *Nuclear Diplomacy*, p. 85。

24　Peacock memo, October 29, 1957, DP/GCM/1/Memoranda of Conversation, General S(4)/DDEL. 更多美国政府对于此事的内部政治态度（与官僚政治理论引导人们所预期的有所不同）的信息，参见Farley to Dulles, November 19, 1957, PPS 1957-1961, box 130, Great Britain, RG 59, USNA。

处理与英国人的关系上，美国政府需要采取某种"能够拓展到整个联盟"的行动。杜勒斯尤其认为，是时候"结束与英国的中远程弹道导弹协议并随后将其延伸到其他国家了"。[25] 这种与英国的安排由此被视作一种突破口。相比一个更加整体的共享政策，这些安排更容易为国会接受，所以这无疑是好的出发点。但是在政府看来，共享体系最终还是要延伸到主要的欧陆盟国。

艾森豪威尔政府是否严肃对待此事，对他们而言是否愿意帮助法国发展核能力便是一次重要考验。在所有欧洲大陆盟友中，法国对发展核力量最感兴趣，而且实际上，在这个方向上走得最远。艾森豪威尔和杜勒斯并没有竭力反对法国的政策。实际上，从一开始，总统就对法国对核武的憧憬深表认同，并且也知道为什么法国想要拥有一支由自己掌控的核力量。1956年初，杜勒斯告诉法国大使顾夫·德姆维尔（Couve de Murville），他和艾森豪威尔想要帮助欧洲人用核武器武装自己，不过国会方面不允许。但是他们会找到某种方法，确保盟国在紧急时刻可以使用核武器。[26] 1957年11月，美法两国元首举行会晤，他们的观点几乎一致。法国人想要得到中远程弹道导弹，而美国人表明他们愿意协助法国获得这些导弹，核弹头只是"名义上"由美国控制。[27] 显然，艾森豪威尔想在法律允许的范围内尽可能地帮助法国，向法国转让这些核武器。

在1958年春戴高乐重掌政权，他将核问题置于法国政策的核心，美国在此方面的政策仍未改变。美国领导人希望与法国官员就"在现有权限的自由阐释之下可以采取怎样的行动"进行探讨。[28] 1958年7月，杜勒斯飞往

---

25 Eisenhower-Dulles meeting, October 22, 1957, FRUS 1955-1957, 27:800-801. 艾森豪威尔和杜勒斯正准备即将到来的与麦克米伦的会谈。会谈结束后不久，杜勒斯报告说，他已经让英国接受以下提议："如果美英两国之间所谈内容不能延伸到其他的自由世界，两国之间也就没有什么协议可以达成了。他一直尝试避免在英美关系中出现任何排他性。" State Department meeting, November 6, 1957, DP/GCM/3/Strictly Confidential, N-P (1)/DDEL.

26 Couve to Massigli, February 2, 1956, MP/96/FFMA.

27 Dulles-Pineau meeting, November 19, 1957, DDF 1957, 2:712, 以及（关于美国的记述），见 740.5/11-1957, RG 59, USNA。

28 Dulles-de Gaulle meeting, July 3, 1958, FRUS 1958-1960, 7(2):52.

第六章 混乱的同盟

巴黎，向新任法国领导人解释了美国的核政策。如果法国想要发展独立的核能力，这是"应由法国自行决定的事"。但是如果北约各国相继走上核独立的道路，这将是极其浪费的。最佳的行动方案就是建立一个北约体系，确保所有主要盟国在紧急时刻都可以使用联盟的核武器，即制订出一个能够确保"武器的使用"不会"依赖别处的政治决定"的安排。杜勒斯因此建议两国政府应该通力合作，探明究竟应该采取哪些措施，以"确保在法国或是美国驻欧部队受到重大攻击之时，北约可以使用的核武器能够在不受美国政治决议影响的情况下被立即使用，对于这些政治决议，法国可能存有一些怀疑"。[29]至于中远程弹道导弹，艾森豪威尔在1959年12月亲自告诉戴高乐，"法国在任何时候都可以拥有与英国相同的安排。此安排中导弹的提供仅受制于'橱柜的钥匙'[即双钥匙]。实际上处在危急关头取得钥匙也并非难事"。如艾森豪威尔所言，双钥匙安排并不能使美国在实际上阻止武器的使用：这仅是一个"虚幻的预防措施"，因为储存核武器的国家总是可以"组织夺取钥匙的控制权"。[30]

甚至在对待德国时，美国政府——或者说至少是美国最高领导层——都愿意遵循核力量由各国控制的想法。1959年两次重要的国家安全委员会会议都提及了该问题。杜勒斯在这一年早些时候因病辞职，后杜勒斯时期的美国国务院对此事的基本观点是：美国应该努力"不让额外的国家获得核能力"。艾森豪威尔认为这是个好主意——也就是说，直到北约盟国"有些影响力"才可获得核能力。他支持参谋长联席会议的观点，认为美国应该通过和关键盟友之间的科技信息交换来帮助它们发展核能力；或者更好的做法是，美国政府应该将自己的核武器提供给其盟友，这样一来它们就

---

29 Dulles-de Gaulle meeting, July 5, 1958, ibid., pp. 55–56. 另见 Elbrick-Alphand meeting, July 9, 1958, ibid., p. 74. 艾森豪威尔似乎是杜勒斯向戴高乐提出的政策的幕后推手；见 Eisenhower-Dulles-Quarles meeting, July 3, 1958, DDRS 1995/2903. 杜勒斯在这方面的个人观点有些含糊不清，有关证据指向了两个方向。但是笔者认为，他在核共享问题上比艾森豪威尔更加保守，但比他在国务院的诸多下属更加开明。

30 Eisenhower-de Gaulle-Macmillan meeting, December 20, 1959, Prem 11/2991, PRO, and DDF 1959, 2:770.

不必自己制造核武器。显然艾森豪威尔认为，德国是以这种方式得到帮助的"被选中的盟友"之一。例如，当国防部长反对德国建立核力量时，艾森豪威尔不假思索地打消了他的顾虑。总统说道："德国过去是敌人，但是考虑到同一时期只能有一个主要敌人，（所以）现在只有苏联才是我们的大敌。"[31]

不管是出于自己的信念还是对艾森豪威尔的忠诚，杜勒斯的立场与此几乎一致。如在1957年5月与阿登纳会晤之时，他向总理提出了建议，告诉他应该如何回应苏联方面抱怨德国核野心的照会。他指出联邦德国应该再次声明，绝不会允许其领土被用作侵略的基地。但是，"关于联邦德国的防御手段"，杜勒斯建议阿登纳这样回应，"联邦德国不会接受任何国家的指令；更不用说一个强行将大约2000万德意志同胞束缚起来的国家的指令了"。[32]这绝不是坚决反对德国拥核之人会采取的立场。

当杜勒斯与德国外长在1957年11月会晤之时，他的观点更加清晰了。他再次强调确保核武器在紧急时刻为盟国所用的重要性。如果欧洲人并不想卷入独自发展核武器这个花费颇大且浪费的过程中，那么这样做很有必要。武器的使用"根据欧洲盟军最高司令的军事判断，需以公正为基础"。就美国而言，不可能"设想这样一个形势：北约分为头等国家和次等国家"。杜勒斯说，在签订巴黎协定的时候，德国已经承诺不在自己的领土上制造核武器，但那时核武器"无论从政治还是从道德角度来看都被视为具有特殊性"。但杜勒斯"不认为局势会一成不变"。这再次暗示，杜勒斯并不排除德国完全控制核力量的可能性——甚至不排除德国人自己发展核力量的可能性。[33]

在1957年和1958年，美国在该领域的政策尤为开放。这时艾森豪威尔

31　NSC meetings, July 16 and 30, 1959, FRUS 1958-1960, 3:260-261, 288-289.
32　Adenauer-Dulles meeting, May 4, 1957, FRUS 1955-1957, 26:238-239.
33　Dulles-Brentano meeting, November 21, 1957, 740.5/11-2157, RG 59, USNA。这些内容在后来出版的审查版中被删除了，见FRUS 1955-1957, 4:202。

第六章　混乱的同盟

政府在原则上准备帮助欧洲盟国取得核能力。但是随即事情有了反转。到1960年，无论总统的个人观点如何，美国政府已经开始更加强调对核武器更强有力的集中控制。比如，美国政府很明显地背离了艾森豪威尔对欧洲中远程弹道导弹的生产所做出的承诺，并且实际上也背离了以国家为单位为盟友（甚至是英国）提供导弹的政策。1959年末，美国国务院官员开始公开表明，要对美国提供的技术援助附加"政治条件"。艾森豪威尔的提议仍被视作"承诺"，且并没有提及北约控制，但现在美国的援助将只提供"北约"武器，而不是"国家"武器。一些官员担心欧洲人会认为美国违背了其在1957年12月做出的承诺。但在1960年初，美国政府确实选择了违背承诺这条道路。[34]

政策的转变与军事领域正在发生的事紧密相连。诺斯塔德将军表面上纯粹是出于军事原因，考虑到北约的飞机在地面上日益增加的脆弱性，以及苏联在防空技术上的进步使其越来越容易突破北约的防御，他呼吁将相当数量的中远程（intermediate-range，更为高级的型号现在被称为中程［medium-range］弹道导弹）弹道导弹置于其指挥之下。[35]1959年10月，诺斯塔德要求在1963—1965年在西欧部署300枚第二代、射程达1500英里的中程弹道导弹；最终这样的导弹可能部署了上千枚。这些导弹主要针对"敌人的空中打击力量"——空军基地、核储备、控制中心和防空中心——但是最终苏联境内的其他目标也被包括在内，如港口和海军基地、"陆军基地和部队"、导弹基地以及"军事和政府中心"。诺斯塔德说，北约指挥部

34　State-Defense meeting, September 25, 1959, FRUS 1958–1960, 7(1):484–488. 有关国务院的态度，另见 Note de la Direction politique, September 4, 1959, DDF 1959, 2:302–303。

35　笔者说"表面上"，是因为尽管诺斯塔德将军声称这个要求并未反映出策略上的变化，导弹仅是战区武器，但这种射程的导弹装备有高当量核弹头，能够使北约拥有自己真正的战略能力。实际上，如诺斯塔德所说，他想要使北约成为"第四支核力量"。有人怀疑，不管他强烈要求中程弹道导弹的原本动机如何，他非常清楚地意识到，在欧洲盟军最高司令控制之下部署的这些武器可使北约"从后门"取得战略核能力。关于这些问题的总体情况，尤其是关于诺斯塔德在1959年12月6日帕萨迪纳的演讲中所言的将北约作为"第四支核力量"的想法，参见 Gregory Pedlow, "General Lauris Norstad and the Second Berlin Crisis" (unpublished paper), pp. 5–6, 24, 26。

需要这些导弹"强行阻止敌军的军事突破"。[36]

考虑到目标的性质和位置，很多人都怀疑这个目标是否切合实际。中程弹道导弹并不是有限的作战武器，在全面战争中外部力量——主要是美国战略空军司令部以及英国轰炸机司令部和美国"北极星"导弹潜艇部队，在艾森豪威尔执政末期刚开始部署——可以覆盖这些目标。[37] 但是即使是在全面战争的情况下，诺斯塔德仍想直接掌控这种导弹部队："外部力量的价值"被认可，但是北约司令部需要"**立即**攻击某些目标的力量；因此不能依靠外部力量"。[38] 这与先发制人战略和欧洲盟军最高司令具有半自主性的想法都是一致的。

诺斯塔德要求建立一支北约的中程弹道导弹部队一事现在给了美国国务院所需要的机会。美国曾允诺帮助欧洲获得的导弹须由北约控制，而不是由国家控制；欧洲盟国将以这种方式帮助诺斯塔德满足他对中程弹道导弹的要求。所以法国在撒哈拉实施第二次核试验的当天，即1960年4月1日，美国政府发出了提议。美国国防部长盖茨为欧洲人提供了一个选择：要么如美国政府所希望的那样，他们从美国买来中程弹道导弹在欧洲加以部署，要么在美国的帮助之下，在多边基础上，在欧洲制造出这些导弹。无论如何，这些导弹都是北约的，而不是为国家所拥有的武器。[39] 在过去，就达成某种协议曾进行过大量讨论，尤其是与法国：武器可能会在欧洲建造，但是有些会流向北约，有些则会完全由国家控制。但是现在"美国已经准备好向北约出售'北极星'"——一种在所讨论时期内将服役的第二代

36　U.K. SHAPE representative to COS, March 24, 1960, annex, and annex to JP(60)72 (Final), June 29, 1960, both Defe 11/312, PRO.

37　这是一个标准的英国论点。例如，参见"Mid-range Ballistic Missiles in ACE," annex to JP(60)72 (Final), June 29, 1960, Defe 11/312, PRO。

38　这段对北约总部的思想的阐释来自UKNMR/8/6(431)的附录，附于"MRBMs in Allied Command Europe," March 24, 1960, Defe 11/312, PRO（着重标志为原文所加）。诺斯塔德不赞成建立一支海基中程弹道导弹部队也是由于同样的原因。"北极星"导弹潜艇无法满足他的要求："他本人将无法控制指定给SACLANT（即大西洋盟军最高司令）的潜艇，特别是由于海军部队在任何情况下都不像陆军或空军那样与北约紧密相连。" U.K. NATO Delegation to Foreign Office, July 7, 1960, Defe 11/312, PRO.

39　参见FRUS 1958–1960, 7(1):582 n。

第六章 混乱的同盟

中程弹道导弹的陆基版本——"并且只出售给北约"。[40]美国的政策显然已经改变，并且美国愈发不赞同以国家为基础控制核力量。当然，总统已经做出承诺，但是国务院一直想方设法违背这个承诺，而盖茨提出的两项选择意味着找到了一条出路。3月21日，美国国务卿赫托直接向英国解释了这种想法。他说，美国必须"提出一些至少看上去是在履行1957年12月所作出的承诺的提议，但是他个人预计这一提议的形式不会有足够的吸引力而被接受"。此观点是为了把美国的提议"与一些条件相联系。这些条件虽然本身是合理的，但不太可能被欧洲的北约政府接受"——换言之，这些条件将排除国家使用的可能性。[41]

但是如果欧洲真的接受了盖茨提出的某个选项呢？一种观点开始认为，即使是"四·一提议"（April 1 proposal）也走得太远了。例如，罗伯特·鲍伊（Robert Bowie）在1960年初曾被要求对整个北约问题进行一次重大研究，他"认为我们应该明确放弃该提议"，他在9月向艾森豪威尔这样说。[42]把导弹给欧洲盟军最高司令是不够的，而且有关国家承诺只按照北约计划由适当的北约权威机构授权之后再使用这些导弹，这也是不够的。对武器的实际控制很重要；人们最担心的是，把武器放在西欧也就意味着一些武器所在国（主要指德国）可以有效控制实际当中的战略性核武器；这些导弹装载着百万吨级当量的核弹头，能够打击苏联境内的目标。[43]

如阿登纳对诺斯塔德所言，很显然欧洲在核领域需要"一些东西"。[44]鲍伊认为，如果国家的核力量，甚至是在整体的北约系统内进行协调的力量都被排除在外，那么唯一的答案就是欧洲建立某种形式的多国力量，该

40　Herter-Couve meeting, April 15, 1960, ibid., 7(2):339.
41　Caccia to Foreign Office, March 21, 1960, Defe 11/312, PRO.
42　Eisenhower-Norstad-Bowie meeting, September 12, 1960, FRUS 1958–1960, 7(1):631. 鲍伊的研究是由杰拉尔德·史密斯提出的，他是极为反对国家核力量的国务院高官之一。
43　关于对"被国家力量夺取"的恐惧，例如，见Bowie Report, pp. 8, 64。
44　Thurston to Herter, September 10, 1960, SS/ITM/5/NATO(4) [1959–1960]/DDEL.

力量在如此严密的集中控制之下，以至于以国家为单位的独立行动是不可能的。而且力量的多国化如此彻底，以至于没有一个参与的"盟国可以撤出部队并将其当作本国力量所用"。[45] 为了强调这支部队的国际性，它不能驻扎在任何一国的领土内：必须部署在海上，导弹必须由国际船员操作的潜艇或水面舰艇装载。

艾森豪威尔赞同这个观点，并且在1960年12月，一份赞同这些立场的提议被呈递给北约理事会。当年11月举行了总统大选；艾森豪威尔即将离任，待上任的总统来自民主党。但是12月的建议很受重视。它将会成为艾森豪威尔的"遗产"：它将代表"艾森豪威尔政府所能提出的最好的主意和方案"。[46]

某种程度上，如国防部长盖茨指出，1960年12月的提议——"与其说是计划，不如说是一个概念"——确实代表了艾森豪威尔北约政策的顶点。[47] 至少在总统看来，其目的绝不是把美国对西方盟友的控制永久化和制度化。北约的核力量将会被集中控制，但是对于艾森豪威尔和其他高官而言，这个体系最终不会由美国来管理。其目的在于为建立独立的**欧洲**威慑铺平道路。鲍伊强调，这支力量的使用不会受美国否决权的干预。[48] 美国高级官员在1960年末指出，该计划将会"赋予北约自身威慑力量"。北约将获得一支"自己的打击力量"。[49] 例如，国防部长盖茨甚至暗示，美国可能愿意放弃"双匙体系"，即由美国正式控制核弹头。[50]

这个项目被认为至关重要，其原因与欧洲盟军最高司令的权力和国籍有关。该计划的核心在于，这次要把极大程度上的战争决定权正式授予北约指挥官，他会按自己意志行动，而不只是听从美国总统的命令。这种权

45　Bowie Report, pp. 9, 61.
46　NSC meeting, November 17, 1960, FRUS 1958-1960, 7(1):654.
47　Gates-Watkinson meeting, December 12, 1960, Defe 13/211, PRO.
48　Bowie Report, pp. 7, 8.
49　麦钱特与艾森豪威尔及国务院和国防部高级官员会晤，October 13, 1960, DDRS 1986/3551; Herter in NSC meeting, November 17, 1960, FRUS 1958-1960, 7(1):651.
50　Gates-Watkinson meeting, December 12, 1960, p. 4, Defe 13/211, PRO.

第六章　混乱的同盟

力的转交必须正式，因为核武器本身不再仅仅为美国所控制。不能再依赖美国人在他们自身之中所制订的安排，而且欧洲盟军最高司令此时作为美国欧洲司令部司令，开始"基于作为指挥官保护自己部队的固有权利的原则而进行战斗"。[51]所以，欧洲盟军最高司令将会被授予正式掌控这支力量的权力：当人们提及北约获取"它自己的核打击力量"，或是"仅对北约权威机构负责"的核力量之时，这便是他们脑中所想的。[52]艾森豪威尔个人关于此事的观点再清楚不过了。10月4日，北约秘书长保罗-亨利·斯巴克（Paul-Henri Spaak）在与总统的会晤中提及这个基本问题。他问道："如果美国把核武器转交给北约，那么谁有权力决定武器的使用？"艾森豪威尔的回答很明确，"总统说这项权力会被赋予北约，尤其是欧洲盟军最高司令"。[53]

随后英国人也收到了同样的信息。在美国的新计划之下，英国大使在10月17日报告称："美国政府在欧洲遇到袭击之时不能阻止这些武器的使用。"美国明确表明，"他们提议授予欧洲盟军最高司令自行决定使用中程弹道导弹部队的权力，这将免除他在宣战并动用部队之前必须征得美国总统和英国首相许可的责任"。美国政府因此愿意将核力量的"最终控制权"转交给北约。[54]

但是在转交正式权力之时，尤其是考虑到欧洲盟军最高司令现已拥有的相当大的授权，美国政府究竟会做出多大的让步？只要北约指挥官是一位美国将军，人们就可以认为，实际上并没有出让太多权力。因此，值得

51　Eisenhower meeting with Quarles and military officers, March 12, 1959, FRUS 1958–1960, 7(1):436.

52　Thurston to Irwin, October 15, 1960, p. 5, DDRS 1989/2732; Merchant in meeting with Eisenhower, October 13, 1960, DDRS 1986/3551.

53　Eisenhower-Spaak meeting, October 4, 1960, SS/ITM/5/NATO(6) [1959–1960]/DDEL。在1979年解密文件中包含的艾森豪威尔的完整回应，在1993年的审查版中被删去；见FRUS 1958–1960, 7(1):641。

54　Hood to Shuckburgh, October 17, 1960; Working Party on Policy on Nuclear Weapons for NATO, "United States Proposals for a NATO MRBM Force," PNWN/P(60)3, October 26, 1960; and memo for Macmillan, "NATO MRBM," October 27, 1960; all in Prem 11/3714, PRO.

注意的是，艾森豪威尔试图转向建立一个由欧洲军官担任盟军最高司令的体系。这当然是与他团结欧洲、让欧洲承担自己的防御责任的总体理念相一致的。

从最开始，艾森豪威尔就想建立一个由欧洲人自己掌握欧洲防御的体系。当他在1951年担任北约指挥官之时，他理所当然地认为，一位欧洲将军最终会成为欧洲盟军最高司令。那时他没有想到"美国对北约部队的指挥"甚至一直持续到1950年代末期。[55] 到1959年，他愈发地想要"让欧洲人选一位欧洲的北约指挥官"。[56] 1959年12月在朗布依埃会议上，他直截了当地告诉戴高乐，他想要一位欧洲的——实际上是法国的——欧洲盟军最高司令。他说，"当指挥官是个美国人时，其他国家会过度依赖美国的帮助而不承担自己的责任"。[57] 在1960年9月，他还在考虑"表明我们已经准备好让一个欧洲人接管北约在欧洲的指挥权"。[58]

这就是给予欧洲盟军最高司令决定核武使用的权力会引发如此严重问题的原因。根据美国法律，总统有权将此权力授予美国军事指挥官。但是艾森豪威尔明确反对北约部队的指挥官必须是一个美国人的想法。他说："这种条件（即由美国人担任北约指挥官）并不合理，并且不应予以考虑。"[59] 正如美国国防部长盖茨指出，这就是美国的计划最终将"要求美国法律做出根本性修改（如果不对宪法进行修改）的原因"。[60] 艾森豪威尔将如此影响深远的观念作为他在任最后几个月的政策核心，体现了他对建立一支独立于美国控制的核力量的严肃态度。

所以在艾森豪威尔任内末期，一项政策已经粗具雏形。美国政府

55　Eisenhower-Spaak meeting, November 24, 1959, FRUS 1958-1960, 7(1):519.
56　Eisenhower-Herter meeting, October 16, 1959, ibid., 9:70.
57　De Gaulle-Eisenhower-Macmillan meeting, December 20, 1959, p. 21, Prem 11/2991, PRO, and DDF 1959, 2:772; and Eisenhower-de Gaulle meeting, December 19, 1959, ibid., p. 761.
58　Eisenhower-Macmillan meeting, September 27, 1960, FRUS 1958-1960, 7(2):421.
59　Eisenhower-Spaak meeting, October 4, 1960, ibid., 7(1):641.
60　Gates-Watkinson meeting, December 12, 1960, Defe 13/211, PRO, and NSC meeting, November 17, 1960, FRUS 1958-1960, 7(1):651.

第六章　混乱的同盟

赞同建立一支独立的、最终属于欧洲的核力量，该力量的使用不受美国否决权的限制。在新提出的观点中，北约部队会由北约指挥官（他可能不是美国军官）有效控制。实际上，这种假设是欧洲的将军将最终接过指挥棒。这便是1960年12月的即将被称为"多边核力量"（即著名的"MLF"）的提议的背后依据。尤其是艾森豪威尔，他对明显与自己对于欧洲防御以及未来欧美关系的基本想法相一致的观念非常支持。他在1960年10月告诉他的主要顾问，他"赞成该提议的理论"。他"赞同建立多边核力量，并且认为这将会对团结北约成员国并且提升他们的士气有益"。[61]

目的各异的西方盟国

新政策并没有使联盟团结起来，却起了反作用。尽管美国政府反对核力量国家化，但是主要的三个欧洲盟国都决心坚持，希望最终获得由国家控制的核力量。这个分歧是大西洋联盟长期危机的核心，在肯尼迪时期发展到了白热化阶段，并且在冷战顶峰时期的大国政治中扮演着重要角色。

甚至英美关系也受此新政策影响而变得紧张。美国一直以来对英国都寄予一个目标。英国人不应把自己视作世界大国，它也没有实力再担任这样的角色了。相反，它应该首先把自己视作欧洲大国，并且和德法一起成为建立统一的欧洲的三块基石。

一开始英国人就不喜欢美国政策中的这一方面。当然，英国已经不再强大到能在国际事务中继续扮演一个真正独立的角色，从1956年的苏伊士运河事件中就可以很明显地看出来。新任首相哈罗德·麦克米伦（Harold Macmillan）意识到，英国在埃及的行动是"一个衰落大国的最后时刻"。

61　艾森豪威尔与国防部官员会晤，October 3, 1960, ibid., p. 635.

尽管他不喜欢美国对待英国的方式——他愤怒地告诉杜勒斯,"可能200年之后美国'就会知道我们的感受了'"[62]——但他把发展密切的英美关系作为他的政策核心。美国人开始再次信任英国,所以麦克米伦所迈出的第一步就是为苏伊士运河事件中"对美国的欺骗"进行道歉。[63] 这意味着此类事情不会再次发生,而且两国政府需要更加坦诚相待。

麦克米伦认为,英国可能不足以强大到独当一面,但是它可以站在美国一边,帮助这个更加强大的伙伴指导西方事务,这样就可以成为缩小版的美国。他为英国所作的构想就是"英国之于美国就如同希腊之于罗马"。英国不会仅仅是一个区域大国,而仍然会在世界舞台上扮演某种角色。这种愿景意味着,英国不应该把它有限的军事资源首先放在建立一支准备在大陆作战的军队上;相反,它应该强调战略核力量的发展。英国需要独立的核威慑,也就是美国战略空军司令部的缩小版。这反过来也意味着要采取能够合理化发展核力量的军事策略。这种策略既淡化了地面部队以及战略"弹性"的重要性,也证明了对核战略威慑的重度依赖的正当性。[64]

对于英国人企图夸大他们与美国人的"特殊关系"的行为,后者并不高兴——这等于是借助美国的实力来支撑起它在世界上逐渐衰弱的影响力。[65] 从1956—1958年,在关键的核领域确实见证了两国至关重要的战略关系的发展。但在美国看来,这只是一个更加广泛的体系的前奏。如上所说,美国原本希望最先与英国共同制订的共享安排最终可以被拓展到其他北约主要盟国。但随后美国政策发生了转变。美英核关系的"特殊性"源

62　Macmillan-Dulles meeting, December 12, 1956, FRUS 1955–1957, 27:677.
63　Dulles to Eisenhower, December 12, 1956, DSP/141/58630/ML.
64　关于英国的防务政策、核武政策以及这一时期的英美核关系有很多文献。约翰·贝利斯(John Baylis)的《模棱两可与威慑》(*Ambiguity and Deterrence*)对大部分文献提出了关键性评价,是一本极好的概述著作。
65　美国政府认为,英国人的虚夸与其实力不符,并且英国企图把自己塑造成与美国并肩而立的、西方的两个领导性大国,这种观点是美国不支持的,美国认为英国最好"加入欧洲",把自己视为一个区域性大国,并且专注于北约地区的地面防御。例如,参见Dulles-Eisenhower meeting, October 22, 1957, FRUS 1955–1957, 27:800,以及Bowie-Eisenhower meeting of August 16, 1960, ibid., 7(1):613. 甚至在杜鲁门时期美国人就有了这样的想法。比如,注意1951年国务院关于英国"总是倾向于夸大与美国的'特殊关系'"的评论,引自 *Eisenhower Papers*, 12:130.

第六章　混乱的同盟

于美国对核能力国家化的新转变的冷淡态度，而不是因为美国政府认为英国应该成为新规则的例外。实际上，新政策暗示出美国对英国发展独立的核能力的冷淡态度。美国不能如此区别对待盟国；它不能对英国开绿灯，而对法德两国说不。如果这样做的话，不仅有害于美国和那些吃了亏的盟国之间的关系，也会产生适得其反的效果，使英国人对自己在世界上的地位抱有幻想。在美国看来，英国领导人迟早要面对事实，放弃在全球政治中扮演主要角色。在理想情况下，英国应该成为统一的欧洲的一部分，并且将自己的军事力量主要用于西欧的总体防御。

所以美国政府逐渐放弃了先前的帮助英国发展一支由其自己控制的核力量的政策。例如，在1957年美英中远程弹道导弹协议中，并没有提及北约的控制。但是到了1960年初，协议中补充了北约的控制。美国政府开始把英国的导弹问题——空射型"天箭"（skybolt）导弹以及潜射型的"北极星"导弹——和北约的中程弹道导弹问题相联系。[66] 1960年3月29日，艾森豪威尔和麦克米伦达成协议。如果"天箭"导弹值得制造，英国可以购买这些导弹。但不管怎样，英国都能"依据北约正在进行的讨论中可能达成的决定，获得一个移动的中程弹道导弹系统（即"北极星"导弹系统）作为补充或替代，这些决议即使在北约框架下也可以达成"。麦克米伦很满足于他与总统达成的协议。如他向国防部长所言，他非常自信"他们可以如愿以偿"。[67] 新任美国国务卿克里斯琴·赫脱实际上刚刚告知英国人，在美国完成了"表面文章"，即盖茨提出的关于北约中程弹道导弹的双选项计划之后，"通向为英国直接提供导弹的双边安排"的道路将变得明确；在

66　参见 Caccia to Foreign Office, March 18 and 20, 1960, Defe 11/312, PRO。

67　国务院关于此事的立场比艾森豪威尔对待麦克米伦的立场要强硬得多。在3月29日，在美国副国务卿狄龙递交给麦克米伦的备忘录中，美国表示，在北约中程弹道导弹事宜"在北约框架下得到满意处理之前"，它不会与英国就"北极星"导弹系统达成任何双边协议。艾森豪威尔本身的立场没有如此强硬，见 Macmillan to Eisenhower, March 29, 1960；文中，麦克米伦仅是把艾森豪威尔那天在会议上告诉他的话向总统重申了一遍。参见 Macmillan to defense minister, March 29 and 30, 1960, Defe 13/195, PRO; Macmillan to Eisenhower and Dillon to Macmillan, both March 29, 1960, in "Prime Minister's Visit to Washington, March 26-30, 1960," Cab 133/243, PRO。狄龙的备忘录引自 Eisenhower in FRUS 1958–1960, 7(2):863–864。

此,"北极星"作为首选武器被提及。这表明,英国人的中程弹道导弹——"天箭"或是"北极星",或者两者兼有——不会在北约的严格控制之下。[68]

但是到了6月,美国政府愈发强调要给英国的中程弹道导弹"贴上北约标签"。尽管没有多少证据,但美国声称,英国人已承诺支持"某种欧洲的中程弹道导弹计划";英国方面将投入从美国购买的两艘"北极星"导弹潜艇(各载16枚导弹)。对麦克米伦来说这仍然没有什么问题:只要武器"最终能够由英国政府单独控制",这两艘潜艇完全可以被视作英国为北约中程弹道导弹项目所做出的贡献。[69]

到了年底,美国人——这里主要说的是国务院——又迈进一步。此时他们更加强调北约对中程弹道导弹的控制。"天箭"导弹项目似乎在12月无法实行,所以英国政府就想知道,他们是否可以获得"北极星"导弹作为直接替代——也即将其当作完全由国家控制的武器。国防部长盖茨告诉他们,"他怀疑向英国提供'北极星'导弹潜艇,使其在北约部队之外使用是否符合他所理解的国务院目前的政策目标"。但是他仍然认为大门敞开了一些,"如果美国在巴黎的提议——1960年12月关于建立一支多边核力量的建议——没有被采纳,它可能更乐于去考虑双边安排,尽管这样的安排不仅仅局限于英国"。[70]

英国人不喜欢美国在该问题上的政策改变,尤其是美国背弃承诺的做法。但是从某种意义上来说,他们没有什么抱怨的理由,因为新的美国政策与英国的基本思想是一致的。英国人从一开始就反对西欧独立,因此也反对欧洲独立核力量的建立。因此,他们不喜欢艾森豪威尔在1957年12月

---

68 Caccia to Foreign Office, March 20, 1960, Defe 11/312, PRO. 但是在一份美国内部文件中,赫脱,或是国务院中某位为他写下这份文件的官员,对英国建立独立的核威慑极为反对,因此更加坚持集中化的北约控制。Herter to Eisenhower, March 27, 1960, FRUS 1958–1960, 7(2):860. 这典型地反映出1960年美国政策在此领域的不连贯。

69 Defence Minister Watkinson to Macmillan, June 7, 1960(见此日期下的两份备忘录);Gates-Watkinson meeting, June 6, 1960(文件日期为6月9日);关于麦克米伦的观点,见de Zulueta to Macmillan, June 10, 1960; Macmillan-Watkinson meeting on "Nuclear Deterrent Policy," June 15, 1960; all in Prem 11/3261, PRO。

70 Gates-Watkinson meeting, December 12, 1960, Defe 13/211, PRO。

第六章 混乱的同盟

承诺支持欧洲制造中远程弹道导弹。当英法德联合开发并制造中远程弹道导弹（在美国的技术和财务支持下）的项目在1959年及1960年提出时，他们决心"扼杀这个项目"——但并不公开这样做，因为英国并不想损害与法国和德国的关系。[71] 对于建立一支北约核力量这一更总体的想法，英国人一直认为（就如英国国防大臣哈罗德·沃特金森 [Harold Watkinson] 在1962年4月所说），"这是一派胡言"。[72]

虽然英国一直推行这些反对政策，但它并不会走到让美国人反感的地步。英国政府非常想要继续成为美国最为亲密的盟友。沃特金森给麦克米伦的一封信很好地体现了这种态度。他说："不管我们付出什么样的代价，我们都要让美国人在防务上认为我们是他们最亲密的伙伴，我们之间将坦率且自由地交谈，因为我相信他们不会与其他盟友敞开心扉。如果可以这样，付出怎样的代价都是值得的。"因此英国的参与非常重要，"即使程度很小，也要参与所有的主要项目"，因为这是唯一可以使英国人确定他们的话语在美国政府还有分量的方法，并且可以依此对美国政策施以"有限影响"。沃特金森补充说道，"世界的和平"可能得依靠英国继续扮演美国最亲密的盟友这一特权角色。[73] 所以不管英国人认为北约的中程弹道导弹计划多么荒谬，他们在此事上也不会直接反对美国。他们会"迁延此事"——也就是拖美国人的后腿——希望这个项目迟早会消失。[74]

---

71 尤其见 Bishop to Macmillan, "European Rocket Project," June 30, 1959, Prem 11/3713, PRO（相关引用）。Caccia to Foreign Office, March 18, 1960, 以及 Chilver to minister of defence, "Discussions with the Americans on M.R.B.M.s and on deterrent weapons," March 21, 1960, in Defe11/312; all in PRO。甚至在1960年初法国提出英法合作项目时英国都加以反对。关于英法国防部长的会晤，见 Roberts to Foreign Office, March 31, 1960, Defe 11/312, PRO。

72 Watkinson to Macmillan, April 12, 1962, Prem 11/3712, PRO.

73 Watkinson to Macmillan, June 7, 1960, Prem 11/3261, PRO. 另注意以下一段话，这段话来自一篇没有署名的关于"中程弹道导弹"的论文，虽然没有标明日期，但是大概写于1960年9月，文章开头一小部分回顾了这个问题的历史："1959年7月和8月，英国向美国人表达了对在欧洲制造这种武器的焦虑，特别是在德国参与的情况下，但同时也表明了英国人对这个项目的态度将受到美国政府态度的很大影响，如果美国要支持这个项目，那英国也不希望阻止它。" Defe 11/312, PRO.

74 Watkinson to Macmillan, May 12, 1960, Prem 11/3713, PRO. 另见 memorandum to the prime minister on the "N.A.T.O. M.R.B.M." of October 27, 1960, in Prem 11/3714。作者问，英国是否应该继续做"他们目前为止所做的"，即"不作任何承诺"并且"拖延此问题，希望这个项目终会消失"。

英国人如此反对这些项目有一个最重要的原因：在1950年代末，他们比任何其他主要西方大国都更担心德国拥有核武器的使用权。这是英国关于北约及核武器一系列复杂之事的思想根源。他们知道，德国迟早要摆脱1954年强加给它的束缚。[75] 他们认为，德国人对最终发展一支由自己有效控制的核力量非常感兴趣。德国国防部长弗朗茨·约瑟夫·施特劳斯（Franz-Josef Strauss）在1958年末就开始要求在德国部署中远程弹道导弹。对此，英国认为，这将成为德国取得"独立核威慑"的重要一步。[76] 英国人非常反对任何此动向的行动。这也是他们如此反对欧洲制造中远程弹道导弹的主要原因。英国人认为，德国不可能在不违背1954年的限制的情况之下参与此项目。[77]

因此在1960年末美国人背离原先在欧洲生产导弹的想法时，英国政府舒了一口气。各盟国不再被迫要从两个令人不快的选项中作出抉择：放宽1954年的限制或是公然地歧视联邦德国。在海上部署导弹可以进一步减少导弹为国家（也就是德国人）所控制的风险，所以新的美国政策中的这一方面也受到欢迎。但是风险并不是完全没有。在未来仍可能部署陆基武器，尤其是当比陆基型"北极星"更小的、更灵活机动的导弹被研制出来之后。诺斯塔德并不准备在德国部署这种武器，但是他的下一任可能会怎样做，这谁也说不清。即使建立了海上威慑力量，也存在"德国人可能会派遣一艘德国人驾驶的船"加入这支部队的危险。任何可能给予德国对核武器有效控制的计划"都会引发英国的严重不安，在较小程度上也会在海外引起不安"。但是

---

75 Bishop to Macmillan, "European Rocket Project," June 30, 1959, Prem 11/3713, PRO.
76 Macmillan note of meeting with Norstad, November 26, 1958, and Richards to de Zulueta, December 1, 1958, Prem 11/3701, PRO; Roberts to Lloyd (reporting on meeting with Norstad), December 18, 1958, Prem 11/2929, PRO. 关于德国对中远程弹道导弹的渴求，见Nash, *Other Missiles of October*, pp. 57–60。
77 Chilver to minister of defence, March 21, 1960, Defe 11/312, PRO. 英国人力图重新思考北约战略，尤其是在1961—1962年，这在很大程度上是为了削弱建设中程弹道导弹的军事依据，他们主要是出于政治原因反对中程弹道导弹：他们主要关注的是确保战略核武器不被德国控制。尤其见Defe 13/254, PRO，这是关于所有问题的非常详尽的档案资料。关于反映英国政府对德国获取战略武器的忧虑的两份公开文件，见Irwin in State-Defense meeting, September 25, 1959, FRUS 1958–1960, 7(1):485, 及Lloyd in foreign ministers' meeting, June 1, 1960, ibid., 7(2):374–376。

第六章 混乱的同盟

英国人必须谨慎行事:"对联邦德国的**公开**歧视与我们的政策相背。"[78]

更普遍地说,英国人希望限制德国的权力。他们对于中欧的现状十分满意——一个分裂的德国,一个被纳入北约体系、失去了独立军事行动能力、依赖西方列国保护的西德国家。贝文曾在1949年初说道:"德国的分裂至少在目前来看对我们的计划至关重要。"1961年7月,当时的英国外交大臣霍姆勋爵(Lord Home)表达了几乎与之一致的立场:"实际上,至少从现在来看,我们并不希望德国统一,尽管我们也不会抛弃德国自决的原则。"麦克米伦亦认为如此。1958年6月,戴高乐直截了当地问麦克米伦,他如何看待德国统一一事,究竟他是在理论上还是实际上赞成这种观点。麦克米伦回答道:"我们必须一直在理论上加以支持。毕竟这样做没什么危险。"[79]

一个强大的德国被视作对稳定的威胁,而英国如此依附于北约的其中一个原因就是北约可以有效地限制德国人。正如1959年初麦克米伦向法国大使所解释的那样:"德国人之前不受控制,英法两国深受其害。他认为,北约以及欧洲其他机构最大的好处之一就是彻底把德国与西方融为一体,并使其难以摆脱。"[80]

但与此同时,英国人在努力推行将会减少西方在德国的军事存在的政策——如减少英国的驻德部队;修订北约战略,为这些撤军行为提供合理性;与苏联协商,在中欧达成某种程度的撤军。目前为止,英国事实上是唯一支持"撤离"观点的西方大国。例如,一份1958年3月的英国计划呼吁在"沿着现在的德国军事分界线的地区禁止核武器,并且撤出该地区的非德国军队"。这片区域明显将包括德国东西部、波兰、捷克斯洛伐克以及

---

78 Working Party on Nuclear Weapons for NATO, "United States Proposals for a NATO MRBM Force," PNWN/P(60)3, October 26, 1960, Prem 11/3714. 着重标志为本书作者所加。这份文件反映出英国官方此时已经形成的传统观点。

79 Bevin memorandum on "Germany and Berlin," February 4, 1949, Prem 8/791, PRO. Lord Home, "Berlin," July 26, 1961, C(61)116, Cab 29/106, PRO. De Gaulle-Macmillan meeting, June 29, 1958, DDF 1958, 1:871.

80 Macmillan-Chauvel meeting, February 5, 1959, FO 371/145858. 麦克米伦频繁表达此种观点。直至1962年10月,他仍然表示"我们最大的恐惧仍然是德国"。Reston-Harriman meeting, October 30, 1962, Harriman Papers [HP], box 565, chronological files, Library of Congress, Washington.

匈牙利，并且即使德国仍处在分裂中，该计划也将生效。但是，这些观点难道不是与英国所认为的北约能够防止德国不受控制的想法不一致吗？正如美国国务院对英国的一份提议所做出的评价，撤军会使局势不稳定。这主要是由于英美两国的军事存在可以作为"一种对德国可能的独立军事行动的制约"。[81]

当英国如此坚定地建立自己的独立威慑力量时，它如何能指望德国保持无核状态？美国人——或者至少说是一些国务院的官员——得出这样一个结论：如果想要德国人不染指核武器，他们必须要让其他盟国（包括英国）"远离核事务"。也就是说，英国应该把它的核力量融入更广泛的北约或者欧洲的核力量中，没有任何单一国家可对其进行有效控制。实际上，英国有一些颇具影响力的人士，尤其是内阁大臣诺曼·布鲁克爵士（Sir Norman Brook）周围的一群人，明白这种立场的逻辑，也开始认可这样的立场。[82]但麦克米伦不是这样：他决心使英国的核力量处于"联合王国政府唯一且最终的控制权之下。

在美国人看来，英国人思维中的这些不同的方面无法形成一以贯之的政策。对于英国最重要的外交目标而言，麦克米伦目前的所作所为并无道理。相反，他通过撤军迎合国内渴求"和平"的政治压力，并且由于声望的原因竭力维持英国在世界上的大国角色，它已经无力维持这样的角色了。实际上西方已经普遍认为——这并非没有根据，英国在每一个重要问题上的政策都要在相当大的程度上从其国内政治考量的角度进行理解。[83]1959

---

81 国务院对英国关于欧洲安全的文件的评论，附于Hood-Reinstein meeting, April 18, 1958, 740.5/4-1858, RG 59, USNA。

82 见第八章，注释81。

83 关于具体事例，见Dulles-Eisenhower telephone conversations, January 20 and 25, 1959, 5:15 P.M., DP/TC/13/DDEL; Steel to Foreign Office, February 3, 1959 FO 371/145773, PRO（有关阿登纳的观点）; Chauvel to Couve, July 11, 1959, Eisenhower-de Gaulle meeting, September 2, 1959, Adenauer-de Gaulle meeting, December 2, 1959, DDF 1959, 2:37, 284, 658;以及Massigli note of meeting with Macmillan, January 28, 1959（有关一位精明而有经验的法国观察家的描述），MP/100/FFMA。英国领导人本身就经常强调国内政治考虑的重要性。例如，参见 Beam to State Department, April 30, 1955以及Jackson log, July 11, 1955, FRUS 1955–1957, 5:161, 304;以及Dulles's note of a meeting with Lloyd, October 19, 1958, DP/GCM/1/DDEL。

第六章 混乱的同盟

年初,杜勒斯在在任的最后几个月对英国已经尤为反感。[84] 但美国这些观点对英国的政策影响甚微。英国并不打算改变其国防政策的核心:它决心发展一支由国家控制的核力量。

法国人更加直言不讳地表达出他们对美国新政策的反对。甚至在戴高乐执政之前,法国政府就决心不能轻言放弃,并总结到,法国需要一支由国家控制的核力量。在1957年初,法国一直都强烈支持储备核武器。在当年5月举行的波恩北约理事会会议上,法国代表带头提议这样的安排,美国非常乐意接受该提议,法国官员起初是非常高兴的。但是当几个月后美国政府出台了和法国一开始建议的方案极其相近的计划之后,法国开始抱怨美国没有最大限度给予欧洲人对于核武器的完全控制。[85]

在戴高乐时期,这种基本态度变得更加明确。对于这位新任法国领导人,核事务绝对是至关重要的,关于核武器的控制是问题的核心。他在一开始并没有坚持一定要发展完全独立的核设施。1958年他还非常乐意利用美国提供的核武器建设国家核能力。为了满足法国的政治目的,这种核能

---

84 有关杜勒斯对英国政策变化的担心,例如,参见 Dulles-McElroy meeting, September 11, 1958, FRUS 1958–1960, 7(2):821–822; Dulles's "Thinking Out Loud," January 26, 1959, DP/WHM/7/White House Correspondence—General 1959/DDELand ML,这是一篇由英国外交大臣塞尔温·劳埃德(Selwyn Lloyd)的同题"时事短评"所引出的短文;尤其是 Dulles-Herter meeting, April 24, 1959, with attached outline, "British and United States Views on Dealing with the Soviet Union," DP/SACS/14/DDEL。英国人也意识到他们与美国的关系在某种程度上恶化了,尤其见 de Zulueta to Macmillan, March 8, 1960;有关分析见 de Zulueta's "The Future of Anglo-American Relations";这两份文件均可见 Prem 11/2986, PRO。

85 关于法国建议将美国的核力量并入在欧洲的北约力量的文件,见 Dulles-Mollet-Pineau meeting, May 6, 1957, DDF 1957, 1:738–740。相应段落从美方对会议的记录中被删去(FRUS 1955–1957, 27:121),但是随后又公布了出来;见 DSP/225/103315/ML。另见 Elbrick to Dulles, July 9, 1957,附有7月6日与若克斯(Joxe)就北约原子弹储备问题进行会谈的备忘录,740.5611/7-957, RG 59, USNA。杜勒斯在7月16号的新闻发布会上对此观点表示支持,法国方面很高兴。法国国防部长"非常高兴"并且几天之后告诉美国人,如果美国的核武器在紧急状况时可以立即使用(无论是直接提供还是通过北约),并且法国的部队可以接受使用核武器的培训,那么整个关于法国核能力的问题"将会得到解决"。Houghton to Dulles, July 18, 1957, 740.5611/7-1857, RG 59, USNA。但是当美国人在12月的北约政府首脑会议上正式提出和以上观点立场一致的提议时,法国人表现出不满,认为这不足以让他们完全控制这些核武器。Burgess to Dulles, December 5, 1957, 740.5611/12-555, and State Department to embassy in Paris, December 6, 1957, 740.5611/12-557, RG 59, USNA。

力并不需要非常强大；法国核力量的天平在美法联合控制之下。[86]（这也是英国的模式。）但是关键在于，法国需要获得一部分完全处在本国控制之下的核能力，并且这种控制必须明确公开。对该标准的任何降低都不行。

所以戴高乐拒绝了美国的早期提议，这些提议的基础是美国的控制将是名义上的，并且实际上在紧急情况下可以使用核武器。对他而言，任何由美国人保留哪怕是形式上的控制的体系都是不够好的。如果仅当美国或者欧洲盟军最高司令同意的时候才能使用核武器，戴高乐说，对法国而言，"该提议没有多少利益可言"。[87]美国提出了《原子能法案》，但是对于戴高乐而言此法案不过是一个省事的借口：他认为，美国政策背后的驱动因素理所当然地是他们想要对西方进行核垄断，这是一种非常本能的渴望。[88]戴高乐准备泰然对待这项美国政策。正如同自然法在发生作用。这就是一个大国在某种程度上必定会做的事情，[89]实际上，如果他能够有效垄断核武器，他也会这么去做。[90]

如果美欧之间的紧张局势是源于根深蒂固、难以改变的政治现实，那么通过协商和妥协去处理此事也就没有什么意义了。根本问题不能被掩盖起来。一个简单的事实是，欧洲国家特别是法国不再仍是没有清晰的政治人格的美国的保护国。法国计划通过自己的努力发展国家核力量，因为美国并不足够信任法国，并不愿意将核武器直接转交给法国。[91]此外，既然北约是美国统治的工具，那么法国就不应该继续留在北约的框架内并与其合作。在北约体系中，"整个行动都是由美国主导的"。[92]这是令人无法忍受的；做出根

86　De Gaulle-Macmillan meeting, June 29-30, 1958, DDF 1958, 1:883.
87　De Gaulle-Dulles meeting, July 5, 1958, FRUS 1958-1960, 7(2):59.
88　De Gaulle-Dulles meeting, July 5, 1958, ibid., p. 58. 这种特定的声讨是没有道理的，但是应该注意到艾森豪威尔政府并不介意以这种方式利用关于国会的争论。例如，参见Dulles-Eisenhower telephone conversation, September 24, 1954, SSMC, no. 669。
89　一个显著的例证，见Alain Peyrefitte, *C'était de Gaulle* (Paris: Fayard, 1994), pp. 367-368。
90　见Hervé Alphand, *L'étonnement d'être* (Paris: Fayard, 1977), pp. 331, 343, 397。
91　这是戴高乐在给美国总统的一封信中直接指出的，见De Gaulle to Eisenhower, November 24, 1959, in Charles de Gaulle, *Lettres, notes et carnets (juin 1958—décembre 1960)* [LNC 1958-1960] (Paris: Plon, 1985), p. 283。
92　Dulles to Eisenhower, December 15, 1958, FRUS 1958-1960, 7(2):154.

第六章 混乱的同盟

本性的改变绝对是有必要的;法国在诸如防空以及北约核武器储备等一系列事情上的不合作确实表明它坚持要在联盟体系中引发巨变。[93]

在美国人看来,戴高乐"变得愈加麻烦了"。[94]艾森豪威尔说,戴高乐有"弥赛亚情结",他把自己视作"拿破仑和圣女贞德的结合体"。[95]这位法国总统以一种传统的民族主义方式思考问题,并且他的观点,如果推致其逻辑结论会毁了整个联盟。[96]排除其他因素,现代的军事现实使得这种态度显得过时。这些现实对迅速行动赋予的重要性意味着只有高度的一体化——首先是在防空领域——才能提高军事效率。[97]

在艾森豪威尔看来,一个更加基本的问题就是,戴高乐"并不清楚美国的真正意图"。[98]他向法国领导人指出,美国从不会"把自己推向聚

---

93 例如,参见戴高乐的观点,引自 Burgess to State Department, March 9 and 10, 1959, ibid., 7(1):424, 426。包括戴高乐本人在内的法国官员经常极度轻视这些举动实际上的重要意义,暗示它们本质上是姿态而已。见 Alphand-Herter meeting, March 3, 1959, and de Gaulle-Norstad meeting, January 21, 1960, ibid., pp. 417, 569。美国对阿尔及利亚的政策并不像戴高乐所希望的那样支持法国,这也是一个重要的——可能是最重要的——因素。关于反映阿尔及利亚事件重要性的各种文献, ibid., pp. 416, 418, 421, 423, 437。
94 Dulles in meeting with Eisenhower, December 12, 1958, ibid., 7(2):145.
95 Eisenhower, in meeting with Herter, May 2, 1959, ibid., p. 206.
96 Eisenhower, in meeting with Spaak, September 3, 1959, and in letter to Norstad, January 11, 1960, ibid., 7(1):482, 566.
97 美国频繁对这样的立场表示认同。例如,参见 Norstad in meeting with Adenauer, December 16, 1957, SS/ITM/4/NATO Heads of Government Meeting, Paris, Chronology, December 16, 1957 (1)/DDEL; Eisenhower-Debré meeting, December 21, 1959, FRUS 1958–1960, 7(1):559; 以及 Eisenhower to de Gaulle, August 30, 1960, ibid., 7(2):415。关于此问题富有见地的分析,见 Roberts to Lloyd, "General de Gaulle's Attitude to NATO," December 3, 1959, pp. 4–7, Prem 11/3002, PRO。
98 Eisenhower-Herter meeting, April 22, 1960, FRUS 1958–1960, 7(2):342. 艾森豪威尔的基本战略思想在某些方面与戴高乐颇为相似。例如,美国总统认为,美国是"前进力量的中流砥柱"(引自上文第151页,以及第五章注释18)。这种观点与戴高乐认为美国为西方提供后备力量的观点相一致。但是差别之处在于,艾森豪威尔认为欧洲的力量最终将被高度整合,美国的力量将日益淡出;戴高乐认为,欧洲的每一个主要国家都要扮演独特的角色。在他看来,德国应该作为"先锋部队",法国应该"提供主力部队",而英国应该守护"沿海岸线的侧翼"。戴高乐多次提出这个概念,例如,参见 de Gaulle-Macmillan meeting, March 12–13, 1960, p. 5, FO 371/154096, PRO, and also Macmillan diary entry, March 13 1960, in Harold Macmillan, *Pointing the Way, 1959–1961* (London: Macmillan, 1972), p. 182; de Gaulle-Adenauer meetings, July 29–30, 1960, 引自 Georges-Henri Soutou, "De Gaulle, Adenauer und die gemeinsame Front gegen die amerikanische Nuklearstrategie," in, *Politischer Wandel, organisierte Gewalt und nationale Sicherheit: Beiträge zur neueren Geschichte Deutschlands und Frankreichs*, ed. Ernst Hansen et al., (Munich: Oldenbourg, 1995), pp. 496–497(关于法国的记录),及 Schwarz, *Adenauer*, 2:569–570(关于德国的记录); de Gaulle-Macmillan meeting, January 28, 1961, p. 11, Prem 11/3714, PRO; de Gaulle-Kennedy meeting, June 1, 1961, FRUS 1961–1963, 13:313; de Gaulle-Alphand meetings, May 25, 1961, and June 26, 1962, Alphand, *L'étonnement d'être*, pp. 351, 379.

光灯中心"。他告诉下属们,是欧洲人"坚持要由一位美国人指挥"。正是欧洲人不能"团结一致"才使得一个美国人成为欧洲盟军最高司令。戴高乐似乎不满于"美国在北约过于强大的影响力",但是他指出,这种局势"并非我们选择的结果"。艾森豪威尔当然明白他的意思。欧洲各国尤其是法国人从一开始就强烈要求美国在欧洲的重大军事存在,要求一位来自美国的欧洲盟军最高司令,并且要求建立一个高度一体化的防御体系。美国一直以来都在合作,但是它从一开始就没有打算永久性地担当这个角色。艾森豪威尔想直接对戴高乐表明,美国并不"希望得到欧洲的指挥权",并且很乐意撤出部队,见证欧洲人担当起自己防御事务的责任。但是令人不悦的是,这些年来本着"联盟援助精神"行动的美国现在发现,和他们打交道的欧洲人对该体系感到不满,而该体系的出现很大程度上是为了满足这些欧洲人的关切,他们现在拒绝按照真正的盟国应该做的方式行事。[99]

戴高乐反对什么是显而易见的,但是究竟他希望做出怎样的改变仍然不明确。北约体系以及美国在欧洲的存在符合控制德国力量的重大政治目的,这个在法兰西第四共和国期间对法国政策至关重要的根本目标已经被彻底摒弃了吗?[100] 戴高乐真的想要打破北约体系之中内含的对德国力量的限制吗?一方面,他很清楚地告诉英美两国领导人,德国的复兴是法国的一个基本关切,他(像英国人一样)不急于看到德国统

---

99 Eisenhower to de Gaulle, August 30, 1960, Eisenhower-Herter telephone conversation, August 10, 1960, and Eisenhower-Herter meeting, April 22, 1960, FRUS 1958–1960, 7(2):414, 404, 342.

100 例如,参见Herter-Couve-Home meeting, September 23, 1960, DDRS 1997/2558。有关戴高乐之前法国在这一领域的政策,见Dulles-Mollet-Pineau meeting, May 6, 1957, DDF 1957, 1:738-740。莫莱和皮诺认为,一个一体化的体系——一个"欧洲一体化原子武器系统"——是唯一能够为欧洲提供防御并处理"有关德国的特殊问题"(即防止德国获得独立的核能力)的方案。在戴高乐时期,这种思想并未从法国政策中彻底消失。直到1962年中,尽管戴高乐反对一体化、批评美国在北约的主导地位,并且呼吁建立一个有着自己战略个体性的以法国-德国为核心的欧洲,但他仍然明确赞同在德国建立一个由美国指挥的美英法联合力量,"特别是为了防止德国军队形成独立的师"。De Gaulle-Alphand meeting, June 26, 1962, Alphand, *L'étonnement d'être*, p. 379.

第六章 混乱的同盟

一,并且他反对德国获得核能力。[101] 另一方面,他的政策核心以及有关言辞实际上刺激了德国去寻求真正的独立并且用核武器武装自己。如果法国不能如此依靠美国,为什么德国就要依赖呢?如果没有核武器的法国只不过是一个卫星国,那么德国为什么还要继续成为美国的核保护国?

当法国领导人对北约抱怨不断之时,上述一切都让艾森豪威尔觉得难以"准确理解"戴高乐现在"意指"的究竟是什么。艾森豪威尔说,戴高乐的理论"太过难以捉摸",以至于自己"从来都不能充分地回应"。[102] 法国秉持民族主义的立场并且反对建立强有力的北约防务体系。但是戴高乐还呼吁建立一个三方理事会:美国、英国以及法国可以作为一个整体为西方制定政策。军事计划将在三方协议的基础之上制订并实施。考虑到这种方案会涉及否决票以及强加决议,该建议似乎与以民族主义为中心的法国政策不相符。[103] 如果法国的根本关切是,随着美国的城市愈发处在风险之中,核威慑正逐渐变得空洞化,那么可能法国方面最不希望看到的安排就是阻碍美国。在一个每个国家都有否决权的体系当中,不仅是法国,英国也能有效阻止美国使用它的核力量;并且在这种体系中,美国,甚至英国,也在理论上能阻止法国使用自己能够建造的任何核武器。戴高乐真的有这样的安排吗?最初,甚至法国外长顾夫·德姆维尔以及法国驻美大使埃赫维·阿尔方(Hervé Alphand)理所当然地认为这并不是戴高乐的意图。[104]但是他们马上明白,这正是戴高乐所希望的。而且戴高乐事实上是在提

---

101 有关戴高乐以及德国统一问题的文献,见Eisenhower-de Gaulle-Macmillan meeting, December 20, 1959, pp. 5, 8, Prem 11/2991, PRO,尤其是U.S. State Department Historical Office, "Crisis over Berlin: American Policy Concerning the Soviet Threats to Berlin, November 1958−December 1962" (October 1966) [DOS Berlin History], pt. 1, p. 53. 有关戴高乐以及德国核问题的文献,见下文,pp. 332, 336−337, 371−373。

102 Eisenhower memorandum, August 10, 1960, FRUS 1958−1960, 7(2):405−406. 另见Eisenhower-Macmillan meeting, September 27, 1960, p. 3, DDRS 1997/1698。

103 Eisenhower to de Gaulle, August 30, 1960, FRUS 1958−1960, 7(2):417。

104 Couve to Alphand, November 3, 1958, and Alphand to Couve, October 31, 1958, DDF 1958, 2:620, 620 n; 另见 Alphand to Couve, December 4, 1958, ibid., p. 805。

出要求。[105]戴高乐说，要么联盟根据他的建议做出改变，要么法国将撤出北约。[106]

戴高乐究竟要做什么？他是故意挑起与美国的争斗吗？关于核问题，杜勒斯就像任何一位美国国务卿一样乐于主动提供信息。1958年7月，他告诉戴高乐，美国的目的在于建立一个不依赖美国决定就能使用核武器的体系。杜勒斯又说，欧洲应该"完全信任"这些武器的使用会与北约计划相一致，并且一切将会按此准备。[107]但是法国领导人对于追寻这一想法并不感兴趣——这样的反应颇为怪异，甚至法国驻美大使都认为，戴高乐并不理解杜勒斯的提议。并且后来，这位法国领导人对艾森豪威尔推举一位欧洲人出身的——实际上是法国的——欧洲盟军最高司令，由他掌控一支强有力的北约核力量的想法，也几乎不感兴趣。[108]戴高乐究竟想要什么？一方面，戴高乐在1958年9月称，西方三国在合作制订军事计划方面至关重要。但是另一方面，当苏联在1958年11月威胁"清除"西方在柏林的权利——在此地区三国作为一个整体的权利已经根深蒂固——之时，他又不愿意积极参与使用武力的联合计划。[109]如果担心欧洲爆发战争之时美国不会迅速做出反应，那为什么戴高乐会反对其他盟国都乐于接受的空中防御措施？这一系统反映了美国对核战的严肃态度，也反映了美国愿意快速采取行动。[110]戴高乐为什么当时要破坏这些安排？更广泛地说，如果戴高乐

105　Couve to Alphand, January 18, 1959, DDF 1959, 1:68; de Gaulle to Eisenhower, October 6, 1959, LNC 1958-1960, p. 263.
106　De Gaulle-Jebb meeting, October 22, 1958, DDF 1958, 2:565.
107　Dulles-de Gaulle meeting, July 5, 1958, FRUS 1958-1960, 7(2):55-56, and DDF 1958, 2:24.
108　Alphand-Elbrick meeting, July 9, 1958, FRUS 1958-1960, 7(2):74. 杜勒斯和诺斯塔德也认为，戴高乐对美国提议的"深远特性并不领情"。Dulles-Norstad meeting, September 26, 1958, DSP/79/71882/ML.
109　这个问题将在下一章详细讨论，但是法国人从一开始就明显不愿意参与联合计划。尤其见Couve to Alphand, January 11, 1959, DDF 1959, 1:37. 法国驻美大使阿尔方对法国关于美国联合计划的提议的反应感到尤为尴尬，并且他确实认为美国的立场是正确的。见Alphand, L'Etonnement d'être, pp. 297-298.
110　关于空中防御事宜以及美国敦促建立有效空中防御体系的意义，见上文，p. 202.

第六章 混乱的同盟

担心美国最终会抛弃欧洲,那他为什么要攻击被美国人视为参与欧陆事务的基础的整个北约?如果他非常担心美国可能的撤离,那为什么要贯彻疏远美国的政策——在美国看来是毫无理由的,并且由此使得美国真的更有可能撤离欧洲?甚至在一些前法国高官看来,戴高乐似乎不是对处理实际事务,而是对故作姿态更感兴趣。[111] 美国开始认为法国总统难以满足,"安抚"他变得毫无意义。对于他这样一个问题人物,其他西方国家也会另寻他法。[112]

尽管如此,艾森豪威尔私下一直对戴高乐抱有某些同情,在他执政时期,美国对法政策并不像肯尼迪时期的美国国务院那样对法国充满敌意。因为基本上看来,两人渴望相同的东西。他们都希望欧洲人可以独当一面,摆脱对美国的过度依赖。令美国总统大为失望的是,戴高乐根本无法抓住现实的本质——不能看清艾森豪威尔究竟想要什么,也不明白究竟是什么在阻碍自己快速地实现那个目标。[113]

---

111 例如,参见 Jean Chauvel, *Commentaire*, vol. 3, *De Berne à Paris (1952–1962)* (Paris: Fayard, 1973), p. 281. 肖韦尔写到,如果戴高乐真心想要参与联合计划(如在非洲以及黎凡特问题上),他应该提出准确的提议,但他从未这么做,因为他并不真正关心战略的有效性,而是为了国内政治目的寻求一些"惊人之举"。顾夫的观点并非与之完全不同,我们可以从他多年后的相关评论中看出。这些评论措辞较为笼统——比如"不能把独立和不负责混淆"("il ne faut pas confondre indépendance et irresponsabilité")以及"政策的戏剧化是非常糟糕的"("la dramatisation serait la pire des politiques"),但是不难想象他究竟意有何指。在他看来,最基本的问题并不是戴高乐的直觉是错的,而在于他处事不精细,往往把问题过于简单化。如,戴高乐曾称,苏联之所以能主导易北河以东的欧洲,是"由于盎格鲁-撒克逊人在雅尔塔会议上给予的同意",顾夫则提出对欧洲的分裂被"不恰当地称为了雅尔塔瓜分"。见 Maurice Couve de Murville, *Le monde en face: Entretiens avec Maurice Delarue* (Paris: Plon, 1989), pp. 17, 69, 249; de Gaulle, *Mémoires d'espoir: Le renouveau*, p. 239.

112 例如,参见诺斯塔德的"不可能满足戴高乐的胃口"的言论,in Norstad-Eisenhower meeting, June 9, 1959, FRUS 1958–1960, 7(1):462.

113 事实上,法国领导人知道艾森豪威尔政策的要旨,理解他的意图:使欧洲为自己的防御事务承担更多责任,并且减少对美国的依赖。阿登纳听闻此事之后变得警觉起来,但是与他不同,法国人认为,总统现在所想的是自然而然的并且确实是可取的。Adenauer-Couve-Debré meeting, December 1, 1959, DDF 1959, 2:651–653. 但是令人惊讶的是,法国并没有积极要求作出安排,以便顺利向一个新的、基于欧洲的防御体系平稳过渡——尤其是支持艾森豪威尔推选一位来自欧洲的欧盟盟军最高司令,建立不受美国否决干预的北约力量等安排,相反,它采取了一种路线,使美国更难与一种将权力下放给欧洲人(特别是在核领域)的政策进行合作。

这在核领域体现得尤为明显。对核武器的控制是政治独立的关键。这也是戴高乐将其放在政策核心的原因。艾森豪威尔也很同情法国对核武器的渴求。例如在1959年6月，总统和诺斯塔德（此时后者已经受够了戴高乐）谈话时说道："换做是我们，也会采取与戴高乐类似的做法。"[114] 一年后，他告知诺斯塔德，美国应该在核共享事务上对盟国"慷慨相待"，合作不应该是单向的，而且"关于此问题，他对戴高乐的观点抱有相当大的同情。戴高乐正在努力建设他的祖国，但是我们仍然把它当做二流国家来看待"。[115] 他告诉赫脱，关于法国核能力的有关问题，"他确实怀有同情态度"。[116] 诚然，艾森豪威尔从未因为两国关系之间的困难而完全责备戴高乐。在他看来，更基本的问题在国内。例如1959年5月，总统再次"对法国表示支持"。问题在于，美国政府被国会对行政机构施加的"毫无意义的限制束缚"了。[117] 他认为法国应该拥有原子弹。1959年12月当两人探讨相关事宜时，艾森豪威尔告诉戴高乐："我很想把原子弹给你。"法国花费大笔金钱研发其盟友已经拥有的核武器，这是"十分愚蠢"的。[118] 艾森豪威

114　Norstad-Eisenhower meeting, June 9, 1959, FRUS 1958–1960, 7(1):462.

115　Norstad-Eisenhower meeting, August 3, 1960, ibid., p. 610.

116　Eisenhower-Herter telephone conversation, August 10, 1960, ibid., 7(2):403.

117　Eisenhower-Herter meeting, May 2, 1959, ibid., 204. 另见艾森豪威尔的评论，NSC meetings, August 18 and October 29, 1959, ibid., pp. 251–252, 292。总统的态度反映在某政府在对法国核项目提供帮助的法律授权问题上所持的立场。1958年，《原子能法案》的有关条款已经被放宽，美国可以援助"在原子武器发展方面取得实质性进展"的盟国，但与该法律文件一起发布的原子能联合委员会（JACE）报告"有利于英国，而不利于法国"。但是美国政府想要在法国核项目上采取尽可能开明的立场。在国会看来，引爆一枚核弹并不意味着对"实质性进展"的检验，但是国务卿赫脱在1959年5月告诉法国高级官员，"一旦法国成功进行第一次核试爆"，相关的法律状况就不同了，美国"就会和法国探讨一些实质性内容"。在几个月之后与戴高乐的会晤中，艾森豪威尔采取了相似立场。他说，美国的法律是"一个错误"："似乎有悖于常理，但法国只有在花费了大量金钱和时间，并引爆过核武器之后才能得到援助。他对此深感抱歉，但又别无他法。"Herter-Debré-Couve meeting, May 1, 1959, and Eisenhower-de Gaulle meeting, September 2, 1959, ibid., pp. 199, 262, and DDF 1959, 2:279; NSC meeting, August 25, 1960, FRUS 1958–1960, 7(1):619–620.

118　Eisenhower-de Gaulle meeting, December 19, 1959, and Eisenhower-de Gaulle-Macmillan meeting, December 20, 1959, DDF 1959, 2:761, 770.

第六章 混乱的同盟

尔从未彻底关上与法国进行双边核合作的大门。[119]

尽管如此,显然美法两国的关系在走下坡路,有关核武器的问题是重中之重。美国政府的某些部门主要是针对戴高乐政策的反应,竭力反对与法国进行核合作。不仅是国会与戴高乐产生了嫌隙,并且现在不那么愿意放宽法律限制。甚至在美国政府内部,天平也逐渐向拒绝援助法国核计划倾斜。由于戴高乐在北约事宜上表现出的大体上的不合作态度,诺斯塔德才如此反对向法国提供核援助,他的反对立场在政府改变意见的过程中起到了非常关键的作用。1960年8月,诺斯塔德告诉领导层,在军事上并不需要任何超越核储备计划的共享安排,他还威胁要在国会证明这一点。安抚戴高乐并无意义;诺斯塔德说,援助法国的核项目"不会'买来'法国与北约更好的合作"。诺斯塔德的强烈态度让国防部长盖茨决定不再推动对法国提供核援助的问题。盖茨早些时候认为,此事必须解决,即便这意味着要跟国务院摊牌。但是诺斯塔德强烈的反对立场"动摇"了盖茨,使得后者命令"他的下属起草(有关核共享)的文件,并且不要表现出与国务院有明显分歧的立场"。在艾森豪威尔任期的剩余时间里,此事实际上处在被搁置的状态。[120]

---

119 见 NSC 5910/1中的政策指导,"Statement of U.S. Policy on France," November 4, 1959, para. 42(a), FRUS 1958–1960, 7(2):308——在国家安全委员会10月9日的一次讨论之后,此文献批驳了当时的主流观点,该观点认为要推迟双边援助事宜且集中关注多边解决方案;见ibid., pp. 290 n, 290–295; editorial note, ibid., p. 412; NSC meeting, August 25, 1960, FRUS 1958–1960, 7(1):616–617。这都是在正式政策的层面上。实际上这是对美国政策再一次的更加明确的测试——至少是对艾森豪威尔以及美国国家安全机构中的很大一部分人想要遵循的政策的测试。因此一位特别见多识广的法国学者对这些事情的观点尤其有趣:"在核问题上,我们现在很清楚,我们与华盛顿的关系一直是决定性的,无论是以科学交流的形式还是以购买某些敏感材料的形式。'戴高乐主义'的传统观念掩盖了这一事实:法美核关系从一开始就存在。(将军尤其感到遗憾的是,它没有得到进一步发展!"值得补充的是,并不仅是戴高乐主义者可以通过掩盖事实谋利;美国政府也是如此,尽管出于不同原因。Georges-Henri Soutou, "Dissuasion élargie, dissuasion concertée ou dissuasion pour le roi de Prusse," *Géopolitique*, no. 52 (Winter 1995–1996):40; emphasis added. 关于美国政府中至少某些部门对采取开放立场感兴趣的其他佐证,见与一位美国官员讨论这一问题的记录,September 4, 1959, DDF 1959, 2:304–305。

120 Norstad meeting with State and Defense Department officials, August 2, 1960, DDRS 1989/2751; Gates in meeting with Acting Secretary of State Dillon and McCone, August 24, 1960, DDRS 1997/1348. 有关描述戴高乐难以安抚的文献,参见Norstad-Eisenhower meeting, June 9, 1959, FRUS 1958–1960, 7(1):462。关于此事,盖茨认为,美国应该加紧推行在中程弹道导弹上援助(接下页)

法国方面的立场也更加强硬了，对美国人现在提出的任何建议都毫无兴趣。如果1958年杜勒斯向戴高乐描述的这个如此开放的美国政策都不足以赢得其与美国的合作，那么有关"北约核力量"的新建议也就不可能让法国政策做出美国所希望的改变。对戴高乐而言，这些有关"北约控制"甚至是"欧洲控制"的说法不过是烟雾弹和镜子。他告诉麦克米伦，"关于北约核力量的所有想法并没有实际基础。这些核力量是属于美国的，使用决定权在于美国人"。[121] 欧洲盟军最高司令归根结底是来自美国的将军。授予诺斯塔德对"北极星"导弹的控制权将"改变不了任何事情"。戴高乐问道，"如果美国在欧洲的军队是受一位在欧洲或是华盛顿的美国将军控制，那我们为什么还要在乎？"这就好像是左口袋和右口袋的问题："实际上美国会和以前一样控制这些核武器。"所以法国对于一个强大的、能够独立控制核力量的欧洲盟军最高司令"几乎不感兴趣"——尽管在肯尼迪时期，戴高乐还会大声抱怨最高司令的权力被削减得和一个普通的美国战地指挥官无异。[122]

甚至是对美国人心中已经酝酿成型的"欧洲力量"的想法，戴高乐也不怎么感兴趣。并没有能够控制这支力量的完全独立的欧洲权威机构，仅存在一个没有自己真正政治人格的伪欧洲。他说道，"如他们所言的'一体化的'欧洲"并没有政策，因此会追从"拥有政策的某些外来者"的领导。[123] 这样的欧洲在美国手中只是一个被动的工具，如他所说，这正是美

（接上页）欧洲的政策。在他看来，欧洲取得核能力是不可避免的；"在美国援助下使欧洲获得核能力"有利于美国利益。一位国务院高官不高兴地提及，"毫无疑问，国防部急于提出足够吸引人并令人接受的提议"。而国务院采取相反立场，所以两部门在此事上意见不统一，尤其是在1959年末以及1960年整个上半年这段时间里。这一时期有关此事的进展情况，参见740.5611；有关引用，见Gates to Merchant, November 25, 1959, and Merchant to Herter, March 4, 1960（两份文件都在RG 59, USNA的档案中）。

121　De Gaulle-Macmillan meeting, January 28, 1961, Prem 11/3714, PRO.

122　De Gaulle-Sulzberger interview, February 14, 1961, in Sulzberger, *Last of the Giants*, pp. 64–65; Dulles-de Gaulle meeting, July 5, 1958, FRUS 1958–1960, 7(2):59; De Gaulle-Lemnitzer meeting, July 23, 1962, NSF/71a/France—General/JFKL.

123　引自John Newhouse, *De Gaulle and the Anglo-Saxons* (London: Andre Deutsch, 1970), p.165。另见de Gaulle, *Mémoires d'espoir*, p. 212。

第六章 混乱的同盟

国政府一直强烈支持让·莫内所提倡的一体化欧洲的原因。对于美国人而言，建立一支多边核力量的建议实际上意味着一个新的重大开端。但是戴高乐对此并不感冒。就像之前的欧洲防务共同体一样，多边核力量计划只是个噱头：新的制度将被建立，但是关于核武器控制的基本政治问题一直被回避。如果美国人愿意，他们可以继续做这些无意义的事，因为不管怎样都不会有什么区别。但是法国并不会参与这些装模作样之举，并将继续建立一支完全由国家控制的核力量。

所以，英法两国以各自的不同方式都不愿意附和美国政策的新主旨。但是在此背景之下，德国才是那个至关重要的国家。诚然，我们可以毫不夸张地说，若非涉及德国，没有什么人会过多关注英法两国的核武器。关于德国政策最值得注意的是，德国政府尤其是阿登纳当局也非常希望最终获得独立的核能力。

从1955年开始，德国政策愈发彰显出"国家化"特性。随着巴黎协定获得批准、德国重新武装的开始、德国加入北约以及与苏联建立外交关系，联邦德国羽翼渐丰：阿登纳宣布，德国再次成为一个大国。[124]并且他认为，一个像德国一样的大国不可能永远只是一个"核受保护国"。在他看来，一个不能保卫自己的国家算不上一个真正的国家。阿登纳说，只有美苏拥有大规模的核力量是"难以容忍的"——那两个大国拥有如此之大的权力，地球上每一个国家的命运都掌握在它们的手里，这是"难以容忍的"。[125]

1955年，美德关系急剧降温。阿登纳和美国1949—1954年的蜜月期结束了。阿登纳认为，危险是真实存在的，因为美国人正准备和苏联做一笔交易，代价就是它的欧洲盟友——首当其冲的就是德国。[126]阿登纳不喜

---

124 Schwarz, *Adenauer*, 2:159, 218.
125 Ibid., pp. 178, 299; Adenauer in Buchstab, CDU-BV, 1953–1957, September 20, 1956, pp. 1029, 1073, 1079; Adenauer, *Erinnerungen*, 3:303, 325–328. 阿登纳在1963年甚至是1967年时仍然采取这样的立场。例如，参见Adenauer-de Gaulle meeting, January 22, 1963, AAPBD 1963, 1:141, and Adenauer, *Erinnerungen*, 4:205, 240, 243–244.
126 Schwarz, *Adenauer*, 2:205–206, 306, 385. 另见Couve to Pineau, October 10, 1956, DDF 1956, 2:553–554; Adenauer-Mollet meeting, November 6, 1956, DDF 1956, 3:234–237.

欢1955年日内瓦峰会以及该峰会所代表的一切——尽管当时他强烈要求对话,并且美国在会上的政策也与他当时提出的计划一致。[127] 此时似乎他所反对的就是紧张关系的缓和。关系的缓和也就意味着,双方必须接受现状,换言之,也就是接受德国分裂的现状。在阿登纳脑中,有关缓和的观念由此与另一种观点融合了,即美国和苏联正在瓜分世界,并且在此过程中美国在出卖德国的利益。但是阿登纳不相信一项不妥协的政策会迫使苏联交出东德,也不认为这种关系缓和就排除了统一的可能性。实际上在1955年初与德国基督教民主联盟领导人讨论相关事宜之时,阿登纳就采取了相反立场。他说,德国的统一将在缓和期之后到来——言下之意就是,如果认真对待德国统一一事,必须先在欧洲缓和紧张局势,因此他对缓和政策的批判实际上是无端的。[128]

到了1956年,阿登纳似乎在寻找借口抨击美国的政策。现在他质疑美国是否愿意为了欧洲而进行战争。在一个由美苏统治的世界中,欧洲变得不再重要,北约都会是多余的。阿登纳说,这就是美国考虑从欧陆撤军的原因,这也是五角大楼正在制订计划的原因,即所谓的"雷德福计划"(Radford Plan),旨在减少美国在北约地区的军事存在。他坚持认为,美国并不值得信赖。阿登纳称,美国空军部长唐纳德·夸尔斯在9月与阿登纳会晤时告知他,即使苏联对美国发动核打击,美国人也会在进行报复之前预留一周时间。不难看出阿登纳在暗示什么。如果美国人在自身遭受攻击时反应都如此迟缓,那他国如何能指望在欧洲受袭之时美国会快速做出反应?[129]

此事并非独例。阿登纳现在对美国的政策大体持高度批判的态度。他

---

127 Adenauer to Dulles, August 9, 1955, 762.00/8-955, RG 59, USNA, and Schwarz, *Adenauer*, 2:205-206. 有关美国的反应,见 Dulles to Adenauer, August 15, 1955, DDRS 1989/3308, and Dulles to Eisenhower, August 10, 1955, DP/GCM/2/Strictly Confidential A-B(1)/DDEL。
128 Adenauer in Buchstab, CDU-BV, 1953-1957, June 3, 1955, p. 527.
129 例如,参见 Schwarz, *Adenauer*, 2:291-292, 302, 306; Adenauer in Buchstab, CDU-BV, 1953-1957, pp. 1028-1030; 尤其见 Adenauer-Mollet meeting, DDF 1956, 3:235。有关夸尔斯的言论,另见 Adenauer-Murphy meeting, October 4, 1956, 762a.5/10-456, RG 59, USNA。

第六章 混乱的同盟

向杜勒斯抱怨到，美国正在过度强调核武器。结果，"就算并不是由什么决定性因素所引发的"，任何美苏之间的战争都会导致大部分人类群体的"彻底灭绝"。欧洲，包括德国在内，由此"对美国的可靠性失去了信心"。[130]

美国人疑惑不解，不知道自己究竟做了些什么招致这样的反应。副国务卿罗伯特·墨菲在10月与阿登纳会晤时告诉后者，他归于夸尔斯的观点是荒谬的。实际上，甚至是德国方面关于与夸尔斯最初会面的记录都表明，阿登纳完全误解了夸尔斯，或者说故意歪曲了这位美国空军部长的言论。[131]至于阿登纳对美国军事总方针的批判，人们很快就明白阿登纳的抱怨有深层含义。阿登纳对让美国支持更加平衡的北约政策并不感兴趣。他无视美国的回应，即地面部队确实有必要，美国不可能包揽一切，像德国之类的国家必须"担当起它们应该承担的责任"。[132]他真正反对的是美国应掌握生杀大权。他向美国抱怨的目的是为某种能使欧洲人真正掌控他们自己命运的安排奠定基础：如果美国"并不可靠"，那么包括德国在内的欧洲国家就有必要建设它们自己的核力量。

德国的防御政策现在发生了转变。现在的重心不在常规部队上，而是一支规模相对较小、训练严格、装备精良并可以在核战场上执行任务的部队。德国部队将不仅仅是"炮灰"了。联邦德国必须要被同等对待，并且这意味着联邦德国国防军须和其他北约部队装备一样的武器——即在危急关头美国所转交的核武器。[133]但是，是否应该建立这种安排并不是真正的问题所在。对杜勒斯和阿登纳而言，显然德军必须准备用核武作战。常规军队远不是一支强大的核武军队的对手。甚至在1953年，美国就已认识

---

130 Adenauer to Dulles, July 22, 1956, DP/WHM/5/Meetings with the President, Aug.–Dec. 1956 (8)/DDEL；另引自 Schwarz, *Adenauer*, 2:292–294。

131 Adenauer-Murphy meeting, October 4, 1956, 762a.5/10-456, RG 59, USNA. 9月10日，阿登纳和夸尔斯的会议记录由一位名叫韦伯（Weber）的德国译员整理，藏于科布伦茨的联邦档案馆，Blankenhorn Papers (NL-351)；其记录的翻译版见 DOS-FOIA release 901011。

132 见 Dulles to Adenauer, August 10, 1956, FRUS 1955–1957, 26:139–143。

133 Fischer, "Reaktion der Bundesregierung," pp. 116–117; Schwarz, *Adenauer*, 2:158, 329–333。

到,"当新的武器就位之时",德军需加以装备。美国担心法国会采取不同意见,但是到1957年时法国得出了同样的结论。如法国外长现在就强调"核武对德国的重要意义"。如今在西方联盟之中这已成为共识。[134]

但是问题的关键并不在于德国国防军是否应该配备核武,而是核弹头是否应该由德国控制——也就是说,在核武器被使用之前,美国方面是否会开绿灯。阿登纳认为,联邦德国需要独立的核能力。1956年10月,他认为欧洲原子能共同体可以为德国提供"自己制造核武器"的方法。[135] 一年后,当法国提出联合生产核武器时,阿登纳欣然接受了这个提议。武器仅在紧急状况之时才可以使用,这是不够的。阿登纳宣称:"我们必须制造它们。"[136] 甚至在1960年代阿登纳仍保有这样的观点。例如在1967年去世前几周,他还抨击了《不扩散核武器条约》,因为该条约"根据摩根索计划框定的那样",确定了联邦德国的无核状态。[137]

---

134 Dulles-Adenauer meeting, May 26, 1957, DSP/226/103684-87/ML. 另见Buchstab, CDUBV 1957-1961, pp. 128, 132, 387-388。有关德国国防军会装备核武器的设想,见《百慕大会议附注议程》,及艾森豪威尔关于北约问题的备忘录(几乎肯定是由杜勒斯所写),both December 1953, DSP/12/16321 and 16354/ML, 及国务院关于"北约核能力发展"的立场文件,December 7, 1956, DSP/51/56848/ML。有关法国的观点,见Dulles-Mollet-Pineau meeting, May 6, 1957, DSP/225/103315(包括从FRUS 1955-1957, 27:121版本中删除的重要段落,法国方面的报道并不充足,见DDF 1957, 1:738-740)。

135 阿登纳在1956年9月和10月的言辞很明确:"德国不能继续成为核受保护国,它希望通过欧洲原子能共同体尽快获得独立制造核武器的能力。"一篇相关文献非常清楚地呈现了他的思想:"Abschluss von EURATOM gibt uns auf die Dauer die Möglichkeit, auf normale Weise zu nuklearen Waffen zu kommen"。文献引自Schwarz, *Adenauer*, 2:299。法文版译文见Hans-Peter Schwarz, "Adenauer, le nucléaire, et la France," *Revue d'histoire diplomatique* 106 (1992): 300。另注意,阿登纳在1956年12月19日的内阁会议中提及德国生产核武器,引自Greiner, "Zwischen Integration und Nation," p. 276, 该引用亦出自格雷纳的文章,*Anfänge westdeutscher Sicherheitspolitik*, 3:734-735。

136 Schwarz, *Adenauer*, 2:332, 394-401; 引自p. 396。另见Fischer, "Die Reaktion der Bundesregierung," p. 126(引用了同一份关键文件的另一来源),并且以同样的方式给出进一步的信息,特别是在第127页,以及Franz-Josef Strauss, *Die Erinnerungen* (Berlin: Siedler, 1989), pp. 313-314。

137 Schwarz, *Adenauer*, 2:974. 其他反映阿登纳渴望拥核的证据,见the record of the Adenauer-Gaillard meeting of December 15, 1957, quoted ibid., p. 400,以及在新文献材料基础上的一些讨论,见Blankenhorn Papers in Soutou, "Les accords de 1957 et 1958," pp. 141-142。关于此问题的更多信息,尤其是关于外长布伦塔诺以及国防部长施特劳斯的观点,见Daniel Kosthorst, *Brentano und die deutsche Einheit: Die Deutschland-und Ostpolitik des Aussenministers im Kabinett Adenauer 1955-1961* (Düsseldorf: Droste, 1993), pp. 137-143; Pertti Ahonen, "Franz-Josef Strauss and the German Nuclear Question, 1956-1962," *Journal of Strategic Studies* 18:2 (June 1995), esp. pp. 32-34; 以及(也是有关国防部长施特劳斯的观点)Soutou, *L'Alliance incertaine*, p. 77。

第六章　混乱的同盟

德国决心不再做美国的"核受保护国",但这显然并不意味着德国决意与美国断绝盟友关系,并在国际事务上采取完全独立的政策。其他西方主要大国都想要受国家控制的核力量,但是这并不意味着他们中的任何一个想要结束西方联盟。德国又何尝不是如此呢?阿登纳所追求的是很自然的,尤其是在1950年代对核武器以及核战争的态度的大背景下。但是阿登纳知道达成此目标不易。前方还有不少困难。一想到一个拥有核武器的德国,其他西方诸国就开始焦虑不安,同时还存在重大的国内问题。所以他必须谨慎前行,见机行事,为后续的行动打好基础并试水。

鉴于此,阿登纳现在强调——实际上是夸张地说——美国"不可靠"。如果美国不值得信任,欧洲就有权建立他们自己的防御措施。与此同时,他开始含含糊糊地谈及1954年限制德国发展核武器的权利的协议,认为该协议需要进行改变。[138] 结合这些协议阿登纳当时发表了单方声明,保证联邦德国不会在自己的领土上制造核武器。关于这一点,他开始改用这样的说辞:当他作出了承诺时,杜勒斯走到他面前对他说,此事适用于情势变更的法律原则。这也就意味着随着大环境的改变,承诺将不再具有约束力;因此德国最终可以制造自己的核武器。但是尽管这个故事并非空穴来风,并且杜勒斯有时候确实表达了这种思想,但是那时美国国务卿并未就此发表明确声明。[139] 如果阿登纳在夸大其词,那么是因为这将有助于德国取得更大程度的战略独立——即最终的德国核计划。同样地,在1961年,施特劳斯暗示1954年德国所作出的承诺仅在北约可以保护德国时具有约束力。由此,辩称美国和北约不能给予联邦德国所需的安全——并且阿登纳对美

138　例如,参见 Fischer, "Reaktion der Bundesregierung," p. 117. 另注意劳埃德在与法国高层会晤时的评论,November 12, 1959, DDF 1959, 2:558。

139　Schwarz, *Adenauer*, 2:157–158, 299. 关于此事的最好的分析,见 Hanns Jürgen Küsters, "Souveränität und ABC-Waffen-Verzicht: Deutsche Diplomatie auf der Londoner Neunmächte-Konferenz 1954," *Vierteljahrshefte für Zeitgeschichte* 42 (1994): 531–535. 关于杜勒斯对这些立场的评价,见 Dulles-Brentano meeting, November 21, 1957, p. 10, 740.5/11–2157, RG 59, USNA. 德国外长提出过北约核问题,杜勒斯告诉他,"他知道在签订《伦敦-巴黎协定》时,甚至在某种程度上直到现在,核武器都被视为单独的问题,从政治角度和伦理角度都是如此。他认为,情况不会一成不变"。

国的抱怨暗示着，德国并未感觉到现有安排充分保护了它——是要提出，德国有权对军事权力明显的主宰形式拥有某种程度的实际控制权。[140]

与法国的合作有时似乎提供了一条重要的发展路径。考虑到美国的态度以及德国国内的政治情况，阿登纳认为，德国在"欧洲"框架之中行动比单独靠自己要简单得多。[141] 1956年10月，在与法国大使的会晤中，阿登纳抨击美国一直试图不让盟友接触核武器，并将此与他所认为的美国与苏联直接交易并在此过程中出卖了欧洲的可能性联系起来。一个月之后，他再次表明此立场。阿登纳告诉一些非常吃惊的法国领导人，欧洲诸国应该"团结一致，共同抗美"。[142] 但是他认为，欧洲只有拥有自己的某种核能力，才能成为一个力量因素。因此，欧洲诸国应该在建设核力量上相互合作：于是他一开始对1956年的欧洲原子能共同体感兴趣，然后在1957年和1958年初对法国－德国－意大利三国的联合安排感兴趣。

1958年戴高乐重掌政权之后，法国结束了三国联合项目，所以剩下的唯一可行的办法就是美国的核储备计划。这使得德国离拥有自己的核力量更进一步，与由国家完全控制的核力量相比，作为一种北约制度之下的安排，这更容易被其他欧洲各国接受。但是，核储备计划仅是"中途站"。特别是在1960年，有很多迹象表明德国政府想要进一步推进——尽管阿登纳

---

140 见 Ahonen, "Strauss and the German Nuclear Question," p. 29, 以及其中引用的1961年11月22日的文件。另见其文章中的注释71，关于一篇德国文献，报告了诺斯塔德对"施特劳斯和阿登纳对美国缺乏信心"的"担忧和失望"。

141 尤其见 Adenauer to Erhard, April 13, 1956, 转引自 Schwarz, *Adenauer*, 2:291。

142 Couve to Pineau, October 10, 1956, DDF 1956, 2:553-554; Adenauer-Mollet meeting, November 6, 1956, ibid., 3:234-237. 有关法国的反应的文献，见 Schwarz, *Adenauer*, 2:306。三周之后，一位法国官员在华盛顿将11月6日的会议详情告知了美国，并朗读了会议记录的"实质性部分"。Meeting with Reinstein, November 27, 1956, 611.62A/11-2756, RG 59, USNA. 值得注意的是，阿登纳的倡议并不是由于他思想上的突然转变而产生的。他对赋予欧洲大陆自身的战略人格的兴趣——使得西欧不仅仅是美国的受保护国——在很早时就显而易见。譬如在1950年末，普利文计划提出之前，阿登纳就敦促法国政府带头号召建立一支由法国指挥官领导的欧洲军队：德国"不想成为美国军队的一部分"。Bérard to Foreign Ministry, mid-October 1950, ff. 6-8, Europe 1949-1955/Allemagne/70/FFMA. 另注意贝拉尔关于此问题非常有趣的评论，他强调德法政策的相似之处。见 Bérard to Foreign Ministry, October 17, 1950, same volume, ff. 15-19。

第六章 混乱的同盟

明白他的核雄心不能太过露骨。[143]

北约的核力量——装备能够摧毁苏联境内目标的导弹——是在正确方向上迈出的又一步，所以阿登纳很支持这个想法，且他也确实愿意将自己认为美国人愿意听到的都告诉他们。他说，北约核力量对于阻拦独立的德国核项目是必需的。1960年9月，阿登纳告诉诺斯塔德，法国宣称没有核力量的国家就是卫星国，这惹怒了阿登纳。他担心法国的民族主义会导致德国的民族主义，并且在他离开之后，没有任何继任者会有足够的力量来反对德国的国家力量。北约中程弹道导弹计划是唯一的出路。如果该计划失败，"今后无人可以阻止德国自行建立这样一个体系，德国会比法国做得更早更好！"[144]

阿登纳的策略就是强调全世界都最容易接受的一些观点：完全由美国控制的体系是不可接受的，德国不能被差别对待，德国国防军必须和其他北约军队装备相同的武器，联邦德国的特殊军事状态是迈向中立的一步，因此是不可考虑的。1961年初，阿登纳告诉英国领导人，北约诸国"并不接受这样的观点，即武器仅在美国总统命令之下方可使用，因为华盛顿方面可能对所谓紧急状况的看法不一样。除非局势有变，否则一两个成员国将开始制造它们自己的武器，因为这些武器的造价如今变得更加便宜了。法国已经开始这么做了，而且它不会是最后一个这么做的"。这里的言外之

---

143 例如，参见赫脱与劳埃德及顾夫会谈时的评论，June 1, 1960, FRUS 1958–1960, (2):375-376。德国人对最终获得"北极星"导弹非常感兴趣，尽管他们知道在此事上不能太明目张胆：1960年10月，一位重要德国官员说道，此事仍然"过于敏感，不宜提及"。见Morris to Herter, October 6, 1960, Bonn Embassy Files, 1959-1961, box 21, RG 84, USNA。另注意施特劳斯在大约同一时期的观点，即德国人只有在可以得到像"北极星"一样先进的武器的情况下，才会把大量防务订单都给美国（由于国际收支的原因美国很想要这些订单）。见Burgess to Herter, December 17, 1960, 762a.5-MSP/12-1760, RG 59, USNA。这两篇文献均由休伯特·齐默尔曼（Hubert Zimmermann）提供。

144 Stikker to Acheson, December 19, 1960, AP/85/State Department and White House Advisor [SDWHA], HSTL. 诺斯塔德关于此次持续四小时的午餐会的记录，见Thurston to Herter, September 10, 1960, SS/ITM/5/NATO(4)［1959–1960］/DDEL。这份文件于1978年全文发布；在Norstad Papers, box 90中，同一文件的副本在1992年被审查解密，其中大部分的重要部分被删去。关于阿登纳如何处理此事，尤其是关于他如何操控美国人的知觉的更多信息，见appendix 4, "The Politics of the Nuclear Sharing Question" (IS)。

意已经非常明了。他认为下一个国家会是谁，这并不难想象。[145]

可以肯定的是，阿登纳现在公开支持北约核力量的观点。例如在与英方会晤时，他说道，欧洲盟军最高司令必须有使用核武的权力，但"不是以美国将军的身份"。实际上，对于将事关战争与和平的至关重要的决定权放在一位军事官员尤其是一位美国将军的手上，像阿登纳这样的政治人士是绝不会满意的，他也绝不会支持北约的多边核力量受欧洲盟军最高司令的控制这样的想法。[146] 因此他经常谈及"欧洲"而不仅仅是德国在这个地区的需要，并暗示某种不受美国否决权影响的欧洲力量可能是一个解决方案。但是他很可能并不希望看到真正的主权集中，也不想建立一个真正的、由超国家的欧洲权威机构控制的力量。阿登纳说，他是一位好欧洲人，但并不是一位"超级欧洲人"（"super-European"）。他知道真正的欧洲政治联盟，至少在近些年来看，是不可能实现的。[147] 这也就意味着欧洲的核力量必须由各国分别建立，再相互协调，以整合到共同的框架之中，但是最终仍然是由各个国家控制——和北约整体的组织模式一样。

通过坚持立场，阿登纳由此是在一石多鸟。借由支持北约核力量计划，他讨好了美国人，确证了他们的看法，即他是反德国民族主义黑暗势力的重要盟友——美国必须支持他，尤其是迎合他在关键的核问题上的一些观点。[148] 在国内，他会给人一种"大西洋主义者"的印象：人们有理由相信阿登纳并不是那种会把德美重要关系置于风险之中的人。[149] 但同时，阿登纳也在向达成其核目标又迈出一步。美国人可能会同意以各国分遣队为基础建立北约核力量，最终这些力量也会由各国所控。德国核力量最终会成

145　有关引用见 Adenauer-Macmillan meeting, February 23, 1961, p. 5, Prem 11/3345, PRO。另见他在1962年9月10日和诺斯塔德以及斯提克会晤时所表达的观点，NP/90/NATO General (1)/DDEL（文献第4页）。有关阿登纳对这些问题的基本思考，见 Schwarz, *Adenauer*, 2:157-158, 299, 330-332, 396, 431, 501, 554, 813。

146　Ibid., pp. 811, 813。

147　Ibid., p. 298。

148　尤其注意在此语境下阿登纳使用施特劳斯的方式，详见 appendix 4 (IS)。

149　尤其注意他在1960年10月7日于德勃雷举行的会议上的评论，引自 Adenauer, *Erinnerungen*, 4:75。

第六章 混乱的同盟

为联邦德国对北约核力量的贡献，北约的框架也会使德国的核努力合法化。但是如果事情未如愿进行——如果北约的尝试失败了或者被认为水平不足，那么德国，如果有可能，和其他欧洲伙伴一起再向核领域推进就有了正当理由。[150] 毕竟，北约计划的基础前提是欧洲在核领域需要不受美国控制的"一些东西"；如果一支有效的北约核力量无法建立，那么该原则也就意味着包括德国在内的各国以国家为单位进行核力量建设是合法的。实际上，阿登纳在1960年末预言到，如果没有就北约力量达成有法国参与的协议，德国将会建立自己的核力量——他持这样的立场是因为他完全知道戴高乐一定不会支持建立北约核力量并且一定不会参与此安排。[151] 这只是预测，而且他的口气甚至可能是非常遗憾的：阿登纳当然想要使他的主张易于被盟友接受，并且想要给人以坚决反对德国民族主义倾向的印象。但是他正在做一件非常重要的前期准备工作：他正在为他希望德国终将采取的政策做铺垫。

阿登纳向美国人抱怨法国，但是法国政策的要旨和他正尝试做的完美契合。戴高乐所表达的基本政治哲学——欧洲不能过度依赖美国，欧洲各国必须掌控自己的命运，而且它们应该取得可以为自己所控制的核能力——正是阿登纳所思虑的。但是这种理念是他不能公开支持的。德国太过依赖美国，并且受制于过往历史，以至于它不能公开支持这样的立场。但是戴高乐正为它做此事。法国领导人正在建立这些原则的合法性，这些原则迟早会被接受并成为德国政策的核心。在阿登纳看来，德法在一系列

---

150 例如，施特劳斯在1961年11月呼吁北约核力量应"由各国分遣队组成"，并且告知美国人，如果该建议未取得任何进展，他可能会考虑在欧洲的基础上建立这样一支力量。1961年早些时候，他又开始敦促法德开展核合作。McNamara to Strauss, December 5, 1961, DDRS 1997/1255; Georges-Henri Soutou, "Le Général de Gaulle et le Plan Fouchet d'union politique européenne: Un projet stratégique," *Revue d'Allemagne* 29 (1997): 216.

151 在1960年7月29—30日与戴高乐会晤的朗布依埃会议上，阿登纳提出的观点经一位法国外交官转述如下："他还明确表示，如果没有就法国参与的北约核力量达成协议，德国将开始冒险基于国别建设核力量。De Leusse note, October 26, 1960, 转引自 Vaïsse, "Indépendance et solidarité," p. 236. 有关阿登纳对戴高乐在北约核力量问题上的立场的理解，例如，参见Schwarz, "Adenauer, le nucléaire, et la France," p. 307.

事宜上的不和都不是什么大问题。戴高乐提议建立美英法三国理事会，这对德国显然没什么吸引力；戴高乐接受奥得河－尼斯河一线作为统一的德国的最终边界，这是与希望将此事公开作为谈判筹码的德国政策不相符的；他对德国核武器明确的反对（从取消法－意－德协议可以看出）也和阿登纳的政策冲突。但是这些都不是至关重要的。真正重要的是戴高乐所代表的立场。正是戴高乐的基本政治关切与阿登纳产生了共鸣，这是法德关系逐渐升温的主要原因。阿登纳赞同戴高乐政策的基本主旨。尤其是，他强烈支持法国的核计划——尽管出于一些策略因素，他希望给美国人留下相反的印象。[152]

所以到了1960年，西方联盟内部开始出现严重的问题。在核领域，美欧愈发不和。欧洲主要三国如今都通过不同的方式认识到核力量由本国控制的重要性，但是美国政策，或者至少说是美国国务院的政策，明显与上述观点相左。

美国与欧洲各盟国关于核问题的分歧是紧张局势的根源，但是将该问题置于具体背景来看是十分重要的：西方的政治体系总体上处在混乱之中，并且问题还在不断增加。在一些至关重要的问题上，西方诸国并不非常清楚它们的所求以及如何达成它们的目标。例如，英法两国都非常不想看见一个强大而独立的德国，但是各方却采取了一系列有悖于此的政策。在德国领土上的西方军队，尤其是美国军队，是北约体系的核心，该体系的建立很大程度上是为了防止德国对现状构成威胁。但是英国人为撤军的观点所吸引，甚至支持单方面减少驻德国的盟军，为了使这些兵力的削减合理化，他们支持北约军事策略上的更为强调核威慑的改变——这些政策不仅

---

152 关于阿登纳对法国核计划的支持，见 Adenauer-Debré-Couve meeting, December 1, 1959, and Adenauer-de Gaulle meeting, December 2, 1959, DDF 1959, 2:653; Adenauer-Debré meeting, October 7, 1960, Adenauer, *Erinnerungen*, 4:71; Adenauer-de Gaulle meeting, January 22, 1963, AAPBD 1963, 1:141. 有关阿登纳希望给美国人留下相反印象的例证，见1963年1月他与美国副国务卿乔治·鲍尔的会面记录，载于 Richard Neustadt, "Skybolt and Nassau: American Policy-Making and Anglo-American Relations," November 1963, pp. 106–107, NSF/322/Staff Memoranda: Neustadt/JFKL。另见 appendix 4 (IS)。

第六章 混乱的同盟

会逐步削弱限制德国的独立和强大的体系，也会直接疏远德国人，弱化德国对于西方的信任纽带。

对法国而言，遏制德国也是其基本目标，但是似乎戴高乐决心要摧毁这个设计之初就旨在限制德国过于强大独立的体系。在他看来，美国是霸权国，希望欧洲诸国衰落。如果欧洲人想要重新确立他们自己的政治认同，就必须要打破美国的枷锁。北约是美国霸权的工具；北约体系因此需要被彻底改变。所要传递的信息就是，欧洲不再欢迎美国在欧洲的存在；这也就意味着，欧洲各国的安全最终要依靠它们自己。这些实际上都是基本的政治哲学，与美国的实际行动没有什么关系。但是，该政策也和确保德国不会威胁欧洲稳定的另一基本目标不相符。美国的存在是遏制德国力量的关键，该体制使得在不大幅度壮大德国国力的情况下遏制苏联成为可能。但为什么戴高乐在那时决心要摧毁这种体制？民族主义的法国政策，尤其是核独立的政策，在本质上讲难道不会鼓励联邦德国走上同样的道路吗？

对德国人而言，追求政治独立并由此实现军事独立的政策是相当合理的，除了一件事。德国政府自然不想绝对依赖美国以寻求保护，因此想要建立一支属于自己的核力量。唯一的问题在于，苏联对此坚决反对。在这种情形下，通过建立独立的核力量而触怒苏联是否有任何意义？苏联人可能反应强烈；他们可以很简单地通过再次威胁柏林给西方施压。如果阿登纳愿意就柏林一事开战，或者准备放弃这座城市，让其落入苏联之手，那么他的政策至少前后还具有一致性。但结果是，他既不愿意接受在柏林的军事对峙，也不准备接受牺牲柏林可能导致的非常严重且可能具有灾难性的长期政治后果。好像他并未仔细考虑过这个问题——就好像他已决心不顾后果地继续前行。[153]

整个局势一团糟。问题接二连三地出现。美国，这个目前为止最重要的西方力量也是西方联盟的领袖，确实不知该如何前行。实际上到了1960

---

[153] 后两章将详细讨论相关问题。

年，艾森豪威尔似乎已失去了对政策的控制。

不知所措的艾森豪威尔

国务卿赫脱预计会在1960年10月于巴黎举行的北约理事会会议上发表重要演讲。此次演讲原计划阐释美国政府对联盟未来的基本思考。艾森豪威尔想借此机会留下某种证明：如前所说，他想留下"一份遗产，即艾森豪威尔政府可以发展出的最佳理念和计划"。[154] 但赫脱在巴黎会议上的立场并未体现总统的基本要点。赫脱呼吁在欧洲建立"大量的常规部队"，这样就能给予北约指挥官所需要的"灵活反应"。但是，这些显然并没有反映出总统的观点。"灵活反应"意味着美国必须无限期维持在欧洲的大量军事存在，这再次直接与总统的观点相悖。艾森豪威尔原本想要对欧洲采取更加强硬的态度。他认为需要告知那些欧洲人，是时候承担起保护自己的责任了——哪怕只是出于国际收支的考虑，对美军的"重新部署"现在也是很有必要的。但是，美国国务院并非这样认为，赫脱关于此问题的言辞仍然相当温和——实际上，在总统看来是过于温和了。艾森豪威尔说："他原本可以做出更加强硬的声明。"[155]

赫脱在北约核事宜方面采取的立场也和艾森豪威尔大不相同。这并不仅仅是因为赫脱的演讲比艾森豪威尔更加反对"额外的国家核武器能力"。更重要的是，此次演讲并未提出任何实质性的选择。艾森豪威尔所构想的不受美国否决权约束的、由一位来自欧洲的欧洲盟军最高司令指挥的、独立的欧洲核力量并没有作为一个终极目标展示给欧洲。总统的这些想法尽管在新闻发布会上不时地显现，但是在赫脱的演讲中几乎得不到体现。赫脱说，核力量的控制将会是"真正意义上的多边的"，但是他也没有澄清

154　NSC meeting, November 17, 1960, FRUS 1958–1960, 7(1):654.
155　NSC meeting, December 22, 1960, p. 16, AWF/NSC/13/DDEL.

第六章 混乱的同盟

这究竟有何所指，尤其是在美国是否会放弃使用核武器否决权一事上也不清楚。"一个能够控制核力量使用的合适计划"最终会被制订出来，这也就是说，美国目前对此问题还没有答案。北约**战略**核力量仅是一个"极为有趣的想法"。北约的中程弹道导弹可能是组成该力量的基础。但也可能不是，因为就像赫脱所指出的，他们"需要现代化的**战术**打击能力"。但是另一方面，"'战略'和'战术'能力的界限越来越模糊"。无论如何，北约的中程弹道导弹必须和一些外部部队，如美国战略空军司令部相"协调"，这也就意味着，美国政府并不想要建立一支**独立的**北约核力量。所以说该计划并不是在核战争领域给予"北约"（更不用说北约欧洲国家）一支独立的力量。充其量，在核领域"探索关于加强联盟权威想法"的大门正敞开着。艾森豪威尔的基本构想被稀释得几乎面目全非，计划之中几乎没有什么能激发欧洲人的想象。这一切都不应从国内政治的角度来理解。艾森豪威尔政府任期将尽，因此可以无所顾忌地表达思想，畅言他认为联盟应向何处去。但是显然，赫脱的演讲未能阐明一个清晰的概念。[156]

如果12月17日的声明并不能反映总统的个人观点，这是因为艾森豪威尔如今已经不再是在1953—1954年可以掌控政策制定的那位总统了。总统本人对赫脱的评价并不高，而且他知道整个国务院从根本上对他的基本思想是不赞同的。[157] 事实上，他不时尖锐地抱怨美国官员的一些行为。例如在1960年，艾森豪威尔告诉诺斯塔德，"我们和盟友的关系由于原子武器和导弹而变得让我非常不满意。美国政府表现出的态度似乎是，由我们发号施令，而欧洲各国在联盟中处在次等地位"。[158] 但是他不再愿意坚持己见并让国务院听从他的领导。诚然，在正式的政策文件中，他的观点是需要

---

156 当时的一位美国官员对此有更具洞察力的理解。例如，参见 Kohler to Herter, November 9, 1960, Records Relating to State Department Participation in the National Security Council, 1947-1961, box 107, NSC 6017 memorandums, RG 59, USNA. 有关赫脱言论的文本，见 FRUS 1958-1960, 7(1):674-682。

157 艾森豪威尔和杜勒斯都不看好赫脱接任国务卿一职，但是考虑到不久即将离任，便认为赫脱也是可以接受的人选。见 Dulles-Eisenhower meeting, April 13, 1959, DP/WHM/7/DDEL。

158 Eisenhower-Norstad meeting, August 3, 1960, FRUS 1950-1960, 7(1):609-610.

被考虑的。而且最终的措辞并不像国务院所想要的那样立场坚定。[159] 但是，总统并未坚持使用真正表达其思想的语言。结果到了1959年和1960年，国家安全基本政策中所包括的一些条款既包含了支持核共享的观点，也包含了反对核共享的观点——也就是说，各方都能够找到可以作为自己政策立场依据的措辞。[160]

这就好像没有一只强有力的手在掌舵。甚至美国在欧洲的一些朋友都对国务卿赫脱力有不逮的一些明显迹象感到震惊。[161] 人们质疑美国是否适合领导西方集团。法国尤其怀疑。[162] 1959—1960年的三方代表协商机制尤其使法国严重怀疑美国在整个对外政策上的能力。这个小插曲实际上意义非凡，并且由于它表现出美国政府在艾森豪威尔执政末期处理事务的方式，所以值得详细研究。这也解释了为什么戴高乐在后来，尤其是1963年1月用那样的方式对待美国。[163]

1958年9月，在戴高乐著名的备忘录上，他建议美英法三国成立一个

---

159 因此，国务院支持的对1959年国家安全基本政策文件（BNSP）的提议说，美国应该尝试"阻止"更多国家"发展国别核武器能力"；在国家安全委员会讨论之后，措辞温和了许多，改为仅呼吁政府"劝阻"朝该方向的努力，例外情况由总统决定。NSC meetings, July 16 and 30, 1959, and NSC 5906/1, August 5, 1959, FRUS 1958–1960, 3:259–261, 288–290, 298. 另一个例子是，大多数人提出的推迟研究与法国进行双边核合作的议案在国家安全委员会层面的一次讨论后被否决，这次讨论中艾森豪威尔阐述了他支持核共享的基本理念。相关简要记录，见October 29, 1959, NSC meeting, ibid., 7(2):290 n, 290–295。

160 The 1959 BNSP paper, NSC 5906/1重新将核不扩散确立为基本政治目标——防止"国家核能力"扩散的重要性最初在1958年的国家安全基本政策中得以确认，但是它也要求赋予总统权力，在"待定"的控制安排下，使他通过转交核信息以及核原料，甚至核武器，来"提高被选中盟国的核武能力"。此条款意义深远；在1957年的国家安全基本政策中有一条类似的条款，但被认为过于极端，不宜包含其中。国家安全基本政策文件见于Trachtenberg, Development of American Strategic Thought, vol. 1；关于NSC 5906/1中的相关文段，见FRUS 1958–1960, 3:298。关于两年前认为该条款太过激进的观点，见NSC meeting, May 27, 1957, FRUS 1955–1957, 19:495–499。

161 例如，赫脱说，除非美国即将经受一次灾难性的核打击，不然他很难想象总统会让美国卷入全面战争。此言一出，众人皆惊，因为这表现出赫脱不清楚美国关于欧洲防务的基本政策。关键句子引用出自国务院通电，July 10, 1959, FRUS 1958–1960, 7(1):466。

162 例如，参见戴高乐的言论，引自Alphand, *L'étonnement d'être*, p. 318。

163 同样值得注意的是，真实情况并没有出现在美国国务院于1961年为肯尼迪新政府准备的关于三方代表协商机制的背景备忘录中。例如，参见the State Department memorandum on tripartism, January 24, 1961, FRUS 1961–1963, 13:641–644，以及另一份这样的备忘录，dated May 22, 1961, in "De Gaulle, Book 2," box 153, Ball Papers, ML。在泰勒关于该问题的备忘录里，即February 3, 1964, DDRS 1991/2543这篇文献中也没能呈现完整情况。

第六章 混乱的同盟

"在影响世界安全的政治问题上进行联合决议"的组织。他说道,这种三方机构不仅制订共同的军事计划,也负责监督计划的实施。[164] 基本观点并不新颖,早在1940年代末,法国就不时呼吁建立三方机构来处理基本政治事宜,尤其是处理军事及与核相关的事宜。[165] 但对戴高乐而言,此观点是他政策的核心。尽管发生了一系列令人失望的事,在进入肯尼迪时代之后戴高乐仍对此抱有兴趣。[166]

美国政府不喜欢这个正式组织的想法。一个正式机构会激怒那些没有被纳入其中的盟友。但这并不意味着艾森豪威尔彻底拒绝了戴高乐的建议。正如他在1958年底给杜勒斯的信中写道:"**除非万不得已,我是反对这种三头商议形式的。**"[167]

一年后,艾森豪威尔觉得是时候做出正式提议了。他在1959年12月与麦克米伦和戴高乐在朗布依埃举行会晤。在第一场会议开始时,他呼吁"在秘密的基础上建立三国机制,共同讨论有关三国政府的共同利益"。他建议"各国应该提供1—2名身居高职、有能力、具有良好决断力的人。他们可能来自政界、军界或是经济界"。戴高乐对此很满意,尽管这个提议似乎是凭空出现的。尽管麦克米伦有点吃惊,但还是欣然赞同,并且认为他

---

[164] 原文见 DDF 1958, 2:377。英文版见 FRUS 1958-1960, 7(2):82-83。De Gaulle, LNC 1958-1960, pp. 83-84中的法文有些不准确:原文中所指的由"美国、英国和法国"组成的组织在此被删去,甚至是那些出版此文的戴高乐主义者似乎都觉得直呼三国之名有些尴尬。备忘录在以下文献中被详细讨论:Maurice Vaïsse, "Aux origines du mémorandum de septembre 1958," *Relations internationales*, no. 58 (Summer 1989): 253-268, 以及 Vaïsse, "Indépendance et solidarité"。

[165] 例如,见 Irwin Wall, *The United States and the Making of Postwar France*, p. 133; and Dulles-Mendès meeting, November 20, 1954, SSMC, no. 800。

[166] Alphand, *L'étonnement d'être*, pp. 333, 353, 355. 另见 draft instructions for French ambassador in Washington, late January 1961; de Gaulle to Debré and Couve, June 13, 1961; de Gaulle to Kennedy, January 11, 1962; in Charles de Gaulle, *Letters, notes et carnets (1961-1963)* (Paris: Plon, 1986) [LNC 1961-1963], pp. 30, 96, 194。

[167] Dulles to Eisenhower, October 15, 1958, FRUS 1958-1960, 7(2):100; emphasis in original. 杜勒斯本人原则上并不反对这个想法,而且似乎只要这种安排是非正式的,杜勒斯都愿意支持。在7月与戴高乐的会晤中,杜勒斯告诉他:"建立指导自由世界的正式集团会遭人怨恨,但事实上这种组织还是有存在理由的。"在11月他采取了相同的立场。Ibid., pp.57, 118. 像肖韦尔这样的专家更愿意在该基础上推进,但是他们无法使戴高乐相信现实比形式更重要。见 Chauvel, *Commentaire*, 3:265。

可以利用赞同此事让戴高乐在一些贸易相关事宜（此时这是英国的关注重点）上通融一些。麦克米伦说道："尽管我们在某些方面会觉得反感，但是我们不应该阻止在伦敦建立三国集团。"[168]

但是，上述一切却使国务院大吃一惊。赫脱完全被蒙在鼓里。事实上，英国人不得不把关于艾森豪威尔做出提议的会议记录给他过目。赫脱抱怨到，国务院总是很难"在总统仅由译员陪同的情况下获知会议的具体情况"。国务卿对他所得知的消息并不高兴。12月20日，艾森豪威尔建议建立秘密的"三国机制"；21日，英国外交大臣塞尔温·劳埃德在告诉赫脱提议内容之后，看出赫脱"明显认为，我们的目标应该是维持目前的体系，而且目前的体系足矣"。[169]

国务院很快就开始变卦。赫脱提议以晚餐非正式讨论为形式，而不是之前的"三国机制"；美国方面的主要代表会是一位在伦敦大使馆的外交官，而不是驻英大使。[170] 英国外交部采取了类似的立场。[171] 当法国方面以要求建立1958年9月戴高乐提出那类"三方机制"作为回应时，赫脱想方设法地回避。[172] 不仅如此，在回答法国外交部长时，他甚至声称在朗布依埃会议上，是戴高乐而不是艾森豪威尔提出举行"秘密三方会谈"。尽管目前他所掌握的最佳证据是来自英国方面的记录，该记录也明确揭示了确实是艾森豪威尔提出的建议。大致说来，赫脱愿意接受的只是继续已经在华盛顿召开的三方会谈："我们倒是非常乐于维持现状。"一位英国外交官员高兴地指出，"艾森豪威尔去年12月的提议就像美酒一样令人沉醉"，而美

---

168 De Gaulle-Eisenhower-Macmillan meeting, December 20, 1959, Prem 11/2991, PRO, and DDF 1959, 2:765. Macmillan to Lloyd, December 22 and 23, 1959, FO 371/152095; Macmillan to chancellor of the Exchequer, December 22, 1959, Prem 11/2996; all PRO.

169 Herter-Lloyd meeting, December 20, 1959, Prem 11/2987，及赫脱－劳埃德会议记录节选，December 21, 1959, FO 371/152095; both PRO。

170 Macmillan to Lloyd, December 23, 1959, and Herter to Lloyd, December 30, 1959, FO 371/152095, PRO.

171 Hoyer Millar to Jebb and to Caccia, both January 10, 1960, both in FO 371/152095, PRO.

172 Couve to Herter, January 23, 1960, and Herter to Lloyd, February 3, 1960, both FO 371/152095, PRO.

第六章　混乱的同盟

国人现在正"使劲往酒里兑水"。[173]

法国人明显很失望。法国驻英大使和戴高乐谈及此事，并且"明确感觉到，戴高乐对此事已经不感兴趣了"。[174] 但是艾森豪威尔无法理解法国人的反应。法国人的态度尤其是他们在建立正式制度上的兴趣令他"非常吃惊"。艾森豪威尔说，他在朗布依埃提出的计划旨在从各国召集"1—2名年轻但有能力的参谋人员"，把一些共同关切的问题放在首位讨论，当时戴高乐似乎很乐意这样做。他在给麦克米伦的信中写道："我不知道是什么时候（事情）开始偏离方向了。"[175]

艾森豪威尔不仅任由国务院破坏他的提议，而且他甚至不知道发生了什么。不难想象戴高乐会作何反应。这一小插曲趋向于证实他对美国的一些成见。美国人并不知道怎样去贯彻有效的外交政策。美国总统不能掌控大局。美国政府看上去像是由一些半自治的领地组成的松散联盟。在法国，戴高乐自身一刻也无法容忍这种美国政策制定体系中明显的司空见惯的独立行为。[176] 显然美国十分强大，但是美国领导人真的知道如何管理他们所拥有的巨大权力吗？这幕小插曲使人们开始质疑美国的道德权威，质疑美国究竟是否适合领导西方。

诚然，在艾森豪威尔政府末期，全世界都觉得美国政府有些不知所措、软弱松弛，并且不能选择一条明确的道路。这种印象在1960年美国总统竞选期间扮演着重要角色，而且很多欧洲人都觉得有些地方不对劲。9月9日，诺斯塔德与阿登纳以及另外两位西欧领导人会晤。他们讨论认为，艾森豪威尔的"慷慨领导"的政策已经失败，美国需要采取更加强硬和清晰的立

173　Herter to Couve, February 3, 1960, FO 371/152095; Roberts to Dean, February 12, 1960, FO 371/152096, PRO.

174　Hoyer Millar note, February 19, 1960, and draft of letter from Lloyd to Herter, February 18, 1960, both in FO 371/152096, PRO.

175　Eisenhower to Macmillan, February 18, 1960, FO 371/152096, PRO.

176　有关戴高乐对法国政府的铁腕统治，参见 Chauvel, *Commentaire*, 3:273。另注意在与麦克米伦的会晤中戴高乐的一些轻描淡写的评论："似乎美国是个很难治理的国家。" De Gaulle-Macmillan meeting, December 21, 1959, p. 10, Prem 11/2996, PRO.

场。[177] 一年前，北约秘书长保罗-亨利·斯巴克向艾森豪威尔直言"美国太过仁慈、宽纵。有些时候它应该尽全力表达自己的观点"。[178] 1961年初，在与肯尼迪的首次会晤中，阿登纳也强调了美国在联盟中扮演更加强硬的角色的重要性。[179] 当诸神想要惩罚我们，他们会应答我们的祈祷："慷慨领导"的政策将在1961年终结，在肯尼迪领导下，美国在处理与北约盟友的关系时会更加坚决独断。但是欧洲人——尤其是阿登纳——不会对他们即将得到的东西感到太高兴。

但是在艾森豪威尔政府末期，人们完全不清楚局势将会如何演进。一切都是悬而未决的。如西方的防御事务、核武器控制、德国在国际体系中的地位等重大问题仍未得到解决。建立德国核力量，从而建立拥有真正独立的对外政策的强大德国的想法，绝非被完全排除在外。也许无法阻止德国建立这样的核力量。欧洲不能完全依靠美国；一支一体化的北约力量，甚至一支一体化的欧洲力量，可能都不是一个可行或有意义的替代选项；以国别为基础的核力量可能是唯一答案。英法两国正准备建立这样的核力量。对于比它们更易受攻击的德国，怎么会接受永久无核国的身份呢？

基于对德国力量的掌控的体系，也就是巴黎协定旨在建立的那种体系，并未真正生根。德国正在逐步取得对核武器的有效控制，而且无人知晓这个进程究竟能走多远。对苏联而言，德国的核能力问题至关重要。一个依赖西方保护、无核的德意志联邦共和国对苏联而言是可以接受的，但是一个核武化的、能够在国际政治中独当一面的德国则完全是另一回事。而目前美国推行的政策看上去可能使德国真正拥有核能力。美国正给德国配备核武器，并且到了1960年，艾森豪威尔公开表示希望可以改变相关法律，让更加自由的核共享政策成为可能。艾森豪威尔告诉媒体："我一直坚信，我们不应该拒绝给予盟友那些我们的敌人或是潜在的敌人已然拥有的东西

177　Thurston to Herter, September 10, 1960, SS/ITM/5/NATO (4) [1959–1960]/DDEL.
178　Eisenhower-Spaak meeting, November 24, 1959, DDRS 1987/291.
179　Adenauer-Kennedy meeting, April 12, 1961, FRUS 1961–1963, 13:274.

第六章　混乱的同盟

（核武器）。盟友就应该像盟友一样被对待，而不是像对待企业的年轻员工一样，对他们视而可见却充耳不闻。"[180]

实际上这就是总统多年以来的观点。在1957年和1958年，苏联人见证了美国在欧洲的所作所为。他们看到了将直接带来德国的核能力的美国政策，这是他们完全有理由害怕的。在苏联人看来，不能任由事态发展。他们早些时候尝试通过外交手段处理此事，但是没有效果。在西方诸国当中，只有英国对苏联支持的在中欧建立无核区的观点感兴趣。所以苏联可能有必要采取更严厉的措施了。

柏林明显是一根杠杆，因为西柏林的脆弱使得苏联极易对其施压。赫鲁晓夫直言不讳地对美国驻苏大使卢埃林·汤普森（Llewellyn Thompson）说道："'柏林问题'是他准备加以利用的地缘因素。"汤普森认为他知道赫鲁晓夫的真正意图。在1958年11月给华盛顿发的电报中，汤普森说道："赫鲁晓夫焦躁不安，并且认为时间对他不利"，尤其是在德国核问题上。他建议，西方诸国最好做好和苏联"一决高下"的准备。[181]

摊牌时刻不久就到来了。冷战的中心事件，1958—1962年的柏林危机，就在那个月开始了。

180　Eisenhower's February 3, 1960, press conference, *Public Papers of the Presidents* [PPP]: *Eisenhower* (1960), pp. 148, 152.

181　见Trachtenberg, *History and Strategy*, pp. 171, 191。

第三部分　冷战和平

第七章 柏林危机中的政治，1958—1960

1958年11月，苏联领导人尼基塔·赫鲁晓夫宣布他的政府将与东德签订和平协议。赫鲁晓夫说，当合约签订之时，西方在柏林的权利也随之终结。他将会给西方列强六个月的时间商议如何将西柏林转变为一个"自由市"。但是，如果西方诸国拒绝在此基础之上的协商，并寻求通过军事力量维持现状，苏联将会"奋起防御"，保卫它的东德盟友。由此，如果要求得不到满足，苏联就会以战争相威胁。这导致了一直持续到1962年底的、不同程度的大危机。

这场危机究竟是关于什么的？苏联人一直在威胁，但目的究竟是什么？如果不能和平地达成目标，苏联在多大程度上愿意和西方相对峙？面对苏联的施压，西方将如何应对？北约各国政府希望如何化解这场危机？尤其是它们愿意接受哪些有关德国作为一个整体的安排？在什么情况下，它们愿意诉诸武力，而不是在危机中屈服？这些问题的答案不仅决定着该事件的意义，也决定着柏林危机期间大国政治的基本结构。[1]

---

[1] 关于危机的一种解读，参见 Trachtenberg, *History and Strategy*, chap. 5。这项解读中的基本不足在于，它认定危机结束于1961年底，1962年被完全忽略了；而笔者现在认为1962年这个阶段是非常重要的。尽管如此，这项解读基本上是合理的。另见 Robert Slusser, "The Berlin Crises of 1958-1959 and 1961," in *Force Without War*, ed. Barry Blechman et al (Washington D.C.: Brookings, 1978); Jack Schick, *The Berlin Crisis, 1958-1962* (Philadelphia: University of Pennsylvania Press, 1971); 以及 Walther Stützle, *Kennedy und Adenauer in der Berlin-Krise 1961-1962* (Bonn: Verlag Neue Gesellschaft, 1973)。没有令人满意的关于此次危机的以档案为基础的书本篇幅的解读。有关危机文件的系列缩微胶片，同时附有纸本导引及附录，见 National Security Archive, The *Berlin Crisis, 1958-1962* (Alexandria, Va.: Chadwyck-Healey, 1991)；导引包括了关于此次危机的有帮助性的年表。

构建和平

苏联的政策以及德国核问题

苏联选择在柏林施压是出于对德国作为一个整体的关切，尤其是西德的动向。[2] 柏林本身并不是问题。苏联的目标并不是把西方各国赶出去并最终占领柏林。如果这一直是苏联的目的，那么显而易见的策略应该风险小得多，即通过阻断柏林与西德的民用地面交通来破坏柏林的经济生活。显然，在这种情形下不需要使用武力。[3]

这场危机本质上也不是关于东德的——稳定那里的局势，或是让西方接受中欧的现状。所有纯粹的东德内部问题都可以通过以苏联军事力量为支撑的政策措施来解决。如果从东德流出经过西柏林的移民人群是个问题，那么苏联可以通过封锁边界加以解决。诸如此类，只要是在他们自己的范围内行动，其风险都要比尝试单边"清除"西方诸国在西柏林的权利小得多。事实上，民主德国的领导人在1961年初就曾请求苏联封锁边境，但是被苏联人回绝了。他们清楚地表示真正担心的事情在别处——他们想钓一条更大的鱼，并且想继续用柏林问题作诱饵。[4]

确实是因为苏联人真正担心的是作为整体的德国问题，而不仅仅是柏林或是民主德国的内部问题，所以才会以西方的权利以及西方诸国为攻击目标。苏联想从它的前盟友那里获取一些东西：它希望它们能够阻止西德变得过于强大。西方诸国显然想要保持中欧的现状，并且只要苏联人乖乖

---

[2] Trachtenberg, *History and Strategy*, pp. 171-172. 有关赫鲁晓夫首先关注的不是柏林问题而是作为整体的德国问题的更多例证，见Vladislav Zubok, "Khrushchev's Motives and Soviet Diplomacy in the Berlin Crisis, 1958-1962," (unpublished paper, 1994), p. 11。

[3] 见Trachtenberg, *History and Strategy*, pp. 171-172。

[4] 见Soviet Ambassador in East Germany Pervukhin to Gromyko, May 19, 1961, published in Harrison, *Ulbricht and the Concrete "Rose"* appendix D。别尔乌辛在文中提到了东德在寻求封锁边境问题上的"焦急"。他说，这表现出他们"处理问题的片面方法"，也反映出他们没能理解现在的国际局势以及"社会主义阵营"的利益所在。另见哈里森对东德压力的分析, pp. 23-42。另注意，一位前任苏联官员回忆，甚至在1961年初，封锁边境的方法已被排除，因为这会使"将西柏林变为一个自由市的想法不可信"。见Julij Kwizinskij, *Vor dem Sturm: Erinnerungen eines Diplomaten* (Berlin: Siedler, 1993), p. 161, 引用于Zubok, "Khrushchev's Motives," p. 17。

第七章　柏林危机中的政治，1958—1960

待在军事分界线的另一边，就不会诉诸武力。一个依赖盟友保护、相对孱弱的联邦德国将不得不采取完全的防御政策。如果西德强大且独立，正如一位苏联领导人对杜勒斯所说，它就会"用不同的口吻说话了"。[5] 如果西德发展出自己的力量，一旦东部有暴动，他们就可以进行干预。如果东德人意识到他们在西边的兄弟不会弃他于不顾，反倒更有可能会首先反叛。而且联邦德国的干预会导致非常严重的后果：社会主义政权在民主德国的崩溃甚至可能导致全面战争。

一个强大的西德国家首先是一个在自己控制下拥有可观的核力量的国家。这支核力量并不需要非常庞大就能令苏联人感到威胁。热核武器威力如此巨大，以至于到了某一界线之后武器的数量都不再重要。假以时日，像联邦德国这样的有工业和科技基础的国家当然有能力建立起一支足以毁灭苏联的力量，甚至是在苏联率先发起进攻的时候。如果德国意欲发展这样一支力量，它就可以玩一种有控制的（或实际上是半控制的）升级游戏。如果真的发生军事对抗，谁也不知道会怎样发展，但是在苏联看来，风险是真实存在的：一个强大的德国——也就意味着拥核的德国——是个威胁；目前形势下，联邦德国相对较弱并且依靠着它更注重现状的伙伴国，这显然是苏联更乐见的。既然西德是否可以拥核在很大程度上取决于西方诸国的态度，那么针对它们的政策就很必要了。有必要让西方政府感到来自苏联的压力。所以苏联领导层决定于其薄弱处施压，即在对苏联来说最易于控制紧张程度的地方施压——那里，当然就是柏林了。

因此柏林危机时期，德国核问题是苏联政策的核心。[6] 苏联经常强调此事的重要性。苏联高层领导人阿纳斯塔斯·米高扬（Anastas Mikoyan）

---

[5] 有关全文，见苏联部长会议第一任副主席阿纳斯塔斯·米高扬与杜勒斯的一场会议，January 16, 1959, Merchant Papers/5/ML；有关包含引用段落的全文节选，见FRUS 1958-1960, 8:273。根据完整文献，当天晚些时候，苏联领导人直接问杜勒斯，美国政府是否愿意为西德"提供核武器"。

[6] 关于支持这种总体阐释的苏联方面的文件，见Harrison, "Bargaining Power of Weaker Allies in Bipolarity and Crisis," pp. 169-171, 229, 244, 以及Zubok, "Khrushchev and the Berlin Crisis," pp. 3-5。

构 建 和 平

在和西方领导人的会晤中不止一次提及此问题——1958年4月和阿登纳、1959年1月和艾森豪威尔及杜勒斯,以及1963年1月和英国外交大臣霍姆勋爵。[7] 苏联对此事的关切实际上已积累了一段时间。例如,当苏联大使在1957年4月25日提及此事时,德国领导人甚至都没想掩盖自己的核野心。阿登纳"并不否认联邦德国可能成为一个有核国家",而且德国外交部长布伦塔诺补充道:"如果英国和其他国家都可以拥有核武器,为什么联邦德国不可以?"德国总理实际上刚刚在新闻发布会上公开发表了类似的观点。[8] 1958年,苏联人愈发担心此问题。[9] 苏联人就在要跨过一个关键门槛时挑起了危机,这当然不仅仅是巧合——正好在德国空军即将获取某种核能力的时候。"载货火车"("Wagon Train")项目——训练一支德国战斗轰炸机部队以便使"它可能拥有核能力",并且建立核储备设施供其使用——在1958年末"成功完成"。[10]

事实上,德国核问题自始至终在危机的外交中扮演了重要角色。苏联人早在1958年11月就提出此事,并且在肯尼迪时期不断重复此事的重要性。例如,在1961年7月,苏联驻美大使宣称,和平协议——德国问题的解决方案——是"至关重要的,因为必须停止德国境内正在发生的事。德国境内的恢复失地运动者正在武装德国并且寻求热核武器"。[11] 同年10月,苏联外长葛罗米柯(Gromyko)与肯尼迪总统会晤并讨论柏林相关事宜。苏联政府所想的就是使现存的德国边界合法化,并且宣布东西德拥有核武

---

7 见 Bruce to Dulles, December 23, 1958, NSA, 包含对于1948年4月26日与阿登纳会议的德国方面记录的摘引; Schwarz, *Adenauer*, 2:434; Adenauer, *Erinnerungen*, 3:385, 391; Couve to Pineau, May 1, 1958, DDF 1958, 1:542; Dulles-Mikoyan meeting, January 16, 1959, Merchant Papers/5/ML; Mikoyan-Eisenhower meeting, January 17, 1959, FRUS 1958–1960, 8:279; 以及 Home-Mikoyan talk, January 26, 1963, Prem 11/4227, PRO。

8 有关苏联文献引自 Zubok and Pleshakov, *Inside the Kremlin's Cold War*, pp. 195–196; 1957年4月5日,阿登纳在新闻发布会上的相关摘引,见 Adenauer, *Erinnerungen*, 3:296。

9 见 Parrish, "The USSR and the Security Dilemma," pp. 334–335 中的证据。

10 Houghton to Dulles, December 20, 1958, AWF/DH/8/DDEL。

11 Nitze-Menshikov meeting, July 15, 1961, FRUS 1961–1963, 14:204。

第七章 柏林危机中的政治，1958—1960

器都是非法的；他说道，苏联"最强调的是"后一个问题。[12] 这些并非是孤立的例子。自1950年代中期之后，"欧洲安全"问题——指德国及其周边地区应该有特殊的军事地位，尤其是在核领域——是苏联外交议程上的重要议题。[13]

西方领导人此时理所当然地认为，苏联是"真的害怕"德国，而且非常担心如果联邦德国变得强大而独立，将会发生什么。[14] 他们通常认为，德国核问题是苏联最为关切的事，并且有时——尽管绝不是一成不变的——推测，至少从很大程度上来说，柏林危机的根源在于苏联担心德国拥核。比如，赫脱在苏联引发危机不久后就与几位法国外交部的高级常任官员举行了会晤。这位代理国务卿"认为，目前苏联态度的关键在于阻止德国拥核这一问题"。法国官员"认同这样的观点，认为这是解释目前苏联行动的最重要的唯一原因"。[15] 汤普森大使在危机开始之时认为赫鲁晓夫的观点是"西德将在几年后完成重新武装（包括核武器的储备），东德政权将会愈发摇摇欲坠"。他推测，苏联领导人担心"在这种情形下，西德对东德暴乱反抗活动的干预会使得赫鲁晓夫面临这样的抉择：要么就是一场世界大战，要么就是失去东德，继而失去其绝大部分或者全部的卫星国"。[16] 英国人也担心会有战争的风险，"如果东德出现暴乱且西德还有核武器，那么他们必定出手相助"。[17] 美国国务卿腊斯克在1962年7月的观点反映了那时

---

12 Kennedy-Gromyko meeting, October 6, 1961, FRUS 1961–1963, 14:471. 另见 Rusk-Gromyko meeting, October 2, 1961, ibid., p. 459。

13 相比其他国家，苏联更喜欢用"欧洲安全"来指代德国的特殊地位。见葛罗米柯在与拉斯特一次会谈中的评论，September 27, 1961, FRUS 1961–1963, 14:439. 实际上，事情已经达到这种程度，即每当苏联人提到"欧洲安全"，顾夫就会以只有法国人才会用的精妙嘲讽方式回答道，事实上"哦，你是说德国问题吧"？François Puaux, "La France, L'Allemagne et l'atome: Discorde improbable, accord impossible," *Défense nationale* 41 (December 1985): 9. 在1950年代，此词就开始有这种暗指之意，这也就是德国人——尤其是阿登纳——在这一时期不喜欢这个概念的原因。例如，参见德国外长施罗德在1961年末与其他西方领导人会晤时的评论，Schröder-Rusk-Couve-Home meeting, December 11, 1961, FO 371/160567, PRO。

14 例如，参见 Eisenhower, in a meeting with Macmillan, March 28, 1960, FRUS 1958–1960, 9:258-259。有关肯尼迪时期的类似观点，见 FRUS 1961–1963, 13:497, and 14:103, 204, 208, 464。

15 Herter-Joxe meeting, November 20, 1958, DSP/80/72411/ML。

16 Thompson to Dulles, November 11, 1958, 762.00/11-1158, RG 59, USNA。

17 注释来自 Macmillan, November 12, 1958, Prem 11/2929, PRO。

人们的普遍看法。他说："我们必须提醒自己，苏联人是真正痛恨并且害怕德国人的。他们担心联邦德国的复兴及其对核武器的觊觎。"[18]

苏联人认为，如果西德获得独立的核能力就会有更大的战争风险，这种想法是否合理？像汤普森一样的近距离的观察者理所当然地认为，"像德国这么强大且有男子气概的民族"不会长久地接受国家的分裂，"尤其是当他们装备精良的时候"，并且考虑到苏联的政策，很难想象"除了诉诸武力，还能如何统一德国"。[19] 实际上有迹象表明，德国人对强迫自己在东德发生暴乱时保持消极的政策十分不满。例如，施特劳斯甚至在1956年就认为，阻止"西德人民尝试帮助他们边界那边的兄弟"几乎是不可能的。[20] 1961年7月，施特劳斯告知美国国防部长，如果苏联镇压了德国东部的暴乱，德国部队不会采取任何行动，因为"西方还没准备好和苏联一较高下"，但是西方各国应该准备采取更为积极的政策。[21] 此外，施特劳斯被认为是阿登纳的可能的继任者。在1950年代中叶，阿登纳本人明显感觉到这种压力。[22] 此外，1961年8月，德国外长冯·布伦塔诺向西方的外长们提议，一旦东德发生动乱，必须要采取一些实际行动。正式的抗议远远不够；他说，如果东德的暴动被镇压，西德的舆论不会默许德国部队以及边境的警察"在营地里默然不动"。[23] 这些都强调了德国核问题的重要意义：当德国孱弱时可能仅仅是这么说而已，但是当它强大之后，它可能想做什么呢？

所以，如果苏联人谨慎对待德国问题，并不是他们太多疑了。在他们

18　Sulzberger, *Last of the Giants*, entry for July 24, 1962, p. 909.
19　Thompson to Dulles, March 9, 1959, SS/I/6/Berlin—vol. 1 (4)/DDEL.
20　Sulzberger, *Last of the Giants*, entry for December 14, 1956, p. 349.
21　Strauss-McNamara meeting, July 14, 1961, appended to Nitze to Rusk et al, July 21, 1961, RG 200 (McNamara)/133/Memcons with Germans/USNA.
22　见阿登纳所指的"让他的孩子们止步不前"的问题，Gruenther to Goodpaster, November 19, 1956, FRUS 1955–1957, 26:175。
23　Western foreign ministers' meeting, August 5, 1961, FRUS 1961–1963, 14:282. 这条评论在当时引起了关注，见Ball to Paris embassy, August 8, 1961, National Security Archive Berlin File [NSABF], Washington。

第七章　柏林危机中的政治，1958—1960

看来，这个问题是真实存在的。苏联在欧洲最基本的利益正受到威胁。从长远来看，如果什么都不做，德国势力的复苏可能会威胁苏联在欧洲的整个地位，甚至引发战争。在为时过晚之前，有必要采取一些行动了。苏联人想要知道是否可以和西方诸国达成某种一致，这样可以稳定中欧的局势，尤其是阻止联邦德国取得独立的核能力。但是首先苏联人必须使西方诸国认真考虑他们的关切，而柏林显然就是施压的杠杆。

柏林危机期间的美国政策

苏联人威胁着西方在柏林的权利。为了捍卫这些权利，西方诸国将会采取多大程度的行动？为了平息这场危机，他们愿意做出多大的让步？他们愿意接受的条件在一定程度上取决于他们对德国整体问题的态度——建立一个限制德国力量并稳定现状的体系的基本理念。

美国目前是最重要的西方国家，并且在危机当中美国政策需要注意的基本要点是，它最终比其他任何西方国家都更愿意和苏联打一场全面核战，而不是在柏林问题上向苏联屈服。此事非常之难，而且我们也不应惊讶于艾森豪威尔在此事上采取的基本态度具有一定程度的含糊性。在此问题上他经常采取强硬立场。危机开始前几个月，杜勒斯说他不太相信美国在必要时会出兵柏林的承诺，总统"表示惊讶"。当然如果苏联人进攻这座城市，美国必须参战。如果美国不那么做的话，欧洲很快将会沦陷，美国将会冒着被苏联击败的风险。[24] 在危机期间，总统经常自然而然地认为，如果美国过于受迫，一场全面核战争在所难免。他知道，美国比苏联强大，而且苏联人很可能不会把事情推向战争边缘。但是如果他们真的这么去做，那么美国政府将别无选择，只得进行全面的核打击。正如他在1959年3月

24　NSC meeting, May 1, 1958, FRUS 1958–1960, 3:89. 另见 NSC meetings, December 10, 1953, and January 22, 1954, DDRS 1996/2796 and 2764。

向国会领导人所解释的那样,"真正决定全面战争的时刻不会到来,但是如果它真的到来了,我们必须要有坚持到底的勇气"。艾森豪威尔说,当"严重危机阶段"到来,美国将会"参与全面战争来保护我们的权利"。他的"基本思想体系"就是,美国必须做好准备,如果有必要的话,需要"孤注一掷"。[25] 另一方面,他又似乎经常回避这一战略,以至于他有时似乎看起来赞同在欧洲进行大规模地面战争的方案;有一次,参谋长联席会议主席不得不郑重提醒他美国的战略究竟是什么。[26]

但是不管艾森豪威尔有什么顾虑,他还是赞成现在普遍的观点:可能不得不诉诸武力,并且由此美国在最后的考量中不得不接受某种全面战争的风险。这种观点认为,西柏林无法通过任何正常的方式进行军事防御,所以柏林的自由取决于美国最终是否愿意将事态升级为全面核战。并不是第一批前往柏林的车队被拦截之后美国就意欲进行全面的核打击。美国的计划是先通过有限的军事力量来试探苏联的意图。如果该方案失败,下一步可能是涉及一个师的主要军事行动。如果苏联决定进攻这样规模的军队,那么即是在跨入警戒线的门槛:这就是在"火上浇油"了。美国不会在柏林的军事行动中投入任何更多的部队,但是,如重要政策文件里所说的,"美国最终将选择诉诸全面战争"。[27]

---

25 艾森豪威尔与国会领导人的会议, March 6, 1959, FRUS 1958–1960, 8:433,以及与国会议员们的会议, March 6, 1959, DDRS 1996/3493。另见1959年3月31日布鲁斯日记的摘录,引自 FRUS 1958–1960, 8:550n。在与国会领导人会晤之前的一周,总统曾担心一旦危机当头,并且政府觉得有必要"快速反应以防止任何可能对我们造成的损害",从国会取得支持的问题,见 Eisenhower memorandum, February 27, 1959, ACW/A/7/Berlin Paper/DDEL。

26 Eisenhower meeting with key advisers, January 29, 1959, 以及 special NSC meetings, March 5 and April 23, 1959, FRUS 1958–1960, 8:302, 424–425, 626, 629。在这次最后的会议中所讨论的替代选项被列在文件之中,但是《美国对外关系文件》的编辑无法解密该文件 (ibid., p.261);但是,备选方案在 DDRS 1997/2689 发现的包括会议议程的完整版本中被简要列出了。

27 Eisenhower meetings with top State and Defense department officials, January 29 and March 17, 1959; Dulles-Adenauer meeting, February 8, 1959; special NSC meeting, April 23, 1959; FRUS 1958–1960, 8:301–303, 346–347, 499, 625–626. 另见 DOS Berlin History, pt. 1, chap. 3, and esp. p. 110, 以及 Trachtenberg, History and Strategy, pp. 130–131, 209–212 中的总体讨论。有关正式的柏林政策文件,见 NSC 5404/1, January 25, 1954, NSA; NSC 5727, December 13, 1957, supplement 1, FRUS 1955–1957, 26:521–525; NSC 5803, February 7, 1958, Supplement 1, 内容几乎完全一样——见 FRUS 1958–1960, 9:631n。

第七章　柏林危机中的政治，1958—1960

自杜鲁门政府下台之后，这就一直是美国对于柏林的基本防御政策。尽管面对即将到来的危机，该政策也几乎没有改变。尤其是军方仍然强烈支持这种策略。实际上，诺斯塔德和参谋长联席会议都赞成比杜勒斯认为的谨慎方式更迅速地使用武力。[28] 美国军方领导人——如英国人总结的那样——认为，"与苏联决一雌雄的时刻即将到来，并且他们准备放开手脚、一展实力，甚至计划'损失一两个师'，以示决心。他们几乎没有准备去讨论他们的计划在军事上是否有意义，但是他们却执著于不惜一切代价维护陆路畅通的权利"。[29] 特文宁将军的观点尤其极端。这位参谋长联席会议主席想要和苏联直接对抗。"我们必须在某处阻止这一切，"他在1958年12月说道，"我们必须忘却对全面战争的恐惧。战争不可避免。因此我们必须在一个我们认为正确的点上强行解决问题，并且坚持到底。"[30] 但是，此刻在军政领导人之间达成一致的观点是，美国在欧洲的整个地位取决于它是否愿意捍卫自己的权利，因此，归根结底，美国都必须准备好冒着在此问题上爆发全面核战争的风险。[31] 美国高级官员因此总结道：美国"应在必要时准备好诉诸武力，以维持进入柏林的通道——甚至是冒着全面战争的风险"。[32] 杜勒斯在这一点上的观点很有代表性。他说道，苏联清算西方权利的要求在"语气和内容上都令人发指"，一旦让步就"意味着灾难"。[33] 西方在柏林的地位"在法律上和道德上都是不容置疑的"。[34] 此外，苏联在军事上要弱于美国。如果西方立场坚定，他认为，苏联会"将战争推向边缘"

258

28　Thurston to Dulles, November 16, 1958, 762.00/11-1758; Norstad to Twining, November 23, 1958, 以及Dulles-Eisenhower telephone conversations, November 18 and 24, 1958; FRUS 1958-1960, 8:115-117, 119, 以及DDRS 1985/2544。有关参谋长联席会议的观点，见State-JCS meeting, January 14, 1959, FRUS 1958-1960, 8:259-265。

29　有关英国人对美国人想法的阐释，见confidential annexes to COS(60)59th meeting, and COS(61)38th, 42nd, and 65th meetings, September 27, 1960, and June 20, July 4, and September 27, 1961, Defe 4/129, 136 and 139, PRO。引用的这段话来自7月4日的文件。

30　State-Defense meeting, December 13, 1958, FRUS 1958-1960, 8:195。

31　例如，参见麦克洛伊和克莱的观点，在 McCloy to Merchant, December 10, 1958, 以及1958年12月10日布鲁斯大使日记里的观点，FRUS 1958-1960, 8:165-166, 171。

32　McElroy and Herter to Eisenhower, March 17, 1959, FRUS 1958-1960, 8:501。

33　State-Defense meeting, December 13, 1958, ibid., pp. 193, 195。

34　Dulles-Herter-Merchant meeting, March 14, 1959, ibid., p. 487。

的可能性微乎其微。[35]

但是，这并不意味着艾森豪威尔政府会寸步不让，在危机中采取毫不妥协的立场。出于两个理由，他倾向采取更为温和的立场。首先，美国是联盟的领袖，并且不可能在完全单边的基础上制定政策。西方联盟必须保持团结，欧洲主要大国的意见还是要考虑，而且实际上他们对军事行动都存有戒心。例如，1958年12月，美国政府试图让对柏林负有责任的另外两个西方国家接受如下原则：如有必要，将使用武力维护通向柏林的陆路通道，并在此基础之上推进应急计划。[36] 但是英国人不愿做此承诺；法国人也十分谨慎。如果想要和盟友相处融洽，美国政府必须行事更加温和。这样联盟就可以保持完整，欧洲人可能会在时机成熟之时接受强硬措施，尽管他们不愿提前承诺实施特定的军事计划。[37]

来自盟友的支持也非常重要。可以肯定的是，美国有单边行动的军事能力，而且制订计划之时就考虑到了美国可能会最终不得不单独采取行动。制订应急计划的目的就是为了开展行动，最终迫使苏联人接受全面战争即将到来的事实，从而迫使他们让步。美国拥有实现该目标所需的部队，以及如此策略所要求的从德国领土上部署这些部队的合法权利。但是美国政府不喜欢独挑大梁，肩负所有重任。它认为责任应该分担：至少德国，以及另一个重要盟友能够支持美国的提议，这是十分重要的。[38]

---

35 Dulles-Couve meeting, December 17, 1958, and Dulles-Herter telephone conversation, March 6, 1959, ibid., pp. 219, 438.

36 该原则体现在美国对联合行动的建议上December 11, 1958, ibid., pp. 179-180，D段，杜勒斯就此在12月15日与英国外交大臣以及法国外长展开讨论，ibid., pp. 200-203。关于美国对这两个盟国所采取立场的反应，见State-Defense meeting, January 14, 1959, ibid., pp.259-265。这里发行的版本中删去的两句话在完整版本中根据《信息自由法案》而得以公布，在美国国家安全局的柏林危机档案中可获取。

37 Secretary's staff meeting, November 18, 1958; Eisenhower-Dulles meeting, November 18, 1958; Eisenhower-Dulles-McElroy meeting, January 29, 1959; in FRUS 1958-1960, 8:84, 85, 301-302.

38 有关单边计划存在的文献，见JSC 1907/137, April 19, 1956, CCS 381 (8-20-43), RG 218, USNA。很多单边计划被列在Live Oak Status Report, September 15, 1961, COS(61)332, Defe 5/117, PRO中。在1958—1959年的讨论中，关于美国是否可以独立行动一直被反复提起。所有人都认同盟国的支持是受欢迎的；问题在于，如果盟友反对使用武力，美国仍然可以推进吗？有些官员说，归根结底，美国应该在此事上单独行动而不是屈从让步。例如，参见McElroy in（接下页）

第七章 柏林危机中的政治，1958—1960

美国在危机中采取温和政策还有另一个更重要的原因，并且这与美国政府处理德国问题的基本途径有关。美国的政策本质上是防御性的。美国愿意维持现状，并认为苏联亦然。对现状的正式接受是不可能的：苏联对东欧的控制，尤其是对德国东部的控制都不能被视作合法。[39] 但是双方都明白基本的政治现实是什么，而且如果想要避免冲突，必须在这些现实的基础之上寻求一些方法来与对方打交道。

特别是关于柏林一事，艾森豪威尔认为有很实际的问题需要在实践的基础上加以解决。柏林在苏联控制线之后一百多英里。西方盟国之所以在一开始会去那里是因为，他们认为德国将会是统一的。但是随着冷战到来，东西德分立，柏林倒成了一个沉重的负担。艾森豪威尔回忆到，在战争末期，他已经预见到"事情将会变得多么棘手"。但是罗斯福和丘吉尔不假思索地打消了这些顾虑："哦，我们能和斯大林搞好关系的。"尽管"当时他更加清楚情况"，而现在"他所担心的一切已经来了"。[40]

但现在能做些什么呢？问题不仅源自军事因素，从长远来看，像柏林这样的前哨可能守不住。[41] 即使有人认为，西方可凭借纯粹的决心——也就是说，通过最终愿意冒着核升级的危险——无限期地维持自己的存在，但这并不足以拯救柏林人。正如艾森豪威尔反复指出的那样，即使盟军的车队仍然可在走廊地区自由行动，苏联也可以通过有效地切断柏林和西德之间的贸易来破坏柏林的经济生活。进出柏林的货物运输实际上受苏联控制。他说："东德人可以因此切断与西柏林的所有经济联系，这样就会使得

（接上页）Berlin planning group, March 14, 1959, FRUS 1958-1960, 8:478. 但是，总统强烈反对单独行动。首先，他用军事行动会导致常规地面战争来支持他的观点；在这种情况下，盟友的合作显然很必要。这显得很奇怪：如美国将军特文宁所指出的，美国政策的核心在于，西方"不愿意和苏联在地面上打一场常规战争"，唯一可以防御柏林的方式就是"冒着全面战争的风险"。总统并未强调这一点，最终单边行动的话题悬而未决：他认为，如果问题继续发展下去，美国将只能相机行事。Eisenhower meeting with top advisers, January 29, 1959, and special NSC meetings, March 5 and April 23, 1959, ibid., pp. 302-303, 424, 629.

39 杜勒斯说道：或许有许多"理由可以支持维持现状"，但这并不是"我们应该公开采取的立场"。Dulles to Eisenhower, February 6, 1959, FRUS 1958-1960, 8:335.

40 Eisenhower-Dulles telephone conversation, November 27, 1958, AWF/DDED/37/DDEL.

41 Eisenhower-Dulles meeting, November 18, 1958, FRUS 1958-1960, 8:85.

西柏林成为我们的累赘。"实际上,他"并不认为像西柏林这样一个随时都会受到敌对分子的骚扰和束缚的城市能长久维持"。[42]

美国当然不会向苏联人屈服并且放弃柏林,但是整个局势非常混乱——艾森豪威尔称其"一团糟"——他非常希望找到一个解决方法。战争末期的失误导致美国陷入如今的局势;艾森豪威尔认为,尝试"从远在苏联控制线后方的柏林控制德国",这显然是个"失误"。[43] 由于政治因素,美国最终只能处于"完全有悖逻辑"的军事地位。[44] 他说道,西方早在"1944年和1945年犯了错误,现在必须设法偿还了"。[45] 在不牺牲柏林人民利益的前提下,必须制订出一系列计划来使得这种局势正常化。艾森豪威尔说:"我们不会放弃我们的责任和权利——除非我们有其他选择。"也就是说,除非可以制订出可以接受的替代安排。[46] 后者可能包括给予西柏林一个特殊身份,使它"以某种方式成为西德的一部分",或者让联合国帮忙保证城市的安全和自由。但是方案并不一定包括西方部队的继续存在。事实上,艾森豪威尔认为,"我们必须撤军的时刻即将到来,也许很快就会到来"。[47]

在处理和盟友的关系时,艾森豪威尔从未真正提议从柏林撤出西方军队。但是他很想制订出一些实际的安排来保护所有人的基本利益。如果这种安排牵扯与东德人解决进入路径上的问题,他倾向于(杜勒斯也是如此)以此为基础制订计划:"我认为在这种低级事务上我们如果想要顺利做成此事就要顺应局势。"[48] 有些事是值得去奋斗的。不能牺牲西柏林的自由。美

---

42 Eisenhower-Herter meeting, October 16, 1959,以及 Eisenhower-Macmillan meeting, March 28, 1960, ibid., 9:70, 260–261. 另见下文,注释123。

43 Eisenhower meeting with top officials, December 11, 1958, FRUS 1958–1960, 8:173.

44 Eisenhower-Dulles meeting, November 30, 1958, ibid., p. 143.

45 Eisenhower-Herter meeting, October 16, 1959, ibid., 9:70.

46 Eisenhower-Kozlov meeting, July 1, 1959, DDRS 1983/633.

47 Eisenhower-Gray meeting, September 30, 1959, FRUS 1958–1960, 9:55.但是杜勒斯并不这样认为。在他看来,西方的军事存在是"唯一"保证柏林"不被吞并"的力量,仅仅一些条约文件"并不能"替代这种军事存在。Dulles-Eisenhower telephone conversation, January 13, 1959, DP/TC/13/DDEL and ML.几周之后杜勒斯告诉劳埃德,一旦西方部队离开柏林,"游戏就结束了"——至少柏林人这样认为。Dulles-Lloyd meeting, February 5, 1959, FRUS 1958–1960, 8:319.

48 Eisenhower-Dulles telephone conversations, November 24, 1958, FRUS 1958–1960, 8:118, 119.

第七章　柏林危机中的政治，1958—1960

国不能让自己蒙羞，不能屈服于苏联的威胁，也不能接受自己失去在欧洲的整个政治地位。这些问题是真实存在的。但是究竟是苏联人还是东德人对进入路径实施控制，西方各国对东德政权的承认有何意含，这个问题是更为形而上的。人们很难想象会因为这种事情去发动战争。所以如果必要的话，只要通往柏林的大门敞开着，艾森豪威尔和杜勒斯就准备与东德官员打交道。[49]

但这并不意味着西方会接受东德政权的合法性，或者放弃德国统一的长期目标。西德人可能会声称，和东德官员交涉，并且允许他们在进入路径上为文件盖章就意味着向对东德的外交承认以及接受一个分裂的德国迈进了一步，因此这绝不可能。但这仅仅是一种理论，人们也可以争辩说，不管苏联人说过什么，把东德视为苏联的代理人是在强调西方的说法，即东德仍然在苏联的实际占领之下，并且它只是一个傀儡政权，并没有自己的合法权威。

基本的看法就是，关于什么构成了"承认"以及"承认"意味着什么的理论问题并不是至关重要的。因此，美国政府原则上并不反对增加与东德的接触频率。杜勒斯自己"怀疑对已存在的事实完全不承认的可行性"。人们必须承认现实，他告知德国大使，尽管人们不喜欢这些事实："假装敌人不存在是非常不切实际的政策。"[50] 如艾森豪威尔所言，一个基本事实就是，"东西德在很长一段时间内不会统一"，并且统一也不是解决柏林问题的实际方案，必须要制订出一个权宜之计。[51] 如果解决方案涉及与东德官员打交道，甚至是事实上接受东德政权以及中欧现状的稳定，美国人自己可以很容易接受这一点。

但是如果柏林危机并不真的是有关东德的地位问题，如果苏联真正

49　Dulles to Bruce, November 14, 1958; Dulles-Grewe meeting, November 17, 1958; Dulles to Adenauer, November 24, 1958; in ibid., pp. 66, 78–79, 120.
50　Dulles-Grewe meeting, November 17, 1958, ibid., p. 79.
51　Eisenhower-Segni meeting, September 30, 1959, ibid., 7(2):541.

关注的是西德，那么这种灵活性便不能直抵问题的核心。艾森豪威尔政府并不愿深入解决核心问题。总统自己不认为应该限制西德的权力，尤其是不应该阻止西德获取自己独立的核力量。如果欧洲防御的重担要转移给欧洲人，如果想要欧洲人断绝对美国的过度依赖，如果核武器是北约地区防御的终极基础，那么显然欧洲人应该被配备核武器，并且有更多决定其使用的权利。他理解欧洲人为什么想要自己的核武器，并且认为美国应该在核领域对其盟友慷慨相待。当他秉持这种立场说话时，他不仅仅指英国和法国；他把德国归为同类。[52] 事实上从一开始，艾森豪威尔就对德国实力增强的前景相对并不警觉。他认为在过去，这可能是个问题，但那仅仅是因为俄国曾经国力衰弱。但是如今苏联过于强大，他会"接受一个强大的德国"。言下之意是，德国的核能力不值得大惊小怪。[53]

从理论上说，杜勒斯的观点多少有些不同。他，以及他在国务院中的高级副手们确实认为，德国的实力是个真实存在的问题。杜勒斯实际上认为，美苏在使德国受限于"一些外部控制措施"方面有一些共同利益。但是他关注的焦点在于，如果强大而统一的德国与西方集团关系不密切，这是有风险的。他说，德国不能被允许"第三次重复他们在1914年和1939年的所作所为"。对一个统一的德国不能"放任自流"，亦不能允许其"在中欧发挥巨大的潜力"。[54] 他和他的主要顾问认为，苏联惧怕德国，这是很合理的，并且如果一个国家重新统一，对"德国施加军事限制"将会是恰当的。苏联"有权获得安全感"。而且作为总体解决方案的一部分，苏联也有

---

52 尤其见 Eisenhower-Norstad meeting, August 3, 1960, ibid., 7(1):610。
53 Eisenhower-Macmillan meeting, March 28, 1960, ibid., 9:260.
54 NSC meeting, February 6, 1958, AWF/NSC/9/DDEL. 有关杜勒斯的相似的评论，见 Willy Brandt, *People and Politics: The Years 1960–1975* (Boston: Little, Brown, 1976), p. 79. 杜勒斯确实有时暗示：一个不依附于任一阵营的德国比融入苏联体系的重新统一的德国更糟。参见他在美国大使会议上的评论，May 9, 1958, DSP/77/70464/ML，以及他和戴高乐的会议，July 5, 1958, DDF 1958, 2:25。

权确保阻止"德国军国主义的复苏"。[55]诚然,如果苏联同意德国的统一,那么这就是他们所认为的西方必须付出的代价。[56]

但是,如果德国仍然保持分裂状态,上述考虑就都不适用。杜勒斯可能不完全同意艾森豪威尔关于欧洲防务的基本思想。他当然想要更多的"灵活性",希望减少对战略核力量的依赖。他于美军在欧洲军事存在的规模和永久性问题上,也与艾森豪威尔意见不合。他比总统更加不倾向于认为欧洲人应该承担起自己防御的主要责任。因此他也不那么倾向于认为欧洲需要能够自己控制的核力量。[57]但是他同意核共享战略背后的基本理念,而且即使他确实对德国的核能力抱有顾虑,他也谨慎对待,不轻易表达——他并不直接反对建立西德的核力量。

所以,艾森豪威尔和杜勒斯都不准备给予苏联人他们想要的。如果德国仍然保持分裂,他们将不会同意西德保持无核状态。因此,艾森豪威尔时期的美国政策并不接受在维持现状的基础之上与苏联和解,即接受德国的分裂,以及使联邦德国依赖盟友。

英国与柏林危机

英国领导人本质上反对柏林危机期间美国所推行的政策的基本要点。美国最终愿意诉诸武力而不向苏联低头,但是对英国而言,并不值得为柏林一战。麦克米伦问到,美国真的期望英国为了西柏林的德国人,为

---

55 Livingstone Merchant, "Thoughts on the Presentation of the Western Position at the Prospective Conference this Spring with the Soviets," February 6, 1959, Merchant Papers/5/ML; Dulles-Gromyko meeting, October 5, 1957, pp. 2–3, DDRS 1991/925; Dulles-Mikoyan meeting, January 16, 1959, FRUS 1958–1960, 8:272.

56 见Trachtenberg, *History and Strategy*, pp. 175–176。

57 尤其见NSC meeting, May 1, 1958, FRUS 1958–1960, 3:85–89。艾森豪威尔不断指出他与杜勒斯在此事上的不同态度。关于1959年和1960年的不同评论,见Gordon Gray-Eisenhower meeting, July 27, 1959, OSANSA/SA/P/4/DDEL; FRUS 1958–1960, 7(1):499, 511, 517, 653;最重要的文献参见the Allen Dulles-Eisenhower meeting, August 22, 1961,NSF/82/JFKL,引自Trachtenberg, *History and Strategy*, p. 185。

了"200万我们曾经两度交战且几乎消灭了我们的人"而参战吗?[58] 英国人进一步认为,西方诸国无法在这次危机中蒙混过关。英国人完全不相信通过核威胁就可以拯救柏林。就像英国外交大臣霍姆勋爵在1961年7月所言:"实际上我们的立场非常缺乏支撑,只有关于核武器可以用来保卫我们地位的这个设想可以支撑它,但是他认为这是完全不切实际的。"[59] 采取坚定的立场可能会导致不列颠群岛成为炮灰,或者更可能的是,在最后一刻选择屈辱的屈从。麦克米伦以及其他英国高级官员希望尽可能确保危机不会导致以上任何一种可能的结果。他们认为,任何的军事对抗都是不可接受的。核升级是不可能的;因此考虑更多的有限形式的军事行动(总能被苏联方面轻松应对)没有什么意义。在柏林被切断的情况下派遣一个营进入,这"在军事上听起来不妥"。而派去一个师的兵力会导致一场重大的军事灾难。派去一个军的部队甚至会更糟。[60] 英国防务大臣哈罗德·沃特金森实际上在1961年末把这种举措描述为"西方的传统侵略行为",并且告诉美国国防部长,英国在任何时候都不会同意欧洲诸国"把自己放在侵略者的位置上"。[61] 麦克米伦自己则认为这种应急计划是"荒谬至极"的。[62]

但是英国人不愿与美国人就这些问题而对峙,因此从一开始就寻求回避一些基本问题,如武力到底是否会被用来维持联盟的通行权。他们同意允许诺斯塔德指挥计划制定工作,代号"橄树"(Live Oak),甚至在1959年12月同意他"为任何可能的偶发事件"做预案。但是他们总是谨慎强

58　NSC meeting, May 24, 1960, FRUS 1958-1960, 9:510. 另见 de Zulueta to Macmillan, December 19, 1961, Prem 11/3782, PRO。

59　Rusk-Home meeting, July 21, 1962, FO 371/163575, PRO.

60　有关英国人的军事思想,以及他们在此事上与美国的分歧,见机密附件,COS(60)50th, 52nd, 59th and 66th meetings, August 9, August 23, September 27, and October 25, 1960, and C.O.S.(61)38th, 42nd, and 65th meetings, June 20, July 4, and September 27, 1961, Defe 4/128-130, 136, and 139, PRO. 另见 Harold Macmillan, *Riding the Storm, 1956-1959* (New York: Harper, 1971), p. 634。

61　Watkinson-McNamara meeting, December 11, 1961, Defe 13/254, PRO.

62　Macmillan, *Pointing the Way*, p. 389.

第七章 柏林危机中的政治，1958—1960

调，他的小组做出的预案没有获得官方政府的批准，且英国政府也没有对"槲树"计划做出任何承诺，而且直到各国政府批准之后该项目才能得以实施。例如，1961年，当新的肯尼迪政府希望表明立场，允许西方各国在发动全面核打击之前延长并且强化有限军事行动的阶段时，麦克米伦愿意在美国的想法之上推进该计划，尽管对英国人而言，相较于艾森豪威尔的计划，他们更不赞成肯尼迪政府的计划。在麦克米伦看来，军事计划仅仅是"理论推演"，而且他再次强调即使在最有限的军事行动开始之前也需要"特定的政治上的批准"。[63]

如果军事选项实际上被排除了，那么显然对英国人而言，西方各国除了协商别无选择。最佳策略就是，在维持现状的政策（必要时使用武力）显然会失效之前迅速平息危机。麦克米伦告诉艾森豪威尔和杜勒斯："我们在柏林的地位的依据，尤其是依占领权而存在的依据正在快速消失。"苏联人"控制着德意志民主共和国"，已经"占据上风"。因此，他说道，"我们应该尝试通过协商来挽回些什么"。[64] 正如他的一个主要顾问在1959年8月所指出的那样："我们**必须**和苏联人协商某种解决方案，并由此认清现实，因为如果不这么做，我们在柏林的地位就会荡然无存。"[65] 这意味着英国开始实际上承认民主德国政权，接受奥得河-尼斯河边界，并且接受包括东西德在内的一片中欧地域的特殊军事地位。[66]

上述提议没有一条是受到其他三个主要盟国政府欢迎的。德国的反应尤为强烈。对阿登纳而言，英国人简直就是"叛徒"。[67] 麦克米伦当然因为

---

63 有关英国人不愿意承诺使用武力的文献，例如，参见 Dulles-Lloyd-Couve meeting, December 15, 1958, and Merchant-Hood meeting, January 2, 1959, FRUS 1958–1960, 8:201, 227。有关麦克米伦对盟军计划的重要性轻描淡写的描述，参见 Ormsby Gore to Foreign Office, January 11, 1962, Prem 11/3804, PRO 里他的手写笔记。欧文对于英国人在柏林协调组会议上的立场的描述，另见 May 23, 1960, FRUS 1958–1960, 9:529。

64 Macmillan-Dulles-Eisenhower meeting, March 20, 1959, FRUS 1958–1960, 7(2):835–836.

65 De Zulueta to Macmillan, August 18, 1959, Prem 11/2703, PRO.

66 在外交大臣霍姆写给内阁有关柏林的文件中，该政策得到了明确阐述，C(61)116, July 26, 1961, Cab 129/106, PRO。

67 Steel to Hoyer Millar, March 31, 1959, FO 371/145774, PRO. 另见 Macmillan, *Pointing the Way*, p. 64, and Trachtenberg, *History and Strategy*, p. 201。

采取了他认为唯一现实的立场而被"斥责"深感不满,尤其斥责他的还是像阿登纳政府那样的不愿面对全面核战的可怕前景的人。[68]

然而尽管麦克米伦与德国在此事上产生分歧,他对美国的态度却相当不同。美国人对全面战争的风险考虑得更加谨慎,他也无法从容应对美国的敌对反应,尤其考虑到与美国的合作是英国政策的基本原则。而且显然从一开始,美国就对英国政策的基本主旨感到不安。美国领导人抱怨到,英国人"摇摆不定"。[69] 英国外交大臣塞尔温·劳埃德于1959年1月给杜勒斯发去一篇有关柏林问题的短文。他说道,欧洲有这样一个趋势,即认为美国人想要和苏联一决高下,而且确实想要挑起一场他们自己"相对不受影响"的战争;他补充到,他并不是"批评这种言论"。杜勒斯告诉艾森豪威尔,文章"非常令人不安"。如果这种思想传播开来,西方就会"陷入困境。这表明了张伯伦式的态度"。[70]

实际上,麦克米伦即将飞往苏联会见赫鲁晓夫。杜勒斯不喜欢这个主意。他认为,苏联人会将英国的拜访(他讽刺地把它称作"哈罗德前往莫斯科的孤独的朝觐之旅")视为一种示弱的表现。[71] 人们通常从英国国内政治的角度解读英国人在媾和方面的努力。杜勒斯说,麦克米伦"正在为竞选四处奔走"。[72] 当阿登纳得知此事之后,他直接问英国大使:"这是一种选举策略吗?"[73] 这种猜测不是完全没理由的。正如劳埃德所说:"面对大

68　见 Macmillan, *Riding the Storm*, pp. 581, 637; and Macmillan, *Pointing the Way*, pp. 63–64。
69　赫脱与艾森豪威尔的电话交谈, November 22, 1958, DDRS 1984/227; Dulles-Eisenhower telephone conversation, January 13, 1959, 12:06 p.m., DP/TC/13/DDEL; Herter to Eisenhower, July 30, 1959, AWF/DH/9/DDEL.
70　杜勒斯与艾森豪威尔的电话交谈, January 25, 1959, DP/TC/13/DDEL; Dulles, "Thinking Out Loud," FRUS 1958–1960, 8:292–294。
71　杜勒斯与艾森豪威尔的电话交谈, January 20, 1959, DP/TC/13/DDEL; Dulles to Eisenhower, February 5, 1959, FRUS 1958–1960, 8:324。
72　杜勒斯与艾森豪威尔的电话交谈, January 20, 21, and 25, 1959, DP/TC/13/DDEL。但是艾森豪威尔认为,即使是从国内政治的角度来看,麦克米伦也犯了一个错误。见 Eisenhower-Herter meeting, March 17, 1959, FRUS 1958–1960, 8:494。
73　Steel to Foreign Office, February 3, 1959, FO 371/145773, PRO.

第七章 柏林危机中的政治，1958—1960

选的首相必须要做出一些个人努力以平息紧张局势，如与赫鲁晓夫会晤。"[74] 从实质上讲，英国的盟友并不尊重麦克米伦所奉行的政策立场。

当麦克米伦从苏联回来又动身飞往美国之时，此事达到了高潮。在与美国领导人会晤中，他呼吁妥协，并且为苏联的政策辩护，认为它并没有侵略性。艾森豪威尔说，美国"绝对不会'让西柏林人民落入虎口'"。麦克米伦有些情绪激动了。空气中弥漫着战争的气息。他说，必须召开峰会来阻止战争发生。但是艾森豪威尔不会"被拖去参加峰会"。麦克米伦声称如果事先召开峰会，第一次世界大战原本可以避免。艾森豪威尔"反驳说，第二次世界大战之前，内维尔·张伯伦也去参加了这样的会议，但是他并不想与这种会议有所关联"。他不会屈服于各种胁迫。他说，"逐步投降"无法避免战争。[75]

杜勒斯也和麦克米伦发生了激烈的冲突。他问道："如果每当苏联威胁我们，并且想从我们当前的地位中捞取利益之时，我们都认为必须通过妥协来换取和平"，那么维持一支强大的威慑部队又有何用？[76] 在杜勒斯看来，英国在军事和道义上都很孱弱。他现在认为，与英国的关系将会变得很艰难。显然英国已然决定自寻他路。英美之间亲密合作的时期似乎已终结。[77]

次年，在杜勒斯辞世之后，麦克米伦重新掌权。他明确告诉艾森豪威尔，英国不打算在柏林危机中使用武力，并且他认为美国政府"也是这么想的"。实际上情况并非如此，艾森豪威尔回复到。如果苏联人决心"终结我们的权利，那我们就打算带着武装部队开赴柏林"。[78] 美英两国在此关键

74　Selwyn Lloyd, "Reflections, written August 1960," on the February 1959 "approach" to the USSR, Lloyd Papers, Churchill Archives Centre, Churchill College, Cambridge.
75　Anglo-American meetings, March 20, 1959, FRUS 1958–1960, 7(2):832–837, 844–847; Goodpaster memorandum of 7 p.m., Eisenhower-Macmillan meeting, SS/ITM/6/Macmillan Talks/DDEL.
76　Anglo-American meeting, March 20, 1959, FRUS 1958–1960, 7(2):835.
77　Dulles-Herter meeting, April 24, 1959, with attached Dulles outline on "British and United States Views on Dealing with the Soviet Union," April 21, 1959, DP/SACS/14/DDEL.
78　Eisenhower-Macmillan meeting, March 28, 1960, FRUS 1958–1960, 9:260.

问题上分歧颇大。两国似乎渐行渐远。

麦克米伦意识到了这个问题；在1960年初，他的一个顾问为他列举出一连串美国对英国态度冷淡的例子。[79] 这是个令人不安的趋势，英国人认为有必要采取行动。因此他们开始见风使舵。他们不会公开要求在基本政治问题上西方政策有任何重大转变，而是在这一领域跟随美国的领导。[80] 而且他们也会淡化对柏林应急计划的反对：他们如今的目标就是防止引发对他们"目的不坚定"的再次批评。[81] 他们认为，少量的合作是有必要的，这样可以防止失去英国政府所剩的任何影响力。[82]

实际上，英国对局势少有控制。对美国领导人来说，英国人的软弱令人惋惜，但绝不是灾难性的。即使没有英国人的支持，美国人也会继续贯彻自己的政策。正如1959年2月，杜勒斯向阿登纳解释的那样，"最终决定权"将会在"拥有最大权力的国家手上"。如果英国人意图做出"危险的"让步，那么美国政府将会"明确表达自己的观点，并且相信美国一定会取胜"。[83] 在一篇他即将卸任国务卿之际写于医院的关于英美关系的短文中，他甚至更直截了当地表明这种观点。那年麦克米伦政府对美国人"并不真诚"，但是最终英国只是扮演一个小角色而已："我们的观点是权力的'支柱'；因此，归根结底，我们的观点对英国以及我们的其他盟友是具有说服

79　De Zulueta to Macmillan, March 8, 1960, and de Zulueta memorandum, "The Future of Anglo-American Relations," March 8, 1960, Prem 11/2986, PRO.

80　例如，参见draft Foreign Office letter to Hood, February 24, 1960, FO 371/154085, PRO。

81　Confidential Annex to COS(60)52nd meeting, August 23, 1960, Defe 4/128, PRO. 还请注意蒙巴顿在1961年中的评论，即英国各军种参谋长"一直认为，大规模的陆地作战在军事上不可行"，但"由于大臣们的限制"，他们无法把自己的观点全部告诉诺斯塔德将军，以免给他留下我们在拖延误事的印象"。Confidential Annex to COS(61)38th meeting, June 20, 1961, Defe 4/136, PRO.

82　这是军政双方领导人的观点。有关军方的观点，见Confidential Annex to COS(61)56th meeting, August 28, 1961, Defe 4/138, PRO。有人指出，在讨论柏林应急计划时，"美国军事参谋和诺斯塔德将军以其美国身份已单方面地考虑更大规模行动的问题，包括使用核武器。因此，如果英国可以同意参加此计划，这将会是非常有利的。否则我们将无法影响其进程"。外交部官员亦觉得如此。有位官员写道："存在一种真正的危险，就是美国人大喝一声'盟国都见鬼去吧'，然后在柏林问题上独自行动。除非三国同意基础之上，否则不能在柏林问题上做任何事情，坚持这一点对我们相当有利。但是如果我们在一些小事上一直不予同意……我们只会助长五角大楼和诺斯塔德的绝望情绪。" Killick to Shuckburgh, September 25, 1961, FO 371/160553, PRO.

83　Dulles-Adenauer meeting, February 7, 1959, DSP/80/72722/ML.

第七章 柏林危机中的政治，1958—1960

力的。"[84]

戴高乐、德国以及柏林

然而，不管是杜勒斯还是艾森豪威尔都不认为美国应该简单地发号施令，欧洲盟国只要跟随美国的领导即可。英国人的顾虑可以暂且抛至一边；理论上德国人几乎被迫站在美国这一边。但是美国政府并不愿意采取向盟国简单地发号施令的政策。有一种很模糊的感觉：如果欧洲人觉得美国对他们的关切视而不见，傲慢地把他们施进战争边缘，或是单方面强迫他们做出令人不悦的妥协，那么整个西方体系可能会崩溃。战争与和平这样重大事件的相关重大责任必须共同承担。尤其考虑到英国人的态度，在欧洲找到一些真正的政治支持很重要。

这就是为什么法国政策重要的原因。如果法国为了德国柏林一事最终也愿意冒战争风险，就会给原本缺乏合法性的美国立场增加合法性。如果法国在此事上采取强硬立场，但同时也支持和苏联协商的大致建议，那么旨在达成某种解决方案的政策就更容易实施了。在德国人看来，英国人可能被斥为绥靖者，而且甚至在杜勒斯离开之后，美国人也可能变得和英国人一样。但是如果法国寻求协商解决，就更难以谴责这种政策是盎格鲁-撒克逊人软弱的结果，德国将迫于更大压力而顺从和配合。另一方面，如果法国反对协商政策，德国政府则可以更轻松地反对美国在这一领域想要做的事。

因此，美法两国的政策自危机开始直至1961年末都保持同步，这是相当重要的。两国都认为，德国分裂的现状是它们可以接受的，它们主要寻求在现状受威胁的地方也就是柏林维持现状。实际上，尽管法国人也抱怨

---

84 Dulles outline on "British and United States Views on Dealing with the Soviet Union," April 21, 1959, DP/SACF/14/DDEL.

美国的"保守主义"——戴高乐主义者认为，美国人意图维持欧洲的分裂，他们被认为已经与苏联人在雅尔塔就此达成了一致——法国人甚至比美国人更坚定地捍卫分裂的德国和由此而来的分裂的欧洲的现状。[85]

杜勒斯和艾森豪威尔非常认真地对待德国统一这一终极目标。在艾森豪威尔看来，德意志人是希望可以团结在一个国家内的民族，他理所当然地认为，"我们应该尽我们所能顺其自然"。[86] 但是戴高乐很清楚地告诉他的盟友甚至是苏联，他非常高兴并愿意无限期地接受中欧现状。他说道："法国并不急于德国的统一。"[87] 数月之后，他又重申了此观点。他说道："由于一些可以理解的原因"，法国"并非十分希望看到德国的统一或者见证德国的强大"。[88] 至于柏林，目前的局势是完全可以接受的："西方真正想从赫鲁晓夫那里得到的是，他不应该发动战争并且同意制订某种妥协方案。"[89] 戴高乐甚至在原则上不同意艾森豪威尔关于西方的政策应基于"民族自决"的观点。当后者说西方"应该强调我们坚信这点"，并且这一信念应该成为西方对柏林和东德政策的基础之时，戴高乐以他特有的直率回答到，美国人"确实坚信这一点，但他不是"。[90] 与长久以来的法国传统相一致，戴高乐无论如何都不把德国的统一当成完全自然的。东德人（他经常称其为"普鲁士人和萨克森人"）并不是和西德人完全一样的民族。戴高乐之所以很欣赏阿登纳，部分原因在于阿登纳和他的想法几乎一致。戴高

---

85 例如，参见 Maurice Couve de Murville, *Une politique étrangère, 1958-1968* (Paris: Plon, 1971), p. 30; De Gaulle, *Mémoires d'espoir: Le renouveau*, pp. 211, 239。

86 Eisenhower-Herter telephone conversation, April 4, 1959, HP/10/DDEL.

87 De Gaulle-Macmillan-Eisenhower meeting, December 20, 1959, p. 8, Prem 11/2991, PRO. 另注意总理德勃雷的评论，ibid., pp. 5-6。另见戴高乐与艾森豪威尔会谈中发表的这方面的评论，September 2-4, 1959, DDF 1959, 2:276, 284。

88 De Gaulle-Eisenhower meeting, April 22, 1960, FRUS 1958-1960, 7(2):346. 戴高乐及其同事频繁地表明了这种观点。例如，参见 de Gaulle-Dulles meeting, February 6, 1959, FRUS 1958-1960, 8:332-333; Sulzberger, *Last of the Giants*, p. 884; Groepper to Foreign Office, December 4, 1963, AAPBD 1963, 3:1543; and Ernst Weisenfeld, *Quelle Allemagne pour la France?* (Paris: Colin, 1989), pp. 104-105。另注意比较 Couve de Murville, *Le monde en face*, p. 49 以及顾夫的言论，Institut Charles de Gaulle, *De Gaulle et son siècle*, vol. 5 (Paris: Plon, 1991), p. 425。

89 De Gaulle-Macmillan meeting, December 21, 1959, p. 6, Prem 11/2996, PRO.

90 Eisenhower-de Gaulle meeting, April 25, 1960, FRUS 1958-1960, 7(2):355-356.

第七章 柏林危机中的政治，1958—1960

乐说道："阿登纳不相信德国的统一，也不相信普鲁士会回归德国。*Il se moque de Berlin*——他根本就不在乎柏林。"[91] 阿登纳是德国人中最出类拔萃的，他是莱茵天主教徒、一位资产阶级民主人士，还是一位强有力的领导，亲西方又亲法——他是一位娴熟的政客，知道怎样带领他的不稳定的国家走上一条正确的道路。[92]

因此，整个西方，尤其是法国，必须谨慎执行它们的政策。一方面，正如法国总理米歇尔·德勃雷（Michel Debré）所指出的那样，法国想要与东方共存，且"可以接受两个德国的存在"。由此目标就是在那个基础之上寻求妥协。但问题是，在德国看来该政策很可憎。如果西方太过公开地追求这些目标，不知道德国人会作何反应。如果他们觉得遭受背叛并且脱离西方联盟，结果可能会是灾难性的。因此，西方不得不继续假装它赞成统一。这是西方政府无法回避的主题，但是"实际的问题是，怎样在实践中接受德国的分裂"。[93]

法国在危机期间的政策制定考虑到这两个互相矛盾的目标。原则上，法国政府采取强硬态度。如果盟国与柏林的联系被切断，西方诸国不会投降。总之，是一定要诉诸武力的。"如果那意味着战争，"戴高乐告诉麦克米伦，"那么就让它来吧。"[94] 但是如果盟国立场坚定，苏联人是不会封锁进入柏林的通道的。因此最重要的就是展示决心，这样可以最小化苏联误判的风险。盟国应避免一些示弱的行动。因此有人说，正是由于这个原因，戴高乐从一开始就反对与苏联协商。

事实上，法国的政策也远没有那么明确。在关于最终是否会诉诸武力

---

91 Alphand, *L'étonnement d'être*, entry for August 23, 1961, p. 363. 另见戴高乐的评论，December 21, 1959, meeting with Macmillan, DDF 1959, 2:781；以及他在1962年末有关持同样立场的一些言论，引自 Peyrefitte, *C'était de Gaulle*, p. 161。

92 De Gaulle, *Mémoires d'espoir: Le renouveau*, pp. 183–187.

93 Debré-Macmillan meetings, March 9 and April 13, 1959, 以及 De Gaulle-Macmillan meeting, March 10, 1959, DDF 1959, 1:315, 318, 320, 492–493; Debré in de Gaulle-Macmillan-Eisenhower meeting, December 20, 1959, pp. 5–6, Prem 11/2991, PRO. 另注意 Couve's remarks in a meeting with Rusk and Home, August 5, 1961, FRUS 1961–1963, 14:270。

94 De Gaulle-Macmillan meeting, March 10, 1959, DDF 1959, 1:317.

的关键问题上，法国官员表现出令人惊讶的谨慎。1958年11月，苏联人在清算西方权利之前曾给他们的前盟友六个月的宽限期，并且美国政府想要利用这个时期和对西柏林负有责任的另外两个盟友一起制订出军事应急计划。因此在1958年12月，美国人提出该计划应建立在进入路径被阻断之后可以使用武力的基础之上。但是，尽管戴高乐谈到了三国合作制订共同军事计划的重要性，但法国人仍然试图回避这个重要问题。美国的会议代表告诉美国军方高级领导人，他们在"耍滑头"。和英国人一样，法国最终同意军事计划的制订将会在诺斯塔德的监督之下进行，但是诺斯塔德不可以自己执行这些计划。[95] 戴高乐表面上采取了坚定立场，因为他认为苏联在虚张声势。但是如果他自己也在虚张声势，那就不清楚他是否准备好在柏林面对一场核战了。

诚然，法国官员有时甚至建议最终应该牺牲西柏林。1960年4月，戴高乐告诉艾森豪威尔，他认为"我们不应该允许自己被赶出柏林，但是我们不应该用'绝不'这个词，绝对，绝对不要这么做"。[96] 法国总理德勃雷表达得更清楚。他在5月告诉麦克米伦，至少在西柏林没有被占领的情况下，在柏林进入权问题上不应发生战争，如果苏联人切断了通往柏林的道路，也可以不采取军事行动。西方最可能做的就是建立"某种经济反封锁"。[97] 甚至在1961年末，当法国在柏林问题上提出了看似极为强硬的立场之时，法国外长莫里斯·顾夫·德姆维尔也给出了相同的提议。8月，他告诉英国外交大臣和美国外长，赫鲁晓夫认为西方不会反抗，并会最终接

---

95 见 DOS Berlin History, 1:25, 98; NAC delegation to State Department, December 15, 1958, 以及 tripartite meeting, January 13, 1959, FRUS 1958–1960, 8:201, 250–253。阿尔方大使发现此立场难以辩护；*L'étonnement d'être*, entry for January 12, 1959, p. 297。关于法国在"耍滑头"，见 State-JCS meeting, January 14, 1959, p. 4, NSABF。另注意，在 Clay to Rusk, January 11, 1962, FRUS 1961–1963, 14:746 中，克莱评价道："英法两国都不会在柏林采取行动。"甚至在危机末期，法国的立场仍然有些"含糊"。见 Kennedy-Couve meeting, October 9, 1962, ibid., 15:354–355。

96 Eisenhower-de Gaulle meeting, April 22, 1960, FRUS 1958–1960, 7(2):346.

97 Debré-Macmillan meeting, May 19, 1960, FO 371/152097, PRO. 德勃雷表明支持艾森豪威尔在前一天的会议上阐述的观点，但是从记录上看，显然总统什么也没说。这种虚假的陈述应该被视作德勃雷的计策，用来在不用担当全部责任的情况下阐述法国的观点。Eisenhower-de Gaulle-Macmillan meeting, May 18, 1960, FRUS 1958–1960, 9:491.

第七章　柏林危机中的政治，1958—1960

受他提出的条款。顾夫认为，可能说到底，赫鲁晓夫还是对的；但错误的是"马上给他一个他是正确的印象"。[98] 言外之意就是，西方最终会投降，但是不会过早投降。由此他认为，美国人对于柏林的防御太过执着。12月，戴高乐向阿登纳表达了相似的观点。似乎法国已经接受了失去柏林的可能性，而现在更关心这会对联邦德国产生何种影响。顾夫说："如今主要的问题就是保卫德国西部。200万出色的西柏林人的自由和命运当然重要，'但是毕竟'，他耸了耸肩说。他觉得，美国人往柏林身上贴了太多金，他们太把德国西部当回事了。现在我们都看到了西德人的境遇。这就是真正的问题所在。"[99]

基本观点是，如果必须做出妥协，即使要放弃柏林，重要的也是在此过程中不能失去西德。这也就意味着，法国要采取强硬立场——或者更确切地说，法国必须看起来像是采取了强硬立场。不能让德国感觉到西方对它已经失去信心。德国人需要被鼓励：他们自己必须同意，西方如果想要避免战争，除了妥协别无选择。法国所反对的是英国的政策让步过多，妥协太快。正如顾夫在1959年初所说，柏林是个累赘，恐怕还不如一开始就不要踏进这座城市。但是现在撤退只会意味着西方政策的崩溃。他说，显然西方诸国准备和苏联人"长期协商"，对一个相对成功的结果的所有希望都取决于盟国在一开始的坚定态度。"我们在协商过程中可以灵活一些"，他说，但是如果以"软弱的姿态"进行协商，这会是一个严重的失误。[100]

因此，法国政府并不反对同苏联谈话。"关于德国问题，"戴高乐在1959年初说道："我们必须接受协商。"他"并不反对召开峰会"。实际上，

98　Couve-Rusk-Home meeting, August 5, 1961, FRUS 1961–1963, 14:272.
99　Couve-Heath meeting, November 9, 1961, FO 371/160563, PRO. 另见 Heinrich Krone, "Aufzeichnungen zur Deutschland-und Ostpolitik 1954–1960" [Krone diary], ed. Klaus Gotto, in *Adenauer-Studien*, vol. 3, ed. Rudolf Morsey and Konrad Repgen (Mainz: Matthias-Brünewald-Verlag, 1974), entry for December 15, 1961, p. 165。
100　Couve-Lloyd meeting, March 10, 1959, and Debré-Couve-Adenauer meeting, May 6, 1959, DDF 1959, 1:326, 613. Couve-Herter meeting, March 31, 1959, FRUS 1958–1960, 8:541.

他希望针对德国的全部问题"组织一次会议"。10月,他呼吁在7个月之后召开峰会。[101] 戴高乐的主要下属对他心中所想表达得更加明确。在1960年5月巴黎峰会失败之后,德勃雷认为既然武力不可行,而且经济上的反制手段也不是很有效,那么西方"在不是十分丢面子的情况下"应尽快重启在外交部长或者大使级层面的协商。[102] 1961年8月,顾夫说,决定西方应该准备在这些谈判中怎么做是"必须面对且令人讨厌的责任"。[103] 他向美国和英国的外交同行直言(但德国人不在场,如他所说),法国的观点就是,"我们显然必须尝试达成协议,这个过程中也涉及妥协"。但问题是怎样拉拢德国人。目前,德国"可以接受的"与三个西方大国"希望提议的"仍有差距。随着危机的到来,德国的立场可能改变。但是"当真正的考验来临之时",无人知晓德国的态度究竟会怎样。[104] 甚至在1961年9月,当美国国务卿腊斯克即将准备与葛罗米柯展开会谈之时,顾夫指出这些会谈"会构成一些实质性的协商"。他坚信,直接的双边会谈可以解决一些实质性的问题,并且他说腊斯克可以"在大家的通力支持下"继续推进。[105]

至于戴高乐自己,在8月8日与腊斯克的会晤上,他采取了乍看上去强硬得多的立场。他指出,西方各国可以直言,它们有权利待在柏林,并且如果必要也会使用武力来维持自己在柏林的地位。如果美国人选择了那条道路,"我们将与你们同在"。迫切要求协商的政策"不是我们的作风"。但是实际上他几乎以同样的口吻告诉腊斯克,法国并不反对美国正在做的事情。"请继续你们的试探,"他说道,"我们并不反对。如果你们在协商中发现一些实质性的东西,请告诉我们,我们会加入你们。"[106] 对于英国和美国

---

101 Dulles-Alphand meeting, February 3, 1959, FRUS 1958–1960, 8:312; De Gaulle-Macmillan meeting, March 10, 1959, DDF 1959, 1:317–318, 320; De Gaulle to Eisenhower, March 11 and October 20, 1959, LNC 1958–1960, pp. 204, 272.
102 Debré-Macmillan meeting, May 19, 1960, FO 371/152097, PRO.
103 Western foreign ministers' meeting, August 6, 1961, FRUS 1961–1963, 14:296.
104 Rusk-Couve-Home meeting, August 5, 1961, ibid., pp. 269, 274, 277.
105 Western foreign ministers' meeting, September 15, 1961, ibid., pp. 418–419.
106 Rusk-de Gaulle meeting, August 8, 1961, ibid., pp. 313–315.

第七章 柏林危机中的政治，1958—1960

的官员而言，似乎戴高乐想要双线并行：允许继续探索解决问题，但避免为可能要做出的牺牲承担责任。

因此，法国政府开始考虑协商解决，或者实际上说是做出一些西方可能最终必须要做出的让步。戴高乐和他的盟友不同——首先和英国人不同，然后从1961年末开始，和美国人也不同，不同之处体现在策略上。如果表现得太过于希望协商，这会适得其反。西方诸国应该学会强硬地讨价还价。法国担心采取温和立场对苏、对德会有什么样的后果。但是迟早会制订出一个解决方案，且尚不知还要做出多少不可避免的让步。

那么，法国设想了何种安排？他们的基本要求就是维持现状。目前的局势可能并不完美，但自二战结束以来，人们就一直面对着这样的状况，而且他们没有理由不能无限期地这样生活下去。苏联人说必须接受现实。德国的分裂、东方的共产主义政权以及奥得河-尼斯河边界，都是西方需要认可的既成事实。在法国看来，这些都没有原则上的问题。关于东德政权的地位，法国并不教条。和美国人一样，在允许东德人在进入柏林的文件上盖章或者接管苏联在进入路径的责任上，法国实际上没有什么真正的问题。[107] 戴高乐也和美国人一样，赞同两德之间增强联系。[108] 关于与共产主义政权打交道，他同意杜勒斯的观点，认为西德人的行为"过于保守"。[109] 完全的法律上的认同是不可能的，但是法国总统在1959年初认为，制定涉及"联邦德国与西方诸国以及它与德意志民主共和国之间的事实关系"的临时协定是可行的。[110] 实际上，作为柏林问题解决方案的一部分，1959年的戴高乐（像艾森豪威尔一样）设想在1961年西德大选之后与两德签订和平协议。[111] 关于奥得河-尼斯河边界，戴

---

107 De Gaulle-Macmillan meeting, March 10, 1959, DDF 1959, 1:320-322; Couve in western foreign ministers' meeting, August 5, 1961, FRUS 1961-1963, 14:289.
108 例如，参见 de Gaulle-Macmillan meeting, March 10, 1959, DDF 1959, 1:318, 320。
109 De Gaulle-Dulles meeting, February 6, 1959, FRUS 1958-1960, 8:333.
110 Dulles-Alphand meeting, February 3, 1959, ibid., p. 312.
111 Alphand, *L'étonnement d'être*, p. 318; 关于艾森豪威尔，见 Trachtenberg, *History and Strategy*, p. 197。

高乐明确表示，他接受以此作为最终边界。他和艾森豪威尔都认为，如果他们可以让德国人同意，哪怕是默许，那么西方对奥得河－尼斯河边界的保证将会在与苏联的协商中成为"宝贵的王牌"。[112] 因此西方必须最终接受某些事实，而且他确实也希望最终"和苏联人"达成一些反映这些"事实"的协议。但是西方必须要得到一些东西作为回报。共产主义者也必须要接受柏林的现状。[113]

法国会把这种解决方案视作危机的成功结果，事实上法国准备接受的要少得多。甚至在1959年，它就愿意做出一些让步来满足苏联在柏林的愿望。苏联人对西柏林颇有抱怨——认为该地区是西方宣传和谍报活动的基地，是迎接东德逃离者的窗口。顾夫计划做出很大努力来满足苏联在所有这些领域的关切；他还愿意限制西柏林同联邦德国的政治纽带。[114] 到1961年末，法国还准备更进一步。1961年8月，对顾夫而言，一项协议如果必须要达成，那么就不可避免地涉及让步。他说，正是盟军的"军事权利被用来掩护本质上的德国人的交通"，尤其是把东德逃离者从西柏林空运到西德，才造成了问题。因此，如果要达成解决方案，盟军对德国交通的保护可能是必须要被牺牲的。西德与西柏林的政治纽带可能也要被切断。苏联人对此表示坚持，"如果想要和苏联达成任何协议"，这是必须要面对的现实。[115] 最后还有德国的核地位问题。同样，关于此问题，法国人愿意做出巨大让步来换取与苏联的和解——或者说实际上是半让步，因为法国人本身在原则上并不反对这些。在他们看来，一个统一的德国在核领域也应该像联邦德国一样受同等制约。巴黎协定制定起来的制度也适用于作为整

112　Eisenhower-de Gaulle meeting, April 22, 1960, FRUS 1958–1960, 7(2):346. 有关艾森豪威尔的观点，另见 Eisenhower-Macmillan meeting, March 28, 1960, ibid., 9:259。在1959年3月25日的新闻发布会上，戴高乐表示他接受奥得河－尼斯河一线作为最终边界。

113　Macmillan to Ormsby Gore, November 27, 1961, Prem 11/3338, PRO. 另见 Couve in western foreign ministers' meeting, December 11, 1961, FRUS 1961–1963, 14:655。

114　De Gaulle-Macmillan meeting, March 10, 1959, and Macmillan-Debré-Couve meeting, April 13, 1959, DDF 1959, 1:320, 494, 496.

115　Rusk-Home-Couve meeting, August 5, 1961, FRUS 1961–1963, 14:272–273, 277.

第七章 柏林危机中的政治，1958—1960

体的德国。这实际上也是美国的观点。更重要的问题是，在一项与苏联人达成的即使德国仍保持分裂，也能平息柏林危机的协议中，这种限制是否可以被作为其中一部分，需要注意的是，在1959年法国并未排除此选项。尽管戴高乐在与阿登纳的会晤上确实采取了截然相反的立场，但法国人真正的观点（至少直到1962年左右，那时他们的态度变得有些模棱两可了）是，必须在该领域保持德国的"某些地位不平等"。[116] 他们认为，对西德核地位的限制很可能出现在协商过程当中。[117]

因此，法国人在危机一开始的时候就很切合实际，并且考虑要协商解决，他们知道自己会在何处做出让步。在一些基本问题上，法国和美国的观点相似。[118] 两国政府都满足于现状，尽管美国（至少在艾森豪威尔时期）比法国更希望看到德国统一。两国政府都愿意正式接受现状，并以此作为可以拯救柏林、避免战争的妥协方案的一部分。由于担心德国的反应，两国都不会贸然行动，法国比美国更甚。而且如果没能达成协议、苏联继续威胁的话，两国政府都在关键问题上（即使用武力）采取了强硬立场——尽管在此问题上美国显然更愿意最后诉诸武力。

但是不管法国如何看待使用武力，戴高乐的标准立场就是：必须要接受战争的风险。这意味着美国人可以感觉到他们不仅仅是在对欧洲施加强硬立场。西方立场的坚定将不会仅仅依靠美国。并且事实上，至少在1961年末之前，法国都是支持协商的观点的，这意味着，旨在协商解决的政策可能更容易实施。如果所有其他三个西方大国政府认为这些安排是必要的，那么德国人很可能更愿意做出牺牲，并且赞同协商解决。

---

116 比较德勃雷在与劳埃德的会谈中的表态，November 12, 1959, DDF 1959, 2:565，与戴高乐在次月与阿登纳、麦克米伦以及艾森豪威尔的会晤中的评论，December 20, 1959, ibid., p. 775。

117 Debré in meeting with Macmillan, March 9, 1959, ibid., 1: 315. 另注意，戴高乐在1960年3月与赫鲁晓夫会晤时概括了他所想象的解决方案，其中有一条原则是德国——或者更准确地说，是两德——不拥有核能力。De Gaulle, *Mémoires d'espoir: Le renouveau*, p. 241.

118 当时经常论及此观点。例如，参见 Dulles-Alphand meeting, February 3, 1959, FRUS 1958-1960, 8:314; Alphand to Couve, March 14, 1959, DDF 1959, 1:355; Alphand, *L'étonnement d'être*, p. 301.

柏林危机期间的德国政策

原则上，德国的政策和三个西方盟友的政策在本质上是不一样的。英、法、美三国的目标本质上是防御性质的。他们希望苏联人接受现状，尤其是柏林附近的现状。不应尝试利用武力、武力威胁引起变化。西方诸国愿在此基础上与苏联人共存，本质上也不反对稳定现状的政策。但是，德国人从根本上反对这种政策。他们认为，任何基于稳定现状的努力都会固化国家的分裂。尤其对于阿登纳而言，"缓和"这个观点本身就令人怀疑。在他脑中，美苏一起统治世界、欧洲的政治失势以及永久限制德国实力及其独立，甚至美国撤出欧洲以及德国的中立化这些观点——简而言之，就是出卖德国最基本利益的行为——与"缓和"都是相联系的。

最大的问题是究竟什么观点能被接受。德国人会赞同稳定政策，又或是担心可能失去德国的西方盟国最终在这些关键问题上都听从阿登纳的意见？美国可能是目前为止西方同盟中最强大的国家，但是在艾森豪威尔时期，美国领导人并不愿意简单地制定法律。艾森豪威尔本人强烈反对抛弃盟友独自前行。在1959年10月他所作的发言代表了他总体采取的方法："他认为如果尝试的话，他可以和赫鲁晓夫达成协议，但他知道我们的盟友不会接受我们的单边行动。"[119] 尤其不能忽视德国政府。阿登纳强烈反对把东德人视作苏联的"代理人"：他坚持认为不能允许东德人接管苏联人正在控制的进入路径。美国随后正式放弃了那个想法。即使东德承诺"承担之前由苏联所承担的责任，"艾森豪威尔说道，"尽管我们想接受，却也不能考虑此事，因为这对阿登纳而言就意味着死亡。"[120]

119　Eisenhower-Herter meeting, October 16, 1959, DDRS 1982/2219.
120　Eisenhower-Herter meeting, March 17, 1959, FRUS 1958-1960, 8:493. 关于此问题，另见Trachtenberg, *History and Strategy*, pp. 196-198, 以及FRUS 1958-1960, 8:172, 305-306, 477, 493, 498。

第七章　柏林危机中的政治，1958—1960

但是阿登纳的胜利与其说是真实的，不如说是表面的。美国政府在通往柏林的路径被切断之前无意开始军事行动，而且采取了一种近似于"代理人"理论的政策。[121] 美国人不会允许阿登纳制定西方的整体政策。对于阿登纳希望西方各国采取的立场，他们颇有微词。西德人自己在处理和东德政府的关系时没有任何问题——尤其是在区域之间的贸易方面。他们有什么权利如此强烈反对西方国家和东德之间的任何协议？[122] 在危机之中保持坚定立场的目的是拯救柏林人民，但是阿登纳无法回答艾森豪威尔一次又一次提出的观点，即苏联人可以在不侵犯西方国家权利的情况下切断柏林与西德的贸易，这样柏林的经济就崩溃了——而且考虑到柏林的安危，与共产主义者的妥协是一种实际需要，出于此原因，一定程度上的灵活性至关重要。[123]

阿登纳的立场还有一个更基本的问题。他在政治问题上采取了顽固的立场，但是与此同时，他明确认为，军事冲突是绝对要避免的。他认为，不值得为了柏林去打仗。1959年2月，他告诉杜勒斯，他认为"在任何情况下都不应使用核武器"，这是基本原则。杜勒斯阐述了美国的立场并回应了他。他说，核武器不会在一开始被使用，但是西方诸国应该做好战事升级的准备。如果能这样做，苏联人几乎必然会退却。另一方面，如果核

121　见 appendix 5, "The Question of East German Control of Access to Berlin" (IS).
122　这在当时是一个普遍观点，而且尤其是英国人经常提及此事。例如，参见 State-JCS meeting, January 14, 1959, FRUS 1958-1960, 8:264, 以及 Steel to Foreign Office, February 16, 1959, FO 371/148773, PRO.
123　艾森豪威尔在1959年12月朗布依埃举行的西方峰会上不断在此事上向阿登纳施压，在1960年5月的巴黎峰会上亦是如此，但是正如他后来所抱怨的，他永远得不到一个直接的回答。"阿登纳一直说，我们必须保留法律上的地位"，艾森豪威尔在1960年代中期告诉国家安全委员会。"总统觉得，我们最终可能会保住我们的法律地位，但失去柏林。"见 Eisenhower-Adenauer-de Gaulle-Macmillan meetings, December 19, 1959, pp. 27-30, Prem 11/2991, PRO, and May 15, 1960, FRUS 1958-1960, 9:419-420; Eisenhower-Herter meetings, February 8 and March 14, 1960, Eisenhower-Macmillan meeting, March 28, 1960, and NSC meetings, May 24 and September 21, 1960, ibid., pp. 190, 219-220, 260, 509（有关引用），576-577。当总统向戴高乐抱怨自己不能从阿登纳那里得到一个直接答案时，戴高乐只是耸了耸肩："他能给你什么样的答案？" Eisenhower-de Gaulle-Macmillan meeting, May 15, 1960, ibid., p. 434. 实际上，戴高乐心里已经有一个答案：盟军将会保留他们的权利，而且如果柏林人无法应付苏联对该城的经济压力，他们可以离开。但是阿登纳从未那样说，他对艾森豪威尔的观点充耳不闻，并且坚持把艾森豪威尔的观点当作美国软弱的证据。有关以上两点，见 Adenauer, *Erinnerungen*, 4:24, 124。

武的使用在一开始就被排除,西方会因为苏联方面在常规力量上的优势而"节节败退"。如果联邦德国不支持美国的"强硬政策",美国政府应该"从一开始就知道这一点,这样它就不会作出承诺并且还搭上自己的威望"。阿登纳试图掩盖他的行迹。他说他一直被误解了。德国当然会支持美国的强硬立场。但是秘密已经泄露,阿登纳的真实情感暴露无遗。[124] 当8月他与艾森豪威尔会面时,他再次坚称"没人可以或是应该在这些问题上发动核战"。尽管如此,他认为西方三国必须守护它们在柏林的权利。他不认为苏联人"会让这些问题演变为战争",但是如果苏联并没有败退,他也做好了让步的准备。他说道:"在最为极端的紧急情况下",我们可以接受苏联的提议,使柏林成为一个"自由市"。[125]

美国人对阿登纳的立场并不满意。似乎德国人希望西方在危机当中虚张声势,但这并不是一个可以接受的处理局势的方法。虚张声势可能并不起效。必须要制定一个更为严肃的政策。如果北约各国仅仅依靠说辞而在军事领域什么都不做,靠这样来表现它们准备殊死一战的决心,那么苏联人就会看穿它们的把戏,并把危机推向高潮。如果它们果真这么做,且在危机高潮时"所有人都临阵退缩,把接受自由市之提议的压力放在我们身上"——这是8月阿登纳对总统采取的立场,"这显然会是一场惨败"。美国领导人和德国官员经常针对此立场辩论。[126] 而当他们辩论之时,德国官员总是让步,并承认这一基本点。联邦德国会支持美国人,并且同意在必

---

124 Dulles-Adenauer meeting, February 8, 1959, DSP/80/72720-72728/ML. 更简略的记述,见 FRUS 1958-1960, 8:346。另见 Trachtenberg, *History and Strategy*, p. 198, and Schwarz, *Adenauer*, 2:493-494。

125 Eisenhower-Adenauer meeting, August 27, 1959, FRUS 1958-1960, 9:19-23. 危机期间德国领导层的共识是,军事力量尤其是核力量,在任何情况下都不应被用于解决柏林危机。见 Hans-Peter Schwarz, *Die Ära Adenauer, 1957-1963* (Stuttgart: Deutsche Verlags-Anstalt, 1983), pp. 132, 136, 241; Schwarz, *Adenauer*, 2:663, 694; 以及 Arnulf Baring, *Sehr verehrter Herr Bundeskanzler! Heinrich von Brentano im Briefwechsel mit Konrad Adenauer, 1949-1964* (Hamburg: Hoffmann und Campe, 1974), p. 328. 甚至早在1956年,施特劳斯就排除了这种情况下使用核武的可能,并且在整个柏林危机期间他的观点仍是如此。见 Radford-Strauss meeting, December 10, 1956, DSP/52/57412/ML, and Strauss-Nitze meetings, July 29-30, 1961, AP/85/SDWHA/HSTL。

126 Kohler-Grewe meeting, February 24, 1960, and Kohler-Carstens meeting, March 15, 1960, FRUS 1958-1960, 9:201-202, 233-234.

第七章 柏林危机中的政治，1958—1960

要时使用武力。但是显然，德国人心底里是反对军事行动的，而且在整个危机期间他们一直保持反对。

到了1959年，美国人开始对德国的基本立场失去耐心。西方诸国必须坚守它们的权利，并且不会接受现状的改变——但是必须要排除使用武力吗？似乎德国人所坚持的理论与现实正渐行渐远。他们似乎陷入了自己塑造的思想体系中。他们认为，西方大国是不能与东德人接触的，因为这等于是进一步正式认可了东德政权，而这也就意味着完全放弃了统一的希望，最终接受现状。但是与只有当紧张局势缓和之后才有可能统一，缓和就意味着和东德政权更好的关系这种观点相比，前面的那种观点为什么更具说服力呢？实际上，美国认为，德国想要统一就不应该使用武力。艾森豪威尔认为，"唯一的方法"就是与东德政府达成"和平协议"。因此，阿登纳如此反对在中欧缓和的政策是没有道理的。采取强硬立场是为了保住统一的希望，但是杜勒斯和艾森豪威尔都认为，采取温和一些的立场更可能从长远上促进两德的统一。[127]

难道德国政府不明白这些吗？阿登纳在私下同意艾森豪威尔，认为统一"须按部就班地进行，在此过程中，两德必须表现出明显的和解意愿并且保持理性的姿态"。[128] 但是如果他承认这个原则，那为何如此固执地坚持相反的政策，拒绝有关两国关系"正常化"的任何建议呢？可能阿登纳并不真的关心统一问题。他在过去采取强硬立场是否出于国内政治目的——是否他实际上没把"实力政策"当回事，他真正的意图在于从右翼反超他在国内的民族主义对手，他秘而不宣的真实目的是消解与苏联就德国统一达成协议的压力，同时又能使德国脱离西方集团？[129]

127　Eisenhower-Dulles telephone conversation, November 24, 1958, ibid., 8: 118. 另见Trachtenberg, *History and Strategy*, pp. 196–197。杜勒斯频繁要求西德在处理东德事务时采取更加灵活的政策。例如，参见Dulles-Grewe meeting, January 15, 1959; de Gaulle-Dulles meeting, February 6, 1959; Dulles-Adenauer meeting, February 7, 1959, FRUS 1958–1960, 8:267, 333, 339。

128　Eisenhower-Adenauer conversation, May 27, 1959, AWF/DDED/39/DDEL。

129　另注意，1958年11月阿登纳向苏联大使表明，"实力政策"只是一种陈词滥调，不应当回事。Adenauer, *Erinnerungen*, 3:453.

构建和平

美国和其他西方领导人们认为,在一段时间内,国家统一不会是阿登纳优先考虑的事项。在东部,德国社会民主党比德国基督教民主联盟要强大得多。统一很可能会打破德国国内的政治平衡并使社会主义者当政;他们认为,阿登纳因此并不是那么希望看到东德并入联邦德国。例如,赫脱认为,出于这个原因,阿登纳"不想要一个统一的德国,尽管他仍然继续在公开场合呼吁统一,只因为他不得不这么做"。[130]

这可不仅仅是猜测:德国领导人已明确表明,他们对统一不是那么感兴趣。阿登纳在1959年初的时候曾抱怨,西方诸国不应过于强调这个问题。[131] 他以及其他德国领导人透露,他们对德国统一的冷淡态度确实与德国社会民主党在东部的投票力量有很大关系。4月,布伦塔诺向赫脱承认,德国在柏林问题上的立场本质上是消极的,但是他认为,他的政府必须保护5000万联邦德国人民的利益。"联邦德国的很多反对派支持'不民主的社会主义'",他说,德国社会民主党与"东德的共产主义者"的联合可能会使德国的内部发展失去控制。当赫脱指出,这似乎意味着"联邦德国不希望统一",他也没有表示异议。[132]

更令人吃惊的是,一年之后,阿登纳向赫脱表明"他完全无意促使东西德统一。他说统一是不切实际的,并且暗指了东德社会主义的投票力量"。[133] 考虑到以上这些,怎么能指望美国人去支持这种尽管有官方声言,但却并非源于对统一的真正关切的政策呢?尤其是艾森豪威尔,他对这种

---

130 Herter-Eisenhower meeting, August 21, 1959, FRUS 1958–1960, 9:4. 另见 the April 4, 1959, Herter-Eisenhower telephone conversation,转引自 Trachtenberg, *History and Strategy*, p. 176。实际上,这种观点在当时也很普遍。甚至赫鲁晓夫都认为,阿登纳不想让德国统一,因为他担心德国社会民主党会因此上台。见 Eisenhower-Khrushchev meeting, September 26, 1959, FRUS 1958–1960, 9:37。另注意在此情况下来自前美国官员的一系列评论,引自 Rupieper, *Der besetzte Verbündete*, p. 248。

131 Adenauer memorandum, January 30, 1959, para. 11, Adenauer, *Erinnerungen*, 3:466–467; DOS Berlin History, 1:46。当杜勒斯将阿登纳的抱怨告诉劳埃德时,这位英国外交大臣提出,西方诸国是由于"对阿登纳的忠诚"才"略带玩笑"地说德国的分裂是国际紧张格局的基本原因。Dulles to State Department, February 5, 1959, FRUS 1958–1960, 8:318。

132 Brentano-Herter meeting, April 4, 1959, FRUS 1958–1960, 8:581–583, 以及 DOS Berlin History, 1:83(关于在该版本文献中被删去的相关引用段落)。

133 Eisenhower-Herter meeting, March 17, 1960, FRUS 1958–1960, 9:239。

第七章　柏林危机中的政治，1958—1960

出于狭隘的国内政治考量的政策完全不赞同。他认为，如果德国能够获得"真正自由的统一"，那么他们"要在政治上碰碰运气"。[134]

看到阿登纳如此顽固，美国人愈发不满意。所以在1959年中，他们开始表现自己的不满。总统在8月告诉阿登纳，"他厌倦墨守成规"，赫脱告诉布伦塔诺，"美国厌倦了这种消极态度"。[135] 不断有人"刺激"德国人，说他们毫无灵活性，并且必须"想出一些新点子来"。[136] 1960年3月，总统曾想直接告诉阿登纳，美国人民不会将"他们自己和他们的目标从属于总理的目标"。[137] 他认为，西方"不会真的在未来50年内局限于这个狭小的地方"。[138]

不能对这种压力视而不见，而且德国人的态度在1959年这一时期确实变得更加灵活了。在关于德国分裂、对待东德政权以及对奥得河－尼斯河边界的承认的一系列问题上——简而言之就是有关稳定现状的问题上——阿登纳在原则上倾向于改变政策，采取更加"现实"的立场。如今他认识到，统一并非是一个重要目标；维持现状反倒是人们最希望的。[139] 现在的目标是，促使苏联人让东德人民的日子过得好一些；这成了西德政策的主旨。1959年8月，阿登纳告诉美国总统，整个问题事实上"是有关人的，而不是有关国家的。他希望看到东德人民过上更自由的生活"。他说，对他而言，"这是事关人民而不是边界的问题"。他说，当然他还是不能公开站出来，很实在地讨论诸如奥得河－尼斯河边界这样的问题，因为德国有一些"流亡者和其他组织"把"民族主义情绪看得比人的问题还重要"。[140]

134　Eisenhower-Herter telephone conversation, April 4, 1959, 转引自 Trachtenberg, *History and Strategy*, p. 176。
135　Eisenhower-Macmillan meeting, August 29, 1959, FRUS 1958–1960, 9:27.
136　Herter-Stone meeting, November 13, 1959, ibid., p. 111.
137　Eisenhower-Herter meeting, March 14, 1960, ibid., p. 218.
138　Eisenhower-Macmillan meeting, March 28, 1960, ibid., p. 259.
139　Krone diary, entry for March 16, 1959, *Adenauer-Studien*, 3:152; Schwarz, *Adenauer*, 2:480–482; 以及 Seydoux to Couve, February 12, 1959, DDF 1959, 1:200–201。
140　Eisenhower-Adenauer meeting, August 27, 1959, FRUS 1958–1960, 9:19. 另见布伦塔诺的观点，reported in Seydoux to Couve, November 16, 1959, 以及 Adenauer in a meeting with de Gaulle, December 2, 1959, DDF 1959, 2:577, 660。

但是，如艾森豪威尔后来所说，他个人"把目前德国的边界作为既成事实来接受"。[141] 有关与东德政府交涉的问题，他再次准备现实一些。法律上的承认是不可能的，他在1959年12月的朗布依埃会议上这样告诉其他西方领导人，但是是否"应就如何对待他们作出某种事实上的安排，这是需要根据事态发展被仔细研究的另一回事"。[142] 布伦塔诺在8月与赫脱的会晤上也坚持了类似的立场。还有一些与现住在联邦德国的1000万东德逃亡者有关的政治问题。赫脱写道："他说话很坦诚，他认为，如果解决柏林问题不涉及情感问题，西德和东德之间的关系可以得到解决。"他暗示到，一旦德国政府顺利通过1961年德国大选，关于此问题它就可以采取不那么"情绪化"的、更实际的立场。那也就意味着，甚至在柏林问题上都可以作出让步。占领当局可能被终结；西柏林可能会成为"某种由联合国来负责的自由市或者受保证城市"。[143]

但是这种灵活性完全与柏林和东德相关。布伦塔诺告诉赫脱，"如果解决方案削弱了西德，或者涉及中立化西德的倾向"，那么柏林问题无法解决。[144] 阿登纳政府担心西方国家——尤其是英国人，但可能甚至是美国——会同意给予西德一个特殊身份，以解决柏林危机。更大的担心是，他们可能会达成一个使西德永久处于无核状态的解决方案。人们普遍认为，有关"欧洲安全"的协议——实际上是限制德国权力的代称，尤其是在核领域——是可能解决德国问题的关键要素之一。阿登纳不仅强烈反对那种正式的协议，也反对任何指向此方面的协议。1959年4月，同盟的一个工作小组制订了一个分四个阶段的"旨在达成德国统一、欧洲安全以及德国和平解决方案的计划"。德国代表参与了计划的起草，但是现在阿登纳拒绝赞同该计划。他的主要反对意见是"在安全领域"。依据计划，西德已经接

141　Eisenhower-de Gaulle-Macmillan meeting, December 20, 1959, p. 5, Prem 11/2991, PRO.
142　Eisenhower-Adenauer-de Gaulle-Macmillan meeting, December 19, 1959, p. 25, Prem 11/2991, PRO.
143　Herter-Brentano meeting, August 27, 1959, FRUS 1958–1960, 9:18.
144　Ibid.；着重标志后加。另见 Schwarz, *Adenauer*, 2:481, 658。

第七章　柏林危机中的政治，1958—1960

受的对核武器生产的禁令"将会延伸并包含"一个安全区，统一的德国，以及波兰和捷克斯洛伐克都在其中。中远程弹道导弹也不能在该地区部署，甚至是在计划的第一阶段当统一只是在被讨论的时候也不可以。阿登纳个人坚决反对。令盟友惊讶的是，在他的指示之下，德国代表现在"强烈反对"这些"歧视性条款"。明显针对德国的限制是为统一所付出的代价，但是这些代价过于高昂——甚至对于在北约框架内的统一也是如此。这当然是对阿登纳在1953年和1955年坚持的立场的彻底颠覆。[145]

这一事件代表了德国在整个柏林危机期间的立场。苏联人不太可能接受允许德国留在北约框架之内的统一方案，但是阿登纳现在甚至都不愿接受任何情况下德国都要保持无核状态的条件。联邦德国的核地位是不会作出让步的一个领域。例如，联邦德国国防部长施特劳斯在1959年8月强烈反对让联邦德国国防军是否应该按计划配备美国核武器的问题成为"东西方协商中的谈判焦点"。[146] 1960年3月，当赫脱提出在欧洲建立军事检查区时，阿登纳"反应激烈"。[147]这离建立安全区和给予德国特殊地位的想法只有一步之遥：人必须避免被拖入滑坡。在肯尼迪政府期间，德国的观点仍然保持不变。德国的"特殊地位"是"不可接受的"，阿登纳在1961年10月给肯尼迪总统的信中写道："在我们看来，具有特殊军事地位的地区——不管是什么类型的，如果在欧洲出现，将会是灾难性的。"[148]

到那时，德国核问题已经成为很大的症结所在。这对阿登纳而言现

145　阿登纳亲自制订了这个新路线。布伦塔诺明确表示，工作组提出的"这些反对意见"代表了总理的观点。当然这并不是西德外交部在坚持己见。事实上，在3月布伦塔诺拒绝了较早的工作小组报告之后，小组中的德国代表便"极度谨慎"并且清除了与西德外交部有关的一切内容——尤其是正被指责的4月的报告中的内容。DOS Berlin History, 1:68-94, esp. pp. 76, 84-87, 92-93. 有关该事件，另见de Leusse to Couve, April 27, 1959, DDF 1959, 1:556-557。有关阿登纳反对"欧洲安全"的安排以及德国外交部采取的更灵活的立场，见Adenauer memorandum, January 30, 1959, para. 12, in Adenauer, *Erinnerungen*, 3:467; Seydoux to Couve, July 13, 1959, DDF 1959, 2:45; Lloyd-van Scherpenberg meeting, January 29, 1959（汇报了德国外交部高级常任官员的观点），DSP/80/72679/ML。

146　Herter to State Department, August 29, 1959, FRUS 1958-1960, 9:15.

147　Adenauer-Herter meeting, March 16, 1960, ibid., p. 237.

148　Adenauer to Kennedy, October 4, 1961, DDRS Retrospective/326F.

已成了基本问题。正如一位重要的德国外交官所说,阿登纳明白,联邦德国"如果想要避免真正的战争风险,并拯救西柏林的自由,就要做出一些牺牲"。但是有一个领域他"坚决不会让步",那就是"德国国防军的军备"。[149] 如今,英美两国官员已然明白,德国在这个领域上拒绝让步的决心非常坚定。[150]

因此,德国核能力的问题对苏联或是联邦德国来说都很重要。在艾森豪威尔时期,美国政府不愿在此领域争取让步。柏林危机并未改变艾森豪威尔的核共享政策。1958年12月,当根据核储备方案准备给德国武器时,诺斯塔德与华盛顿方面确认,以确保他应该"在此事上继续行动"。杜勒斯立刻回答到,这在"政治方面并无异议",诺斯塔德可以按照他认为合适的方式继续行动。[151] 实际上,危机的到来是不后退的主要原因。"德军核能力的发展"不仅在军事上很重要,而且在国务院看来,这也"表明了西方的坚定立场以及决心,尤其是在柏林局势方面"。[152] 艾森豪威尔政府时期美国的基本态度就是,对德国军事力量的限制可以成为与苏联达成的总体解决方案的一部分,但只是作为德国统一协议的一部分。如果德国仍将保持分裂,那么西方就不应执着于"安全"问题。该领域的协定——本质上是阻止联邦德国取得独立核能力的承诺——如果仅仅是为了解决柏林问题,那这个代价未免有些太大了,是不应付出的。

这就意味着,在艾森豪威尔政府末期是不可能有机会达成总体上的解决协议的。德国实力的问题——主要是德国的核能力——对苏联来说非常

---

149 Remarks of the German ambassador in Moscow, 转引自 Roberts to Foreign Office, September 5, 1961, FO 371/160548, PRO。

150 Kohler-Rusk-Shuckburgh meeting, September 17, 1961, FO 371/160552, PRO.

151 Thurston to Dulles, December 20, 1958, and Murphy to Thurston, December 22, 1958, AWF/DH/8/DDEL.

152 Murphy to Eisenhower, December 24, 1958, AWF/DH/8/DDEL;以及DDRS 1989/1474。杜勒斯尤其认为,国家"已经开始与苏联试试勇气和意志力",因此对"按照他与诺斯塔德讨论的路线,继续在欧洲悄悄地进行加强军事准备的行动"十分感兴趣。特别是,"他急于尽快将核武器运往德国,认为这件事只会被苏联情报部门知晓,公众不会知道"。Merchant-Dulles meeting, February 27, 1959, 611.61/2-2759, RG 59, USNA.

第七章 柏林危机中的政治，1958—1960

重要。但是在此事上联邦德国并不决定让步，而且艾森豪威尔政府也不准备强迫其让步。因此，总体上的解决方案是不可能实现的，所以在苏联看来也没有必要反复强调此问题。苏联当然不想真的挑起战争。另一方面，苏联也不想清除危机——如制订稳定柏林周边局势的方案。

因此，在艾森豪威尔政府的最后一年，柏林问题被搁置了。危机的气氛逐渐消退。甚至1960年5月东西方峰会的失败也没有加剧紧张局势。但很快，华盛顿的新政府即将上台。1961年初，苏联再次威胁西方在柏林的权益。危机即将进入全新的、更加危险的阶段。

第八章　肯尼迪、北约与柏林

1961年初，就在约翰·肯尼迪宣誓成为美国总统后不久，苏联人明显又开始在柏林问题上对西方诸国施压了。6月，赫鲁晓夫与肯尼迪在维也纳举行会晤，并且发布了新的"最后通牒"。现在苏联领导人明确威胁，如果在年底没有制订出解决方案，就要"清除"西方在柏林的权利。

肯尼迪知道利害攸关的是什么，并且决心不向这些威胁屈服。但是，他不能仅仅是不妥协而准备和苏联摊牌。协商解决将会是最好的方法。就像他的前任艾森豪威尔一样，他认为不妥协的立场没有什么意义。在他看来，"在很多具体细节上，现状并不是美国和西方所希望的那样，对苏联人来说也是如此"。他说，整个柏林问题是他继承下来的"危险的烂摊子"，他现在正试图通过和苏联达成某种谅解来清理这个烂摊子。[1]

肯尼迪希望两大国可以找到某种方式和平共处。他认为，美苏两国都是很强大的国家。它们应该在此基础之上相互合作，尤其应该互相尊重对方的最基本利益。在维也纳的会议上，肯尼迪告诉赫鲁晓夫，美国政府"不希望通过将剥夺苏联与东欧的联系的方式行动"——也就是说，美国人实际上会接受该地区是苏联的势力范围。美国政府还必须确保德国力量保持有限性。肯尼迪告诉赫鲁晓夫，美国"反对在西德建立可以对苏联

---

[1] Krock-Kennedy meeting, October 11, 1961, KP/1, vol. 3, item 343, ML.

第八章 肯尼迪、北约与柏林

构成威胁的力量"——并且,考虑到军事现实,这也只能意味着独立的德国核能力的发展。但是作为回应,苏联必须尊重美国在欧洲的利益,尤其是苏联要接受柏林现状。柏林城本身并不至关重要。但是如果在柏林问题上美国屈服了,如果它允许苏联践踏它的权利,视其最庄严的承诺没有价值,那么美国在欧洲的所有政治地位将会不保。这对全球权力平衡的影响会是相当深远的。总统说,赫鲁晓夫不会接受"类似的损失,我们也不能接受"。[2]

因此,基本目标就是稳定中欧现状。双方都会同意保持现状。如果能够达成这类总体解决方案,对西方而言柏林不再是个问题,对苏联而言德国也不再是个问题。但是一个以限制德国权力为基础的体系意味着,美国将会无限期地留在欧洲。对德国权力的限制——最重要的是西德的无核地位——以及在西德的土地上维持大量的美国部队是一个硬币的两面。在中欧必须有一些有效制衡苏联军事力量的方法。如果德国要保持无核状态,那么只有美国才能发挥这一作用,而为了有效性,美国军队必须实际驻扎在德国领土上。德国人被要求做出重大牺牲——接受无核状态,从而在安全上完全依靠美国。他们可以获得一些交换条件:美国将不得不几乎永久性地在联邦德国维持一支军事力量来保护它。

这当然和艾森豪威尔的政策非常不同。艾森豪威尔原本希望,欧洲的统一会让欧洲人保护自己成为可能,也为此后的美国撤军铺平道路。一个拥有处于自己控制下的核力量的、统一的西欧,可以在美国不直接干预的情况下有效制衡苏联。但是在肯尼迪政府时期,这些都被认为相当不切实际。不管长期的前景如何,在西欧的真正主权集中显然并非近在眼前。在当前的政治条件下,任何所谓的欧洲力量只不过是各国力量的简单拼凑,所以这并不能解决根本问题,即在不允许德国自行掌控核武器的情况下制

---

2 Kennedy-Khrushchev meetings, June 4, 1961, FRUS 1961–1963, 14:87–98. 有关东欧的表述(p. 95)在1990年解密之后的版本中被删去。

衡苏联。一支包括德国分遣力量的欧洲军队是不可能的，因为这意味着德国人最终会有接触核武器的机会，而一支仅由法国和英国分遣力量建立的部队几乎无法解决德国的安全问题，也无法让德国人接受永久无核身份。所以从新政府的角度来看，并没有解决安全问题的纯粹的欧洲方法。因此，美国对欧洲的军事承诺不可避免。

这些所有方法的前提是，德国不能拥有自己的核能力，而且这个前提也是肯尼迪政策的一个很基础的部分。新政府从一开始就认为，"必须提供某种机制，使德国人不可能发展独立的核能力"。[3] 正如肯尼迪的国家安全顾问麦乔治·邦迪（McGeorge Bundy）后来写到的，"德国不应该独立控制核武器"，这是美国政策的一个"固定点"。[4] 这个假设认为，德国核力量的发展是不稳定的根源，根源既在于它自己又在于可能的苏联的反应。但是如果排除了德国核力量的可能性，这就意味着，美国还必须要反对法国甚至是英国的核力量。联邦德国不能被单独挑出来作为不能拥有核武器的主要盟国。为了保证德国的无核状态，美国必须把反对由各国控制的核力量作为总体政策。该总方针表明，美国政府必须加强对驻欧北约部队装备的美国核武器的控制。另外也要反对在欧洲土地上部署美国战略导弹，因为这些武器可能很容易落入所在国部队的手中。

由此美国的核共享政策现在彻底转变了。艾森豪威尔曾想让欧洲人有能力防护自己。因为他们必须面对有核武装的超级大国，那就意味着他们需要可以自我掌控的核武器。但是在肯尼迪时期，核共享不再是美国政策

---

3 艾奇逊的观点，由肯尼迪转述，见 Anglo-American meeting, April 5, 1961, 3:15 P.M., p. 2, Cab 133/244, PRO。

4 Bundy to Kennedy, "The U.S. and de Gaulle—The Past and the Future," January 30, 1963, p. 8, President's Office Files [POF]/116/JFKL。邦迪在1992年2月11日在华盛顿的伍德罗·威尔逊中心举行的拿骚会议相关会议上确认自己是这份文件的作者。认为德国的核能力将会很危险，因此必须要回避的观点反映在那一时期的很多文件里。例如注意，腊斯克曾说："德国保留由其所有的中程弹道导弹可能被苏联认为是开战的理由"，并且"还可能在联盟中产生严重的后果"。Rusk-Stikker meeting, February 7, 1962, DDRS 1996/2056, 另注意他在1963年8月28日的参议院外交委员会上的评论，见 Executive Sessions of the Senate Foreign Relations Committee [Historical Series], vol. 15 [Washington, D.C.: GPO, 1987], pp. 520-521。

第八章 肯尼迪、北约与柏林

的目标。现在这个名词不受欢迎了，而且人们正开始讨论核"扩散"这个大问题。盟国现在被鼓励把"核威慑事务"留在美国人手里。

德国人会赞同新的美国政策吗？他们会同意维持无核状态来交换美国的安全保障（永久的美国驻军）以及苏联对尊重柏林现状的承诺吗？其他盟国，尤其是英法两国，也被要求尤其是在核领域做出牺牲。美国政府可以促使它们合作吗？最重要的是，苏联人会接受肯尼迪所设想的这种解决方案吗？他们的最基本安全利益将得到满足。但是他们是否愿意付出肯尼迪所坚持的代价，这是完全不清楚的。他们愿意尊重中欧的现状，保持柏林的状态不变吗？

所以肯尼迪要在两个方面进行斗争：既要和苏联斗争，又要和盟友斗争。对苏联，目标就是既要避免战争，又要避免在柏林问题上灾难性的屈服。这意味着必须坚定西方的立场，因此总统必须考虑，如果美国被逼迫得太紧时应该如何使用武力。但是他又需要去观察，按照他的路线能否协商出解决方案。与此同时，他必须让盟国接受他尝试取得的成绩，也就是现状的稳定。联邦德国政府捍卫多年的立场可能要被抛弃。德国人有可能接受这个影响深远的政策改变吗？他们的态度在某种程度上取决于其他盟国，尤其是法国对于这些问题的立场。但是戴高乐会同意吗？这些都和大西洋联盟中的核力量控制问题紧密相关。维持德国无核的安排是与苏联的解决方案的重要部分；但是为了防止德国建立自己的核力量，美国又必须反对英国和法国的核力量的建立。那么对于北约战略，这又意味着什么？如果欧洲没有自己的核武器，那么什么样的北约框架才能解决欧洲对于美国核威慑日渐衰弱的可信度的担忧？这些都是难以解决的问题，而且最终要由总统亲自决断。

核武器及柏林防御

如果柏林危机到了危急关头——如果苏联人真的执行了他们的威胁措

施，"清除"西方在柏林的权利并且切断通往柏林的路径，美国会作何反应？原则上，肯尼迪政府在1961年采取了新的防务政策。旧的艾森豪威尔的"大规模报复"战略将会被新的"灵活反应"战略取代。后一种思路认为，总统不应被迫在"屠杀和屈服"中做出选择。重要的是，他能有更多的选择。苏联人正在建立他们的核力量，美国对苏联的全面核打击很可能会是自杀性质的——如果现在不是，那么在不远的将来必是这样。在这种情况下，苏联不会认真看待美国的核威胁。因此，美国不能过于依赖核能力；反而需要去建设北约的常规部队。

灵活反应策略背后的基本观点（至少官方上）是要"提高核威慑的可信度"，而不是逐步消除对核武器的所有依赖。这种观点认为，通过能够大规模执行非核行动，西方诸国或许能使苏联人相信他们的"政治侵犯"风险太大。"重大危险"将会"不可避免地"出现：欧洲的非核冲突会迅速发展成全面核战。通过能够大规模使用常规部队，西方各国也许可以在为时过晚之前使苏联后撤。国防部的高级文职人员认为，这种方法显然比仅仅依靠不再可信的核威慑要好得多。[5]

柏林就是一个例证。艾森豪威尔防守柏林的策略必须改变。美国国务卿腊斯克解释到，美国"不再认为我们的进入权被中断之后紧跟着就是核战争的'大爆炸'"。一旦几辆吉普车在公路上被挡了回来就要进行全面的核打击，这种旧战略不会再被接受了。相反，我们应以非军事行动为开始，并且按"逐步升级的暴力等级"采取军事措施。[6]

因此，肯尼迪政府选择了"逐渐增压"的柏林策略——也就是说，选择了有控制的升级，或者更准确地说，半控制的升级策略，因为压力会来自不断增加的风险，即冲突会随着战斗愈发激烈而变得不可控。基本目标就是让"核威慑更加可信"。其假设是，"除非苏联确信北约愿意在比较低级别的暴

5　McNamara to Kennedy, September 18, 1961, p. 4, FRUS 1961-1963, vols. 13-15, mic. supp., no. 177.

6　Rusk meeting with European ambassadors, August 9, 1961, 以及 Rusk to Bruce, August 26, 1961, ibid., 14:321, 372.

第八章　肯尼迪、北约与柏林

力程度上采取行动,从而意识到局势升级至核战的巨大风险",不然苏联是不会相信核威慑的。[7] 其实现方法是建立一条可信的美国反应链条,在其中每一阶段的反应都可以令人信服地引发下一阶段更高一级的武力。[8] 起初可能是小幅试探。如果失败,盟军可以采取各种非军事行动,并且与此同时进行动员并准备好采取重大的军事行动。如果入口仍被封堵,盟军可以采取非核行动,可能开始动用一个营左右的规模,然后用整个师的规模,最终可能要动用三四个师的部队。如果苏联仍然不撤退,核武将被动用,一开始在中欧战区可能以有限的方式使用,但是最终(如果有必要的话)会对苏联进行全面核打击。[9] 因此,计划就是"规定一系列涉及逐步升级武力的措施,由此强迫苏联采取一系列决定,每个决定都比前一个更加危险"。[10] 这样,西方就能让苏联人明白,如果他们固执己见,他们冒的风险会是巨大的。

按当时的美国官员经常说的,好像新战略代表着与旧战略的彻底决裂,但是战略的变化并没有像措辞表示的那样激烈。艾森豪威尔时期,针对柏林的计划从不是如果公路上有几辆吉普被叫停就下令进行全面核打击。相反,将会采取各种非核手段,最多将采取一个师兵力规模的行动。如果这个师受到攻击,这就是在"火上浇油",那时就会进行全方位的核打击。[11]

7　Kennedy to Norstad, October 20, 1961, and NSAM 109, "U.S. Policy on Military Actions in a Berlin Conflict," October 20, 1961, ibid., pp. 520–523. 英国的文件详细描述了美国对于有控制的升级的基本理念。尤其参见 Confidential Annex to COS(61)38th meeting, June 20, 1961, 关于柏林应急计划, 见 pp. 3–4, and Confidential Annex to COS(61) 42nd meeting, July 4, 1961, p. 2, both in Defe 4/136, PRO, and Joint Planning Staff, "Brief on Plans to Restore Access to Berlin," July 14, 1961, JP(61)82 (Final), p. 2, Defe 6/71, PRO。另一份英国文件呈现出稍后阶段的美国人的思路,并给出了来自英国的评论;该文件还概述了不同的、在此时已经被制订的柏林应急计划(the "Bercons")。Joint Planning Staff, "Berlin Contingency Planning—Phasing of Military Operations," January19, 1962, JP(62)6(Final), appended to C.O.S.(62) 7th meeting, January 23, 1962, Defe 4/142, PRO. 另见 Paul Nitze, *From Hiroshima to Glasnost* (New York: Grove Weidenfeld, 1989), pp. 203–205。

8　NSC meeting, July 19, 1961, FRUS 1961–1963, 14:221.

9　见注释7所引材料。上文所引的1962年1月19日的文件描述的最大规模地面行动——柏林应急行动C3和C4——要求使用三个师的部队。当年7月,这些计划明显地被修订成提供四个师的部队。见 Nitze to McNamara, July 20, 1962, FRUS 1961–1963, vols. 13–15, mic. supp., no. 363。

10　Shuckburgh paraphrase of U.S. thinking, Confidential Annex to COS(61) 38th meeting, June 20, 1961, Defe 4/136, PRO.

11　见第七章的讨论, pp. 257–258, 以及 Trachtenberg, *History and Strategy*, pp. 209–212。

就整体的北约战略而言,"灵活度"的重要性在艾森豪威尔时期常得到认可。在1960年12月举行的北约理事会上,盖茨和赫脱分别强调了"反应灵活性"的重要性。¹² 诺斯塔德直言不讳,道出了对拥有强大常规作战能力的部队的迫切需求。例如,1960年9月,诺斯塔德告诉盖茨,"我们应该非常小心,不应过度依赖核武器的使用。提高常规反应的水平是必要的。核武器不应作为一般的立即反应措施,并且我们应该非常谨慎,不要使自己陷入必须**立刻用核武器回击的境地**"。¹³

在艾森豪威尔时期,核升级的威胁当然是美国国防政策的终极基础。在肯尼迪时期也是一样,北约欧洲国家的防御仍然取决于美国最终是否愿意接受与苏联的全面核对峙。国防部长罗伯特·麦克纳马拉(Robert McNamara)之类的人可能会认为,核升级归根结底是自杀性质的,因此核武器只是在威慑别人对它的使用时才是有益的,而且西方最终也需要属于自己的足以制衡苏联的常规部队。¹⁴ 但是肯尼迪从不这样认为。在他看来,不管常规力量的权力平衡如何,大量的核力量可以防止苏联进攻西欧,并且只是柏林问题带来了对大量常规能力的需求。肯尼迪认为,"如果没有柏林问题",核力量自身就可以稳定欧洲局势:在那种情况下,跨越欧洲军事分界线的侵犯"实际上就会立刻导致核战";肯尼迪认为,"鉴于此,核威

---

12 有关赫脱的言论,见 U.S. Delegation to State Department, December 17, 1960, FRUS 1958–1960, 7(1):678; 有关盖茨的声明,见 DDRS 1987/1141。

13 Gates-Norstad meeting, September 16, 1960, NP/91/US Support of NATO 1958–1960 (2)/DDEL. Emphasis his. 实际上,诺斯塔德经常遵循这样的立场。例如,1961年2月2日,他告诉北约军事委员会,"我们必须能够拥有逐级反应能力(小到对轻微冲突的反应,大到对接近全面战争的反应),以阻止任何紧急事件的发生。他说,北约司令部在必要时可以使用任何部队,但是"大量的常规部队"会"增加威慑的可信度"。他认为,象征性部队"只会招致零散攻击以及逐步侵蚀"。Norstad meeting with the Military Committee, February 2, 1961, NP/105/Memos for the Record II: 1960–1961 (4)/DDEL. 另见以一定篇幅引用的北约文件摘录(包括一封1960年9月13日诺斯塔德写给北约驻中欧司令的最高机密信件),Stikker to Acheson, January 9, 1961, pp. 7–9, AP/WHSDA/HSTL。

14 很久之后,麦克纳马拉非常清楚地指出,核力量服务的唯一目的就是威慑别人。例如,参见 "The Military Role of Nuclear Weapons: Perceptions and Misperceptions," *Foreign Affairs* 62 (Fall 1983): 79。他说,甚至在1961年,当他还是国防部长的时候,这就是他的观点。见 McNamara to JCS Chairman, February 10, 1961, appendix A, enclosed in JCS 2101/408, CCS 3001 Basic National Security Policy (10 February 1961), RG 218, USNA。

第八章 肯尼迪、北约与柏林

慑是有效的"。[15] 这其实和艾森豪威尔对于此问题的观点类似：艾森豪威尔认为，欧洲之战必须要动用核武；柏林的冲突是个例外。[16]

肯尼迪和艾森豪威尔战略的真正不同之处在于程度问题。在使用核武器之前，西方应该走多远——西方能够走多远？西方应该怎样努力减缓事态升级？1961年新战略的重点在于，核升级时间需要延长，以便让人们认识到它的可怕威胁。一旦危机进入军事阶段，目标就变成了"大规模地、在尽可能长的时期内进行无核战斗"。苏联领导层必须被迫做出重要抉择，且"给予苏联领导人改变路线的动机和机会似乎是实现联盟利益的最有效方式。要想这样做，盟军的目标必须是延长而不是缩短非核作战阶段"。[17] 目标是避免核战和重大政治失败；尽管不能保证，但该战略被认定为西方提供了实现这一目标的最佳机会。

军方领导人不喜欢这种想法，尤其是诺斯塔德，他对这种观点持批判态度。这位北约指挥官认为，新的政治领导层在能施加多大控制程度方面是在自欺欺人。关于从一个军事对抗阶段"轻松且有准备地"进入另一阶段的想法，即认为危机的发展可以"由我们掌控，是不现实的"。他告诉肯尼迪，军事升级"往往是爆发性的"。[18] 在行动之前西方盟军不能等候太久，部分是由于在常规战争时期北约的核打击能力将会遭到削弱。[19] 一定程度的灵活性当然重要，但是新政府的抱负未免过大。他还告诉肯尼迪，他很

---

15 Kennedy-Bundy-Rusk-McNamara meeting, December 10, 1962 (notes dated December 13), p. 3, FRUS 1961–1963, vols. 13–15, mic. supp., no. 27. 肯尼迪经常持有这样的立场。例如，参见Kennedy-Strauss meeting, June 8, 1962, ibid., no. 350; Kennedy-Adenauer meeting, November 14, 1962, and Kennedy-Macmillan meeting, December 19, 1962, ibid., 13:452, 1098; 以及briefing on Berlin, August 9, 1962, ibid., 15: 269。反映肯尼迪接受以核能力为基础的战略的倾向的另一份文件，见Kennedy-McNamara-JCS meeting, December 27, 1962, ibid., 8:449。

16 Eisenhower-Spaak meeting, October 4, 1960, p. 3, SS/ITM/5/NATO(6)[1959–1960]/DDEL. 相关表述在1979年解密的文件中出现，但是在1987年（DDRS 1987/2101）以及1993年的FRUS 1958–1960, 7(1):641这两个版本中被删去。

17 Rusk and McNamara to Kennedy, December 5, 1961, NP/104/Kennedy, J.F. (3)/DDEL.

18 Norstad-Kennedy meeting, October 3, 1961, FRUS 1961–1963, vols. 13–15, mic. supp., no. 191. 另见Legere and Smith to Taylor, "General Norstad's Views," September 28, 1961, NSABF。

19 "General Norstad's General Comments on the Secretary of Defense's Answers to the Ten Questions," September 16, 1961, para. 6, DDRS 1989/91. 另见Legere to Taylor, September 28, 1961, para. 2, NSABF, 以及LeMay in Kennedy-JCS meeting, September 20, 1961, DDRS1993/2309。

抱歉曾经将"暂停"和"门槛"这类概念引入战略话语，因为如今这些词正在被"僵化且误导式"地使用。[20]

诺斯塔德的批评绝不仅限于有关军事升级动力的观点。他在更为基础的层面上抨击了新政策。在非核层面战斗时，肯尼迪的高级文职顾问（最知名的是腊斯克和麦克纳马拉）愿意接受"一些不平衡的损失"，包括核能力的损失。他们甚至愿意在苏联摧毁盟军的试探部队后的一段时间内停止军事行动。整个思想体系就是要避免升级，除非苏联人执意如此。诺斯塔德非常反对这一整个处理方式。他告诉肯尼迪："一旦主力交战，美国必须准备在必要时使用任何力量。"不到万不得已是不会动用核武器的，但是"当你发动了一场严肃的地面作战行动，你就无法承受被击退的后果"。欧洲防御最终依赖于核威慑，但"这种威慑只有在愿意动用核武器的情况下才有意义"。一旦主力部队陷入苦战，西方必须做好战事快速升级的准备。动用有限武力的计划，可能最终涉及动用相对较少数量的核武器，要实现的是政治目标而非军事目标。目的就是测试苏联的反应。在诺斯塔德看来，这些行动可以快速达成目的，"可能只需几个小时"。要么危机得以迅速平息，要么就会爆发全面核战。[21]

诺斯塔德的基本观点是，核威慑是西方战略的核心，因此如果危机迫在眉睫，不应采取任何措施降低苏联承担的风险，这是至关重要的。不能让苏联人搭便车；不能让他们控制事态升级的过程。他认为，"若一项政策可能被苏联人理解为允许他们参与其中，并且如果他们认为风险太大，还能撤出，那么通过强调该政策，威慑的可信度就会被摧毁"。必须"强迫"

20　Kennedy-Norstad meeting, October 3, 1961, p. 2, FRUS 1961–1963, vols. 13–15, mic. supp., no. 191.

21　Rusk and McNamara to Kennedy, December 5, 1961, NP/104/Kennedy, J.F. (3)/DDEL; Norstad-Kennedy meeting, October 3, 1961, pp. 1–4, FRUS 1961–1963, vols. 13–15, mic. supp., no. 191; Norstad to Kennedy, November 16, 1961, with SACEUR's "Instructions to SHAPE Planners," NP/104/Kennedy, J.F.(4)/DDEL. 另注意，Bundy to Kennedy, October 20, 1961（关于他提到，是"拖延"还是"立即行动"的问题是"区分士兵和文职官员的问题"），FRUS 1961–1963, vols. 13–15, mic. supp., no. 208, 以及诺斯塔德于1961年12月15日在巴黎与腊斯克和麦克纳马拉会面的记述，见 Thurston to Fessenden, December 18, 1961, 740.5/12-1861。

第八章 肯尼迪、北约与柏林

苏联人始终在行动时都完全意识到，如果他们使用武力，他们就有可能引发包含核武器的全面战争"。更总体地说，这些文职官员呼吁的整个战略，尤其是他们对常规能力的日益强调，不管理由多么巧妙，都必然给人留下一种印象，即不论欧洲发生了什么，美国都越来越不愿动用核武器。不管其真正动机是什么，不仅在苏联人而且在欧洲人看来，美国都像在远离核威慑。诺斯塔德认为，结果可能是灾难性的。[22]

在这场争论中，肯尼迪的本能反应是他应该和文职顾问站在一边，使自己与可怖的核战保持更大的距离。但是他对这些事并不教条，所以他当然也没有立刻摒弃军方的观点。总统认为，诺斯塔德的观点并非全无道理。例如，常规军备的增加绝不可能"使赫鲁晓夫相信，我们已准备好为了西柏林战斗到底"。总统想知道，这是否会"产生相反效果"。[23] 他的思路是开放的。他必须自行思考这些极其严肃的问题——不是在抽象层面，而是要尽可能具体。因此，他和他的高级顾问极力要求一些信息。一旦军事行动开始，究竟会发生什么？为什么军方领导人认为事件升级"往往是爆炸性"的？如果在某个节点之后事态升级不可避免，那么美国应该通过先发制人来减少本国以及盟国的损失吗？这种打击在摧毁苏联的报复能力上又有多少成效？

肯尼迪和一些高级军事领导人反复并详细地讨论了这些问题。最终结论是，一旦战争开打，事态升级的压力会是巨大的。敌人可能会阻止一支相对较小规模部队的行动，如果这支部队陷入麻烦，也许可以派遣一支规模更大的部队来增援。但是尤其当一些相对较大规模的美国部队遭受攻击并面临着被歼灭的危险时，总统是不可能袖手旁观允许这支部队被消灭的。

22　诺斯塔德对麦克纳马拉对"十问"的解答的评论September 16, 1961, DDRS 1989/91。有关诺斯塔德的想法，另见Norstad to Kennedy, November 16, 1961, with SACEUR's "Instructions to SHAPE Planners," 以及 Rusk and McNamara to Kennedy, December 5, 1961 (commenting on the November 16 letter), NP/104/Kennedy, J.F. (3) and (4)/DDEL。

23　Kennedy to Rusk and McNamara, September 8, 1961, NSAM 92, FRUS 1961–1963, 14:398–399. 另注意，他后来说道，如此强烈要求建设常规部队可能是个错误。Carstens to Schröder, February 6, 1963, AAPBD 1963, 1:274.

他可能别无选择，只能授权在局地使用核武器来拯救那支部队。事实上，与柏林危机相关联的大规模地面行动的主要计划都考虑了可能的核支持。[24]

实际上，一次大规模地面行动的全部意义在于创造一种局面，迫使敌军看到"如果战斗继续，就会使用核武器"。[25] 这种想法实际上是让美国破釜沉舟，在一定程度上以失去控制为代价，一旦苏联人进攻美国部队，局势几乎自动升级。球将会在他们那边；是他们而不是美国人将做出开启这场几乎肯定以全面核战终结的战争的艰难决定；希望在于，他们会后退并同意以美国政府能接受的条件解决危机。

肯尼迪基本接受这个观点。他同意，一旦双方交战，苏联人开始大规模击杀美国士兵，总统就不能再坐视不理了。在1962年8月的有关柏林应急计划的情况通报会上，肯尼迪说道："我认为，如果我们陷入在欧洲的战争，我们将别无选择，必须动用核武器。"[26] 一旦开始使用核武器，暴力等级大概率会迅速提升，因为各方都希望尽快摧毁敌方的核力量。总统说，有人曾建议他，"如果我要在战场上投放核武器，我应该对苏联发动先发制人的攻击，因为既然使用核武注定会使事态升级，那我们最好还是先发得利"。[27] 正如他在1961年6月告知戴高乐的那样："在核战争中，首先使用核武器的优势如此巨大，以至于苏联即便不使用这类武器先行进攻，美国

24　尤其见 British Joint Planning Staff, "Brief on Plans to Restore Access to Berlin," July 14, 1961, JP (61) 82 (Final), pp. 3, 7, Defe 6/71, PRO。另一份英国文件指出，有些重要的柏林应急计划有核附属计划，因此军事行动"如果有必要的话，可以被作为核行动执行"。British Joint Planning Staff, "Berlin Contingency Planning— Phasing of Military Operations," January 19, 1962, JP(62)6(Final), appended to COS(62)7th meeting, Defe 4/142, PRO. 有关当柏林危机进入危急时刻的核武器使用，见 Stoessel to Kohler, August 11, 1961, and Rusk in meeting with Alphand and Hood, October 6, 1961, p. 3, both in NSABF。

25　艾奇逊有关柏林的报告, June 28, 1961, FRUS 1961-1963, 14:155-156；艾奇逊在柏林协调小组的发言, June 16, 1961, 在国家安全委员会会议上的发言, June 19, 1961, 及在柏林指导小组的发言, September 7, 1961, ibid., pp. 119-121, 161, 397; McNamara to Kennedy, September 18, 1961, p. 4, ibid., vols. 13-15, mic. supp., no. 177.

26　引自 John Ausland, "A Nuclear War to Keep Berlin Open?" *International Herald Tribune*, June 19, 1991。另注意，肯尼迪认为，一旦"有人阵亡，重大卷入的危险就会非常大"，引自 October 3, 1961, meeting with Norstad, p. 5, FRUS 1961-1963, vols. 13-15, mic. supp., no. 191。最后，注意他在1963年5月9日国家安全委员会会议上的评论："如果我们在朝鲜，在台湾岛，甚至在西欧被敌方逼退，显然我们可以使用核武器。" Ibid., 19:588.

27　NSC meeting on NESC report, September 12, 1963, ibid., 8:507.

第八章 肯尼迪、北约与柏林

也不能承受等待使用核武器会造成的代价。"如果战争爆发,苏联"威胁要占领欧洲",他说道,"美国将不得不用核武器先行打击"。[28]

因此假设认为,如果大量美军遭受打击并可能被歼灭,战斗会迅速升级,这样一来全面战争是非常有可能的。因此,只有在美国准备接受核升级的风险,而且确实准备在必要时参与全面核战,才应该采取重大军事行动。艾奇逊如今作为肯尼迪的高级顾问重新掌权,在1961年6月认为,如果美国政府准备进行任何军事行动,它就必须准备好最终和苏联交战。早些时候他认为,西方可以通过虚张声势度过危机,但是如果苏联要强迫解决问题,西方诸国最终还是要做出让步。他在4月时说道,核武器在任何情况下都不可使用,而且美国"应该通过其准备活动让敌方明白自己并无意率先使用核武器"。但是到了6月,他又总结到,虚张声势可能不会起作用。如果美国最终愿意参战而不是在危机中屈服,军事行动方可发起。他说:"如果我们未做好战斗到底的准备就不应开战。"[29]

因此,关键因素在于美国是否真的能够考虑一战到底。在极端情况下,美国发动一场大规模的核打击有意义吗?如果美国可以从根本上消灭苏联的报复力量——也就是说,如果苏联用剩下的力量组织的进攻不能造成什么真正重要的损失——那么先发制人策略最终可能是一个可行选项。这个选项仅在美国背水一战之时,在美国面临在中欧的重大军事和政治失败之时才会被考虑;但是如果美国确实有这种能力,这将会在危机的各个阶段对双方的举动产生重要影响。苏联最终可能会退缩,美国人也知道这点。因此他们将能够采取相对强硬的立场,而且真到了必要时刻将会升级冲突;

28　Kennedy-de Gaulle meeting, June 1, 1961, DDRS 1994/2586.
29　有关艾奇逊的观点,见 Anglo-American talks, April 5, 1961, FRUS 1961-1963, 14:37, and Acheson to Kennedy, April 3, 1961 (preliminary report on Berlin), NSABF(其中包含引用的第一段内容)。另见 Dean Acheson, "Wishing Won't Hold Berlin," *Saturday Evening Post*, March 7, 1959, and the discussion in McGeorge Bundy, *Danger and Survival: Choices about the Bomb in the First Fifty Years* (New York: Random House, 1988), pp. 375-376. 另注意尼采关于此问题的类似观点: Nitze to Lippmann, October 26, 1959, Acheson Papers, box 23, folder 295, Sterling Library, Yale University, New Haven, Conn. 这一时期的艾奇逊和尼采的关系非常密切。有关艾奇逊后来立场更加坚定的观点,见他有关柏林的报告, June 28, 1961, FRUS 1961-1963, 14:141, 155-156, 159, 及他在1961年6月16日在柏林协调小组的发言,以及1961年6月19日在国家安全委员会会议上的发言, ibid., pp. 119-121, 161; 最后一篇引用的文章见 p. 121。

这种情况下苏联人将不太愿意把事情做得过火。在美国看来,风险相对较低:美国的战略优势可以支持西方在柏林的地位。

但是现在的美国可以执行这种先发制人的核打击吗?甚至在肯尼迪的高级文职顾问中,关于此问题的观点也各不相同。[30] 因此总统不得不自行决定此事,所以他极力要求获得有关战争计划、预警程序等方面的信息。例如,他想确定,如果他必须下令发动核进攻,那么行动的有效性不会因提前让苏联人知道他们的准备并采取应对措施而削减。1961年7月在参谋长联席会议上,他"谈到,在中欧进行常规战争是很困难的。而且关键是,能够在苏联使用核武器之前的关键时刻先行使用核武器。他问到,我们是否具备在不让敌人察觉的情况下做出这种决定的能力"。其政府有多了解"苏联(对一旦被发起的美国打击)的探测和反应能力"?进攻的有效性取决于苏联人的反应有多迅速,并且在他们的导弹被毁灭之前能够多迅速地发射导弹,所以他想知道"凭借现有的中程和洲际弹道导弹,苏联人的反击需要多长的反应时间"。[31]

肯尼迪不断丰富他在这些问题上的认知,并在他上任的第一年底得出了很多非常重要的结论。首先是,至少在目前看来,先发制人的打击仍然是一个可行的方法。显然肯尼迪不希望发起核战,但是,如果不发起核战就要面对美国在欧洲的惨败及其全球地位的崩塌,先发制人的打击则可能是最好的选择,或更准确地说,至少是最不坏的选择。[32]

---

30 麦克纳马拉和尼采在此问题上持截然不同的观点。见White House meeting, October 10, 1961, FRUS 1961–1963, 14:489。

31 见Kennedy-JCS meeting, July 27, 1961, and Lemnitzer to Kennedy, September 27, 1961, ibid., 8:123, 152。另注意参联会主席莱姆尼策在给诺斯塔德的信中提到的1962年1月17日与肯尼迪的长谈。莱姆尼策写道:"昨晚,我和其他几位参联会成员与总统以及几位特别选定的白宫官员就预警程序、统一作战行动计划以及在欧洲的核武器的使用等问题举行了为时2小时的会议。"他提醒诺斯塔德,要在和总统下周的会晤上准备"深入讨论此话题"。Lemnitzer to Norstad, January 18, 1962, NP/Policy File, Berlin-Live Oak 1962 (3)/DDEL。

32 尤其注意关于肯尼迪于1962年12月访问美国战略空军司令部总部的一篇报告。战略空军司令部认为,如果真到形势危急之时,美国必须先发制人,而且邦迪向白宫人员明确表明总统亦认为如此。Legere memorandum, December 10, 1962, quoted in FRUS 1961–1963, 8:436. 总统于1963年9月12日与净评估分委会关于这些问题的讨论记录明显表明,在这之前总统已经认为战略上的先发制人是切实的可选项;见ibid., pp. 499–507。

第八章 肯尼迪、北约与柏林

到了1962年1月,其实他已经得出结论:先发制人的打击可能在某些节点上非常必要,而且他想确定如果他不得不命令进攻,那么命令将会立即被执行。1月18日,他告诉国家安全委员会,柏林危机可能会愈发严重,必须仔细研究军事计划,尤其重要的是"深入思考可能引发核战的决策方式和手段"。[33] 他刚刚会见了军方高层官员,详细讨论了这些问题。一份最近解密的文件让我们知道了他想回答的是什么样的问题。

问题一:

假设一条来自保密情报源的情报让我得出以下结论:美国应该立即对共产主义阵营发动核打击,参谋长联席会议的紧急行动文件是否允许我在不与国防部长或者参联会协商的情况下直接发动这次攻击?

问题二:

我知道我桌上电话的红色按钮将会让我和白宫陆军通信局(WHASA)的总机取得联系,而且总机可以立即让我和联合作战室取得联系。如果我不提前通知他们,就打电话给联合作战室,我会和谁通话?

问题三:

我该怎么和联合作战室说要立刻进行核打击?

问题四:

接到我指令的人怎样证实这些指令的真实性?

还有很多这样的问题。另外一份文件提及了此次关于"紧急预警程序"的会议,并且指出,显然"总统希望可以发起并参与和国防部长以及参联会的紧急会议"。[34] 肯尼迪显然非常认真地看待美国进行先发制人打击的可能性。

---

33 NSC meeting, January 18, 1962, ibid., 14:762, 8:242.
34 Bundy to McNamara, January 17, 1962, with "Alert Procedures and JCS Emergency Actions File," NSF/281/JCS 1/62—12/62/JFKL. 所指的会议正是在上文中所引用的莱姆尼策写给诺斯塔德的信中提到的会议,见注释31。

这些都建立在美国仍然占有战略优势的前提之上,实际上这正是肯尼迪的推测。他在1962年1月指出:"至于现在,我们核威慑的可信度足够我们维持目前在全球的现有地位",即使是在"我们的地面力量比不上苏联的地方"。[35] 换言之,美国仍然强大到可以维持在柏林的地位。这不仅是肯尼迪的个人观点:许多重要的美国政策制定者都有着同样的基本想法。例如,此时任美国国务卿特别助理的查尔斯·波伦(Charles Bohlen)在1961年10月就认为,既然苏联的战略地位如此薄弱,那么在苏联的政治立场中必然存在"大量虚张声势的空间",因此"必须充分利用相当大的苏联让步空间"。[36] 当时的国防部高级官员保罗·尼采(Paul Nitze)也认为,战略平衡使得在柏林冲突上采取强硬立场成为可能。[37] 正如英国人所指出的那样,柏林危机计划涉及的美国官员普遍认为,"他们在核武器上的优越性允许他们在柏林问题上采取强有力的立场"。[38]

所以基本结论就是,美国政府最终真的可以为了柏林问题坚持到底。鉴于此,那些频繁被表达的美国愿意在必要时为柏林而战的言论或许可以相信其字面意思。美国的领导人,尤其是肯尼迪自己,不仅在公开演讲、与盟国领导人的会晤中采取这种立场,也在内部讨论中坚持这样的立场。这些事实可以证明上述观点。[39]

---

35 NSC meeting, January 18, 1962, FRUS 1961–1963, 8:239.
36 Bohlen to Rusk, October 3, 1961, ibid., 14:466.
37 Ormsby Gore to Foreign Office, January 26, 1962, Prem 11/3804, PRO.
38 Confidential Annex to COS(62)7th meeting, January 23, 1962, Defe 4/142, PRO. 有关战略平衡及其怎样随时间而改变的讨论,见前文pp. 179–183。
39 尤其参见肯尼迪的发言:"如果其他方法没能拯救柏林,我们最终将使用核武器,这是我们政策的核心";Kennedy to Clay, October 8, 1961, FRUS 1961–1963, 14:485。另见他对德国官员,包括总理的评论:美国准备接近"核战的边缘",如果西方在常规战争中失败,我们将动用核武器。Kennedy-Grewe meeting, August 30, 1961, and Kennedy-Adenauer meeting, November 20, 1961, ibid., pp. 382, 595n. 最后请注意,肯尼迪在1961年10月3日与诺斯塔德的会晤中的言论, ibid., vols. 13–15, mic. supp., no. 191, 以及在重要文件 NSAM 109 of October 23, 1961, ibid., 14: 523 中概述的基本战略。但是应该注意的是,证据是混杂的,而且是难以评估的。在很多年里,我倾向于这样的观点:总统心里选择了虚张声势的策略,如果要被迫做出选择,他将牺牲柏林而非发动核战。甚至是NSAM 109这样的文件都可以按照威慑策略来解读:之前会把计划透露给盟军;苏联可以通过在北约和欧洲政府的间谍获知该计划;以这种秘密方式发现了计划,苏联人会认为美国人真的会这样做,因此会放弃一些真正严重的行为。腊斯克在1984年写道:"由于我不能明确指出的原因,我们认为苏联会完全得知这些(应急计划),并且会考虑到其可能性。"(接下页)

第八章 肯尼迪、北约与柏林

但是肯尼迪明白,这种姿态不能无限期地维持。从一开始,他就对战略平衡如何随时间而改变以及这些改变可能会如何影响危机中双方的行为非常感兴趣。[40] 显然美国的战略优势即将成为过去。正如邦迪在1962年1月指出的,美国正"走向核僵局"。[41] 总统自己在前一个月指出,在未来的两到三年内,"摧毁的可能性将变得如此对等,以至于双方都不准备使用核武器"。[42] 显然美国的战略优势窗口正在关闭,很可能永远被关上。

就柏林危机而言,这个非常重要的结论有很多重要含义。1961—1962年,美国在战略上还处于强势,因此如果形势危急,最终还是可以相对自由地使用武力。但是既然这种情况不能持续更久,那么在美国还处于相对强势地位的时候解决危机是有意义的,而不是把时间推迟到一两年以后,那时核升级将会困难得多,核威慑也会大打折扣。[43] 这些结论也没什么特别的新意:当中情局和参联会在1959年分析这些问题的时候,一些同样的基本观点就已经显现出来了。[44] 现在唯一的区别就是,美国战略优势的终

(接上页)Rusk to the author, January 25, 1984; 另见 May et al., "History of the Strategic Arms Competition," p. 682。(乔治·帕克斯 [Georges Pâques] 是在这种情况下最常被提到的苏联特工) 这里所暗示的意思是,并不一定要相信计划以及相关文件,而且美国政府可能在虚张声势。我现在倾向于相反的观点。在这方面给我留下决定性印象的是肯尼迪在古巴导弹危机前夕的行为;本章节末讨论。

40 尤其参见NSC meeting, July 20, 1961, DDRS 1994/406, 以及 Kennedy-JCS meeting, September 20, 1961, DDRS 1993/2309。1962年7月他曾要求进行一项关于美国核优势即将到来的终结对苏联外交政策的影响的跨部门的研究,但他得到的结果只是典型的官僚机构产物,对正反两面都进行了讨论。一方面,苏联人很可能 "不会在包括柏林问题在内的苏美对抗中放弃谨慎的态度",这种观点暗示着战略平衡的转变对他们的行为不会产生重大影响。另一方面,研究指出,"随着苏联战略能力的增长,苏联可能会判断它可以更积极地朝着有限的目标推进,而不用冒全面战争的风险",此观点认为,重大改变是非常可能的。Editorial note and McCone notes of July 10, 1962, NSC meeting, and report for Kennedy, n.d., FRUS 1961–1963, 8:343–344, 355–367; 引用的文章在第356和366页。不难想象肯尼迪对这种研究作何反应:他可能意识到了官僚机构可以给他提供信息,但是他自己要做出一些根本上的思考。

41 Bundy outline for Kennedy NSC talk, January 17, 1962, DDRS 1991/3578.

42 Kennedy-Macmillan meeting, December 21, 1961, 5:15 P.M., p. 3, Prem 11/3782, PRO. 另注意在1962年1月18日国家安全委员会会议上总统关于基本军事政策的言论,FRUS 1961–1963, 8:239。

43 Kennedy-Adenauer meeting, November 20, 1961, FRUS 1961–1963, 14:592.

44 CIA memorandum, "U.S. Negotiating Position on Berlin, 1959–1962," July 13, 1959, SS/S/DoD/4/Joint Chiefs of Staff (7)/DDEL. Burke to Secretary of Defense, "Relative Military Capabilities in the 1959–1961/62 Time Period," July 13, 1959, JCSM 269-59, JCS Chairman's Files for 1959, 9172 Berlin/9105 (13 July 1959), RG 218, USNA. 另见 Gray memo of meeting with Eisenhower, July 13, 1959 (memo dated July 16), OSANSA/SP/P/4/DDEL。格雷将这些发现报告给艾森豪威尔,说这实际上 "是由国务院、国防部、参联会以及中情局组成的特别委员会的发现",但是总统认为,这些结论令人"难以置信"。

结已经近在眼前，基本观点比1959年时在某种程度上更具有说服力。

战略窗口的关闭另有重大含义，在某种意义上指向了相反的方向：可能美国应该努力通过谈判解决问题，但如果苏联人完全不妥协，拒绝接受美国人准备提出的相当温和的条件，那么在为时过晚之前——在美国仍然占据优势、在一场核战争仍可一打之时——采取行动解决与苏联的问题或许是有道理的。到了1962年10月，正如我们将看到的那样，总统已非常明确地以这种方式看待形势了——而这实际上也是理解古巴导弹危机的关键，这场危机是围绕柏林的对峙的大高潮。

控制的集中化：美方

从一开始就很明显，肯尼迪将不得不处理以柏林问题为中心的一系列复杂事务。军事问题一直存在：如果通往柏林的入口被切断，应该采取何种行动？这涉及一系列问题，诸如升级的动力、美国先发制人打击的有效性以及大规模常规部队的价值（以及成本）。还有一个政治问题，即西方应该制订怎样的解决方案。还有一个策略问题，即转向灵活的政治立场是否会被视作一种示弱表现，并由此实际上更难达成真正的政治和解。还有一些问题起因于这不仅仅是美苏之间的对抗这个事实。美国的三个主要的欧洲盟友都扮演着重要角色。它们可以参与解决这些政治和军事问题吗？如果盟国不愿意跟随美国的政策，美国最终应该准备单独行动吗？此处真正的问题在于，美国在西方联盟中究竟应该行使多大的权力，而且此问题和核武器的控制和占有存在密切关系。美国是否应该坚持对西方的核武器保持完全的控制——哪怕只是作为一种阻止德国拥有自己的核武器的方式？这一点作为与苏联的全面谅解的关键部分可能尤为重要。

这些问题紧密相连。因此不能把它们单独拿出来交给行政部门；政府的不同部门各自只看见冰山一角，而且他们建议的政策往往都有一些狭隘。所以肯尼迪和他的主要顾问认为，政策应该在中心制定。总统本人需要担

第八章 肯尼迪、北约与柏林

任一个非常积极的角色——去执掌缰绳，尽可能多地吸收信息，并且把政府视作一个整体制定政策。柏林问题是一个核心问题，也是一个恰当的例子：邦迪在给肯尼迪的信中写到，总统把自己"置于对这个重大问题的直接、亲自且持续不断的掌控之中"很重要——这既适用于军事，也适用于政治方面。[45]

而且，肯尼迪确实逐渐掌控了政策。1961年初，他要求艾奇逊——当时已经不是政府官员了，仅是一名顾问——在制定柏林政策时起带头作用。但是到了7月，总统就自己负责政策的制定了。国务院无处扮演重要角色。有关柏林的基本政治问题，政策都由高层制定。有关北约的问题——最重要的是这意味着联盟内部有关核武器的控制和占有问题——总统迟迟未能给出自己的观点。关于此问题，最初还是艾奇逊提出了一个基本方案，他制定的路线得到了国务院一群充满活力的官员的支持。肯尼迪在1961年赞同了这一政策，但在1962年，他变得越来越失望，最终在当年末与艾奇逊的路线决裂。到了1963年初，在与北约以及核武器控制有关的一系列问题上，总统已经直接控制了政策的制定。

在军事问题上，情况则截然不同。在此处，冲突更具根本性：军政关系在一段时间内相当紧张。总统表明，他想深入参与作战计划制订，尤其是在涉及柏林危机以及全面核战的问题上。他和他的文职顾问们认为，对军事行动的控制——当然不是在非常详细的层面，但在涉及重大问题时——必须由华盛顿的政治当局掌握。他们尤其是从柏林危机的角度思考问题的，在这场危机中，关键决策从本质上讲是政治性的，特别是因为它们涉及判断另一方政府会如何回应，所以不能基于狭隘的军事标准制定政策。

这尤其意味着在艾森豪威尔时期形成的预授权安排太过宽松。正如邦迪在很早的时候向肯尼迪解释的那样，在所延续下来的安排之下，"面对重

45　Bundy to Kennedy, June 10, 1961, FRUS 1961–1963, 14:108. 另见约翰·马波瑟的评论，Nuclear History Program Berlin Crisis Oral History Project, session no. 1, October 9, 1990, p. 60 (at NSA).

大苏军军事行动的下级指挥官在无法联系总统先生的时候可以自行发起热核打击（不管是他那边还是总统这边的通讯出了问题）"。[46] 新的领导层根本不喜欢这种体制，在1961年该控制问题引发了大量关注。正如一项官方调查所揭示的："相较其他议题，1961年在国防部、美国空军以及战略空军司令部内，政府高层在指挥和控制美国核力量上花费的时间和精力最多。"[47] 政府很想加强指挥和控制。授权高级军事指挥官使用核武器的信件没有被撤回，但是文职官员更近一步参与了作战计划以及军事行动，特别是核军事行动的细节讨论。[48]

这一切在军界引起了极大的不满。政府官员没有尊重军方领导在其传统领域的权威。他们被认为不应该参与这些被当作纯粹军事问题的事务。例如，参联会主席莱曼·莱姆尼策（Lyman Lemnitzer）将军抱怨到，现在军事当局正在经受"持续不断的侵扰"。[49] 现在在五角大楼的文职官员脑中根深蒂固的新战略思想违背了某些基本的军事价值。军事领导人并不喜欢"倾向于过分强调对军队的控制、避免伤亡损失、防御、生存，而没有对作战效率、进攻，或是胜利意愿的相应关注"的做法。他们不喜欢一种会导致"最重要的胜利意愿"缺失的战略哲学。[50]

46　Bundy to Kennedy, January 30, 1961, FRUS 1961–1963, 8:18. 国防部长办公室记录的官方历史概述了文职领导层所看到的问题："考虑到指挥链的脆弱性以及预先编订的打击的复杂性，SIOP-62使得经常被抱怨的大规模报复威胁的两难困境显得更加真实——面对任何严重的核挑衅，总统要么大规模报复要么什么也不做。而且，**考虑到作战指挥官对部队的实际控制程度，并不肯定这个选择会不会飞速地从他手指之间溜走**。该研究指出，考虑到较弱的指挥以及控制系统，在柏林的战斗"**可能在不经美国政府授权甚至违背其意愿的情况下，促使北约部队做出核反应**"。May, et al., "History of the Strategic Arms Competition," pp. 589, 596. 着重标志为本书作者所加。

47　*History of Headquarters Strategic Air Command 1961*, p. 24, and *Strategic Command Control Communications (1959-1964)*, p. 3, SAC Historical Studies nos. 69 and 98, Office of Air Force History, Bolling Air Force Base, Washington, D.C.

48　Kaysen interview, August 1988; Rosenberg, "Nuclear War Planning," in *The Laws of War: Constraints on Warfare in the Western World*, ed. Michael Howard, George Andreopoulos and Mark Shulman (New Haven, Conn.: Yale University Press, 1994), p. 172; Rosenberg, "Origins of Overkill," pp. 48–49. 关于对北约欧洲国家的指挥与控制问题的特别关注，见McNamara to Kennedy, October 7, 1961, DDRS 1992/1866, and NSC Action, "NATO and the Atlantic Nations," March 10, 1962, DDRS 1994/3463.

49　Lemnitzer to Norstad, January 18, 1962, NSABF.

50　JSSC talking paper, August 5, 1961, 转引自 FRUS 1961–1963, 8:121–122.

第八章 肯尼迪、北约与柏林

他们也不喜欢文职官员的傲慢——尤其是麦克纳马拉,他试图将植根于抽象和学术理论的政策强加于人,而且很少考虑或理解实践层面的现实情况。这位在战略问题方面没有任何实际背景的新任防长,只是告诉军方专家如何去做他们的工作——例如,1961年3月1日,他命令这些军方专家"准备一项'官方原则',如果被采纳,可以在发生热核打击之时允许有控制的回应和协商暂停",而在发布命令之前,他甚至没有和他们进行商讨,看看从操作层面这种战略是否可行。[51] 2月10日,麦克纳马拉曾听取了有关此种战略的简要汇报——也就是说,在他上任之后不久——而且立刻接受了。[52] 军方官员大为震惊,他们担心像麦克纳马拉这样的外行会认为,自己可以在处理一些国家可能不得不面对的最重要问题时采取这种方法。

此类事件只是确证了军方官员的普遍信念,即文职官员无权指导军方处理有关事务。邦迪在白宫的副手卡尔·凯森回忆到,他于1961年夏前往了战略空军司令部总部,并且询问了有关作战计划、预授权等方面的问题。凯森描述到,军方的态度"令人非常不悦,充满敌意,就好像他们要把我们铐起来永远不放我们出去一样。我们在那里待了两天,而他们的整体态度,你懂的,有种'混蛋,这事情和你无关'的感觉"。[53] 肯尼迪和高级军事指挥官在这些问题上有直接冲突。1961年10月,莱姆尼策向总统汇报了统一作战行动计划(Single Integrated Operational Plan [SIOP]),即国家关于全面核战的基本计划。在艾森豪威尔时期,这种报告是非常简单且程序化的,但是肯尼迪对此非常重视,并且询问了莱姆尼策一些基本问题。他想知道,为什么美国会"打击在中国的所有这些目标"?莱姆尼策回答道:它们会受到攻击,因为"这在**计划**内,总统先生"。这个回答惹恼了肯尼迪。会后他把参联会

51　McNamara memorandum, March 1, 1961, POF/77/DoD, Defense Budget/JFKL,转引自 Kaplan, *Wizards of Armageddon*, p. 273. 关于参联会的回应(相当于拒绝准备这样的"官方原则"),见 Lemnitzer to McNamara, April 18, 1961 (with attachment), FRUS 1961-1963, 8:74-78. 另注意 the Hickey report of December 1, 1961, ibid., p. 196n。

52　Deborah Shapley, *Promise and Power: The Life and Times of Robert McNamara* (Boston: Little, Brown, 1993), pp. 139-140.

53　Kaysen interview, August 1988.

主席叫到一旁，并且明确告诉莱姆尼策，以后他再也不想听这种让他受罪的情况介绍会了。[54]

因此，军政关系总体上并不友好，与诺斯塔德日益加剧的争执也必须被放在这一背景下看待。争执不仅仅与柏林政策有关，尽管如果危机到了紧要关头，美国应该以多快的速度升级战斗无疑是冲突的一个重要因素。它从根本上也不是关于双方存在冲突的另一主要问题，尤其是在1962年：肯尼迪政府反对在欧洲部署陆基中程弹道导弹，但是诺斯塔德仍然认为这种部署非常重要。更基本的问题和欧洲盟军最高司令与美国政府的关系有关，也和他在整个西方体系中的地位有关。

诺斯塔德认为，欧洲盟军最高司令不能仅仅成为美国总统的傀儡。他完全代表联盟，而且他的独立权威是与他的超国家身份相联系的。这种权威源于这样的观点：欧洲盟军最高司令将以本质上的军事考量为基础行使其自由裁量权，特别是他还会尽其所能保护北约欧洲国家。因此面对紧急情况，他必须迅速反应，不能依靠像战略空军司令部和"北极星"导弹潜艇部队这样的外部力量。这种按照计划执行任务的外部力量不能及时覆盖目标，而即刻摧毁这些目标对欧洲防御非常重要。[55]诺斯塔德因此坚持强调在欧洲盟军最高司令直接控制之下的陆基中程弹道导弹部队的重要性：北约需要某种程度上的自主权，因此北约指挥官也需要属于自己的充足的核力量。诺斯塔德在1961年末反对肯尼迪的柏林政策部分是出于这种原因：在诺斯塔德看来，欧洲盟军最高司令执行保护欧洲的行动的能力会因为他的核打击力量在常规战争阶段中被削弱而被打上折扣。诺斯塔德认为，新政府并不明白这种军事考量的重要性，并且也不明白军方，尤其是欧洲盟军最高司令本人，必须在制订该领域的战略上起到主导作用。[56]

---

54 Kaysen interview, August 1988.有关简报会以及相关分析的文本，见Scott Sagan, "SIOP-62: The Nuclear War Plan Briefing to President Kennedy," *International Security* 12 (Summer 1987): 22–51。

55 见Nitze, *From Hiroshima to Glasnost*, p. 201, and Finletter to McNamara, Nitze, 以及 Rowen, October 17, 1962, 记述了诺斯塔德当天就中程弹道导弹问题向北大西洋理事会所做的简报，NSF/216/MLF, General, Stikker Paper/JFKL。

56 有关诺斯塔德的观点，尤其见Stoessel to Fessenden, April 12, 1962, NSABF。

第八章 肯尼迪、北约与柏林

诺斯塔德决心不屈服于华盛顿新领导层的意志，或者至少不会不加抵抗就轻言让步。有关在柏林问题上的计划，他拒绝接受总统在1961年10月批准的NSAM 109作为具有约束性的基本政策文件。

图5：参联会主席关于美苏战略平衡的绝密简报手册（作汇报用）中的两页文件。日期未标，但来自艾森豪威尔执政末期。Office of the Staff Secretary, Subject Series, Department of Defense Subseries, box 4, JCS (10), Dwight D. Eisenhower Library.

他说，美国政府可以随时给他建议，但是他对整个联盟负责，因此不能接受任何一个国家的"指令"。[57] 他还拒绝在中程弹道导弹问题上跟从美国的立场。诺斯塔德再一次不愿接受美国政府的指令，尤其不接受他认为是基于根本上被误导的政策所发布的指令。

对于肯尼迪政府而言，这些完全是不可接受的。华盛顿方面认为，诺斯塔德是在欧洲的美国高级指挥官，而他的工作就是支持美国的政策。[58] 腊斯克很疑惑："诺斯塔德怎么可能有北约的政策？什么是北约政策？最终他还是作为一个美国人说话。有且只有一个美国政策。"[59] 到了1962年中，这个问题已到了不得不解决的时候。总统及其主要顾问现在认为，必须削弱欧洲盟军最高司令的独立性：不能允许诺斯塔德贯彻自己的政策，这违背了政府领导层的期望。当1962年6月诺斯塔德被问及此事时，他坚持自己的自主权。7月，他被召回华盛顿。麦克纳马拉和肯尼迪告诉他，他们对诺斯塔德不得不因身体原因而退休感到遗憾。诺斯塔德表示反对，但是徒劳无功。当他回到巴黎时，他告诉了他的朋友皮埃尔·加洛瓦（Pierre Gallois）将军所发生的事情。"皮特，"他说，"我被解雇了。"[60]

不久后，诺斯塔德确实退休了。莱姆尼策将军被派去接替他的位置，而总统的军事顾问马克斯韦尔·泰勒代替他成为参联会主席。欧洲盟军最高司令的羽翼被剪掉了。他最终还是"回到了"战地指挥官这样一个角色，并且他的命令直接来自华盛顿。有关强大而独立的欧洲盟军最高司令的概念以及与其相关的一系列政治观点，最终被完全清除了——当然欧洲注意到了这点。[61]

---

57 Stoessel to Fessenden, December 18, 1961, 740.5/12-1861, RG 59, USNA. 另见 Pedlow, "Norstad and the Second Berlin Crisis," p. 47。
58 Draft letter from Kennedy to Norstad, October 10, 1961, NSA Berlin file.
59 Sulzberger, entry for July 24, 1962, *Last of the Giants*, p. 908.
60 Pedlow, "Norstad," pp. 54-55. 1992年在巴黎的一个会议上，笔者曾听到加洛瓦讲述了同一个故事。
61 有关戴高乐的反应，见 Lemnitzer-de Gaulle meeting, July 23, 1962, NSF/71a/France: General/JFKL。另见 French Council of Ministers meeting, July 25, 1962, in Peyrefitte, *C'était de Gaulle*, pp. 290-292。

第八章　肯尼迪、北约与柏林

控制的集中化：美国及其盟友

肯尼迪和他的主要顾问认为，除了在美国政府内部，他们还需要在西方联盟中扮演一个非常积极的角色。开战的权力、控制军事行动的权力、制定军事和外交政策的权力——这些权力都要被集中到华盛顿的最高政治层面。

在他们看来，美国政府有权对其盟友更加坚决得多，并且扮演好这样一个角色。对于欧洲安全问题，没有一个可行的、纯粹的欧洲方案，所以美国要或多或少被迫继续参与其中。但是如果它要挑起这个担子——如果它要在欧洲维持庞大且耗费巨大的军队，并且把自己的城市置于风险之中，以此作为将美国力量投入欧洲防御的政策的一部分，那么美国人就可以理所当然地要求某种东西作为回报。"我们注定要为领导地位付出代价"，邦迪写到。"我们最好也能有一些作为领导者的优势。"这意味着，美国应该在制定政策上扮演关键角色。戴高乐和阿登纳认为，他们可以在政治上制定自己的政策，但是无论他们做了什么，美国都会在欧洲保护他们。这种态度简直无法接受：如腊斯克所言，美国部队不是"任何盟国都可以随心所欲"使用的"宪兵"。邦迪说，美国不会允许自己任由欧洲人"摆布"。如果欧洲的防御如此仰仗美国的权力，那么欧洲人不应指望在政治上规划他们自己的路线。他们不能两者兼得。"一个指望着我们却超出我们影响范围的欧洲——在这个欧洲，我们必须承担防御的责任，却没有能力影响事态发展"——这在肯尼迪看来是无法容忍的。[62]

---

[62]　邦迪为肯尼迪准备的国家安全委员会讲话大纲，January 17, 1962, DDRS 1991/3578. 在1981年公开的文件中，有关不受摆布的内容被删去，直到1991年才公布。有关欧洲人在依赖美国军事力量的同时又希望美国给予他们在政治领域的自由的内容，引自肯尼迪与安德烈·马尔罗（André Malraux）的值得注意的会见的记录, May 11, 1962, FRUS 1961–1963, 13:696。这是一篇特别的文件；肯尼迪决定敞开心扉，阐释他关于美欧关系的最基本想法。另注意肯尼迪在几个月前与克罗克的会面中的评论。克罗克写到，"总统不耐烦地谈到这些努力所面临的困难"——他尝试与苏联达成解决方案，"但不断地被西德和法国政府设置障碍"。阿登纳和戴高乐等人"似乎想充当美国政策的制定者，而不是美国的盟友"。Krock Kennedy meeting, October 11, 1961, Krock Papers, box 1, vol. 3, item 343, ML. 另见, Gavin to State Department, May 16, 1962, 文中提到，戴高乐认为美国不应插手欧洲事务，只"在必要时"才施加其权力，Kennedy to Gavin, May 18, 1962, 文中给出了总统的强烈反应，in FRUS 1961–1963, 13:702–704。腊斯克关于"宪兵"的言论，见Rusk-Segni meeting, December 12, 1961, NSABF.

所以盟国现在被期望服从美国的领导。例如，英国人可能希望与美国的"特殊关系"会使他们在国际政治中扮演一个真正的角色，但是美国人却没有从真正的合作和妥协的角度思考问题。他们愿意走过场，进行协商，只要英国人在真正重要的事情上跟随美国。邦迪的态度就很典型。1961年4月，麦克米伦要来会见肯尼迪，邦迪概括了他认为的总统在和英国领导人会晤时所应采取的立场。"我们当然应该愿意考虑他们可能想出的任何新计划，"他说，"但是反过来，我们应该极为敦促英国在关键时刻保持坚定"。[63] 对于法国人，甚至在1961年9月，腊斯克也理所当然地认为，他们将会别无选择只能跟从美国的政策。如果英美都决定继续就柏林问题进行协商，他认为，法国人最终将"不得不服从"。[64] 同理这也适用于德国。腊斯克在1961年8月说道："西德人将不得不接受许多他们迄今为止坚持认为完全不可接受的东西。"[65]

尤其是关于柏林问题，美国政府现在想要为整个西方制定政策。艾森豪威尔认为，美国不能简单地把自己的观点强加给盟国，事实上他认为，美国就像一个中间人，它的目标就是制定出一条英国和阿登纳都接受的共同行动路线。[66] 但是到了1961年，美国政府变得坚决得多。同年8月，肯尼迪批准了就柏林问题进行协商的计划。他写信给腊斯克说，美国应该"向三个盟友（英、法、西德）表明，这就是我们打算做的，他们要么一起行动，要么不参与"。[67] 艾奇逊也认为，美国应该为整个西方制定政策。例如，6月时，他认为"这本质上是一个事关美国意愿的问题，而且我们应该下定决心，开始采取行动，不要考虑盟友的意见"。[68] 在10月20日的一个重要会议上，他采取了相同的立场。他说，美国在和盟国协商的时候

63　Bundy to Kennedy, April 4, 1961, DDRS 1986/2903.
64　Rusk-Home meeting, September 15, 1961, FO 371/160551, PRO.
65　Rusk-Home meeting, August 5, 1961, FO 371/160541, PRO.
66　特别见总统对"走在摇摇欲坠的篱笆上"以及同时取悦阿登纳和英国人的困难的提及，Eisenhower-Herter meeting, March 17, 1959, p. 3, SS/I/6/Berlin, vol. II (1)/DDEL。
67　Kennedy to Rusk, August 21, 1961, FRUS 1961–1963, 14:359.
68　Berlin coordinating group, June 16, 1961, ibid., p. 119.

第八章 肯尼迪、北约与柏林

浪费了太多时间。美国不需要"与盟国协调。**我们需要告诉他们该怎么做**"。美国的政策最为重要,欧洲人会被拉动着跟随美国。[69] 他认为,美国应该成为北约联盟的"执行代理人",负责管理欧洲军事危机中的西方阵营[70]——这种观点为整个政府所接受。

有关北约核问题亦是如此。同样,关键的想法是,美国要掌握控制的集中化。这一基本目标反过来又反映在一系列具体的美国政策中:有关英法核武器的政策、对美国在欧洲的核武器的切实控制的政策、有关陆基中程弹道导弹的政策以及一支多边海基中程弹道导弹力量的政策。将控制集中于美国的总体政策还反映在正式的战略原则中:新的战略将集中控制这一目标合理化,这种新战略认为,美国和北约整体上应该为进行一场有控制的核战争做好准备。

有关北约核问题的新政策在肯尼迪政府初期就已被采纳。在1961年初,艾奇逊被要求研究关于北约以及核武器的整个复杂问题。他在3月呈交的报告包括一系列详细政策建议。4月21日,在进行一些微调之后,肯尼迪批准了艾奇逊在报告中建议的政策方针。美国的北约政策现在得到了确立,直到1962年底,美国政府将一直沿用艾奇逊的这套政策方针。

新政策的要旨很难被忽视。国家核力量将被防止建立,控制权将集中在美国手中。艾奇逊写道:"对美国而言,最重要的是,其他欧洲国家的部队对核武器的使用应该受制于美国的否决和控制。"要反对法国发展独立核能力的企图。甚至不能让英国参与"核威慑事务"。必须加强美国对核武的控制,此外中程弹道导弹也不应在欧洲部署。[71]

---

[69] Meeting between Kennedy, Acheson, Rusk, McNamara, et al., October 20, 1961, ibid., pp.518-519. Emphasis in original text.

[70] Acheson Berlin report, c. July 31, 1961, ibid., p. 255, 以及腊斯克于同盟外长会议上的评论, August 6, 1961, ibid., p. 300. 另见 Stoessel to Kohler, August 11, 1961(关于诺斯塔德认为联盟会接受"执行代理人"方案), NSABF. 在与英法外交官的会晤上,腊斯克再次提出"执行代理人"观念, October 6, 1961, NSABF.

[71] Policy Directive, April 20, 1961, FRUS 1961-1963, 13:288-290;以及"A Review of North Atlantic Problems for the Future" (Acheson Report), March 1961, pp. 43-46, 53-62, Records relating to State Department participation in the NSC, box 107, NATO—NSC 6017—Acheson Report, RG 59, USNA.

这些不同的政策有一个基本目标，即防止德国人取得自己可以控制的核力量。诚然，德国想要发展核武的举动是非常危险的。如腊斯克所说，苏联"非常害怕德国将会以某种方式设法控制核武，并且可以自行决定核武的使用"。[72] 一旦德国在此方向上有所行动，苏联可能采取一些预防性行动。他认为，如果德国即将获取由自己控制的战略导弹力量，这"将会被苏联政府认为是**开战的理由**"。[73] 所以，应该排除德国控制核力量的可能性。肯尼迪自己"也很急切地想要阻止德国获得核武器"。实际上，在整个肯尼迪时期，美国政策中一个固定且基本的原则即是必须阻止德国拥有核力量。[74]

美国的新北约政策根源于这一基本关切。原则上，肯尼迪政府并不反对核武器国别化。英国甚至是法国的核力量都算不上什么大问题。仅仅是英法核力量对德国的影响才使其成了一个问题。如果法国发展了一支核力量，尤其是在美国的准许之下，谁能阻止德国效仿呢？因此，美国也要反对法国建立一支独立的核力量。德国因素是决定性的。正如肯尼迪在1962年中指出的，"不允许法国获得核信息的最主要原因就是，它会影响德国，鼓励德国做同样的事情"。12月，他又提出了相同的观点。他说道，美国"不支持法国的核事业，这一政策的结果是美法关系恶化。无论对错，他们（美国人）是因为德国才采取了这样的态度"。[75]

问题是，无论美国人说什么，法国显然决心要建立自己的核力量。反对法国人对核武器的渴求不仅会给美法整体关系增加麻烦，也可能会促使

72　NSC Executive Committee meeting, February 12, 1963, FRUS 1961–1963, 13:497.
73　Rusk-Stikker meeting, February 7, 1962, p. 3, DDRS 1996/2056.
74　Kennedy-Macmillan meeting, April 28, 1962, Prem 11/3783, PRO; Bundy paper for Kennedy, "The U.S. and de Gaulle—The Past and the Future," January 30, 1963, POF/116/JFKL.
75　Kennedy's "Eight Questions" to Ball, with Ball's answers, attached to Ball to Kennedy, June 17, 1962, NSF/226/JFKL，以及对英美拿骚会议的英方记录中肯尼迪的话的引用，December 19, 1962, morning session, p. 9, Prem 11/4229, PRO。美国方面的记录基本上是一样的；见FRUS 1961–1963, 13:1094。很多文献反映了相同的基本观点。例如，参见Rusk to Stoessel (personal), May 5, 1961："在我看来，贯穿始终的核心问题不是法国是否会取得某种核武器能力，而是美国鼓励法国核努力的姿态对于德国对核武的憧憬以及对北约的影响。" NSF/70/France—General/JFKL。另见Kennedy to de Gaulle, December 31, 1961, FRUS 1961–1963, 14:718; 有关戴高乐的反应，见 LNC 1961–1963, p. 193。

第八章 肯尼迪、北约与柏林

他们转向德国以寻求在核领域的帮助，而这将不可避免地使德国人离获取核能力更进一步。正如艾奇逊在1961年4月所言："我们所面对的困境是，如果我们帮助法国，德国会索要同等对待。如果我们不帮助法国但法国坚持，他们只得拉上德国人才能成功。这最终会让德国取得核能力。"[76] 肯尼迪自己也很疑惑，究竟美国拒绝帮助法国的政策会不会"鼓励他们去找德国人——由此使德国拥核更加可能"。可能相反的政策值得考虑。也许可以"和法国共同制订一个方案限制德国的要求"，或者至少可以阻止法国和德国在核领域的合作。[77]

肯尼迪实际上并不情愿排除与法国达成某种协议的可能性。1961年，他与戴高乐的关系迅速恶化。法国总统不喜欢肯尼迪的柏林政策和关于北约核问题的政策。但是在1962年，肯尼迪认为没有什么坎是过不去的，而且他想看看是否可以将戴高乐争取过来。放宽美国对法国的核援助可能有助于问题的解决。1962年3月，肯尼迪似乎在"寻找可以和法国在核武器方面合作的领域"。他想要找到"某个可以将法国拉回西方国家共同体的机制"。参联会以及国防部高级文职官员都支持肯尼迪的努力，而且他们认为，核援助也可以为文职人员认为尤其重要的常规部队建设腾出资金。麦克纳马拉甚至认为，"给予法国的导弹援助只要在收支平衡的基础之上都是合理的"。[78]

---

76 Anglo-American meetings in Washington, April 5–8, 1961, second meeting, p. 1, Cab 133/244, PRO.

77 Kennedy's "Eight Questions" to Ball, questions 1 and 2, May 25, 1962, NSF/226/JFKL. 国防部正以同样的立场考虑。见Nitze-Norstad meeting, April 4, 1962, 711.5611/4-462。另注意，同年4月麦克纳马拉的言论，他认为，"在法国人的核项目得到帮助之前，他们当然要做出详尽的承诺和保证，确定不会将相关信息传给西德"，McNamara-Macmillan meeting, April 29, 1962, p. 28, Prem 11/3783, PRO。

78 Fessenden to Kohler, March 7, 1962, 751.5611/3-262, Ball to McNamara, March 10, 1962, 751.5611/3-1062, 以及 Kohler to Rusk, April 12, 1962, 740.5611/4-1262, all in RG 59, USNA。注意国防部长的思想中有关"新转变"的内容（来自于麦克纳马拉的部下），Tyler to Rusk and Ball, July 26, 1962, 740.5611/7-2662, RG 59, USNA。麦克纳马拉正考虑放弃多边核力量，"转而支持更直接适应美国财政需求的多边中程弹道导弹部队"。这个方案是要建立一支大规模的全欧部队，可能主要由部署在欧洲大陆的导弹组成。国务院高级官员泰勒反对这项计划，但只是部分反对，因为他认为"可能需要保留做出向一支欧洲核力量销售或提供核弹头这类核让步，直到我们看到这些让步能够换来我们在经济领域寻求的让步"。

但是这种努力还是失败了。1961年4月的政策方针所概述的"基本北约政策"被重新确立。目前不会向法国提供核援助。归根结底,这个决策取决于对戴高乐的评价。人们认为,戴高乐很可能是无法被满足的。他会对美国所提供的照单全收,但是不给予任何东西作为回报。他不是那种可以和美国人达成协议的人。他的政策源自其基本信念,因此即使美国的核援助政策更加宽松,他的政策也不会发生明显改变。但是在肯尼迪看来,此事仍然值得商榷。总统原则上不反对与法国核合作,并且认为此问题需要被务实地处理。重要的是,要确保不管对法国做了什么,德国都不会增加获得自身核力量的可能性。[79]

对法国如此,对英国更是如此。1961—1962年的美国官方政策是不让英国"染指核事务",但是这个目标在本质上纯粹是衍生出来的。在美国政府强烈反对与法国核合作之后,怎么可能继续支持英国的核计划?"我们必须消除英国的特权地位",一位官员写到。如果美方的观点想要在法国有任何分量,这么做是必不可少的:"在核问题上,通往巴黎的道路很可能要经过伦敦。"[80] 但还有希望:如果英国放弃尝试维持一支独立的核力量,那么法国——很可能在戴高乐下台之后——会选择同样的道路,这样一来就更容易管束德国。在英国政府内部,一些高官,包括某些内阁大臣,实际

---

79 有关与法国的核共享以及相关问题的讨论,见 Neustadt, "Skybolt and Nassau," pp. 29-30, and Bundy to Kennedy, May 7, 1962, POF/116a/France—Security/JFKL。有关此讨论的重要文件,见 Gavin to Kennedy, March 9, 1962, White House meeting, March 15, 1962; Taylor to Kennedy, April 3, 1962, and enclosure 2; Kennedy-Rusk-McNamara-Bundy meeting, April 16, 1962; 以及 NSAM 147, April 18, 1962; in FRUS 1961-1963, 13:687-688, 366-370, 377-380, 384-387。有关加文大使在三个月前在此方面的努力以及那时其他官员的反应,见 ibid., pp. 678-679, 678n。有关作为决定性因素的对戴高乐难以满足的判断以及肯尼迪政府的本质上的实用主义处理方式,见 Bundy to Kennedy, "The U.S. and de Gaulle—the Past and the Future," January 30, 1963, p. 7, POF/116/JFKL。当肯尼迪在5月11日与马尔罗会面时,他明确指出:"至于核困难,那是因为在其他事情上都存在问题。"(ibid., p. 698)这意味着,如果法国在其他关键领域更加合作,美国将会在核共享问题上采取更加开放的态度。有关戴高乐对美国所提供的照单全收,但是不会改变其基本政策的观点在当时非常普遍;例如,参见诺斯塔德的观点, Nitze-Norstad meeting, April 4, 1962, 711.5611/4-462, RG59, USNA。最后注意,一些重要政策制定者抨击肯尼迪的方法太过实用主义,并且认为美国应将反对法国建立核力量作为基本原则。例如,参见 Gerard Smith and Bowie to Kohler, May 4, 1962, FRUS 1961-1963, 13:691n。

80 "A New Approach to France," n.a., April 21, 1961, NSF/70/France—General/JFKL.

第八章 肯尼迪、北约与柏林

上准备配合这一政策,将"核事务"交给美国人处理。[81] 所以此时美国的基本目标似乎并非完全难以企及。

首先,在该领域的新美国政策意味着,美国政府需要逐步抛弃在艾森豪威尔后期就已经培养起来的、与英国的特殊核关系。现在,最初决定建立这种关系被视为一个"错误"。如邦迪指出的,那种关系是在"当时对这些问题的思考与现在大相径庭的时候"建立起来的。如果美国政府"不得不从头来过",他就不会在核相关问题上帮助英国。"目前我们政策的正确路线"就是逐渐远离"与英国政府藕断丝连的关系,并且用我们的影响力逐步减少英国的核投入"。腊斯克基本上采取了相同的立场。[82]

肯尼迪政府的总体观点是,在艾森豪威尔时期与英国政府达成的协议需要被削减。基于轰炸机的这种威慑已经过时,所以不让英国人"染指核事务"的方法就是防止他们获得弹道导弹。现行的合作计划可以追溯到1957年12月的艾森豪威尔-麦克米伦协议。如今这个协议涉及有关弹道导弹信息的"广泛且频繁的互换",尽管英国没有中程弹道导弹计划,美国现

81　参见 Neustadt, "Skybolt and Nassau," pp. 23-26, 71(1961年和1962年美国对英国核力量的基本政策),以及 pp. 46-47(部分英国官员愿意与这一美国政策合作)。关于英国国内围绕这一问题的政治争斗,尤其见 Andrew Pierre, *Nuclear Politics: The British Experience with an Independent Strategic Force, 1939-1970* (London: Oxford University Press, 1972), pp. 202-210。另注意内阁秘书诺曼·布鲁克爵士撰写的重要文章,"Some Aspects of our Relations with the United States and Europe," January 18, 1961, Cab 133/244。1960年12月19日,麦克米伦写信给已当选总统的肯尼迪,建议举行联合对话,处理两国面对的最基本政策问题,与此同时他还要求布鲁克建立小组,起草一份有关北约、英美关系以及英欧关系等一系列复杂问题的报告,尤其见 FO 371/159671, PRO。布鲁克在1月18日的报告中认为,"英国对西方的战略核威慑做出独立的贡献并非特别有必要",而且不管怎样其价值在下降。如果趁着英国部队尚有威力,通过放弃一定程度的独立,那么英国可能实现重要的政治目标。法国可能表现阻止建立独立的核力量,这样做至关重要。因为如果法国拥核,德国等国家一定会效仿。其他高级官员也持类似的观点。见 Baylis, *Ambiguity and Deterrence*, pp. 278, 307。这种观点与新任的肯尼迪政府的想法不谋而合,但与麦克米伦大相径庭。外交部对这一系列复杂问题的看法,以及与首相的不同见解,见 Ramsbotham memo, "The Prime Minister's Visit to General de Gaulle," January 17, 1961, with Schuckburgh minute, FO 371/159671, PRO。有关这些政策的出台以及美国人的冷静反应,尤其见 Prem 11/3311, PRO 中的文献。

82　Rusk in White House meeting, April 16, 1962, FRUS 1961-1963, 13:378; Bundy to Aron, May 24, 1962, NSF/71a/France—General/ JFKL; Kennedy to Gavin (draft, probably written by Bundy), n.d., NSF/71a/France, General, 4/1—4/12/61/JFKL。最后一篇文献很可能归错文档了,而且可以肯定是在1962年春。它包括提及的加文在3月9日写给肯尼迪的信,以及日期为1962年3月9日的写给总统的一封涉及该问题的信,见于 FRUS 1961-1963, 13:687-688。

在"也不希望英国开始这样一个计划"。[83] 显然,这必须得改变。在美国看来,英国的核威慑没有什么真正的意义。"我们倒是更希望英国在常规武器上做出努力,"邦迪在给肯尼迪的信中写道,"我们也希望英国和其他北约国家共同接受一支单独的、由美国统领的力量。"[84]

因此,对北约核武器的控制将集中于美国人手中。此外,这也意味着现在在欧洲的武器也需要处于美国的有效控制之下。目前的情况显然不令人满意。艾奇逊明白,在现有的安排之下,美国的"监护"——他给这个词加了引号——与其说是真实的,倒不如说是理论上的。"美国的很多欧洲盟友实际上拥有核武器。"他在4月指出,"目前没有办法保证这些持有核武器的国家在使用它们之前会征得美国总统的同意"。[85] 因此艾奇逊的报告呼吁研究如何"使在北约欧洲国家的核武器变得更加安全,不会在未授权的情况下被使用"。[86] 此建议在4月6日被接受,政府随即开始采取措施,将武器置于美国的有效控制之下。[87]

这些措施中最重要的就是引入了"许可行动链接",该装置可以确保核武器不会在未授权的情况下被使用。1962年6月,经决定,美国在欧洲的所有核武器都将安装该装置。欧洲之外的武器——例如,那些在美国海军舰艇上的武器——不受影响。这一举动的基本目标是,确保欧洲盟国无法独立使用这些美国武器。但分配给驻欧美军的核武器也应配有"许可行动链接"。部分是由于诺斯塔德之前警告过"如果美国和(欧洲)北约的核武器被区别对待,要小心盟国的反应"。但是这也在某种程度上反映了美国政

---

83 Rusk to McNamara, September 8, 1962, 741.5611/5-1862, RG 59, USNA. 此段落在之后的版本中被删去,FRUS 1961-1963, 13:1080。
84 Bundy to Kennedy, April 24, 1962, FRUS 1961-1963, 13:1068。
85 Anglo-American talks, April 5-8, 1961, second meeting, p. 1, Cab 133/244, PRO; Acheson Report, p. 31, NSF/220/JFKL。
86 Policy Directive, April 20, 1961, FRUS 1961-1963, 13:288; Acheson Report, pp. 54-55, NSF/220/JFKL。
87 Bundy to McNamara, "Improving the Security of Nuclear Weapons in NATO Europe against Unauthorized Use," NSAM 36, April 6, 1961, NSAM files, JFKL. 另见 Acheson Berlin Report, June 28, 1962, FRUS 1961-1963, 14:145。

第八章 肯尼迪、北约与柏林

府要限制欧洲盟军最高司令的自主权，并在整体上削弱北约司令部。[88]

美国在中程弹道导弹问题上的政策也来源于此。同样，其目的是避免发展由各国控制的欧洲核力量，并且确保发动战争的权力完全掌握在美国手上。1959年10月，北约总部要求在欧洲部署射程达1500英里的弹道导弹。诺斯塔德想要在1963年前部署300枚这样的导弹，单枚弹头当量达100万吨。[89]他希望将这些导弹部署在欧洲大陆，而不是海上。陆基导弹更加精确；这意味着可以用当量更小的弹头，这样就可以降低连带损失。陆基导弹也比海基导弹更容易控制，且需要的反应时间更短。[90]诺斯塔德心中也有某种政治目标。在欧洲盟军最高司令的直接控制之下的中程弹道导弹部队有着强大的威慑效果，比在美国控制之下的外部力量所产生的效果要好。在诺斯塔德看来，如果有了这样的部队，北约将成为"第四支核力量"。[91]

这与原来艾森豪威尔的政策相一致，但是新任肯尼迪政府并不觉得这种想法有一丝吸引力，而且他也不赞同在欧洲部署中程弹道导弹。陆基导

88　Feaver, *Guarding the Guardians*, pp. 183–198; Stein and Feaver, *Assuring Control of Nuclear Weapons*, pp. 38–39; Scott Sagan, *The Limits of Safety: Organizations, Accidents, and Nuclear Weapons* (Princeton, N.J.: Princeton University Press, 1993), p. 106. 1963年3月，核武器"许可行动链接"装置的开发和生产计划被列入"国家最高优先类别"。NSAM 230, March 22, 1963, NSF/340/JFKL. 更多背景信息，见May et al., "History of the Strategic Arms Competition," pp. 589–590。根据这项研究——基于大量尚未解密的文件，在1961年柏林计划制订期间，人们已清楚地发现，由于指挥和控制安排的脆弱性和模糊性，"柏林之战可能促使北约部队在不经美国授权，甚至违背其意愿的情况下用核武器进行反击"。厄尔·帕特里奇将军领导的特别工作组因此得以建立，并去调查有关核力量的控制问题。帕特里奇委员会报告说，随着核武器"许可行动链接"装置安装就位，可以确保武器不会在未经美国授权的情况下使用，但是"硬币的另一面"就是，在该系统下，指挥控制系统的脆弱性意味着"积极控制"，即确保武器在被授权时真正得以使用，是无法被保证的。此外，出于这个原因，"许可行动链接"装置不能被安装在主要的美国战略部队的核武器上。这意味着与战略空军司令部和"北极星"导弹潜艇部队等"外部力量"相比，北约部队的地位有所下降。实际上，欧洲盟军最高司令控制的部队的价值已经因给予"统一作战行动计划"绝对优先性和不允许战区司令对战略目标实施打击这些实操原则而被削弱了。Ibid., 468a.

89　"Mid-Range Ballistic Missiles," n.d., 大约写在1960年9月左右, and "MRBMs in Allied Command Europe," with annex, March 24, 1960, both in Defe 11/312, PRO; British Joint Planning Staff, "NATO Strategy and the Role of NATO Forces," February 23, 1962, JP(62)22(Final), annex, paragraph 26, attached to COS(62)16th meeting, March 1, 1962, Defe 4/143, PRO。

90　Herter-Norstad meeting, November 4, 1959, 740.5/11–459, RG 59, USNA; Norstad-NAC meeting, June 30, 1961, NP/91/US Support of NATO/DDEL.

91　见Pedlow, "Norstad," p. 5。

弹常被认为"会在紧急情况下被部署地的政府控制或使用"。即使这些导弹是被分配给北约的,且核弹头仍在美国的官方监护之下,但还是存在中程弹道导弹会在实际上落入所在国控制的严重危险。有人认为,"因为弹头将装备在导弹中,每个国家都可以随意发射能够打击苏联的导弹",而且"导弹名义上受制于欧洲盟军最高司令,这一点也不会阻止上述事情的发生"。美国的监护措施将包括持有发射那些导弹所需的"第二把钥匙"的美方技术人员,但这些技术人员可以轻易被制服。"一个孤注一掷,并且想要本国化核武器的国家,"杰拉尔德·史密斯写道,"并不会在撤销对欧洲盟军最高司令的书面义务以及从美国技术人员那里夺取钥匙这个问题上犹豫不决。"正如另一位重要美方官员亨利·欧文在一份写给艾奇逊的备忘录里提到,很明显,"我们不想把这些导弹部署在欧洲"。在欧洲部署就等同于"把这些战略导弹(还有与导弹匹配的核弹头)放在了欧洲人手里"。[92]

艾奇逊不需要太多令人信服的东西。他在3月关于北约的报告中对部署在欧洲的中程弹道导弹的危险提出了相同的观点,即使这些导弹已经正式交给北约,它们也可以被转而用于"国家目的",报告还强烈反对任何可能导致事实上的"国家(即欧洲)拥有或控制中程弹道导弹",或是减弱"对这些部队的集中(即美国)控制和指挥"的政策。这种论断被记入4月21日的政策方针。[93] 但是问题并没有解决,所以7月艾奇逊再次提出该问题。在一份给麦克纳马拉的很长的备忘录中,他列举了一些反对陆基中程弹道导弹的例证。争论的关键还是欧洲的国家部队,尤其是德国部队,可能会控制核武器。"物理装置",他说(指的是"许可行动链接"),可以"帮助维护欧洲盟军最高司令的集中控制",但是他认为,欧洲人会想出一

---

92 "MRBM's for Europe?" July 6, 1961, n.a., 很有可能是欧文写的;Smith to Rusk, January 17, 1961; and Owen to Acheson, March 9, 1961; all in PPS 1957–1961/183/Owen, RG 59, USNA。另见 Kohler and McGhee to Rusk, October 27, 1961, NSF/216/Multilateral Force—General/JFKL。艾森豪威尔当然明白这一切,但是对他来说,这是卖点而非问题。见 p. 209。

93 FRUS 1961–1963, 13:290; Acheson Report, pp.44–45, NSF/220/JFKL.

第八章 肯尼迪、北约与柏林

些应对策略，而且如果中程弹道导弹被部署在他们的领土上，这也确实是法国（还很可能是德国）首先会做的。[94] 这很快成了国务院的官方观点。[95]

所以美国政府又开始放弃陆基中程弹道导弹的想法。欧文认为，美国代表需要进行"一定的温和沟通，以便以一种看上去不是直接否定欧洲盟军最高司令的方式向欧洲人解释我们的立场"。但是温和沟通的目的是"平稳地搁置部署中程弹道导弹的提议"，而不是让它"作为美国政府内部机构间争论不休的话题"而继续存在。[96] 实际上，1961年美国的立场是，陆基中程弹道导弹部队的问题被置于次要位置——在军事领域有更重要的事，并且军事上的需求，例如，可以在临时的基础上以向欧洲盟军最高司令分派美国"北极星"导弹潜艇的方法来满足。[97] 此处的目标非常明确。美国领导人不想在欧洲部署中程弹道导弹，但是他们又不想显得"完全推翻了前人的所作所为"。所以他们只想采取这样一种策略来表达他们给予此问题"非常低的优先级"。[98]

美国官员们放弃了陆基中程弹道导弹部队的想法，转而倡导构建完全以多国合作的方式拥有和行动的海基中程弹道导弹部队。多边核力量的观点最早源于艾森豪威尔政府末期，但是那时的目的是建立一支不受美国否决权制约的北约部队，将其作为通向真正独立的欧洲核力量的桥梁。[99] 但是在肯尼迪时期，基本目标已然完全改变。现在，美国决心保留对使用该武装力量的否决权。[100] 但直到1963年，美国才公开坚持保留否决权。[101]

94　Acheson to McNamara, July 19, 1961, PPS 1957–1961/183/Owen, RG 59, USNA.
95　Rusk to McNamara, October 29, 1961, FRUS 1961–1963, 13:334–335.
96　Owen to Acheson, March 9, 1961, PPS 1957–1961/183/Owen, RG 59, USNA.
97　Rusk to Finletter, April 25, 1961, 此文件给出了芬勒特次日在北约理事会会议上所作报告的文本，NP/91/US Support of NATO/DDEL。
98　Watkinson meeting with McNamara et al., March 21, 1961, Defe 13/211, PRO; Kennedy to Norstad, July 21, 1961, DDRS 1997/1738.
99　见前文 pp. 213–215。
100　Political Directive, April 21, 1961, FRUS 1961–1963, 13:289。该项政策贯穿整个肯尼迪时期。尤其参见在1963年2月18日举办的有关多边核力量的一次会议上总统的评论，ibid., pp. 503, 505。
101　例如，参见 Kennedy to Adenauer, March 29, 1963, ibid., p. 545。

1961年和1962年的立场是其他的安排也可能被考虑，并且由欧洲人提出。[102] 但是这只是个策略，如邦迪后来所说，是"辩论技巧"。[103] 腊斯克和麦克纳马拉一致同意，欧洲人"除了总统，将无法选择任何其他控制代理人"。但是美国国务院认为，"最重要的"是欧洲人自己得出这个结论。这也就是为什么在一开始就直截了当地声称"我们坚持美国单边控制"的做法是不明智的。如果欧洲人自己得出这个结论，他们就不能说美国正在命令他们或者有意试图打压他们。[104]

军方不喜欢多边核力量的观点，更愿意在欧洲部署陆基导弹。关于这些问题，诺斯塔德尤为直言不讳。他在1962年12月说道："所有这些有关多边核力量的讨论是无意义且令人困惑的"，而且事实上，美国的整个"对欧核政策一直是愚蠢的"。[105] 但是，诺斯塔德的观点被忽视了。甚至美国驻北约大使在1962年6月发表重要声明，概述美国对于中程弹道导弹问题的观点之前都没有询问过诺斯塔德。[106]

102　例如，参见 Acheson to Kennedy and Rusk, April 20, 1961, Finletter-Adenauer meeting, July 5, 1961; NSC Executive Committee meeting, February 12, 1963; ibid., pp. 294–295, 325, 494。

103　Bundy to Kennedy, June 15, 1963, ibid., p. 593，与 *Danger and Survival*, p. 497（意指美国政府很重视不受美国否决权限制的属于欧洲的核力量）中邦迪的讨论相对比。顺带一提，甚至在今天，表明事情并非如此的证据仍被封存。1962年中，国务院试图使持怀疑态度的肯尼迪相信，多边核力量仍然是可行的，并认为欧洲可能会赞成，如果美国继续"避免明确排除这种可能性，多边核力量可能最终带来一支美国无法明显不受约束地使用否决权的力量"——也即，如果美国政府在否决权问题上故意误导欧洲。这段文字在1997年肯尼迪图书馆公开发布的文献中被删去。Ball to Kennedy, June 17, 1962, with attached memorandum on the president's eight questions, (answer to question no. 4), NSF/226/NATO: Weapons, Cables, France/JFKL; and Ball Papers, box 153, ML.

104　"NATO and the Atlantic Community," State Department briefing paper, attached to Bundy to Kennedy, April 24, 1961, para. 3, and "MRBM's for Europe?" July 6, 1961, para. 6, both in PPS 1957–1961/183/Owen, RG 59, USNA. "Control over Multilateral MRBM Force: NAC Tactics," April 9, 1962, NSF/216/MLF—General/JFKL. Kennedy-Rusk-McNamara-Bundy meeting, April 16, 1962, 以及科勒会见英国官员时的言论，June 26, 1962, FRUS 1961–1963, 13:379, 424。

105　Sulzberger, entry for December 5, 1961, *Last of the Giants*, p. 936.

106　Memorandum for the President, n.a., n.d., FRUS 1961–1963, 13:431, and Taylor to Kennedy, July 2, 1962, Taylor Papers [TP], box 35, 6B NATO, National Defense University [NDU], Washington, D.C. 有关诺斯塔德与华盛顿政府不和的更多信息，另见 Stoessel to Fessenden, April 10, 1962, DDRS 1991/1912。除此之外，诺斯塔德认为，美国政府在与"核力量有关的问题"上"误导"了它的盟友，尤其是在一些关于战略空军司令部这类有关外部力量的问题上。

第八章　肯尼迪、北约与柏林

参联会的顾虑也被无视了。1962年4月，参谋长们拒绝承认"没有中程弹道导弹的军事需求"。[107] 但是麦克纳马拉驳斥了对这种导弹有军事需要的说法。那些说有必要者——这也包括参联会——并不明白"核控制问题"，而这"本身就是十分危险的"。[108] 他的意思是，真正的问题是政治性的，而且当务之急是确保所在国未得到对这些战略核武器的控制权。这也是腊斯克所想的。之后他指出，欧洲盟军最高司令的中程弹道导弹"要求"已经"因政治原因而不再重要"。[109] 既然陆基中程弹道导弹在政治上不可取，那态度必须是它们在军事上也不是必要的。麦克纳马拉因此声称，参谋长们已然同意官方立场，认为中程弹道导弹不是迫切需要的。但是，正如泰勒将军指出的，这并不是真实情况。[110]

泰勒很快接替莱姆尼策成为参联会主席。但是参谋长们关于中程弹道导弹问题的立场没有改变——也就是说，直到麦克纳马拉强迫他们改变之前他们的立场都没变。1963年5月1日，参联会举行会议并得出某些结论。他们不能声称继续推进多边核力量在"军事上是可取的"。在他们看来，"更谨慎"的做法是继续推进关涉交托北约的国家中程弹道导弹力量的安排。麦克纳马拉及其副手罗斯威尔·吉尔帕特里克（Roswell Gilpatric）获知了正在做出的决定。次日他们会见了参谋长们，然后出现了一个不同的参联会立场。参联会考虑到政治因素，现在认同多边核力量计划是可行的，

107　Kennedy-Rusk-McNamara-Bundy meeting, April 16, 1962, FRUS 1961–1963, 13:380.
108　Meeting with Kennedy, Bundy, et al., March 15, 1962, ibiid., p. 368.
109　Rusk-Home meeting, May 23, 1963, ibid., p. 581. 1961年11月，五角大楼正考虑研发反应迅捷、机动性高且非常精确的中程弹道导弹，并把它们部署在欧洲。但是在商讨此项目资金的高层会议上，邦迪以政治理由"猛烈抨击"了该计划。Meeting between McNamara, Bundy, Sorensen, et al., on defense budget, November 3, 1961, from the TP/NDU, provided by Reynolds Salerno of Yale University. 1963年，邦迪承认，海基导弹部队在军事方面意义甚微，而且事实上"当你考虑其他选择的时候，舰艇是很愚蠢的选择"。Anglo-American meeting, June 28, 1963, p. 6, DOD-FOIA 91–03459.
110　Memorandum for the Record, June 13, 1962, TP/35/NATO 1961/NDU; Memorandum for the President, June 13, 1962, TP/35/MRBMS/NDU, 两者都引用了雷诺兹·萨勒诺（Reynolds Salerno）关于中程弹道导弹问题的一篇未发表的论文。

且在"军事上有效"。[111] 因此参谋长被迫正式同意了一项麦克纳马拉自己都认为愚蠢的政策。[112]

德国核问题再一次在这个领域成为美国政策制定的关键。多边核力量的目的是消化和转移呼吁建立国别核力量的压力。这种压力如果不加以制衡,迟早会导致德国拥有核能力。正如尼采所说,多边核力量方案的提出"主要是"为了处理最终的德国核野心的问题。[113] 这样的方案尤其是为了替代陆基中程弹道导弹部队,而且陆基中程弹道导弹之所以遭到反对,主要是因为它们很容易落入所在国之手,尤其是德国。此时,肯尼迪面对的问题是如何处理美国的否决权。在艾森豪威尔时期,人们普遍认为,多边核力量最终会演化成一支独立的欧洲力量;但是肯尼迪政府坚决反对建立一支不受美国控制的力量。然而如果美国对于武力的使用拥有否决权,那么很难看出这样一支力量和那些规模更大的、受美国直接控制的力量相比能为欧洲做更多的事。美国高级官员非常清楚,多边核力量因此是没有真实价值的——正如肯尼迪所说,那"不是真正的力量,只是一个假象而已"。[114] 如果多边核力量没有真实的战略价值,那么最终它怎能满足任何真正意义上的政治功能?难道欧洲人比美国人要愚蠢得多,以至于他们无法看穿所有的讨论并且无法弄清究竟发生了什么事吗?肯尼迪当然不这么认

---

111 Memorandum for General Taylor, June 1, 1963, TP/39/MLF/NDU. 在上一个注释提到的文献中,萨勒诺讲述了整个故事,并详细地引用了此文件。顺带一提,据6月1日的备忘录,英国在此时被多边核力量的支持者告知,参联会的结论证明了这个计划在军事上是有意义的。尽管麦克纳马拉曾告诉英国国防部长,这个计划军事效用甚微。在1963年5月23日和腊斯克的会面上,桑尼罗夫特引用了麦克纳马拉的观点,FRUS 1961-1963, 13:580。

112 麦克纳马拉的观点,见high-level meetings, November 30 and December 16, 1962, FRUS 1961-1963, 13:446-447 and 1088-1089; 尤其见McNamara-von Hassel meeting, February 28, 1963, McNamara Papers, box 133, Memcons with Germans, RG 200, USNA。

113 Nitze-Laloy meeting, September 25, 1962, 740.5/9-2562, RG 59, USNA. 另见Neustadt, "Skybolt and Nassau," pp. 23, 26, 28, 71, 76。1963年,腊斯克指出,多边核力量计划的"真正起因"是为了防止德国获得600枚中程弹道导弹——尽管不是非常准确,但还是反映了提议背后的基本思想。Anglo-American meeting, June 28, 1963, DOS FOIA 91-03459。

114 NSC Executive Committee meeting, February 12, 1963, FRUS 1961-1963, 13:499. 关于肯尼迪的怀疑,见三次高层会议的记录,March 15, 1962, and February 5 and 18, 1963, ibid., pp. 173-174, 367, 502-503。另注意波伦分别在1963年2月5日和18日写给肯尼迪的信中对此计划的描述,他认为该计划是一场"骗局"。Ibid., p. 760。

第八章 肯尼迪、北约与柏林

为。因此他非常想放弃整个计划。

阻止他这么做的原因是，在1962年他感到如果放弃了多边核力量计划，美国很可能就要直接面对德国核能力问题——这并非他所愿。长远来看，如果德国不被非常明显地区别对待，那么它更可能会接受无核状态。对德国而言，无核状态意味着，盟国对德国持续的不信任、联邦德国对盟国的依赖以及对德国政治行动自由的限制，这是任何德国政府都难以下咽的一剂苦药。因此"正确包装"这剂药就十分重要了。它必须作为更加宏观的政策的一部分加以呈现，而且该政策至少在表面上看来与德国问题几乎没有关系。多边核力量的方案在这种背景之下就很有用了；国务院似乎坚信事情就是如此。所以不管他有什么顾虑，肯尼迪都愿意给予多边核力量的游说团体一个机会，但是在他心中一直有一个附带条件，即如果该政策破产，他可能会另辟蹊径。

在美国政府新的北约政策中，还有最后一方面内容，这与肯尼迪政府的全面核战争新战略有关。如果人们相信这些言辞，那么新政府看上去认为一场受控制的核战争实际上是可能的。官方现在声称，一种新战略，一种"有控制且有区分的全面核战争"战略的出现，将使核威慑重获新生。即使在苏联核能力不断增强的情况下，由于这个新战略，美国也可以合理地采取主动措施，一旦苏联对西欧发动大规模进攻，美国便可以对苏联发动大规模核打击。因此，欧洲盟国可以继续依靠美国的核威慑而无需建立自己的核力量。

这个新的声明和艾森豪威尔的策略有着根本的不同。在艾森豪威尔时期，没有人试图建立一支可以打一场有控制的或旷日持久的核战部队。恰恰相反的是：当时的目标是制订出单一的、精确的、反复排练过的行动计划，"该计划可以由一个简单清晰的决定确定执行，基本上不存在进一步的指挥干预"。正如参联会主席特文宁所说，军事行动将会"提前计划好，最大可能地自动执行，并且在最小程度上依赖进攻开始之后的通讯"。统一作战行动计划——全面核战的基本计划——在艾森豪威尔执政末期就已被设计涵盖这些目标。这项计划"涵括了一整套单独战略打击，规定了任务、目标、战术、时机和其他详尽的作战细节，并要求指定部队在执行时高度精确"。在这个过程中，需要给作战部队传送单独的"作战代码"，"给他们信号，让他们执行先前指定的任务，以特定方式将规定的武器运送到位，并向预定目标投放。所有这些都是以一种准自动化的方式进行，这样可以将通讯以及其他指挥需要降至最低的人力和技术水平"。一旦接收到作战代码，实际上进攻已经"箭在弦上，不得不发"。事实上，每个载具被指派的目标都是一样的，"不管我们的打击是防御性的还是报复性的"。[115]

肯尼迪政府的高官强烈反对该战略，并且希望为全面核战计划引入更多灵活性。该问题被详细讨论，且到了1962年春，一个新的正式战略似乎已被正式采纳。麦克纳马拉于4月在雅典对北约理事会的绝密讲话以及6月在安阿伯的公开演说阐释了这个新观念。他在雅典的讲话中坚称，美国对欧洲做出的核保证仍保持不变：麦克纳马拉清晰地指出，如果北约防御被攻破，西方将不得不升级战争并"开始使用核武器"。在这种情况下，苏联人不能用残存的力量进行报复打击是极其重要的，实际上，这对新战略的可信度和有效性也至关重要。因此，必须给予他们强烈的动机——维持其大部分社会完好无损的愿望——以迫使他们不会用残余力量执行行动。苏联的城市将得以幸免，苏联人民因其人质价值也将性命无虞。美国将会转而针对军事目标，尤其是苏联的核力量；城市工业目标将会被避开。西方的进攻将会是有区别的。导弹当量会与摧毁目标相匹配。准确性提高能减少无谓的当量损耗。攻击会更多地依赖空中引爆，而不是地面引爆，为的是限制爆炸之后的放射性尘埃数量。目标就是"减少对平民造成的损伤"："进攻越有区分度，伤害也就越少。"[116]

115　L. Wainstein et al., "The Evolution of U.S. Strategic Command and Control and Warning, 1945-1972," pp. 283-284, Institute for Defense Analyses, June 1975, DOD-FOIA and also NSA. 戴维·罗森伯格曾给笔者一份该研究报告的复印件，并使笔者大开眼界。有关第一次及第二次打击目标选择相同这一点，见Kistiakowsky to Eisenhower, FRUS 1958-1960, 3:492, 以及Admiral Burke's comments in Rosenberg, "Origins of Overkill," pp. 7-8。

116　McNamara remarks, NATO ministerial meeting, May 5, 1962, pp. 3-4, DOD-FOIA 79-481.

第八章　肯尼迪、北约与柏林

换言之，战略的目标就是能够在发生战争之时"进行有控制的、灵活的核反应"：由此，所谓的"打击军事力量而非城市"战略是用于有控制的核战争的战略。麦克纳马拉指出，为了执行这样的战略，一个可以存活下来的控制指挥系统必不可少。但这样的系统不仅仅是地下掩体、空中指挥中心等。麦克纳马拉说，真正重要的是"计划、执行权力以及中央指导的统一"。联盟之中的控制因此必须"不可分割"：

> 在核战争中不能有相互竞争和冲突的战略。我们相信，一个总体核战争目标系统是不可分割的。一旦核战爆发，我们最希望的就是，针对所有敌军重要的核能力进行集中控制作战。要做到这些也就意味着需要精心选定目标、预先计划打击、协调打击、评估结果以及从中央分派并且指挥跟进的进攻。在我们看来，以上这些都需要联盟在制定核策略以及就使用这些武器的适当时机进行协商时有更高程度的参与。除此之外，**至关重要的是，我们需要尽可能集中对于我们核武器的使用的决定权。只要想到有一部分战略力量可能独立于我们的主要打击力量而独自发射，我们就都觉得无法容忍。**[117]

情况确实如此。欧洲力量的独自使用是"无法容忍"的。事实上，麦克纳马拉继续争辩道，以城市为目标的"相对较弱的核力量"不"太可能足以发挥威慑功能"。小规模力量会引来先发制人的打击；启动它"无异于自杀"。[118] 这样的力量并不是可靠的核威慑。

美国官方以及半官方的发言人现在都在不断重申这些立场。例如，腊斯克在1962年6月向德国高级领导人阐释了这些观点。"相对较小的国家核

117　McNamara remarks, NATO ministerial meeting, May 5, 1962, pp. 9-10，着重标志为本书作者所加。
118　Ibid., pp. 11-12.

力量"的使用可能独立于联盟,这种想法是"令人害怕"的。腊斯克和其他美国官员反复声明,核威慑"不可分割":对欧洲的进攻与对美国本土的进攻必将招致相同的反应;因此欧洲可以安全地把核威慑的重担交给美国;提出美国最终可能会抛弃欧洲而非看到自己的城市被毁,这甚至对他们都是侮辱性的。美国在抨击国别化的核力量时如此经常地使用"不可分割"一词,以至于现任美国驻法大使波伦最终催促美国政府不要再这么做了。他在信中写道:"对所有欧洲人来说,所谓'不可分割'一词只是对美国的绝对控制的委婉说法罢了。"[119]

这一切该如何理解?在某种程度上,反对欧洲控制核力量的政策是源于麦克纳马拉在雅典讲话中阐述的思想吗?还是应该从工具性的角度来理解这种战略学说,认为提出它是为了让欧洲人接受美国出于本质上的政治原因而希望制订的方案?换言之,是战略推动了政策,还是政策推动了战略?

在此背景之下,首先要注意的一点就是,此刻美国领导人并不真正认为美国可以在任何情况下都首先进行核打击——至少一到两年内是不行的。麦克纳马拉在雅典提出的论点是,美国的核威慑仍然有效。因为如果苏联进攻欧洲,在新战略下,美国仍然可以合理地发动第一次打击;声称欧洲核力量无用并且实际上很危险的言论就建立在该核心观点之上。但是,麦克纳马拉并不认为美国可以合理地首先发动核打击,即使欧洲已经沦陷。实际上,他在1962年末给总统的一份重要备忘录中坚持认为"强制性战略",即在雅典演讲中阐述的那种战略,并不可行,除非苏联已对美国进行核打击且美国"只是试图在糟糕局面中做到最好"。他认为,美国在任何情

---

119 U.S.-German meeting, June 22, 1962, and Bohlen paper, July 2, 1962, FRUS 1961–1963, 13:420, 430. 另见 Albert Wohlstetter, "Nuclear Sharing: NATO and the N+1 Country," *Foreign Affairs* 39 (April 1961): 355–387。沃尔斯泰特不在政府中,但是他与一些重要国防部官员有联系,并且在制定艾奇逊北约报告所概述的政策中扮演了重要角色。《核共享》这篇文章提出了反对欧洲国家控制下的核力量的有力论点,值得注意的是,他在几年前是赞同这种观点的。在他最著名的文章《恐怖的微妙平衡》("The Delicate Balance of Terror")中(*Foreign Affairs*, January 1959),他认为欧洲的独立核能力的发展在原则上"是有益的"(p. 227)。从他的这一转变可以看出,1961年初以来,对核共享问题的看法发生了多么彻底、迅速的转变。

第八章　肯尼迪、北约与柏林

况下都不应首先发动核打击。1962年11月21日的那份备忘录中所阐述的观点并不是突然就在11月20日形成的；他之前考虑过一段时间——很可能早在1961年2月就开始考虑了。[120]

但是肯尼迪并不是用同样的眼光看问题，而且只到1963年9月他才得出结论，首先使用核武器不再是可能的选项。[121] 在1961年和1962年，总统并没有排除先发制人打击的可能性。当时，甚至目标仅仅是毁灭苏联的有限核力量的核打击都被认为是个严肃选项。人们认为，这种进攻可以摧毁苏联的大部分报复力量，也就是说，苏联人无法用残存力量（至少对美国）造成真正严重的破坏——当时确实制订了一些此类打击方案。但这并不是针对有控制的、旷日持久的核战争的战略。有限的打击是可以想象的，因为人们认为这种攻击很可能从根本上摧毁苏联的战略核能力，然后战争就会很快结束。[122]

然而，如果大量的苏联部队在攻击中幸存下来——当然，肯尼迪政府的领导人知道这是一两年之后的情形，那么这时美国的先发制人打击就行不通了。一旦苏联有存活下来的部队，发动进攻就变得过于冒险；战争很大可能将会不可控。言论归言论，但肯尼迪以及他最亲密的顾问们都不真正相信"有控制、有区分的全面战争"战略。实际上到了1962年初，他们已经了解到，由于技术原因，这种战略无法实施。1961年的指挥和控制系统无法支持这种战略，也即，它无法在核战中幸存，也不能在核环境中起

---

120 Draft Presidential Memorandum, "Recommended FY 1964–FY 1968 Strategic Retaliatory Forces," November 21, 1962, pp. 5–9; OSD-FOIA. 有关麦克纳马拉时期非常重要的总统备忘录草案（DPMs），见 Kaplan, *Wizards of Armageddon*, p. 281, 以及 Alain Enthoven and K. Wayne Smith, *How Much is Enough? Shaping the Defense Program, 1961–1969* (New York: Harper and Row, 1971), pp. 53–58。有关他在1961年初的观点，见上文，注释14。

121 NSC meeting, September 12, 1963 (discussion of NESC report), FRUS 1961–1963, 8:499–507.

122 Rosenberg, "Nuclear War Planning," p. 178; Kaplan, *Wizards of Armageddon*, pp. 296–301; Taylor to Kennedy, September 19, 1961, FRUS 1961–1963, 8:126–129; Kaysen interview, August 1988; Taylor to Lemnitzer, September 19, 1961（文中肯尼迪对这个主意非常感兴趣），FRUS 1961–1963, vols. 7–9, mic. supp., no. 242；此外，有关建议的详细描述，见 Smith to Taylor, September 7, 1961, DDRS 1996/2496。

作用，而且可以支持这种战略的系统实际上是无法企及的。[123] 还有一个相关的问题，就是在美国发动攻击之后，苏联人是否可以控制存活下来的部队，并阻止他们进攻西方城市，即使他们想要进攻。

鉴于种种原因，政治领导层并不真正坚持需要根据雅典演讲中的思想从根本上重新制定行动战略，并且彻底重建美国的核武库——旨在使军事行动中对非预期目标造成的伤害最小化。而且，正如上文所说，新思想对全面核战争的基本计划的影响显然比那些言辞所暗示的要有限得多。[124]

这些意味着，雅典讲话阐述的战略不应仅从字面意义理解。[125] 它根本反映不了肯尼迪政府领导人的真实想法。肯尼迪和他最亲近的顾问们知道，很快美国就会无法进行先发打击，这样一来，北约战略就不能永久地在这

---

123 Wainstein, "Evolution of U.S. Strategic Command and Control," pp. 285-294, 326, 336-337, 346-347, 431.

124 有关基本作战计划如何改变的简要描述，参见 Rosenberg, "Nuclear War Planning," pp. 178-179; 1962年引入的新指导，见 Wainstein, "Evolution of U.S. Strategic Command and Control," pp. 290-291。麦克纳马拉时期引入的相对表层的改变，见 Rosenberg, "Reality and Responsibility," pp. 46, 48。当时的战略目标规划联合参谋部（战略空军司令部控制的制订统一作战行动计划［全面核战的基本计划］的单位）主任布鲁斯·霍洛威（Burce Holloway）在一次口述采访中指出，他所控制的军方官员可以相对自由地制订计划：当霍洛威是战略目标规划联合参谋部的领导时，麦克纳马拉从未驳回他们制订的统一作战行动计划。Holloway oral history, p. 359, Office of Air Force History, Bolling Air Force Base, Washington, D.C. 这个故事还涉及北约方面。欧洲盟军最高司令希望使用陆基中程弹道导弹的一个原因是，它们比海基导弹更精确，因此使得可以用更小当量的核弹头；这与诺斯塔德的"限制性政策"即他的限制附带伤害的政策立场一致。如果美国政府真的认真对待"有控制、有区分的核战争"，这将是有利于陆基导弹的非常重要的考虑因素，但是实际上这个因素显然并不重要。有关欧洲盟军最高司令讨论中程弹道导弹以及"限制性政策"的言论，见 Finletter to Rusk, October 17, 1962 (report of Norstad's briefing that day to North Atlantic Council), NSF/216/MLF—General—Stikker Paper/JFKL; 有关"限制性政策"（又叫"约束性政策"）的更多信息，见前文第五章，注释176。

125 关于支持这种解读的最有力的证据是1963年7月30日肯尼迪、麦克纳马拉以及邦迪之间会谈录音的节选。麦克纳马拉告知总统，一个"非常有争议的军事力量建议"正在制订中，只打击军事力量将不再是目标，至少是为了力量估算的目的。原因是，只打击军事力量无法减少战争中的伤亡。对肯尼迪而言，这种观点是显而易见的，但是他想知道，这种信条的改变会怎样影响他所称的"麦克纳马拉论点"。麦克纳马拉对"打击军事力量而非城市"原则的强调如此之弱，以至于肯尼迪不得不解释道，他是在指"我们将只是攻击他们的投送方式的想法"——也就是在雅典讲话中阐述的立场。肯尼迪继续补充道："就仅仅是这个……" —— 但是他的声音逐渐变弱，好像某个观点在他脑中直接显现，他觉得没有必要把它完整说出来。用"仅仅"一词清楚地表明，雅典讲话中所阐述的麦克纳马拉的学说不应从表面意义上来看，它真正的含义在别处。从谈话中也可以清楚地看出，"非城市"原则始终都没有被严肃对待；对这些高官来说，这只不过提供了些消遣，这些战略的"保质期"很短且很快就会不再可用。邦迪半开玩笑地说，单独这一项"只能保质一年"，麦克纳马拉也补充道："我们快要没点子了，总统先生。" White House meeting, July 30, 1963, tape 102/A38, cassette 1, side 2（在录音的第一个分割处之后讨论开始），POF, JFKL。

第八章　肯尼迪、北约与柏林

一基础——如果欧洲遭到进攻，美国最终将可以合理地进行先发打击——之上建立了；然而雅典讲话中所阐述的战略被看作为政策的永久性变化提供了一个基础。该战略认为，即使在苏联发展出一支可以存活下来的力量之后，美国仍将保持有意义的战略优势；但是肯尼迪以下的美国高层官员的真实感受是，一旦苏联获得了这样一支力量，不管采取什么战略，美国都不会占有政治上有意义的战略优势——尤其是，"强制性战略"不会让美国的战略优势重焕生机。

肯尼迪及其主要顾问倾向于后来被称作"有限威慑"或者"存在威慑"的解决核问题的路径——该观点认为，相对数量在超过某一点之后并不非常重要。所以相对小规模的力量也可以对规模相对大得多的力量起威慑作用。例如，肯尼迪明白，即使是一支小规模的中国核力量都可以使美国庞大的核力量失去作用。传统观点认为，应该阻止共产主义者夺取如老挝、越南之类的国家，因为会导致多米诺效应。这种观点现在没有什么意义了，他说道，"中国的共产主义者随时间推移注定会获得核武器，并且从那以后中国就会主导东南亚了"。[126] 这里的假设认为，一旦中国建立了一支核力量，不管规模多小，美国核力量也不再能够阻止中国。只要核升级的风险确实存在，这种风险就注定会影响政治行为。即使是相对较小的风险，即使是有遭受相对有限数量的核攻击的可能性，都会有巨大的威慑效果。正如肯尼迪在古巴导弹危机之后所指出的那样，苏联部署在古巴的20枚导弹"确实对我们起到了威慑的作用"，而且他指出，这意味着即使是小规模的核力量也是有真正的威慑价值的。[127]

但是以此类推，像法德这样的国家——尤其是如果它们相互合作，特别是如果它们接受美国的援助——都可能在理论上建立可以制衡苏联核威

126　Kennedy-Krock meeting, October 11, 1961, KP/1/3/343/ML. 另注意，1963年1月他在国家安全委员会会议上所说的："如果中国获得核武器，我们将很艰守卫亚洲"的其他地区。NSC meeting, January 22, 1963, FRUS 1961–1963, 8:462.

127　Anglo-American meeting, December 19, 1962, FRUS 1961–1963, 13:1094. 古巴导弹危机时期，苏联在古巴的导弹对美国升级能力的影响，见 Trachtenberg, *History and Strategy*, pp. 250–253.

胁的核力量。如果一小支苏联核力量都可以制衡规模大得多的美国核力量，那么以此类推，只要时间充裕，欧洲人也可以建立起这样一支能够有效制衡苏联核力量的力量。相对大小并不是关键因素。全欧洲的国家都不得不做的是，建立一支某种绝对规模的、可以在核战中存活的力量，而且在肯尼迪看来它们完全是可以做到的。"如果法国及其他欧洲国家取得了核能力，"他在1963年1月说道，"他们将处于完全独立的地位，而我们可能只是旁观者了。"[128]

所以，如果美国领导人宣称欧洲核力量没有威慑价值，这并不是因为这种说法反映了他们的真实想法。如果他们坚持这种观点，这一定是出于政治因素。如果他们赞成连他们自己都不相信的有控制的核战争的战略，那一定是因为这种战略有助于实现重要的政治目的。必须要说服，或欺骗，或强迫欧洲人不要染指"核相关事务"，并且要让他们接受权力集中在美国手中的这样一个体系：无论如何，到了1962年，这就是新美国战略原则的真正目的。[129]

但是，采取美国集中控制的政策并非是因为美国想要把统领北约欧洲国家作为目的本身。也不是因为肯尼迪和麦克纳马拉等人在原则上反对建立国家控制下的核力量——尤其是在英国或是法国的控制之下。真正的问题与德国有关：正如肯尼迪所说，基本目标"就是防止核武器落入德国之

---

[128] NSC meeting, January 22, 1963, FRUS 1961-1963, 8:460, 13:486. 另注意，总统认为，随着法国人建立起他们自己的核力量，欧洲对美国的依赖正越来越小。这个观点与官方主张的"法国力量无论如何也没有任何价值的"观点相冲突。NSC Executive Committee meeting, January 25, 1963, ibid., p. 487.

[129] 贬低欧洲核力量是美国政府出于政治因素而有意采取的策略。例如，麦克纳马拉曾指出，"贬低法国核力量"是出于政治原因可以做的事情。Executive Committee meeting, January 25, 1963, ibid., p. 490. 他们的假设是，即使是很小的核能力也会产生重大的政治影响（但美国不希望如此）；因此，劝阻其他国家不要发展核武器是很重要的；要做到这一点，就必须否定相对较小的核力量有很大价值。吉尔帕特里克委员会关于核扩散问题的报告虽然编写得稍晚，但很好地解释了这种思想。报告指出，新的核能力将影响全球的权力分配，并随着更多的国家拥有核武器，美国的"军事和外交影响力将会减弱"。报告里又提到，为了尽量"减少其他国家获取核武器的动机"，美国必须"避免过分夸大（核武器能力）的重要意义和效用"，而且美国需要"强调常规军备在现在和未来的重要性"——这是另一个反映了该怎样从工具性的角度来理解这种灵活反应原则的例子。Report to the President by the Committee on Nuclear Proliferation, January 21, 1965, pp. 2, 20, DDRS 1991/2928.

手"。[130] 但是又不能太过直接地区别对待德国。因此，通过更普遍的政策来实现这一目标是非常重要的，这些政策既适用于英国、法国，也适用于德国，且具有正式的、看似合理的战略理由。

但是，美国政府现在对这个基本目标极为坚定，以至于它采取了一系列根植于这个基本目标的基本政策，这一事实意味着与苏联的基本解决方案如今变得可能了。苏联人对阻止德国拥核非常感兴趣，如今这也成为美国政策的一个核心要素。因此，重申德国的无核地位可能是解决柏林问题的一个重要因素。但如果德国要保持无核状态，美国部队就必须留在德国领土上。美国的力量将继续在中欧制衡苏联；这样德国人就可以接受他们的无核身份，因为他们的安全将得到美国的保障。因此联邦德国的无核状态以及美国在欧洲的永久驻军将成为建立解决方案的两大支柱。假如所有人都以这样或那样的方式表明他们愿意接受中欧的现状，即接受分裂的德国并且使西柏林处在西方联盟的军事保护之下，那么战争的威胁就会消失。稳定的和平将指日可待。

这就是在肯尼迪政府早期时形成的设想。但是，苏联以及欧洲盟国是否愿意接受美国政府现在所设想的这种安排，仍有待观察。

与苏联的危机及北约内部危机

当1961年6月肯尼迪与赫鲁晓夫在维也纳会晤之时，肯尼迪实际上已经规划出总体的东－西解决方案的条款。双方都将会接受现状。苏联将会尊重西方在柏林的权利，而作为回应，美国也会尊重苏联最重要的利益。总统说，美国政府对在苏联的东欧势力范围内挑战其霸权不感兴趣，而且他也了解苏联对德国的关切。肯尼迪告诉赫鲁晓夫，美国反对会对苏联构成威胁的德国力量的增强。言下之意是，作为总体解决方案的一部分，美

130　Kennedy-Macmillan meeting, April 28, 1962, Prem 11/3783, PRO.

国政府会阻止联邦德国发展国家控制下的核力量。[131]

但是赫鲁晓夫对这种交易不感兴趣。相反,他使用了苏联领导人对美国总统使用过的最暴力的语言,威胁要在柏林问题上开战。除非年底之前西方诸国同意让西柏林成为"自由市",不然苏联就会和东德签订"和平条约"。西方在柏林的权利将被"宣告无效"并"抹去"。然后共产党人会封锁通往柏林的道路。实际上,苏联认为"东西柏林都属于德意志民主共和国的领土"。如果西方各国试图通过武力维护它们的权利,那么"苏联将以武力应对武力"。他说,如果美国想要战争,"那是它自己的问题"。苏联做出了一个"不可撤销"的决定,如果西方使用武力,苏联将别无选择,只得"接受挑战"。[132] 似乎柏林危机已经变得难以控制,赫鲁晓夫也好像不再对达成一项可以保护苏联基本安全利益的协议感兴趣。

这位苏联领导人似乎是想羞辱美国,但美国政府会作何回应?一方面,肯尼迪明确表明,美国不会在此问题上向苏联屈服。7月25日,他在一次重要的电视讲话中概述了美国的柏林政策。他说,西柏林是"西方勇气和意志的试炼之地",它不会被抛弃。如有必要,美国将为保护它而战。美国将采取一系列行动巩固自己的军事地位,而且其民防系统也会被显著加强。这传递的信息就是,战争——全面核战争——确实有可能发生。协商当然是可能的,但不能是单边的。必须要考虑到"所有国家的合法安全利益"。他说:"我们不能和那些认为'我的就是我的,而你的可以谈'的人进行协商。"[133]

131　Kennedy-Khrushchev meetings, June 4, 1961, FRUS 1961-1963, 14:87-98. 有关肯尼迪倾向于从势力范围角度进行考虑的其他例子,见1962年1月他与阿朱别伊会面的报告。当苏联人在匈牙利遇到问题时,总统指出,他们可以随意动武;他暗示到,美国在处理古巴问题上可以采取同样的办法。见 Aleksandr Fursenko and Timothy Naftali, "*One Hell of a Gamble*": *Khrushchev, Castro, and Kennedy, 1958-1964* (New York: Norton, 1997), pp. 152-153.

132　Kennedy-Khrushchev meetings, June 4, 1961, FRUS 1961-1963, 14:87-98.

133　Radio and Television Report to the American People on the Berlin Crisis, July 25, 1961, PPP Kennedy, 1961, pp. 534-538. 这种措辞是由著名电视记者、当时的美国新闻署长艾德华·R.莫洛(Edward R Murrow)建议的。

第八章　肯尼迪、北约与柏林

赫鲁晓夫在维也纳也许认为，他的威胁会唬住肯尼迪，但是如果这是他的打算，现在看来他似乎失算了。苏联人害怕了。似乎事情要变得难以控制了。他们对肯尼迪演讲的反应绝没有挑衅意味。他们最不想看见的就是危机演变成全面爆发的军事对抗。所以赫鲁晓夫很快转变了路线。转变并不是立刻的。当在8月初与意大利总理范范尼（Fanfani）举行会晤时，苏联领导人仍然尝试虚张声势地度过危机。范范尼告诉腊斯克，赫鲁晓夫说："如果西方各国试图打通前往柏林的通道，苏联不会首先开火，但是它们必须'跨过它的尸体'，并且如果西方先开火它会报复……"赫鲁晓夫还告诉范范尼，如果西方企图进行空运，"他会以对抗'侦察飞行'的方式回击，然后会率先用核武器进行打击"。当腊斯克问到，这些武器将会被"用在柏林地区还是全面战争"，范范尼答道："他认为是针对全面战争来说的。"[134]

但是几天之后，苏联方面态度大变。赫鲁晓夫现在宣称，他想要缓解他所看来的逐渐加重的"战争精神病"（war psychosis）。他说，"战争狂热"将会"导致糟糕的事情发生。必须要保持判断能力而且不能煽动军事热情。如果情绪不加以控制并战胜了理智，备战的飞轮就会开始全速转动。即使当理智提醒需要刹车之时，也会由于进展飞速、势头过猛，连始作俑者都难以阻止它"。至少现在他还不会采取新的军事措施。而且苏联的实质性立场也变得更加温和。在维也纳，他直接回应了肯尼迪的一个问题，他说与东德签订"和平条约"将会"封堵通往柏林的入口"，但是8月7日他宣称："我们并不想侵害西方各国的合法利益。任何对西柏林入口的封锁阻拦都是不可能的。"同样在那天，该地区的苏联高级指挥官科涅夫元帅（Marshal Konev）在柏林与西方军事当局会晤时重申了这个观点："先生们，你们可以放心，不管在不远的将来发生什么，你们的权利都不会受到

134　Rusk-Fanfani meeting, August 9, 1961, NSABF.

影响。"[135]

仅仅几天后,东西柏林接壤的地方就被封锁了,8月13日,东德政府开始建造一堵最终会使这座城市一分为二的柏林墙。曾经使东德流失众多最有技能居民的移民潮,现在突然被切断了。赫鲁晓夫此前拒绝了东德封锁边境的请求。结束人员外流,甚至是东德内部的稳定都不是他最根本的目标。他还有更加深远的、与整个德国问题有关,尤其事关西德政策和西德权力的目标。因此,他希望继续讨论柏林问题。但现在,面对战争的幽灵,他只能将这些更宏大的目标放在次要位置。[136]

边境的封锁令西方大吃一惊,但是8月13日的事件并未引发东西方关系的危机。不管苏联人在军事分界线的另一边正在做什么,使用武力去阻止他们都是不可能的。只有出于纯粹的防御目的,为了保住西方已经拥有的东西,才可以使用武力。那么为什么还要大惊小怪?如果大家都知道最终西方各国会打退堂鼓,并且默许苏联人在他们所控制的东柏林地区的所作所为,那为什么还要赔上西方诸国的声望?麦克米伦决定不中断他在苏格兰的休假。顾夫也认为没有理由对苏联人所做的事感到激动。他说,没有和美国立即协商的必要:"准备一份外交照会,也就如此了。"阿登纳则担心,德国东部可能发生暴乱,也担心当苏联弹压时西方会袖手旁观,所以有意采取了非常温和的立场。至于美国,他们一直以来的观点就是,只会为防御西柏林而动武,且美方官员立即附和道:"关闭边界并不是事关开

---

[135] Khrushchev speeches on August 7 and August 11, 1961, *New York Times*, August 8, 1961, p. 8, and U.S. Senate, Foreign Relations Committee, *Documents on Germany, 1944-1961* (New York: Greenwood, 1968), pp. 718-720. 有关对科涅夫的引用(笔者已经翻译成英文,不过可能与原文稍有不同),参见Helmut Trotnow, "Who Actually Built the Berlin Wall? The SED Leadership and the 13th of August 1961," paper presented at OSD and U.S. Army Center of Military History Conference on Cold War Military Records and History, Washington, D.C., March 1994, p. 6. 有关赫鲁晓夫最初在维也纳威胁封锁入口,见Kennedy-Khrushchev meeting, June 4, 1961, FRUS 1961-1963, 14:91。

[136] 霍普·哈里森表示,东德政权要求苏联采取行动,尤其是要求"关闭通向西方的大门",但苏联拒绝了这些要求。对苏联而言,难民问题从不是核心问题,而且他们明确表示还有更重要的事去做。最重要的文件是一封来自苏联驻民主德国大使的信件,Pervukhin, to Gromyko of May 19, 1961。东德的"朋友"要求封锁柏林边境,巴尔夫津(Pervukhin)写到,但是这反映了一种"对该问题的片面处理方式",而且他们没有充分考虑到"整个社会主义阵营的利益"。见Harrison, "Ulbricht and the Concrete 'Rose'", appendix D。

第八章 肯尼迪、北约与柏林

战的问题。"对于美国政府而言,"这个问题实际上是一次宣传"。而在本质的政治方面,它并非完全从消极的角度来解读苏联人的举动。移民潮的终结意味着,苏联人会更容易接受现状,而且他们将会更愿意接受可以保障西方基本利益的安排。正如腊斯克所言,尽管"边界关闭是一件极严重的事,但从实际来看,柏林问题的解决将变得更加容易"。[137]

但是,并不能说西方领导人因苏联的所作所为松了一口气。美国人尤其担心,这种单边行动可能预示着苏联会在整个柏林问题上采取更加激进的政策。因此,肯尼迪和麦克纳马拉希望加快军事准备。但与此同时,这一事件也强调了协商解决的重要性。美国人担心,如果什么都不"付诸实施",苏联可能很快就会和东德签订"和平条约",并且对西方摊牌。[138]

实际上,肯尼迪已经决定尝试是否可以和苏联达成一些解决危机的协议。艾奇逊曾反对围绕柏林问题与苏联人进行严肃会谈。他认为,敦促协商会成为软弱的表现;如果要使苏联让步,西方必须采取强硬立场。[139] 但是甚至在艾奇逊提出关于柏林的报告之前,此观点就被认为太过教条。例如,邦迪与政治专栏作家沃尔特·李普曼(Walter Lippmann)谈及柏林问题,然后向总统写了一份备忘录,概述了艾奇逊和李普曼的处理方法的不同。他说,这些不同之处"取决于我们是否能够给予苏联一些保证,维护

---

137 例如,参见 Schwarz, *Adenauer*, 2:660-665; Alphand, *L'étonnement d'être*, p. 361(有关顾夫的评价); western foreign ministers' meeting, December 11, 1961, FRUS 1961-1963, 14:652(有关顾夫非常宽容态度的另一例证)。有关美国的观点,见 Kennedy remarks in NSC meeting, July 13, 1961; Rusk comments in western foreign ministers' meeting, August 5, 1961, and in a meeting of the Berlin steering group, August 15, 1961, ibid., pp. 194, 286, 334。早些时候,汤普森大使曾说,如果想要苏联人接受西柏林的现状就必须封锁边界。见 Thompson to Rusk, March 16, 1961, ibid., p. 32。经常有人认为,肯尼迪政府对西柏林的重视意味着美国政策的转变。例如,参见 Schwarz, *Adenauer*, 2:654;有关更加极端的言论(将柏林墙的建立归咎于"英美坚定立场的腐蚀"),见 Schwarz's "Adenauer, le nucléaire et la France," p. 307。但这是一个神话:在艾森豪威尔时期,西柏林的防御被视为至关重要,但是政府中没有人认为,如果城市两部分间的边界被关闭,就有必要使用武力。见 DOS Berlin History, 2:110-111。

138 Kennedy to McNamara, August 14, 1961, NSF/82/Germany—Berlin—General/JFKL; Bundy to Kennedy, August 14, 1961, and McNamara in Berlin steering group, August 17, 1961, FRUS 1961-1963, 14:330-331, 347; Rusk-Alphand meeting, August 26, 1961, NSABF。

139 Acheson in Berlin coordinating group, June 16, 1961, 以及 Acheson report, June 28, 1961, FRUS 1961-1963, 14:119, 139, 148, 151。

它的合法利益"。艾奇逊不这样想,但是李普曼认为可能"有办法满足苏联的根本冲动——对东欧安全的需求和对后阿登纳时期德国的恐惧"。邦迪向肯尼迪提出了在他看来负责任的建议的范围。他的观点介于他所描述的两个极端之间。在进入柏林的通道问题上采取坚定态度是根本的,但这并不意味着不能通过协商解决问题:"我们之后愿意考虑的奥得河-尼斯河边界以及对一个分裂德国的事实上的接受等问题需要进一步讨论,而且之后我们确实可能会有新的提议。"[140]

这恰好也是总统的观点。他对德国的统一不是很有兴趣,在原则上也不反对与东德政府交涉。7月17日,当腊斯克提出关于"美国对德意志民主共和国的最终立场"这个问题时,肯尼迪"直言他的观点,认为既然我们在某个时期要和共产主义政权的代表交涉,那么我们现在的态度就不能太过强硬,以免日后的谈话会让我们看起来像失败了一样"。[141] 到了7月中,政府有意"倾向于谈判"。[142] 肯尼迪认为,真正重要的是"我们在柏林的存在以及我们出入柏林的通道"。[143] 其他问题并不那么重要。如果西方更正式地接受中欧的现状,那么它实际上会作出怎样的让步?如果奥得河-尼斯河边界得到某种官方的承认,西方是否会牺牲任何实质性的东西?所有人都知道,无论如何这都差不多是永久的。甚至艾奇逊都认识到,对边界的承认"作为一个最终能削弱苏联-波兰关系的手段,在任何情况下都可能有利于西方的利益"。[144]

那么维持东德国家不存在这个虚构的说法有多重要?德国的分裂并不源于西方国家曾经的任何说辞。拒绝在进入通道或者其他地方与东德官员打交道不会进一步促使德国统一。有一种不真实的气氛围绕着这些复杂问题。这并不是人们可以想象为之打一场核战争的问题。在艾森豪威尔时期

---

140 Bundy to Kennedy, May 29, 1961, POF/126/Vienna documents (A)/JFKL.
141 Meeting on Berlin, July 17, 1961, FRUS 1961–1963, 14:210.
142 Bundy to Sorensen, July 22, 1961, NSF/81/German—Berlin—General/JFKL.
143 NSC meeting, July 13, 1961, FRUS 1961–1963, 14:194.
144 Acheson Report, June 28, 1961, ibid., p. 151.

第八章　肯尼迪、北约与柏林

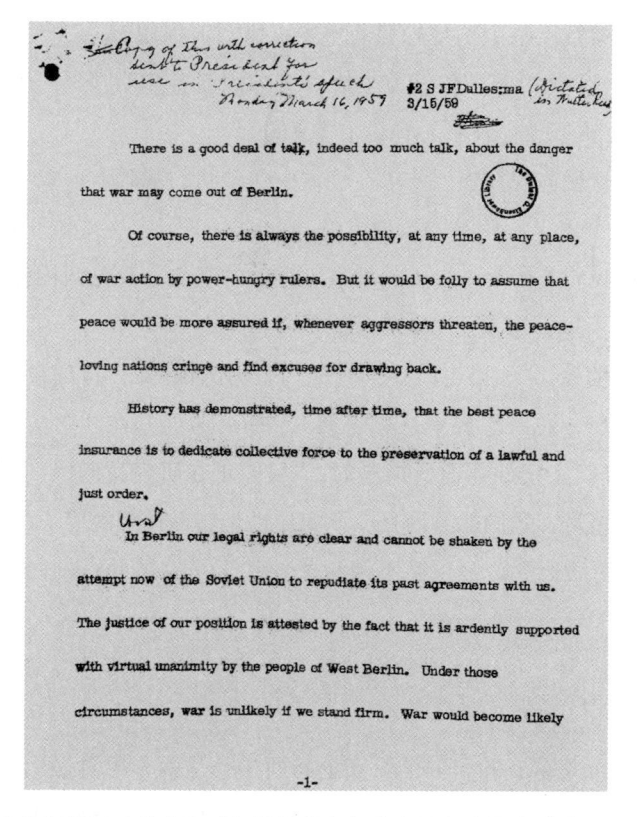

图6　杜勒斯修订了艾森豪威尔就柏林危机向全国发表的演讲稿,强调美国对防御西柏林的承诺。来自Dulles Papers, White House Memoranda Series, box 7, White House Correspondence——General 1959, Eisenhower Library.

情况如此,在肯尼迪时期更是如此。如果"妥协"——无论如何都是理论性质的妥协——可以换来苏联对柏林现状的接受,这种安排难道不符合整个西方的利益吗?

所以肯尼迪现在和艾奇逊分道扬镳了。现在总统不得不自己控制政策。他的顾问们在美国究竟能走多远的基本问题上出现了分歧,而他是唯一可以决定谈判立场实质的人。[145] 他决定采取非常积极的政策。对肯尼迪而言,

---

145　Bundy to Kennedy, August 28, 1961, ibid., pp. 379 n.

甚至对美国而言，整个柏林局势并不令人满意。他想尽其所能收拾"这些烂摊子"。坚守现状或是仅仅重复原先有关通过自由选举统一德国的提议（这种提议显然不会有效）都是无意义的。

相反，肯尼迪现在强烈要求在稳定中欧现状的基础上形成谈判立场。8月21日，他列出了一些基本指导方针。他说，美国应该重新开始。新政策应该"保护我们支持关于自决的**观点**、全德的**观点**以及在西柏林的可持续、受保护的自由这一**事实**"。与东西德"签订平行和平条约"应被予以仔细考量；至于柏林，"如果可以找到其他强有力的保障"，占领权就不是非常重要的。显然，总统想要承认奥得河－尼斯河边界并在"事实上接受德意志民主共和国"。正如邦迪所指出的："目前正在研究我们谈判立场实质的人的主要思路是：我们能够而且应该实质性地转向接受德意志民主共和国、奥得河－尼斯河边界、一项互不侵犯条约甚至是签署并行的两个和平条约的想法。"[146]

肯尼迪想要"真正重拟我们的谈判提议"。[147]尤其是将德国统一的目标搁置在一边，仅仅作为一个会继续支持的"观点"。但是西柏林的自由和生存能力是至关重要的。一个更安全的西柏林是西方愿意做出让步的交换条件。总统决心推行此政策，必要的时候要在单边的基础之上推行。他写道，美国不能"接受任何其他国家的否决"。欧洲三个主要盟国"要么一致同意，要么靠边站"。[148]

新的美国政策还有另外一个主要内容。作为柏林解决方案的一部分，联邦德国将不能取得独立的核能力。在艾森豪威尔时期，美国政府不愿意做出这样的让步。只有作为德国统一协议的一部分时，苏联才会在这一地区得到安全保障。但现在，联邦德国的无核身份将会是解决危机并确保柏

146　Kennedy to Rusk, August 21, 1961, ibid., pp. 359-360; Rusk-Alphand meeting, August 26, 1961, NSABF; Bundy to Kennedy, August 28, 1961, NSF/82/Germany—Berlin—General/JFKL. Emphasis in original text.
147　Kennedy to Rusk, September 12, 1961, FRUS 1961-1963, 14:403.
148　Kennedy to Rusk, August 21, 1961, ibid., p. 359.

第八章 肯尼迪、北约与柏林

林和整个中欧现状的安排的一部分——也就是说，此安排以德国分裂为基础。人们认为，苏联对于可能的德国复苏的担忧是合理的。如果是这样，应该讨论"中欧整体的安全局势"，或许可以在柏林会谈上就此领域问题取得"进展"。换言之，美国政府愿意在可以结束危机的协议中加入对西德核身份的限制。[149]

肯尼迪心中所想的这种交易看上去真的可以实现。在9月末、10月初与美国领导人的会谈中，苏联外长安德烈·葛罗米柯表明，德国的核武器问题将是协议的核心。他告诉肯尼迪，这对苏联来说是至关重要的事情。[150] 似乎对一些美国高层官员而言，包括阻止西德控制核武器的安排在内的西方在"某些全德问题"上的让步，可能会被用来交换"苏联在柏林问题上的首肯"。[151] 这也正是肯尼迪想要的。对他而言，解决了柏林问题就等同于解决了德国的整体问题。而且如果该问题得到解决，双方任何其他问题也将可以解决。柏林协议因此会为相对稳定的国际体系打下基础。

美国新政策的出现很难不引起欧洲的注意。美国人的思想实际上看似已经完全被转变了。甚至英国外交大臣霍姆勋爵早在8月6日的时候就认为，美国对谈判"满怀热情"。[152] 他的主要下属之一在9月末指出，"人们仍旧吃惊于"美国似乎准备相当具体地讨论诸如"奥得河-尼斯河边界、与民主德国的**实际**交涉"，以及"欧洲的安全措施"等问题——后一措辞

149　9月5日，肯尼迪要求国务院考虑将"对两德核武器的限制或是禁止"纳入柏林解决方案，腊斯克在当月晚些时候与葛罗米柯会晤时也确实表明愿意讨论此问题。Kennedy-Rusk meeting, September 5, 1961, and Rusk-Gromyko meetings, September 28 and 30, 1961, FRUS 1961–1963, 14:393, 439–441, 459. 另见Kennedy-Adzhubei interview, November 25, 1961, PPP Kennedy, 1961, p. 751。

150　Kennedy-Gromyko meeting, October 6, 1961, FRUS 1961–1963, 14:471, 472, 474. 另见Nitze-Menshikov meeting, July 15, 1961, 以及 Rusk-Gromyko meeting, September 30, 1961, ibid., pp. 204, 459。

151　Bohlen to Rusk, October 3, 1961, ibid., p. 465. 另见Rusk-Bruce meeting, October 2, 1961, 以及 Bundy to Kennedy, October 2, 1961, ibid., pp. 460 n, 460–461。

152　Home to Macmillan, August 6, 1961, FO 371/160541, PRO.

主要是用来指代德国控制核武的问题。[153]法国也对美国的新政策感到"吃惊",而且他们的顾虑更深。肯尼迪貌似准备接受东德政权了。西德将作何反应?美国政府真的准备在不和他们商议的情况下继续推进吗?[154]

德国当然对美国新政策的内容感到非常失望。10月初,从媒体泄露的消息来看,美国的新立场已然非常明确。10月11日,德国大使会见艾奇逊。他对最近美国思想的转变深感"不安与沮丧"。他说,德国政府正被告知,"即使是为了谈判目的,讨论德国统一也是浪费时间"。美国人似乎准备接受奥得河-尼斯河边界,而且"正在朝实际上等同于认可东德的方向推进"。在与美国政府共同工作的这些年,他从未"对美国政策如此失望"。[155]对阿登纳而言,看起来美国人几乎愿意放弃任何东西。[156]

实际上,肯尼迪是要摧毁"德国政客围绕统一的希望而建立起来的由虚妄和陈词滥调构成的大厦"(一位英国外交官日后语)。[157]如果目标是不战而拯救柏林,那么人们就不应该被没有什么现实基础的立场所束缚。德国的分裂是不可避免的事实。如果柏林的自由可以通过承认现状来维护,那又有什么真正的正当理由不承认呢?但是德国政府发现难以和过去的"虚妄和陈词滥调"彻底决裂。这意味着,美国必须在两条战线上进行斗争。一方面要让苏联接受美国的基本条件:解决方案必须有效保证西柏林的自由。另一方面联邦德国必须接受肯尼迪所设想的安排。

但是怎样让德国与其保持步调一致呢?正如肯尼迪的一位最亲近的顾问告诉英国人的那样,这显然"需要一定程度上的强迫"。[158]美国人明确表示,他们无法接受德国的基本立场。德国人不仅不愿冒战争的风险,甚至

153　Killick to Schuckburgh, September 25, 1961, FO 371/160553, PRO.
154　Kohler-Winckler meeting, August 22, 1961(关于顾夫观点的报告), FRUS 1961-1963, 14:368 n; Alphand-Rusk meeting, August 26, 1961, NSABF。
155　Acheson-Grewe meeting, October 11, 1961, FRUS 1961-1963, 14:490-491.
156　Schwarz, *Adenauer*. 2:684.
157　Steel to Foreign Office, October 30, 1962, FO 371/163583, PRO.
158　10月中旬索伦森(Sorensen)在晚餐时的讲话,见 Thomson to Killick, October 20, 1961, FO 371/160559。

第八章 肯尼迪、北约与柏林

不愿采取有力的军事措施,让苏联人相信,西方宁愿开战,也不会在柏林问题上让步。但是,与此同时,他们也不同意做出使协议解决成为可能的政治让步。当德国大使找艾奇逊抱怨美国的新政策时,艾奇逊告诉他,他们"不可能二者兼得"。肯尼迪自己就憎恶德国的态度,因此不准备在这些问题上遵从德国政府。尽管德国人不愿意接受与苏联的真正摊牌,但他们却有勇气声称美国政府太过软弱。肯尼迪讨厌别人指责他为绥靖主义者,也厌烦了西德政府的吹毛求疵;因为西德政府随意抨击美国的观点,自己却拿不出任何严肃的东西作为谈判的可能基础。[159]

1961年末,德国政策确实在向华盛顿希望的方向转变。9月初,据德国驻莫斯科大使称,阿登纳现在"认识到,德国为了避免真正战争的风险以及拯救西柏林的自由必须做出牺牲"。他"一直拒绝做任何让步"的根源在于"联邦国防军的军备",即德国取得核武器的机会。[160] 9月17日,腊斯克及国务院高级官员福伊·科勒(Foy Kohler)告诉英国外交官,"德国目前为止非常配合"。在德国大选之后(在同日举行),他们希望看到更大的灵活性。科勒及英国外交官一致认为,"在武器方面区别对待德国军队"仍可能招致德国人"非常强硬的态度"。但"即使在这一点上",科勒认为,德国人也容易受到美国压力的影响。[161]

因此核问题成为症结所在。在其他问题上,阿登纳都准备灵活应对。甚至在处理和民主德国关系的问题上,似乎"总理也很乐意接受劝说"。阿

---

159 Acheson-Grewe meeting, October 11, 1961(相关的引用), FRUS 1961–1963, 14:492; Kohler to Rusk, October 4, 1961, with Kohler-Grewe meeting, September 29, 1961, 611.62a/10-461, RG 59, USNA. 注意,总统提到"一些说话时显得坚定果断的人"在军事领域的"犹豫和拖延"; Kennedy to Clay, October 8, 1961, FRUS 1961–1963, 14:484. 在与奥姆斯比-戈尔的谈话中,肯尼迪的想法表达得非常清晰,后来英国大使将此报告给霍姆,February 19, 1962; FO 371/163567, PRO. 有关德国不愿意面对核战的风险,甚至不愿采取任何种类的严肃的军事措施,总体上见 Schwarz, *Adenauer*, 2:493–494, 654–659, 663, 694, and Clay to Kennedy, October 18, 1961, FRUS 1961–1963, 14:512. 即使在今天,一些主要的德国权威,尽管承认阿登纳在任何情况下都反对使用武力,但仍然坚持称赞他的强硬,并将肯尼迪描述为一位绥靖主义者。尤其注意施瓦茨(Schwarz)经常提到肯尼迪的"绥靖"政策: Schwarz, *Adenauer*, 2:732, 733, 743, 745, 750。
160 Roberts to Foreign Office, September 5, 1961, FO 371/160548, PRO.
161 Shuckburgh-Kohler-Rusk meeting, September 17, 1961, FO 371/160552, PRO.

登纳强调的一点是,"不能有无核区这种无稽之谈",诸如此类。英国驻波恩大使报告说:"所有的焦点都集中在这一点上,而且,他们只字未提'承认',不管是**事实上的**还是**法律上的**"。[162]

11月,阿登纳前往华盛顿,与美国领导人进行了一系列重要会晤。他"神情黯淡"——"很灰心",美国官员说:"他比我们想象得更加沮丧。"阿登纳认为,核武器的使用是不可能的,且在常规战争中西方将会被击垮。必须排除军事对抗的可能性。"因此,"他总结道,"我们必须谈判。"[163]

德国的强硬派对阿登纳立场的弱化感到不安,而且现在戴高乐认为阿登纳已经是一个崩溃的人了。但是对于阿登纳新表现出的灵活性,肯尼迪十分高兴,而且他认为此次阿登纳的访问是肯尼迪上任以来与国外领导人进行的最佳会晤。[164] 阿登纳告诉他,如果与苏联的协商能使"柏林人民生活质量提高,并维护他们的自由,那么美国便无须担心德国方面了"。[165] 诚然,在很多方面阿登纳都在为标准的德国立场进行辩护。但在会谈结束之后,给肯尼迪留下的印象是:如果协议可以加强西方出入柏林的权利,那么德国将会"在其他方面乐于提供帮助"。[166]

在肯尼迪看来,现在北约方面的主要问题在于法国。阿登纳可能已经做出让步了,但这并不意味着德国人民会最终接受一切,而且戴高乐此时最关心的是美国的新政策对德国整体的影响。不要忘了,法国政府在根本上并不反对美国立场的实质内容。法国官员自上而下都很满足于现状,而

---

162 Steel to Shuckburgh, October 7, 1961, FO 371/160555, PRO.
163 Acheson-Adenauer meeting, November 21, 1961, and Acheson to Shulman, November 23, 1961, AP/65/SDWHA/HSTL; 腊斯克会见奥姆斯比-戈尔, November 24, 1961, NSABF; Kennedy-Adenauer meeting, November 21, 1961, FRUS 1961–1963, vols. 13–15, mic. supp., no. 247。
164 Krone diary, November 19, 1961, *Adenauer-Studien,* 3:164; Horst Osterheld, "*Ich gehe nicht leichten Herzens…*" *Adenauers letzte Kanzlerjahre: Ein dokumentarisches Bericht* (Mainz: Matthias Grünewald, 1986), pp. 85–88; Alphand, *L'étonnement d'être,* p. 367; Robert d'Harcourt, *L'Allemagne d'Adenauer à Erhard* (Paris: Flammarion, 1964), p. 99; Anglo-American meetings, December 21–22, 1961, FRUS 1961–1963, 14:701–703.
165 Adenauer-Kennedy meeting, November 21, 1961, FRUS 1961–1963, 14:615.
166 Kennedy to Macmillan, November 22, 1961, ibid., p. 633.

第八章 肯尼迪、北约与柏林

且如上所述,对于一个可以稳定现状的协议,他们是完全可以接受的。顾夫说道,作为柏林解决方案的一部分,西方甚至可能承认民主德国的主权;作为回报,苏联可能同意尊重西方在柏林的权利。他认为,实际上那是西方所能希望得到的最佳安排。[167] 至于其他的"更广泛的问题",法国在原则上也不反对做出让步。戴高乐是西方领导人中第一个公开接受奥得河-尼斯河边界的人。原则上法国人本应希望阻止德国拥核。即使是关于西方在柏林的合法权利,以及它是否可以被正式地建立在其他基础而非占领国权利之上的问题,对顾夫而言都是一个"学术问题",他的政府并没有太过重视这件事。[168] 因此,协商解决并不是不可能的。"显然,我们必须尝试达成协议",顾夫在8月5日直截了当地对他的英国和美国同事们说,"我们需要做出一些让步"。[169] 美国人与葛罗米柯的会谈"会成为真正的协商",他说道,而且腊斯克将在所有主要西方政府的"全面支持"下参与这些讨论。[170]

但是戴高乐开始不太喜欢美国新政策的某些方面。美国人所设想的是可以阻止德国取得核武器的安排。法国人可能不太乐意看到一个拥核的德国,但是现在他们在美国新的北约政策的大背景下看待这一方面的美国政策——对常规部队愈发重视,反对国家控制下的核力量,拒绝在欧洲大陆部署中程弹道导弹,等等。在法国看来,所有这些事都清晰地指向了一个方向。随着美国的城市逐渐处在危险之中,它开始从欧洲的核防御中抽身,而且确实是以欧洲大陆无核化为目标。这被戴高乐认为是极为危险的。无核化最终意味着西欧的中立化。德国的无核化就是朝这一方向迈出的重要一步;这当然也是向联邦德国中立化迈出的重要一步。但是如果西德被中立化,法国的命运又将如何?而且,如果美国人如此不可靠,如此不愿将

---

167 Western foreign ministers' meeting, September 15, 1961, p. 2, FO 371/160551, PRO.
168 Western foreign ministers' meeting, September 15, 1961, FRUS 1961–1963, 14:419.
169 Couve-Home-Rusk meeting, August 5, 1961, ibid., p. 277.
170 Western foreign ministers' meeting, September 15, 1961, ibid., pp. 418–419.

他们的力量投入欧洲的核防御中,难道欧洲拥有一定程度上的独立,拥有某种可以维持独立政策的军事力量不是非常重要的吗?可能欧陆人需要团结起来发展他们自己的核能力;德国选择拥核或是德法在核武器方面合作的可能性不能被完全排除。[171]

除了一些实质性的考虑之外,法国也开始厌恶美国打西方牌的方式。顾夫说道,这场危机"本质上是对苏美力量的测试"。催促谈判"只会展现出我们内心深处的真实想法——对战争的恐惧"。这将被视作美国软弱的标志。只会鼓励苏联坚定自己的立场。[172] 美国人有这样的实力,所以他们很自然地要起到引领作用。但是法国政府不想使其政策与美国的政策过于紧密。只要美国想,它就可以继续推进,但必须要明确真正的责任所在。8月8日,戴高乐告诉腊斯克:"继续你的试探吧,我们并不反对。"但是法国,他说,不会选择那条道路,而且法国也不会为结果承担任何责任:"你们真的要靠自己去做了。"[173]

10月,随着美国关于解决柏林问题的新思路的细节被他国广泛得知,法国的态度强硬了起来。10月9日,戴高乐仍然"亲切地赞同"腊斯克以

---

171 例如,参见 de Gaulle remarks, December 21, 1961, in Alphand, *L'étonnement d'être*, p.367。顺带一提,这恰巧是美国的分析专家解读法国政策的方式。在他们看来,法国研究了美国新北约政策的方方面面,并且根据事实推断,得出结论:美国将要使欧洲无核化,或许还会使欧洲中立化。这种猜测很可能在1961年就初具雏形了。到1962年7月,戴高乐微妙地提到的"诺斯塔德将军的离开"成为一系列指征的又一印证,在古巴导弹危机之后,美国从土耳其撤出"朱庇特"导弹的决定也被纳入该背景中。一份航空件草案未注明作者和日期,但可能是1962年6月末之后的,报告了鲍伊(Bowie)和罗文(Rowen)与法国官员就北约核问题进行的会谈,见 pp. 6–7, DDRS 1990/1372; Lemnitzer-de Gaulle meeting, July 23, 1962, NSF/71a/France—General/JFKL; Kissinger meeting with French officials, May 23, 1963, DDRS 1996/2000。泰勒的助手莱格尔和尤厄尔对法国人的阐释表示赞同。他们批评政府中的"反核破坏能手"。他们认为,这伙人是被派去"使欧洲无核化"的。Legere to Taylor, May 3, 1962, and Ewell to Taylor, April 16, 1962, 转引自 FRUS 1961–1963, 8:300 n。泰勒文件集中有很多相似观点的其他备忘录,尤其是来自莱格尔的。而且实际上政府高层也有一些关于使中欧无核化的言论。例如,参见 Carl Kaysen, "Thoughts on Berlin," August 22, 1961, p. 10, and Harriman to Kennedy, September 1, 1961, both NSF/82/Germany—Berlin—General/JFKL。但是肯尼迪政府的基本倾向是,通过在欧洲维持美国控制的强大核力量保持欧洲有核化。

172 Rusk-Home-Couve meeting, August 5, 1961, and western foreign ministers' meetings, September 15 and December 12, 1961, FRUS 1961–1963, 14:272, 416, 675, 677.

173 Rusk-de Gaulle meeting, August 8, 1961, ibid., pp. 313–314.

第八章 肯尼迪、北约与柏林

及肯尼迪和葛罗米柯的会谈。[174] 但仅仅五天之后，法国驻华盛顿大使赫夫·阿尔方就进行了一次被美国高官称作"非常严肃的交流"。尽管顾夫已在9月15日说过，腊斯克将会在四个主要西方政府的"全面支持"下展开谈判，但法国现在宣布不会给予在莫斯科举行的持续的试探性会谈以"任何授权"。阿尔方说，实际上，法国政府现在反对进一步谈判，而且"希望终止这种试探"。法国政府想要暂时和解，但是会谈并不会带来这种结果。它的观点是，苏联正因其粗暴行为而得到奖励。言下之意就是，美国如此希望谈判，西方只能预料到苏联人会变本加厉。"如果我们想要暂时和解，"阿尔方说，"和苏联摊牌就是必须的。"[175]

但是法国并不想真正和苏联摊牌。在他们看来，柏林很可能最终被抛弃。关键是，在这个过程中不能失去西德。当苏联继续保持毫不让步的立场时，美国对谈判的坚持必然是在示弱；实际上，戴高乐现在认为"慕尼黑时刻"即将到来。不管现在阿登纳政府同意什么，戴高乐十分确定，德国人民最终会认为他们被美国背叛了。德国国内将会产生强烈的民族主义情绪，而且德国会脱离北约，可能采取一种弱中立主义，也有可能采取强硬的独立政策。不管怎样，结果都是灾难性的。戴高乐认为，这些"盎格鲁-撒克逊人"并没有意识到问题的严重性，而且不能充分地认识到失去德国的风险。但是由于他们的地理位置，法国可以更清晰地看清这一切：德国的命运对法国来说"至关重要"，但是对英美两国而言仅仅是"重要"而已。[176]

所以，如果美国最终在柏林问题上屈服于苏联、整个北约体系崩塌，法国将不得不尽其所能挽救局势。如果柏林失陷，那么德国不应该责备整

174　Dixon to Foreign Office, October 9, 1961, FO 371/160555, PRO.
175　Hood to Foreign Office, October 13, 1961, FO 371/160555, PRO; Alphand-Bohlen-Kohler meeting, October 14, 1961, NSABF.
176　Alphand, *L'étonnement d'être*, entries for August 23 and December 21, 1961, pp. 363, 367; Rusk-Home-Couve meeting, August 5, 1961, and western foreign ministers' meeting, December 11, 1961, FRUS 1961–1963, 14:270, 273, 650, 652. 有关这个一般性的问题，另见前文，pp. 270–272。

个西方，这是很关键的。"盎格鲁-撒克逊人"迫切要求谈判，而且实际上是以德国为代价进行妥协。法国凭一己之力是无法阻止他们这么做的，但是它可以公开和那种政策撇清关系。"可能我们会以新的西方撤退而告终，"戴高乐在9月末如是说，"如果是这样，法国将不会参与。法国将继续坚持其一直捍卫的立场，这对未来非常重要。"[177]

现在戴高乐不断重复这些立场。在11月末与麦克米伦的会晤上，戴高乐以他惯有的直率阐述了他的观点。他说，法国"在确保德国与西方的联系方面，比它的英国和美国盟友都更为关切"。柏林仅仅是"问题的一部分，且本身不是最重要的"。阿登纳可能现在愿意接受与苏联进行关于柏林的谈判，但是即使他的政府"接受了要求他们做出的让步"，真正重要的是，这"将会给德国人民留下被背叛的感觉"。所以不管英美做了什么，法国"都不会在这种协议上签字。这样德国人至少会在未来觉得他们在西方还留有一个朋友"。[178]

这位法国领导人反对美国，这并非有悖常理或是出于民族主义。他的柏林政策源于在核时代对国际政治的最基本假设。在他看来，美国的核保证迟早会暴露出其欺诈性，而事实上美国也不希望为了欧洲而自我毁灭。但那意味着必须要制订一些备选方案。北约体系崩塌之后，必须要有其他机制来替代它的位置。柏林本身就是无法防御的，很可能必须被放弃，而且戴高乐最终也愿意镇定自若地看待柏林城的失守。[179] 关键是要确保这不会导致西德的沦陷。因此，法国必须要为独立的欧洲政策打下基础——该政策必须以法德之间深入的理解为核心。如果英国的政策与现在不一致，

---

177 Account of de Gaulle remarks to MRP representatives, 转引自 Rumbold to Shuckburgh, September 27, 1961, FO 371/160554, PRO。另见 Couve-Heath meeting, November 9, 1961, FO 371/160563, PRO。

178 De Gaulle-Macmillan talks, in Foreign Office to Washington, November 27, 1961, FO 371/160565; 见 Prem 11/3338 及 PRO。另见首相对此次会议的评论，in Macmillan, *Pointing the Way*, p. 426。

179 Couve-Heath meeting, November 9, 1961, FO 371/160563, PRO; Krone diary, December 15, 1961, *Adenauer-Studien*, 3:165。

第八章　肯尼迪、北约与柏林

那么它也可能在建立一个独立的欧洲方面发挥重要作用。但实际上，英国过度依赖美国，甚至比美国人还要不在乎德国对现在所发生的一切的回应。所以一个独立的欧洲必是一个大陆的欧洲，一个法德两国的欧洲。

甚至在戴高乐政府早期，这种观点就开始在法国政策中扮演某种角色。例如在1959年3月，在重掌政权之后不到一年，戴高乐告诉阿登纳，如果西方在柏林被击败，北约就会崩塌。目前看来，似乎没有太多能够改变可能发生的情况的办法。掌权者是美国人，因此西方的政策都是在华盛顿制定的。但是即使西方失败、北约崩塌，法德仍然必须团结一致。它们的实力正在崛起；很快它们就能掌控自己的命运。[180]

但直到1961年末，法国人头脑中还有另外两个多少有些冲突的思想支系与"欧洲"或是"大陆"支系艰难共存。首先，法国有一种思维倾向，就是把自己和英美两国一起认为是西方的三个大国。以这种观念，德国人当然是盟国，但不是这三国俱乐部中的一员。例如，戴高乐所构想的西方三国"理事会"就反映了这一点。但它也以一些微小的方式表现出来。法国领导人有时说，有些事情他们可以自由地和英国人还有美国人交谈，但是如果德国人在场就不行了。[181] 当然，法国政策中还有第三个因素，一种从法国的国家利益和严格界定的法国主权的角度进行更偏狭思考的倾向。

法国思想中的三个支系——"欧洲的""西方的""本国的"——都植根于戴高乐认为"法国不能仅仅处在跟随地位，它的政策应该更加积极"的信念之中。但是它们指向不同方向。例如，有时戴高乐和他的追随者会认为，武装部队的主要作用就是保卫法国领土，一旦战争爆发，会先有一场"德国之战"，接着再有一场"法国之战"，而法国不会完全投入前一场

180　De Gaulle-Adenauer meeting, March 4, 1959, DDF 1959. 1:278-279, 另见戴高乐对两位意大利领导人发表的评论，March 20, 1959, ibid, p. 400; de Gaulle-Adenauer meeting, September 14, 1958, 尤其是 de Gaulle-Spaak meeting, September 24, 1958, ibid., 1958, 2:344, 430。

181　例如，参见 Rusk-Home-Couve meeting, August 5, 1961, FRUS 1961-1963, 14:269。

战役。但这种民族主义观念相悖于认为德国的防御和法国的防御同等重要的观点，而后者在法德可以结为一个集团，西欧大陆可以成为独立于美国、能够单独抵抗苏联压力的第三支力量这一构想背后居于核心地位。[182]

1961年末，作为肯尼迪对柏林危机的处理的反应，法国政策愈发明晰起来。戴高乐愈发倾向于"欧洲"道路。法国与美国的关系越来越远，因此与英国也拉开了距离。它正在把它的利益同德国捆绑，把自己描述为德国在西方的一个真正的朋友。如果德国已经认识到美国将它出卖了，它至少还可以来找法国。由此德国人在遭受背叛、北约崩塌之后将不太可能采取孤立主义、与他国断绝来往。他们不会去追寻1920年代那样的狭隘的民族主义，相反，他们可以接受一种必然带有明显反美特点的欧洲"民族主义"，而且这种欧洲"民族主义"与其他选项相比，远没有那么危险。因此，德法两国应该将自己视作有着共同战略利益的国家。它们应该团结一致，发展自己的实力，在政治上并最终在军事上作为一个整体行动。

---

182 有关戴高乐的大体战略思想，见前文第六章，注释98。有关戴高乐对欧洲战争中两场接连的不同战役——"德国之战"之后紧跟着"法国之战"——的具体提及，见 de Gaulle-Eisenhower-Macmillan meeting, December 20, 1959, DDF 1959, 2:770; de Gaulle-Macmillan meeting, June 3, 1962, Prem 11/3712, PRO; and de Gaulle-Alphand meeting, June 26, 1962, Alphand, L'étonnement d'être, p. 379. 甚至在1963年初，戴高乐就在强调这些立场；见 Peyrefitte, C'était de Gaulle, p. 345. 关于相反的、反映了将法德或西欧大陆作为一个战略单位的概念的多种不同评论，见戴高乐在德国军事学院的言论，Hamburg, September 7, 1962, Discours et messages, vol. 4: Août 1962–décembre 1965 (Paris: Plon, 1970), p. 13; de Gaulle-Segni-Pella meeting, March 20, 1959, DDF 1959, 1:400, 尤其是 the de Gaulle-Adenauer meeting, January 21, 1963, AAPBD 1963, 1:117. 另见 Soutou, L'alliance incertaine, pp. 161–162, 248–249（指出了法国政策的基本矛盾）。出于一些明显的原因，美国人在与德国人会谈的时候抨击了戴高乐的"两场战役"的观点，而且很多德国人实际上是不喜欢这个观点的；对德国人在1963年的行为必将产生某些影响。在德国人眼中，该行为降低了法国的吸引力，而且在此过程中损害了德国的戴高乐主义者的形象。例如，1963年1月斯派德尔将军在此背景之下的评论；埃哈德总理在同年11月与戴高乐会晤时对"两场战役"观点的抱怨。当时戴高乐竭力隐藏并且明确拒绝承认该观点，但是已经造成了影响。Kennedy-Adenauer meeting, November 14, 1962, FRUS 1961–1963, 13:452; Soutou, L'alliance incertaine, pp. 162, 255–256 (for Speidel); Erhard-de Gaulle meeting, November 21, 1963, AAPBD 1963, 3:1471, 1474. 在笔者看来，这些矛盾反映了戴高乐在德国问题上的不确定——到底是把德国当作一个完全的伙伴来对待还是对其有所保留——这种不确定也反映在他对德国核问题的矛盾态度上。事实上，根据法国外交部的高级常任官员的说法，戴高乐认识到了这些困难，而且相比其他欧洲问题，他对德国问题"要更加不确定"。Bohlen to Kennedy, February 23, 1963, State Department Central Files [DOSCF] for 1963, POL 15-1 FR, RG 59, USNA.

第八章 肯尼迪、北约与柏林

随着法国政策转向此方向，它在德国核问题上的立场（如上文所述）发生了某种转变。尽管戴高乐有时认为，德国的核力量是无法避免的（实际上，在1960年7月与阿登纳的一次重要会晤中，他确实曾鼓励德国人打造核力量[183]），但他在早期大体上反对德国拥有核武器。[184] 例如，在1961年6月会见肯尼迪时，这仍然是他的态度。甚至直到11月6日，一位法国外交官还在说，确认西德无核身份的安排是"一定"会出现在"妥协条件"里的。[185]

但是到了月末，在与麦克米伦的会晤上，戴高乐采取了相反的立场。他说道："有关德国核武器协定的想法是对苏联人的无谓馈赠。"法国现在"无意"帮助德国发展核能力，但是，可能不会永远如此。[186] 1962年2月，顾夫向腊斯克表达了类似的观点。他说道，今后5—10年内，法德可能合作制造核武器，"但不是现在"。[187]

美国人察觉到了事态的发展，并对戴高乐的态度大为恼怒。这不仅仅

---

183 关键文献转引自 Soutou, "De Gaulle, Adenauer und die gemeinsame Front," pp. 498–499。
184 Kennedy-de Gaulle meeting, June 1, 1961, DDRS 1994/2586.
185 Thomson to Killick, November 6, 1961, FO 371/160563, PRO. 法国政策正在转变的印象是基于下文将要讨论的证据，但是需要指出的是，这些证据绝不是明确的。1962—1963年，法国官员自上而下都不断否认他们意图帮助德国取得核能力。例如，参见苏兹伯格与比兰·德罗齐耶（Burin des Roziers）的对谈，"de Gaulle's right hand in the Elysée," March 10, 1962, and Sulzberger-Pompidou meeting, February 1, 1963, in Sulzberger, *Last of the Giants,* pp. 859, 960。另注意Couve-Home meeting, April 8, 1963, Prem 11/4221, PRO。顾夫告诉英国外交大臣："法国人认为这整个问题令人担忧。他们完全不认为应该在核领域对德国做出任何让步。相反，必须要留心观察德国对于核武器的企图并且绝对不能让步。"次月，顾夫告诉肯尼迪，法国"绝不会帮助德国"制造核武器。1962年末，他实际上告诉腊斯克，如果德国获得核武器，"这会成为全球战争的原因"。Kennedy-Couve meeting, May 25, 1963, FRUS 1961–1963, 13:772; Rusk-Couve meeting, October 7, 1962, 700.5611/10–762, RG59, USNA. 这些评论不仅是为了让外部理解。戴高乐在内部讨论时也持有一样的立场。例如，参见the de Gaulle-Alphand meeting, June 26, 1962, in Alphand, *L'étonnement d'être,* p.380, 以及 a de Gaulle-Peyrefitte conversation, January 1963, in Peyrefitte, *C'était de Gaulle,* p. 346。
186 De Gaulle-Macmillan meetings, November 24–25, 1961 (account dated November 27), Prem 11/3338, PRO; also in FO 371/160565, and quoted in Macmillan, *Pointing the Way,* p. 421.
187 Couve-Rusk meeting, February 14, 1962, 375/2–1462, RG 59, USNA. 有很多迹象表明法国正转变态度。一位重要的法国官员（弗朗索瓦·德罗斯）告诉美国外交官："德国迟早会想要核武器，可能比我们想象得还要早，"而且戴高乐的目标是让法德"紧密结合"，法国领导人"现在不是很想与德国共享核信息，但是之后他会这么做的"。Paris embassy to Rusk, December 27, 1961, 375/12–2761, RG 59, USNA.

是因为法国领导人把法德核合作的想法当作儿戏。这件事本身就很糟糕了。戴高乐现在还开始全面抨击美国的政策。真正令人反感的是，戴高乐试图使美国成为德国人眼中的"替罪羊"。如果为了柏林解决方案的达成，必须做出让步，德国人可能最终会抱怨他们的利益被出卖了。戴高乐希望能够声称自己是清白的，该受责备的只有"盎格鲁－撒克逊人"。德国人显然也正试图把责任推给美国。[188] 令人愤慨的是，法德两国都没有准备好面对与苏联的军事对抗。它们可能"说话的时候显得坚定而坚决"。但实际上，正如有关制订柏林应急方案的讨论所表明的那样，德国政府尤其"不准备承担任何风险"。至于法国人，尽管他们讲话显得很坚定，但其真实态度却更为模棱两可。甚至到了1962年10月，就在古巴导弹危机之前，顾夫在根本性问题上仍在回避——如果通往柏林的通道被切断，是否会使用武力。当然这里应该指出，戴高乐本人在导弹危机形势危急的时候还是采取了非常坚定的立场。[189]

但那是将来发生的事，在1961年末到1962年的绝大部分时间里，美国的观点是，不能允许法德两国以虚假的"坚定"姿态蒙混过关。它们必须正视自己的责任。1961年12月，腊斯克说，美国政府"决心不再扮演法国和德国的'替罪羊'——换言之，它决心不让自己成为作出让步的一方（这些让步后来被形容为背叛）"。[190] 法德两国必须要在共同政策上签字。因此，腊斯克对戴高乐当时拒绝赞同美国与苏联谈判的政策大为恼火。他开始认

188　Rusk-Kohler-Shuckburgh meeting, September 17, 1961, FO 371/160552; Kennedy-Macmillan phone conversation, October 6, 1961, FO 371/160555; Kennedy-Macmillan meeting, April 28, 1962, Prem 11/3783; 有关对"替罪羊"的提及，见Rusk-Home meeting, December 10, 1961, FO 371/160567; all PRO。

189　Kennedy to Clay, October 8, 1961; Acheson-Grewe meeting, October 11, 1961; Clay to Kennedy, October 18, 1961; all in FRUS 1961–1963, 14:484, 491, 512. 另注意，腊斯克在1961年12月16日与苏兹伯格会谈时的评价，Sulzberger, *Last of the Giants*, p. 826，以及1962年8月9日奥斯兰（Ausland）柏林情况介绍会之后的讨论，audiocassette no. 9, POF/JFKL. 有关1962年末法国政府的态度，见Bundy to Kennedy, October 9, 1962, NSABF, 尤其是 Kennedy-Couve meeting, October 9, 1962, FRUS 1961–1963, 15:354–355。这应该与在导弹危机期间戴高乐听了艾奇逊向其做的简短汇报之后的态度相对比：Lyon to Rusk, October 22, 1962, FRUS 1961–1963, 11:166。戴高乐说，如果苏联通过威胁柏林来报复对古巴的封锁，那么西方诸国就要采取已准备好的反击措施。

190　Rusk-Home meeting, December 10, 1961, FO 371/160567, PRO。

第八章 肯尼迪、北约与柏林

为这位法国领导人实际上是"长着犄角和尾巴的恶魔"。[191] 肯尼迪的敌意只是稍缓和那么一点。1962年4月，他对法国人的"怨恨"让麦克米伦大为吃惊。[192] 此时，美法关系降到了从未有过的低谷。[193]

戴高乐此时已决定直接告诉美国，它应该远离欧洲政治，而且要让欧洲人自己管理其事务。美国应该将自己局限于提供一般的安全保障。他说，美国政府"不应该卷入西欧的纷争，而且应该把自己和欧洲分隔开。仅当必要的时候才施加自己的影响"。[194] 他在过去偶尔会表达类似观点。例如，在1958年9月，他告诉北约秘书长，法国、德国、意大利应该制定北约政策。[195] 但现在，他当着美国的面说"它不应该插手欧洲事务"。加文大使对这样的"冰冷刺耳"的"毫无保留的声明"感到"大为震惊"。[196]

肯尼迪对戴高乐的立场非常恼怒。欧洲可以随意依靠美国的权势，还可以把美国卷入战争，但美国政府不应该控制能够导致冲突的政策，这是十分荒唐的。肯尼迪写道："我们不插手欧洲事务，还要在战争到来之时保护欧洲"，这种想法不能被接受。美国并不能开"这样的空头支票"。既然已经参与其中，在他看来，美国政府必须关注"德国问题"，即国际政治的

---

191 加文的观点，引自 Sulzberger, *Last of the Giants*, entry for January 5, 1962, p. 833。另见一位意大利外交官对腊斯克对戴高乐态度的评论，ibid., p. 876。

192 Kennedy-Macmillan meeting, April 28, 1962, Prem 11/3783, PRO.

193 美法两国关系恶化程度的一个体现是，腊斯克甚至一度威胁法国人，如果他们在危机期间独立行动，美国将使用核武器进攻。1961年末，他告诉法国防长皮埃尔·梅斯梅尔，美国"不允许"它"更弱小的盟友独立地使用或威胁使用核武器"对抗苏联。"这将会直接威胁美国安全"，且如果法国有意自己建造核力量，他向梅斯梅尔警告到，"他们最好考虑为自己配备瞄准大西洋彼岸的洲际导弹"。腊斯克的叙述，in a meeting with Lord Home, December 10, 1961, FO 371/160567；另见 Alphand, *L'étonnement d'être*, p. 368n；腊斯克还在1963年6月28日与英国高层官员的会晤中谈及了此问题，p. 7, DOSCF for 1963, POL 7 US/Kennedy, RG 59, USNA。国际政治史上也鲜有对一个盟国做出如此之大威胁的大国，而且笔者不禁想知道法国作何反应。所以1996年2月在巴黎召开的一次会议上，笔者询问了梅斯梅尔。他并未认真对待此事。他说，腊斯克担心法国想要用他们的小规模核力量作为"引爆器"来引发全面的美苏核战，但法国从未这么想过。然而，事实证明，他们实际上是在考虑这种"引爆器"战略。见 Soutou, *L'alliance incertaine*, pp. 88, 223。这种"引爆器"的概念也在英国思考这些问题时产生了影响。见 Pierre, *Nuclear Politics*, p. 175。

194 Gavin to State Department, May 16, 1962, FRUS 1961–1963, 13:702.

195 De Gaulle-Spaak meeting, September 24, 1958, DDF 1958, 2:430.

196 Gavin to State Department, May 16, 1962, FRUS 1961–1963, 13:703.

主要问题。事实上，美国必须带头处理这个问题，因为没有其他国家愿意现实地面对它。但是戴高乐反对欧洲应该追随美国领导这个想法。在这位法国领导人看来，美国政府的行为就好像欧洲国家仅仅是无权挑战美国政策的"受保护国"。它们必须反对美国的统治，尤其是当它们认为美国政策已经非常不正确时，戴高乐明确向加文表示，他认为美国的对德政策就是如此。[197]

如今美法之间的隔阂巨大，但对阿登纳而言，这意味着德国现在有了一定的回旋余地。戴高乐的计策是，让"盎格鲁-撒克逊人"对于为了防止柏林危机升级为武力冲突而需要做出的任何让步承担责任。美国领导人想要阻挠这个计策；这也就意味着，德国的支持比以往更重要了。即使在1961年末，这对美国人来说也是一个重要考量。例如，腊斯克和科勒在同年9月与英国外交官一致认为，戴高乐可能"提前预想了这样一个时刻：德国人面对的事实是，协商导致他们的处境严重恶化；德国被盟友出卖的神话可能会形成。他在那时可能想要声称只有盎格鲁-撒克逊人是应该受到责备的"。腊斯克和科勒之后指出："这使得'留住德国人'在每个阶段都变得极其必要。"[198]

所以不能强迫德国人服从命令。如果美国不能处理好这个局势，德国人可能会"倾向法国"，正如当时的白宫顾问亨利·基辛格在1962年2月所说。[199] 如果德国有法国在一旁支持，那会比它单独抵抗美国的压力更加容易。在法德合作基础之上的一项"欧洲"政策总是比被贴上"本国"标签的政策更容易被接受，甚至在德国人民自己眼中也是如此。

所以到了1962年初，阿登纳开始采取美国政府认为更具有挑衅性质的立场。他知道他的地位更牢固了，因为他有一张"法国牌"可以打。这位

197　Kennedy to Gavin, May 18, 1962, and Gavin to Rusk, May 28, 1962, ibid., pp. 704-706.
198　Rusk-Kohler-Shuckburgh meeting, September 17, 1961, FO 371/160552, PRO.
199　Kissinger memorandum, "Summary of Conversations in Germany about Negotiations," February 21, 1962, p. 5, Mandatory Declassification Review release NLK 89-67, JFKL.

第八章 肯尼迪、北约与柏林

总理显然受到了戴高乐所作所为的鼓舞，而且像戴高乐一样，阿登纳愈发决心抵制美国人正在推行的现行政策。

阿登纳与美国日益加剧的矛盾的核心是核问题。肯尼迪政府想要阻止联邦德国获取核能力，在它看来，柏林解决方案可能会包括一项确保德国无核状态的安排。但是阿登纳强烈反对在此方面的美国政策。早在1961年9月和10月，情况就已经很清楚了，不管德国人在其他有关解决方案的问题上表现得多灵活，他们对这一方面的抵制极为强烈。[200] 实际上，德国在此问题上的立场在年底前变得愈发强硬。6月，德国采取的立场是原则上不反对承诺不寻求"独立的核能力"，不反对在柏林解决方案中包含此项承诺。他们不想白白地放弃一切，但是如果他们的承诺可以从苏联换来一些实质性内容，那么他们会考虑这类承诺。[201] 但到了11月，他们的立场变得强硬起来。联邦德国现在更根本性地反对阻止其成为有核国家的安排。在6月发表了之前那些言论的德国驻华盛顿大使现在明确表示德国政府反对"冻结"军事现状——也就是说，反对通过国际协议使得德国的无核状态永久化。"几年之后基本情况可能会发生改变"，他说道，"因此我们应该在共同的西方防御安排上保有灵活性"。当波伦直言不讳地问他这意味着什么时，大使说"他的政府现在不会改变他们对不制造ABC武器（原子武器、生物武器、化学武器）的承诺，但是他们想要保留可能性"。[202]

当阿登纳与肯尼迪在11月晚些时候会见时，他几乎采取了一样的立场。美国强烈要求德国在此领域表现出"灵活性"，但阿登纳现在甚至反对将联邦德国重申1954年的不生产承诺作为柏林解决方案的一部分。当两人私下会面时，肯尼迪再次提出了这个问题，阿登纳又把那个老故事讲了一

---

200 Rusk-Kohler-Shuckburgh meeting, September 17, 1961, FO 371/160552, PRO.
201 Ambassador Grewe's views, 引自 State Department to embassy in Germany, June 17, 1961, FRUS 1961–1963, 14:127。
202 Gore to Foreign Office, November 1, 1961, FO 371/160559, PRO.

遍：当签订承诺之时，杜勒斯走过来和他说，"这份声明当然有效，但是仅在情况不变的时候"。尽管如此，他说道："德国还没有在这方面做出任何行动。"在双方代表出席的正式会议上，阿登纳也淡化了德国的承诺限度。他指出，1954年的声明"提到了不**生产**ABC武器"。但声明并没有说，如果德国的盟友给了它这些武器，德国不可以**拥有**它们。他还抵制在与苏联的任何谈判中重申那份承诺。"如果此事现在成为与苏联谈判的一部分，"他警告道，"将会产生非常严重的后果。"[203]

1962年，尽管美国政府已经用各种方法表明它对此问题反应有多么强烈，但德国的立场并没有改变。就在阿登纳离开华盛顿之后，肯尼迪接受了苏联《消息报》（*Izvestia*）编辑、赫鲁晓夫女婿阿列克谢·阿朱别伊（Alexei Adzhubei）的重要采访。总统对于德国核问题的事情直言不讳。他告诉阿朱别伊，他"很不愿意看到西德取得独立的核能力"。他可以理解苏联对于德国可能独立发展核能力的担忧，而且事实上他"感同身受"。但是无核的、融入北约的西德将不会造成威胁。北约在美国的控制之下；他说道，在此体系中，"所有人都有安全保障"。肯尼迪也认为，德国的分裂是不可争辩的事实。只要苏联政策不变，他告诉阿朱别伊，"德国就不会统一"。尽管肯尼迪只是把明显的事实说了出来，但在联邦德国这一事实并不受欢迎。[204]

事实上，阿朱别伊的采访在德国令很多人感到愤恨。肯尼迪告诉阿朱别伊，他可以理解苏联关于德国的顾虑，并且同意阻止德国获得核武器。很多德国人在想，究竟谁是美国的盟友，谁是美国的敌人？美国总统显然认为，德国的分裂是个简单的政治事实。这意味着美国准备否认它正式承诺过的对德国统一的支持吗？对一些德国领导人而言，这仅是强调了能够追求某种程度上的独立政策的重要意义。联邦德国完全依赖美国，而现在

---

203 Kennedy-Adenauer meetings, November 21-22, 1961, FRUS 1961-1963, 14:616-618, 620, 625-626.
204 Kennedy-Adzhubei interview, November 25, 1961, PPP: Kennedy, 1961:751.

第八章 肯尼迪、北约与柏林

美国人就是这样对它的。因此，它需要更加独立，必须发展出可以作为真正独立政策的基础的军事力量：换言之，它需要自己的核力量。

多亏了戴高乐，德国政府现在认为可以多少轻松地向这个方向迈进。法国人已经为它铺平了道路。他们在柏林政策和核问题上都公然反对美国。现在，一个更加坚决的德国政策不太可能被认为是狭隘的或具有民族主义情绪。如果与法国合作，甚至这将会具有某种吸引人的"欧洲"特色。

所以阿登纳现在觉得可以坚定立场了，尤其是在核问题上。1962年6月，他与腊斯克会面，又和他说了一遍关于1954年承诺的故事，以及杜勒斯和他说过的"**情势变迁原则**当然适用"。对腊斯克而言，他好似得知了惊人内幕——这也表明了美国情报工作在此问题上做得有多糟。他惊讶地发现，德国人不会同意放弃他们的核选项。因此他得出结论：这个问题不完全是理论上的，而是要认真对待德国的核雄心。到1962年中，其他高级官员也得出了类似结论。例如，德国人非常谨慎地说，"就当下而言"，并没有发展国家核项目方面的压力。科勒对此大为吃惊。7月，尼采告诉总统，在德国，要求发展"核能力的呼声很高"。麦克纳马拉3月时对麦克米伦说，他很"担心德国人正开始的对军事力量，包括核力量的追求"。[205]

肯尼迪能在多大程度上迫使德国接受他的立场？最初，在1961年11月和12月，美国政府对在柏林会谈中采取影响广泛的政策持保留态度。与阿登纳达成的一致是，至少在一开始，将会谈的重点放在与柏林问题本身有关的狭隘议题上。这样做的目的就是为了看是否可以把通往柏林的路径建立在更为坚实的基础之上。但是甚至在那个时候，人们普遍认为，苏联绝

---

[205] Adenauer-Rusk meeting, June 22, 1962, FRUS 1961-1963, 13:422; Rusk-Home meeting, June. 25, 1962, Prem 11/3715, PRO; Bruce to State Department, June 26, 1962（关于对此次会议以及科勒言论的另一种记述），FRUS 1961-1963, 13:423-424。波伦似乎也认为，阿登纳对据称由杜勒斯所言的"情势变迁原则"的提及是新的且很重要；Bohlen paper, July 2, 1962, ibid., p. 428. 有关尼采的引语，见Kennedy-Nitze meeting, July 30, 1962, FRUS 1961-1963, 7: 521。有关麦克纳马拉的评论，见Macmillan-McNamara meeting, April 29, 1962, p. 28, Prem 11/3783, PRO。有关美国对德国核雄心的评估，见appendix 6 (IS)。

构 建 和 平

不会同意在西方可以接受的条件下，通过上述那种议题受限的协商解决柏林问题。苏联人可不习惯于给西方送大礼，那么为什么他们现在要同意将改善柏林局势的安排而得不到任何东西作为回报呢？苏联理所当然地被认为"几乎必然"会提出"更广泛的问题"——东德的身份、边界问题、德国核问题以及关于北约-华约互不侵犯条约的想法。[206]

但美国人认为他们此刻应该谨慎前行。正如一位国务院官员指出的那样，目前在更广泛的问题上强迫德国是"不明智"的。这是出于"策略原因"，与美国立场的实质无关。[207] 1962年1月初，腊斯克指出，"目前"重要的是，不要通过在这些领域施压而"恐吓"德国人。他说，过于强硬的政策可能会导致德国人"再次与法国站在一边，对抗盎格鲁-撒克逊人"。[208] 必须稳住德国，并让他们对最终必须做出的任何让步承担自己的责任。

但1962年初，肯尼迪的态度开始转变。目前的方法——在同英国和德国达成的共同立场的基础上，与苏联进行非正式的"试探性"会谈——并不令人满意。美国人无法"对苏联人开诚布公"——也就是说，德国人正在牵制美国政府，但与此同时，"我们无法真正把我们的盟友拉到一个有责参与的位置上"。[209]

1962年2月，在与他的挚友、英国驻华盛顿大使大卫·奥姆斯比-戈尔（David Ormsby Gore）的谈话中，肯尼迪阐述了他的基本思想。他此时已经受够了法国人和德国人。他说，他们的策略"是让美国人承担所有问题的主要责任"。他们希望他"要么威胁发动核战争，以维持柏林的现状，同时又清楚地表明，如果赫鲁晓夫揭穿他的虚张声势，他实际上会被要求不可开启一直威胁要发动的战争"；要么"为了和苏联人达成协议做出让

---

[206] Rusk remarks in western foreign ministers' meeting, December 11, 1961, FRUS 1961-1963, 14:656-657.
[207] Hillenbrand-Thomson meeting, November 24, 1961, FO 371/160564, PRO.
[208] Ormsby Gore to Foreign Office, January 5, 1962, FO 371/163564, PRO.
[209] Kennedy to Rusk, January 15, 1962, FRUS 1961-1963, 14:760.

第八章 肯尼迪、北约与柏林

步；如果结果令人不满意，法德两国会因此而责备美国"。德法并没有做出可能支持强硬政策的严肃军事努力，它们也不愿制定一个可能在不发动战争的情况下保障西方基本利益的"合理谈判立场"。肯尼迪认为，它们的政策是不负责任的，事实上他总结到，没有任何一个欧洲国家"对西柏林问题足够关心，愿意采取任何不受欢迎但却是解决问题所必要的举措"。现在是改变整个事态的时候了。目前与莫斯科的接触方法是在"浪费时间"，因为西方并没有提出"任何能够吸引苏联人"的筹码。肯尼迪"不准备让这种局势继续下去"。他告诉国务院，他准备亲自负责美国在这一领域的政策。阿登纳的态度是"整个局势的关键"。肯尼迪不确定要如何与阿登纳商谈，但是考虑"直接给他几个选项：要么反对认真谈判，并最终准备开战；要么支持有成功希望的谈判。以这种方式，他希望并期待阿登纳全力支持后者"。[210]

阿登纳并不是直接面对这样的选择，但很快情况就清晰了：肯尼迪决定在与苏联人的谈判中采取更加单边的方式。3月初，总统做出了重大决定。他准备"摆脱德法的桎梏，与苏联人坦率相谈，尽管不会做出承诺"。[211]

肯尼迪已决心继续推进，与苏联人在更广泛的问题上进行"非正式双边"会谈。另还准备了暂时妥协的提议。他说，写好的草案并没有走得很远，"主要是因为我们不能把那些如果未经事先协商就可能会震惊我们盟友的事情写在纸上"。但是必须口头暗示苏联：如果可以制定出令人满意的柏林协议，美国将在更广泛的问题上相当通融。他认识到，秘密地、单边地采取行动会对联盟造成威胁。因此，德国人将会收到关于美国正在做什么的"恰当的口头暗示"。但政策不再是不做他们事先不同意的事，事实上，德国人并不赞同扩大与苏联的会谈。尽管如此，肯尼迪还是决定继续

---

[210] Ormsby Gore to Home, February 19, 1962, FO 371/163567, PRO.
[211] Ledwidge to Shuckburgh, memo on Berlin, March 8, 1962, FO 371/163568, PRO.

前进。[212]

不久之后，腊斯克启程前往瑞士，与英国外交大臣、德国外长举行了一轮会谈，然后又与葛罗米柯会面。肯尼迪发电报告知腊斯克："我们必须不遗余力地达成暂时妥协。"[213] 在最终局面中，肯尼迪仍准备接受在柏林问题上的军事对抗，但是在危机恶化之前，他认为他必须确保所有的方法都已经试过，只是因为苏联的坚决不让步才导致没能达成一个合理的解决方案。[214]

3月12日，腊斯克在与葛罗米柯的长会谈中阐释了美国新策略的基本思路。美方的计划是，双方在某些原则上形成一致，然后商定"在那些原则的基础上进行谈判的程序"。双方还将接受某些临时安排，这些安排将一直持续到谈判产生更具最终性的协议为止。[215] 该计划将涵盖柏林问题和更广泛的问题。美国人列出新方案的"原则"文件，并在3月22日递交给了葛罗米柯。[216] 这是美国人自己制订的。在将文件交予苏联人之后才又将文件呈递德国外长格哈德·施罗德（Gerhard Schröder）。直到葛罗米柯看过文件之后，施罗德才向美国人表示同意。[217]

美国政府明确表示将提出一揽子计划。如果苏联愿意尊重西方在柏林问题上的重要利益，其余的一切都将"水到渠成"。[218] 有关"更广泛的问题"（德国边界、互不侵犯条约、德国的核身份，等等）的协议就可以很快达成。如果苏联希望"在既存事实的基础之上稳定局势"，腊斯克告诉葛罗米柯，"我们对此表示非常理解"。他强调，美国不是西德的"囚徒"，而是

---

212 Kennedy to Khrushchev, February 15, 1962; Kennedy-Grewe meeting, February 19, 1962; Rusk to Thompson, March 1, 1962, FRUS 1961–1963, 14:821, 832–833, 852. Kennedy to Rusk, March 9, 1962, ibid., 15:2–3.
213 Kennedy to Rusk, March 11, 1962, ibid., p. 15.
214 例如，参见Kennedy-Grewe meeting, February 19, 1962, ibid., 14:832–833。
215 Rusk-Gromyko meeting, March 12, 1962, ibid., 15:28.
216 Rusk-Gromyko meeting, March 22, 1962, ibid., p. 67; 关于文件的文本，见 ibid., pp. 69–71。
217 Dowling to Rusk, April 27, 1962, POF/117/Germany—Security/JFKL.
218 Rusk-Gromyko meeting, March 13, 1962; Rusk to Kennedy, March 19, 1962; Rusk to Dowling, April 28, 1962; Rusk-Dobrynin meeting, May 30, 1962; in FRUS 1961–1963, 15:35, 50 n., 121, 162.

第八章 肯尼迪、北约与柏林

关切自身的根本利益。[219] 美国的目标是在现状的基础上构建和平，苏美两国互相认同对方为大国，尊重彼此最基本的利益。[220]

苏联人对美国人放在谈判桌上的协议展现出"极大的兴趣"。对他们而言，德国的核问题极其重要。正如1961年10月葛罗米柯告诉腊斯克的那样，苏联政府"非常重视这个问题"。在1962年3月与美国国务卿会晤时，葛罗米柯再次对此问题表现出极大的兴趣。事实上，他对美国的计划还有一定的保留意见。对葛罗米柯来说，"原则"文件上列出的安排没有充分针对德国，而且过度强调了两大国在核不扩散方面更普遍的利益。他还指出，美国的计划没有充分考虑到德国通过某种北约多边核力量控制核武器的可能性。[221]

但是这些都不是根本问题。出于策略原因，美国的这份文件故意用了一些比较笼统的表述。它较好地淡化了德国就是目标这一事实。正如肯尼迪本人在与布伦塔诺会面时所言，美国政府自然倾向于采取这样的立场，即"我们的政策是不针对德国的普遍政策"。[222]

同样的观点也适用于葛罗米柯提出的另一个问题。苏联担心德国人会通过多边核力量取得核武器。腊斯克不断向苏联官员澄清美国的立场。"不管北约出台什么样的多边政策"，他在8月告诉多勃雷宁（Dobrynin）大使，"我们并不认为这些政策会涉及国家控制权的转移"。[223] 美国政府实际上是在说，作为解决柏林危机和稳定中欧政治局势的协议的一部分，它一定会确保德国保持无核状态，尤其是多边核力量不会成为允许德国有效控制核武器的工具。实际上，它的目的是确保任何西方国家，甚至是整个"欧

219　Rusk-Gromyko meeting, March 20, 1962, and Rusk-Mikoyan meeting, November 30, 1962, ibid., pp. 54, 452.
220　例如，参见Kohler-Semenov meeting, December 3, 1962, ibid., pp. 456–457。
221　Kennedy-Gromyko meeting, October 6, 1961, FRUS 1961–1963, 14:471, 474; Rusk to Kennedy, March 25, 1962, 以及 Rusk-Gromyko meeting, March 26, 1962, ibid., 15:75, 81。
222　Kennedy-Brentano meeting, April 30, 1962, ibid., p. 127.
223　Rusk-Dobrynin meeting, August 8, 1962, p. 3, 700.5611/8-862, RG 59, USNA; 另见FRUS 1961–1963中的说明，7:541–547。另注意腊斯克在3月26日与葛罗米柯会晤时的评论，ibid., 15:85。

洲",都不能在没有美国同意的情况下使用核力量。但是,美国官员再次选择不要在书面上对这些问题的立场阐述得太过明确。这个协议是必须让德国接受的。很多德国人想要拥有至少建立一支独立于美国的欧洲核力量的可能性。为什么还要提醒他们,除非或许在遥远的将来,在真正统一的、完全具有独立主权的欧洲联邦国家出现之后,否则美国决心排除这种可能性?把胡萝卜悬挂在那里——暗示仅仅几年之后某种欧洲核力量也许将成为可能——这样就可以稳住德国人,这又有什么坏处呢?

在苏联看来,美国人提供了某些实质性的、确实真正重要的内容。阻止德国人拥核是苏联的重要利益。柏林会谈的其他问题远没有那么重要。例如,苏联并没有坚持要正式承认德意志民主共和国。事实上,葛罗米柯说,西方各国已经在事实上承认了东德政权。腊斯克将葛罗米柯的言论报告给其他西方各国的外长,并指出"如果现存的西方做法对苏联来说足矣,那这里就真的没有什么问题了"。[224] 此外,苏联仅仅提到西方各国要"尊重德意志民主共和国的主权",但一再拒绝解释这句话的确切含义。[225] 这意味着此事本身并不重要,只不过是故意被拿来当作交易的筹码。其他问题的重要性也相对有限。正如顾夫告诉其他西方外长的那样,"表面看来,互不侵犯宣言似乎没什么害处"。德国外长施罗德也指出,他一直"倾向于接受互不侵犯条约"。宣布无人会通过武力改变现存的边界,实际上只是重申现行政策。腊斯克指出,有关现存边界不可侵犯的问题,指奥得河-尼斯河边界以及两德内部边界的问题,"在他与多勃雷宁的谈话中并不具有很高的优先性"。[226]

因此,解决方案似乎触手可及。苏联人很赞同美国人现在提供的方案,并且非常明确地表达了他们的兴趣。当时西方飞往柏林的航线经常被苏联战机骚扰,但是在3月的腊斯克-葛罗米柯会晤之后,这种骚扰被"暂停"

---

224 Western foreign ministers' meeting, May 3, 1962, FO 371/163572, PRO.
225 例如,参见 Kohler-Semenov meeting, March 18, 1962, FRUS 1961-1963, 15:48。
226 Western foreign ministers' meeting, May 3, 1962, FO 371/163572, PRO.

第八章 肯尼迪、北约与柏林

了，这被双方理解为一个政治信号。[227] 更重要的是，一段时间以来，苏联对柏林的强硬立场似乎也缓和了。4月，多勃雷宁向腊斯克暗示，苏联在西方军队驻留柏林这一关键问题上的"当前立场"可能即将改变。"至于现在"，多勃雷宁强调，苏联想要让西方部队的撤出作为进出通道协议的一部分，但是又补充道："我的政府未来的立场将会是怎样的，我还没有资格说。"[228]

但是，阿登纳一点也不喜欢看上去正在形成中的这种解决方案。他对"原则"文件感到"震惊"，显然将美国新提议的实质内容泄露给了媒体。[229] 他抱怨到，他只被允许仅用两天的时间回应这份文件，而且还经常有人声称，阿登纳收到了某种最后通牒。美国人对于这次信息泄露大为恼火。至于所谓的"最后通牒"，美国方面指出，阿登纳所看的"原则"文件与另一份由施罗德外长已经批准的拟稿几乎一样。[230] 4月，美国领导人对德国官方的强烈反应"大为惊愕"，同时也对那年春天稍晚时候从德国总理那里传出的"一连串"反美言论感到愤怒。实际上，阿登纳已经决定站起来反对美国的政策。他认为，德国不得不为经历一段与美国关系紧张的时期做好准备，并与法国组成某种联盟。他毫不掩饰自己的观点。媒体对此进行了详细报道，在5月初的一次新闻发布会上，他公开抨击了美国的整个柏林政策。[231]

---

227 Rusk-Dobrynin meeting, April 16, 1962; Rusk to Kennedy, July 24, 1962; 以及 Rusk-Gromyko meeting, July 24, 1962; in FRUS 1961–1963, 15:118, 241, 246。
228 Rusk-Dobrynin meeting, April 16, 1962, ibid., p. 116.
229 Nitze-Adenauer meeting, April 13, 1962, ibid., p. 102. 另见 Schwarz, *Adenauer*, 2:743–749。
230 Kohler-Grewe meetings and telephone conversation, April 13–14, 1962; Kohler draft of letter to Adenauer, April 14, 1962; Rusk to Dowling, April 25, 1962; FRUS 1961–1963, 15:107, 109n, 111, 112n, 120.
231 Dowling to State Department, May 9, 1962, and Rusk to Dowling, May 12, 1962, ibid., pp. 140, 143. 另注意 Bundy to Dowling, May 9, 1962, 给出了有关丹尼尔·萧尔（Daniel Schorr）广播报道的文本，该广播报道了有关阿登纳在私下谈话中对美国人的谈论；Salinger to Kennedy, May 10, 1962, 暗示了克莱是萧尔的信息源之一，762.00/5-962, and 611.62a/5-1062, RG 59, USNA。有关阿登纳愿意接受经历一段与美国的关系紧张时期的言论，见 Osterheld, *Adenauers letzte Kanzlerjahre*, pp. 111–112。

德国核问题再次变得至关重要。阿登纳对美国计划的批评集中于核问题以及建立一个柏林进出通道管理机构的提议。[232] 如果该建议被采纳，像瑞典、瑞士这样的中立国将会在解决围绕进入权所产生的争端上投下决定性的一票。在阿登纳看来，这意味着权力将落入相对弱小的中立国之手，联盟的权利将被削弱，柏林将更加不安全。但是这种对该提议的反对并不合理，而且很有可能是被编造出来的，用以掩盖阿登纳唯一真正关心的是核问题这一事实。实际上，建立通道管理机构提议的目的就是为了让这座城市的进出通道更加安全。在现行的体制之下，东德完全控制了柏林和联邦德国之间的所有非军事交通。有人认为，建立一个权威机构，由中立国发挥决定性作用，可能会稀释这种权力。实际上，通道管理机构方案根植于这样的观点，即美方的其他提议都相当于对苏联做出让步，除非西方坚持要求回报，否则它就可能"走上危险的绥靖之路"。这种交换条件可能会以柏林进出协议的形式出现，其基本思想是摆脱东德对进出通道的完全控制。[233]

对美国官员来说，上述这些都是显而易见的，他们对阿登纳的抨击极为不满。例如，肯尼迪在10月时告诉西柏林市长维利·勃兰特（Willy Brandt），由于美国的通道管理机构方案早前被拒绝，它"将不会对此问题再提出任何建议"。如果德国人希望，现在该由他们提出自己的方案了。总统明显认为，美国遭受了损失，而且不准备再做出同样的努力。当德国大使前来抱怨，说总统一定是听到了假消息，而且德国政府"基本上同意"美国之前的方案时，美国官员直言不讳，他们对五个月前发生的事一直耿耿于怀。德国人显然公开"否决"了美国的方案。美国政府仍然对"铺天盖地的公众争论"感到不满，这起因于阿登纳"去年春天对国际化的进出

232　Adenauer-Nitze meeting, April 13, 1962, FRUS 1961–1963, 15:102. 另注意顾夫在6月的评论：他明白"目前有关德国的两个主要问题是通道国际管理机构和核不扩散"；Couve-Rusk meeting, June 20, 1962, NSABF。

233　Bundy to Kennedy, October 2, 1961, FRUS 1961–1963, 14:460–461.

第八章　肯尼迪、北约与柏林

通道提案的公开批评"。[234]

阿登纳奋起反对美国，且争论的真正焦点是核问题，而不是通行计划。但是，阿登纳的行动实际上产生了什么影响？这里的关键是，即使他公开反对肯尼迪的政策，也并没能让美国人改变路线。在和苏联的会谈中，美国的提议仍然摆在台面上。如果苏联愿意按照美国人设想的方式解决问题，美国将准备强迫德国人就范。事实上，肯尼迪向苏联人明确表明，德国的阻挠不是问题。他在7月告诉苏联大使，如果苏美达成谅解，"我们愿意在一些问题上向德国人施加相当大的压力"。但在1962年苏美并未达成协议，所以破坏协议并不是阿登纳的责任（或功劳）。[235]

这与苏联对西方在柏林的军事存在问题——即西柏林作为受西方军事保护的领地的身份——的不妥协态度有关。这是西柏林继续保持自由的关键，美国政府已经明确表示，如果想要就美方提出的方案达成某种协议，苏联将必须在此问题上让步。但由于难以明晓的原因，苏联拒绝这样做。美国愿意给予苏联可以合法要求的一切，但苏联就是不愿意满足美国所坚持的一项要求：一个自由的西柏林，牢固地与西方捆绑在一起，驻有且仅驻有西方部队，它将作为西柏林特殊地位的保证者。

苏联的态度愈发受到憎恨。一开始以为，苏联人可能是出于讨价还价的目的而摆出一种极端的立场，随着谈判的进行，他们可能会理智一些。但实际上并非如此。苏联人似乎认为他们可以简单地接受美国提供的一切，如腊斯克所言，"把他们保存在冰箱里"。[236] 他们只是把美国做出的妥协"收入囊中"，但是不打算给予任何回报。[237] 基本的问题是互惠。美国不打算接受这种单方面的安排，而是希望在"平等的基础之上"寻求达成

234　Knappstein-Tyler-Hillenbrand meeting, October 10, 1962, ibid., 15:355–357.
235　Rusk-Dobrynin meetings, April 16 and 27, 1962; Kennedy-Dobrynin meeting, July 17, 1962; 以及 Rusk-Gromyko meeting, August 6, 1963; ibid., pp. 116, 121, 223, 560。此段借用施瓦茨的观点看待问题：阿登纳成功地破坏了肯尼迪的"绥靖"政策（他用的是英文的这个单词），因此应被认为是柏林的"救世主"。见 *Adenauer*, 2:743–749, esp. p. 749。
236　Rusk-Dobrynin meeting, May 30, 1962, FRUS 1961–1963, 15:162.
237　Rusk-Dobrynin meetings, June 18 and July 12, 1962, ibid., pp. 184, 221.

协议。1961年10月,肯尼迪告诉葛罗米柯,苏联的提议相当于"用一个苹果换一个果园"。[238] 苏联人说,西方诸国要接受事实,东德政权是既成事实,它的权威必须被接受。那好吧,美国人回答到,协议确实可以在"事实情形"的基础上达成。但是要考虑到所有的事实情况,而并不仅仅是苏联人认为很容易就能承认的那些事实。西方在柏林的存在就是苏联必须尊重的事实。[239] 但这是苏联人拒绝接受的,在谈判中,他们从未能有效地处理此事。[240]

在美国看来,苏联的态度难以容忍。美国政府已经做出不少让步,但是苏联现在的要求完全不合理。苏联要求美国在核心问题(西柏林的自由)上做出让步。苏联人想要西方从柏林撤军。作为另一种替代方案,他们建议西方接受苏联的军事分遣队,这样四国的军事部队都可以驻留柏林。苏联的说法是,不管哪种方法都不会影响到城市现有的政治和社会体系。但很少有人认为,这些保证不是在引诱西方依据一种"分步计划"屈服。如果苏联人真打算尊重柏林的现状,那他们为什么如此坚决地要结束西柏林接受且仅接受西方保护的局面?他们荒谬地声称西柏林是北约的军事基地。认为驻扎在柏林的小规模盟军分队会对东方造成军事威胁的想法是可笑的。然而,在他们与美国人的会谈中,相同的观点一次又一次地被提及。他们似乎是完全没有理性的,对美国所说的一切充耳不闻。1962年,他们在柏林问题的核心立场是绝对僵化的。美国人试图尽可能地表现出理性和理解,但苏联人不愿投桃报李,而且在对美国而言绝对重要的关切上毫不让步。

---

238 Kennedy-Gromyko meeting, October 6, 1961, ibid., 14:476-477; Rusk-Dobrynin meetings, May 30 and June 18, 1962, ibid., 15:163, 182.
239 Rusk-Gromyko meeting, March 12, 1962, and Rusk-Dobrynin meeting, May 30, 1962, ibid., pp. 32, 163.
240 有关从1962年5月30日至10月18日举行的最重要的苏美高级会谈的记录,见ibid., pp. 161-172, 177-189, 215-222, 243-252, 370-387。有关同一时期没有在这本书里出现的一次重要会议(1962年7月22日腊斯克与葛罗米柯在晚宴上的谈话)的记录,见110.11-RU/7-2362, RG 59, USNA。

第八章　肯尼迪、北约与柏林

显然，对于美国所愿意接受的和解协议，苏联并不感兴趣。相反，他们似乎是要羞辱美国。美国现在的态度变得强硬了。腊斯克不得不承认，戴高乐终究是对的：这些谈判都是徒劳无功的。美国在满足苏联的愿望方面"卓有成效"，在此过程中，美国与自己盟友的关系处于危险之中，但没有得到任何回报。苏联人是否如强硬派所预测的那样，将美国对和解的兴趣视为软弱的表现？他们是否认为，如果他们坚持不妥协，美国最终会让步？

美国领导人变得愈发愤愤不平。例如，在7月23日与葛罗米柯的会晤上，腊斯克公然称东德政权是苏联的"傀儡"，是"口技艺人的人偶"。[241] 正如赫鲁晓夫所指出的，显然通过谈判达成解决方案的努力已经到头了。[242] 例如，邦迪在8月末写道，危机加剧，"看起来情况愈来愈糟"。[243] 9月初，腊斯克告诉法国大使，"他有预感，我们正处在艰难时期"。[244] 9月中旬的另一份美国文件显示，赫鲁晓夫正准备"决战柏林"。[245] 10月初，美国高级官员在公开场合和与外国官员的私下会谈中都明确表示，他们认为一场真正的冲突即将到来。[246]

10月18日，葛罗米柯在华盛顿先后与腊斯克、肯尼迪举行会晤。总统后来把苏联外长采取的立场描述为"完全没有理由且极为无礼"。[247] 葛罗米柯告诉肯尼迪，在11月的美国中期选举之前，苏联将不会采取任何行动；赫鲁晓夫在前一个月已经表明了这一点。但是中期选举一结束，葛罗米柯说，就必须举行会谈，如果会谈不成功，苏联政府将"被迫"与东德

241　Rusk to Kennedy, July 23, 1962, FRUS 1961–1963, 15:237 以及 Rusk to State Department, July 23, 1962 (section 5 of six), 110.11–RU/7-2362, RG 59, USNA。
242　Thompson to State Department, July 26, 1962, FRUS 1961–1963, 15:253.
243　Bundy to Sorensen, August 23, 1962, ibid., p. 284.
244　Rusk-Alphand meeting, September 7, 1962, ibid., p. 312.
245　Burris to Johnson, September 18, 1962, ibid., p. 324.
246　"Kennedy Warning Nation and Allies on Berlin Crisis," *New York Times*, October 12, 1962. 尤其注意这里提到的10月9日罗伯特·肯尼迪在拉斯维加斯的演讲。在此次演讲中，总统的弟弟预言将有一场"大危机"。
247　Kennedy-Adenauer meeting, November 14, 1962, FRUS 1961–1963, 15:432.

签订和平条约,其结果已经被多次阐明。美国曾威胁要在这种情况下采取军事行动,但他完全置之不理:这些威胁"对苏联没有任何影响"。正如赫鲁晓夫所言,"北约军事基地和西柏林的占领政权是一颗必须被拔掉的蛀齿"。[248]

在与腊斯克的会晤上,葛罗米柯也采取了几乎一样的立场。美国国务卿重述了美国的立场。他说,美国人曾试图在一系列问题上迁就苏联。他们阻止了西柏林成为联邦德国的"**一个州**"。他们在核领域的政策应该减轻了苏联的顾虑。腊斯克提醒葛罗米柯,他曾私下向后者暗示,"东部边界在事实上和实际意义上都不是问题"。但这一切都无济于事,因为苏联并不接受美国所坚持的一点,即"西方部队在西柏林的存在"。所以这一切都最终归结为对意志力的考验。他说道,苏联必须"决定它是否想要发动战争来驱除这些部队"。[249] 英美两国的外交官很快指出,葛罗米柯的言论意味着,"下一轮对话将会是最后一轮了"。[250]

肯尼迪已经得出结论:与苏联摊牌很可能是无法避免的;他认为事已至此,还不如让它尽早到来。10月初,他希望能在柏林问题上立即做出反应——也就是说,一旦通往柏林的道路被切断就立刻采取行动。10月9日他告诉顾夫,"我们应该准备好一支可以在一两个小时内就能在高速公路上挺进的部队"。[251] 10月2日,他与腊斯克以及英国外交大臣霍姆勋爵会面。他排除了在11月末选举结束之后与赫鲁晓夫对话的可能,当然除非到那时苏联的态度有所转变,而且有迹象表明会谈可能会有成效。他并不同意两位外长认为有必要采取进一步外交行动的观点。霍姆和腊斯克认为,一些方案——比如副外长会议——可能会"为赫鲁晓夫推迟签订条约提供另一

---

[248] Kennedy-Gromyko meeting, October 18, 1962, ibid., pp. 371–372; Khrushchev to Kennedy, September 28, 1962, ibid., 6:157.
[249] Rusk-Gromyko meeting, October 18, 1962, ibid., 379–380.
[250] Ormsby Gore to Foreign Office, October 19, 1962 (no. 2621), 以及 Roberts to Foreign Office, October 22, 1962, FO 371/163582, PRO。
[251] Kennedy-Couve meeting, October 9, 1962, FRUS 1961–1963, 15:353.

第八章 肯尼迪、北约与柏林

个借口"。但是肯尼迪对这种策略不再感兴趣。他给出的理由是,"现在的军事天平是向我们倾斜的,今后就不一定了"。[252]

肯尼迪明白,尽管美国在战略方面仍然占据优势,但是美国的核优势很快就会成为过去。一年前,也就是1961年末,这曾是支持协商解决的主要理由。该观点认为,趁着美国现在还具有重要的战略优势,西方现在可以得到更好的协议条件。几年之后,苏联取得核均势,美国的核优势将不复存在,届时西方在谈判中就占不到便宜了。[253] 但到了1962年10月,这一言论完全被改变了。美国的核优势即将消失。苏联人意图羞辱美国,并彻底改变全球力量平衡。如果这是他们的态度,那么对抗在所难免;既然如此,在战略的天平仍然有利于美国的情况下,现在与苏联摊牌是有道理的。

所以此刻,肯尼迪已经准备好接受与苏联在柏林问题上的最终决战。但事实证明,苏联在中欧的具体行动并没有旋即引发这场冲突。反而是苏联在古巴部署导弹引发了这场对抗。

---

252 Home to Foreign Office, October 2, 1962, FO 371/163581.
253 例如,参见1961年11月20日总统与阿登纳会晤时的发言,FRUS 1961–1963, 14:592。

第九章　解决方案的成形

在冷战的历史上，1963年是个分水岭。自那时起，东西方关系发生了决定性的转变并且向好的方向发展。问题仍然存在，但是冷战成了一种不同类型的冲突。它的焦点从欧洲移至次等甚至第三等重要的地区；各方的基本利益不再受到严重威胁；冲突也失去了其毁灭性的锋芒。

尽管1963年也标志着美国核优势的终结，但上述事情还是发生了。等待良久的、即将到来的均势注定将稀释美国核力量的威慑价值：苏联现在可以更放开手脚挑战美国了。但是美国核优势的丧失并未导致苏联采取更加激进的政策；相反，双方的政治关系变得更加缓和。

原因在于，政治体系的要素最终在1963年变得井然有序。这个体系的核心是关于柏林和联邦德国、关于美国在欧洲的存在，以及关于西方联盟内部的权力结构的一系列默契。这个体系将为冷战时期的平衡以及以后相对稳定的和平提供基础。

1962年10月的危机

古巴导弹危机在这个故事中扮演了一个关键角色：它的过程和解决为接下来一年所发生的事埋下了种子。危机的开始是美国政府发现苏联正在古巴秘密建造导弹基地。经过一周的深思熟虑之后，肯尼迪总统和他的高

第九章 解决方案的成形

级顾问们制定了一个解决该问题的战略。1962年10月22日，肯尼迪在电视直播的全国演讲中阐述了美国的立场。他说，美国将不会容忍在古巴部署载有核弹头的导弹。为了强调美国贯彻此事的决心，它还进行了海上封锁。[1]

美国人现在已经向对手发起了挑战。显然苏联人可能通过封锁柏林作为回应。事态可能会升级，第三次世界大战现在真的有可能爆发。[2]但肯尼迪认为，必须接受向苏联人摊牌。在导弹危机期间他反复指出，苏联人无论如何都准备对柏林采取行动。[3]实际上，部署导弹的目的似乎是为了快速且成本低廉地提升苏联的战略地位，从而使它可以在更有利的位置上将柏林危机推向高潮。[4]但是，如果在柏林问题上和苏联摊牌在所难免，那么最好还是在美国仍然具有重要战略优势的时候接受与苏联的对抗。在古巴导弹问题提上议程之前，他曾说道，如果苏联正准备行动，"最好现在就展开对抗，而不要等到以后"。[5]

这并不是说肯尼迪打算羞辱苏联，或是他在危机中采取了不妥协的立场。美国政府当然不能袖手旁观，允许导弹基地的建设无限期地进行下去，哪怕只是因为随着越来越多的导弹投入使用，军事行动会变得越来越成问题。如果苏联不停止基地建设、不接受谈判，那么美国自然而然地会进攻导弹基地并入侵古巴岛。但是肯尼迪担心局势升级，尤其是苏联可能围绕

---

1 存在大量关于导弹危机的文献，但仍然没有以档案研究为基础的全面研究。最近出版的两部最为重要的作品是Fursenko and Naftali, *"One Hell of a Gamble,"* 以及May and Zelikow, *The Kennedy Tapes*。笔者也发表了一些涉及危机某些方面的文章："The Influence of Nuclear Weapons in the Cuban Missile Crisis"（有一些重要文献以及对文献的介绍），*International Security* 10 (Summer 1985); "New Light on the Cuban Missile Crisis?" *Diplomatic History* 14 (1990); 以及"L'ouverture des archives américaines: vers de nouvelles perspectives," in *L'Europe et la Crise de Cuba*, ed. Maurice Vaïsse (Paris: Colin, 1993)。近来大量新材料可供使用，其中大部分可以通过缩微胶片方便地查阅：National Security Archive, *The Cuban Missile Crisis, 1962*，其中包含超过1.5万页的缩微胶片文件（含两卷印制的指南）。

2 Kennedy-Macmillan phone conversation, October 22, 1962, FRUS 1961–1963, 11:164. 另见肯尼迪在1962年10月18日和21日与重要顾问的会面, ibid., pp. 109, 133, 146。

3 见May and Zelikow, *Kennedy Tapes*, pp. 143, 172, 176, 237, 284。

4 Ibid., pp. 90, 172, 179, 286; Kennedy-Macmillan phone conversation, October 22, 1962, FRUS 1961–1963, 11:164。

5 Home to Foreign Office, October 2, 1962, FO 371163581, PRO.

柏林采取反制措施。[6] 因此，相比于直接军事行动（比如说空袭甚至是侵略），他更倾向于封锁，而且想要看看是否可以制订出某种协商安排。可能苏联会同意撤走在古巴的导弹，作为交换，美国也会拆除部署在意大利和土耳其的"朱庇特"中远程弹道导弹。肯尼迪认为，这种交易是唯一的非入侵的选择。[7] 在他看来，无论如何"朱庇特"导弹的军事价值很低，而且事实上早在1961年初美国政府就想撤回它们。肯尼迪认为，"如果我们看起来是为了维持那些在土耳其的无用导弹而进攻古巴"，美国将处于"糟糕境地"；因此，美国必须"接受关于导弹的某种交易的可能性"。[8]

但是，肯尼迪的主要顾问全都强烈反对这个观点。对于土耳其人来说，他们很"厌恶"交易的想法。导弹的部署根据的是北约的决议，所以必须要得到北约的许可才能让土耳其同意撤出导弹。古巴的事情是一回事；"北约-华约的军备问题，"腊斯克说道，"是另一回事。"在邦迪看来，如果认同了关于交易的观点，美国的地位会"迅速崩溃"。欧洲人会将此视为背叛。尼采指出，这也许会被视作向北约无核化迈出的一步。但是肯尼迪并没有被说服。他想要的就是一个停止协议。一旦导弹基地的建设被叫停，军事行动的压力也会消退，而且与苏联和北约盟国的谈判将会成为可能。[9]

但是肯尼迪该如何推进？美国可能要暂缓立刻提出交易条件，它希望苏联同意在美国于"朱庇特"导弹问题上做出相应的让步之前从古巴撤出导弹。但是，如此有利的结果似乎不太可能。如果该问题被搁置，不利情况在于，苏联可能在一两天之后提出土耳其导弹问题。那样，美国将失去宝贵时间：更多的（在古巴的）导弹将可投入使用，军事行动也将更加危险。[10]

6· 例如，参见肯尼迪与麦克米伦的电话交谈，October 22, 1962, in May and Zelikow, *Kennedy Tapes*, pp. 285–286。

7 NSC Executive Committee Meeting no. 6, October 26, 1962, FRUS 1961–1963, 11:225.

8 NSC Executive Committee Meeting no. 7, October 27, 1962, ibid., pp. 255–256.

9 NSC Executive Committee meetings nos. 6, 7 and 8, October 26–27, 1962, ibid., pp. 225–226, 252–255, 264–267; October 27, 1962, White House meetings, May and Zelikow, *Kennedy Tapes*, pp. 496, 500, 523–528.

10 October 27 White House meetings, May and Zelikow, *Kennedy Tapes*, pp. 496–531, 552–554.

第九章 解决方案的成形

另一方面，如果美国政府敦促立刻撤出"朱庇特"导弹，这会激怒北约的盟友。如果美国寻求北约同意但是盟友反对，肯尼迪可能会发现被缚住了手脚。但也许可以强迫盟友同意。总统认为，如果它们现在反对交易，这很有可能是因为它们之前并未考虑清楚此事。美国可以向它们解释，这种不妥协的态度会使政治和解变得不可能，古巴因此会在"两三天内"受到攻击，而且苏联很可能通过占领柏林或者打击土耳其其做出回应。他认为，当它们明白这些之后，态度会有所转变。但问题是，如果盟国被说服相信这些，它们可能投票否决美国对古巴的进攻，总统的手脚又会因此被缚住。美国可能不得不以这样的方式恐吓盟国，该前景无论如何都并不吸引人。这种政策可能很容易被描绘为绥靖政策，美国会被视为这种政策的坚定倡导者，这会对苏联和盟国的行为带来难以估量的长期影响。[11]

不管肯尼迪采取何种方式，这些问题都十分棘手。似乎只有一条出路。肯尼迪决定背着北约盟国（实际上是背着除了他最亲密的顾问之外的所有人）快刀斩乱麻。他派他的弟弟罗伯特·肯尼迪会见苏联大使，并且传达了一条重要讯息。苏联人被告知，美国即将进攻古巴。如果苏联人想要制止，他们必须保证在24小时之内撤出导弹。如果导弹被撤出，美国将保证不会入侵古巴。至于"朱庇特"导弹，苏联人被告知（不准确地说，是为了掩盖正在作出让步的事实），总统"不久前已下令将其撤出"，实际上"朱庇特"导弹将在四五个月内被撤出。苏联人获知，这不会被视作从古巴撤出导弹的交换条件，而且他们被要求不外泄这一保证。如果他们公开提及此事，该保证将会无效。这实际上是在告诉苏联人："这不是一笔交易，如果你们在公共场合吐露半点风声，就取消交易。"[12]

次日，苏联宣布会撤出导弹。在罗伯特·肯尼迪与苏联大使多勃雷宁

---

11 October 27 White House meetings, May and Zelikow, *Kennedy Tapes*, pp. 541-549, 564, 579.

12 Robert Kennedy, *Thirteen Days* (New York: Norton, 1969), pp. 106-109; Arthur Schlesinger, *Robert Kennedy and His Times* (Boston: Houghton Mifflin, 1978), pp. 520-523; Bundy, *Danger and Survival*, pp. 432-434.

会谈的内容传到莫斯科之前,关键的让步决定显然已经做出了。赫鲁晓夫在很早之前就决定不要承担和美国真的发生冲突的风险:10月23日,他一口否决了封锁柏林的想法。[13]

现在古巴导弹危机结束了。在肯尼迪看来,危机并没有以苏联完全的让步而告终。美国也做出了关涉"朱庇特"导弹的让步。但事实仍是,美国下达了最后通牒,苏联同意了美国的条件。

肯尼迪的新北约政策

东西方关系的整个基调现在发生了巨大改变。显然苏联人不是用钢铁铸成的。美国不必对他们过于担心,并且事实上与苏联打交道时采取更强硬的立场可能更有利。在古巴问题上,美国的立场现在强硬起来了。例如,美国政府现在坚持要求苏联从古巴撤出伊尔-28轰炸机,而在此之前肯尼迪并不认为这很重要。[14] 而且总统也倾向于在整体上对苏联采取更强硬的立场。他现在认为,早期竭力与苏联达成和解的政策是被误导了,而且他现在甚至怀疑总是"考虑周到且彬彬有礼"地对待苏联领导人是否是个错误。[15]

但是肯尼迪还是想用和1961年以及1962年相同的条件达成协议。如果双方接受中欧的现状——如果双方同意不用武力来改变它——他们可以和平共处。[16] 如果美国和苏联可以在这类问题上达成一致,北约盟国将被迫合作。实际上在导弹危机之后,肯尼迪认为,现在美国政府可以比之前"更加强硬地向盟友施压"。[17] 若是有望达成协议,肯尼迪愿意"强迫

13　May and Zelikow, *Kennedy Tapes*, pp. 683, 689.

14　在危机期间,肯尼迪认为,美国可以接受在古巴的伊尔-28轰炸机所造成的威胁。NSC minutes, October 20, 1962, FRUS 1961-1963, 11:131, 133. 但是在危机之后的谈话中,美国政府采取了更强硬的立场。见ibid., p. 350 n, 359。

15　Kennedy-Macmillan meeting, December 19, 1962, and meeting between Kennedy, Rusk, et al., February 15, 1963, ibid., 15:469, 487; Kennedy-Harriman meeting, July 10, 1963, ibid., 7:789.

16　Rusk-Mikoyan meeting, November 30, 1962, 以及 Kohler-Semenov meeting, December 3, 1962, ibid., 15:451, 456-457。

17　Thompson to Rusk, October 29, 1962, ibid., p. 15:406n.

第九章 解决方案的成形

法德两国就范"。[18] 美国有它自己的政策且不受制于德国。美国在很多场合下向苏联表明,如果两大国能达成协议,是不会允许联邦德国"从中作梗"的。[19]

但是,如若无法达成协议——也就是说,如果苏联人不愿接受西柏林的现状——那么就没有必要走谈判的过场了。如果苏联人在关键问题上不愿意合作,肯尼迪说,那么就没有必要"继续推进注定会引发盟友猜疑甚至是敌意"的对话。[20] 肯尼迪现在认为,在1961年末和1962年初时的早期努力——希望达成协商解决的尝试——是"愚蠢的"。美国的这些努力疏远了法德两国,也没有与苏联取得什么实质性进展。[21]

在肯尼迪看来,他的政府自1961年4月以来在欧洲问题上所采取的全部行动已经失败了。艾奇逊报告中所阐述的政策对联盟起到了非常强的侵蚀作用。戴高乐公开敌视美国,甚至与英国的关系也一度紧张。正如肯尼迪一直都在怀疑的那样,多边核力量无法解决任何问题,相反,它本身就是个问题。是时候对艾奇逊的整个战略进行彻底地重新评估了。美国现在可以在北约核问题上考虑采取更开放的政策。这是恢复与法国的良好关系且可能避免与英国决裂的关键。

或可在核领域帮助英法两国,但这并不意味着可以允许德国获取核能力。在这个关键问题上,肯尼迪的观点保持不变。艾奇逊及其支持者一直都认为,德国不可能无限期地接受这种歧视,而且如果不想让德国拥核,那么美国也必须反对英国和法国的核力量。如果帮助了法国,甚至再去帮助英国,这等同于打开了闸门:从长远来看,德国问题将难以处理。

但是现在肯尼迪想要质疑这个基本假设。即使帮助了英法两国,美

---

18 Foreign Office background note for talks with Kennedy, December 10, 1962, FO 371/163585, PRO. 这则记录提供的信息来自肯尼迪的密友,英国驻华盛顿大使大卫·奥姆斯比-戈尔。

19 Rusk-Mikoyan meeting, November 30, 1962, FRUS 1961–1963, 15:452; Rusk-Gromyko meeting, October 2, 1963, pp. 10, 12, NSF/187/USSR; Gromyko Talks (Rusk)/JFKL.

20 Meeting of Kennedy, Rusk, et al., February 15, 1963, FRUS 1961–1963, 15:487.

21 肯尼迪在麦克米伦晚宴上的评论,December 19, 1962, 引自拿骚会议的英国记录, p. 26, in Prem 11/4229, PRO。

国仍然可以告诉德国人不可以拥有自己的核武。德国人不会赞成这个观点，但他们依赖美国，所以还是被迫得吞下这颗苦药。如果他们和美国作对，那还能去哪里寻求庇护呢？这就是谁需要谁的问题，而且德国最终会妥协。

当然，负责任的言论早就警告过这种想法的危害，而且肯尼迪长久以来都尊重国务院以及其他部门专家的意见。[22] 但是，在他们的建议之下采取的政策显然不起作用。1961年4月，彼时他在处理这些事务上的经验还相对不足，而且没有深思熟虑就接受了艾奇逊的观点。但是现在，在深入处理这些问题近两年之后，在摸清了艾奇逊等人的底细之后，肯尼迪倾向于给自己的判断增加更多的权重——尤其是在导弹危机期间，他的顾问们都告诫他有关"朱庇特"导弹的交易会毁了联盟，但是他最终还是将自己的计划推进到底，而且在相当可以接受的程度上结束了危机。现在他明白，美国是强大到可以采取单边行动的——归根结底，就是强大到足以对德国发号施令。

但是这并不意味着肯尼迪寻求对抗。如若可能，他当然更倾向于采取温和一点的行动。他的策略是创造一种局势，让德国人更加自然地接受条件。他现在的目标是，重塑三国集团——英国、法国以及美国，由此孤立德国人，让他们别无选择，只得接受无核身份。

如果美国人这么做，英国当然会合作。麦克米伦认为，英国、法国以及美国应该是西方仅有的三个有核国家——或者如他所说，是整个西方的核"受托人"。它们的核力量将会在北约框架之下进行协调，但最终还是由各国控制。在这个总框架之下，美国和英国会帮助法国发展它的核能力。特别是，英法之间将进行直接的核合作——但前提是美国赞同这个想法；这是麦克米伦将英国纳入欧洲的总体政策的一部分，并且由此与"英国应该加入共同市场"的想法密切相关。1961年和1962年，他一再推动这样的

---

22 例如，参见 Kissinger to Bundy, August 18, 1961, p. 2, DDRS 1993/2331。

第九章 解决方案的成形

政策，而且还数次主动向法国示好，寻求法国对该政策观点的支持。戴高乐也绝不会反对这样的安排。[23]

在麦克米伦看来，问题在于美国。英国领导人认为，在法国得到帮助且法国的力量与西方防御体系建立了一定联系之后，"其他国家就没有必要再去建立一支核力量了"。[24] 但是，主要的美国官员认为，麦克米伦在这方面是"完全错误"的，而且1961年肯尼迪拒绝了麦克米伦的计划。[25] 如果美国反对，麦克米伦是不愿意实施这个计划的。但是他在1962年还在继续争取美国的许可。美国国务院仍然强烈反对与法国的核合作，但是到了那年春天，总统的态度更加微妙了。他没有对麦克米伦的计划"采取教条的反对态度"，而是有条件地赞成这个计划，即仅当这个计划可以"换来真正惊人的东西，如法国在北约和其他地方的全面合作，以及英国加入欧洲经济共同体"，美国才会赞成。达成该方案的适当时机可能最终会到来，但是现在还不是朝这个方向迈进的时候。[26]

在肯尼迪看来，法国人的总体态度是整个问题的关键。有什么可以争取到戴高乐的同意呢？令人困惑的是，尽管有种种冲突迹象，但美法两国

23　见相关档案，Prem 11/3712, PRO，以及以下文件：Anglo-American talks, April 5-8, 1961, notes of first meeting, p. 8, Cab 133/244, PRO; Macmillan to Kennedy, April 28, 1961 (with enclosures), NSABF; de Zulueta to Macmillan, "The Nuclear," n.d. but around May 5, 1961, Prem 11/3311, PRO; Macmillan-Chauvel meeting, April 19, 1962, Prem 11/3792, PRO; and Note for the Record, October 9, 1962, Prem 11/3772, PRO。另见 Alistair Horne, *Harold Macmillan*, vol. 2 (New York: Viking, 1989), pp. 328, 445。并不是所有英国政府官员都认同麦克米伦的观点。关于对英国内部争论的洞见，见 Ramsbotham, "The Prime Minister's Visit to General de Gaulle," January 17, 1961, FO 371/159671, PRO。有关戴高乐的观点，见 Macmillan-de Gaulle meeting at Champs, June 3, 1962, Prem 11/3712，以及 Zuckerman note on "Anglo/French Co-operation," May 25, 1962, Prem 11/3712, both PRO。另见 Finletter to Rusk, August 9, 1961, 740.5/8-961，以及 Nitze-de Rose meeting, August 5, 1961, 740.5611/8-661, both RG 59, USNA。最后见 Soutou, *L'Alliance incertaine*, pp. 193, 225。

24　Kennedy-Macmillan meeting, December 19, 1962, 9:50 a.m., Nassau conference records, p. 10, Prem 11/4229, PRO.

25　Owen to Bundy, May 3, 1961, PPS 1957-1961/183/Owen, RG 59, USNA; Kennedy to Macmillan, May 8, 1961, Prem 11/3311, PRO.

26　有关国务院的观点，见腊斯克的评论，"Note of a Conversation at Luncheon at the State Department on 28th April, 1962," Prem 11/3712, PRO。1962年5月17日戈尔在写给麦克米伦的绝密私人信件中总结了肯尼迪的观点，Prem 11/3712, PRO。

在最基本的政策问题上并没有多大分歧。双方都乐意接受中欧的现状——也就是说,两国都愿意在维持现状的基础上与苏联缓和关系——而且都不愿意看到德国发展自己的核能力。那么,为什么这两国会有分歧?当然是因为核问题,但美国在核领域反对法国,只是因为担心法国核力量对德国的影响。所以,还是可能达成某种协议的。如果美国在核领域帮助法国,戴高乐会在美国的对德政策上更加合作吗?他会满足于在北约框架内展开工作吗?美国的核援助会给法国省下一笔不小的开销。他会愿意将这些省下的钱用来建设常规部队(麦克纳马拉等人认为常规部队很重要)吗?还是说,他是如此坚定地反美,以至于他甚至拒绝考虑这些安排?

当然,英国人还是想让肯尼迪考虑是否可以和戴高乐达成某种共识。在他们看来,如果非要让他们在美国和"欧洲"之间作抉择,将非常令人不悦。如果麦克米伦能在美国的支持下和戴高乐谈判,那将好得多。而且这种试图与戴高乐达成共识的政策在美国政府内部也得到了重要支持。尤其在军事领域,1961年4月的政策指令中规定的行动方针是完全不受欢迎的——在根本上是出于政治原因。例如,诺斯塔德认为,"华盛顿的傲慢正在让整个欧洲与我们为敌"。[27] 泰勒将军的得力助手劳伦斯·莱格尔(Lawrence Legere)上校认为,这种政策被"剥去了伪装和冗词"后,是建立在这样一种观点之上,即欧洲人"应该足够理智,能明白"完全依赖美国"对保卫他们的生存而言"是唯一的真正选择,指望欧洲人会接受这样的政策是荒谬的——另外很不可思议的一点就是,像亨利·欧文这样的中级官员都发现,这种"傲慢的政策"很容易获得官方的准许。[28] 另一方面,五角大楼的高级文职官员倾向于强调军事方面的考虑,尤其是让法国投入常规部队的建设并强调核援助在此方面能发挥的重要作用。[29] 这是麦克纳马

---

27 Sulzberger, *Last of the Giants*, entry for December 16, 1962, p. 942.
28 Legere to Taylor, June 18, June 22, and August 1, 1962, TP/36/1 and 3/NDU.
29 尤其见1963年1月7日在美国国防部长会议上麦克纳马拉的评论, p. 5, CJCS Taylor/23/Secretary of Defense Staff Meetings, RG 218, USNA。另见 McNamara-Rusk-Bundy meeting, December 28, 1962, FRUS 1961–1963, 13:1116。

第九章 解决方案的成形

拉最基本的考虑，但是出于政治原因他也不赞同国务院的立场。在他看来，受制于美国否决的多边核力量不仅没有军事价值，而且也没有任何重要的政治意义。[30]

所以艾奇逊的政策从未在政府内部得到普遍支持，而肯尼迪本人对这些问题抱有本质上的实用主义态度，对艾奇逊的政策愈发不感兴趣。事实上，批评者在1962年春天的时候已经强大到足以对该政策发起抨击。但艾奇逊的路线还是占了上风，至少是暂时的，1961年4月的指令中所阐述的政策得到了重申。正如理查德·诺伊施塔特所言，这一"重申过程"产生了一系列基本政策文件，其中最重要的是5月麦克纳马拉在雅典发表的演讲。"这些选择本质上都是消极的"，诺伊施塔特写到，基本政策不会改变，而且"不管是否采取行动，都紧跟着三项决议：**不**在中欧部署中程弹道导弹，**不**援助法国，**不**以任何可能赋予欧洲核地位实质意义（或是将资金从常规部队建设目标上挪作它用）的形式来支持鲍伊的关于多边核力量的想法"。[31] 但是即便是到了这个时候，肯尼迪仍然想要敞开大门：美国政府批准了向法国人出售12架可以向法国幻影IV战略轰炸机输油的空中加油飞机，因此第一次给予了他们可以对苏联进行核打击的能力。[32]

到了年底，肯尼迪准备完全放弃1961年4月的战略，并且尝试与法国达成某种安排。之前就有这样的迹象：在导弹危机期间他发布了一条"指令"以"转变对法核援助的政策"；他说，他的目的就是确保法国在危机之中能和美国站在一边。[33] 但是就没有更多的后续了；只有到了12月，总统才能够在该领域的美国政策上做出真正的转变。

"天箭"问题为这次改变提供了契机。"天箭"是美国正在研发的空对

30　McNamara-von Hassel meeting, February 28, 1963, p. 8, McNamara Papers, 133/Memcons with Germans, RG 200, USNA.
31　Neustadt, "Skybolt and Nassau," pp. 29–30. 见上条，p. 307。
32　Soutou, *L'alliance incertaine*, p. 226.
33　NSC meetings, October 20 and 21, 1962, FRUS 1961–1963, 11:135, 148.

地导弹,也是艾森豪威尔政府承诺的提供给英国政府的武器(如果研制过程顺利)。这一承诺与英国允许美国在苏格兰建造潜艇基地略有关联。1962年末,美国政府得出结论:由于技术原因,"天箭"不值得生产。这样就引发了一个问题:作为替代,应该给英国人提供什么样的武器。显而易见的替换是"北极星"潜射弹道导弹。但是美国国务院表示反对。"天箭"作为空射武器,只会将英国的以轰炸机为基础的威慑力延长几年时间,但是"北极星"导弹会让英国进入导弹时代。因此向英国提供"北极星"导弹与美国试图"让英国不再染指核事务"的现行政策不一致。如果帮助了英国,那么法国,最终还有德国也必须得到帮助;德国核力量是不可能的;因此必须要让英国人吞下这个结果。不能给他们"北极星"导弹。[34]

根据"天箭"问题的标准解释,美国政府接受了国务院的立场。麦克纳马拉负责与英国国防大臣彼得·桑尼克罗夫特(Peter Thorneycroft)一起解决这个问题;他据称同意不主动提出"北极星"导弹,而是等英国人"在'北极星'一事上催促他"。英国国防大臣"则秉持着相反的观念"。他在美国人主动提供之前不能"主动提出""北极星"导弹;麦克纳马拉没有提出为英国提供"北极星"导弹一事,这使桑尼克罗夫特"进退不能"。然后英美两国政府就像受惊了的兔子一样面对彼此,双方都无法吐出"北极星"这个充满魔力的字眼,都希望并且等着对方先提出。相关观点称,英国人不想对美国人表现得毕恭毕敬,而美国代表受限于国务院的方针,在所有可能性都进行讨论之前不会提出"北极星"导弹。结果,由于美国不愿提供能被接受的替代"天箭"的武器,英国人十分沮丧,怀疑美国是想用技术问题作为借口,逼迫他们放弃独立的核威慑能力。圣诞节之前,肯尼迪和麦克米伦在拿骚会晤,他们愤怒地提出此事。麦克米伦强烈请求得到"北极星",并威胁道,如果无法得到,他将忍痛对英国政策进行重新评

---

34 《"天箭"和拿骚》(Neustadt),诺伊施塔特是有关"天箭"问题的基本来源。另见 Rusk to McNamara, September 8 and November 24, 1962, ibid., 13:1078-1080, 1086-1088。

第九章 解决方案的成形

估。该观点继续称,肯尼迪很重视美英的"特殊关系",如今看到他的政治家同人身处困境,又并未完全意识到自己所作所为的更广泛影响,于是他即兴达成了一项协议——拿骚协议——它基本上将"北极星"置于英国的最终控制下。因此,拿骚协议不应被解读为美国在北约核问题上的基本政策的根本转变,甚至不应被解读为这种转变的标志。[35]

但是,根据近年来获得的证据,这种说法站不住脚。第一个问题是,从一开始,桑尼克罗夫特和麦克纳马拉都可以毫无顾忌地提出以"北极星"替换"天箭"的想法。两人先是11月9日在电话中谈论了此问题;在那次谈话中,桑尼克罗夫特实际上"提到了'北极星'这个词"。[36] 麦克纳马拉告诉桑尼克罗夫特,美国愿意"不加政治控制"地提供"北极星"导弹。[37] 肯尼迪在12月初告诉英国大使——也就是早在危机爆发之前——"如果我们都得出结论,认为'天箭'不好,那么美国人应该向我们(英国人)提供任何适合我们的武器,他同时提到了'北极星'和'民兵'导弹"。[38] 当麦克纳马拉在12月11日前往伦敦与桑尼克罗夫特讨论问题时,他大体上暗示了美国愿意将"北极星"出售给英国。"如果我们提供'北极星'导弹系统,你会买吗?"他问桑尼克罗夫特。英国会考虑"使用将和其他军事力量(比如美国军队)合作建立的'北极星'舰队吗"?[39]

桑尼克罗夫特想继续探讨"北极星"的提议。问题并不是美国人不愿意,而是麦克米伦否决了这个想法。他的一个秘书指出:"首相认为,正确的途径应该是采取小心谨慎的态度。"尽管英国人曾被警告,美国政府即将

---

35 这基本是诺伊施塔特在《"天箭"和拿骚》里的阐释,有关引用,见 pp. 34-35, 42, 61。其他很多学者也同意他的观点,例如,参见 Arthur Schlesinger, Jr., *A Thousand Days: John F. Kennedy in the White House* (Boston: Houghton Mifflin, 1965), pp. 856-866, esp. p. 861; Horne, *Macmillan,* 2:432-443; Shapley, *Promise and Power*, pp. 241-244。另见 Theodore Sorensen, *Kennedy* (New York: Harper and Row, 1965), pp. 564-568。
36 Neustadt, "Skybolt and Nassau," p. 20. 着重标志为原文所加。
37 Unsigned memo, "Skybolt," November 19, 1962, Prem 11/3716, PRO.
38 Ormsby Gore to Home, December 8, 1962, pp. 5-6, Prem 11/4229, PRO.
39 Rubel transcript of McNamara-Thorneycroft meeting, December 11, 1962, pp. 5-6, Neustadt Papers/19/Skybolt-Nassau (classified)/ JFKL. 鲁贝尔(Rubel)在诺伊施塔特《"天箭"和拿骚》中被认定为作者,p.63。

放弃导弹的研发，但到了12月9日，麦克米伦认为最好"再用一年到一年半的时间尝试并且发射'天箭'导弹，这样做是为了避免国内政治上的困难。显然在某个阶段获得'北极星'导弹的威慑力符合我们的利益，但我们之前发布了很多有关'天箭'的声明，而且如果现在可以继续的话，事情就要简单一些了"。[40]

当麦克纳马拉来到伦敦，大体上暗示英国人可以获得"北极星"时，他们看起来决心拒绝这一提议。奇怪的是，即使在麦克纳马拉公开表明他不再对"天箭"抱有太大希望，而且美国政府很可能不再继续研发该武器之后，英国人仍然采取了这样一个立场。"天箭"方案由此不再可行，而且在与桑尼克罗夫特的会晤中，麦克纳马拉提出了一个备选方案：英国将会得到"北极星"，而且这些武器将成为西方防御体系的一部分。这相当接近于麦克纳马拉常说的他的想法，但是当麦克纳马拉把它摆上台面之后，英国人似乎对达成这个交易一点都不感兴趣。没错，桑尼克罗夫特告诉麦克纳马拉，"北极星"导弹是可行的，但必须要建在英国。并且在今后将英国军队与美国或其他国家军队建立联系的安排是可能的，但前提是英国自由选择接受这种安排。这不能作为一个条件被强加；必须先要保证英国的核独立。[41] 当晚，英国报纸歪曲报道了麦克纳马拉-桑尼克罗夫特的谈话内容。美国国防部长"被描述成侵犯英国利益之人，但被桑尼克罗夫特在一场'暴风骤雨'般的会议上顶住了"。会议期间英国大臣曾威胁要彻底地重新评估"英国政策以及防卫义务"。[42] 所以从一开始，"天箭"事件就有些奇怪。如一位美方官员在后来指出的，"此事是桑尼克罗夫特和麦克纳马拉故意引发的危机"。[43]

实际上，从表面上看，在拿骚并没有发生什么真正的冲突。肯尼迪事实上在会议的最开始就已经在原则问题上做出了让步。尽管他参加了美国

---

40 Bligh note for the record, December 9, 1962, Prem 11/3716, PRO.
41 Rubel transcript of McNamara-Thorneycroft meeting, December 11, 1962, pp. 5–9, Neustadt Papers/19/Skybolt-Nassau (classified) (2)/JFKL.
42 Neustadt, "Skybolt and Nassau," p. 68.
43 David Nunnerley, *President Kennedy and Britain* (New York: St. Martin's, 1972), p. 148.

第九章 解决方案的成形

国务院的论辩，但他第一时间表明，"有关'北极星'导弹的安排"是可能的。出售给英国的"北极星"导弹将成为某种多国（可能包括法国、英国及美国）力量的一部分；建立多国力量的目的是防止让"其他联盟成员"感到不安。但是导弹最终会在国家控制之下——"当然，在极端情况下，可以把它们调出来"。值得注意的是，在麦克米伦于第一次会议结束时向肯尼迪恳切请求做出这种安排之前，也是在麦克米伦威胁如果不能达成协议就要对英国政策进行"令人痛苦的重新评估"的前一天，这些声明就已经做出了。[44]

这一切就好像在演戏——为了英国的大众，这些人看到的是决心把一切都安排好的强有力的英国首相，他能够使美国政策产生重大改变，而且他还可以与那些希望英国不要染指"核事务"，或是那些认为英国已经不再是大国而应被当作美国的卫星国的人交锋，并击败他们；这一切也是为了英国皇家空军及其支持者，因为他们可能痛恨不声不响地通过简单的幕后交易用"北极星"替代"天箭"；也是为了像乔治·鲍尔（George Ball）、亨利·欧文以及美国国务院或者其他地方的支持多边核力量的小集团，他们可能被告知，正是因为英国的强烈情绪以及必须挽救美国与其在欧洲大国间仅存的这个友邦的关系，政策转变是必要的。[45]

实际上，美国政策已经发生了基本且影响深远的转变。这必定是麦克纳马拉对"天箭"/拿骚事件的理解。就在从巴哈马返回华盛顿后不久，他指出，"天箭"问题使"抛弃老项目并开始新计划"成为可能。[46] 事实上，

---

44 Anglo-American meetings, December 19 and 20, 1962, FRUS 1961–1963, 13:1095–1100, 1112（有关"令人痛苦的重新评估"的威胁）。值得指出的是，就在肯尼迪声明"当然，在极端情况下，可以把它们调出来"（p. 1095）之后，鲍尔就好像完全没有听见总统刚才所说的话，直截了当地说道："不会考虑撤出的权利。"（p. 1096）在此删去的麦克米伦恳求的内容（p. 1100），可见于 Neustadt, "Skybolt and Nassau," p. 90。

45 有关认为拿骚冲突是幕后安排的说法，尤其见 Bundy to Kennedy, December 18。邦迪报告了多位美国高官对肯尼迪-麦克米伦首次会谈会如何进行提出的结论："我们认为，你会让他（麦克米伦）完整地进行有关'天箭'的演说，而且我们认为，他的演说会是情感强烈的。" Ball Papers, box 154, ML.

46 Secretary of Defense Staff Meeting, January 7, 1963, p. 5, CJCS Taylor/23/Secretary of Defense Staff Meetings, RG 218, USNA.

他认为，"如果'天箭'一事没有发生，我们就应该制造出这样的问题，以开始一项切实可行的新政策"。[47] 1961年4月的政策指令阐明的路线已然破产；他实际上思考了一段时间，认为多边核力量几乎没有政治意义，完全没有军事意义——当美国政府官方还在推动实行该计划的时候，麦克纳马拉就对德国人和英国人这么说了。[48]

肯尼迪也是这么看待此事的。他当然充分意识到，与英美"特殊关系"或是麦克米伦在英国的政治地位相比，"天箭"一事涉及的利害关系要大得多。艾奇逊在报告中所阐述的整个政策存有风险。鉴于肯尼迪之前曾卷入这些重要的问题，尤其是在1962年春天当该政策受到挑战之时，肯尼迪在抉择问题上扮演了重要角色，所以他不可能不明白。副国务卿乔治·鲍尔是1961年4月路线的支持者中职务最高的，他在美国领导人计划飞往巴哈马前几天举行的一次白宫会议上，向肯尼迪阐明了真正的问题所在。在12月16号的会议上，当麦克纳马拉呼吁要以"北极星"直接替代"天箭"出售英国时，鲍尔"表示严重关切"。他指出，"任何看起来能够赋予英国在此领域的国家能力的安排，都会把我们立刻引向如何对待法国的问题，而这也会不可避免地指向关于德国的角色的问题。支持发展这种武器水平的国别力量的决定会改变我们的整个政策，这将是一个重大政治决定"。他告诉总统"这可能是他被要求做出的最重大的决定"。但是，肯尼迪对此不屑一顾："乔治，我们每周如此。"[49]

但是，肯尼迪不想通过简单的总统令来制定政策——也就是说，不想

47　Neustadt, "Skybolt and Nassau," pp. 2, 100, 114.
48　例如，桑尼克罗夫特曾说，麦克纳马拉告诉他，多边核力量没有军事用处；Rusk meeting with Home and Thorneycroft, May 23, 1963, FRUS 1961-1963, 13:580。考虑到1963年2月26日麦克纳马拉告诉德国国防部长冯·哈瑟尔的事情，这应该是真的。在那次会议上，麦克纳马拉反对建立多边核力量："为了表示反对，他提出了三个问题。第一个问题是，人们怎么能说多边核力量有军事目的？美国已经说过会提供足够的核能力来覆盖苏联的目标体系。它在1963—1968年会将警戒力量扩充三倍。第二个问题是，既然美国已经自费提供这样的力量，那为什么德国和比利时还要再花一次钱？第三个问题是，多边核力量如何达成政治目的？美国对其使用仍然有否决权。" McNamara-von Hassel meeting of February 26, 1963 (memo dated February 28, 1963), McNamara Papers, 133/Memcons with Germans, RG 200, USNA.
49　White House meeting, December 16, 1962, FRUS 1961-1963, 13:1089-1090.

第九章 解决方案的成形

明确表示他在改变政策,在国务院或是别处的反对者要么跟随他的领导,要么辞职走人。他倾向于采取更间接的手段。可以将国务院中的"忠实信徒"保持在一定距离之外。能够表明美国在所有有关北约核问题上的灵活性的重要信息可以通过军方或者中情局来传递,所以国务院官员不会知道事情的进展,直到为时已晚。[50] 当腊斯克在场的时候,肯尼迪可能支持国务院的立场,尤其是当腊斯克的下属在场的时候;但是当与将要进行谈判的官员(像波伦和哈里曼)谈话时,他就可以表达真实的观点了。[51] 麦克纳马拉甚至使用了极为简单的技巧:说谎——例如,在12月11日他与桑尼克罗夫特的会面内容上他就说了谎。当英国国防大臣问到,美国是否愿意公开声明,自己愿意尽其所能帮助英国维持独立的核威慑,麦克纳马拉的回答十分清晰:"是的,我们会的。"但是几天后,在与鲍尔的白宫会面上,对于他与桑尼克罗夫特的会面内容他给出了极具误导性的叙述。他指出:"英国坚决要求美国明确保证支持它维持独立的核威慑,他本人拒绝了这种保证。"[52] 他显然不想让鲍尔知道自己在伦敦的进展。但是麦克纳马拉不是在执行自己的政策;他所采取的立场完全同总统所设想的一致。

肯尼迪完全相信,问题就应该以这种非直接的方式处理。因此他认为,把水搅浑是很重要的,比如说,继续使用"多边核力量"这个词。因此在拿骚协议中,英国将会得到部署于英国潜艇上的美国"北极星"导弹,而且可以装备英国的弹头。英国的核力量将被分派到北约,并成为"北约多

---

50 有关军方通道的使用,见 Neustadt, "Skybolt and Nassau," pp. 21, 55。另注意,邦迪和凯森之间对中情局通道的使用,June 29, 1963,其中建议两名将要在莫斯科谈判的重要官员不要把国务院的立场太过当真,ibid., 7:751n。

51 肯尼迪支持腊斯克的观点,即在莫斯科会谈中,美方代表不应放弃多边核力量;与之形成对比的是,次日早上总统对主要谈判代表发出的评论,即美国应该在此问题上采取更加灵活的立场。NSC meeting, July 9, 1963, and Kennedy-Harriman meeting, July 10, 1963, FRUS 1961–1963, 7:780–781, 790. 另注意,1962年12月末,肯尼迪和大使波伦直接会面,他告诉波伦,对法国核问题采取的立场要比国务院准备支持的立场更加开放。Neustadt, "Skybolt and Nassau," pp. 103–107.

52 Rubel transcript of McNamara-Thorneycroft meeting, December 11, 1962, p. 4, Neustadt Papers/ 19/Skybolt-Nassau (Classified) (2)/ JFKL; 另引自 Neustadt, "Skybolt and Nassau," p. 65。White House meeting, December 16, 1962, FRUS 1961–1963, 13:1088.

边核力量"的一部分。因为英国的力量是由英国自己控制，而且当英国政府认为"最高国家利益"受到威胁之时，这支力量可以为其独立使用，这里所说的"多边"核力量就不是美国国务院所设想的那种多边核力量。但是，对这个词的使用就像是往美国国务院的多边核力量小集团扔去的一根骨头；继续使用这个词也能掩盖肯尼迪政府贯彻两年的政策已然不可行且要被遗弃的令人尴尬的事实。模糊甚至有些令人困惑的说辞也可以帮助肯尼迪处理一些他知道他和其主要欧洲盟国会有的问题。德国希望这种"分派到北约"的做法意味着尽可能牢固的承诺，并想要淡化其他主要欧洲国家最终都会有国别力量但德国却被区别对待的事实。另一方面，英法两国（假设它们也被拉入其中）也希望尽可能宽泛地定义"多边力量"一词，这是为了强调它们的核独立地位。[53] 因此，一定程度上的模糊必须要被加进协议。但是肯尼迪自己很清楚现状。正如他在拿骚告诉麦克米伦的那样，两国政府有共同目标，但"在接下来的几周，它们可能各执一词。美国这几年来一直在宣称，它反对国别威慑，所以很难放弃这个立场"。[54]

所以，尽管肯尼迪在隐藏自己的意图，但很明显可以看出，他已经决定不再采取1961年4月的政策。他不再真正支持多边核力量。麦克纳马拉在12月16日与鲍尔的会面中声称，多边核力量已经缺乏价值，"我们目前对多边核力量的立场是徒劳无功的"。[55] 拿骚会议之后，麦克纳马拉的目标就是继续建立以英法两国力量为基础的体系——他想要确保英国"可以尽快尽可能**节省**地获得'北极星'导弹"，而且希望"到1970年，法国能和英国达到同等水平"，并且也是以"尽可能节省"的方式进行。[56] 肯尼迪同意这种基本做法。在拿骚与麦克米伦的第一次会面上，他阐述了他的基本思想。他说道："相比于在多边核力量中的安排，现在的安排"——最终处

---

53 见1962年12月19日肯尼迪在英美会议上的评论，ibid., pp. 1102–1103。
54 Anglo-American meeting, December 20, 1962 (12 noon), records of Nassau meeting, p. 34, Prem 11/4229, PRO.
55 FRUS 1961–1963, 13:1089–1090.
56 Kitchen to Rusk, January 9, 1963, 740.5611/1-963, RG 59, USNA. 着重标志为原文所加。

第九章　解决方案的成形

于国家控制下的力量——"更合理"。[57] 他告诉麦克米伦,"可能有必要放弃多边概念,由美国和英国与戴高乐总统进行接触,看看法国是否愿意作为欧洲的联合保护人而加入它们"——这就是麦克米伦长期以来所寻求的,也是他在拿骚不断要求的安排。[58]

有关法国的观点至关重要。这再一次表现出,肯尼迪明白他所做之事的更为广泛的内涵——他正在努力使美国政策做出重大改变,而不是仅仅尝试去处理英美关系中相对更为狭义的问题。他知道,如果给英国人"北极星"导弹,将会激怒法国人——除非也给他们"北极星"导弹。因此他在拿骚不断提出要给法国提供核援助的问题,而且毫无疑问他是赞成这个主意的:"总统说,如果戴高乐要问,美国是否准备将提供给英国的导弹也提供给法国,我们将回答,'是的'。"[59]

对英国说"是"也就意味着对法国说"是"。那时,美国的一般观点是,由于对德国的影响,不能对英法两国中的任何一个说"是"。肯尼迪当然对这一观点相当熟悉,但是他有着自己的、与国务院观点完全不同的,但与英国人想法一致的解决办法。他在拿骚告诉麦克米伦,"之前美国在核领域不支持法国,其结果就是恶化了美法关系。不管是对是错,他们(指美国人)是因为德国人才采取了这种态度"。[60] 现在改变政策——为英国或许还有法国提供"北极星"导弹——将会带来一些问题,尤其是与德国的问题。"来自德国方面的要求类似帮助的压力会增加",他说道。早些时候,美国希望巧妙地处理这个问题。有关多边核力量的想法就是为了转移并缓冲要求发展国别核力量,尤其是德国核力量的压力。但是该政策并不算顺

57　Anglo-American meeting, December 19, 1962, FRUS 1961–1963, 13:1097.

58　Anglo-American meeting, December 19, 1962, Records of the Nassau Conference, p. 13(有关引用), pp. 10–11(有关麦克米伦和霍姆勋爵的总体观点), Prem 11/4229, PRO. 另见 Anglo-American meetings, December 19 and 20, 1962, FRUS 1961–1963, 13:1095, 1110–1111。

59　有关引用,参见 Anglo-American meetings, December 19 and 20, 1962, FRUS 1961–1963, 13:1096, 1098, 1111。

60　Anglo-American meeting, December 19, 1962, Records of Nassau conference, p. 9, Prem 11/4229, PRO.

利。可能要直接处理这个问题了。"我们是可以克服这些压力的，"总统说，"而且我们必须面对这些压力。"[61]

这句话非常重要。这意味着肯尼迪现在原则上准备在法国之后划清界限。三个西方国家将会一起作为"欧洲的联合守护人"，但不能将德国纳入这个圈子。如果联邦德国反对，总统现在愿意直面问题：如果德国人寻求美国的保护，他们就必须接受无核身份——甚至是在英国和法国都拥有其分别控制的核力量的情况下。在此新观点中，英法美三个西方大国将作为一个集团行动；面对这样的统一阵线，德国也别无选择，只得答应。但是，如果要实施这一政策，当务之急是要和戴高乐重建联系，而争取戴高乐支持的关键是，美国广泛放宽对法国的核援助政策。总统在拿骚已经说得很直白了。他不断提出应该对法国做什么。显然他认为需要帮助法国——并不是无条件的帮助，而只是作为在基本政治军事问题上的总体谅解的一部分。这意味着必须要告诉法国，大门是敞开着的，核援助现在是可能的，但是需要进行根本的、影响深远的谈判。[62]

圣诞之后，肯尼迪在棕榈滩见到了法国大使阿尔方。英国大使、肯尼迪的朋友大卫·奥姆斯比-戈尔回忆到，阿尔方在与总统进行会晤时"表现得'自命不凡'"。"他能够嗅到道路尽头的弹头的味道"——可能是英国的弹头，戈尔继续道，这在英国人看来"完全可以"。[63] 而且对麦克米伦而言，既然他实际上已经得到了美国的许可，此时他认为可以随意推进与法国的核合作政策，并作为英国进入欧洲的总体方针的一部分。在此问题上要和法国举行会谈。法国人将被问到，来自英国的哪些核援助"实际上对他们有帮助"。[64] 肯尼迪亲自为现在的美国驻法大使查尔斯·波伦解释其新思想。腊斯克交给波伦的正式指令是，如果戴高乐接受了"多边原则"，再谈对法国

---

61 Anglo-American meeting, December 19, 1962, Records of Nassau conference, p. 10, Prem 11/4229, PRO.
62 见 Neustadt, "Skybolt and Nassau," 尤其见 pp. 100, 103-104; Soutou, *L'Alliance incertaine*, pp. 236-237。
63 Neustadt, "Skybolt and Nassau," p. 103.
64 De Zulueta to Macmillan, January 9, 1963（以及附件）, Prem 11/4148, PRO.

第九章　解决方案的成形

的核援助。但是，波伦知道肯尼迪想要什么，而且当他在1月4日会见戴高乐的时候，他采取了总统的立场，而不是国务院的。他明确表示，大门是敞开的，美国政策正在经历"重大转变"，而且拿骚只是个开始，美国政府现在"准备讨论任何有关核领域的问题"。当然在拿骚协议之下，英国的"北极星"导弹力量将会作为北约多边核力量的一部分，但是"多边原则"意义不明。波伦告诉戴高乐，它究竟适用于什么"是今后要讨论的"。[65]

戴高乐看上去对此感兴趣。也许可以与美国达成双边协议，也许协议还会包含英国。他当然很想从美国获得核援助。但是法国需要保持独立；武器必须要在法国的控制之下。因此，戴高乐需要弄清"多边原则"的真正含义。美国人是否还在推行他们的旧观念，即建立一支混合编制的力量，使得在国别基础上独立使用核力量成为不可能？或是他们是否真正抛弃了那种政策？他们现在是否愿意将"多边"视为在北约框架（协商核力量的使用、协调规划和目标设定等的安排）之内把各国部队拼凑在一起？如果美国的政策确实改变了，"多边"现在仅仅意味着"多国"，那么是可能制定出某些安排的。

北约危机的高潮

在拿骚时，对于肯尼迪和麦克纳马拉而言，"多边"实际上就意味着"多国"。在他们看来，分配给北约的由各国力量组成的系统可以被称作"多边的"，这甚至从拿骚协议的文本中也能很明显地看出来。但是，华盛顿支持多边核力量的游说团体拒绝接受这样偷换的概念。事实上，这些官

65　Rusk to Bohlen, January 1, 1963, and Bohlen to Kennedy and Rusk, January 4, 1963, FRUS 1961–1963, 13:743, 745–747; Neustadt, "Skybolt and Nassau," p. 105. 注意肯尼迪后来对这一事件的提及。1963年1月31日，他"回顾到，拿骚协议中的相当一部分内容是为了取悦法国"；在5月与顾夫·德姆维尔的会晤上，他提到了"在拿骚会议之时大门就已向法国敞开"，以及这将如何带来真正的"核领域的合作"。NSC Executive Committee meeting No. 39, January 31, 1963, 以及 Kennedy-Couve meeting, May 25, 1963, FRUS 1961–1963, 13:160, 772。另见Soutou, *L'alliance incertaine*, pp. 236–237。

员拒绝承认总统在拿骚的所作所为的合法性。对于像欧文这样的人来说，对英法的导弹援助事实上是不可取的；这种由混合编制组成的多边核力量必须仍被视为美国政策的基本目标。而且，尽管他们认为拿骚会议是一场灾难，但他们的基本策略是假装拿骚协议并没有带来实质性改变——肯尼迪不可能用这种不假思索的方式去改变基本政策，他一定是被眼前的问题冲昏了头，必须要拯救美国政策于这种冲动的行为之中。拿骚协议中使用的"多边"一词给了这些人所需要的机会，尽管他们更清楚，但他们现在声称美国仍然按照他们理解的方式支持"多边概念"。[66]

支持多边核力量观点的最高级别官员乔治·鲍尔现在开始要补救总统在拿骚带来的所谓损失。他一开始支持与法国协商的观点，但纯粹是出于策略原因。在他看来（诺伊施塔特是这样阐释的），与法国人的谈判"可能纠缠住他们，使得他们必须要在即将到来的一轮有关欧洲经济共同体的会谈上讨好英国"。"但是，一旦英国人入'欧'"，鲍尔认为，"我们应该尽快调整方案，并努力回到多边核力量这一'真正的'多边解决方案的安全基础上"。但是，再三考虑，他显然觉得这个策略太过冒险。因此决定一刻也不放弃多边核力量和"对国别力量的攻击"。1月初，他飞往欧洲，并且和阿登纳与顾夫分别举行会谈，告诉他们，"拿骚协议的多边安排的全部重点是在混编力量上"。顾夫很吃惊。总统已经敞开了大门，但鲍尔又把它关上了。戴高乐绝不会对鲍尔描述的安排感兴趣。[67]

鲍尔成功地破坏了总统的政策。[68] 戴高乐认为，胡萝卜被吊在那里，

---

66 见 Neustadt, "Skybolt and Nassau," pp. 93, 106。
67 Neustadt, "Skybolt and Nassau," pp. 101, 107.
68 这是波伦的观点。见 Neustadt, "Skybolt and Nassau," p. 107; Bohlen to State Department, January 24, 1963, 以及 Bohlen to Bundy, March 2, 1963, FRUS 1961–1963, 13:753–754, 765; Bohlen to State Department, February 2, 1963, enclosing memorandum of Bohlen-Malraux meeting, January 23, 1963, DOSCF for 1963, POL France-US, RG 59, USNA. 另注意 Kissinger-Stehlin meeting, May 25, 1963, DDRS 1996/1999; 斯特林将军也认为，鲍尔于1月的访问起到了关键作用。但是，一些证据表明，鲍尔的所作所为并不重要——甚至在拿骚会议之前，戴高乐就决定要在1月14日的新闻发布会上否决英国加入共同市场，他从未改变过这一立场，他对美国人的提议没有丝毫兴趣。尤其见佩雷非特在与戴高乐会晤时所做的记录；Peyrefitte, *C'était de Gaulle*, pp. 334–350。但是该证据不能仅看表面，因为相比于文献记载中的戴高乐形象，佩雷非特记录（接下页）

第九章 解决方案的成形

现在又被猛地拽回去了。不难想象他会作何反应。美国人知道他们在干什么吗？他所打交道的是一个真正有政策的政府吗？欧洲人怎么能将他们的命运完全交由这些美国人掌控？这当然不是一夜之间就浮现的想法。戴高乐用了几年的时间来观察美国，而且在1959—1960年，他和艾森豪威尔在三方协商机制问题上打交道的经验无疑在一定程度上影响了他观点的形成。[69] 但是这是最后一根稻草，他现在受够了美国。1963年1月14日，他公开站出来反对美国。

那天，法国总统在那场著名的新闻发布会上宣布，法国反对英国加入共同市场。此举既是针对英国，也是针对美国。戴高乐想要建立一个"欧洲人的欧洲"，一个有其独立政策，不仅仅是美国的受保护国的欧洲。如果让英国加入就会有碍这样的欧洲的诞生。如果英国被允许加入，整个欧洲经济共同体的性质将会彻底改变。他声称，欧洲大陆国家最终将被吸入一个"依赖并受美国控制的巨大的大西洋共同体"，而这是法国所不允许的。[70]

事实上，在戴高乐看来，美国人想阻止六个欧洲大陆国家尝试建立的那种欧洲的形成，这也是他们如此强烈地支持英国加入共同市场（the Common Market）的原因。英国是美国的"卫星国"，并且"塞满了"美国的核武器，但不能独立使用这些武器。如果英国入欧，英国就会是特洛伊木马，即美国可以阻止统一的欧洲独立行动的工具。英国人已经露出了他们的本来面目。核问题就是对他们有多"欧洲"的最终测试。他们本可以加入法国，一同反抗美国让欧洲国家"不要染指核事务"的政策，如果该

（接上页）的戴高乐更加极端且强硬。例如，对比戴高乐对他对波伦所说的话的叙述 ibid., pp. 354-355，以及波伦的叙述，FRUS 1961-1963, 13:745-748，以及 Neustadt, "Skybolt and Nassau," p. 105。另注意马尔洛在1月23日与波伦的会谈中所说的话，他在1月7日见到戴高乐时，将军告诉他，他想继续敞开与美国人会谈的大门。在整理这些矛盾的证据的时候，笔者的基本假设是，如果他认为有提供一些真实的东西的可能性，戴高乐不会对英美关上大门——而且考虑到阿尔方的报告，以及戴高乐可以从与波伦的会晤中得到的消息，他不可能不明白肯尼迪现在所提出的方案含有某些实质性内容。见 Soutou, *L'alliance incertaine*, pp. 235-237。换言之，只有傻瓜才会像佩雷非特所描述的戴高乐那样对美国的提议不屑一顾，不管戴高乐有什么失误，他绝不是傻瓜。

69　Soutou, *L'alliance incertaine*, pp. 242-244.
70　January 14, 1963, press conference, in de Gaulle, *Discours et messages*, 4:69.

政策成功，欧洲将会彻底依赖美国。实际上，像桑尼克罗夫特这样的英国戴高乐主义者已经被在核领域与法国联手、反抗美国、在新的英法友好基础上建立欧洲的想法所吸引；一些美国人确实想要在"天箭"问题期间把英国人拒之门外——也就是说，不给他们任何替代武器——以迫使他们和法国合作。但是，麦克米伦拒绝采取反美立场。与美国的"特殊关系"仍然是英国政策的核心。[71]

但是，这是否意味着英法合作彻底变得不可能了？在拿骚会议刚结束之际，似乎并没有必要如此尖锐地提出此问题，英国人可能会在美国的同意下与法国分享核信息，而且英国可能并不需要在美国和欧洲之间做出决断，法国因此可以和这些"盎格鲁-撒克逊人"制定出一些协议。但在鲍尔出访之后，戴高乐很快明白，这一切都是虚假的幻觉。在他现在看来，英国人在拿骚会议上接受的是多边核力量的原本形式——也就是说，他们已经同意将他们的核力量置于美国的有效控制之下。那也就意味着，英国真变成了美国的卫星国，所以英国在戴高乐想要打造的欧洲是没有一席之地的。[72]

肯尼迪政府希望英国加入欧洲经济共同体。从纯粹的经济角度看，肯尼迪认为，如果英国加入，美国就得付出一些代价；从定义上说，关税联盟的成员内部之间互相优待，一致针对所有的外来国。但在美国看来，政治上的好处远比经济上的劣势重要得多。[73] 英国将能够帮助"引导"欧洲走向正确的方向。（当然，这反转过来就是特洛伊木马观点。）与建立在法德轴心上的欧洲相比，包含英国的欧洲将变得不那么狭隘，更加开放，更加"大西洋化"，且对美国更友好。[74] 但是，现在戴高乐声称，欧洲不能包

---

71 De Gaulle, *Mémoires d'espoir: Le renouveau*, p. 182; Alphand, *L'étonnement d'être*, p. 343; Blankenhorn memorandum, February 15, 1963, p. 320, AAPBD 1963, 1:320; Peyrefitte, *C'était de Gaulle*, passim, 尤其见 pp. 282, 346, 348, 350, 374。Sulzberger-Pompidou conversation, February 1, 1963, in Sulzberger, *Last of the Giants*, p. 959.

72 De Gaulle-Adenauer talks, January 21–22, 1963, AAPBD 1963, 1:116, 141–143.

73 Kennedy to Macmillan, May 23, 1961, Kennedy to Ball, August 21, 1961, Anglo-American meeting, April 28, 1962, FRUS 1961–1963, 13:20, 32, 85.

74 Note for Macmillan on a conversation with Kennedy, April 6, 1961, Prem 11/3311, PRO.

第九章　解决方案的成形

括英国，欧洲必须要独立于美国，因此必须在纯粹的欧洲大陆的基础之上加以构建。

美国领导人为此脸色发青，十分恼怒。肯尼迪尝试与法国改善关系，事实上，正如他自己所指出的那样，"拿骚协议中相当一部分内容是为了取悦法国"。[75] 现在，法国完全没有和美国对话的意图，美国人就像脸上挨了一掌，这一掌迅速又无法预料。美国人认为，戴高乐的反美情绪是如此根深蒂固，只要他在位一天，任何方案都是不可能的。戴高乐可能在按照一个长远的计划一步一步地行动；他可能很快会召集欧洲经济共同体中的欧陆六国，并把它们组织成拥有自己核力量的集团；肯尼迪认为，戴高乐甚至可能"尝试通过和苏联人做交易的方法把我们赶出欧洲"。[76]

现在最大的问题是，德国人是否会支持戴高乐。阿登纳似乎比以往任何时候都更加明确地同法国领导人站在一起。他同意戴高乐将英国排除在共同市场之外，而且美国政府也非常清楚他对此事的态度。[77] 1月14日，戴高乐召开新闻发布会八天之后，阿登纳前往法国签署了友好条约，这被阿登纳认为是自己取得的至高无上的成就。[78] 法德协约——这个明显打着反美旗号的结盟——似乎正在逐步形成。

美国人已经因戴高乐反对英国加入共同市场而大为恼火，现在又被《法德条约》彻底激怒了。[79] 条约的政治意义，特别是签署之后的政治意义非常明显。阿登纳已经接受了戴高乐主义者的政策，想要建立一个独立于

75　NSC Executive Committee meeting no. 39, January 31, 1963, FRUS 1961–1963, 13:160.

76　NSC Executive Committee meetings nos. 38 and 39, January 25 and 31, 1963, ibid., pp. 158, 160, 487. 2月14日，肯尼迪问波伦，戴高乐是否在"计划一次系统活动，以削减美国的影响及其在欧洲大陆的存在"，ibid., p. 758 n。

77　Schwarz, *Adenauer*, 2:753, 825; Ball to Kennedy, November 15, 1962, 以及 Kennedy-Spaak meeting, May 28, 1963, FRUS 1961–1963, 13:123, 586。

78　Schwarz, *Adenauer*, 2:822. 有关条约原文，见 Jacques Bariéty, "De Gaulle, Adenauer, et la genèse du traité de l'Elysée du 22 janvier 1963," 以及 Hans-Peter Schwarz, "Le président de Gaulle, le chancelier fédéral Adenauer et la genèse du traité de l'Elysée," 均出自 Institut Charles de Gaulle, *De Gaulle et son siècle*, vol. 5 (Paris: Plon, 1992), pp. 352–373。

79　见 Knappstein to Schröder, January 23, 1963, AAPBD 1963, 1:163–164; NSC Executive Committee meetings nos. 38 and 39, January 25 and 31, 1963, FRUS 1961–1963, 13:156–163, 487–491。

美国又能在国际事务上自行谋划且强大的欧陆集团。这个总体目标意味着欧陆国家会发展属于它们自己的核力量，因为在核时代，没有核力量就没有政治独立。这反过来也说明，法德会在此领域合作，因此联邦德国将能获得在其控制之下的核力量。

法国官员经常否认法国会帮助德国建设核力量。但他们有时会指出，除非美国在核领域与法国合作，否则法国可能会被迫与德国合作。[80] 美国人非常认真地考虑了这种可能性，在1962年春天有关核共享的辩论中，支持给予法国核援助的最有力的论点之一是，除非美国政府放宽其政策，否则法国最终会以联合项目的形式和德国进行合作，在法国承诺不与联邦德国合作的前提下，美国可以考虑援助法国。[81]

1962年2月，有征兆表明，法德即将在核领域开启合作，这反过来激起了这些言论。1962年全年都有迹象表明，法德的联合核计划，或者由六个欧洲经济共同体国家共同进行的计划并非是不可能的。围绕着欧洲六国控制之下的欧洲核力量的可能性，围绕着欧洲需要成为一个战略实体而不仅仅是一个经济体，围绕着法德联合成为一个政治军事整体的重要性，存在着很多的讨论。[82] 在9月7日汉堡的一次演讲上，戴高乐呼吁推行法德两国在防务领域的"有机合作"政策。[83] 但是，他究竟有什么打算并不明确，到了年底，美国官员从布兰肯霍恩那里得知，德国政府"提出承担法国发

---

80 例如，1962年1月，专长于核问题的法国外交官弗朗索瓦·德罗斯告诉诺斯塔德，如果美国不在核项目上帮助法国，法国只能"协助核扩散"。当诺斯塔德问他，这是否意味着法国会协助德国取得核能力，德罗斯避而不谈。Stoessel to Rusk, January 12, 1962, 611.51/1-1262, RG 59, USNA. 在接下来的几个月，德罗斯的警告愈发明显。5月，他告诉英国官员，如果法国出于"经济和技术上的原因"不能自己打造核力量，他可能不得不转向德国——他认为这一系列行动"是相当危险的"。英国官员据此推测，此事显然正在讨论中。Zuckerman memo, "Anglo/French Co-operation," May 25, 1962, Prem 11/3712, PRO.

81 见上文，pp. 305-307。

82 见Soutou, *L'alliance incertaine*, p. 250; Gavin to Rusk, August 1, 1962, 740.5611/8-162, 以及Nitze-Norstad meeting, April 4, 1962, 711.5611/4-462, both RG 59, USNA; Sulzberger, *Last of the Giants*, p. 913. 当被问到这些会谈意味着什么的时候，法国领导人经常避而不谈。例如，参见雷蒙·阿隆（Raymond Aron）与前总理米歇尔·德勃雷的交谈，in Raymond Aron, *Les articles du Figaro*, ed. Georges-Henri Soutou, vol. 2: *La coexistence, 1955-1965* (Paris: Fallois, 1993), p. 1268, 以及阿隆对德勃雷言论的评论，p. 1280。

83 De Gaulle, *Discours et messages*, 4:13.

展核力量的部分开支"。1963年1月,邦迪提到"法国秘密试探与德国的核合作"。[84]

此时戴高乐开始认为,从长远来看,德国的核能力是"不可避免的"。[85] 他在1月14日的新闻发布会上宣称,德国具有和其他国家同等的决定是否拥有核力量的权利。[86] 当1月21日与阿登纳会晤时,他明确表明,在他看来,德国迟早会建立核力量,而且他支持德国的核抱负,他知道发展核能力会有深远影响,但法国不会阻止德国这样做。[87]

美国政府很可能无法得知戴高乐究竟和阿登纳说了什么,但是《法德条约》的意义似乎已经很明朗了。两国也许将在核领域合作。这种情况是很有可能的,对肯尼迪而言,这种前景也强调了目前正在发展的事情的严重性。[88]

总统并不准备什么都不做,任由事态发展。他说《法德条约》是针对美国的,如果欧洲对与美国合作不再感兴趣,那么是时候对美国政策进行彻底的重新评估了。美国必须采取"冷淡且强硬的态度"。如果欧洲人想

---

84 Dowling to Rusk, December 10, 1962, 751.5611/12-1062, RG 59, USNA; Bundy memo for Kennedy, "The U.S. and de Gaulle—The Past and the Future," p. 8, POF/116/JFKL. 此时,对于阿登纳而言,这至少是一个开放性问题。见Schwarz, *Adenauer*, 2: 819。美国人,尤其是肯尼迪自己,对于此领域的发展非常关注,尤其是在1963年5月和6月,美国政府从德国官员那里得知,应法国的提议,已进行了"有关德国在资金上参与皮耶尔雷拉特气体扩散工厂的讨论";皮耶尔雷拉特是"为法国核项目提供武器级浓缩铀的主要生产者"。Kaplan to Foley, June 12, 1963(关于引文), and Kaufman memorandum, "Pierrelatte Gaseous Diffusion Plant," May 29, 1963(关于总统的兴趣), both in Bureau of European Affairs, Office of Atlantic Political and Economic Affairs, records relating to atomic energy [MLR 3104], box 2, France, RG 59, USNA, 一个包含与此问题有关的若干其他文献的卷宗。总体上关于这些问题,见 DOSCF for 1963, POL 4 France-West Germany and DEF 4 France-West Germany, 尤其见 Tyler to Rusk, May 27 and May 29, 1963。法国空军司令斯特林将军在5月时告诉基辛格,1962年11月,他曾"试探性地问他的朋友斯派德尔"将军有关"法德核合作的可能性",但是戴高乐严令"在核领域不得与德国合作"。Kissinger-Stehlin meeting, May 25, 1963, p. 4, DDRS 1996/1999.

85 Bohlen-de Gaulle meeting, January 4, 1963, FRUS 1961-1963, 13:745; Sulzberger, *Last of the Giants*, p. 961. 几个月后,戴高乐又向波伦提出了同样观点,这些观点与他在1960年7月告诉阿登纳的一样。见Rusk-de Gaulle meeting, April 8, 1963, NSF/72/France-General/JFKL; Schwarz, *Adenauer*, 2:566。

86 De Gaulle, *Discours et messages*, 4:78.

87 De Gaulle-Adenauer meeting, January 21, 1963, AAPBD 1963, 1:117-118.

88 例如,参见NSC Executive Committee meeting no. 39, January 31, 1963, FRUS 1961-1963, 13:157。

要独立发展,美国就必须表明自己也可以弃他们而去。毕竟,美国人可以"照顾好自己",并且"不依赖欧洲的支持"。他说道,美国现在应该开始考虑如何"在局势需要的情况下,利用自己现有的地位给欧洲人施压"。戴高乐可能要提出建立"不包括美国的欧洲防务系统"。美国必须做好反击的准备:"我们应该准备采取行动对欧洲施加压力。"美国政府必须准备减少对欧洲的承诺,尤其是减少在欧洲的驻军。如果欧洲人"准备好将我们逐出欧洲",肯尼迪说,"我们必须做好退场的准备"。在他看来,"撤退的威胁"实际上是"我们唯一拥有的制裁方式"。[89]

这不仅仅是在赌气。事实上,这些情绪已经累积了一段时间。例如,1962年5月,在早些时候与戴高乐和阿登纳发生争论时,肯尼迪给在巴黎的大使发去电报,称"从一些重大政策和防务问题来看,如果欧洲被组织起来,并且把我们抛在一边,那么我们将很难保证我们目前做出的抵御苏联侵犯的承诺。如果德国表现出任何接受波恩-巴黎轴心的迹象的话,我们应该立刻把这些信息告诉他们"。[90]

因此美国人认识到,需要将他们努力的重心放在德国人身上。肯尼迪在1963年1月时说,"我们对法国已经无能为力了,但是我们可以向德国施加相当大的压力"。(看看地图你就会明白。)必须告诉德国人"你们不能二者兼得"。他们必须在美国和法国之间二选其一。如果他们选择与戴高乐站在一边,并且支持独立的欧洲政策,他们就不能指望美国来保护他们。如果他们寻求美国的保护,他们就必须在政治以及核问题上服从美国的领导。[91]

因此界限正在变得清晰起来。美国并不掩饰自己在《法德条约》上的愤怒,而且明确向德国人表示,如果他们按照条约现在的形式加以批准,

---

89 NSC Executive Committee meetings nos. 38, 39 and 40, January 25, January 31, and February 5, 1963, ibid., pp. 156, 162-163, 178, 488-490.
90 Kennedy to Gavin, May 18, 1962, ibid., p. 704.
91 NSC Executive Committee meetings nos. 38 and 39, January 25 and 31, 1963, ibid., pp. 163, 489.

第九章 解决方案的成形

那么美德关系就会很危险了。"除非我们明确表示反对《法德条约》",肯尼迪说,"不然我们无法让德国人明白,他们面对的是和法国还是和美国合作这样一个选择"。随后,美国驻西德大使概述了究竟该怎样去做。德国人应该"对我们与他们的关系感到紧张",并对如果不按我们所想的去做,"我们会做何反应感到不确定"。应该"谨慎地"鼓励副总理路德维希·艾哈德(Ludwig Erhard),令其坚持认为,只有在附加保留的情况下,条约才能得到批准,而且这些保留将能反映联邦德国对美国和北约的持续忠诚。[92]

这实际上就是美国政府现在所遵循的政策。有很多种方法可以让德国人感到美国人的不悦,并且让他们明白,他们必须做出抉择。这些动作在《法德条约》签订之前就已经开始了。1月21日,著名专栏作家詹姆斯·雷斯顿(James Reston)在《纽约时报》上发表了一篇引起广泛关注的文章,这篇文章明显反映出美国领导人的现在所想。雷斯顿问到,他们认为我们是什么样的人?戴高乐和阿登纳怎么可能认为,当他们贯彻反美政策时,美国还会继续保护他们?"如果他们要求我们去守护一个质疑美国诚意的欧洲;去与法国,或如戴高乐所言,无可避免地与德国在扩散基于国别控制的核武器方面合作;如果他们希望我们会和一个拒绝并羞辱英国,鄙视所有'海洋大国'的、充满戴高乐主义的欧洲合作;如果他们认为我们会和一个信奉保护主义、故步自封、认为欧洲大陆比大西洋更重要的欧洲合作——那么他们所要求且期待的从未存在也绝不会存在。"尤其是阿登纳,他不仅必须在共同市场以及包括英国的更广泛的共同体之间做抉择,也要"最终在美国和法国之间做出选择"。

毫无疑问,德国人现在知道美国领导人的想法了。腊斯克告诉德国大使,肯尼迪很生气。"我们必须知道你的立场。"他指出,考虑到德国的地理位置,很难想象它会选择拥有50颗原子弹的法国,而不去选择拥

---

[92] NSC Executive Committee meeting no. 40, February 5, 1963, ibid., pp. 175–176. 另见 Dean Acheson, "Reflections on the January Debacle," January 31, 1963, 尤其见 pp. 3–5, NSF/316/Ex Comm Meetings 38–42/JFKL。

有5万颗原子弹的美国［原文如此］。克莱警告到，如果不加改动地批准条约，这将会意味着"柏林的终结"。艾奇逊的反应最为激烈。他决定"对大使直言不讳"。德方的观点认为，条约仅仅是为了促进法德和解，并没有美国所读出的言外之意。艾奇逊说道："这简直是对我智商的侮辱。"德国政府并不是由傻瓜领导的国家。他们完全清楚自己在做什么。[93]

美国代表已经表明，戴高乐和阿登纳支持的反美政策若是不加以改变，会引起美国人民对欧洲的敌视，并会结束美国在欧洲的军事存在。欧洲人的忘恩负义令人恼火。鉴于1945年以来美国为西欧所做的一切，"某些欧洲领导人的敌意"，阿登纳被警告到，注定会引起国会和公众的憎恨，也会让美国认为欧洲已经采取了更加孤立主义的政策。[94] 其他美国领导人也以类似方式表达了观点。腊斯克在3月告诉布伦塔诺，戴高乐的新闻发布会的危险之处在于，美国人民可能会认为，欧洲不再需要"与美国的联系"，这将使美国"不可能"继续驻扎在那里。[95] 如果欧洲想要独立，他在5月告诉在渥太华的盟国领导人，那么"美国也会独立"。[96] 这里传递的信息是，欧洲人，尤其是德国人，必须在独立和与美国合作之间做出抉择。[97]

此外，如果他们选择合作，那么必须接受美国的条件。美国人早在1962年就已明确表明，他们想要领导欧洲，但1963年1月发生的两件大

---

93 Knappstein to Schröder, January 23, 28, and 30, 1963; Adenauer-Dowling meeting, January 24, 1963; Knappstein to Bonn Foreign Office, January 28, 1963; Carstens memo, February 9, 1963; AAPBD 1963, vol. 1, documents 49, 50, 52, 58, 65 and 88. Kennedy to Adenauer, February 1, 1963, FRUS 1961–1963, 13:164. Acheson-Knappstein meeting, January 30, 1963, AP/SDWHA/HSTL (NLT 92-13). 当时的情况已经非常清楚了。例如，参见 d'Harcourt, *L'Allemagne d'Adenauer à Erhard*, pp. 173, 176, 179。

94 Kennedy to Adenauer, February 1, 1963, FRUS 1961–1963, 13:164; Krone diary, January 25, 1963, *Adenauer-Studien* 3:173; Schwarz, *Adenauer*, 2:823.

95 Rusk-Brentano meeting, March 22, 1963, FRUS 1961–1963, 13:191.

96 Anglo-American meetings, June 27–30, 1963, pp. 9, 10, Prem 11/4586, PRO. 这是腊斯克会见国外领导人时的一个共同主题。例如，参见 Rusk-Schröder meeting, September 20, 1963, AAPBD 1963, 2:1165。

97 另见 Gilpatric-Adenauer meeting, February 13, 1963, AAPBD 1963, 1:303, 307。

第九章　解决方案的成形

事——戴高乐的否决票和《法德条约》——导致了更加坚定的美国政策。[98] 美国是时候和欧洲人动真格的了。1月22日（《法德条约》签署的那天），总统告知国家安全委员会，"我们对欧洲已经很慷慨了。现在我们应该当心了，因为我们已经完全明白，欧洲人不会只因为我们在过去帮助了他们而为我们做任何事"。[99] 美国高层官员明确表示，他们想要起到引领作用，欧洲，尤其是德国，必须遵从。特别是，如果苏联政策有所缓和，并且有机会达成总体解决方案，那么美国不会被盟国阻拦。正如6月时邦迪告诉苏兹伯格的，"如果我们认为可以达成重大协议，没有什么可以阻止我们与苏联举行双边会谈。我们不会将盟国的出席作为这类会谈的先决条件"。苏兹伯格指出，这"是**最**重要的声明"。[100]

美国所采取的新的强硬路线导致了其对德国内政的重大干预。德国的主要政治人物被敦促反对阿登纳的对外政策，并坚持认为，与法国的条约不能不经保留或者修改就加以批准。根据道灵大使的建议，艾哈德受到英美官员的鼓动，于2月5日公开抨击阿登纳的政策。社会民主党也在向美国寻求建议，关于条约他们究竟应该采取什么样的立场。[101] 现在的问题与"阿登纳还会在位多久和谁来接替他"紧密相关。德国现在被划分为两大阵营：阿登纳领衔的德国戴高乐主义者，以及艾哈德领导的大西洋主义者。

98　1962年10月2日，邦迪告诉阿登纳，欧洲的三个主要盟国都不会领导欧洲，欧洲最终将由美国领导；总理对此观点大为恼火。Osterheld, *Adenauers letzte Kanzlerjahre*, pp. 147–148; Adenauer-de Margerie meeting, June 11, 1963, AAPBD 1963, 2:621; Hermann Kusterer, *Der Kanzler und der General* (Stuttgart: Neske, 1995), p. 293. 甚至对于大众来说，美国的这个新态度也很显而易见。尤其见苏兹伯格的专栏文章，*New York Times*, October 20–24, 1962。肯尼迪在拿骚会议后接受媒体背景采访时的讲话，被认为表明了美国在这一领域政策的强硬化。见 Partial Transcript of a Background Press Interview at Palm Beach, December 31, 1962, PPP Kennedy, 1962:915, 以及这次访谈带来的报道（*Le Monde* of January 3, 1963, 法国《世界报》），《肯尼迪总统已经决定，在不忧心于盟友的可能反对意见的情况下领导西方联盟》，引自 Newhouse, *De Gaulle and the Anglo-Saxons*, pp. 229–230。

99　NSC meeting, January 22, 1963, FRUS 1961–1963, 13:486.

100　Sulzberger, entry for June 6, 1963, *Last of the Giants*, p. 985. Emphasis his.

101　Chwarz, *Adenauer* 2:826, 836; Daniel Koerfer, Kampf ums Kanzleramt: Erhard und Adenauer (Stuttgart: Deutsche Verlags-Anstalt, 1988), p. 723; "Erhard Challenges Paris Pact after Moving to Oust Adenauer," *New York Times*, February 6, 1963. 有关德国社会民主党的观点，见 Bahr-Hillenbrand-Creel meeting, February 21, 1963, DOSCF for 1963, POL 4 France-West Germany。

显然，大西洋主义者占大多数，甚至在阿登纳自己的党派内也是如此。德国人被迫选择了美国——这就意味着，跟从美国的政策，以换取美国的庇护。《法德条约》在德国联邦议会修改之后才被批准。仅仅有所保留是不足以满足条件的。作为替代，德国单方面增加了一个新的条约序言，确认继续忠诚于北约。阿登纳被迫下台——实际上（如他自己所说）是被自己的党派解雇了。4月，德意志联邦共和国基督教民主联盟做出了重要决定，六个月之后艾哈德取代阿登纳成为德国总理。[102]

阿登纳完全误判了整个政治局势。在联邦德国成立早期，他从盟国对德国的担忧中获益颇多。他过去曾是那个不可或缺的人。如果他在波恩失势，德国的政策将会如何发展？对西方国家来说，它们的目标就是确保德国多少可以自愿地留在它们的集团内。因此有必要让阿登纳继续执政。阿登纳完全同意这种分析，而且事实上也尽他所能来确保盟国仍然抱有这样的想法。他鼓励西方各国这样去想：只有阿登纳强力而稳健的统治才能阻止德国人民误入歧途。他的政策受到德国国内强大势力的攻击。他在1950年代初时曾说过，如果是像德国社会民主党领袖库尔特·舒马赫这样的人取代了他的位置，那将会是一场灾难。他掌控局势的能力绝不是确定无疑的。因此盟国政府必须倾其所能支持阿登纳。它们必须作出他所需要的让步，以维持他在德国国内的政治地位。事实上，盟国给了阿登纳他所需要的：德国在1955年的国际地位和在1949年时极为不同。对于德国的全体选民来说，阿登纳已经取得了很大成就。他是西方诸国信任的人，也是将德国带入西方，并且为联邦德国赢得西方国家庇护和支持的人——因此他必须继续掌权。

但是，正如杜勒斯在1953年对德国大选做出的特别干预所反映的那样，联盟对阿登纳的支持导致了1950年代德国政治结构的根本改变。主要

102　Schwarz, *Adenauer,* 2:810–839; Koerfer, *Kampf ums Kanzleramt,* pp. 707–751; d'Harcourt, *L'Allemagne d'Adenauer à Erhard,* pp. 161–194.

第九章　解决方案的成形

的反对党社会民主党总结到：只要盟国尤其是美国强烈支持阿登纳，只要基督教民主联盟/基督教社会联盟是西方联盟的党派，社民党仍然敌视北约体系，它就不可能掌权。[103]

这些政治考量为社民党关于联盟以及战略问题的政策的根本性重新思考提供了框架。到了1961年，当社民党参加全国大选，维利·勃兰特成为它提名的总理人选时，该党已经被美国人视作完全可以接受的对阿登纳的替代了。舒马赫时期的政策已被淡忘。社民党现在是一个温和的、亲西方的政党，致力于北约以及美国人的联盟。因此，阿登纳无法再和西方诸国说，如果他失去政权它们就必须同舒马赫那样的人打交道了。诚然，在美国看来，新的社民党在很多方面比阿登纳优秀。社民党是赞同北约的，但是在核问题上比阿登纳和施特劳斯温和得多。因此，社民党更加可能赞同肯尼迪的北约以及东西方问题政策。阿登纳不再是那个不可或缺的人，后果之一就是，这削弱了阿登纳相对于其执政联盟其他领导人的地位。[104]

事实上，除了他与美国关系的问题之外，阿登纳对德国国内的权力掌控也在减弱。人们越来越感到这位老人已经失去了其用武之地——他的政策陈腐至极，与新的政治现实脱节了。原先的"实力政策"并没有让德国的统一更进一步。对很多人来说，柏林墙标志着阿登纳政策的失败。当1961年8月西柏林被封锁之后，阿登纳似乎赶不上形势，很多德国人也对阿登纳当时对勃兰特的党派和人身攻击感到不满。如果政策失败了，如果强硬立场没有给德国带来什么利益，难道另一种政策不值得考虑吗？缓和

103　有关此问题的最佳英文研究来自 Stephen J. Artner, *A Change of Course: The West German Social Democrats and NATO*, 1957-1961 (Westport, Conn.: Greenwood Press, 1985); 尤其见. pp. 165, 167, 174-182。

104　阿登纳对这些事态发展深感不平。从他的反应也可以看出这些变化的重要性。他认为，社民党立场的变化是虚假的；但是很多人被社民党欺骗了，这是非常危险的。他和施特劳斯尤其感到不安，特别是在1961年大选之后，美国和社民党建立了新的联系。Adenauer and Strauss in CDU Bundesvorstand, September 22, 1960, and August 25, 1961, Günter Buchstab, ed., *Adenauer: "…um den Frieden zu gewinnen": Die Protokolle des CDU-Bundesvorstands, 1957-1961* (Düsseldorf: Droste, 1994), pp. 850, 1017-1018.

465

关系的政策可能最终会带来不同的结果,从长远来看,也许会使德国东西部统一。甚至在杜勒斯时期,这也是美国人一直在宣传的。[105] 现在肯尼迪不管有没有德国的支持都准备继续推进。联邦德国应该实际一些,它承受不起疏远它最强大盟友的代价。如果阿登纳不明白这些,那么他可能就到了离开的时候了。[106]

随着这种思想愈发普遍,面对1963年初美国政府发起的攻势,阿登纳的政策几乎不可能存续。如果德国人必须在法国和美国之间做出选择,这个选择相对来说还是简单的——联邦德国会选择服从美国的领导。

1963年的近似解决方案

对于肯尼迪而言,这些事件至关重要,但是只解决了一半的问题。另一半的问题与苏联有关。正如上文所说,美国在这个领域的基本政策没有改变:目标仍然是稳定中欧的现状。苏联与西方各国可以通过"承认既存事实友好相处。既存事实包括三个重要部分——东德,西德以及西柏林的存在"。美国政府会接受东德的现状,而且实际上是整个东欧的现状。作为交换,苏联也要尊重现状,尤其是尊重西方在西柏林的权利。腊斯克告诉葛罗米柯:"如果这不能被接受,继续下去只会浪费时间。"[107] 但是如果苏联接受了"我们在西柏林存在的事实",就像美国接受了"苏联在东德和东

---

105 有关事例,见 Dulles-Eisenhower meeting, August 11, 1955, FRUS 1955–1957, 5:546; Dulles-Grewe-Dittmann meeting, January 14, 1959, Dulles-de Gaulle meeting, February 6, 1959, 以及 Dulles-Adenauer meeting, February 7, 1959, all in FRUS 1958–1960, 8:267, 333, 339。有关该论点在1962年末和1963年的使用,例如,见 the Rusk-Brandt meeting, September 29, 1962, 以及 the Rusk-Schröder meeting, September 24, 1963, FRUS 1961–1963, 15:343, 582。

106 总体上有关这些事情的情况,见 Schwarz, *Adenauer*, 2:660–666, 822–823(有关总理的前得力助手布兰肯霍恩的观点),841(外长施罗德的观点)。Krone diary, August 18, 1961, *Adenauer-Studien*, 3:162;以及 d'Harcourt, *L'Allemagne d'Adenauer à Erhard*, pp. 70–71, 211, 217–218。有关对德国国内局势以及其与美国政策的关系的有趣分析,见 Carl Kaysen, "Thoughts on Berlin," August 22, 1961, esp. pp. 1–2, 6, NSF/82/Kaysen Memo/JFKL。凯森指出了从艾森豪威尔时期美国官方对德政策成形以来德国国内发生的重大改变;他强调了社民党内部发生的重大转变;他认为,所有这一切提高了美国对德行动的自由程度。

107 Rusk-Gromyko meeting, August 6, 1963, FRUS 1961–1963, 15:561。

第九章 解决方案的成形

柏林存在的事实"一样，双方就可以在中欧和平共处。[108]

因此1962年3月的"原则"文件上阐述的政策仍然有效——而且实际上，美国也告诉了苏联，情况就是如此。[109] 正如腊斯克向赫鲁晓夫解释的那样，美国的目标是实现"更正常的关系"，不仅是在两德之间，也在西德和他现在所称的（在这一点上，一直遭到赫鲁晓夫的斥责）"东边的社会主义国家"之间。[110] 此外，美国和苏联都认为"德国不应具备国家核能力"。[111] 如果双方想要在这些原则的基础上达成协议，德国政府是不被允许加以阻拦的。美国的政策建立在其切身利益之上。腊斯克在10月说道："美国不是任由西德控制的玩偶。"[112]

因此，美国人列出了条件，并在此基础上准备解决众所周知的冷战核心问题，美国提出的条件中有很多是对苏联颇具吸引力的。正如苏联官员经常指出的，德国核问题是苏联的"头号"问题，[113] 显然，美国人仍在提供一个以任何合理标准衡量都是相当可以接受的解决方案。甚至在1961年和1962年，很多苏联高层官员都不赞同赫鲁晓夫的政策，如今该政策彻底失败，抱怨更加强烈：赫鲁晓夫不应该采取如此挑衅性的行为，尤其考虑到美国在战略上还存在着优势。也许他们甚至认为，由于赫鲁晓夫的无能和业余，他可能挥霍了一个可以解决苏联最重要的外交政策问题的重大机会。[114]

108　Rusk in Rusk-Mikoyan meeting, November 30, 1962, 以及 Kohler in Kohler-Semenov meeting, December 3, 1962, ibid., pp. 451, 456–457。

109　Rusk-Gromyko meeting, August 6, 1963, ibid., p. 560.

110　Khrushchev-Rusk meetings, August 5 and 9, 1963, ibid., pp. 553（有关赫鲁晓夫斥责腊斯克的言论）, 567（有关引用）。

111　Rusk-Khrushchev meeting, August 9, 1963, ibid., p. 567.

112　Rusk-Gromyko meeting, October 2, 1963, pp. 10–12, DOSCF for 1963, POL-GER, RG 59, USNA; Rusk-Mikoyan meeting, November 30, 1962, FRUS 1961–1963, 15:452.

113　Rusk-Dobrynin meeting, August 8, 1962, ibid., 7: 546. 另见1963年2月17日多勃雷宁在与德国同行纳普斯坦的会面上的谈话, AAPBD 1963, 1:330, 381–382。西方官员一般认为，苏联的这个关切是非常真实的。例如，科勒将德国拥有核能力的可能性称为"非常敏感的苏联神经"；Kohler to Bruce, February 8, 1963, HP/540/Test Ban Treaty/LOC.

114　对赫鲁晓夫在1961年的表现的批评，见 Zubok and Pleshakov, *Inside the Kremlin's Cold War*, p. 261。有关对赫鲁晓夫在1962年的行动的反对，以及1964年当他下台时抨击他的冒险主义政策的言论，见 Fursenko and Naftali, *"One Hell of a Gamble,"* pp. 125, 180, 353–354。

在苏联看来，如果没有达成任何协议，局势会迅速恶化。例如，德国可能通过多边核力量取得核能力。当苏联人提及此问题时（他们经常这么做），标准的美国式回答是，这根本不可能发生，而且建设多边核力量的目的事实上是为了缓和要求发展国别核力量的压力。但是苏联领导人并不相信。3月，苏联的一位外交官说道，对于宣称多边核力量会满足德国的需求并由此防止德国拥有真正的核力量这类言论，他的政府已经非常厌倦。以往关于限制德国军事力量的类似保证后来被证明没有多大价值，他理所当然地认为，如果德国人加入多边核力量，并支付武器费用，"他们当然会适时要求对这些武器拥有更大控制权"。[115]这种言论绝不会被认为是不合理的，甚至在美国政府内部也是一样。[116]当然，多边核力量不是德国可以获得核武的唯一方式。现在在《法德条约》之后，有很多关于欧洲大陆集团，尤其是关于与法国合作建立德国核力量的言论。实际上，苏联强烈抨击该条约，正是因为它引发了对法德核合作的恐惧。[117]

因此，在苏联领导层内部，有充分的理由与美国合作，并在美国计划的基础之上制订解决方案。毕竟，与美国的交易可能是解决问题的唯一办法。实际上，1962年10月，美国人已经赢得了实力大测试：最终以战争威胁为基础的强硬立场不再可行。苏联与中国日益加剧的冲突也强调了与美国达成某种谅解的重要性。但赫鲁晓夫很顽固。他在柏林问题上仍不让步，

---

115 Meeting between Romanov and a high British official, March 21, 1963, Prem 11/4495, PRO. 另见 Rusk-Dobrynin meeting, April 12, 1963, NSF/185/Rusk-Dobrynin Talks/JFKL, 以及 Rusk-Mikoyan meeting, November 30, 1963, p. 4, DOS-FOIA 91-03439（文献的相关部分并没有在FRUS里发表）。有关阐述标准的美国式回答的不同文献，见 FRUS 1961-1963, 7:503 n, 543, 546, 673, 704。

116 国务院的主要分析人员雷蒙·加索夫（Raymond Garthoff）认为，苏联的反应是完全可以理解的。他写到，苏联人是十分清楚整个过程的：先是直到1950年都在保证"西德永远不会被重新武装"，然后是1954年的协议，为德国有限的重新武装建立了框架，最后是今天的"载有核武器的德国战斗轰炸机原地待命"。"Soviet Reactions to NATO Developments," January 4, 1963, pp. 2-3, Ball Papers/ 154/ML. 和苏联人一样，法国认为，德国将多边核力量视作取得完全核能力的踏脚石。例如，参见 Bohlen-Couve meeting, March 23, 1963, in Bohlen to Rusk, March 26, 1963, NSF/72/France—General/JFKL。

117 当时苏联的观点非常清晰。例如，参见 "Moscow Assails Paris-Bonn Pact as Peace Threat: Notes Reported to Discuss Possibility of Germans' Getting Atom Arms," *New York Times*, February 6, 1963。

第九章 解决方案的成形

至少在形式上是这样。赫鲁晓夫用了另一个他很喜欢的有关身体结构的暗喻，告诉美国，西方在柏林有"鸡眼"，他会时不时地踩总统的脚，"这样他就能意识到，他应该割掉他的鸡眼"。[118] 美国领导人并不确定如何应对这一威胁，但很显然，苏联领导人并不准备在柏林问题上给美国人想要的。因此，正式的解决方案完全不可能。

但这并不意味着不能达成一项更加非正式的谅解；如果前门锁上了，可能后门还可以打开。实际上，在肯尼迪看来，以某种非直接的方式处理这些问题是有一些好处的。任何正式的协议注定会惹恼德国人。这就好像官方认可了德国的分裂。而且整体上欧洲人当然也憎恨苏美两国在不与他们商量的情况下就决定欧洲大陆的命运。

核问题是最为根本的，肯尼迪政府尤其明白，太过直白地把问题集中于西德并不是个好主意。笼统地形成一些正式的方案，并以整个世界在制止核武器扩散方面有着重大利益的论点来支持正在做的事情，这样做不是更好吗？正如腊斯克曾经指出的那样，就是为了避免在德国问题的大背景下处理该事务，"所以我们才提议在更广泛的框架内处理核不扩散问题"。[119] 即使德国人都知道正在发生什么——波恩的一些官员当然明白，核不扩散政策在很大程度上是针对联邦德国的——但是相比于明显歧视德国的方式，这种宽泛的方法更容易被接受。[120]

因此德国的核问题应该通过一个相对较宽泛的军备控制协议加以解决。但是只有在与德国问题的其他部分，特别是与柏林问题有某种联系的情况下——可能仅仅是结构上的或是心照不宣的联系，它才可以成为总体解决方案的一部分。可能没有明显的交换条件：苏联可能不会用正式接受柏林

118　Khrushchev-Harriman meeting, July 27, 1963, 以及 Khrushchev-Rusk meeting, August 9, 1963, FRUS 1961-1963, 15:543-544, 568-569。赫鲁晓夫之前称西柏林为西方的"溃疡""脓疮""烂牙"以及"睾丸"，以及他这一方的眼中钉肉中刺。

119　Rusk-Alphand meeting, February 28, 1963, FRUS 1961-1963, 7:652. 另见 Rusk-Dobrynin meeting, August 8, 1962, and Rusk-Adenauer meeting, August 10, 1963, ibid., pp. 544-546, 874。

120　见 Soutou, "De Gaulle, Adenauer und die gemeinsame Front," p. 505。

现状作为条件,交换美国确保西德无核的承诺。但是还有建立联系的其他方法。它可能是最先促成军备控制协议的进程的副产品。通过这种非直接的方法,解决方案的基本内容便落实了。

实际上,这就是1963年发生的事。在那一年,某种解决方案开始形成。1963年7月的《有限禁止核试验条约》是这一进程中的核心事件,并不是因为军备控制本身是正在形成的体系的一个基本要素,而是因为可以在军备控制协议的掩饰之下达成重大的政治谅解。[121]

正是由于禁止核试验可以发挥这一核心政治作用,所以此问题才变得如此重要。当然,核军控自1945年以来就一直在国际议程上,但在艾森豪威尔时期,该领域的政策在很大程度上是一种公共关系层面的操作。1950年代的美国政府知道,其主要军控建议是单方面的,而且苏联绝不会接受;但是在美国看来,西方政府至少要在表面上看起来在努力,因为舆论希望看到它们这样做。因此,人们普遍认为美国人会从艾森豪威尔1955年在日内瓦峰会上提出的"开放天空计划"(the Open Skies plan)中"受益匪浅",如果美国停止生产可裂变物质的计划得以实施,美国人将会受益更多。"开放天空计划"将允许美国收集它所需要的目标情报来进行有效打击,但对于它表面上的目标,即突然军事打击问题却几乎没什么帮助。停止可裂变物质的生产会"暂时锁定我们的优势",因此是非常有利于美国的。这些建议实际上都是如此单方面的,以至于美国官员都明白,苏联是不可能接受的。但是美国政府至少要在表面上看起来在认真对待军备控制;美国不能被世界看作一个军国主义国家,这一点很重要。[122]

但即使是在那个时候,美国政府也对军控的一个领域非常重视。正如1957年杜勒斯告诉葛罗米柯的那样,美苏在防止核扩散上有共同利益。杜

---

121 有关此观点的详细探讨,见 Marc Trachtenberg, "The Past and Future of Arms Control," *Daedalus*, Winter 1991, esp. p. 213. 另注意下文引用的与此立场相同的顾夫的观点,见 p.391。
122 有关证据和简略讨论,见 appendix 7, "U.S. Arms Control Policy under Eisenhower" (IS)。尤其注意杜勒斯在与阿登纳会晤时的讲话, May 28, 1957, FRUS 1955-1957, 26:272, 274-275。

第九章 解决方案的成形

勒斯说，美苏都不会"不负责任地"使用核武器，但较小的国家可能就会不同了。"如果世界上每个人都拥有一颗炸弹，想想都觉得恐怖"。[123] 这并不意味着艾森豪威尔政府认为可以维持现状，并且确保不会有新的有核国家出现；对艾森豪威尔而言，主要盟国迟早会拥有自己的核力量，这是很自然的。但是必须要在某处划清界限，美苏也许可以在这一领域合作。

在肯尼迪时期，这些顾虑愈发强烈，而且关于两大国在防止所谓的"核扩散"方面有着共同利益的观点在美苏高层会议上被反复提及。例如，腊斯克强调，现在的有核国家在处理核扩散问题上有着"相同的"利益，而且"从本质上来说，如果有人拥有了核武器，他就不想让别人也拥有核武器"。[124]

因此新政府尽力与苏联就禁止核试验达成协议，这种努力在1963年签订《有限禁止核试验条约》时达到顶峰。禁止核试验是肯尼迪政府的核不扩散政策的基石。它不会对战略平衡造成重要影响。正如1961年6月肯尼迪告诉赫鲁晓夫的那样，它不会减少苏美的核储备，也不会影响核武器的生产。但是，它会降低扩散的可能性。如果没有该协议，那么除了四个已经试验过核装置的国家外，其他国家"毫无疑问会启动核武器计划"，而且"几年之后可能会有10个甚至15个有核国家"。[125] 然而，苏联稍后被告知，

123　Dulles-Gromyko meeting, October 5, 1957, p. 3, DDRS 1991/925.
124　Rusk to State Department, August 7, 1963 (sec. 5), NSF/187/USSR—Gromyko Talks—Rusk/JFKL.
125　Kennedy-Khrushchev meeting, June 4, 1961, FRUS 1961-1963, 7:88. 有关控制核试验对战略平衡的有限影响，见 Harold Brown, "Questions Bearing upon the Resumption of Atomic Weapons Testing," in McNamara to NSC, May 15, 1961; Kaysen to Kennedy, January 15, 1962; Foster in NSC, July 9, 1963; ibid., pp. 63-64, 297-303, 784。有关将核不扩散作为禁止核试验条约的关键支持理由，见肯尼迪与腊斯克等人的会议，July 27, 1962; Kennedy to Khrushchev, September 15, 1962; 尤其见尼采在一次高级别会议上的评论，June 14, 1963; ibid., pp. 512, 569, 725。英国也是这么认为的。例如，参见麦克米伦在与腊斯克会晤时提出的观点，June 24, 1962, ibid., p. 471。法国人也清楚，禁止核试验的主要影响是防止更多有核国家出现，因为这个原因他们在1958年才会反对这个观点。例如，参见顾夫对布伦塔诺的评论，September 14, 1958, DDF 1958 2:348-349。但是到了1961年，当法国成为有核国家之后，法国国防部长告诉英国国防部长，他意识到"当法国拥有核威慑的时候"，德国"很可能希望成为核俱乐部的一员"，但是他"相信有赖于核试验协议，德国会被排除在外"。Watkinson-Messmer meeting, April 13, 1961, Defe 13/211, PRO.

即使是有限的核禁试，也会是向核不扩散迈出的"一大步"，"因为各国不可能在不进行试验的情况下生产核武器"。[126]

但是，核不扩散并不是不加区分地适用于所有潜在核国家的笼统目标。该政策首先指向两个国家：联邦德国和中国，美国禁止核试验政策的根本目标是阻止这两个国家发展它们自己的核力量。因此，禁止试验条约并不仅仅是一项只与国际政治生活中的核心问题有微小关系的军控措施。这是一条重要的条约，因为它直接与两个重要的政治问题相关——德国问题和中国问题。

最初的希望是，能够达成某种既处理德国又处理中国问题的方案。到了1962年末，美国对中国问题相当重视。邦迪在11月时写道，中国核力量的可能性"是今后几年对现状唯一的最大威胁。"[127] 肯尼迪认为，即使是中国拥有少量的核武器，不管是对美国还是对苏联，"都是非常危险的"；前提设想是，即使是有限的禁止核试验，可能在处理此问题上都是有效的。[128] 总统甚至还说中国的问题"是禁止核试验的全部原因"。[129] 另一方面，苏联主要关心的是，不让德国人接触核武器。正如1963年6月肯尼迪自己所指出的那样，一个无核的德国是苏联希望从禁止试验条约中获取的主要成果之一。[130]

但是即使美国的关注点在中国，苏联的关注点在德国，不可否认的是，两国都想阻止德国和中国拥有核武器。因此达成某种协议是有可能的：美国确保德国无核，而作为交换条件，苏联必须确保中国不会发展核能力。1962年11月在与米高扬的会晤上，腊斯克就暗示了这种协议。他指出，如

---

126 Harriman quoted in Hailsham to Macmillan, July 18, 1963, FO 371/171223, PRO.
127 Bundy to Kennedy, November 8, 1962, FRUS 1961–1963, 7:598.
128 Kennedy to Harriman, July 15, 1963, ibid., p. 801.
129 Seaborg diary, entry for February 8, 1963, quoted ibid., p. 646. 另见肯尼迪在国家安全委员会会议上的评论，January 22, 1963, quoted in Gordon Chang, *Friends and Enemies: The United States, China, and the Soviet Union, 1948–1972* (Stanford, Calif.: Stanford University Press, 1990), p. 237。
130 Anglo-American meetings, June 27–30, 1963, p. 16, Prem 11/4586, PRO.

第九章 解决方案的成形

果想要进入核俱乐部的国家拒绝在协议上签字，那核不扩散的安排就没有什么意义了："例如，我们认为，如果德国拒绝签字，苏联就会非常关切。对我们来说，如果中国，或者实际上其他20个有核研发能力的国家中的任何一个拒绝签字，我们都会感到深深的担忧。"[131]

美国认为，这种方案——可以防止中德两国都成为有核国家的方案——可能在禁止试验谈判的大环境之下制订出来。美国人会告知苏联，禁止核试验意味着"我们的阵营里不再会有其他的有核国家"。[132] 苏联人则会阻止自己的盟友建设核力量。而且这些承诺是相互联系的：美国政府会"承担义务，在与其有联系的国家中防止核扩散，如果苏联愿意承担相应义务，也在与其有联系的国家中防止核扩散"。[133] 德国和中国才是真正的目标；肯尼迪政府对于其他初期的或潜在的"核扩散国"，尤其是法国和以色列政策，是相当开放的。[134]

但是美国所想的这种安排最终能否形成？苏联正和中国卷入一场日益激烈的冲突当中，它可能希望中国无法拥有核武器，但苏联是否有迫使中国接受无核身份的实力？毕竟，中德两国在本质上有区别。德国对美国的依赖要远超中国对苏联的依赖。迫使德国听从命令很有可能，但想让中国在禁止核试验协议上签字就要难得多。

但是美国已经考虑过这个问题。如果中国坚持自己的核计划，可能要通过直接的军事行动来解决该问题。可以进攻并摧毁中国的核设施——可

131　Rusk-Mikoyan meeting, November 30, 1962, DOS FOIA 91-03439.
132　来自美国军备控制与裁军署副署长的一份文件，June 20, 1963, FRUS 1961-63, 7:732。该文件呈现了从美国主要官员之间的讨论中发展而来的"思路"。Kaysen to Kennedy, June 20, 1963, ibid., p. 728n.
133　提供给美国谈判人员的指示草案，转引自 Kaysen, "Non-diffusion of Nuclear Weapons," July 9, 1963, HP/541/Test Ban Treaty (8)/LOC。最终稿的措辞更加谨慎，但是引用的文献表现了当时的真正想法。
134　有关法国的情况将会在本章下文讨论。值得注意的是，麦克纳马拉将法国和以色列归为一类，认为想要这两个国家接受禁止核试验协议，需要同时施加激励和约束；"武器信息分享"——意味着核武器信息的分享——是他所想到的主要激励点。McNamara to Kennedy, February 12, 1963 (draft), Vice President Security File, box 7, Disarmament Proposals, February 1963, Lyndon B. Johnson Library, Austin. 有关以色列情况的讨论，见 appendix 8, "Kennedy and the Israeli Nuclear Program" (IS)。

能是美国人也可能是苏联人进攻,但无论哪种情况都会得到对方的默许或公开的支持。[135] 1962年11月,邦迪显然向肯尼迪提出了这个问题。[136] 此时的军事领导层也开始考虑"在未来几年内对中国应该采取怎样的军事行动才能确保对美国国家目标有利"。[137] 1962年2月,尼采要求参谋长们阐述关于如何劝说或强迫中国接受禁止核试验协议的观点。4月,李梅将军列出了一系列可以迫使中国就范的军事行动。[138] 美国官员并没有排除苏联对中国核设施采取直接军事行动的可能性,"也许是在我们承担起阻止西德获得核武器的责任的背景下"。[139] 如果中国执意进行核计划,并且苏联"不采取任何措施",肯尼迪在6月29日如是说,"那么美国在禁止核试验协议上就难以为继了"。[140] 在7月于莫斯科进行的禁止核试验谈判的过程中,肯尼迪亲自告诉美方代表,要弄清赫鲁晓夫是否愿意采取或接受针对"限制或阻止中国核发展"的"苏方或者美方行动"。[141]

即使是中国没有签字的禁止核试验条约也能够帮助美国政府实现确保中国无核的目标。条约所确定的这种国际准则,将为美国所设想的那种军事行动提供一定程度上的合法性。签字的国家越多,准则就越强力,采取国际行动的基础也就更加牢固。这也是为什么法国在条约上签字如此重要,以及为什么美国政府竭力争取戴高乐的一个原因。如果法国加入其中,中国就会处在一个被孤立的境地,成为军事行动更具"合法性"的目标。

但是只有苏联同意合作,这个计划才能得以实施。尽管苏联人担心中国会在一两年之内发展核能力,但他们还没有做好接受美国所设想的政策

---

135 Chang, *Friends and Enemies*, pp. 241, 243, 244; William Foster Oral History, p. 37, DDRS 1995/1874. 另见 FRUS 1961–1963, 22:339, 341, 370, and National Security Archive Electronic Briefing Book no. 1, "The United States, China, and the Bomb," http://www.seas.gwu.edu/nsarchive/NSAEBB/ NSAEBB1/nsaebb1.htm。
136 Bundy to Kennedy, November 8, 1962, FRUS 1961–1963, 7:598, 特别是经过处理的E段。
137 Taylor memo for Joint Strategic Survey Council, December 6, 1962, CJCS Taylor/ CM File, RG 218, USNA.
138 LeMay to McNamara, April 29, 1963, FRUS 1961–1963, 7:689–690.
139 Rice to Harriman, June 21, 1963, HP/539/Test Ban Treaty (1)/LOC.
140 Anglo-American meetings, June 27–30, 1963, p. 15, Prem 11/4586, PRO.
141 Kennedy to Harriman, July 15, 1963, FRUS 1961–1963, 7:801.

第九章 解决方案的成形

的准备。军事措施被认为过于极端。结果,事实上中国继续着自己的核项目,并没有发生任何阻止行动。

但中国没有被包括在内的事实必然会影响德国。美国原本对将中国涵盖在安排之中的计划非常感兴趣,部分原因在于,如果中国不是缔约方,"那么这些任务实际上就是仅仅针对西德了"。[142] 既然不包括中国,联邦德国就会成为剩下的唯一目标。条约因此将意味着美国会保证西德的无核地位。为了不让这简单地成为赠予苏联的礼物,美国必须得到一些东西作为交换,而美国所想要的就是苏联对柏林现状的接受。

柏林问题实际上与德国核问题及禁止核试验相关,而且这种关联是1963年正在形成的结构的一个重要部分。这些问题并没有以任何正式的方式联系在一起:并不存在任何秘密协议,苏联同意尊重西方在柏林的权利,以换取美国承诺德国不拥有核武器。但是到了1963年中,双方逐渐认识到这些问题实际上是相互关联的。事实上,正如麦克米伦所言,已经可以明显地看出,禁止核试验以及核不扩散协议是"解决德国整体问题的真正的关键"。[143]

这种理解是最终带来禁止核试验协议这一政治过程的产物。从1950年代末起,苏联人已经清楚地表明了他们对德国可能拥有核武器的担忧。肯尼迪的有关解决柏林危机的计划也考虑了苏联的感受。1962年3月的"原则"文件概述了美国所设想的那种安排。苏联会尊重柏林的现状,而且两国会合作防止"核武器的进一步扩散"。[144] 当该计划最初提出时,苏联人认为不扩散的规定制定得太过宽泛而加以反对。葛罗米柯告诉腊斯克,先前的美苏会谈"已经处理过这个问题,并且明确指向了两德",他仍然希望这

142　Foreign Office brief, "U.S. Attitude on Collateral Measures and Non-dissemination," December 13, 1962, Cab 133/245, PRO.

143　Macmillan to Kennedy, March 16, 1963, in C(63)61, Cab 129/113, PRO.

144　Rusk-Gromyko meeting, March 22, 1962, and "Draft Principles" paper, FRUS 1961–1963, 15:67,69–71. 这个计划还有其他方面,但柏林问题和"核扩散"问题是最重要的两项,卡斯滕承认了这个观点,Dowling telegram, May 22, 1962, ibid., p. 155n。

项协议专门针对德国。[145] 但是美国人拒绝在此方面做出让步。1962年4月，肯尼迪告诉德国领导人，"我们的政策是总体性的，并不针对德国"。[146] 8月，苏联人开始接受美国的提议。[147] 双方都意识到可以通过总体的军备控制协议处理德国核问题。

协议并非必须是正式的核不扩散条约，这也是可以理解的。禁止核试验条约也可以满足同样的目的。和苏联交涉的美方谈判人员收到命令，要强调禁止核试验在防核扩散方面的重要意义。此外，美国官员很清楚，现行的有关禁止核试验问题的政策根源于早前的美苏交流，始于1962年3月腊斯克－葛罗米柯会晤，即通过处理德国核问题解决柏林危机。[148]

所以所有这些问题都是相互关联的，而且这也反映在这些问题被谈及的方式上。例如，当赫鲁晓夫在1963年4月与哈里曼会晤时，美国提出了禁止核试验的问题；苏联领导人回答到，德国问题更加重要。"他没有说这两个话题有关"——尽管在事实上，正如哈里曼所指出的那样，"他两次把两者联系在了一起"。赫鲁晓夫随后直截了当地说，柏林不再是个问题，而且提出了可以直接将两个问题联系在一起的方案。"如果你们同意制订一个德国解决方案的基础，承认两德的现状，我保证我会找到双方都可以接受的禁止核试验的基础。"[149] 肯尼迪在6月10日的美利坚大学演讲中认可了禁止核试验条约的想法——赫鲁晓夫认为，"这是自富兰克林·罗斯福以来的历任总统所做的最好声明"——苏联领导人予以积极回应，但是补充到，禁止核试验应该与北约和苏联集团的互不侵犯条

145　Rusk-Gromyko meeting, March 26, 1962, FRUS 1961–1963, 15:81, 85.
146　Kennedy-Brentano meeting, April 30, 1962, ibid., p. 127. 另注意腊斯克的话，Rusk-Schröder meeting, p. 2, June 22, 1962, NSA Berlin File。
147　Rusk-Gromyko meeting, July 24, 1962, Rusk-Dobrynin meeting, August 8, 1962, and oral message from Gromyko to Rusk, August 23, 1962, FRUS 1961–1963, 7:503n, 544–546, 557–559. 另见 Rusk to Kennedy, November 27, 1962, 700.5611/11-2762, RG 59, USNA。
148　Instructions to Harriman, July 10, 1963, FRUS 1961–1963, 7:786; Kaysen memorandum, July 9, 1963, HP/541/Test Ban Treaty (8)/LOC.
149　Khrushchev-Harriman meetings, April 26 and July 27, 1963, and Harriman telegram, April 28, 1963, FRUS 1961–1963, 15:510–511, 510n, 540, 543.

第九章 解决方案的成形

约相关联。这个新的提议自然引发了一系列与柏林和德国问题相关的议题——对柏林的封锁是否构成侵略？西方试图通过武力维护其权利，这算不算侵略？——这再次表现出禁止核试验是如何与基本的政治问题联系在一起的。[150]

肯尼迪和他的主要顾问也明白，禁止核试验并不仅仅是简单的军备控制措施，而是与最核心的政治问题紧密相关。国务院想慎重对待这些政治问题，但是一些高官认为，禁止核试验的谈判将会提供一个观察是否可以与莫斯科制定"某种一揽子协议"的机会。[151]即将前往莫斯科谈判的哈里曼希望探讨达成基本协议的可能性。他和陪他一同前往的凯森，反对采取他们认为过于谨慎的国务院立场。如果国务院的立场反映了官方的政策，凯森在给邦迪的信中写到，他和哈里曼"还不如留在家中"，派一个次级官员去和苏联人谈判。麦克纳马拉也赞同关于一系列政治问题的"严肃且广泛的"讨论。[152]

肯尼迪基本同意应该做出这种尝试，而且为了最大化他的优势，他现在准备以多边核力量作为交易筹码。国务院反对多边核力量可能是让步条件中的一项——可以想象，它可以作为与苏联和解协议的一部分在谈判中被去掉——在7月9日的国家安全委员会上，肯尼迪在此方面对腊斯克表示支持。但是总统还是在第二天早上的私人会面上告诉哈里曼，他可以在莫斯科会谈中采取更灵活的立场。如果双方在中国或是其他问题上能达成一致，多边核力量可以被抛弃。哈里曼不应该做出任何确定的承诺，但是他

---

150 Khrushchev-Harriman meeting, July 27, 1963, ibid., 7:862; "Draft Scope Paper of Harriman-Hailsham Mission with Reference to Non-Aggression Pact," July 7, 1963, probably by W. R. Tyler, HP/539/Test Ban Treaty (1)/LOC.
151 "Elements for a Package Deal with Moscow," n.a., July 3, 1963, NSF/365/ACDA—Disarmament— Harriman Trip (3)/JFKL. 这个术语之前就被使用过了，例如参见Thompson memo, "Possible Berlin Solutions," c. November 9, 1962, FRUS 1961-1963, 15:423-424. 另注意 Klein to Bundy, May 17, 1962, ibid., p. 152。
152 Kaysen to Bundy, June 28, 1963, ibid., 7:751; 有关国务院的立场，见Bruce to Harriman and Foster, June 27, 1963, ibid., pp. 744-746。

477

可以凭他的判断力来相机行事。[153] 事实上，几天之前肯尼迪告诉英国领导人（这次腊斯克在场）："西方可能想要在莫斯科谈判上以此想法作为交换。"[154]

总统显然想要继续行动，而且在莫斯科会谈上，双方都小心地谈论总体的政治解决方案。苏联提出了互不侵犯条约问题；哈里曼认为，这是可以协商的，如果苏联同意将对柏林进入权的干涉视为侵略。柏林问题已经被摆在台面上，而且是这个"一揽子解决方案"的核心。哈里曼继续指出，美国并不期望苏联接受柏林现状，并且还不索求任何回报："我们不想要单边的方案而要包括各方的利益，我们也准备关照苏联盟国可能感兴趣的边界问题和划线问题，如果苏联愿意的话。"[155] 所以现在，奥得河-尼斯河边界以及德国内部界线的问题也被引入谈判之中。

但是，苏联人并不能让自己接受美国人所设想的那种安排。他们有时暗示，他们愿意在这个领域给美国人一定程度的满足——把柏林问题搁置起来，作为稳定中欧现状的安排的一部分。例如，当腊斯克指出，如果签订互不侵犯条约之后发生了一场尖锐的柏林危机，"我们全都会看起来像傻瓜一样"，苏联大使回答道（腊斯克认为是"有一定意义的"），"签订互不侵犯条约会大大降低发生这种危机的可能性"。[156] 当问题在10月被提及时，葛罗米柯向肯尼迪读了一条有关柏林的声明。该声明可能与互不侵犯条约一起被发表。声明有一些含混不清，但似乎苏联正在接受一个原则，即在与"西柏林局势"情况相关时，不会使用武力。[157] 实际上，当赫鲁晓夫和哈里曼讨论这些问题时，他强调柏林不再是个问题，而且他

---

153 Seaborg diary, June 21, 1963; NSC meeting, July 9, 1963; Kennedy-Harriman meeting, July 10, 1963; in ibid., pp. 735, 780–781, 790. 另注意 Merchant to Ball, June 17, 1963, and Harriman to Merchant, June 20, 1963, HP/537/Test Ban Treaty (1)/LOC. 麦钱特反对在与苏联谈判中削弱多边核力量，哈里曼向他保证："不用担心——我不准备在困扰你的领域进行谈判。"

154 Anglo-American talks, June 27–30, 1963, p. 19, Prem 11/4586, PRO.

155 Harriman-Gromyko meeting, July 17, 1963, FRUS 1961–1963, 7:806.

156 Rusk-Dobrynin meeting, May 18, 1963, p. 5, DOSCF for 1963, POL US-USSR, RG 59, USNA.

157 Kennedy-Gromyko meeting, October 10, 1963, in State Department to Finletter, October 22, 1963, DOSCF for 1963, Pol US-USSR, RG 59, USNA.

第九章 解决方案的成形

对现状非常满意。[158]

尽管苏联不愿完全妥协并保障柏林的现状，但所有这一切都有一定的意义。任何的正式协议在1963年都本应是不可能的，但是事实上已经进行了一些具有相当重要意义的讨论。联系已然建立；总体上存在一种关联性；禁止核试验是与德国核问题相关的，而德国核问题又与柏林问题相关。

是柏林危机将这些问题联系在了一起。美国人对德国无核状态的保证，是在苏联人面前悬着的一根最诱人的胡萝卜，为的就是在1961年末和1962年初协商解决危机。美国也用了另一种方式来解决问题：美国领导人提议，苏联对柏林的压力很可能导致德国获得核能力；因此苏联应该通过接受柏林现状平息危机。1月31日在与阿朱别伊的会晤中，肯尼迪阐明了这个观点，然后分别在2月15日写给赫鲁晓夫的信中以及7月17日与多勃雷宁的会议中又重申了该观点。[159] 在与德国人的对话中他用了另一种表述：如果他们对拯救柏林感兴趣，他们就不应该拥有核武器。拥核的威胁会对苏联起到强大的威慑作用，但是一旦德国建立起核力量，这种威胁的价值就会消失。因此，将核不扩散与柏林协议联系起来将有助于"使苏联人遵守协议"。1962年3月，当一位德国高级官员得知该观点后，不得不承认他"对此印象深刻"。[160]

---

158 Khrushchev-Harriman meetings, April 26 and July 27, 1963, FRUS 1961–1963, 15:510, 543. 另注意 Semenov-Tyler meeting, October 10, 1963, and Semenov-Scott meeting, October 3, 1963, 其中，"苏联高级德国问题专家"在柏林问题上采取了非常温和的态度，ibid., vols. 13–15, mic. supp., no. 432。

159 关于运用这种威胁的想法已经存在了一段时间。例如，参见 Komer to Bundy, July 20, 1961, in ibid., no. 361。1962年1月，邦迪开始接受这种言论。他认为必须要让苏联人明白所冒的风险。他说，这些风险"并不难以言说"。Draft memorandum for the president, January 15, 1962, enclosed in Bundy to Rusk, January 15, 1962, 762.00/1-1562, RG 59, USNA. 有关肯尼迪对此论点的使用，见 Kennedy-Adzhubei meeting, January 31, 1962, 以及 Kennedy to Khrushchev, February 15, 1962, FRUS 1961–1963, 14:782, 821, and Kennedy-Dobrynin meeting, July 17, 1962, ibid., 15: 224。另见腊斯克与英国人、法国人在2月13日会面时的言论，称通过"对柏林施压"，苏联人可能"迫使西方诸国允许德国获得国家控制下的核武器，并因此对权力关系造成重大影响"。Ormsby Gore to Foreign Office, February 14, 1962, FO 371/163567. 有关美国的描述，见 FRUS 1961–1963, 14:809。

160 Carstens-Kohler meeting and Schröder-Rusk-Carstens-Kohler meeting, both March 11, 1962, NSABF.

因此在肯尼迪时期，联系网已被织好，苏联不能无视这些联系而对柏林采取行动。威胁柏林的现状就是危及德国的无核状态。相同的观点也适用于德国人，但是相反：他们在核领域继续前进，就一定会造成在柏林周围的紧张局势。联系的存在——不是正式的联系，而是心照不宣并且是结构上的联系——由此使德国和苏联牢牢地与现状捆绑在一起。没有公开的"交易"，但体系正在形成。这个体系的核心是柏林和德国的无核身份之间建立的联系，这种联系既客观存在，又存在于人们的心中。

禁止核试验条约是制定出来的一个正式协议，因此有一定的象征性价值：它代表着表面之下所存在的整个认识理解的网络。换言之，条约不能被理解为——当时也不被理解为——简单的、缺乏更广泛政治意义的军备控制协议。莫斯科会谈涉及的三国——美国、苏联以及英国——都知道发生了什么。但是反对条约的人——尤其是阿登纳和戴高乐——也知道。正如当时顾夫所指出的，在国际议程之上的军控措施不能仅从表面来看待其价值。"在正式裁军的伪装之下"，他指出，"所有措施针对的目标就是德国、它的身份和未来"。戴高乐则更加直接：他说道，禁止核试验条约"是另一个雅尔塔"，是欧洲在苏联人和盎格鲁-撒克逊人之间的新瓜分，而他不会参与其中。[161]

肯尼迪认为，戴高乐的态度难以理解。总统很想让法国加入体系之内，尤其是禁止核试验体系。如果法国同意停止在大气层中的核试验，那么像中国和德国这样的潜在核国家就很难打破这种几乎具有普遍性的禁令，推进自己的核计划，而美国和苏联则更容易阻止它们这样做。想要让法国加入禁止核试验体系的方法就是在核计划上协助它——帮助法国进行地下试验，也在其他方面给予帮助。哈里曼告诉英国人："肯尼迪总统准备非常认真地考虑向法国人提供核武器或情报，以此作为代价让他们加入该协

---

[161] Couve de Murville speech to French National Assembly, October 29, 1963, quoted in U.S. embassy Paris to State Department, October 30, 1963, NSF/73/France—General/JFKL. The de Gaulle remark is quoted in David Schoenbrun, *The Three Lives of Charles de Gaulle* (New York: Atheneum, 1966), p. 323.

第九章 解决方案的成形

议"。[162] 实际上，肯尼迪在制订有关法国的安排上做出了巨大努力，但戴高乐完全不感兴趣：和美国人没什么交易可达成，而且法国在条约上不会签字。[163]

这不仅仅是让法国人接受禁止核试验的问题。肯尼迪真正想要得到的是与戴高乐的政治谅解。如果法国支持他正在尝试建立的体系，德国人就更难以发起挑战了。联邦德国的"戴高乐主义者们"将不会有"法国牌"可打，所以与戴高乐恢复关系可以帮助稳定体系。肯尼迪认为，美国和法国有分歧，但这已经成为历史了。戴高乐在1961年末和1962年初就反对美国推动与苏联的谈判。但是回想起来，肯尼迪开始认同，早些时候的政策是个错误。[164] 美国反对法国的核计划是两国紧张关系的另一根源。但是到目前为止，他在1963年5月告诉顾夫，问题已被解决。美国接受了法国成为有核国家的事实，而且事实上拿骚会议之后通往核合作的大门就已经敞开了。[165]

所以问题出在哪里？肯尼迪难以看清与法国的分歧究竟是什么。在5月的会议上，顾夫向肯尼迪陈述了法国的政策，并在10月的白宫会议上又重复了一遍。他说，法国希望看到欧洲局势缓和。它希望美国的军事存在可以继续下去，因为没有美国的军事支持，欧洲无法保障自己的安全。它想要一个包括英国在内的欧洲。顾夫坚称，法国是完全反对德国核力量的。法德条约"并未对两国关系增添任何实质性的内容"。法国"绝不会帮助德国制造核武器"。当肯尼迪问到，如果美国"放弃多边核力量"，法国是否会在核领域与德国合作，顾夫回答道："当然不会。"事实上，他反对多边核力量的部分原因在于，这会"刺激"德国对核武器的欲望。对肯尼迪而言，这一切听起来都是相当合理的。那么为什么两国如此不和？[166]

162　Home-Harriman meeting, July 12, 1963, FO 371/171222, PRO.
163　肯尼迪试图与法国达成协议，而戴高乐回应冷淡，见 FRUS 1961–1963, 7:646, 727, 781, 797n, 801n, 828n, 851–853, 868, 868n, 以及 AAPBD 2:805–806。另见 Bohlen to Bundy and Rusk (eyes only), August 5, 1963, 7 P.M., DOSCF for 1963, POL Fr-US, RG 59, USNA, 记载了与顾夫就有关问题的讨论, 顾夫显然被戴高乐的态度有些惹恼了。
164　例如，参见 Kennedy-Harriman meeting, July 10, 1963, FRUS 1961–1963, 7:789。
165　Kennedy-Couve meeting, May 25, 1963, ibid., 13:772.
166　Kennedy-Couve meetings, May 25 and October 7, 1963, FRUS 1961–1963, 13:771–773, 782–786.

矛盾似乎并非源于真正的政策上的冲突。诚然，戴高乐有某些非常宏观的目标，而这些目标与美国人想要的不同。他希望欧洲成为"一个有自己的政策，包括自己的防御手段的运作实体"；他呼吁建立"欧洲人的欧洲"，呼吁北约进行影响深远的转型，并且呼吁欧洲"从大西洋向乌拉尔山"延伸。[167] 但这些都是相当模糊的目标，并未真正让戴高乐和美国人发生冲突。事实上，这些词究竟意味着什么并不完全清晰。在真正的政治术语中，这些修辞又是什么意思？[168]

德国核问题是最终的检验标准。"欧洲人的欧洲"的概念，即民族国家规划自己未来的欧洲、建立在法德亲密合作之上的欧洲、拥有"属于它自己的防御措施"的欧洲——这些都意味着，德国像法国一样，将会拥有属于它自己的独立的核能力。但是戴高乐真的希望德国拥核吗？如果他对此表示反对，那么他究竟在呼吁什么？如果德国保持无核身份，美国难道不需要继续在欧洲防御上扮演关键角色吗？戴高乐似乎认为，有一种可行的替代方案可以取代以美国力量为基础的体系，但如果德国保持无核，什么样的替代方案才是可能的？这些问题是现实存在的，但是戴高乐是否在面对这些问题？5月，顾夫说，法国反对德国核力量；1962年10月，他说，建设这样的力量很可能引发第三次世界大战。但法国会提议怎样来处理这些问题呢？法国的核计划以及为其辩护的戴高乐主义者的言论，不能阻止德国拥核。实际上，美国人认为，这反而会起到相反作用。顾夫并未质疑此观点。在他看来，唯一的解决办法就是欧洲真正的政治统一，这会使得建立不受各国控制的欧洲核力量成为可能。但是这并不算是一个答案。顾夫承认，在最佳情况之下，欧洲统一都还有很长的路要走，而且实际上，正如美国继续指出的那样，只要如此强调国家主权的戴高乐主义政策仍然有效，欧洲就永远不会真正统一。[169]

167　Kennedy-Couve meeting, October 7, 1963, ibid., p. 782.
168　见Bohlen to Bundy, March 2, 1963, ibid., pp. 763-765。
169　Kennedy-Couve meetings, May 25 and October 7, 1963, ibid., pp. 773, 786; Ball-Couve meeting, May 25, 1963, NSF/72/France—General/JFKL; Couve-Home meeting, April 8, 1963, Prem 11/4221, PRO; Couve-Rusk meeting, October 7, 1962, 700.5611/10-762, RG 59, USNA.

第九章 解决方案的成形

所以在肯尼迪看来，法国人并没有解决这个核心问题的真正方法。美国至少在1961年和1962年曾试图解决这个问题，反对国别核能力，并支持多边核力量作为替代方案。但到了1963年，肯尼迪总结到，这些政策已经失败了，并着手准备尝试新方案。美国试图巧妙地处理德国核问题，但是他现在认识到必须要直面这个问题了。既然在基本原则问题上美法两国达成了一致，那为什么它们不在确保德国无核且稳定欧洲现状的政策上合作？在政治上，英法美三国应该共同合作；美国应该在核项目上对法国人予以援助。如果他们的基本政策都像顾夫所阐述的那样，那么为什么他们拒绝在这种方案上合作？

因此，美国人得出结论：戴高乐不是完全理性的。如果戴高乐拒绝美国人的主动提议，这并不是由于他在追求一项在实质层面有意义的政策。相反，他的政策根植于怨恨，最近一次是源于1963年初德国被迫在美国和法国之间做出抉择。[170] 实际上到了9月，白宫方面已经理所当然地认为，戴高乐的政策"很大程度上是被反美偏见激发的"。[171] 戴高乐似乎对美国抱有成见。他和他的追随者正在树立和事实几乎没有联系的一系列神话——比如美国从未回应过1958年9月戴高乐提出的建立三国"理事会"的建议，或是法国从未向美国要求核援助，或是英美苏三国在雅尔塔瓜分了欧洲而法国却支持一种完全不同的政策等。[172] 华盛顿方面因此认为不能以公事公

---

[170] 例如，参见 Tyler memo, "De Gaulle and Atlantic Nuclear Matters," November 2, 1964, p. 6, AP/SDWHA/HSTL; Couve-Bohlen meeting, September 15, 1963, FRUS 1961–1963, 13:780; Couve-Rusk meeting, October 7, 1963, ibid., 15:589–590。

[171] Ball to Bohlen, giving "highest level guidance" from the White House, September 25, 1963, p. 2, NSF/72/JFKL。

[172] 关于指称美国没有对1958年9月的备忘录进行回应，见德勃雷的声言，以及雷蒙·阿隆（和索托）的评论，载于 Aron, *Articles du Figaro,* 2:1281; Bohlen to Rusk, March 6, 1963, DOSCF for 1963, POL Fr-US, RG 59, USNA（关于泄露文件给苏兹伯格），以及苏兹伯格的相关条目记录，March 6, 1963, *Last of the Giants,* p. 965。有关法国在核领域是一个"祈求者"的言论，见德勃雷自己对这个词的使用，in meeting with Herter, May 1, 1959, DDF 1959, 1:590。至于标准的戴高乐主义者的关于英法美三国在雅尔塔瓜分了欧洲的神话（例如，参见 Peyrefitte, *C'était de Gaulle,* pp. 380–381），需要指出的是，戴高乐领导的法国临时政府比英美两国更快地接受了苏联对波兰的占领，而且戴高乐很高兴没有被邀请去雅尔塔，无需对此负任何责任。见 Soutou, "Le Général de Gaulle et l'URSS, 1943–1945," esp. pp. 339–343。

办的方式同戴高乐打交道。肯尼迪已经付出巨大的努力,但到了1963年末,这种尝试显然并不成功。

但是,归根结底,法国的态度并不具有根本的重要性。修复与戴高乐的关系或许有用,但德国的命运才是核心关切。用戴高乐自己的话来说,如果可以赢得"德国之战",那么"法国之战"就是次等重要的了。但在某种程度上,德国之战已经提前获胜。在那年早些时候,德国就已经做出了决定。德国联邦议会在《法德条约》中加上了序文,重申了德国对与美国结盟的忠诚,正式否认了阿登纳的"戴高乐主义"政策。事实上,阿登纳已经被迫辞去总理职务,尽管他仍作为无实权的人在位数月。此外,很多德国人都支持与美国结盟。当肯尼迪6月访问这个国家时,尤其是在柏林得到了热烈的欢迎和"凯旋般"的——用阿登纳的话说,"近乎歇斯底里般"的——欢呼。[173] 肯尼迪愿意"借用这些情感",7月初,他告诉哈里曼,"如果通过这种方法可以取得某些成效的话"。[174] 如果可以和苏联人制订一些合理的安排,那么德国人很可能会追随美国的领导。

但结果是,7月在莫斯科举行的谈判并未得出一个正式的东西方解决方案。禁止核试验条约是会谈达成的唯一正式协议。德国人现在被要求在条约上签字,但是他们非常不乐意。实际上,美国的要求令德国人相当惊讶且不悦。之前在此问题上与美国人并没有过协商。德国人认为,禁止核试验问题并不是他们关切的,因为它只涉及有核国家。但是现在,美国人明确表示,他们希望联邦德国在条约上签字。阿登纳清楚地知道,这样做的结果将进一步锁定德国的无核身份。[175]

173　Adenauer-Rusk meeting, August 10, 1963, AAPBD 1963, 2:974.
174　Kennedy-Harriman meeting, July 10, 1963, FRUS 1961–1963, 7:789.
175　Ilse Dorothee Pautsch, "Im Sog der Entspannungspolitik: Die USA, das Teststopp-Abkommen und die Deutschland-Frage," in *Von Adenauer zu Erhard: Studien zur auswärtigen Politik der Bundesrepublik Deutschland 1963,* ed. Rainer Blasius (Munich: Oldenbourg, 1994), p. 124; Adenauer-McNamara meeting, July 31, 1963, Schröder-McGhee meeting, August 3, 1963, and Schröder-Bundy meeting, September 20, 1963, all in AAPBD 1963, 2:860, 905–909, 1151. 有关该条约将确证德国的无核身份这一观点,见 Schwarz, *Adenauer,* 2:847.

第九章 解决方案的成形

所以阿登纳反对这个条约，并认为它"毫无意义"。[176] 他的主要观点是，东德也会在条约上签字，这就会强化东德政权的地位。美国人警告说，对于此事太过小题大做反而会起反作用。如果联邦德国在此问题上喋喋不休，人们就会认为该条约真的提高了民主德国的国际地位，然而实际上它在国际法上的重要性可以忽略不计。美国官员也警告说，如果过于关注此

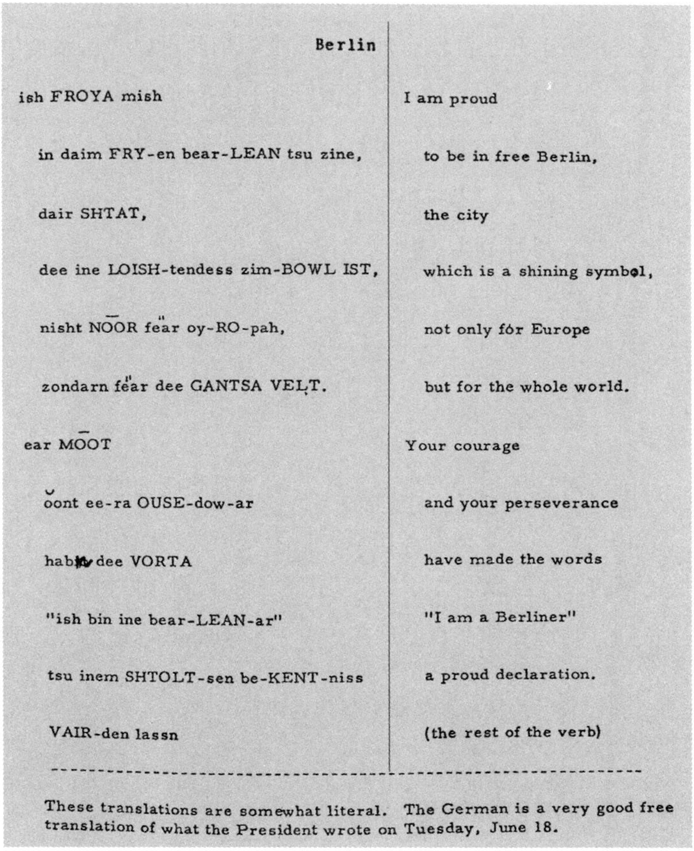

```
                        Berlin

ish FROYA mish                    I am proud

in daim FRY-en bear-LEAN tsu zine,    to be in free Berlin,

dair SHTAT,                       the city

dee ine LOISH-tendess zim-BOWL IST,   which is a shining symbol,

nisht NOOR fear oy-RO-pah,        not only for Europe

zondarn fear dee GANTSA VELT.     but for the whole world.

ear MOOT                          Your courage

oont ee-ra OUSE-dow-ar            and your perseverance

habn dee VORTA                    have made the words

"ish bin ine bear-LEAN-ar"        "I am a Berliner"

tsu inem SHTOLT-sen be-KENT-niss  a proud declaration.

VAIR-den lassn                    (the rest of the verb)
-----------------------------------------------------------------
These translations are somewhat literal.  The German is a very good free
translation of what the President wrote on Tuesday, June 18.
```

图7：美德关系重大时刻的碎记：为肯尼迪柏林之行中准备的文字。President's Office Files, box 117, Germany—JFK Visit, John F. Kennedy Library.

---

176 Adenauer-de Gaulle meeting, September 21, 1963, AAPBD 1963, 2:1201; Schwarz, Adenauer 2:846-848.

事会让别人怀疑联邦德国正在寻找可以不在条约上签字的借口，为的就是防止核选项被彻底勾除。[177]

无论如何，阿登纳不再有抵抗美国压力的政治权力。德国国内——同样也在他的党派内部，甚至他的政府内部——的普遍观点是，德国人别无选择，必须要跟从美国的领导。[178] 如果不这么做，德国还能有什么别的选择？德国与法国结盟，并背弃美国，这想起来很荒谬。实际上，法国无论在政治上还是军事上几乎都没有什么实质性的东西可以提供给德国。尤其是在核问题上，法国实际上是相当不情愿和它莱茵河对岸的邻居建立全面伙伴关系的。[179] 德国也不能转向苏联，尽管一些德国外交人员和政客有时舞动某种新的"拉巴洛"（Rapallo）幽灵。[180] "拉巴洛"政策对德国来说是行不通的。苏联人对强大的德国并不感兴趣，如果德国与西方断绝关系，并试图站在两大集团之间，那么德国自己必须要足够强大。

所以和美国的结盟是不二选择。德国人必须现实一些。他们对美国的依赖限制了他们能走多远，也限制了他们的政策能有多独立。德国不能认为美国被缚住了双手，认为美国领导人知道他们除了保护德国别无选择，因为失去德国将对全球均势产生决定性影响，因此认为联邦德国相对不受拘束。[181] 美国的政策并不必然会由这类权力政治考量驱动，以一种冷静且不带感情色彩的方式形成。实际上，美国人可能对撤出欧洲的想法很动心。德国人注意到，甚至是像艾森豪威尔这样对联盟如此忠诚的人，现在都公

177　Schröder-McGhee meeting, August 3, 1963, and Knappstein to Foreign Office, August 8, 1963, AAPBD 1963, 2:907−908, 958−959.
178　例如，参见 the Carstens memorandum of August 7, 1963（包括外交部长的负面评论），ibid., pp. 947−948.
179　Carstens memorandum, August 7, 1963, and Schröder-Rusk meeting, September 20, 1963, ibid., pp. 948, 1163−1166.
180　例如，参见 Soutou, *L'Alliance incertaine*, p. 205 中对施特劳斯言论的总结。（"拉巴洛"幽灵是指苏德直接缔结条约、建立友好关系的可能性。1922年4月16日，德国魏玛政府与苏维埃俄国在意大利利古里亚省的拉巴洛签署条约，两国在一战后的不利外交境地由此大为改善。——译者）
181　关于此观点，参见 Carstens memorandum of August 16, 1963, AAPBD 1963, 2:1035。

第九章 解决方案的成形

开说要大幅削减美国在欧洲的军事存在。[182] 此外，显然美国政府越来越关注美国的收支问题。海外军事支出给国际收支带来了相当大的负担；这种财政负担的规模和国际收支赤字本身是大致相当的。既然军事开支是政府直接控制之下的国际收支的一个主要组成部分，那么通过削减美国的海外军事存在来解决这一问题就有长久的吸引力——或利用撤军威胁盟国政府（尤其是德国政府），让它们在国际经济问题上帮助美国。[183] 因此，美国撤军并不是完全不可能。德国也不能将美国的安全保障视为理所当然，因此它的行动自由将会受限得多。如果美国现在希望缓和，联邦德国如何能反对？如果美国坚持认为，作为缓和政策的一部分，德国需要保持无核，那么它将别无选择，只得接受无核身份。

这便是德国内部现在的主流观点。阿登纳并不认同，但他已经出局了，主要是由于他赞成一种截然不同的政策。格哈德·施罗德的观点与主流的德国观点更一致。他自1961年末起担任外交部长。1961年9月大选之后，阿登纳被迫接受他作为联合政府的一员，而对施罗德的任命反映出阿登纳权力的减弱，这本身也是这位老总理的思想与全国普遍舆论之间日益扩大的差距的结果。施罗德的政策也比阿登纳的更微妙、更平衡。一方面，他明白德国不能偏离美国的路线太远，尤其认为联邦德国别无选择，只能签订禁止核试验条约。[184] 但是这并不意味着德国仅仅是美国的傀儡。联邦德国需要属于它自己的、最终可以领导德国走向统一的政策。阿登纳的立场

182　艾森豪威尔的访谈，October 18, 1963，新总理路德维希·艾哈德（Luduig Erhard）引用了这段话，与美国大使麦基（McGhee）的会晤，October 22, 1963，施罗德在与腊斯克的会晤中也进行了引用，October 26, 1963, ibid., 3:1365, 1391。

183　有关美国海外驻军带来的支出以及1960年代早期国际收支赤字的不同文件，见FRUS 1961–1963, 9:30, 60, 68, 149–150。麦克纳马拉在7月31日告诉阿登纳，维持海外军队的开支和总的国际收支赤字几乎相等。AAPBD 1963, 2:863。另注意1963年12月17日他在巴黎举行的部长级会议上进行的绝密演讲，FRUS 1961–1963, vols. 13–15, mic. supp., no. 51。美国在境外维持军事存在（尤其是在德国）与国际收支平衡问题之间的关联反映于诸多文件中，见FRUS 1961–1963, vol. 9，尤其是在前两部分中（pp. 1–188）。笔者对此问题的理解很大程度上基于弗兰克·加文以及休伯特·齐默尔曼的著作，以及与他们的讨论。他们二人最近刚刚撰写了关于此领域的论文。

184　Schwarz, *Adenauer*, 2:721, 746, 841。

并未使这个目标更加接近,所以恐怕应该尝试新途径了。美国希望缓和,德国可以接受,但施罗德坚持认为,该政策的目的不能是"埋葬"德国问题,或是把它放在"冰箱"里。最终目标是改变现状。施罗德将新政策称为"活动政策",这与长期的德国国家基本目标一致。[185]

所以这并不像是德国人只是被迫地、有悖于他们意愿地听从美国的指挥;并非如阿登纳的追随者所抱怨的那样,德国人只是"美国缓和政策的牺牲品"。[186] 情况要复杂得多。美国的态度当然是德国政治考量中的重要因素,但是新政策与具有合理性的德国基本国家利益并不相悖。德国人当然做出了重大让步,尤其是在核领域,但这些让步都不是完全单方面的。尤其是美国负有给予联邦德国有效安全保障的某种义务;如果德国保持无核,美国或多或少不得不同意为德国提供安全。而且这种承诺很快就会到来:美国政府现在保证(1963年10月27日腊斯克在法兰克福的演讲)几乎永久地在德国维持一支相当规模的军队。[187]

冷战政治体系

到了1963年,似乎非常危险的时期已经结束了。事态已经平息下来。肯尼迪认为,苏联进攻西欧的风险已经"微乎其微"。"现在欧洲在军事上已经相当安全了",肯尼迪说道。欧洲大陆"很可能在我们的危险名单上只位列第八"。甚至西柏林现在都相对安全。[188] 其他关键人士也有同样的印

---

185 Schröder-Bundy and Schröder-Rusk meetings, September 20, 1963; Schröder-Sorensen meeting, September 24, 1963; Schröder-Rusk-Home meeting, September 27, 1963; all in AAPBD 1963, 2:1152–1154, 1156, 1159–62, 1170, 1226–1227, 1240–1246.
186 Krone diary, August 5, 1963, *Adenauer-Studien*, 3:178; 见 Schwarz, *Adenauer*, 2:840–853。
187 NSAM 270, October 29, 1963, FRUS 1961–1963, 9:99; Rusk-Erhard meeting, October 25, 1963, AAPBD 1963, 3:1385. 另注意肯尼迪就此问题与腊斯克及邦迪的讨论, October 24, 1963, audiotape 117/A53, POF/JFKL。
188 Kennedy-JCS meeting, February 28, 1963; Kennedy-Spaak meeting, May 28, 1963; Kennedy-Couve meeting, May 25, 1963; in FRUS 1961–1963, 13:517, 587, 772.

象。例如，顾夫在5月也认为柏林问题"基本已经解决"。[189] 实际上，赫鲁晓夫亲自向哈里曼保证，柏林"不再是任何问题的源头了"。[190]

但这并不意味着达成了最终解决方案或是冷战彻底结束了。过了一段时间，到1963年已经形成的体系才被最终接受。贯穿整个1960年代，美国在欧洲的军事存在问题作为整体当然仍在国际议程上；腊斯克在法兰克福演讲上的承诺并不是神圣不可更改的；这个问题因持续的国际收支问题而继续存在。即使是德国核力量的问题也没有彻底消失：阿登纳的继任者路德维希·艾哈德总理在1965年末告诉约翰逊总统："认为德国永远不会有核威慑能力是不可能的"。[191] 并且柏林问题当然没有立即消除；直到1971年，这个问题才通过《四方协定》解决。[192] 尽管1963年之后在通往柏林的通道上发生了一些小插曲，但并没有出现新的柏林危机。人们在那一年的感觉是：一个重要的门槛已经被跨越了，这种感觉是有道理的。那个高度戏剧化、充满真正英勇决策的时期已经结束了。在1961年和1962年笼罩着的全面核战争的威胁，如今已经渐渐消退。冷战已成为一种不同的冲突，更温和，更有节制，更具人为控制性，最重要的是，也没那么可怕了。

实际上，一个相对稳定的体系已经形成。该体系建立在三个主要基础之上：对中欧现状，尤其是柏林现状的总体尊重；西德的无核身份；美国在德国领土上持续的大规模军事存在。这些事情都是紧密相关的；尤其是美国的军事存在和德国的无核身份是一个硬币的两面。如果要保持德国无核，美国必须留在中欧，并为其提供必要的抗衡苏联的力量。事实上，如

---

189 Rusk-Home-Couve-Schröder meeting, May 21, 1963, ibid., 15:515.
190 Khrushchev-Harriman meeting, April 26, 1963, ibid., p. 510.
191 Johnson-Erhard meeting, December 20, 1965, FRUS 1964-1968, 13:291. 有关约翰逊时期的美国对德政策，尤其是该时期的美国对德国核问题的政策，见Frank Costigliola, "Lyndon B. Johnson, Germany and the 'End of the Cold War,'" in *Lyndon B. Johnson Confronts the World*, ed. Warren Cohen and Nancy Tucker (New York: Cambridge University Press, 1994)。
192 有关之后的一些问题，见John Ausland, "Six Berlin Incidents, 1961-1964: A Case Study in the Management of U.S. Policy regarding a Critical National Security Problem," NSABF。

果德国人接受无核身份,那么他们有权要求以一些重要的东西作为交换:他们有权期望美国人为他们提供安全保障。这种联系网络的存在往往把每个人都束缚在现状中。如果苏联人想要保持德国无核,他们就必须接受北约体系——以美国权势以及美国在欧洲的军事存在为基础的体系。柏林现状与北约体系和西德的无核身份紧密相关。如果苏联人在柏林问题上逼迫太紧,即使没有战争,结果在他们看来也可能令人相当不悦。北约体系可能崩塌;他们可能最终不得不应对一个拥核的德国;因此最好还是接受现状。同样的联系又把西方国家和现状连在一起。如果西方想要保护柏林,联邦德国就需要保证无核,这样才能避免激怒苏联人,由此德国拥核的威胁就可以保持下去,作为一种威慑苏联人的手段,防止苏联向柏林施压。换言之,体系的稳定并不源自军事实力在中欧的简单平衡。这不仅仅是美国的军事存在对苏联在柏林周边的行为具有某种威慑作用的问题。政治影响更加微妙,范围广泛,也至关重要;1963年末,一个政治体系已经形成,而且这个体系并不仅仅以核威慑为基础。

这一基本体系在其他领域的发展中得到完善和加强。例如,美国和德国之间就制订了某些财政安排。如果美国部队要保障德国的安全,那么德国应该补偿美国在欧洲大规模部署军队所承担的外汇开支,这样看上去才公平;实际上,考虑到美国国际收支问题的严峻性以及当时国际货币体系的性质,这么做是非常重要的。在此方面的安排有助于美国在欧洲维持一支规模可观的军队。古巴和柏林之间发展起来的互为人质的关系也将美苏两国和现状联系在了一起,因此是该体系中的另一个支柱——尽管是相对次要的。[193] 美国核原则的转变——不再考虑只打击军事力量,接受核优势既不可能也不是(在这种情况下更重要)一个可取的目标这一观点——是

---

193 注意,肯尼迪在1963年1月22日国家安全委员会上的讲话,FRUS 1961–1963, 8:458, 458n。另见 White House meeting, October 24, 1962, May and Zelikow, *Kennedy Tapes*, p. 382。

第九章 解决方案的成形

该图景中的又一重要因素。[194] 中国问题的出现对苏美而言也是一个严重问题，这也将苏美两国拉得更近，从而在总体上稳定了它们之间的关系。但体系的核心是与中欧局势相关的一系列安排和谅解：德国的无核身份、美国在欧洲的持续军事存在，以及对该地区（尤其是柏林）的政治现状的尊重。

这是个可以运作的体系，因为它维护了每一方最基本的利益。对苏联而言，它意味着德国的权力被限制在由美国主导的体系当中，即联邦德国依赖于一个决定不使用武力改变现状的国家。正如腊斯克在1962年7月告诉葛罗米柯的那样，美苏同时在中欧的存在是"稳定因素"，而且可以防止两德陷入"冒险"。[195] 1963年8月，他和赫鲁晓夫说了大致相同的话：美苏两国在德国的存在，以及两国所接受的处理德国问题的"重大责任"，目前是"稳定因素，而非相反"。[196] 苏联人原则上没有拒绝：他们的目的不是把美国赶出欧洲，而是确保联邦德国不会威胁他们对东德的控制。[197]

至于德国人，他们最基本的利益就是在这种体系中受到保护。首先，他们的领土将得到防卫，即使在美国的核优势消失之后，西柏林仍然可以保持自由。此外，德国将成为西方的一部分，这意味着该国的政治转型和道德自新。而且，对于越来越多的德国人而言，缓和也意味着欧洲的根本

---

194 尤其注意麦克纳马拉在1962年末的采访中发表的令人震惊的言论，他称，美国失去了摧毁苏联报复性力量的能力，从而失去了在全面核战中采取主动的能力，这是件好事。见 Shapley, *Promise and Power*, p. 191。这具有相当重要的象征意义，也具有某些意义深远的实质性影响。美国人正表明，他们不强求战略优势；苏联人对不危及美国这方面的政策有一定兴趣；这也使他们对维持大国现状有一定的兴趣。战略均势的问题显然也与1963年的禁止核试验条约有关。腊斯克和汤普森告诉多勃雷宁，美国"在战术核武器方面处于领先地位"，苏联可以"通过接受有限试验禁令赶上"，而且"可能存在一种默契"，即"除非我们认为苏联人的试验做得太多了，不然我们不会继续进行地下核试验"。一位消息灵通的观察员指出，这可能解释了为什么有"放慢地下核试验步伐"的压力。William Y. Smith memorandum, August 21, 1963, on "events leading up to the Harriman Moscow Mission," FRUS 1961–1963, vols. 7–9, mic. supp., no. 220.

195 Rusk-Gromyko meeting, July 24, 1962, FRUS 1961–1963, 15:243, 249, 251; Rusk-Dobrynin meeting, March 26, 1963, ibid., p. 501. 次日，科勒继腊斯克的言论后，向葛罗米柯提交了概述美国对德国和柏林保留权力的文件。Kohler-Gromyko meeting, July 25, 1962, 110.11-RU/7-2562, RG 59, USNA.

196 Rusk-Khrushchev meeting, August 9, 1963, FRUS 1961–1963, 15:566–568.

197 例如，参见 Soutou, *L'Alliance incertaine*, p. 264。关于这一点的总体情况，见 pp. 80 and 141–142。

改变，甚至从长远的角度来看，两德统一都是可能的。

最后一点，该体系与美国的最基本利益相一致。美国并不想将主宰西欧本身作为目的：美国政府从未试图将北约地区变为某种美利坚帝国。事实上，美国正在为自己参与欧洲事务而付出代价，而且这种代价是不能仅从经济方面来衡量的：美国权势的介入意味着美国人愿意为了西欧而在最后关头让自己的城市面临危险。但他们正在换取的是欧洲稳定的政治秩序，一个各自由国家能和平共处的体系。

这种体系的最终形成绝不是必然的。事情本可以向着许多不同的方向发展；甚至爆发全面战争都是可能的。在1945年或1949年的时候，我们当然不清楚世界最终会出现1963年形成的那种安排。甚至到了1959年末，艾森豪威尔也很难想象美国可以在柏林永久驻军："显然我们没有预想在那里占领50年。"但最终，美军在柏林驻留了几乎50年，直到冷战结束、两德统一之后才撤离。[198]

遵循特定道路的事实与所做的具体政策选择有关。做出那些抉择绝非易事，而且这个通往具有某种稳定性的体系的过程，任何人都不想经历第二次。这个简单的事实，应该对我们今天看待基本外交政策问题的方式产生了一定影响。

在1998年，苏联军队已不再驻守易北河流域；实际上，苏联已不复存在。西柏林并不是深入民主德国内部的一个孤立前哨。德意志民主共和国已经被并入德意志联邦共和国，西方部队也已经永久地离开柏林。

但是，冷战体系的另一半仍然留存着。美国部队仍然驻扎在欧洲，德国也还没有属于自己的核武器。1990年9月在莫斯科签署的条约重新确定了德国的无核地位，此条约也奠定了德国统一的法律框架。北约仍然存在，事实上，与苏联的最终解决协议为统一后的德国继续留在北约提供了条件。

198　Eisenhower-Khrushchev meeting, September 27, 1959, FRUS 1958–1960, 9:46. 美国军队于1945年7月初抵达，并于1994年9月8日离开。

第九章 解决方案的成形

即使在1990年,美国人也理所当然地认为,苏联和西方国家在确保德国力量被遏制在西方体系内有着共同的利益——加入北约将使德国永远不会构成威胁,而更大的风险将"来自一个军国主义的中立的德国"。[199] 苏联人也是这么认为。当美国国务卿詹姆斯·贝克问苏联领导人米哈伊尔·戈尔巴乔夫,他是否真的更加喜欢"一个脱离于北约、领土上没有美国驻军的、独立的德国"时,戈尔巴乔夫明确表示,他了解现行体系的优势:"我们不想看到《凡尔赛和约》的重演,在该条约下德国还可以武装自己……限制此过程的最佳方式是,确保德国被遏制在欧洲体系之中。你刚才和我说的你的方法以及倾向都是非常切实的。"[200] 当时的假定是,美苏两国在维护冷战期间形成的基本体系方面有着共同利益。两者都不愿看到德国作为一个完全独立而强大的国家而重新崛起;双方都明白,美国部队在德国的持续存在以及北约体系的维持是和这个基本目标相辅相成的。

冷战可能已经结束,但冷战时期的政治体系在很大程度上还保存完好。它是否可以或应该被保持完整,必然是21世纪的重大政治问题之一。

---

199 国务卿詹姆斯·贝克(James Raker)在1990年2月与苏联外长谢瓦尔德纳泽(Shevardnadze)进行的会谈中的言辞,转引自 Philip Zelikow and Condoleezza Rice, *Germany Unified and Europe Transformed: A Study in Statecraft* (Cambridge, Mass.: Harvard University Press, 1995), p. 181。

200 Gorbachev-Baker meeting, February 9, 1990,转引自 Zelikow and Rice, *Germany Unified*, p. 184。

资料来源与参考文献

参考文献不包括脚注中引用的所有作品。它主要是为那些以缩写形式引用的书籍与文章——也就是说，被引用不止一次的作品——提供查找帮助。对于已出版与未出版的资料，脚注中广泛地使用了缩写。在第一次引用资料来源时，这些缩写会被放在括号中；同样，下列资料来源也在括号中再次给出了它们的缩写形式；它们也出现在本书前面第 xv–xvi 页的缩略语列表中。

档案文献至少包含以下部分信息，且总是按以下顺序排列：文件描述、日期、合集、系列、子系列、文件盒或卷、文件夹、文件组卷、存放处与存放处位置。描述有时是文件上的标题，但更多的是我给它的描述（例如"北约战略简报"），无论文件上是否有标题。就会议记录或谈话备忘录而言，通常只提及讨论中最重要的参与者（例如，"肯尼迪－阿登纳会晤"，即使有其他人参加）；不使用"某某笔记"或"某某记录"等术语。日期是会议本身的日期，而不是记录的日期。某些信息即使没有它们也很容易找到该文件时，这些信息就会被删除：例如，对于在肯尼迪图书馆工作的人来说，很明显，总统办公室档案中的文件都在肯尼迪文件中，因此没有必要在任何参考文献中注明该合集的名称。这一点同样适用于文件夹标题：有时文档所在的特定文件夹对使用该文件盒的人来说显而易见，因此不需要给出文件夹标题；有时，只需要一个缩写的文件夹标题即可。

资料来源与参考文献

本书引用的一些未出版文件，即未付印或以缩微胶卷或缩微胶片方式发布的文件，都收集在网络补充文献（Internet Supplement）中，我打算在本书出版后至少保存十年。网络补充文献可在以下网址找到：http://www.history.upenn.edu/trachtenberg。其中包含的文件是为了用来说明我在形成书中阐述的论点时所使用的重要方法。在文件向公众发布之前，它们通常会被"净化"；某些文档在不同的时间或在不同的存放处中会进行不同的"净化"。因此，我们可以研究文档解密时被删除的内容；这有助于让研究人员了解什么是真正重要的，也就是说，了解什么是非常敏感的内容以至于必须对公众保密。此外，通过对这些文件的分析，研究人员对解密是一个高度政治化的过程这一事实对现有证据库带来的偏见的性质有所了解；一旦认识到这种偏见，人们就可以在做出解释时对其加以把握。

网络补充文献还包括一些附录，这些附录涉及详细的主题，或者只涉及与书中主要论点略微相关的问题。这些附录在脚注中的适当位置被引用。

    附录1：《波茨坦会议协定书》与来自当前生产的赔偿
    附录2：以德国威胁作为防御苏联的借口
    附录3：美国、法国与德国问题，1953—1954年
    附录4：核共享问题中的政治
    附录5：东德控制柏林通道的问题
    附录6：美国对德国核意愿的评估
    附录7：艾森豪威尔时期的美国军控政策
    附录8：肯尼迪与以色列核计划

网络补充文献还包括一份关于冷战史研究的非正式指南。

档案资料

美国

Harry S Truman Library [HSTL], Independence, Missouri
    President's Secretary's Files [PSF]
    Dean Acheson Papers [AP]
        State Department and White House Advisor [SDWHA]
Dwight D. Eisenhower Library [DDEL], Abilene, Kansas
    Papers of Dwight D. Eisenhower as President (Ann Whitman File) [AWF]
        Administration Series [A]
        Ann Whitman Diary Series [AWD]
        Dwight D. Eisenhower Diary Series [DDED]
        International Series [I]
        National Security Council Series [NSC]
        Dulles-Herter Series [DH]
    White House Office. Office of the Staff Secretary Files [SS]
        International Series [I]
        International Trips and Meetings Series [ITM]
        Subject Series [S]
            Alphabetical subseries [A]
            Department of Defense subseries [DoD]
            Department of State subseries [DoS]
            White House subseries [WH]
    Office of the Special Assistant for National Security Affairs Files [OSANSA]
        National Security Council Series [NSC]
            Policy Papers subseries [PP]
            Subject subseries [S]
        Special Assistants Series [SA]
            Presidential subseries [P]
            Subject subseries [S]
    John Foster Dulles Papers [DP]. (A copy is at the Seeley Mudd Library in Princeton.)
        General Correspondence and Memoranda Series [GCM]
        Subject Series [S]
        Telephone Conversations Series [TC]
        White House Memoranda Series [WHM]
        Special Assistant's Chronological Series [SACS]
    Lauris Norstad Papers [NP]
John F. Kennedy Library [JKFL], Boston, Massachusetts
    National Security Files [NSF]
    President's Office Files [POF]
United States National Archives [USNA], College Park, Maryland
    Record Group [RG] 59: Department of State
        Central Files
            Decimal Files (1945–62)
            Subject-Numeric Files (1963) [DOSCF for 1963]

档案资料

    Lot Files
        Policy Planning Staff [PPS] records
        Conference Files (cited by CF number)
        Files relating to disarmament
        Records relating to atomic energy
        Records relating to State Department participation in the National Security Council, 1947–61
    Record Group 200
        Robert McNamara Papers
    Record Group 218: Joint Chiefs of Staff
        Central Files
        Chairman's Files [CJCS]
    Record Group 273: National Security Council
    Record Group 319: Army Staff
Library of Congress [LOC], Washington, D.C.
    Averell Harriman Papers [HP]
Seeley Mudd Library [ML], Princeton University, Princeton, New Jersey
    George Ball Papers
    John Foster Dulles Papers [DP] (Copy of the collection at the Eisenhower Library)
    Dulles State Papers [DSP]. Classified documents, on microfilm, cited by frame number; the documents cited have been declassified and can be consulted without a clearance.
    James Forrestal Papers [FP]
        Forrestal Diaries [FD]
    Arthur Krock Papers [KP]
    Livingstone Merchant Papers
Sterling Memorial Library, Yale University, New Haven, Connecticut
    Dean Acheson Papers
    Henry Stimson Papers
Rand Corporation, Santa Monica, California
    Rand Corporation archives
Office of Air Force History, Bolling Air Force Base, Washington, D.C.
National Security Archive [NSA], Washington, D.C.
    Berlin Crisis File [NSABF]
National Defense University [NDU], Washington, D.C.
    Maxwell Taylor Papers [TP]
Department of Defense, Freedom of Information Office, Washington [DOD-FOIA]. A small library of Defense Department material released under the Freedom of Information Act [FOIA]
Department of State, Freedom of Information Office, Washington [DOS-FOIA]. State Department material released under the FOIA, and available on microfiche.

英国

Public Record Office [PRO], Kew
    FO 371: Foreign Office, Political Correspondence
    FO 800: For Ernest Bevin Papers
    Prem 11: Prime Minister's Office files
    Defe 4, 5 and 6: Chiefs of Staff files
    Cab 128 and 129: Cabinet meetings and memoranda
    Cab 133: International meetings
Liddell Hart Centre for Military Archives [LHCMA], King's College, London
    Ismay Papers

Imperial War Museum, London
  Montgomery Papers
Churchill Archives Centre, Churchill College, Cambridge University
  Winston Churchill Papers
  Selwyn Lloyd Papers

法国

French Foreign Ministry Archives [FFMA], Paris
  Y: International, 1944–49
  Z: Europe, 1944–49
  Europe, 1949–55
  René Massigli Papers [MP]
  Henri Bonnet Papers [BP]
Service Historique de l'Armée de Terre [SHAT], Vincennes
  Etat-Major de la Défense Nationale (4Q)
  Clément Blanc Papers (1K145)
Institut Mendès France, Paris
  Mendès France Papers

主要的未出版的报告、研究及解密的历史记载

Bowie, Robert. "The North Atlantic Nations: Tasks for the 1960's" [Bowie Report]. August 21, 1960. A full copy was made available through the Nuclear History Program in 1991.
Lumpkin, H. H. "The SACEUR/USCINCEUR Concept." U.S. European Command, August 1957. DOD-FOIA.
"History of the Custody and Deployment of Nuclear Weapons, July 1945 through September 1977." Office of the Assistant to the Secretary of Defense (Atomic Energy), February 1978.
May, Ernest, John Steinbruner, and Thomas Wolfe. "History of the Strategic Arms Competition, 1945–1972," Part I. Office of the Secretary of Defense, Historical Office, March 1981. DOD-FOIA.
Neustadt, Richard. "Skybolt and Nassau: American Policy-Making and Anglo-American Relations" [Neustadt Report], November 1963. NSF, box 322, Staff Memoranda: Neustadt, JFKL. Also available from the Kennedy School of Government Case Program, Harvard University, Cambridge, Mass.
U.S. Congress, Joint Committee on Atomic Energy. Report of Ad Hoc Subcommittee on the Assignment of Nuclear Weapons to NATO [Holifield Report]. February 15, 1961. Available at the NSA.
U.S. Department of State, Historical Office. "Crisis over Berlin: American Policy Concerning the Soviet Threats to Berlin, November 1958 - December 1962" [DOS Berlin History]. Parts 1–6, covering November 1958 through September 1961. October 1966–April 1970. Available at the NSA.
Wainstein, L., et al. "The Evolution of U.S. Strategic Command and Control and Warning, 1945–1972." Institute for Defense Analyses, June 1975. DOD-FOIA.

未出版的口述史

Interview with Carl Kaysen. August 3, 1988: Marc Trachtenberg and David Rosenberg, interviewers. October 17, 1988: Marc Trachtenberg and Stephen Van Evera, interviewers. Tapes and a transcript are in the author's possession.

档案资料

Nuclear History Program. Transcript of Berlin Crisis Oral History Project Oral History Sessions Nos. 1–8. Conducted October 1990–October 1992. Principal interviewer: David Rosenberg. On deposit at NSA.

Office of Air Force History, Bolling Air Force Base, Washington, D.C.. Oral history interviews with General David Burchinal (April 1975), General Truman Landon (May-June 1977), and General David Holloway (August 1977).

已出版的资料
外交文件

United States. Department of State. *Foreign Relations of the United States* [FRUS].

The Conferences at Malta and Yalta, 1945. Washington, D.C.: GPO, 1955.

The Conference of Berlin (The Potsdam Conference), 1945. 2 vols. Washington, D.C.: GPO, 1960.

1945:
  Vol. 2: *General: Political and Economic Matters*. Washington, D.C.: GPO, 1967.
  Vol. 3: *European Advisory Commission; Austria; Germany*. Washington, D.C.: GPO, 1968.
  Vol. 4: *Europe*. Washington, D.C.: GPO, 1968.
  Vol. 5: *Europe*. Washington, D.C.: GPO, 1967.

1946:
  Vol. 1: *General*. Washington, D.C.: GPO, 1972.
  Vol. 2: *Council of Foreign Ministers*. Washington, D.C.: GPO, 1970.
  Vol. 3: *Paris Peace Conference*. Washington, D.C.: GPO, 1970.
  Vol. 5: *The British Commonwealth; Western and Central Europe*. Washington, D.C.: GPO, 1969.

1947:
  Vol. 1: *General*. Washington, D.C.: GPO, 1973.
  Vol. 2: *Council of Foreign Ministers; Germany and Austria*. Washington, D.C.: GPO, 1972.
  Vol. 3: *The British Commonwealth; Europe*. Washington, D.C.: GPO, 1972.

1948:
  Vol. 1 (2 parts): *General*. Washington, D.C.: GPO, 1975.
  Vol. 2: *Germany and Austria*. Washington, D.C.: GPO, 1973.
  Vol. 3: *Western Europe*. Washington, D.C.: GPO, 1974.

1949:
  Vol. 1: *National Security Affairs*. Washington, D.C.: GPO, 1976.
  Vol. 3: *Council of Foreign Ministers; Germany and Austria*. Washington, D.C.: GPO, 1974.

1950:
  Vol. 1: *National Security Affairs*. Washington, D.C.: GPO, 1977.
  Vol. 3: *Western Europe*. Washington, D.C.: GPO, 1977.
  Vol. 4: *Central and Eastern Europe; The Soviet Union*. Washington, D.C.: GPO, 1980.

1951:
  Vol. 1: *National Security Affairs*. Washington, D.C.: GPO, 1979.
  Vol. 3 (2 parts): *European Security and the German Question*. Washington, D.C.: GPO, 1981.

1952–54:
  Vol. 2 (2 parts): *National Security Affairs*. Washington, D.C.: GPO, 1984.

Vol. 5 (2 parts): *Western European Security*. Washington, D.C.: GPO, 1983.
Vol. 7 (2 parts): *Germany and Austria*. Washington, D.C.: GPO, 1986.
1955–57:
   Vol. 4: *Western European Security and Integration*. Washington, D.C.: GPO, 1986.
   Vol. 5: *Austrian State Treaty; Summit and Foreign Ministers Meetings, 1955.* Washington, D.C.: GPO, 1988.
   Vol. 19: *National Security Policy*. Washington, D.C.: GPO, 1990.
   Vol. 26: *Central and Southeastern Europe*. Washington, D.C.: GPO, 1992.
   Vol. 27: *Western Europe and Canada*. Washington, D.C.: GPO, 1992.
1958–60:
   Vol. 3: *National Security Policy; Arms Control and Disarmament*. Washington, D.C.: GPO, 1996.
   Vol. 7, pt. 1: *Western European Integration and Security; Canada*. Washington, D.C.: GPO, 1993.
   Vol. 7, pt. 2: *Western Europe*. Washington, D.C.: GPO, 1993.
   Vol. 8: *Berlin Crisis, 1958–1959*. Washington, D.C.: GPO, 1993.
   Vol. 9: *Berlin Crisis, 1959–1960; Germany; Austria*. Washington, D.C.: GPO, 1993.
1961–63:
   Vol. 6: *Kennedy-Khrushchev Exchanges*. Washington, D.C.: GPO, 1996.
   Vol. 7: *Arms Control and Disarmament*. Washington, D.C.: GPO, 1995.
   Vol. 8: *National Security Policy*. Washington, D.C.: GPO, 1996.
   Vol. 9: *Foreign Economic Policy*. Washington, D.C.: GPO, 1995.
   Vol. 11: *Cuban Missile Crisis and Aftermath*. Washington, D.C.: GPO, 1996.
   Vol. 13: *West Europe and Canada*. Washington, D.C.: GPO, 1994.
   Vol. 14: *Berlin Crisis, 1961–1962*. Washington, GPO, 1993.
   Vol. 15: *Berlin Crisis, 1962–1963*. Washington, D.C.: GPO, 1994.
Documents on British Policy Overseas [DBPO]
   Series I
      Vol. 1: *The Conference at Potsdam, July–August 1945* (with microfiche supplement). London: HMSO, 1984.
      Vol. 5: *Germany and Western Europe, 11 August–31 December 1945*. London: HMSO: 1990.
      Vol. 6: *Eastern Europe, August 1945–April 1946*. London: HMSO, 1991.
   Series II
      Vol. 2: *The London Conferences: Anglo-American Relations and Cold War Strategy, January–June 1950*. London HMSO, 1987.
      Vol. 3: *German Rearmament, September–December 1950*. London: HMSO, 1989.
France. Ministère des Affaires Etrangères. Commission de Publication des Documents Diplomatiques Français. *Documents Diplomatiques Français* [DDF]
   1954. (July 21–December 31). Paris: Imprimerie Nationale, 1987.
   1955. 2 vols. Paris: Imprimerie Nationale, 1987–88.
   1956. 3 vols. Paris: Imprimerie Nationale, 1988–90.
   1957. 2 vols. Paris: Imprimerie Nationale, 1990–91.
   1958. 2 vols. Paris: Imprimerie Nationale, 1992–93.
   1959. 2 vols. Paris: Imprimerie Nationale, 1994–95.
Federal Republic of Germany. Auswärtiges Amt. *Akten zur auswärtigen Politik der Bundesrepublik Deutschland* [AAPBD]
   Vol. 1: *Adenauer und die Hohen Kommissare, 1949–1951*. Munich: Oldenbourg, 1989.
   1963. 3 vols. Munich: Oldenbourg, 1994.

档案资料

其他已出版的资料，包括回忆录

Acheson, Dean. *Present at the Creation: My Years at the State Department*. New York: Norton, 1969.

Adenauer, Konrad. *Erinnerungen*.
  Vol. 1: *1945–1953*. Stuttgart: Deutsche Verlags-Anstalt, 1965.
  Vol. 3: *1955–1959*. Stuttgart: Deutsche Verlags-Anstalt, 1967.
  Vol. 4: *1959–1963 (Fragmente)*. Stuttgart: Deutsche Verlags-Anstalt, 1968.
———. *Memoirs 1945–1953*. Chicago: Regnery, 1966.

Alphand, Hervé. *L'étonnement d'être*. Paris: Fayard, 1977.

Aron, Raymond. *Les articles du Figaro*, ed. Georges-Henri Soutou. Vol. 2: *La coexistence, 1955–1965*. Paris: Fallois, 1993.

Ayers, Eben. *Truman in the White House: The Diary of Eben A. Ayers*, ed. Robert Ferrell. Columbia: University of Missouri Press, 1991.

Billotte, Pierre. *Le passé au futur*. Paris: Stock, 1979.

Buchstab, Günter, ed. *Adenauer: "Wir haben wirklich etwas geschaffen": Die Protokolle des CDU-Bundesvorstands, 1953–1957*. Düsseldorf: Droste, 1990.

———, ed. *Adenauer: ". . . um den Frieden zu gewinnen": Die Protokolle des CDU-Bundesvorstands 1957–1961*. Düsseldorf: Droste, 1994.

Central Intelligence Agency, Center for the Study of Intelligence. *Selected Estimates on the Soviet Union, 1950–1959*, ed. Scott Koch. Washington, D.C.: CIA Center for the Study of Intelligence, 1993.

Chauvel, Jean. *Commentaire*, vol. 3: *De Berne à Paris (1952–1962)*. Paris: Fayard, 1973.

Chuev, Felix. *Molotov Remembers: Inside Kremlin Politics, Conversations with Felix Chuev*, ed. Albert Resis. Chicago: Dee, 1993.

Clay, Lucius. *The Papers of General Lucius D. Clay: Germany 1945–1949*, ed. Jean Smith. 2 vols. Bloomington: Indiana University Press, 1974.

Couve de Murville, Maurice. *Une politique étrangère, 1958–1968*. Paris: Plon, 1971.

———. *Le monde en face: Entretiens avec Maurice Delarue*. Paris: Plon, 1989.

De Gaulle, Charles. *Mémoires d'espoir: le Renouveau*. Paris: Plon, 1970.

De Gaulle, Charles. *Discours et messages*. vol. 4: *Août 1962–décembre 1965*. Paris: Plon, 1970.

———. *Lettres, notes et carnets* [LNC]
  Juin 1958–décembre 1960. Paris: Plon, 1985.
  1961–1963. Paris: Plon, 1986.

Djilas, Milovan. *Conversations with Stalin*. New York: Harcourt Brace, 1962.

Eisenhower, Dwight. *Papers of Dwight David Eisenhower*, ed. Louis Galambos et al. vols. 9–17. Baltimore: Johns Hopkins University Press, 1978–1996.

———. *The Eisenhower Diaries*, ed. Robert Ferrell. New York: Norton, 1981.

Forrestal, James. *The Forrestal Diaries*, ed. Walter Millis. New York: Viking, 1951.

Kohn, Richard, and Joseph Harahan, eds. *Strategic Air Warfare: An Interview with Generals Curtis E. LeMay, Leon Johnson, David A. Burchinal and Jack J. Catton*. Washington, D.C.: Office of Air Force History, 1988.

Krone, Heinrich. "Aufzeichnungen zur Deutschland- und Ostpolitik 1954–1969" [Krone Diary], ed. Klaus Gotto. *Adenauer-Studien*, vol. 3, Rudolf Morsey and Konrad Repgen. Mainz: Matthias Grünewald, 1974.

Lane, Arthur Bliss. *I Saw Poland Betrayed: An American Ambassador Reports to the American People*. Indianapolis: Bobbs-Merrill, 1948.

Loewenheim, Francis, Harold Langley, and Manfred Jonas. eds. *Roosevelt and Churchill: Their Secret Wartime Correspondence*. New York: Dutton, 1975.

构建和平

McClellan, Woodford. "Molotov Remembers," Cold War International History Project *Bulletin*, no. 1 (Spring 1992): 17–20.
Macmillan, Harold. *Riding the Storm, 1956–1959*. New York: Harper, 1971.
———. *Pointing the Way, 1959–1961*. London: Macmillan, 1972.
Massigli, René. *Une comédie des erreurs: Souvenirs et réflexions sur une étape de la construction européenne*. Paris: Plon, 1978.
May, Ernest, and Philip Zelikow. *The Kennedy Tapes: Inside the White House during the Cuban Missile Crisis*. Cambridge, Mass.: Harvard University Press, 1997.
Mendès France, Pierre. *Oeuvres complètes*, vol. 3: *Gouverner, c'est choisir*. Paris: Gallimard, 1986.
Murphy, Robert. *Diplomat Among Warriors*. Garden City, N.Y.: Doubleday, 1964.
Nitze, Paul. *From Hiroshima to Glasnost*. New York: Grove Weidenfeld, 1989.
Osterheld, Horst. *"Ich gehe nicht leichten Herzens . . . ": Adenauers letzte Kanzlerjahre, ein dokumentarisches Bericht*. Mainz: Matthias Grünewald, 1986.
Peyrefitte, Alain. *C'était de Gaulle*. Paris: Fayard, 1994.
Pieck, Wilhelm. *Wilhelm Pieck: Aufzeichnungen zur Deutschlandpolitik, 1945–1963*, ed. Rolf Badstübner and Wilfried Loth. Berlin: Akademie Verlag, 1994).
Public Papers of the Presidents [PPP], for Eisenhower and Kennedy periods.
Radford, Arthur. *From Pearl Harbor to Vietnam: The Memoirs of Admiral Arthur W. Radford*, ed. Stephen Jurika, Jr. Stanford, Calif.: Hoover Institution Press, 1980.
Ratchford, B. U., and Ross, W. D. *Berlin Reparations Assignment: Round One of the German Peace Settlement*. Chapel Hill: University of North Carolina Press, 1947.
Ruhm von Oppen, Beate. *Documents on Germany under Occupation*. London: Oxford University Press, 1955.
Sulzberger, Cyrus. *The Last of the Giants*. New York: Macmillan, 1970.
Trachtenberg, Marc, ed. *The Development of American Strategic Thought, 1945–1969*. 6 vols. New York: Garland, 1988.
Truman, Harry. *Memoirs: Year of Decisions*. Garden City, N.Y.: Doubleday, 1955.
———. *Dear Bess: The Letters from Harry to Bess Truman, 1910–1959*, ed. Robert Ferrell. New York: Norton, 1983.
Truman, Harry. *Strictly Personal and Confidential: The Letters Harry Truman Never Mailed*, ed. Monte Poen. Boston: Little Brown, 1982.
United States. Senate. *Executive Sessions of the Senate Foreign Relations Committee (Historical Series)*
　Vol. 14: *1962*. Washington, D.C.: GPO, 1986.
　Vol. 15: *1963*. Washington, D.C.: GPO, 1986.
Walters, Vernon. *Silent Missions*. Garden City, N.Y.: Doubleday, 1978.

微缩资料

Declassified Documents Reference System. [DDRS]. Documents on microfiche, with printed index, compiled periodically. Washington, D.C.: Carollton Press.
National Security Archive. *The Cuban Missile Crisis, 1962* (microfiche, with printed index and guide). Alexandria, Va.: Chadwyck-Healey, 1990.
———. *The Berlin Crisis, 1958–1962* (microfiche, with printed index and guide). Alexandria, Va.: Chadwyck-Healey, 1992.
National Security Council: Documents (with supplements; microfilm with printed indexes). Bethesda, Md.: University Publications of America, 1980–95.
National Security Council: Minutes of Meetings (with supplements; microfilm with printed indexes). Bethesda, Md.: University Publications of America, 1982–1995.
United States Department of State. *Secretary of State's Memoranda of Conversation, November*

1952–December 1954 [SSMC]. Microfiche supplement to FRUS. Washington, D.C.: GPO, 1992.

———. *Foreign Relations of the United States, 1961–63.* Microfiche supplements.
Vols. 7–9. Washington, D.C.: Department of State, 1997.
Vols. 13–15. Washington, D.C.: Department of State, 1995.

学术图书、文章及论文

Adamthwaite, Anthony. "Britain and the World, 1945–9: The View from the Foreign Office." *International Affairs* 61, no. 2 (Spring 1985): 223–235.

Ahonen, Pertti. "Franz-Josef Strauss and the German Nuclear Question, 1956–1962." *Journal of Strategic Studies* 18, no. 2: (June 1995): 25–51.

Alperovitz, Gar. *Atomic Diplomacy: Hiroshima and Potsdam.* New York: Simon and Schuster, 1965.

Ambrose, Stephen. *Eisenhower*, vol. 2. New York: Simon and Schuster, 1984.

Appleby, Charles, Jr. "Eisenhower and Arms Control, 1953–1961: A Balance of Risks." Ph.D. diss., Johns Hopkins University, 1987.

Artner, Stephen. *A Change of Course: The West German Social Democrats and NATO, 1957–1961.* Westport, Conn.: Greenwood Press, 1985.

Backer, John. *Winds of History: The German Years of Lucius DuBignon Clay.* New York: Van Nostrand, 1983.

Baylis, John. *Anglo-American Defense Relations 1939–1984: The Special Relationship.* 2d ed. New York: St. Martin's, 1984.

———. *The Diplomacy of Pragmatism: Britain and the Formation of NATO, 1942–1949.* Kent, Ohio: Kent State University Press, 1993.

———. *Ambiguity and Deterrence: British Nuclear Strategy, 1945–1964.* Oxford: Clarendon, 1995.

Bédarida, François, and Jean-Pierre Rioux. *Pierre Mendès France et le mendésisme.* Paris: Fayard, 1985.

Botti, Timothy. *The Long Wait: The Forging of the Anglo-American Nuclear Alliance, 1945–1958.* New York: Greenwood, 1987.

Buffet, Cyril. "Le Blocus de Berlin: Les Alliés, l'Allemagne et Berlin, 1945–1949." Doctoral thesis, University of Paris IV, 1987.

———. "La politique nucléaire de la France et la seconde crise de Berlin, 1958–1962." *Relations internationales*, no. 59 (Fall 1989): 347–358.

———. *Mourir pour Berlin: La France et l'Allemagne, 1945–1949.* Paris: Colin, 1991.

Bullock, Alan. *Ernest Bevin: Foreign Secretary, 1945–1951.* New York: Norton, 1983.

Bundy, McGeorge. *Danger and Survival: Choices about the Bomb in the First Fifty Years.* New York: Random House, 1988.

Burr, William. "Avoiding the Slippery Slope: The Eisenhower Administration and the Berlin Crisis, November 1958–January 1959." *Diplomatic History*, 18, no. 3 (Spring 1994): 177–205.

Chang, Gordon. *Friends and Enemies: The United States, China, and the Soviet Union, 1948–1972.* Stanford, Calif.: Stanford University Press, 1990.

Clark, Ian. *Nuclear Diplomacy and the Special Relationship: Britain's Deterrent and America, 1957–1962.* Oxford: Clarendon, 1994.

Clemens, Diane. *Yalta.* New York: Oxford University Press, 1970.

Cohen, Avner. "Stumbling into Opacity: The United States, Israel, and the Atom, 1960–63," *Security Studies* 4, no. 2 (Winter 1994–95): 195–241.

构 建 和 平

Cold War International History Project [CWIHP]
  Bulletin.
  Working Paper series.
Coutrot, Aline. "La politique atomique sous le gouvernement de Mendès France." In François Bédarida and Jean-Pierre Rioux, *Pierre Mendès France et le mendésisme.* Paris: Fayard, 1985.
Dallek, Robert. *Franklin D. Roosevelt and American Foreign Policy, 1932–1945.* Oxford: Oxford University Press, 1979
Davis, Lynn. *The Cold War Begins: Soviet-American Conflict over Eastern Europe.* Princeton, N.J.: Princeton University Press, 1974.
Deighton, Anne. *The Impossible Peace: Britain, the Division of Germany and the Origins of the Cold War.* Oxford: Clarendon, 1990.
Dilks, David. "Britain and Europe, 1948–1950: The Prime Minister, the Foreign Secretary and the Cabinet." In *Histoire des débuts de la construction européenne (mars 1948–mai 1950),* ed. Raymond Poidevin. Brussels: Bruylant, 1986.
Doise, Jean, and Maurice Vaïsse. *Diplomatie et outil militaire, 1871–1969.* Paris: Imprimerie Nationale, 1987.
Douglas, Roy. *From War to Cold War, 1942–1948.* New York: St. Martin's, 1981.
Eisenberg, Carolyn. *Drawing the Line: The American Decision to Divide Germany, 1944–1949.* Cambridge: Cambridge University Press, 1996.
Feaver, Peter. *Guarding the Guardians: Civilian Control of Nuclear Weapons in the United States.* Ithaca, N.Y.: Cornell University Press, 1992.
Fischer, Peter. "Das Projekt einer trilateralen Nuklearkooperation." *Historisches Jahrbuch* 112 (1992): 143–156.
———. "Die Reaktion der Bundesregierung auf die Nuklearisierung der westlichen Verteidigung." *Militärgeschichtliche Mitteilungen* 52, no. 1 (1993): 105–132.
Foschepoth, Josef. "Britische Deutschlandpolitik zwischen Jalta und Potsdam," *Vierteljahrshefte für Zeitgeschichte* 30, no. 4 (1982): 675–714.
——— ed. *Adenauer und die deutsche Frage,* 2d ed. Göttingen: Vandenhoeck and Ruprecht, 1990.
Franklin, William. "Zonal Boundaries and Access to Berlin," *World Politics* 16 (1963): 1–31.
Gaddis, John Lewis. *The United States and the Origins of the Cold War, 1941–1947.* New York: Columbia University Press, 1972.
———. *Strategies of Containment: A Critical Appraisal of Postwar American National Security Policy.* New York: Oxford University Press, 1982.
———. "Spheres of Influence; The United States and Europe, 1948–1949," In his *The Long Peace: Inquiries into the History of the Cold War.* New York: Oxford University Press, 1987.
———. *We Now Know: Rethinking Cold War History.* Oxford: Clarendon, 1997.
Gardner, Lloyd. *Spheres of Influence: The Great Powers Partition Europe from Munich to Yalta.* Chicago: Ivan Dee, 1993.
Gerbet, Pierre. "Les origines du Plan Schuman: Le choix de la méthode communautaire par le gouvernement français," in *Histoire des débuts de la construction européenne (9 mars 1948–mai 1950),* ed. Raymond Poidevin. Brussels: Bruylant, 1986.
Gillingham, John. *Coal, Steel, and the Rebirth of Europe, 1945–1955: The Germans and French from Ruhr Conflict to Economic Community.* New York: Cambridge University Press, 1991.
Greenwood, Sean. "Bevin, the Ruhr and the Division of Germany: August 1945–December 1946." *Historical Journal* 29, no. 1 (1986): 203–212.
Greiner, Christian. "Zwischen Integration und Nation: Die militärische Eingliederung der Bundesrepublik Deutschland in die NATO, 1954 bis 1957." In *Westdeutschland 1945–1955: Unterwerfung, Kontrolle, Integration,* ed. L. Herbst. Munich: Oldenbourg, 1986.

Guillen, Pierre. "Les chefs militaires français, le réarmement de l'Allemagne et la CED (1950–1954)." *Revue d'histoire de la deuxième guerre mondiale*, no. 129 (January 1983): 3–33.

———. "Les militaires français et la création de l'OTAN." In *La France et l'OTAN, 1949–1996*, ed. Maurice Vaïsse et al. Paris: Editions Complexe, 1996.

Harbutt, Fraser. *The Iron Curtain: Churchill, America, and the Origins of the Cold War*. New York: Oxford University Press, 1986.

Robert d'Harcourt. *L'Allemagne d'Adenauer à Erhard*. Paris: Flammarion, 1964.

Harrison, Hope. "The Bargaining Power of Weaker Allies in Bipolarity and Crisis: The Dynamics of Soviet–East German Relations, 1953–1961," Ph.D. diss., Columbia University, 1993.

———. Ulbricht and the Concrete 'Rose': New Archival Evidence on the Dynamics of Soviet-East German Relations and the Berlin Crisis, 1958–1961. Cold War International History Project Working Paper No. 5. Woodrow Wilson Center, Washington, D.C.: 1993.

Heuser, Beatrice. *Western Containment Policies in the Cold War: The Yugoslav Case, 1948–1953*. London: Routledge, 1988.

Hogan, Michael. *The Marshall Plan: America, Britain, and the Reconstruction of Western Europe, 1947–1952*. Cambridge: Cambridge University Press, 1987.

Horne, Alistair. *Harold Macmillan*, vol. 2. New York: Viking, 1989.

Hüser, Dietmar. "Charles de Gaulle, Georges Bidault, Robert Schuman et l'Allemagne." *Francia* 23 (1996): 49–73.

Institut Charles de Gaulle. *De Gaulle et son siècle*, vol. 5. Paris: Plon, 1991.

Ireland, Timothy. *Creating the Entangling Alliance: The Origins of the North Atlantic Treaty Organization*. Westport, Conn.: Greenwood, 1981.

Joint Chiefs of Staff, Historical Office. *History of the Joint Chiefs of Staff* [JCS History]

Vol. 2: Kenneth Condit, *The Joint Chiefs of Staff and National Policy, 1947–1949*. Wilmington, Del.: Glazier, 1979.

Vol. 3: James Schnabel and Robert Watson, *The Korean War*, part 1. Wilmington, Del.: Glazier, 1979.

Vol. 4: Walter Poole, *The Joint Chiefs of Staff and National Policy, 1950–1952*. Wilmington, Del.: Glazier, 1979.

Vol. 5: Robert J. Watson, *The Joint Chiefs of Staff and National Policy, 1953–1954*. Washington, D.C.: GPO, 1986.

Vol. 6: Kenneth Condit, *The Joint Chiefs of Staff and National Policy, 1955–1956*. Washington, D.C.: GPO, 1992.

Kaplan, Fred. *The Wizards of Armageddon*. New York: Simon and Schuster, 1983.

Kaplan, Karel. *Dans les archives du Comité Central*. Paris: Albin Michel, 1978.

———. *The Short March: The Communist Takeover in Czechoslovakia, 1945–1948*. New York: St. Martin's, 1987.

Kaplan, Lawrence. *The United States and NATO: The Formative Years*. Lexington: University of Kentucky Press, 1984.

Kimball, Warren. *The Juggler: Franklin Roosevelt as Wartime Statesman*. Princeton, N.J.: Princeton University Press, 1991.

———, ed. *Swords or Ploughshares? The Morgenthau Plan for Defeated Nazi Germany, 1943–1946*. Philadelphia: Lippincott, 1976.

Koerfer, Daniel. *Kampf ums Kanzleramt: Erhard und Adenauer*. Stuttgart: Deutsche Verlags-Anstalt, 1988.

Kosthorst, Daniel. *Brentano und die deutsche Einheit: Die Deutschland- und Ostpolitik des Aussenministers im Kabinett Adenauer 1955–1961*. Düsseldorf: Droste, 1993.

Krieger, Wolfgang. *General Lucius D. Clay und die amerikanische Deutschlandpolitik, 1945–1949.* 2d ed. Stuttgart: Klett-Cotta, 1988.

Küsters, Hanns Jürgen. "Souveränität und ABC-Waffen-Verzicht: Deutsche Diplomatie auf der Londoner Neunmächte-Konferenz 1954." *Vierteljahrshefte für Zeitgeschichte* 42, no. 4 (October 1994): 499–536.

Kuklick, Bruce. *American Policy and the Division of Germany: The Clash with Russia over Reparations.* Ithaca, N.Y.: Cornell University Press, 1962.

Kuniholm, Bruce. *The Origins of the Cold War in the Near East and Greece.* Princeton, N.J.: Princeton University Press, 1980.

Large, David. *Germans to the Front: West German Rearmament in the Adenauer Era.* Chapel Hill: University of North Carolina Press, 1996.

Laufer, Jochen. "Konfrontation oder Kooperation? Zur sowjetischen Politik in Deutschland und im Alliierten Kontrollrat 1945–1948," In *Studien zur Geschichte der SBZ/DDR,* ed. Alexander Fischer. Berlin: Duncker and Humblot, 1993.

Leffler, Melvyn. *A Preponderance of Power: National Security, the Truman Administration, and the Cold War.* Stanford, Calif.: Stanford University Press, 1992.

Loth, Wilfried. "Adenauers Ort in der deutschen Geschichte." In *Adenauer und die Deutsche Frage,* ed. Josef Foschepoth. 2d ed. Göttingen: Vandenhoeck and Ruprecht, 1990.

Lundestad, Geir. *The American Non-Policy towards Eastern Europe, 1943–1947: Universalism in an Area not of Essential Interest to the United States.* New York: Humanities Press, 1975.

Mai, Gunter. *Der Alliierte Kontrollrat in Deutschland 1945–1948: Alliierte Einheit–deutsche Teilung?* Munich: Oldenbourg, 1995.

Mark, Eduard. "American Policy toward Eastern Europe and the Origins of the Cold War, 1941–1946: An Alternative Interpretation." *Journal of American History* 68, no. 2 (September 1981): 313–336.

Mastny, Vojtech. *The Cold War and Soviet Insecurity: The Stalin Years.* New York: Oxford University Press, 1996.

Mélandri, Pierre. *Les Etats-Unis face à l'unification de l'Europe.* Paris: A. Pedone, 1980.

Messer, Robert. *The End of an Alliance: James F. Byrnes, Roosevelt, Truman, and the Origins of the Cold War.* Chapel Hill: University of North Carolina Press, 1982.

Militärgeschichtliches Forschungsamt. *Anfänge westdeutscher Sicherheitspolitik, 1945–1956.*
  Vol. 1: Roland G. Foerster, Christian Greiner, Georg Meyer, Hans-Jürgen Rautenberg, and Norbert Wiggershaus, *Von der Kapitulation bis zum Pleven-Plan.* Munich: Oldenbourg, 1982.
  Vol. 2: Lutz Köllner, Klaus Maier, Wilhelm Meier-Dörnberg, and Hans-Erich Volkmann, *Die EVG-Phase.* Munich: Oldenbourg, 1990.
  Vol. 3: Hans Ehlert, Christian Greiner, Georg Meyer, and Bruno Thoss, *Die NATO-Option.* Munich: Oldenbourg, 1993.

Miscamble, Wilson. *George F. Kennan and the Making of American Foreign Policy.* Princeton, N.J.: Princeton University Press, 1992.

Mosely, Philip E. "The Occupation of Germany: New Light on How the Zones were Drawn." *Foreign Affairs* 28 (1949–50): 580–604.

Naimark, Norman. *The Russians in Germany: A History of the Soviet Zone of Occupation, 1945–1949.* Cambridge, Mass.: Belknap Press, 1995.

Nash, Philip. *The Other Missiles of October: Eisenhower, Kennedy, and the Jupiters, 1957–1963.* Chapel Hill: University of North Carolina Press, 1997.

Newhouse, John. *De Gaulle and the Anglo-Saxons.* London: Andre Deutsch, 1970.

Nunnerley, David. *President Kennedy and Britain.* New York: St. Martin's, 1972.

Nuti, Leopoldo. "Le rôle de l'Italie dans les négociations trilatérales, 1957–1958," *Revue d'histoire diplomatique* 104, nos. 1–2 (1990): 133–156.

———. "'Me Too, Please': Italy and the Politics of Nuclear Weapons, 1945–1975." *Diplomacy and Statecraft* 4, no. 1 (March 1993): 114–148.

Parrish, Scott. "The USSR and the Security Dilemma: Explaining Soviet Self-Encirclement, 1945–1985." Ph.D. diss., Columbia University, 1993.

Pautsch, Ilse Dorothee. "Im Sog der Entspannungspolitik: Die USA, das Teststopp-Abkommen und die Deutschland-Frage." In *Von Adenauer zu Erhard: Studien zur auswärtigen Politik der Bundesrepublik Deutschland 1963*, ed. Rainer Blasius. Munich: Oldenbourg, 1994.

Pechatnov, Vladimir. "The Big Three after World War II: New Documents on Soviet Thinking about Post War Relations with the United States and Great Britain," Cold War International History Project Working Paper no. 13. Woodrow Wilson Center, Washington, D.C. 1995.

Pedlow, Gregory. "General Lauris Norstad and the Second Berlin Crisis." Unpublished paper.

Pierre, Andrew. *Nuclear Politics: The British Experience with an Independent Strategic Force, 1939–1970*. London: Oxford University Press, 1972.

Poidevin, Raymond. "Le facteur Europe dans la politique allemande de Robert Schuman." In *Histoire des débuts de la construction européenne (9 mars 1948–mai 1950)*, ed. Raymond Poidevin. Brussels: Bruylant, 1986.

———. *Robert Schuman, homme d'état: 1886–1963*. Paris: Imprimerie Nationale, 1986.

Pruessen, Ronald. *John Foster Dulles: The Road to Power*. New York: Free Press, 1982.

Rearden, Steven. *History of the Office of the Secretary of Defense*, vol. 1: *The Formative Years, 1947–1950*. Washington, D.C.: Office of the Secretary of Defense Historical Office, 1984.

Richter, James. "Reexamining Soviet Policy towards Germany during the Beria Interregnum." Cold War International History Project Working Paper no. 3. Woodrow Wilson Center, Washington, D.C., 1992.

Riste, Olav, ed. *Western Security: The Formative Years*. New York: Columbia University Press, 1985.

Rosecrance, Richard. *Defense of the Realm: British Strategy in the Nuclear Epoch*. New York: Columbia University Press, 1968.

Rosenberg, David. "American Atomic Strategy and the Hydrogen Bomb Decision." *Journal of American History* 66, no. 1 (June 1979): 62–87.

———. "Toward Armageddon: The Foundations of U.S. Nuclear Strategy." Ph.D. diss., University of Chicago, 1983.

———. "The Origins of Overkill: Nuclear Weapons and American Strategy, 1945–1960." *International Security* 7, no. 4 (Spring 1983): 3–71.

———. "Reality and Responsibility: Power and Process in the Making of United States Nuclear Strategy, 1945–1968." *Journal of Strategic Studies* 9, no. 1 (March 1986): 35–52.

———. "Nuclear War Planning." In *The Laws of War: Constraints on Warfare in the Western World*, ed. Michael Howard, George Andreopoulos and Mark Shulman. New Haven, Conn.: Yale University Press, 1994.

Rothwell, Victor. *Britain and the Cold War, 1941–1947*. London: Jonathan Cape, 1982.

Rowe, Richard. "American Nuclear Strategy and the Korean War," M.A. thesis, University of Pennsylvania, 1984.

Rupieper, Hermann-Josef. *Der besetzte Verbündete: Die amerikanische Deutschlandpolitik 1949–1955*. Opladen: Westdeutscher Verlag, 1991.

Sagan, Scott. *The Limits of Safety: Organizations, Accidents and Nuclear Weapons*. Princeton, N.J.: Princeton University Press, 1993.

Schlesinger, Arthur. *A Thousand Days: John F. Kennedy in the White House*. Boston: Houghton Mifflin, 1965.

———. *Robert Kennedy and His Times*. Boston: Houghton Mifflin, 1978.

Schwabe, Klaus, ed. *Die Anfänge des Schuman-Plans, 1950–51.* Baden-Baden: Nomos, 1988.
Schwartz, Thomas. *America's Germany: John J. McCloy and the Federal Republic of Germany.* Cambridge, Mass.: Harvard University Press, 1991.
Schwarz, Hans-Peter. *Vom Reich zur Bundesrepublik.* Neuwied: Luchterhand, 1966.
———. *Die Ära Adenauer, 1957–1963.* Stuttgart: Deutsche Verlags-Anstalt, 1983.
Schwarz, Hans-Peter. *Adenauer.*
Vol. 1: *Der Aufstieg, 1876–1952.* Stuttgart: Deutsche Verlags-Anstalt, 1986.
Vol. 2: *Der Staatsmann, 1952–1967.* Stuttgart: Deutsche Verlags-Anstalt, 1991.
———. "Adenauer und die Kernwaffen." *Vierteljahrshefte für Zeitgeschichte* 37, no. 4 (October 1989): 567–593.
———. "Adenauer, le nucléaire, et la France." *Revue d'histoire diplomatique* 106, no. 4 (1992): 297–311.
Shapley, Deborah. *Promise and Power: The Life and Times of Robert McNamara.* Boston: Little Brown, 1993.
Sherwood, Robert. *Roosevelt and Hopkins: An Intimate History.* New York: Harper, 1950.
Shlaim, Avi. *The United States and the Berlin Blockade, 1948–1949: A Study in Crisis Decision-Making.* Berkeley: University of California Press, 1983.
Smirnov, Yuri, and Vladislav Zubok. "Nuclear Weapons after Stalin's Death: Moscow Enters the H-Bomb Age." Cold War International History Project *Bulletin,* no. 4 (Fall 1994): 1, 14–18.
Smith, Jean. *Lucius D. Clay: An American Life.* New York: Holt, 1990.
Soutou, Georges-Henri. "La France, l'Allemagne et les accords de Paris." *Relations internationales,* no. 52 (Winter 1987): 451–470.
———. "La France et les notes soviétiques de 1952 sur l'Allemagne." *Revue d'Allemagne* 20, no. 3 (July-September 1988): 261–273.
———. "La politique française à l'égard de la Rhénanie 1944–1947." In *Franzosen und Deutschen am Rhein: 1789, 1918, 1945,* ed. Peter Huttenberger and Hans-Georg Molitor. Essen: Klartext, 1989.
———. "Les problèmes de sécurité dans les rapports franco-allemands de 1956 à 1963." *Relations internationales,* no. 58 (Summer 1989): 227–251.
———. *The French Military Program for Nuclear Energy, 1945–1981.* Nuclear History Program Occasional Paper no. 3. College Park: Center for International Security Studies at Maryland, 1989.
———. "La politique nucléaire de Pierre Mendès France." *Relations internationales,* no. 59 (Fall 1989): 317–330. Also in *La France et l'atome,* ed. Maurice Vaïsse. Brussels: Bruylant, 1994.
———. "Georges Bidault et la construction europeénne, 1944–1954." In *Le MRP et la construction européenne,* ed. Serge Bernstein et al. Brussels: Complexe, 1993.
———. "Le Général de Gaulle et l'URSS, 1943–1945: Idéologie ou équilibre européen?" *Revue d'histoire diplomatique* 108, no. 4 (1994): 303–355.
———. "Les accords de 1957 et 1958: Vers une communauté stratégique et nucléaire entre la France, l'Allemagne et l'Italie?" In *La France et l'atome: Etudes d'histoire nucléaire,* ed. Maurice Vaïsse. Brussels: Bruylant, 1994.
———. "De Gaulle, Adenauer und die gemeinsame Front gegen die amerikanische Nuklearstrategie." In *Politischer Wandel, organisierte Gewalt und nationale Sicherheit: Beiträge zur neueren Geschichte Deutschlands und Frankreichs,* ed. Ernst Hansen et al. Munich: Oldenbourg, 1995.
———. *L'alliance incertaine: Les rapports politico-stratégiques franco-allemands, 1954–1996.* Paris: Fayard, 1996.
———. "La sécurité de la France dans l'après-guerre." In *La France et l'OTAN, 1949–1996,* ed. Maurice Vaïsse et al. Paris: Editions Complexe, 1996.

档案资料

Stares, Paul. *Allied Rights and Legal Constraints on German Military Power.* Washington, D.C.: Brookings, 1990.
Staritz, Dietrich. "Das ganze oder das halbe Deutschland? Zur Deutschlandpolitik der Sowjetunion und der KPD/SED (1945–1955)." In *Die Republik der fünfziger Jahre: Adenauers Deutschlandpolitik auf dem Prüfstand,* ed. Jürgen Weber. Munich: Olzog, 1989.
Stein, Peter, and Peter Feaver. *Assuring Control of Nuclear Weapons: The Evolution of Permissive Action Links.* Harvard Center for Science and International Affairs Occasional Paper no. 2. Boston: University Press of America, 1987.
Steininger, Rolf. *Eine vertane Chance: Die Stalin-Note vom 10. März 1952 und die Wiedervereinigung.* Bonn: Dietz, 1985. English translation: *The German Question: The Stalin Note of 1952 and the Problem of Reunification.* New York: Columbia University Press, 1990.
Stueck, William. *The Road to Confrontation: American Policy toward China and Korea, 1947–1950.* Chapel Hill: University of North Carolina Press, 1981.
Taubman, William. *Stalin's American Policy: From Entente to Détente to Cold War.* New York: Norton, 1982.
Theoharis, Athan. "Roosevelt and Truman on Yalta: The Origins of the Cold War," *Political Science Quarterly* 87, no. 2 (June 1972): 210–241.
Trachtenberg, Marc. "New Light on the Cuban Missile Crisis?" *Diplomatic History* 14, no. 2 (Spring 1990): 241–247.
———. *History and Strategy.* Princeton, N.J.: Princeton University Press, 1991.
———. "L'ouverture des archives américaines: Vers de nouvelles perspectives." In *L'Europe et la Crise de Cuba,* ed. Maurice Vaïsse. Paris: Colin, 1993.
———. "La formation du système de défense occidentale: les Etats-Unis, la France et MC 48," in *La France et l'OTAN, 1949–1996,* ed. Maurice Vaïsse et al. (Paris: Editions Complexe, 1996).
Tusa, Ann and John. *The Berlin Blockade.* London: Hodder and Stoughton, 1988.
Vaïsse, Maurice. "L'echec d'une Europe franco-britannique, ou comment le pacte de Bruxelles fut créé et délaissé." In *Histoire des débuts de la construction européenne,* ed. Raymond Poidevin. Brussels: Bruylant, 1986.
———. "Aux origines du mémorandum de septembre 1958." *Relations internationales,* no. 58 (Summer 1989): 253–268.
———. "Un dialogue de sourds: Les relations nucléaires franco-américaines de 1957 à 1960." *Relations internationales,* no. 68 (Winter 1991): 407–423.
———. "La France et le Traité de Moscou (1957–1963)." *Revue d'histoire diplomatique* 107 (1993): 41–53.
———. "Indépendance et solidarité, 1958–1963." In Vaïsse et al., *La France et l'OTAN,* pp. 219–245.
———, ed. *L'Europe et la Crise de Cuba.* Paris: Colin, 1993.
Vaïsse, Maurice, Pierre Mélandri, and Frédéric Bozo, eds. *La France et l'OTAN, 1949–1996.* Paris: Editions Complexe, 1996.
Wall, Irwin. *The United States and the Making of Postwar France, 1945–1954.* New York: Cambridge University Press, 1991.
Wampler, Robert. *NATO Strategic Planning and Nuclear Weapons, 1950–1957.* Nuclear History Program Occasional Paper 6. University of Maryland: Center for International Security Studies at Maryland, 1990.
———. "Ambiguous Legacy: The United States, Great Britain, and the Foundations of NATO Strategy, 1948–1957." Ph.D. diss., Harvard University, 1991.
———. "Conventional Goals and Nuclear Promises: The Truman Administration and the Roots of the NATO New Look." In *NATO: The Founding of the Atlantic Alliance and the Integration of Europe,* ed. Francis Heller and John Gillingham. New York: St. Martin's, 1992.
———. "Eisenhower, NATO, and Nuclear Weapons: The Strategy and Political Economy

of Alliance Security." in *Eisenhower: A Centenary Assessment,* ed. Günter Bischof and Stephen Ambrose. Baton Rouge: Louisiana State University Press, 1995.

———. "The Die is Cast: The United States and NATO Nuclear Planning." Unpublished paper.

Weathersby, Kathryn. "Soviet Aims in Korea and the Origins of the Korean War, 1945–1950: New Evidence from Russian Archives." Cold War International History Project Working Paper no. 8. Woodrow Wilson Center, Washington, D.C., 1993.

Weil, Martin. *A Pretty Good Club: The Founding Fathers of the U.S. Foreign Service.* New York: Norton, 1978.

Weisenfeld, Ernst. *Quelle Allemagne pour la France?* Paris: Colin, 1989.

Wiggershaus, Norbert. "Bedrohungsvorstellungen Bundeskanzler Adenauers nach Ausbruch des Korea-Krieges." *Militärgeschichtliche Mitteilungen* no. 1 (1979): 79–122.

———. "The German Question and the Foundation of the Atlantic Pact." In *The Origins of NATO,* ed. Joseph Smith. Exeter: University of Exeter Press, 1990.

Williamson, Samuel, and Steven Rearden, eds. *The Origins of U.S. Nuclear Strategy, 1945–1953.* New York: St. Martin's, 1993.

Wohlstetter, Albert. "The Delicate Balance of Terror." *Foreign Affairs* 37, no. 2 (January 1959): 211–234.

———. "Nuclear Sharing: NATO and the N + 1 Country," *Foreign Affairs* 39, no. 2 (April 1961): 355–387.

Woodward, E. L. *British Foreign Policy in the Second World War,* vol. 3. London: HMSO, 1971.

Yergin, Daniel. *Shattered Peace: The Origins of the Cold War and the National Security State.* Boston: Houghton Mifflin, 1978.

Young, John W. *France, the Cold War and the Western Alliance, 1944–49: French Foreign Policy and Post-War Europe.* New York: St. Martin's Press, 1990.

Zelikow, Philip. "George C. Marshall and the Moscow CFM Meeting of 1947," *Diplomacy and Statecraft* 8, no. 2 (July 1997): 97–124.

Zelikow, Philip, and Condoleezza Rice. *Germany Unified and Europe Transformed: A Study in Statecraft.* Cambridge, Mass.: Harvard University Press, 1995.

Zubok, Vladislav. "Soviet Intelligence and the Cold War: The 'Small' Committee of Information, 1952–53." Cold War International History Project Working Paper no. 4. Woodrow Wilson Center, Washington, D.C., 1992.

———. "Khrushchev and the Berlin Crisis (1958–1962)." Cold War International History Project Working Paper no. 6. Woodrow Wilson Center, Washington, D.C., 1993.

———. "Khrushchev's Motives and Soviet Diplomacy in the Berlin Crisis, 1958–1962." Unpublished paper, 1994.

Zubok, Vladislav, and Constantine Pleshakov. *Inside the Kremlin's Cold War: From Stalin to Khrushchev.* Cambridge, Mass.: Harvard University Press, 1996.

索 引

（索引页码为原书页码，即本书边码）

Acheson, Dean 迪安·艾奇逊（美国副国务卿，1945—1947；国务卿，1949—1953；肯尼迪顾问，1961—1963）：赞成与苏联分享核秘密（1945），39；与德国问题（1946），47，50—51；与德国重新武装，107—113；与欧洲统一，115；与美国在欧洲的角色，118—120；与盟国在德国的权利，125—126；以及与苏联协商德国统一问题，130；与柏林危机，292，325；与北约战略（1961），298，304—305，309，311；与德国核问题，306；与法德条约，375

Adenauer, Konrad 康拉德·阿登纳（德国总理，1949—1963），102，112—113，131—138，143，377—379；与美国，133，138，231—238，275—281，330—331，339—341，346—348，370—371，378—379，394—397；与法国，133，235，238，339，341，346，370—371；与英国，265，370；与德国统一，131，135—136，231，277—279；与德国核力量，232—238，253，280—281，330，339—342，347；与缓和，274—275，277；与"欧洲安全"，280—281；与柏林危机，275—277，279—281，324，330—331，339—341，346—348；与核禁试，394—395

Adzhubei, Alexei 阿列克谢·阿朱别伊，341

Air defense of western Europe 西欧的空中防御，202，227

Allied Control Council (for Germany) 盟国管制（德国）委员会，17，20，22，30，33，41，44，58—59，70—72

Atomic Energy Act 《原子能法案》，178，197—198，223

Attlee, Clement 克莱门特·艾德礼，35，68

Baker, James 詹姆斯·贝克，401

Balance of payments 收支平衡，153，187，240，306—307，396，398

Ball, George 乔治·鲍尔，362，363，368

Berlin 柏林，17—18；封锁，80—83，86—87；占领当局，以及德国主权问题，143；经济脆弱性，252，260，275；边境关闭，252，323—325，378；与核禁试，382—390；肯尼迪访问，394；1963年的地位，398

Berlin Crisis 柏林危机（1958—1962），251—297，322—350；苏联政策，251—256，322—324，348—350，381；美国政策，256—263，283—297，304，322—

331, 337—351; 英国政策, 263—267; 法国政策, 267—274, 331—339; 德国政策, 274—281, 329—331, 339—342, 346–348; 德国核问题, 252—256, 261—263, 280—282, 328, 340—342, 344—347, 386—390; 与古巴导弹危机, 297, 351, 353—355

Bevin, Ernest 欧内斯特·贝文（英国外交大臣, 1945—1951）: 在波茨坦的政策, 32—33, 69; 与势力范围, 35—36; 1946—1947、1960—1961、1963、1968—1971 年的政策; 与"第三种力量", 67—68, 115—117; 可能从柏林撤军, 第81页59注; 与西方安全体系（1947—1948）, 83—84; 与德国分裂（1949年）, 103; 与北约一体化部队（1950）, 107; 战争风险（1950年末）, 第106—107页33注; 111; 与欧洲防务共同体, 117

Bidault, Georges 乔治·比多（法国外交部长, 1944—1946, 1947—1948, 1953—1954）, 48, 63—64, 68—69, 71—73, 76, 83—85, 135

Blankenhorn, Herbert 赫伯特·布兰肯霍恩, 136, 373

Bohlen, Charles 查尔斯·波伦, 63, 78, 295, 317, 340, 367

Bowie, Robert 罗伯特·鲍伊, 212—213; 关于北约的报告, 第201页1注

Bradley, Omar 奥马尔·布拉德利（美国陆军参谋长, 1948—1949年; 参谋长联席会议主席, 1949—1953）, 98, 100—101

Brentano, Heinrich von 海因里希·冯·布伦塔诺（德国外交部长, 1955—1961）, 253, 252, 78—280

"Brezhnev Doctrine in reverse" "反向勃列日涅夫主义", 第143页注162

Brook, Norman 诺曼·布鲁克, 221, 第308页注81

Brussels Treaty《布鲁塞尔条约》（1948年）, 86

Bulgaria 保加利亚, 5—7, 13—14, 35, 39

Bundy, McGeorge 麦乔治·邦迪: 战略平衡, 296; 与预先授权, 298; 与德国核武器, ix, 284; 与柏林危机, 297, 325, 327, 349; 与古巴危机, 353; 与盟国, 303, 308—309, 376—377; 与多边核力量, 312; 与中国, 384—385

Burke, Arleigh 阿利·伯克, 186, 第315页注115

Byrnes, James 詹姆斯·贝尔纳斯, 4, 12—15, 37; 波茨坦政策, 23—29, 32—34; 转而反对苏联, 38—40; 波茨坦之后的德国问题, 34, 41—43, 45, 47, 49—51; 斯图加特演讲, 50, 53; 拟议的德国非军事化条约, 50, 61; 与杜鲁门, 39, 56

Chauvel, Jean 让·肖韦尔, 72, 79

Churchill, Winston 温斯顿·丘吉尔: 势力范围, 5—6; 与苏联扩张主义, 20; "铁幕演说", 40; 与欧洲防务共同体, 110, 124; "三环"概念, 115—116; 与缓和, 135人; 与柏林, 259

Clay, Lucius 卢修斯·克莱（1945—1949年美国驻德国军政府首脑）, 20, 43—49, 52—53, 57, 70, 82, 375

Cominform 共产党和工人党情报局, 64

Containment 遏制, 40—41, 87

Couve de Murville, Maurice 莫里斯·顾夫·德姆维尔（戴高乐时期的法国外长）, 208, 226, 270—271, 273, 324, 331—333, 337, 346, 368, 391—392

Cuban Missile Crisis 古巴导弹危机, 297, 351, 352—355

Cutler, Robert 罗伯特·卡特勒, 186

Czechoslovakia 捷克斯洛伐克, 第64页注112, 79—80, 87

Debré, Michel 米歇尔·德勃雷, 269—271

索 引

de Gaulle, Charles 查尔斯·戴高乐：1945年的政策, 70; 战略概念, 第224页注98, 335; 与美国, 70, 205, 222—227, 230, 332—336, 338—339, 367—371, 393; 与德国, 225, 268—269, 332—337, 371—374, 392—393; 与阿登纳, 268—269, 331; 与英国, 369—370; 与三党体制, 226, 242—244; 与北约, 205, 223—227; 与柏林危机, 269—273, 331—337; 与核禁试, 391。另见 France

Disengagement 撤离, 221。 另见 "European security"

Douglas, Lewis 刘易斯·道格拉斯, 76

Dulles, John Foster 约翰·福斯特·杜勒斯：与势力范围, 第10页注13, 第14页注30; 与欧洲防务共同体, 121—125; 与欧洲统一, 150; 欧洲原子能共同体, 150—151; 与防务政策, 152, 181, 183, 185—186, 190, 192—193; 与MC48号文件, 164, 166—169, 177—178; 与艾森豪威尔的分歧, 152, 190, 262—263; 与核共享, 154—155, 176—178, 199, 262—263; 与德国选举（1953）, 134; 与德国, 128, 134—141, 262—263, 277, 378; 与德国核武器, 210, 234, 262—263; 与英国, 208, 222, 265—267; 与法国, 122, 125, 178, 199 206—209, 226; 与法意德核协议, 206; 与柏林危机, 256—258, 261—263, 265—267

Eden, Anthony 安东尼·艾登, 20, 127, 第130页注117, 141

Eisenhower, Dwight 德怀特·艾森豪威尔：基本观念, 146—156; 与欧洲统一, 121—122, 148—151; 与欧洲防务共同体, 121—122, 141; 基本军事战略, 151—152, 159—165, 169—174, 184—185, 187; 与美国从欧洲撤军, 122, 145, 146, 148, 152—154, 201, 240; 与核共享, 155—156, 176—178, 196—200, 205—210, 228—229, 246; 与《原子能法案》, 197—198; 与德国, 121, 127, 141, 203, 209—210, 261—262, 268, 275, 277—279, 281—282; 与阿登纳, 132, 275, 277—279; 与戴高乐, 224—229, 242—244; 与柏林危机, 256—263, 266, 275, 277; 与最终撤出柏林, 401

Erhard, Ludwig 路德维希·艾哈德, 375, 377, 398

Euratom 欧洲原子能共同体, 150—151, 205, 233, 235

Europe 欧洲：作为"第三种力量", 62—63, 67—68, 114—117, 146—150, 335—336。另见 European nuclear force

European Defense Community (EDC) 欧洲防务共同体（EDC）, 110, 117, 120—125, 141; 替代方案, 127; 退出问题, 121, 第143页注162

European nuclear force 欧洲核力量：从北约力量中移出, 201, 204, 213—215; 与法国, 230。另见 Multilateral Force

"European security" "欧洲安全", 254, 280—281

FIG (France-Italy-Germany) agreements （法国-意大利-德国）三国协议, 205-207, 235

Flexible response 灵活反应：艾森豪威尔时期, 185—190, 287—288; 肯尼迪时期, 286—289

Forward defense 前沿防御, 100—101, 158, 174—175

France 法国：戴高乐时期的基本政策, 222—224, 230, 331—338; 与美国, 66—72, 117—118, 222—227, 230, 331—338, 367—369; 与美国的核共享, 178, 199, 205—209, 222—223; 与苏联, 70—71; 与英国, 369—370; 国内政治

513

（1946—1947），64, 72—73; 与德国问题（1945—1948），44, 47—48, 70—78; 管制委员会中的否决权, 30, 44, 70—71; 与德国重新武装, 73, 108—112, 121, 123—125, 175; 与德国统一, 74—75, 103—104, 第104页注22, 129—131, 225, 268—269; 与德国核问题, 205—206, 225, 273—274, 336—337, 371—373, 392—393, 396; 与欧洲统一, 75—76, 117—118, 120, 230, 392—393; 与英国, 369—370; 与西方安全体系, 73—74, 84—86, 118, 123—125, 175—176, 223—227, 334—336; 与MC 48号文件, 167, 168, 174—176; 与柏林危机, 267—274, 329, 331—339。另见de Gaulle, Charles; France-Germany Treaty

Franco-German Treaty (1963)《法德条约》（1963），371—377, 381, 394

Gates, Thomas 托马斯·盖茨（美国国防部长，1960），189, 212, 213, 229
Gavin, James 詹姆斯·加文, 191, 338
Geneva Summit Conference 日内瓦峰会（1955），140
German Democratic Republic (East Germany) 德意志民主共和国（东德），86; 可能发生的起义, 252, 254—255; 与其交易, 260—261, 272, 275, 327
German nuclear question 德国核问题: 与苏联, 146, 246—247, 252—256, 344—345, 380—381; 与美国, 209—210, 234, 261—263, 281—285, 305—306, 314, 321, 328, 340—342, 344—345, 373—374, 379—382; 与北约或欧洲核力量, 202—203; 与美国北约政策（1961—1962），305—306, 314, 321; 与英国, 219—221; 与法国, 205—206, 225, 273—274, 336—337, 371—374, 381, 392—393, 396; 与阿登纳, 232—238, 253, 280—281, 330, 339—342, 347; 与柏林解决方案, 280—282, 328, 340—342, 344—347, 386—390; 与核禁试, 381—387。另见FIG agreements

German question 德国问题: 二战期间与波茨坦会议期间, 15—33; 1945年末至1947年12月, 34, 41—65, 69—77; 1948—1949年, 66, 73—85; 1950—1955年, 101—114, 123—145年。另见Berlin Crisis; German nuclear question; Germany, Federal Republic of

Germany, Federal Republic of (West Germany) 德意志联邦共和国（西德）: 建立西德国家, 78, 86; 重新武装, 73, 95, 101—103, 106—113, 121—125, 127—128; 政治地位, 102—103, 105—106, 112—114, 125—128; 1955—1960年的政策, 231—238; 与柏林危机, 274—281, 329—331, 339—342, 346—348; 与美国, 133, 138, 231—238, 275—281, 329—331, 339—341, 346—348, 394—398; 与法国, 133, 235, 238, 339, 341, 346, 370—371; 国内政治, 377—379, 394—396; 与美国的军控政策, 394—395。另见Adenauer, Konrad; Berlin; Berlin Crisis; German nuclear question; German question

Gorbachev, Mikhail 米哈伊尔·戈尔巴乔夫, 401—402
Gray, Gordon 戈登·格雷, 198
Great Britain 英国: 与势力范围, 5—6, 35—36; 在波茨坦, 32—33; 与德国问题（1945—1948），51—52, 60—61, 68—71; 与德国统一, 103, 第102页注22, 129—130, 第130页注117, 220; 与德国重新武装, 107—108, 110, 111; 与德国核问题, 219—221; 与作为"第三种力量"的欧洲, 67—68, 115—117; 与欧洲统一, 115—117; 与美国, 115—117, 216—219, 265—267; 与美国的核关系, 195, 198,

索 引

207—208, 216—219, 307—309; 与北约核力量, 218—219; 防务政策, 83—84, 168, 174—175, 186—187, 216—222, 第308页注81; 与脱离接触, 221; 与柏林危机, 263—267, 328—329; 与核合作; 与法国, 357, 366—367。另见 Bevin, Ernest; Macmillan, Harold

Greece 希腊, 5—6, 64, 88

Gromyko, Andrei 安德烈·葛罗米柯（苏联外交部长, 1957—1985), 254, 344—345, 350

Gruenther, Alfred 艾尔弗雷德·格伦瑟（欧洲盟军最高指挥官, 1953—1956）, 127, 第137页注147, 160, 163, 165—167, 170, 174—176, 180, 188

Harriman, Averell 埃夫里尔·哈里曼, 20, 28, 387—389

Herter, Christian 克里斯蒂安·赫脱（美国国务卿, 1959—1961）, 189, 212, 217, 240—244, 254, 278—280

Home, Lord 霍姆勋爵（英国外交大臣, 1960—1963）, 220, 263, 350—351

Hopkins, Harry 哈利·霍普金斯, 13

Intermediate Range Ballistic Missiles (IRBMs) 中远程弹道导弹（IRBMs）: 在欧洲的生产, 207, 210—211, 218; 盟国的控制, 195—196, 198—199, 207—209

Iran 伊朗, 36—37, 38, 40

Israel 以色列, 385

Italy 意大利, 64, 88

Japan 日本, 36, 40

Joint Chiefs of Staff (JCS) 参谋长联席会议, 81, 90, 107, 111, 第118页注76, 152, 167, 172, 174, 257, 296, 306, 313—314

Joint Committee on Atomic Energy 原子能联合委员会, 194—196, 198

Jupiter missiles "朱庇特"导弹, 195—196, 353—354

Kaysen, Carl 卡尔·凯森, 299, 388

Kennan, George 乔治·凯南, 41, 104—105

Kennedy, John 约翰·肯尼迪: 基本政策, 283—285, 322; 与军事问题, 290—296, 318—320; 与柏林危机, 283—297, 304, 322, 325—331, 337—351; 与德国, 283, 322, 325—328, 373—376; 与德国核问题, 283—285, 第328页注149, 366, 373—374; 与法国, 306—307, 337—339, 358, 359, 365—367, 370, 391—394; 与英国, 357—358; 与多边核力量, 314, 356, 365, 388—389; 与古巴导弹危机, 352—355; 与北约新政策, 355—367; 与欧洲解决方案条件, 355, 379; 对盟国的态度, 302—304, 355—356, 376—377; 美利坚大学演讲, 388; 柏林之行, 394

Khrushchev, Nikita 尼基塔·赫鲁晓夫, 140, 142; 与柏林, 247, 283, 322—324, 349—350, 381, 387, 389, 398; 与古巴导弹危机, 355

Kohler, Foy 福伊·科勒, 330, 341

LeMay, Curtis 柯蒂斯·李梅, 171, 180, 385—386

Lemnitzer, Lyman 莱曼·莱姆尼策, 299—300; 任命为欧洲盟军最高指挥官, 302

Live Oak "槲树", 264

Lloyd, Selwyn 塞尔温·劳埃德（英国外交大臣, 1955—1960）, 265

Loftus, Joseph 约瑟夫·洛夫特斯, 182

London Conference (1947) 伦敦会议（1947）, 64—69

London Recommendations (1948) 伦敦建议（1948）, 78—79

Macmillan, Harold 哈罗德·麦克米伦: 基本观念, 216—221, 357—358, 369; 与艾

515

森豪威尔的三方建议, 243; 与柏林危机, 263—266; 与"天箭"问题, 360—362

Marshall, Andrew 安德鲁·马歇尔, 182

Marshall, George 乔治·马歇尔: 1947年的政策, 55—58, 61—62, 64—65; 1948年的政策, 76, 82—83, 88—90; 与西方安全体系, 83—85; 与欧洲防务共同体, 110

Marshall Plan 马歇尔计划, 62—63, 74

Massigli, René 勒内·马西格利（法国驻伦敦大使, 1945—1954）, 79, 84

Massive retaliation 大规模报复, 162, 185—188, 190

MC 14/2 (1957) MC 14/2 号文件（1957）, 188—189

MC 48 (1954) MC 48 号文件（1954）, 158—160; 与先发制人, 160—165; 与预先授权, 165—173; 与核共享, 176—178; 与欧洲人, 174—176; 政策偏离, 186—189

McCloy, John 约翰·麦克洛伊, 105—107, 111, 125—126

McElroy, Neil 尼尔·麦克尔罗伊（美国国防部长, 1957—1959）, 187

McMahon Act《麦克马洪法案》。参见 Atomic Energy Act

McNamara, Robert 麦克纳马拉, 罗伯特: 与美国军事政策, 288, 290, 299; 与中程弹道导弹, 306—307, 313; 雅典讲话, 315—319, 359; 与"天箭"事件, 360—365, 367; 与多边核力量, 359, 363, 365; 与德国核武器, 341—342

Medium Range Ballistic Missiles 中程弹道导弹（MRBMs）, 211—212, 214, 217—219, 236, 240; 肯尼迪时期, 300—302, 310—314年。另见 Intermediate Range Ballistic Missiles; Nato nuclear force; Polaris; Skybolt

Mendeés France, Pierre 皮埃尔·孟戴斯-弗朗斯, 122—124, 127, 135, 138, 175

Messmer, Pierre 皮埃尔·梅斯梅尔, 第338页注193

Mikoyan, Anastas 阿纳斯塔斯·米高扬, 253

Molotov, Vjacheslav 维亚切斯拉夫·莫洛托夫, 8, 10, 12, 19, 53, 87, 139, 142

Morgenthau Plan 摩根索计划, 16

Moscow Conference (1947) 莫斯科会议（1947）, 57—62

Multilateral Force (MLF) 多边核力量（MLF）: 艾森豪威尔时期, 215; 与戴高乐, 230; 肯尼迪时期, 304, 312—315, 356, 359, 363—368, 380—381, 388; 与苏联, 344—345, 380—381

Murphy, Robert 罗伯特·墨菲（1945—1949年美国在德国的政治顾问）, 59, 72, 232

Mutual deterrence 相互威慑, 161, 183—185

Nassau Conference (1962) 拿骚会议（1962）, 360—368

NATO (North Atlantic Treaty Organization) 北约（北大西洋公约组织）, 107—113, 117—121, 125, 127; 德国加入, 123—125, 127; 参战程序, 第168页注83; 限制政策, 191, 第319页注124; 核储备, 194, 222; 内部军事一体化, 118, 202, 225。另见 MC 48; Nato nuclear force; SACEUR; Western Europe, defense of

NATO Commander 北约指挥官。见SACEUR

NATO Heads of Government meeting (1957) 北约政府首脑会议（1957）, 194, 207, 211, 212

NATO nuclear force 北约核力量, 201—204, 211—215, 240—241; 与英国, 218—219; 与法国 226, 230; 与德国, 236—237。另见 European nuclear force; Multilateral Force

"NATO system" "北约体系", 定义, 125—128

Net Evaluation Subcommittee 净评估分委员会, 183
New Look "新面貌"战略, 151—152
New York Conference (1950) 纽约会议 (1950), 108—109
Nitze, Paul 保罗·尼采（美国负责国际安全事务的助理国防部长, 1961—1963）, 295, 314, 341
Nonaggression pact 不侵犯条约, 327, 342, 344, 388—389; 与法国和德国, 346
Norstad, Lauris 劳里斯·诺斯塔德（欧洲盟军最高指挥官, 1956—1962）: 与艾森豪威尔的关系, 170; 与北约军事战略, 186—189, 202, 211, 288—290; 受欧洲人信任, 192; 与中程弹道导弹力量, 211, 300—302, 310; 反对为法国提供核援助, 229; 与柏林危机, 257, 289—290, 300—302; 与肯尼迪的关系, 300—302; 与"许可行动链接", 309; 与多边核力量, 312; 与艾奇逊的北约政策, 358
North Atlantic Treaty 《北大西洋公约》, 86
Nuclear sharing 核共享: 艾森豪威尔时期, 146—147, 154—156, 176—179, 193—200, 205—210, 228—229, 246; 与MC 48号文件, 176—178; 与法国, 178, 199, 205—209, 222—223, 306—307; 与英国, 198, 207—208; 与德国, 第195页注190, 209—210; 与国务院, 第198页注208, 203, 204, 206, 241; 肯尼迪时期共享政策的逆转, 285, 304—309。另见 NATO nuclear force
Nuclear Test Ban 核禁试, 382—391; 与法国 391; 与德国, 394—397
Nuclear weapons stockpile figures 核武器储存数字, 181

Oder-Neisse Line 奥得河-尼斯河一线（奥德河-尼斯河边界）, 18, 28, 38, 132, 136, 238, 264, 273, 279, 326—329, 331, 346, 389
Owen, Henry 亨利·欧文, 311, 359, 362, 368
Paris Accords (1954) 巴黎协定（1954）, 125—128, 141—142, 第400页注195
Permissive Action Links (PALs) "许可行动链接", 309
Pleven Plan (1950) 普利文计划（1950）, 110—111, 117, 120。另见 European Defense Community
Poland 波兰, 4—13, 27, 38
Polaris MRBM "北极星"中程导弹, 211—212, 217—218, 360—362
Potsdam Conference (1945) 波茨坦会议（1945）, 4, 15—33, 34, 37
Potsdam Protocol 《波茨坦会议议定书》, 33, 41, 45—47
Predelegation 预先授权, 165—173, 176, 192, 298
Preemption 先发制人, 160—165, 169, 171—172, 202, 211, 292—294, 318; 作为一项正式选择的结束（1963）, 183
"Principles" paper (1962) "原则"文件（1962）, 344, 346, 379, 387

Quarles, Donald 唐纳德·夸尔斯, 199, 232

Radford, Arthur 阿瑟·雷德福（参联会主席, 1953—1957）, 169, 174, 232
Reston James 詹姆斯·雷斯顿, 375
Rhineland, status of 莱茵兰的地位: 与贝文, 67; 与法国, 70—71, 75; 与阿登纳, 第133页注129
Ridgway, Matthew 马修·李奇微（欧洲盟军最高指挥官, 1952—1953; 美国陆军参谋长, 1953—1955）, 166, 173—174
Roosevelt, Franklin 富兰克林·罗斯福, 3—12, 17, 20—22, 259
Rosenberg, David 戴维·罗森伯格, 162, 第288页注14, 315, 115

Romania 罗马尼亚, 5—7, 13—14, 35, 39
Rusk, Dean 迪安·腊斯克：与柏林危机, 286, 290, 330, 338, 343—346, 348, 351; 与诺斯塔德, 302; 与盟国, 303—304, 312; 与英国, 308; 与法国, 303, 338—339, 349; 与德国, 255, 304, 305, 330, 338, 341—342, 375—376, 379—380, 400; 与中程弹道导弹, 313; 与关闭柏林边界, 324; 与北约核战略, 316—317; 法兰克福演讲, 397—398; 与中国, 384

SACEUR (Supreme Allied Commander, Europe) 欧盟盟军最高指挥官, 113, 120—121, 127, 230; 发动战争的权力, 163—173, 211, 213—214, 230, 第298页注46, 300—302; 与"虚拟代表", 191—192; 与空中防御, 202; 与北约核力量, 204, 211, 213—215; 作为一位欧洲将军, 213—215, 224, 226, 240。另见 Eisenhower, Dwight; Gruenther, Alfred; Lemnitzer, Lyman; Norstad, Lauris
Schröder, Gerhard 格哈德·施罗德（德国外交部长, 1961—1966）, 344, 346, 397
Schumacher, Kurt 库尔特·舒马赫（社民党领袖, 1946—1952）, 102, 132, 377
Schuman, Robert 罗伯特·舒曼, 73, 108—109, 118, 120, 131
Schuman Plan 舒曼计划, 76, 110
Single Integrated Operational Plan (SIOP) 统一作战计划（SIOP）, 299—300, 315, 第319页注124
Skybolt affair "天箭"问题, 359—367
Skybolt MRBM "天箭"中程弹道导弹, 217—218。参见"天箭"事件
Smith, Gerard 杰拉德·史密斯, 第151页注16, 206, 310—311
Smith, Walter Bedell 沃尔特·比德尔·史密斯（美国驻莫斯科大使, 1946—1949; 中央情报局局长, 1950—1953; 美国副国务卿, 1953—1954）, 48, 64, 82, 138
Spaak, Paul-Henri 保罗-亨利·斯巴克（北约秘书长, 1957—1961）, 214, 246
Spheres of influence 势力范围：与美国, 4—5, 第10页注13, 12—16, 27—28, 32—35, 40, 283, 322; 与英国, 5—6, 35—36; 与苏联, 5—6, 29—32, 35—36
Spofford compromise 斯波福德妥协案（1950）, 112
Sprague, Robert 罗伯特·斯普拉格（国安会顾问）, 171, 184
Strategic balance 战略平衡, 86—91, 95—96, 97—101, 123, 156—158, 179—183, 293—297, 351
Strauss, Franz-Josef 弗朗茨·约瑟夫·施特劳斯（德国国防部长, 1956—1962）, 219, 234, 255, 281
Suez affair (1956) 苏伊士运河事件（1956）, 216

Taylor, Maxwell 马克斯韦尔·泰勒（美国陆军参谋长, 1955—1959; 肯尼迪顾问, 1961—1962; 参联会主席, 1962—1964）, 186, 第187页注161, 302, 313
Thompson, Llewellyn 卢埃林·汤普森（美国驻苏大使, 1957—1962）, 247, 254
Thorneycroft, Peter 彼得·桑尼克罗夫特（英国国防部长, 1962—1964）, 360—362, 364, 369
Truman, Harry 哈利·杜鲁门：与波兰, 12; 接受苏联的势力范围, 27—28; 政策强硬, 37—40; 与贝尔纳斯, 39, 56; 与柏林封锁, 82—83; 低军费政策, 90; 与军力建设（1950）, 100; 反对德国重新武装（1950）, 107
Truman Doctrine (1947) 杜鲁门主义（1947）, 50, 62, 87; 马歇尔的反感, 56
Turkey 土耳其, 18—19, 36—38, 40
Twining, Nathan 内森·特文宁（美国空

军参谋长，1953—1957；参联会主席，1957—1960），174, 257—258, 315

Union of Soviet Socialist Republics (USSR) 苏维埃社会主义共和国联盟（苏联）：与东欧，4—5, 10—11；与土耳其和伊朗，18—19, 36—38, 40；与势力范围，5—6, 29—32, 第32页注98, 35—36；与德国问题（1945—1948），29—32, 第30页注92, 52—54, 80—81；转向对抗（1947—1948），64—65, 79—80；与德国重新武装（1950），111—112；战略脆弱性，182；与德国核问题，146, 246—247, 252—256, 344—345, 380—381；与柏林危机，251—256, 322—324, 348—350；与《法德条约》，381；与核禁试，387—390；由美国操纵的情报来源，第295页注39

United States 美国：与东欧（1945—1946），3—15, 28, 35, 37—39；与德国分裂（1945），15—29, 32—33, 71—72；与德国问题（1945—1955），34, 41—65, 82—83, 87, 101—114, 121—122, 125—130, 134—138, 139—141；与德国（1956—1960），209—210, 232, 261—263, 268, 275—282；与德国（1961—1963），283, 304, 322, 325—331, 338—348, 370—377, 380；与德国核问题，209—210, 234, 261—263, 281—285, 305—306, 314, 321, 328, 340—342, 344—345, 372—374, 379—382；与欧洲统一，62—63, 114—115, 121—125, 147—151；艾森豪威尔时期的基本政策，146—156；肯尼迪时期的基本政策，283—296, 322；与北约核问题，146—247, 304—321, 355—367；与英国，115, 208, 216—218, 221—222, 265, 267, 303, 305, 307—309, 357—358；与法国，72, 76—77, 122—125, 178, 199, 206—209, 224—229, 305—307, 337—339, 358, 359, 365—367, 370, 391—394；与柏林危机，256—263, 283—297, 304, 322—331, 337—351。另见 Nuclear sharing; United States arms control policy; United States millitary policy; Western Europe, defense of

United States arms control policy 美国军备控制政策：艾森豪威尔时期，382—383；肯尼迪时期，381—391；与德国问题，381—387, 390—391。另见 Nuclear Test Ban

United States military policy 美国军事政策：杜鲁门时期，83—90, 96—97, 100—101；艾森豪威尔时期，151—200, 287—289, 315；肯尼迪统治时期，286—297, 315—320, 399, 第399页注194。另见 MC 48; Predelegation; Preemption; SACEUR; Western Europe, defense of

United States nuclear weapons in Europe 美国在欧洲的核武器：盟国的实际控制，194—195

Watkinson, Harold 哈罗德·沃特金森（英国国防部长，1959—1962），219, 264

Western Europe, defense of 西欧防务：体系的发展（1947—1954），66, 77, 83—86, 95—103, 106—113, 118—125；战略（1948—1950），89—91, 96—102；艾森豪威尔时期的战略，146—200；肯尼迪时期的战略，286—297, 315—320；美国在欧洲的军事存在问题，114, 119—120, 122, 144—145, 146, 148, 152—154, 201, 240, 302—303, 374, 396—398。另见 European Defense Community; MC 48; NATO; NATO nuclear force; nuclear sharing; SACEUR; United States military policy

Western European Union (WEU) 西欧联盟（WEU），127, 135—136

"Western strategy" (for Germany) "西方战略"（德国）：定义, 74; 在法国的争论, 74

Wohlstetter, Albert 阿尔伯特·沃尔斯泰特，第317页注119

Yalta Conference 雅尔塔会议, 7—12, 391, 393

Yugoslavia 南斯拉夫：苏联可能攻击, 第98页注4

Zhdanov, Andrei 安德烈·日丹诺夫, 64

Zorin, Valerian 瓦莱里亚·佐林, 79

"国际关系史名著译丛" 书目

1. 《欧洲及其殖民地政治体系的历史》，〔德〕A.H.L.赫伦著，储召锋译
2. 《欧洲政治的转变：1763—1848》，〔美〕保罗·施罗德著，王黎译
3. 《争夺欧洲霸权的斗争：1848—1918》，〔英〕A.J.P.泰勒著，沈苏儒译
4. 《英德对抗的兴起：1860—1914》，〔英〕保罗·肯尼迪著，王萍、李高峰、胡二杰等译，王萍、崔建树校
5. 《大国体系的形成：1740—1815》，〔英〕H.M.斯科特著，季慧译
6. 《大国与欧洲国家体系：1814—1914》，〔英〕F.R.布里奇、罗杰·布伦著，胡二杰译
7. 《权力优势：国家安全，杜鲁门政府与冷战》，〔美〕梅尔文·莱夫勒著，孙建中译
8. **《构建和平：缔造欧洲解决方案，1945—1963》，〔美〕马克·特拉克滕伯格著，石斌、王守都、徐菲译**
9. 《遏制战略：冷战时期美国国家安全政策评析》（增订版），〔美〕约翰·刘易斯·加迪斯著，时殷弘译
10. 《日本外交：从明治维新到全球化时代》，〔美〕入江昭著，黄大慧译

（陆续补充）

图书在版编目（CIP）数据

构建和平：缔造欧洲解决方案，1945—1963 /（美）马克·特拉克滕伯格著；石斌，王守都，徐菲译. —北京：商务印书馆，2025
（国际关系史名著译丛）
ISBN 978-7-100-21957-0

Ⅰ.①构⋯　Ⅱ.①马⋯②石⋯③王⋯④徐⋯　Ⅲ.①欧洲—历史—1945-1963　Ⅳ.① K505

中国国家版本馆 CIP 数据核字（2023）第 157266 号

权利保留，侵权必究。

国际关系史名著译丛
构建和平
缔造欧洲解决方案，1945—1963
〔美〕马克·特拉克滕伯格　著
石斌　王守都　徐菲　译

商务印书馆出版
（北京王府井大街36号　邮政编码100710）
商务印书馆发行
北京市艺辉印刷有限公司印刷
ISBN 978-7-100-21957-0

2025年5月第1版　　开本710×1000　1/16
2025年5月北京第1次印刷　印张 33 1/2
定价：138.00元